U0566276

BLUE BOOK

智 库 成 果 出 版 与 传 播 平 台

中国省域竞争力蓝皮书
BLUE BOOK OF CHINA'S PROVINCIAL COMPETITIVENESS

中国省域经济综合竞争力发展报告
（2019~2020）

REPORTS ON CHINA'S PROVINCIAL ECONOMIC COMPETITIVENESS DEVELOPMENT
(2019-2020)

双循环新发展格局与中国经济发展

Dual Circulation New Development Pattern and China's Economic Development

主　编 / 李建平　李闽榕
副主编 / 李建建　苏宏文
执行主编 / 黄茂兴

社会科学文献出版社
SOCIAL SCIENCES ACADEMIC PRESS（CHINA）

图书在版编目（CIP）数据

中国省域经济综合竞争力发展报告. 2019～2020：
双循环新发展格局与中国经济发展／李建平，李闽榕主
编. -- 北京：社会科学文献出版社，2021.5
　（中国省域竞争力蓝皮书）
　ISBN 978 - 7 - 5201 - 8299 - 7

　Ⅰ.①中…　Ⅱ.①李…②李…　Ⅲ.①省 - 区域经济
发展 - 研究报告 - 中国 - 2019 - 2020　Ⅳ.①F127

中国版本图书馆 CIP 数据核字（2021）第 073272 号

中国省域竞争力蓝皮书

中国省域经济综合竞争力发展报告（2019~2020）
——双循环新发展格局与中国经济发展

主　　编／李建平　李闽榕
副 主 编／李建建　苏宏文
执行主编／黄茂兴

出 版 人／王利民
责任编辑／周雪林　李　晨

出　　　版／社会科学文献出版社·政法传媒分社（010）59367156
　　　　　　地址：北京市北三环中路甲 29 号院华龙大厦　邮编：100029
　　　　　　网址：www.ssap.com.cn
发　　　行／市场营销中心（010）59367081　59367083
印　　　装／三河市东方印刷有限公司

规　　　格／开　本：787mm × 1092mm　1/16
　　　　　　印　张：50.5　字　数：762 千字
版　　　次／2021 年 5 月第 1 版　2021 年 5 月第 1 次印刷
书　　　号／ISBN 978 - 7 - 5201 - 8299 - 7
定　　　价／198.00 元

本书如有印装质量问题，请与读者服务中心（010 - 59367028）联系

中国社会科学院创新工程学术出版项目（2014～2018年）

入选2013年"中国十大皮书"

全国经济综合竞争力研究中心2020年重点项目研究成果

全国中国特色社会主义政治经济学研究中心——福建师范大学2020年重点项目研究成果

教育部科技委战略研究基地——福建师范大学世界创新竞争力研究中心2020年重点项目研究成果

中智科学技术评价研究中心2020年重点项目研究成果

中央组织部首批青年拔尖人才支持计划（组厅字〔2013〕33号）资助的阶段性研究成果

中央组织部第2批"万人计划"哲学社会科学领军人才（组厅字〔2016〕37号）资助的阶段性研究成果

中宣部2014年入选全国文化名家暨"四个一批"人才工程（中宣办发〔2015〕49号）资助的阶段性研究成果

福建省"双一流"建设学科——福建师范大学理论经济学科2020年重大项目研究成果

福建省首批哲学社会科学领军人才、福建省高校领军人才支持计划2020年阶段性研究成果

福建省第一批重点智库建设试点单位——福建师范大学综合竞争力与国家发展战略研究院2020年研究成果

福建省首批高校特色新型智库——福建师范大学综合竞争力与国家发展战略研究院2020年研究成果

福建省社会科学研究基地——福建师范大学竞争力研究中心2020年资助的研究成果

福建省高校哲学社会科学学科基础理论研究创新团队——福建师范大学竞争力基础理论研究创新团队2020年资助的阶段性研究成果

福建师范大学创新团队建设计划（项目编号：IRTW1202）2020年资助的阶段性研究成果

主要编撰者简介

李建平　男，1946 年生，浙江温州人。教授，博士生导师。中央马克思主义理论研究与建设工程、国家社科基金重大项目首席专家，国家有突出贡献中青年专家，国务院政府特殊津贴专家，福建省优秀专家，2009 年被评为福建省第二届杰出人民教师。曾任福建师范大学政教系副主任、主任，经济法律学院院长，福建师范大学副校长、校长。现任全国经济综合竞争力研究中心福建师范大学分中心主任、全国中国特色社会主义政治经济学研究中心（福建师范大学）主任、福建师范大学习近平新时代中国特色社会主义思想研究院院长。兼任福建省人民政府经济顾问、中国《资本论》研究会副会长、中国政治经济学研究会副会长、全国马克思主义经济学说史研究会副会长等社会职务。长期从事马克思主义经济思想发展史、《资本论》和社会主义市场经济、经济学方法论、区域经济发展等问题研究，已发表学术论文 100 多篇，出版著作和教材 100 多部（含主编）。科研成果获得教育部第六届、第七届社科优秀成果二等奖 1 项、三等奖 1 项，八次获得福建省哲学社会科学优秀成果一等奖，两次获得二等奖，还获得全国第七届"五个一工程"优秀理论文章奖，其专著《〈资本论〉第一卷辩证法探索》获世界政治经济学学会颁发的第七届"21 世纪世界政治经济学杰出成果奖"。

李闽榕　男，1955 年生，山西安泽人。经济学博士。原福建省新闻出版广电局党组书记、副局长，现为中智科学技术评价研究中心理事长，福建师范大学兼职教授、博士生导师，中国区域经济学会副理事长。主要从事宏观经济学、区域经济竞争力、现代物流等问题研究，已出版著作《中国省域经济综合竞争力研究报告（1998～2004）》等 20 多部（含合著），并在《人民日报》《求是》《管理世界》等国家级报纸杂志上发表学术论文 200 多篇。科研成果曾荣获新疆维吾尔自治区第二届、第三届社会科学优秀成果三等奖，以及福建省科技进步一等奖（排名第三）、福建省第七届至第十届社会科学优秀成果一等奖、福建省第六届社会科学优秀成果二等奖、福建省第七届社会科学优秀成果三等奖等 10 多项省部级奖项（含合作），并有 20 多篇论文和主持完成的研究报告荣获其他省厅级奖项。

李建建 男，1954 年生，福建仙游人。经济学博士。原福建师范大学经济学院院长、教授、博士生导师，国务院政府特殊津贴专家。主要从事经济思想史、城市土地经济问题等方面的研究，先后主持和参加了国家自然科学基金、福建省社科规划基金、福建省发改委、福建省教育厅和国际合作研究课题 20 余项，已出版专著、合著《中国城市土地市场结构研究》等 10 多部，主编《〈资本论〉选读课教材》《政治经济学》《发展经济学与中国经济发展策论》等教材，在《经济研究》《当代经济研究》等刊物上发表论文 70 余篇。曾获福建省高校优秀共产党员、福建省教学名师和学校教学科研先进工作者称号，科研成果荣获国家教委优秀教学成果二等奖（合作）、福建省哲学社会科学优秀成果一等奖（合作）、福建省社会科学优秀成果二等奖、福建省社会科学优秀成果三等奖和福建师范大学优秀教学成果一等奖等多项省部级和厅级奖项。

黄茂兴 男，1976 年生，福建莆田人。教授、博士生导师。现为福建师范大学党委宣传部部长、福建师范大学福建自贸区综合研究院院长、中国（福建）生态文明建设研究院执行院长、全国经济综合竞争力研究中心福建师范大学分中心常务副主任等。主要从事区域经济、技术经济和竞争力问题研究，主持教育部重大招标课题、国家社科基金重点项目等国家、部厅级课题 60 多项；出版《竞争力理论的百年流变及其在当代的拓展研究》等著作

70 多部（含合作），在《经济研究》《管理世界》等权威刊物发表论文 180 多篇，科研成果分别荣获教育部第六届、第七届社科优秀成果二等奖 1 项、三等奖 1 项（合作），福建省第七届至第十三届社会科学优秀成果一等奖 7 项（含合作）、二等奖 5 项等 20 多项省部级科研奖项。入选"国家首批'万人计划'青年拔尖人才""国家第 2 批'万人计划'哲学社会科学领军人才""中宣部全国文化名家暨'四个一批'人才""人社部国家百千万人才工程国家级人选""教育部新世纪优秀人才"等多项人才奖励计划。2015 年荣获人社部授予的"国家有突出贡献的中青年专家"和教育部授予的"全国师德标兵"荣誉称号，2016 年获评为"国务院政府特殊津贴专家"，并荣获 2014 年团中央授予的第 18 届"中国青年五四奖章"提名奖等多项荣誉称号。2018 年 1 月当选为十三届全国人大代表。2018 年 9 月获聘为最高人民法院特约监督员。2019 年 7 月获聘为福建省监察委员会第一届特约监察员。

摘　要

　　省域经济作为中国经济的一个重要组成部分，在中国经济社会发展中发挥了中流砥柱的作用。省域经济综合竞争力是衡量一个省域或区域在激烈的市场经济竞争中能否占据优势的关键因素。在当代中国经济发展实践中，中国要增强经济发展的内生活力和动力，就必须大力提升省域经济综合竞争力。

　　全书由四大部分组成。第一部分为总报告，旨在从总体上评价分析2018～2019年中国省域经济综合竞争力的发展变化，揭示中国各省域经济综合竞争力的优劣势和变化特征，竞争力排位整体比较稳定，个别省份排位有较大波动；省域经济综合竞争力的关键动力在于经济发展实力和经济发展水平；优劣势指标的数量和构成，决定了省域经济综合竞争力的地位和变化。提出增强省域经济综合竞争力的基本路径、方法和对策，要贯彻新发展理念，构建新发展格局，推进高质量发展，实现省域宏观经济竞争力的全面提升；稳固农业基础，提升创新能力，打造完整产业链与供应链，加快发展现代产业体系，增强省域产业经济竞争力；以绿色发展为引领，扩大内需，推进消费升级，改善人民生活品质，进一步提升可持续竞争力；继续实施积极的财政政策和稳健的货币政策，进一步完善减税降费政策，健全金融机构治理，切实提升省域财政金融竞争力；深入实施创新驱动发展战略，全面塑造发展新优势，建设高质量教育体系，加快推进文化事业和文化产业繁荣发展，努力提升省域知识经济竞争力；统筹推进基础设施建设，加快构建现代化基础设施体系，持续优化区域营商环境，打造优质软环境，着力提升发展

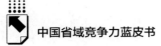

环境竞争力；不断推进构建亲清政商关系，保障市场经济顺畅发展，努力推动市场竞争主体的公平性，有效保护各类企业的合法权益，切实提升省域政府作用竞争力；坚持对外开放，不断拓宽国际合作，发挥国内市场规模优势，提升国际贸易和国际投资质量，防范国际系统性风险，显著提升省域发展水平竞争力；坚持推动内需发展，完善社会保障体系，以提升要素优化配置为基础促进内外循环良性互动，兼顾民生与增长，显著提升省域统筹协调竞争力。

第二部分为分报告，通过对2018～2019年中国31个省份（不包括港澳台）的经济综合竞争力进行评价和比较分析，明确各自内部的竞争优势和薄弱环节，追踪研究各省份经济综合竞争力的演化轨迹和提升方向。

第三部分为专题分析报告，专题报告开辟了"双循环新发展格局与中国经济发展"这个热点话题，聚焦新发展格局下我国对外开放新阶段特征与发展对策、以扩大内需推动构建我国新发展格局的战略价值及实现路径、金融业发展趋势与政策展望、以城市群建设引领区域协调发展的现实挑战与路径选择、数字经济发展的新模式与新业态、现代流通体系建设的思路方向与关键路径等六个专题研究内容，深入分析了双循环新发展格局下这些领域的发展趋势和政策走向，追踪研究了省域经济发展与双循环新发展格局的内在关系，为提升中国省域经济综合竞争力提供有价值的决策依据。

附录部分，收录了本书关于中国省域经济综合竞争力指标评价体系的指标设置情况和各级指标得分及排名情况，以及2018～2019年中国31个省份主要经济指标的统计数据，可为广大读者进行定量化分析提供数据参考。

关键词： 省域经济　综合竞争力　双循环　新发展格局

Abstract

Provincial economy, as an important part of China's economy, has played a mainstay role in economic and social development. The comprehensive competitiveness of provincial economy is a key factor to measure whether a province or region can take advantage in the fierce market economy competition. In the development of contemporary economy, China should enhance the comprehensive competitiveness of provincial economy to enhance the endogenous vigor and power of economic development.

The book consists of four parts. The first part is the general report, which aims to evaluate and analyze the development and changes of overall competitiveness of China's provincial economy development changes from 2018 – 2019, reveal the strengths, weaknesses and the variation of overall competitiveness in various provinces. The first part also proposes the basic paths, methods and strategies to enhance provincial competitiveness. The overall competitiveness ranking is relatively stable, with large fluctuations in the ranking of individual provinces; the key drivers of the overall competitiveness of provincial economies are the strength of economic development and the level of economic development; the number and composition of strength and weakness indicators determine the status and changes of the overall competitiveness of provincial economies.

By this way, it can provide analytical basis for making strategic decisions of China's provincial economy. ① We should implement the new development concept, build a new development pattern, promote high-quality development, and achieve an overall improvement in the macroeconomic competitiveness of the province. ② We should stabilize the agricultural base, enhance innovation capabilities, create complete industrial chains and supply chains, accelerate the development of modern industrial systems, and enhance the competitiveness of the province's industrial economy. ③We should take green development as the leader, expand domestic demand, promote consumption upgrading, improve people's quality of life, and further enhance sustainable competitiveness. ④ We should continue to implement proactive fiscal policy and prudent monetary policy, further improve the policy of tax reduction and fee reduction, improve the governance of financial institutions, and effectively enhance the financial competitiveness of the province. ⑤ We should Deeply implement the innovation-driven development strategy, comprehensively shape new development advantages, build a high-quality education system, accelerate the prosperous development of cultural undertakings and cultural industries, and strive to enhance the competitiveness of the provincial knowledge economy. ⑥ We should coordinate and promote infrastructure construction, accelerate the construction of a modern infrastructure system, continuously optimize the regional business environment, create a high-quality soft environment, and strive to enhance the competitiveness of the development environment. ⑦We should continuously promote the construction of pro-clear government-business relationship, guarantee the smooth development of the market economy, strive to promote the fairness of market competition subjects, effectively protect the legitimate rights and interests of various types of enterprises, and effectively enhance the competitiveness of the role of the provincial government. ⑧We should insist on opening up to the outside world, constantly broaden international cooperation, take advantage of the scale of the domestic market to enhance the quality of international trade and international investment, prevent international systemic risks, and significantly enhance the competitiveness of the provincial development level. ⑨We should insist on promoting the development of domestic demand, improve the social security system, promote the positive interaction between internal and external cycles based on the optimization of factor allocation, take into account people's livelihood and growth, and significantly enhance the competitiveness of provincial coordination and coordination.

The second part is sub-reports. It aims to conduct the evaluation and comparative analysis of overall competitiveness among China's 31 provinces (excluding Hong Kong, Macao and Taiwan) from 2018 – 2019 to understand their own competitive advantages and disadvantages, and then track and study the evolution track and promotion direction of each province's comprehensive economic competitiveness.

The third part is a special analysis report. It opens up the topic of trend analysis and policy outlook during the 14th Five-Year Plan, focusing on six thematic research contents such as the high-quality development of China's regional economy during the 14th Five-Year Plan period, the high-quality open development of China's finance, the 5G era China's manufacturing industry development, Chinese multinational corporations' foreign direct investment, China's platform economic development, and China's green development. It also makes in-depth analysis of the development trends and policy trends in these areas during the 14th Five-Year Plan period, tracking and researching the provincial internal relationship between economic development and the domestic and international situation of China's economic development during the 14th Five-Year Plan period, providing valuable decision-making basis for enhancing the comprehensive competitiveness of China's provincial economy.

The Appendixes contain the index system of overall competitiveness of Chinese provincial economy as well as the levels of indicators scores and their rankings. Furthermore, the relevant statistical data of the major economic indicators of 31 provinces in China from 2018 to 2019 are also provided, which can be used as a reference for the quantitative analysis of readers.

Keywords: Provincial Economy; Comprehensive Competitiveness; Dual Circulation; New Development Pattern

前　言

　　"竞争"是市场经济的自然属性和基本要义。省域经济发展的动力就是省域拥有的经济综合竞争力，任何一个省域要想在激烈的市场竞争中求得生存和发展，就必须具有能够占据优势的经济综合竞争力。党的十九大报告将"不断增强我国经济创新力和竞争力"列为未来我国经济发展的重要目标和方向，并将"培育具有全球竞争力的世界一流企业"作为加快完善社会主义市场经济体制的重要内容。2020年10月29日，中国共产党第十九届中央委员会第五次全体会议通过的《中共中央关于制定国民经济和社会发展第十四个五年规划和二〇三五年远景目标的建议》提出，"坚持把发展经济着力点放在实体经济上，坚定不移建设制造强国、质量强国、网络强国、数字中国，推进产业基础高级化、产业链现代化，提高经济质量效益和核心竞争力""防范化解各类风险隐患，积极应对外部环境变化带来的冲击挑战，关键在于办好自己的事，提高发展质量，提高国际竞争力，增强国家综合实力和抵御风险能力"。这些论述充分表明，在经济和社会发展中，我们党越来越重视经济竞争力的提升。

　　省域经济是中国社会主义市场经济不可或缺的一个重要组成部分，提升省域经济综合竞争力越来越引起各级政府部门、理论界和学术界的高度重视。省域经济综合竞争力研究是中国社会主义市场经济建设和发展的产物，国际竞争力理论的兴起和发展过程为它提供了深厚的历史和理论背景，中国社会主义市场经济体制的建立和发展为它的产生提供了"沃土"。研究和提升中国省域经济综合竞争力既要借鉴国际竞争力、国家竞争力和区域竞争力的基本原理和方法，又要立足于中国社会主义市场经济发展的具体实际，不能全盘照搬西方竞争力研究的理论和方法；既要搞好中国省域经济综合竞争力的评价，也要加强中国省域经济综合竞争力未来发展变化的预测判断。

为了适应国际竞争力发展和国内区域经济竞争格局的需要，早在 2006 年元月，福建师范大学携手国务院发展研究中心《管理世界》杂志社等单位就联合成立了全国经济综合竞争力研究中心。同年，福建师范大学设立了分中心，福建师范大学原校长李建平教授担任分中心主任。十五年来，该分中心主要致力于中国省域经济综合竞争力、环境竞争力、创新竞争力、低碳经济竞争力、创意经济竞争力及其他竞争力问题的研究。本蓝皮书具体由全国经济综合竞争力研究中心福建师范大学分中心负责组织研究。2007 年 3 月，由李建平、李闽榕、高燕京担任主编的第一部省域竞争力蓝皮书《中国省域经济综合竞争力发展报告（2005~2006）》首次面世，并在中国社会科学院召开新闻发布会，引起了各级政府、理论界和新闻界的广泛关注，产生了强烈的社会反响。随后在 2008~2020 年，连续出版了 14 部《中国省域经济综合竞争力发展报告》系列蓝皮书并召开了发布会，国内外新闻媒体持续对该系列蓝皮书的最新研究成果做了深入报道，引起了各级政府、学术界、理论界和新闻媒体的广泛关注，产生了积极的社会反响。

经过十五年的艰辛努力，该系列蓝皮书已成为中国皮书"家族"中很有影响力的蓝皮书。2009 年 8 月 17~19 日，中国社会科学院在辽宁丹东举行中国首届优秀蓝皮书表彰大会，在全国 100 多种蓝皮书中仅评选出 6 种优秀皮书，其中"中国省域竞争力蓝皮书"荣获"中国首届优秀皮书'最佳影响力奖'"。2011 年 9 月，在安徽合肥召开的中国优秀皮书颁奖大会上，表彰了 10 部优秀皮书，"中国省域竞争力蓝皮书"又再次荣获"中国优秀皮书奖"，这是入选 10 部获奖皮书中唯一一部由地方高校承担的研究成果。2012 年 9 月，在江西南昌举行的第三届"中国优秀皮书奖·报告奖"评选中，该分中心完成的"2009~2010 年全国省域经济综合竞争力总体评价报告"和"2001~2010 年 G20 集团国家创新竞争力总体评价与比较分析"双双荣获第三届"中国优秀皮书奖·报告奖"一等奖，是唯一一个课题组同时获得两项一等奖。2013 年 8 月 24~25 日在甘肃兰州召开的中国优秀皮书颁奖大会上,"中国省域竞争力蓝皮书"又荣获第四届"中国优秀皮书奖"。2014 年 8 月,在贵州贵阳举行的第五届"中国优秀皮书奖"评选中,"中国省域竞争力蓝皮书"再次获得殊荣。2015 年 8 月,在湖北恩施举行的第六届"中国优秀皮书奖"评选中,"中国省域竞争力蓝皮书"再次荣获中国优秀皮书奖。2016 年 8 月,在河南郑州举行的第七届"中国优秀皮书奖"评选中,"中国省域竞争力蓝皮书"荣获"中国优秀皮书奖"一等奖。2017 年 8 月,在青海西宁举行的第八届"中国优秀皮书奖"评选中,"中国省域竞争力蓝皮书"荣获 2016 年版经济类皮书第 1 名、综合类皮书第 6 名的优异成绩。李闽榕教授、黄茂兴教授被授予"皮书专业化二十年"致敬人物。2018 年 8 月,在山东烟台举行的第九届"中国优秀皮书奖"评选中,"中国省域竞争力蓝皮书"荣获"中国优秀皮书奖"二等奖。2019 年 8 月,在黑龙江哈尔滨举行的第十届"中国优秀皮书奖"评选中,"中国省域竞争力蓝皮书"荣获 2018 年版经济类皮书第 10 名。2020 年 9 月,在云南昆明举行的第十一届"中国优秀皮书奖"评选中,"中国省域竞争力蓝皮书"荣获第十一届"优秀皮书报告奖"二等奖。该书荣获上述一系列皮书成果的科研奖项,充分展示了这一研究成果的学术价值和社会价值。

2021 年是我国现代化建设进程中具有特殊重要性的一年,"十四五"开局,全面建设社会主义现代化国家新征程开启,做好经济工作意义十分重大。要以习近平新时代中国特色社会主义思想为指导,全面贯彻党的十九大和十九届二中、三中、四中、五中全会精神,坚持稳中求进工作总基调,立足新发展阶段,贯彻新发展理念,构建新发展格局,以推动高质量发展为主题,以深化供给侧结构性改革为主线,以改革创新为根本动力,以满足人民日益增长的美好生活需要为根本目的,坚持系统观念,巩固拓展疫情防控和经济社会发展成果,更好地统筹发展和安全,扎实做好"六稳"工作、全面落实"六保"任务,科学精准实施宏观政策,努力保持经济运行在合理区间,坚持扩大内需战略,强化科技战略支撑,扩大高水平对外开放,确保"十四五"开好局,以优异成绩庆祝建党 100 周年。为此,课题组在致力于中国省域经济综合竞争力评价研究过程中,就一直十分注重对经济发展质量

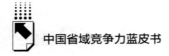

的综合性评价，注重对中国经济内外部环境的分析和影响研究。在今后的研究过程中，我们将继续按照经济高质量发展的要求，进一步修改完善中国省域经济综合竞争力评价指标体系，更加体现中国省域经济高质量发展的内在要求，切实把党领导经济工作的制度优势转化为治理效能。只有这样，才能对中国省域经济综合竞争力的提升乃至整个中国经济的又好又快发展，提供重要的理论和实践指导。

本年度研究报告是在充分借鉴国内外研究者的相关研究成果的基础上，进一步丰富和完善中国省域经济综合竞争力的内涵，紧密跟踪省域经济综合竞争力的最新研究动态，结合当前中国经济进入新常态的新变局、新情况、新挑战，深入分析当前我国省域经济综合竞争力面临的国内外形势、变化特点、发展趋势及动因，同时深度探讨了双循环新发展格局与中国经济发展问题。全书将以课题组对 2018～2019 年中国 31 个省份经济综合竞争力进行全面深入、科学的比较分析和评价回顾为主要内容，深刻揭示不同类型和发展水平的中国省域经济综合竞争力的特点及其相对差异，明确各自内部的竞争优势和薄弱环节，追踪研究中国各省份经济综合竞争力的演化轨迹和提升方向，为提升中国省域经济综合竞争力提供有价值的理论指导和决策借鉴。全书共四大部分，基本框架如下。

第一部分：总报告，即 2018～2019 年全国省域经济综合竞争力总体评价报告。总报告是对 2018～2019 年中国除港澳台外 31 个省份的经济综合竞争力进行评价分析，构建了由 1 个一级指标、9 个二级指标、25 个三级指标和 210 个四级指标组成的评价体系。在进行综合分析的基础上，通过对全国 2018～2019 年中国省域经济综合竞争力变化态势的评价分析，阐述 2018～2019 年全国各省份经济综合竞争力的区域分布情况，明示我国各省域的优劣势和相对地位，分析评价期内省域经济综合竞争力的变化特征及发展启示，提出增强省域经济综合竞争力的基本路径、方法和对策，为我国省域经济战略选择提供有价值的分析依据。

第二部分：分报告，即对 2018～2019 年各省份进行经济综合竞争力评价分析。以专题报告的形式，对 2018～2019 年中国除港澳台外 31 个省份的经济综合竞争力进行全面深入科学的比较分析和评价，深刻揭示 2018 ～ 2019 年中国不同类型和发展水平的省域经济综合竞争力的特点及其相对差异，明确各自内部的竞争优势和薄弱环节，追踪研究各省份经济综合竞争力的演化轨迹和提升方向。

第三部分：专题分析报告，即"双循环新发展格局与中国经济发展"专题分析报告，该专题聚焦新发展格局下我国对外开放新阶段特征与发展对策、以扩大内需推动构建我国新发展格局的战略价值及实现路径、金融业发展趋势与政策展望、以城市群建设引领区域协调发展的现实挑战与路径选择、数字经济发展的新模式与新业态、现代流通体系建设的思路方向与关键路径等六个专题研究内容，深入分析了双循环新发展格局下这些领域的发展趋势和政策走向，追踪研究了省域经济发展与双循环新发展格局的内在关系，为提升中国省域经济综合竞争力提供有价值的决策依据。

最后为附录部分，其中附录一列出了本书所构建的中国省域经济综合竞争力评价指标体系，为读者详细品读本书的各项研究结论提供分析依据；附录二列出了 2019 年中国省域经济综合竞争力各级指标得分和排名情况，为读者提供可量化的分析依据；附录三列出了 2019 年中国 31 个省份主要经济指标的统计数值，为读者进行定量化分析提供分析依据。

本报告是在过去十四年系列研究成果的基础上，尝试在中国省域经济综合竞争力的理论、研究方法和实践评价上做一些创新和突破，但受到研究能力和占有资料有限等主客观因素的制约，在一些方面的认识和研究仍然不够深入和全面，还有许多需要深入研究的问题未研究。此外，对各省份如何提升省域经济综合竞争力的具体对策，也需要我们在今后继续深入探索和研究。课题组愿与关注这些问题的研究者一起，不断深化对省域经济综合竞争力理论和方法的研究，使省域经济综合竞争力的评价更加符合客观实际，更为有效地指导中国省域经济和区域经济发展。

本书编委会

2021 年 1 月 15 日

目　录　◤▶▦▦▦

Ⅰ　总报告

Ⅱ　分报告

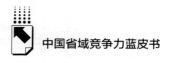

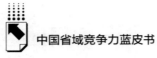
Ⅲ　专题分析报告

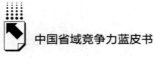

Ⅳ 附录

皮书数据库阅读使用指南

CONTENTS

I General Report

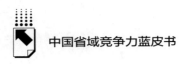
II   Departmental Reports

CONTENTS

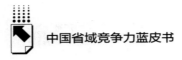

CONTENTS

Ⅲ   The Report on Subject Analysis

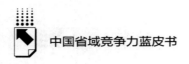

中国省域竞争力蓝皮书

IV Appendix

I 总 报 告

General Report

B.1

2018~2019年全国省域经济
综合竞争力总体评价报告

中国位于亚欧大陆的东部、太平洋西岸，陆地面积约960万平方公里，陆地边界长达2.28万公里；海域面积473万平方公里，大陆海岸线长约1.8万公里。2019年全国年末总人口为14亿人，实现国内生产总值99万亿元，同比增长6.1%。世界经济论坛公布的《2020全球竞争力报告》显示，中国在全球竞争力排名榜上处于第28位，与上年相比保持不变，保持最具竞争力新兴市场国家地位。省域是中国最大的行政区划，省域经济是中国经济的重要组成部分，省域经济综合竞争力在一定程度上决定着中国经济及其国际竞争力的发展水平。本部分通过对2018~2019年中国省域经济综合竞争力以及各要素竞争力的排名变化分析，从中找出中国省域经济综合竞争力的推动点及影响因素，为进一步提升中国经济综合竞争力提供决策参考。

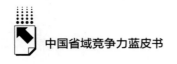

一 全国省域经济综合竞争力发展评价

1.1 全国省域经济综合竞争力评价结果

根据中国省域经济综合竞争力的指标体系和数学模型，课题组对2018～2019 年全国除港澳台外的 31 个省份的相关指标数据进行统计和分析，表 1－1 列出了评价期内全国 31 个省份经济综合竞争力排位和排位变化情况及其下属 9 个二级指标的评价结果。

1.2 全国省域经济综合竞争力排序分析

2019 年全国 31 个省份经济综合竞争力处于上游区（1～10 位）的依次为广东省、江苏省、上海市、北京市、浙江省、山东省、福建省、天津市、河南省、湖北省，排在中游区（11～20 位）的依次为四川省、安徽省、重庆市、湖南省、河北省、陕西省、江西省、辽宁省、内蒙古自治区、山西省，处于下游区（21～31 位）的依次为海南省、贵州省、广西壮族自治区、云南省、新疆维吾尔自治区、黑龙江省、宁夏回族自治区、吉林省、青海省、甘肃省、西藏自治区。

2018 年全国 31 个省份经济综合竞争力处于上游区（1～10 位）的依次为广东省、江苏省、上海市、北京市、浙江省、山东省、福建省、天津市、湖北省、四川省，排在中游区（11～20 位）的依次为河南省、安徽省、重庆市、陕西省、河北省、湖南省、辽宁省、江西省、山西省、内蒙古自治区，处于下游区（21～31 位）的依次为海南省、贵州省、广西壮族自治区、黑龙江省、吉林省、云南省、宁夏回族自治区、新疆维吾尔自治区、青海省、甘肃省、西藏自治区。

1.3 全国省域经济综合竞争力排序变化比较

2019 年与 2018 年相比，经济综合竞争力排位上升的有 6 个省份，上升

表1-1　2018～2019年全国31个省份经济综合竞争力评价比较

地区	2018年 宏观经济竞争力	产业经济竞争力	可持续发展竞争力	财政金融竞争力	知识经济竞争力	发展环境竞争力	政府作用竞争力	发展水平竞争力	统筹协调竞争力	全国比较综合排名	2019年 宏观经济竞争力	产业经济竞争力	可持续发展竞争力	财政金融竞争力	知识经济竞争力	发展环境竞争力	政府作用竞争力	发展水平竞争力	统筹协调竞争力	全国比较综合排名	综合排名升降
北京	8	3	6	1	2	4	6	3	4	4	7	5	3	1	2	5	2	5	5	4	0
天津	16	12	24	19	8	12	1	9	2	8	11	20	14	6	11	17	5	10	9	8	0
河北	14	13	20	9	19	16	17	18	16	15	14	16	25	15	17	12	9	19	14	15	0
山西	20	21	3	10	21	24	20	21	12	19	25	25	4	7	22	23	29	20	17	20	-1
内蒙古	26	11	1	15	28	20	14	23	26	20	26	14	1	10	26	18	19	24	29	19	1
辽宁	19	17	11	13	16	17	8	16	19	17	21	18	8	17	18	21	18	16	21	18	-1
吉林	27	28	29	30	22	26	15	25	10	25	28	30	19	30	19	27	28	29	25	28	-3
黑龙江	31	23	2	27	24	28	9	26	23	24	27	24	5	26	24	31	16	25	27	26	-2
上海	4	4	17	2	4	1	2	1	3	3	4	4	20	2	4	1	4	1	1	3	0
江苏	2	2	10	4	3	3	5	2	1	2	2	2	11	5	3	3	1	2	2	2	0
浙江	3	6	5	5	5	5	5	5	7	5	2	3	15	4	5	4	3	3	3	5	0
安徽	17	10	16	16	14	10	18	10	20	12	12	11	16	18	13	9	10	14	15	12	0
福建	6	8	4	20	15	7	7	7	8	7	8	8	7	21	15	10	6	7	6	7	0
江西	13	18	27	23	17	25	29	11	22	18	15	17	28	16	16	22	26	8	18	17	1
山东	5	5	9	8	6	6	11	8	6	6	5	6	24	8	6	6	12	9	10	6	0

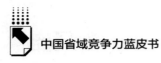
续表

地区	2018年 宏观经济竞争力	产业经济竞争力	可持续发展竞争力	财政金融竞争力	知识经济竞争力	发展环境竞争力	政府作用竞争力	发展水平竞争力	统筹协调竞争力	全国比较综合排名	2019年 宏观经济竞争力	产业经济竞争力	可持续发展竞争力	财政金融竞争力	知识经济竞争力	发展环境竞争力	政府作用竞争力	发展水平竞争力	统筹协调竞争力	全国比较综合排名	综合排名升降
河南	10	9	18	12	11	11	27	13	15	11	10	10	10	12	7	7	23	15	7	9	2
湖北	9	7	21	14	7	13	16	12	11	9	9	7	18	13	9	13	17	12	8	10	-1
湖南	12	16	28	28	13	14	12	14	18	16	13	12	21	19	12	15	13	17	16	14	2
广东	1	1	8	3	1	2	3	4	5	1	1	1	2	3	1	2	7	4	4	1	0
广西	18	22	15	31	20	22	25	19	27	23	18	26	12	25	20	25	27	21	24	23	0
海南	25	20	7	7	25	21	19	24	21	21	23	28	6	9	25	20	15	22	23	21	0
重庆	11	19	23	18	12	8	21	6	17	13	16	15	29	27	14	11	8	6	12	13	0
四川	7	14	12	6	9	15	10	17	14	10	6	9	22	11	8	16	11	11	11	11	-1
贵州	22	25	26	25	18	19	24	20	28	22	24	21	27	20	21	14	24	23	26	22	0
云南	21	26	13	21	23	29	26	28	29	26	19	19	13	22	23	24	25	27	22	24	2
西藏	23	29	14	29	31	30	31	31	30	31	17	22	17	29	31	30	31	31	28	31	0
陕西	15	15	19	11	10	9	23	15	13	14	20	13	9	14	10	8	22	13	20	16	-2
甘肃	30	30	25	22	26	27	30	29	31	30	31	27	26	28	27	28	30	28	31	30	0
青海	24	31	31	24	30	23	28	30	24	29	30	31	30	24	29	26	21	30	19	29	0
宁夏	29	27	30	26	27	18	13	22	25	27	29	29	31	31	28	19	14	18	30	27	0
新疆	28	24	22	17	29	31	22	27	9	28	22	23	23	23	30	29	20	26	13	25	3

幅度最大的是新疆维吾尔自治区，排位上升了3位，其次是河南省、湖南省和云南省，都上升了2位，江西省和内蒙古自治区均上升了1位；18个省份排位没有变化；排位下降的有7个省份，下降幅度最大的是吉林省，排位下降了3位，陕西省和黑龙江省均下降了2位，湖北省、四川省、辽宁省、山西省均下降了1位。

1.4　全国省域经济综合竞争力跨区段变化情况及动因分析

在评价期内，河南省的排位出现跨区段变化，由中游区跨入上游区，前进了2位。由于一级指标仍属于合成性指标，要真正找准影响省域经济综合竞争力升降的根本原因，还必须对处于基础地位、具有确定值的四级指标进行评价分析，本书第二部分对每个省份的经济综合竞争力进行了具体评价分析。

二　全国省域经济综合竞争力区域分布

2.1　全国省域经济综合竞争力均衡性分析

各省域经济综合竞争力排位，反映的只是排序位差，按照功效系数法进行无量纲化处理和加权求和后得到的综合得分可以更为准确地反映各省域经济综合竞争力的实际差距，有必要认真分析各级指标得分及分布情况，对得分实际差距及其均衡性进行深入研究和分析。图2－1显示了2018年和2019年全国各省域经济综合竞争力评价分值的分布情况。

从图2－1可以看出，各省之间经济综合竞争力得分的分布很不均衡，有一半左右省份经济综合竞争力得分集中在30～40分，整体分布比较分散，而且呈现右偏态分布。从2018～2019年的对比情况来看，各省份得分的分布情况变化很大。其中，得分在30～35分和35～40分之间的省份分别由9个减少到8个、由8个减少到6个。值得一提的是，2018年和2019年广东省经济综合竞争力得分均保持在60分以上（见表2－1）。

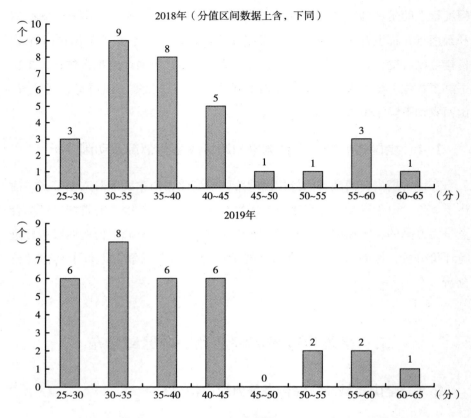

图 2-1　2018 年和 2019 年全国各省域经济综合竞争力评价分值分布

表 2-1　全国各省域经济综合竞争力评价分值及分差比较

单位：分

序　号	地　区	2018 年	2019 年	分值升降
1	广　东	61.2	60.2	-1.0
2	江　苏	58.9	56.9	-2.0
3	上　海	58.5	55.2	-3.3
4	北　京	56.5	53.8	-2.7
5	浙　江	52.5	53.3	0.8
6	山　东	47.8	44.5	-3.3
7	福　建	43.6	41.7	-1.9
8	天　津	42.8	40.2	-2.6

续表

序　号	地　区	2018 年	2019 年	分值升降
9	河　南	40.3	40.2	− 0.1
10	湖　北	41.6	40.1	− 1.5
平　均		50.4	48.6	− 1.8
11	四　川	41.2	40.1	− 1.1
12	安　徽	39.5	38.8	− 0.7
13	重　庆	39.4	38.0	− 1.4
14	湖　南	37.8	37.5	− 0.3
15	河　北	38.0	36.6	− 1.4
16	陕　西	38.9	36.2	− 2.7
17	江　西	35.4	35.5	0.1
18	辽　宁	37.0	33.8	− 3.2
19	内蒙古	34.6	33.0	− 1.6
20	山　西	35.2	32.9	− 2.3
平　均		37.7	36.2	− 1.5
21	海　南	33.8	32.5	− 1.3
22	贵　州	32.9	31.2	− 1.7
23	广　西	32.3	31.0	− 1.3
24	云　南	31.4	30.8	− 0.6
25	新　疆	30.9	30.6	− 0.3
26	黑龙江	31.6	29.2	− 2.4
27	宁　夏	31.0	28.4	− 2.6
28	吉　林	31.4	27.6	− 3.8
29	青　海	28.8	27.0	− 1.8
30	甘　肃	27.1	25.5	− 1.6
31	西　藏	25.3	25.5	0.2
平　均		30.6	29.0	− 1.6
全国平均		39.3	37.7	− 1.6

　　从表 2 - 1 可以看出，不同省份经济综合竞争力得分差距很大。2019年，得分最低的西藏自治区只有 25.5 分，不到第一名广东省得分的一半。另外，相同区位内部各省份综合得分差距也比较明显。同样是处于上游区，排在第 10 位的湖北省与排在第 1 位的广东省总分相差 20.1 分；但是处于中下游区的省份综合得分比较接近，排在第 11 位的四川省得分为 40.1 分，比

第20位的山西省仅多出7.2分；同样是处于下游区，排在第21位的海南省比排在第31位的西藏自治区超出7分。2019年处于上游区的10个省份平均分值为48.6分，处于中游区的10个省份的平均分值为36.2分，处于下游区的11个省份的平均分值为29.0分。

从2018~2019年得分升降来看，全国只有3个省份得分上升，上升幅度最大的是浙江省，增加了0.8分，其次是西藏自治区，增加了0.2分。28个省份的经济综合竞争力得分有所下降，下降幅度最大的是吉林省，下降了3.8分。从全国平均分值来看，2019年为37.7分，与2018年相比，下降了1.6分。

2.2 全国省域经济综合竞争力区域评价分析

表2-2列出了评价期内全国四大区域经济综合竞争力评价分值及其分差情况。2018年全国四大区域经济综合竞争力的评价分值依次为：东部地区49.4分、中部地区38.3分、西部地区32.8分、东北地区33.3分，东部地区经济综合竞争力分值遥遥领先，中西部地区与东部地区的差距较大。2019年全国四大区域经济综合竞争力的评价分值依次为：东部地区47.5分、中部地区37.5分、西部地区31.4分、东北地区30.2分，西部地区经济综合竞争力得分与东部地区的差距有所缩小。与2018年相比，西部地区与东部地区的差距缩小了0.5分，表明西部地区与东部地区的差距在缩小，但东北地区与东部地区的得分差距扩大了1.2分，表明东北地区经济综合竞争力有进一步下降的趋势。

从2018~2019年区域经济综合竞争力平均分值变化情况看，四个地区平均分值都有所下降，下降幅度最大的是东北地区，评价得分下降了3.1分；东部地区平均得分下降了1.9分，西部地区平均得分下降了1.4分，中部地区平均得分下降了0.8分。各板块经济综合竞争力变化出现分化现象，表明区域竞争越来越激烈，四大区域经济综合竞争力发展的协调性还有待提高。

表2-2　全国四大区域经济综合竞争力评价分值及分差比较

单位：分

地　区	2018 年	2019 年	分值升降
东部地区	49.4	47.5	−1.9
中部地区	38.3	37.5	−0.8
西部地区	32.8	31.4	−1.4
东北地区	33.3	30.2	−3.1

2.3　全国省域经济综合竞争力区域内部差异分析

　　省域经济综合竞争力不仅在全国四大区域之间有明显差距，各区域内部省份也存在差距，下文将进一步分析我国四大区域内部省份的经济综合竞争力排位差异情况。表2-3、表2-4、表2-5和表2-6分别列出了评价期内东部地区、中部地区、西部地区和东北地区各省份在全国的排位情况。

表2-3　东部地区经济综合竞争力排位比较

地　区	东部地区排位			全国排位		
	2018 年	2019 年	排位升降	2018 年	2019 年	排位升降
广　东	1	1	0	1	1	0
江　苏	2	2	0	2	2	0
上　海	3	3	0	3	3	0
北　京	4	4	0	4	4	0
浙　江	5	5	0	5	5	0
山　东	6	6	0	6	6	0
福　建	7	7	0	7	7	0
天　津	8	8	0	8	8	0
河　北	9	9	0	15	15	0
海　南	10	10	0	21	25	−4

　　从表2-3可以看出，东部地区10个省份经济综合竞争力排位绝大部分处在上游区，只有河北省处于中游区、海南省处于下游区。上游区的8个省份经济综合竞争力排位比较稳定。这也说明东部地区各省份在全国处于绝对优势地位。但东部地区10个省份，竞争格局也是不平衡的，最明显的差距

体现在海南省与其他省份之间。另外，同样处在上游区的省份，也存在较大差距。表2-1的竞争力得分显示：广东省、江苏省、上海市、北京市、浙江省得分都在50分以上，其他5个省份都低于50分。

表2-4　中部地区经济综合竞争力排位比较

地　区	中部地区排位			全国排位		
	2018 年	2019 年	排位升降	2018 年	2019 年	排位升降
河　南	2	1	1	10	9	1
湖　北	1	2	-1	9	10	-1
安　徽	3	3	0	11	11	0
湖　南	4	4	0	15	13	2
江　西	5	5	0	17	16	1
山　西	6	6	0	18	22	-4

　　从表2-4可以看出，中部地区6个省份经济综合竞争力排位分布很不均衡，河南省和湖北省处于上游区，安徽省、湖南省和江西省都处在中游区，山西省处于下游区。与2018年相比，2019年中部地区各省份综合排位大多发生了变化，其中山西排名下降明显，从中游区降入下游区。从表2-2的竞争力得分来看，中部地区与东部地区得分差距较大，但有所缩小，与西部地区的差距有所增加，说明中部地区开始积累竞争优势，整体竞争力开始上升。从地区内部的排位变化来看，中部地区各省份竞争力相对变化不明显。

表2-5　西部地区经济综合竞争力排位比较

地　区	西部地区排位			全国排位		
	2018 年	2019 年	排位升降	2018 年	2019 年	排位升降
四　川	1	1	0	10	11	-1
重　庆	2	2	0	13	13	0
陕　西	3	3	0	14	16	-2
内蒙古	4	4	0	20	20	0
贵　州	5	5	0	23	24	-1
广　西	6	6	0	24	25	-1
云　南	7	7	0	25	26	-1

续表

地 区	西部地区排位			全国排位		
	2018 年	2019 年	排位升降	2018 年	2019 年	排位升降
新 疆	9	8	1	27	27	0
宁 夏	8	9	−1	26	28	−2
青 海	10	10	0	29	29	0
甘 肃	11	11	0	30	30	0
西 藏	12	12	0	31	31	0

从表 2−5 中可以看出，西部地区 12 个省份的经济综合竞争力排位大多数处在下游区，但是也有四川省、重庆市、陕西省和内蒙古自治区处于中游区，尤其是四川省和重庆市排名在中游前列，而其他各省份处于明显的竞争劣势地位。从表 2−2 的竞争力得分来看，2019 年，西部地区平均得分只有东部地区得分的 66.1%，这一比例比 2018 年下降了 0.3 个百分点，表明其竞争力与东部地区相比仍有很大差距。西部地区与中部地区相比，很多省份的竞争力得分差距很小，其竞争力劣势就不太明显。从 2018～2019 年得分变化来看，西部地区平均得分下降了 1.4 分，延续了往年的变化趋势，与东部地区的差距有所缩小，说明西部地区的竞争力在逐步提升。从西部地区 12 个省份的内部排位来看，西部地区各省份之间的综合竞争力排位相对稳定，除了个别省份排位有所调整以外，没有太大的变化。

表 2−6　东北地区经济综合竞争力排位比较

地 区	东北地区排位			全国排位		
	2018 年	2019 年	排位升降	2018 年	2019 年	排位升降
辽 宁	1	1	0	17	18	−1
黑龙江	2	2	0	24	26	−2
吉 林	3	3	0	25	28	−3

从表 2−6 中可以看出，相对于其他地区，东北地区 2019 年竞争力出现普遍下降的趋势，虽然辽宁省仍然处于中游区，但与往年相比，仍然呈下降的趋势；吉林省和黑龙江省仍然处于下游区，排位下降幅度也比较大，说明

东北地区整体竞争劣势在延续，还没有得到有效控制。从东北地区内部来看，三个省的排位相对较为稳定。

三　全国省域宏观经济竞争力评价分析

3.1　全国省域宏观经济竞争力评价结果

根据宏观经济竞争力指标体系和数学模型，课题组对采集到的2018～2019年全国31个省份的相关统计资料进行整理和合成，表3-1显示了这两个年份宏观经济竞争力排位和排位变化情况以及其下属3个三级指标的评价结果。

表3-1　全国各省域宏观经济竞争力评价比较

地区	2018 年				2019 年				综合排名升降
	经济实力竞争力	经济结构竞争力	经济外向度竞争力	全国比较综合排名	经济实力竞争力	经济结构竞争力	经济外向度竞争力	全国比较综合排名	
北　京	10	16	6	8	11	11	6	7	1
天　津	21	11	12	16	13	2	10	11	5
河　北	12	14	24	14	14	14	13	14	0
山　西	24	15	20	20	27	18	25	25	-5
内蒙古	25	27	21	26	25	24	23	26	0
辽　宁	23	21	11	19	23	21	20	21	-2
吉　林	26	26	28	27	29	25	26	28	-1
黑龙江	28	31	19	31	28	28	22	27	4
上　海	6	12	2	4	9	4	2	4	0
江　苏	1	2	3	2	1	5	3	2	0
浙　江	4	1	4	3	3	1	4	3	0
安　徽	15	19	15	17	8	13	11	12	5
福　建	5	3	10	6	10	7	4	8	-2
江　西	14	6	27	13	15	10	17	15	-2
山　东	3	13	5	5	4	16	5	5	0
河　南	9	5	25	10	7	6	21	10	0
湖　北	7	7	23	9	5	12	14	9	0

地区	2018 年				2019 年				综合排名升降
	经济实力竞争力	经济结构竞争力	经济外向度竞争力	全国比较综合排名	经济实力竞争力	经济结构竞争力	经济外向度竞争力	全国比较综合排名	
湖　南	13	9	17	12	12	9	8	13	-1
广　东	2	8	1	1	2	3	1	1	0
广　西	16	20	18	18	20	23	12	18	0
海　南	31	18	14	25	30	15	19	23	2
重　庆	17	4	9	11	16	8	18	16	-5
四　川	8	10	7	7	6	17	7	6	1
贵　州	20	22	29	22	22	22	30	24	-2
云　南	19	29	16	21	19	29	16	19	2
西　藏	18	23	30	23	18	19	24	17	6
陕　西	11	24	8	15	17	26	27	20	-5
甘　肃	30	30	13	30	26	31	29	31	-1
青　海	22	25	26	24	24	30	31	30	-6
宁　夏	29	17	31	29	31	20	28	29	0
新　疆	27	28	22	28	21	27	15	22	6

3.2　全国省域宏观经济竞争力排序分析

2018 年全国各省份宏观经济竞争力处于上游区（1～10 位）的依次排序是广东省、江苏省、浙江省、上海市、山东省、福建省、四川省、北京市、湖北省、河南省，处于中游区（11～20 位）的依次排序为重庆市、湖南省、江西省、河北省、陕西省、天津市、安徽省、广西壮族自治区、辽宁省、山西省，处于下游区（21～31 位）的依次排序为云南省、贵州省、西藏自治区、青海省、海南省、内蒙古自治区、吉林省、新疆维吾尔自治区、宁夏回族自治区、甘肃省、黑龙江省。

2019 年全国各省份宏观经济竞争力处于上游区（1～10 位）的依次排序是广东省、江苏省、浙江省、上海市、山东省、四川省、北京市、福建省、湖北省、河南省，处于中游区（11～20 位）的依次排序为天津市、安徽省、湖南省、河北省、江西省、重庆市、西藏自治区、广西壮族自治区、

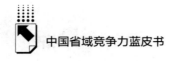

云南省、陕西省，处于下游区（21～31 位）的依次排序为辽宁省、新疆维吾尔自治区、海南省、贵州省、山西省、内蒙古自治区、黑龙江省、吉林省、宁夏回族自治区、青海省、甘肃省。

3.3　全国省域宏观经济竞争力排序变化比较

2019 年与 2018 年相比，排位上升的有 9 个省份，上升幅度最大的是西藏自治区（6 位）和新疆维吾尔自治区（6 位），其他依次为天津市（5 位）、安徽省（5 位）、黑龙江省（4 位）、海南省（2 位）、云南省（2 位）、北京市（1 位）、四川省（1 位）；排位下降的有 11 个省份，下降幅度最大的是青海省（6 位），其他依次为山西省（5 位）、重庆市（5 位）、陕西省（5 位）、辽宁省（2 位）、福建省（2 位）、江西省（2 位）、贵州省（2 位）、吉林省（1 位）、湖南省（1 位）、甘肃省（1 位），有 11 个省份的排位没有变化。

3.4　全国省域宏观经济竞争力跨区段变化情况

不同区段是衡量竞争力优势水平的重要标志，在评价期内，一些省份宏观经济竞争力排位出现了跨区段变化。在跨区段上升方面，云南省、西藏自治区由下游区升入中游区。在跨区段下降方面，辽宁省由中游区降入下游区。

3.5　全国省域宏观经济竞争力动因分析

作为省域经济综合竞争力的二级指标，省域宏观经济竞争力的变化是三级指标的变化综合作用的结果，表 3 - 1 还列出了 3 个三级指标的变化情况。

经济实力竞争力方面，2018 年排在前 10 位的省份依次为江苏省、广东省、山东省、浙江省、福建省、上海市、湖北省、四川省、河南省、北京市；2019 年排在前 10 位的省份依次为江苏省、广东省、浙江省、山东省、湖北省、四川省、河南省、安徽省、上海市、福建省。

经济结构竞争力方面，2018 年排在前 10 位的省份依次为浙江省、江苏省、福建省、重庆市、河南省、江西省、湖北省、广东省、湖南省、四川省；2019年排在前10位的省份依次为浙江省、天津市、广东省、上海市、江苏省、河南省、福建省、重庆市、湖南省、江西省。

经济外向度竞争力方面，2018年排在前10位的省份依次为广东省、上海市、江苏省、浙江省、山东省、北京市、四川省、陕西省、重庆市、福建省；2019年排在前10位的省份依次为广东省、上海市、江苏省、浙江省、山东省、北京市、四川省、湖南省、福建省、天津市。

从上述宏观经济竞争力排位跨区段升降的省份来看，西藏自治区的宏观经济竞争力排位上升了6位，是由于经济结构竞争力排位上升4位，经济外向度竞争力排位上升6位，二者共同推动的结果。辽宁省的宏观经济竞争力排位下降了2位，是经济外向度竞争力下降9位导致的。此外，从宏观经济竞争力排位在评价期内均处于上游区的省份来看，要保持竞争优势地位，都需要3个三级指标的良好表现来支撑。

四　全国省域产业经济竞争力评价分析

4.1　全国省域产业经济竞争力评价结果

根据产业经济竞争力指标体系和数学模型，课题组对采集到的2018～2019年全国31个省份的相关统计资料进行了整理和合成，表4-1显示了这两个年份产业经济竞争力排位和排位变化情况，以及其下属4个三级指标的评价结果。

表4-1　全国各省域产业经济竞争力评价比较

地区	2018年					2019年					综合排名升降
	农业竞争力	工业竞争力	服务业竞争力	企业竞争力	全国比较综合排名	农业竞争力	工业竞争力	服务业竞争力	企业竞争力	全国比较综合排名	
北　京	29	12	4	1	3	29	12	4	1	5	-2
天　津	31	6	17	4	12	31	22	20	7	20	-8

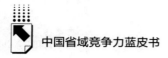
续表

地区	2018 年					2019 年					综合排名升降
	农业竞争力	工业竞争力	服务业竞争力	企业竞争力	全国比较综合排名	农业竞争力	工业竞争力	服务业竞争力	企业竞争力	全国比较综合排名	
河 北	7	13	12	16	13	12	17	19	12	16	−3
山 西	30	19	20	14	21	30	18	25	21	25	−4
内蒙古	2	16	24	8	11	3	13	27	9	14	−3
辽 宁	26	17	23	9	17	19	11	21	16	18	−1
吉 林	23	26	27	28	28	20	31	31	14	30	−2
黑龙江	1	30	22	29	23	1	28	28	25	24	−1
上 海	15	5	2	2	4	18	5	2	4	4	0
江 苏	4	1	3	6	2	5	2	3	2	2	0
浙 江	11	8	6	5	6	17	3	5	3	3	3
安 徽	12	9	10	12	10	14	16	12	11	11	−1
福 建	13	4	11	15	8	13	4	9	13	8	0
江 西	20	15	14	23	18	25	15	13	15	17	1
山 东	3	3	5	7	5	2	6	6	6	6	−1
河 南	5	11	8	18	9	4	10	10	20	10	−1
湖 北	9	7	7	13	7	9	7	8	8	7	0
湖 南	10	18	13	22	16	10	19	11	18	12	4
广 东	17	2	1	3	1	16	1	1	5	1	0
广 西	8	21	18	24	22	11	27	22	29	26	−4
海 南	18	29	19	10	20	22	29	24	22	28	−8
重 庆	28	22	15	11	19	27	14	14	10	15	4
四 川	6	14	9	19	14	6	9	7	19	9	5
贵 州	19	23	16	30	25	15	25	15	30	21	4
云 南	16	25	25	27	26	8	21	16	26	19	7
西 藏	21	24	28	31	29	21	24	17	31	22	7
陕 西	24	10	21	17	15	23	8	18	17	13	2
甘 肃	22	31	29	20	30	24	26	26	23	27	3
青 海	27	28	31	26	31	26	30	29	27	31	0
宁 夏	25	27	30	21	27	28	23	30	24	29	−2
新 疆	14	20	26	25	24	7	20	23	28	23	1

4.2 全国省域产业经济竞争力排序分析

2018 年全国各省份产业经济竞争力处于上游区（1～10位）的依次是广东省、江苏省、北京市、上海市、山东省、浙江省、湖北省、福建省、河南省、安徽省；处于中游区（11～20位）的依次排序为内蒙古自治区、天津市、河北省、四川省、陕西省、湖南省、辽宁省、江西省、重庆市、海南省；处于下游区（21～31位）的依次排序为山西省、广西壮族自治区、黑龙江省、新疆维吾尔自治区、贵州省、云南省、宁夏回族自治区、吉林省、西藏自治区、甘肃省、青海省。

2019 年全国各省份产业经济竞争力处于上游区（1～10位）的依次是广东省、江苏省、浙江省、上海市、北京市、山东省、湖北省、福建省、四川省、河南省；排在中游区（11～20位）的依次排序为安徽省、湖南省、陕西省、内蒙古自治区、重庆市、河北省、江西省、辽宁省、云南省、天津市；处于下游区（21～31位）的依次排序为贵州省、西藏自治区、新疆维吾尔自治区、黑龙江省、山西省、广西壮族自治区、甘肃省、海南省、宁夏回族自治区、吉林省、青海省。

4.3 全国省域产业经济竞争力排序变化比较

2019 年与 2018 年相比较，排位下降的有 14 个省份，下降幅度最大的是天津市（8 位）和海南省（8 位），其他依次为山西省（4 位）、广西壮族自治区（4 位）、河北省（3 位）、内蒙古自治区（3 位）、北京市（2 位）、吉林省（2 位）、宁夏回族自治区（2 位）、辽宁省（1 位）、黑龙江省（1位）、安徽省（1 位）、山东省（1 位）、河南省（1 位）；排位上升的有 11 个省份，上升幅度最大的是云南省（7 位）和西藏自治区（7 位），其他依次为四川省（5 位）、湖南省（4 位）、重庆市（4 位）、贵州省（4 位）、浙江省（3 位）、甘肃省（3 位）、陕西省（2 位）、江西省（1 位）、新疆维吾尔自治区（1 位）；其他 6 个省份排位没有变化。

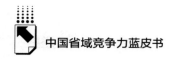

4.4　全国省域产业经济竞争力跨区段变化情况

在评价期内，一些省份产业经济竞争力排位出现了跨区段变化。在跨区段上升方面，四川省由中游区升入上游区，云南省由下游区升入中游区；在跨区段下降方面，安徽省由上游区降入中游区，海南省由中游区降入下游区。

4.5　全国省域产业经济竞争力动因分析

在农业竞争力方面，2018 年排在前 10 位的省份依次为黑龙江省、内蒙古自治区、山东省、江苏省、河南省、四川省、河北省、广西壮族自治区、湖北省、湖南省；2019 年排在前 10 位的省份依次为黑龙江省、山东省、内蒙古自治区、河南省、江苏省、四川省、新疆维吾尔自治区、云南省、湖北省、湖南省。

在工业竞争力方面，2018 年排在前 10 位的省份依次为江苏省、广东省、山东省、福建省、上海市、天津市、湖北省、浙江省、安徽省、陕西省；2019 年排在前 10 位的省份依次为广东省、江苏省、浙江省、福建省、上海市、山东省、湖北省、陕西省、四川省、河南省。

在服务业竞争力方面，2018 年排在前 10 位的省份依次为广东省、上海市、江苏省、北京市、山东省、浙江省、湖北省、河南省、四川省、安徽省；2019 年排在前 10 位的省份依次为广东省、上海市、江苏省、北京市、浙江省、山东省、四川省、湖北省、福建省、河南省。

在企业竞争力方面，2018 年排在前 10 位的省份依次为北京市、上海市、广东省、天津市、浙江省、江苏省、山东省、内蒙古自治区、辽宁省、海南省；2019 年排在前 10 位的省份依次为北京市、江苏省、浙江省、上海市、广东省、山东省、天津市、湖北省、内蒙古自治区、重庆市。

从上述产业经济竞争力排位跨区段升降的省份看，云南省产业经济竞争力排位上升 7 位，是由于农业竞争力、工业竞争力、服务业竞争力和企业竞争力整体上升共同作用的结果，特别是农业竞争力和服务业竞争力均有较大幅度的上升。海南省产业经济竞争力排位下降 8 位，是农业竞争力下降 4 位、服务业竞争力下降 5 位和企业竞争力下降 12 位共同影响导致的结果。所以，要不断提升一个地区的产业经济竞争力，就必须全面提升三级指标的排位。产业经济竞争力排位在评价期内均处于上游区的省份，也都是由于有 4 个三级指标的良好表现来支撑的。

五　全国省域可持续发展竞争力评价分析

5.1　全国省域可持续发展竞争力评价结果

根据可持续发展竞争力指标体系和数学模型，课题组对采集到的2018～2019 年全国 31 个省份的相关统计资料进行了整理和合成，表 5 - 1 显示了这两个年份可持续发展竞争力排位和排位变化情况，以及其下属 3 个三级指标的评价结果。

表 5 – 1　全国各省域可持续发展竞争力评价比较

地区	2018 年				2019 年				综合排名升降
	资源竞争力	环境竞争力	人力资源竞争力	全国比较综合排名	资源竞争力	环境竞争力	人力资源竞争力	全国比较综合排名	
北　京	30	6	1	7	30	5	1	3	4
天　津	29	18	3	21	29	10	4	14	7
河　北	17	15	19	22	17	25	18	25	– 3
山　西	4	20	18	6	4	17	11	4	2
内蒙古	1	26	11	1	1	24	8	1	0
辽　宁	9	21	6	11	9	19	7	8	3
吉　林	7	24	25	25	7	23	24	19	6
黑龙江	3	23	20	3	3	26	21	5	– 2
上　海	31	8	4	15	31	9	6	20	– 5
江　苏	19	17	7	16	19	16	5	11	5
浙　江	25	3	5	5	25	20	3	15	– 10
安　徽	22	13	12	19	22	8	20	16	3

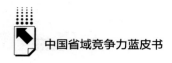
续表

地区	2018 年				2019 年				综合排名升降
	资源竞争力	环境竞争力	人力资源竞争力	全国比较综合排名	资源竞争力	环境竞争力	人力资源竞争力	全国比较综合排名	
福 建	13	4	16	4	13	2	16	7	-3
江 西	26	7	27	23	26	15	25	28	-5
山 东	11	27	21	26	11	28	17	24	2
河 南	21	11	9	13	21	11	10	10	3
湖 北	23	10	14	17	23	13	15	18	-1
湖 南	27	5	15	10	27	12	14	21	-11
广 东	24	19	2	14	24	4	2	2	12
广 西	20	1	24	8	20	3	23	12	-4
海 南	10	2	17	2	10	1	13	6	-4
重 庆	28	9	13	20	28	22	12	29	-9
四 川	14	29	10	27	14	27	9	22	5
贵 州	16	14	30	28	16	14	30	27	1
云 南	8	16	23	18	8	6	22	13	5
西 藏	2	22	31	12	2	21	31	17	-5
陕 西	15	12	8	9	15	7	19	9	0
甘 肃	12	28	28	30	12	18	27	26	4
青 海	6	31	26	29	6	31	28	30	-1
宁 夏	18	25	29	31	18	29	29	31	0
新 疆	5	30	22	24	5	30	26	23	1

5.2 全国省域可持续发展竞争力排序分析

2018 年全国各省份可持续发展竞争力处于上游区（1～10 位）的依次排序是内蒙古自治区、海南省、黑龙江省、福建省、浙江省、山西省、北京市、广西壮族自治区、陕西省、湖南省，排在中游区（11～20 位）的依次为辽宁省、西藏自治区、河南省、广东省、上海市、江苏省、湖北省、云南省、安徽省、重庆市，处于下游区（21～31 位）的依次为天津市、河北省、江西省、新疆维吾尔自治区、吉林省、山东省、四川省、贵州省、青海省、甘肃省、宁夏回族自治区。

2019年全国各省份可持续发展竞争力处于上游区（1～10位）的依次排序是内蒙古自治区、广东省、北京市、山西省、黑龙江省、海南省、福建省、辽宁省、陕西省、河南省，排在中游区（11～20位）的依次排序为江苏省、广西壮族自治区、云南省、天津市、浙江省、安徽省、西藏自治区、湖北省、吉林省、上海市，处于下游区（21～31位）的依次排序为湖南省、四川省、新疆维吾尔自治区、山东省、河北省、甘肃省、贵州省、江西省、重庆市、青海省、宁夏回族自治区。

5.3　全国省域可持续发展竞争力排序变化比较

2019年与2018年相比较，排位上升的有15个省份，上升幅度最大的是广东省（12位），其他依次为天津市（7位）、吉林省（6位）、江苏省（5位）、四川省（5位）、云南省（5位）、北京市（4位）、甘肃省（4位）、辽宁省（3位）、安徽省（3位）、河南省（3位）、山西省（2位）、山东省（2位）、贵州省（1位）、新疆维吾尔自治区（1位）；3个省份排位没有变化；排位下降的有13个省市，下降幅度最大的是湖南省（11位），其他依次为浙江省（10位）、重庆市（9位）、西藏自治区（5位）、江西省（5位）、上海市（5位）、海南省（4位）、广西壮族自治区（4位）、福建省（3位）、河北省（3位）、黑龙江省（2位）、青海省（1位）、湖北省（1位）。

5.4　全国省域可持续发展竞争力跨区段变化情况

在评价期内，一些省份可持续发展竞争力排位出现了跨区段变化。在跨区段上升方面，广东省、辽宁省和河南省由中游区升入上游区，天津市和吉林省由下游区升入中游区。在跨区段下降方面，广西壮族自治区和浙江省由上游区跌入中游区，湖南省由上游区跌入下游区，重庆市由中游区跌入下游区。

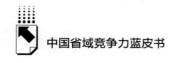

5.5　全国省域可持续发展竞争力动因分析

在资源竞争力方面，2018 年排在前 10 位的省份依次为内蒙古自治区、西藏自治区、黑龙江省、山西省、新疆维吾尔自治区、青海省、吉林省、云南省、辽宁省、海南省；2019 年排在前 10 位的省份依次为内蒙古自治区、西藏自治区、黑龙江省、山西省、新疆维吾尔自治区、青海省、吉林省、云南省、辽宁省、海南省。

在环境竞争力方面，2018 年排在前 10 位的省份依次为广西壮族自治区、海南省、浙江省、福建省、湖南省、北京市、江西省、上海市、重庆市、湖北省；2019 年排在前 10 位的省份依次为海南省、福建省、广西壮族自治区、广东省、北京市、云南省、陕西省、安徽省、上海市、天津市。

在人力资源竞争力方面，2018 年排在前 10 位的省份依次为北京市、广东省、天津市、上海市、浙江省、辽宁省、江苏省、陕西省、河南省、四川省；2019 年排在前 10 位的省份依次为北京市、广东省、浙江省、天津市、江苏省、上海市、辽宁省、内蒙古自治区、四川省、河南省。

从可持续发展竞争力 3 个三级指标的变化中可以看出，可持续发展竞争力排位上升最大的是广东省，主要是由于环境竞争力排位上升 15 位。可持续发展竞争力排位下降幅度最大的湖南省，则是由环境竞争力排位下降了7 位。

六　全国省域财政金融竞争力评价分析

6.1　全国省域财政金融竞争力评价结果

根据财政金融竞争力指标体系和数学模型，课题组对采集到的 2018 ~ 2019 年全国 31 个省份的相关统计资料进行了整理和合成，表 6 - 1 显示了这两个年份财政金融竞争力排位和排位变化情况，以及其下属 2 个三级指标的评价结果。

表 6 - 1　全国各省域财政金融竞争力评价比较

地区	2018 年			2019 年			综合排名升降
	财政竞争力	金融竞争力	全国比较综合排名	财政竞争力	金融竞争力	全国比较综合排名	
北　京	2	1	1	2	1	1	0
天　津	27	11	19	5	9	6	13
河　北	9	9	9	12	17	15	− 6
山　西	7	17	10	9	8	7	3
内蒙古	12	19	15	8	19	10	5
辽　宁	15	16	13	21	13	17	− 4
吉　林	31	23	30	31	18	30	0
黑龙江	29	20	27	26	22	26	1
上　海	1	3	2	1	3	2	0
江　苏	6	4	4	7	4	5	− 1
浙　江	3	5	5	4	5	4	1
安　徽	21	14	16	20	14	18	− 2
福　建	24	15	20	25	12	21	− 1
江　西	20	21	23	10	20	16	7
山　东	11	6	8	13	6	8	0
河　南	17	8	12	14	11	12	0
湖　北	22	10	14	18	10	13	1
湖　南	26	27	28	23	15	19	9
广　东	4	2	3	3	2	3	0
广　西	30	31	31	24	25	25	6
海　南	5	22	7	6	26	9	− 2
重　庆	23	12	18	27	29	27	− 9
四　川	10	7	6	17	7	11	− 5
贵　州	16	28	25	16	21	20	5
云　南	18	25	21	19	24	22	− 1
西　藏	28	29	29	29	30	29	0
陕　西	8	13	11	11	16	14	− 3
甘　肃	19	24	22	28	27	28	− 6
青　海	13	30	24	15	31	24	0
宁　夏	25	26	26	30	28	31	− 5
新　疆	14	18	17	22	23	23	− 6

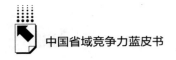

6.2 全国省域财政金融竞争力排序分析

2018 年全国各省份财政金融竞争力处于上游区（1～10 位）的依次是北京市、上海市、广东省、江苏省、浙江省、四川省、海南省、山东省、河北省、山西省，排在中游区（11～20 位）的依次排序为陕西省、河南省、辽宁省、湖北省、内蒙古自治区、安徽省、新疆维吾尔自治区、重庆市、天津市、福建省，处于下游区（21～31 位）的依次排序为云南省、甘肃省、江西省、青海省、贵州省、宁夏回族自治区、黑龙江省、湖南省、西藏自治区、吉林省、广西壮族自治区。

2019 年全国各省份财政金融竞争力处于上游区（1～10 位）的依次是北京市、上海市、广东省、浙江省、江苏省、天津市、山西省、山东省、海南省、内蒙古自治区，排在中游区（11～20 位）的依次排序为四川省、河南省、湖北省、陕西省、河北省、江西省、辽宁省、安徽省、湖南省、贵州省，处于下游区（21～31 位）的依次排序为福建省、云南省、新疆维吾尔自治区、青海省、广西壮族自治区、黑龙江省、重庆市、甘肃省、西藏自治区、吉林省、宁夏回族自治区。

6.3 全国省域财政金融竞争力排序变化比较

2019 年与 2018 年相比较，排位上升的有 10 个省份，上升幅度最大的是天津市（13 位），其后依次为湖南省（9 位），江西省（7 位），广西壮族自治区（6 位），内蒙古自治区和贵州省（5 位），山西省（3 位），黑龙江省、浙江省和湖北省（1 位）；8 个省份排位没有变化；排位下降的有 13 个省份，下降幅度最大的是重庆市（9 位），其他依次为新疆维吾尔自治区、甘肃省和河北省（6 位），宁夏回族自治区和四川省（5 位），辽宁省（4 位），陕西省（3位），海南省和安徽省（2 位），云南省、福建省和江苏省（1 位）。

6.4 全国省域财政金融竞争力跨区段变化情况

在评价期内，一些省份财政金融竞争力排位出现了跨区段变化。在跨区段上升方面，天津市和内蒙古自治区由中游区升入上游区，江西省、湖南省和贵州省由下游区升入中游区；在跨区段下降方面，四川省和河北省由上游区跌入中游区，福建省、新疆维吾尔自治区和重庆市由中游区跌入下游区。

6.5 全国省域财政金融竞争力动因分析

在财政竞争力方面，2018年排在前10位的省份依次为上海市、北京市、浙江省、广东省、海南省、江苏省、山西省、陕西省、河北省、四川省；2019年排在前10位的省份依次为上海市、北京市、广东省、浙江省、天津市、海南省、江苏省、内蒙古自治区、山西省、江西省。

在金融竞争力方面，2018年排在前10位的省份依次为北京市、广东省、上海市、江苏省、浙江省、山东省、四川省、河南省、河北省、湖北省；2019年排在前10位的省份依次为北京市、广东省、上海市、江苏省、浙江省、山东省、四川省、山西省、天津市、湖北省。

从省域财政金融竞争力2个三级指标的变化情况中可以看出，在评价期内，财政金融竞争力排位居前的大部分省份的2个三级指标都处于上游区，表明财政、金融的关系密不可分，财政金融竞争力优势的形成需要财政竞争力、金融竞争力的共同支撑。

七 全国省域知识经济竞争力评价分析

7.1 全国省域知识经济竞争力评价结果

根据知识经济竞争力指标体系和数学模型，课题组对采集到的2018～2019年全国31个省份的相关统计资料进行了整理和合成，表7-1显示了这两个年份知识经济竞争力排位和排位变化情况，以及其下属3个三级指标的评价结果。

表7-1 全国各省域知识经济竞争力评价比较

地区	2018年				2019年				综合排名升降
	科技竞争力	教育竞争力	文化竞争力	全国比较综合排名	科技竞争力	教育竞争力	文化竞争力	全国比较综合排名	
北　京	3	1	6	2	3	1	5	2	0
天　津	11	6	23	8	12	12	22	11	-3
河　北	20	19	12	19	21	13	15	17	2
山　西	18	27	22	21	18	26	24	22	-1
内蒙古	28	26	18	28	28	27	20	26	2
辽　宁	19	14	9	16	20	18	12	18	-2
吉　林	22	20	11	22	19	22	9	19	3
黑龙江	26	23	25	24	27	21	16	24	0
上　海	4	2	2	4	5	4	4	4	0
江　苏	2	3	3	3	2	3	3	3	0
浙　江	5	5	4	5	4	6	2	5	0
安　徽	13	18	13	14	13	15	17	13	1
福　建	14	15	19	15	14	14	13	15	0
江　西	16	16	20	17	16	16	18	16	1
山　东	6	7	5	6	6	5	6	6	0
河　南	10	12	10	11	11	7	11	7	4
湖　北	9	9	8	7	7	9	8	9	-2
湖　南	15	11	7	13	15	10	7	12	1
广　东	1	4	1	1	1	2	1	1	0
广　西	21	17	14	20	22	20	21	20	0
海　南	27	24	24	25	26	24	25	25	0
重　庆	7	13	16	12	8	17	19	14	-2
四　川	8	10	15	9	9	8	10	8	1
贵　州	17	22	28	18	17	23	27	21	-3
云　南	24	21	21	23	24	19	23	23	0
西　藏	31	30	31	31	31	30	31	31	0
陕　西	12	8	17	10	10	11	14	10	0
甘　肃	25	29	26	26	25	29	28	27	-1
青　海	29	28	30	30	24	25	30	29	1
宁　夏	23	31	27	27	23	31	26	28	-1
新　疆	30	25	29	29	30	28	29	30	-1

7.2　全国省域知识经济竞争力排序分析

2018 年全国各省份知识经济竞争力处于上游区（1～10 位）的依次是广东省、北京市、江苏省、上海市、浙江省、山东省、湖北省、天津市、四川省、陕西省，排在中游区（11～20 位）的依次排序为河南省、重庆市、湖南省、安徽省、福建省、辽宁省、江西省、贵州省、河北省、广西壮族自治区，处于下游区（21～31 位）的依次为山西省、吉林省、云南省、黑龙江省、海南省、甘肃省、宁夏回族自治区、内蒙古自治区、新疆维吾尔自治区、青海省、西藏自治区。

2019 年全国各省份知识经济竞争力处于上游区（1～10 位）的依次为广东省、北京市、江苏省、上海市、浙江省、山东省、河南省、四川省、湖北省、陕西省，排在中游区（11～20 位）的依次排序为天津市、湖南省、安徽省、重庆市、福建省、江西省、河北省、辽宁省、吉林省、广西壮族自治区，处于下游区（21～31 位）的依次为贵州省、山西省、云南省、黑龙江省、海南省、内蒙古自治区、甘肃省、宁夏回族自治区、青海省、新疆维吾尔自治区、西藏自治区。

7.3　全国省域知识经济竞争力排序变化比较

2019 年与 2018 年相比，排位上升的有 9 个省份，上升幅度都不大，依次为河南省、吉林省、内蒙古自治区、河北省、安徽省、江西省、湖南省、四川省、青海省；13 个省份的排位没有变化；排位下降的有 9 个省份，下降幅度都不大，依次为天津市、贵州省、辽宁省、湖北省、重庆市、山西省、甘肃省、宁夏回族自治区和新疆维吾尔自治区。

7.4　全国省域知识经济竞争力跨区段变化情况

在评价期内，没有省份知识经济竞争力排位的升降出现跨区段变化。

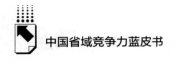

7.5 全国省域知识经济竞争力动因分析

在科技竞争力方面，2018 年排在前 10 位的省份依次为广东省、江苏省、北京市、上海市、浙江省、山东省、重庆市、四川省、湖北省、河南省，2019 年排在前 10 位的省份依次为广东省、江苏省、北京市、浙江省、上海市、山东省、湖北省、重庆市、四川省、陕西省。

在教育竞争力方面，2018 年排在前 10 位的省份依次为北京市、上海市、江苏省、广东省、浙江省、天津市、山东省、陕西省、湖北省、四川省，2019 年排在前 10 位的省份依次为北京市、广东省、江苏省、上海市、山东省、浙江省、河南省、四川省、湖北省、湖南省。

在文化竞争力方面，2018 年排在前 10 位的省份依次为广东省、上海市、江苏省、浙江省、山东省、北京市、湖南省、湖北省、辽宁省、河南省，2019 年排在前 10 位的省份依次为广东省、浙江省、江苏省、上海市、北京市、山东省、湖南省、湖北省、吉林省、四川省。

从省域知识经济竞争力 3 个三级指标的变化中可以看出，经济发达地区多数表现出科技竞争力、教育竞争力和文化竞争力比较均衡、协调提升的态势，一些中西部省份的 3 个三级指标也保持了比较均衡、协调提升的态势，如湖南省、湖北省。

八 全国省域发展环境竞争力评价分析

8.1 全国省域发展环境竞争力评价结果

根据发展环境竞争力指标体系和数学模型，课题组对采集到的 2018 ~ 2019 年全国 31 个省份的相关统计资料进行了整理和合成，表 8 - 1 显示了这两个年份发展环境竞争力排位和排位变化情况，以及其下属 2 个三级指标的评价结果。

表8-1　全国各省域发展环境竞争力评价比较

地区	2018 年			2019 年			综合排名升降
	基础设施竞争力	软环境竞争力	全国比较综合排名	基础设施竞争力	软环境竞争力	全国比较综合排名	
北　京	7	3	4	7	2	5	−1
天　津	12	12	12	11	27	17	−5
河　北	10	19	16	10	15	12	4
山　西	23	26	24	23	24	23	1
内蒙古	18	25	20	19	20	18	2
辽　宁	13	28	17	15	29	21	−4
吉　林	27	21	26	28	21	27	−1
黑龙江	29	16	28	30	30	31	−3
上　海	2	1	1	3	1	1	0
江　苏	3	4	3	2	3	3	0
浙　江	4	9	5	4	9	4	1
安　徽	8	15	10	8	12	9	1
福　建	15	5	7	14	6	10	−3
江　西	20	31	25	20	28	22	3
山　东	5	8	6	5	7	6	0
河　南	6	22	11	6	17	7	4
湖　北	9	18	13	9	23	13	0
湖　南	14	14	14	13	18	15	−1
广　东	1	2	2	1	5	2	0
广　西	22	27	22	22	31	25	−3
海　南	25	13	21	24	8	20	1
重　庆	11	7	8	12	10	11	−3
四　川	17	11	15	18	19	16	−1
贵　州	19	24	19	17	13	14	5
云　南	28	29	29	27	16	24	5
西　藏	31	10	30	31	11	30	0
陕　西	16	6	9	16	4	8	1
甘　肃	26	23	27	26	26	28	−1
青　海	24	20	23	25	25	26	−3
宁　夏	21	17	18	21	14	19	−1
新　疆	30	30	31	29	22	29	2

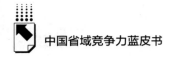

8.2　全国省域发展环境竞争力排序分析

2018 年全国各省份发展环境竞争力处于上游区（1～10 位）的依次是上海市、广东省、江苏省、北京市、浙江省、山东省、福建省、重庆市、陕西省、安徽省，排在中游区（11～20 位）的依次排序为河南省、天津市、湖北省、湖南省、四川省、河北省、辽宁省、宁夏回族自治区、贵州省、内蒙古自治区，处于下游区（21～31 位）的依次排序为海南省、广西壮族自治区、青海省、山西省、江西省、吉林省、甘肃省、黑龙江省、云南省、西藏自治区、新疆维吾尔自治区。

2019 年全国各省份发展环境竞争力处于上游区（1～10 位）的依次是上海市、广东省、江苏省、浙江省、北京市、山东省、河南省、陕西省、安徽省、福建省，排在中游区（11～20 位）的依次排序为重庆市、河北省、湖北省、贵州省、湖南省、四川省、天津市、内蒙古自治区、宁夏回族自治区、海南省，处于下游区（21～31 位）的依次排序为辽宁省、江西省、山西省、云南省、广西壮族自治区、青海省、吉林省、甘肃省、新疆维吾尔自治区、西藏自治区、黑龙江省。

8.3　全国省域发展环境竞争力排序变化比较

2019 年与 2018 年相比较，排位上升的有 12 个省份，上升幅度最大的是云南省和贵州省（5 位），其次是河南省和河北省（4 位），江西省（3位），新疆维吾尔自治区和内蒙古自治区（2 位），山西省、浙江省、安徽省、海南省、陕西省（1 位）；6 个省份排位没有变化；排位下降的有 13 个省份，下降幅度最大的是天津市（5 位），其他依次为辽宁省（4 位），黑龙江省、福建省、广西壮族自治区、重庆市和青海省（3 位），北京市、吉林省、湖南省、四川省、甘肃省、宁夏回族自治区（1 位）。

8.4　全国省域发展环境竞争力跨区段变化情况

在评价期内，一些省份发展环境竞争力排位的升降出现了跨区段变化。

在跨区段上升方面，河南省由中游区升入上游区；在跨区段下降方面，重庆市由上游区跌入中游区，辽宁省由中游区跌入下游区。

8.5　全国省域发展环境竞争力动因分析

在基础设施竞争力方面，2018年排在前10位的省份依次为广东省、上海市、江苏省、浙江省、山东省、河南省、北京市、安徽省、湖北省、河北省，2019年排在前10位的省份依次为广东省、江苏省、上海市、浙江省、山东省、河南省、北京市、安徽省、湖北省、河北省。

在软环境竞争力方面，2018年排在前10位的省份依次为上海市、广东省、北京市、江苏省、福建省、陕西省、重庆市、山东省、浙江省、西藏自治区，2019年排在前10位的省份依次为上海市、北京市、江苏省、陕西省、广东省、福建省、山东省、海南省、浙江省、重庆市。

从省域发展环境竞争力2个三级指标的变化中可以看出，经济综合竞争力排位处于上游区的省域，基础设施竞争力和软环境竞争力基本都在同一区段内比较协调地变化，那些排位差距呈现不断拉大趋势的地区，发展环境竞争力的综合排位也呈现下降趋势，表明基础设施竞争力和软环境竞争力都是经济综合竞争力的重要组成部分，需要协调发展、同步提升。

九　全国省域政府作用竞争力评价分析

9.1　全国省域政府作用竞争力评价结果

根据政府作用竞争力指标体系和数学模型，课题组对采集到的2018～2019年全国31个省份的相关统计资料进行了整理和合成，表9－1显示了这两个年份政府作用竞争力排位和排位变化情况，以及其下属3个三级指标的评价结果。

表9-1　全国各省域政府作用竞争力评价比较

地区	2018年				2019年				综合排名升降
	政府发展经济竞争力	政府规调经济竞争力	政府保障经济竞争力	全国比较综合排名	政府发展经济竞争力	政府规调经济竞争力	政府保障经济竞争力	全国比较综合排名	
北　京	31	5	2	6	25	2	1	2	4
天　津	4	2	9	1	7	1	12	5	-4
河　北	15	23	14	17	18	21	3	9	8
山　西	30	6	19	20	31	26	21	29	-9
内蒙古	14	11	16	14	13	11	24	19	-5
辽　宁	27	17	3	8	24	20	9	18	-10
吉　林	9	24	11	15	19	30	17	28	-13
黑龙江	21	3	13	9	28	8	16	16	-7
上　海	8	4	4	2	4	3	6	4	-2
江　苏	1	19	12	5	1	7	8	1	4
浙　江	5	9	5	4	6	4	4	3	1
安　徽	11	7	27	18	10	6	23	10	8
福　建	2	1	22	7	2	5	25	6	1
江　西	24	26	23	29	23	15	29	26	3
山　东	3	30	10	11	3	27	14	12	-1
河　南	17	21	26	27	15	22	22	23	4
湖　北	7	13	20	16	5	24	15	17	-1
湖　南	10	12	15	12	9	14	18	13	-1
广　东	13	8	1	3	16	12	2	7	-4
广　西	20	14	24	25	21	28	19	27	-2
海　南	25	29	6	19	27	25	5	15	4
重　庆	18	25	17	21	11	10	7	8	13
四　川	16	15	8	10	12	13	10	11	-1
贵　州	22	18	21	24	20	16	20	24	0
云　南	23	10	29	26	17	23	28	25	1
西　藏	19	31	31	31	29	31	31	31	0
陕　西	12	20	25	23	14	17	26	22	1
甘　肃	29	27	30	30	30	29	30	30	0
青　海	6	28	28	28	8	19	27	21	7
宁　夏	28	16	7	13	26	9	11	14	-1
新　疆	26	22	18	22	22	18	13	20	2

9.2 全国省域政府作用竞争力排序分析

2018 年全国各省份政府作用竞争力处于上游区（1~10位）的依次是天津市、上海市、广东省、浙江省、江苏省、北京市、福建省、辽宁省、黑龙江省、四川省，排在中游区（11~20位）的依次排序为山东省、湖南省、宁夏回族自治区、内蒙古自治区、吉林省、湖北省、河北省、安徽省、海南省、山西省，处于下游区（21~31位）的依次排序为重庆市、新疆维吾尔自治区、陕西省、贵州省、广西壮族自治区、云南省、河南省、青海省、江西省、甘肃省、西藏自治区。

2019 年全国各省份政府作用竞争力处于上游区（1~10位）的依次是江苏省、北京市、浙江省、上海市、天津市、福建省、广东省、重庆市、河北省、安徽省，排在中游区（11~20位）的依次排序为四川省、山东省、湖南省、宁夏回族自治区、海南省、黑龙江省、湖北省、辽宁省、内蒙古自治区、新疆维吾尔自治区，处于下游区（21~31位）的依次排序为青海省、陕西省、河南省、贵州省、云南省、江西省、广西壮族自治区、吉林省、山西省、甘肃省、西藏自治区。

9.3 全国省域政府作用竞争力排序变化比较

2019 年与 2018 年相比较，排位上升的有 14 个省份，上升幅度最大的为重庆市（13位），其他依次为河北省（8位）、安徽省（8位）、青海省（7位）、北京市（4位）、江苏省（4位）、河南省（4位）、海南省（4位）、江西省（3位）、新疆维吾尔自治区（2位）、浙江省（1位）、福建省（1位）、云南省（1位）、陕西省（1位）；排位没有变化的有 3 个省份；排位下降的有 14 个省份，下降幅度最大的是吉林省（13位），其他依次为辽宁省（10位）、山西省（9位）、黑龙江省（7位）、内蒙古自治区（5位）、广东省（4位）、天津市（4位）、广西壮族自治区（2位）、上海市（2位）、宁夏回族自治区（1位）、四川省（1位）、湖南省（1位）、湖北省（1位）、山东省（1位）。

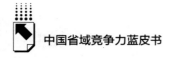

9.4 全国省域政府作用竞争力跨区段变化情况

在评价期内，一些省份政府作用竞争力排位出现了跨区段变化。在跨区段上升方面，重庆市由下游区跨入上游区，前进了13位，安徽省由中游区跨入上游区，前进了8位，河北省由中游区跨入上游区，前进了8位，新疆维吾尔自治区由下游区跨入中游区，前进了2位；在跨区段下降方面，吉林省由中游区降入下游区，下降了13位，辽宁省由上游区降入中游区，下降了10位，山西省由中游区降入下游区，下降了9位，黑龙江省由上游区降入中游区，下降了7位，四川省由上游区降入中游区，下降了1位。

9.5 全国省域政府作用竞争力动因分析

在政府发展经济竞争力方面，2018年排在前10位的省份依次为江苏省、福建省、山东省、天津市、浙江省、青海省、湖北省、上海市、吉林省、湖南省，2019年排在前10位的省份依次为江苏省、福建省、山东省、上海市、湖北省、浙江省、天津市、青海省、湖南省、安徽省。

在政府规调经济竞争力方面，2018年排在前10位的省份依次为福建省、天津市、黑龙江省、上海市、北京市、山西省、安徽省、广东省、浙江省、云南省，2019年排在前10位的省份依次为天津市、北京市、上海市、浙江省、福建省、安徽省、江苏省、黑龙江省、宁夏回族自治区、重庆市。

在政府保障经济竞争力方面，2018年排在前10位的省份依次为广东省、北京市、辽宁省、上海市、浙江省、海南省、宁夏回族自治区、四川省、天津市、山东省，2019年排在前10位的省份依次为北京市、广东省、河北省、浙江省、海南省、上海市、重庆市、江苏省、辽宁省、四川省。

从省域政府作用竞争力3个三级指标的变化中可以看出，经济比较活跃和发达的省份，这3个指标大多数表现比较好，而3个指标表现欠佳的省市，多数处于中西部经济欠发达地区。这表明，在经济体制转轨时期，政府作用对经济增长有着直接影响，提升省域经济综合竞争力必须全面提升政府作用竞争力。

十 全国省域发展水平竞争力评价分析

10.1 全国省域发展水平竞争力评价结果

根据发展水平竞争力指标体系和数学模型，课题组对采集到的2018~2019年全国31个省份的相关资料进行了整理和合成，表10－1显示了这两个年份发展水平竞争力排位和排位变化情况，以及其下属3个三级指标的评价结果。

表 10－1　全国各省域发展水平竞争力评价比较

地区	2018 年				2019 年				综合排名升降
	工业化进程竞争力	城市化进程竞争力	市场化进程竞争力	全国比较综合排名	工业化进程竞争力	城市化进程竞争力	市场化进程竞争力	全国比较综合排名	
北　京	2	1	21	3	2	1	23	5	－2
天　津	4	7	24	9	11	8	19	10	－1
河　北	22	20	6	18	26	24	5	19	－1
山　西	14	25	22	21	9	25	22	20	1
内蒙古	24	10	23	23	24	12	24	24	－1
辽　宁	18	19	14	16	17	20	11	16	0
吉　林	21	30	20	25	29	30	21	29	－4
黑龙江	29	11	26	26	30	13	25	25	1
上　海	1	2	5	1	1	2	6	1	0
江　苏	5	4	1	2	6	5	2	2	0
浙　江	17	5	2	5	8	4	1	3	2
安　徽	9	12	10	10	15	14	10	14	－4
福　建	12	6	7	7	7	6	8	7	0
江　西	19	8	9	11	13	10	9	8	3
山　东	13	9	4	8	19	11	3	9	－1
河　南	8	22	13	13	14	21	14	15	－2
湖　北	10	18	11	12	12	19	13	12	0
湖　南	15	17	12	14	18	16	12	17	－3
广　东	3	3	8	4	3	3	7	4	0
广　西	20	21	15	19	20	23	16	21	－2

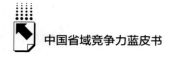
续表

地区	2018 年				2019 年				综合排名升降
	工业化进程竞争力	城市化进程竞争力	市场化进程竞争力	全国比较综合排名	工业化进程竞争力	城市化进程竞争力	市场化进程竞争力	全国比较综合排名	
海　南	30	23	16	24	25	18	15	22	2
重　庆	6	16	3	6	4	17	4	6	0
四　川	11	24	18	17	7	22	17	11	6
贵　州	16	27	17	20	16	27	18	23	-3
云　南	23	29	27	28	23	29	27	27	1
西　藏	31	31	31	31	31	31	31	31	0
陕　西	7	14	25	15	5	15	26	13	2
甘　肃	27	26	29	29	22	26	29	28	1
青　海	28	28	30	30	27	28	30	30	0
宁　夏	25	13	19	22	21	7	20	18	4
新　疆	26	15	28	27	28	9	28	26	1

10.2　全国省域发展水平竞争力排序分析

2018 年全国各省份发展水平竞争力处于上游区（1～10 位）的依次是上海市、江苏省、北京市、广东省、浙江省、重庆市、福建省、山东省、天津市、安徽省，排在中游区（11～20 位）的依次为江西省、湖北省、河南省、湖南省、陕西省、辽宁省、四川省、河北省、广西壮族自治区、贵州省，处于下游区（21～31 位）的依次排序为山西省、宁夏回族自治区、内蒙古自治区、海南省、吉林省、黑龙江省、新疆维吾尔自治区、云南省、甘肃省、青海省、西藏自治区。

2019 年全国各省份发展水平竞争力处于上游区（1～10 位）的依次是上海市、江苏省、浙江省、广东省、北京市、重庆市、福建省、江西省、山东省、天津市，排在中游区（11～20 位）的依次为四川省、湖北省、陕西省、安徽省、河南省、辽宁省、湖南省、宁夏回族自治区、河北省、山西省，处于下游区（21～31 位）的依次排序为广西壮族自治区、海南省、贵州省、内蒙古自治区、黑龙江省、新疆维吾尔自治区、云南省、甘肃省、吉林省、青海省、西藏自治区。

10.3 全国省域发展水平竞争力排序变化比较

2019 年与 2018 年相比较，排位上升的有 11 个省份，上升幅度最大的是四川省（6 位），其他依次为宁夏回族自治区（4 位）、江西省（3 位）、浙江省（2 位）、海南省（2 位）、陕西省（2 位）、山西省（1 位）、黑龙江省（1 位）、云南省（1 位）、甘肃省（1 位）、新疆维吾尔自治区（1 位）；有 9 个省份排位没有变化；排位下降的有 11 个省份，下降幅度最大的是吉林省（4 位）、安徽省（4 位），其他依次为贵州省（3 位）、湖南省（3 位）、广西壮族自治区（2 位）、河南省（2 位）、北京市（2 位）、山东省（1 位）、内蒙古自治区（1 位）、河北省（1 位）、天津市（1 位）。

10.4 全国省域发展水平竞争力跨区段变化情况

在评价期内，一些省份发展水平竞争力排位出现了跨区段变化。在跨区段上升方面，江西省由中游区升入上游区，山西省由下游区升入中游区，宁夏回族自治区由下游区升入中游区；在跨区段下降方面，安徽省由上游区降入中游区，贵州省由中游区降入下游区，广西壮族自治区由中游区降入下游区。

10.5 全国省域发展水平竞争力动因分析

在工业化进程竞争力方面，2018 年排在前 10 位的省份依次为上海市、北京市、广东省、天津市、江苏省、重庆市、陕西省、河南省、安徽省、湖北省，2019 年排在前 10 位的省份依次为上海市、北京市、广东省、重庆市、陕西省、江苏省、四川省、浙江省、山西省、福建省。

在城市化进程竞争力方面，2018 年排在前 10 位的省份依次为北京市、上海市、广东省、江苏省、浙江省、福建省、天津市、江西省、山东省、内蒙古自治区，2019 年排在前 10 位的省份依次为北京市、上海市、广东省、浙江省、江苏省、福建省、宁夏回族自治区、天津市、新疆维吾尔自治区、江西省。

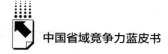

在市场化进程竞争力方面，2018 年排在前 10 位的省份依次为江苏省、浙江省、重庆市、山东省、上海市、河北省、福建省、广东省、江西省、安徽省，2019 年排在前 10 位的省份依次为浙江省、江苏省、山东省、重庆市、河北省、上海市、广东省、福建省、江西省、安徽省。

从省域发展水平竞争力 3 个三级指标的变化中可以看出，排位居于前 10 位的省份大多数是经济比较活跃的东部沿海地区，这些地区中的大多数 3 个指标均表现较好。这表明，工业化、城市化、市场化进程在总体上是一个联系密切、相辅相成、互相促进的发展过程，一个省份的发展水平竞争力是工业化、城市化、市场化进程竞争力的综合体现。

十一　全国省域统筹协调竞争力评价分析

11.1　全国省域统筹协调竞争力评价结果

根据统筹协调竞争力指标体系和数学模型，课题组对采集到的 2018 ~ 2019 年全国 31 个省份的相关统计资料进行了整理和合成，表 11 - 1 显示了这两个年份统筹协调竞争力排位和排位变化情况，以及其下属 2 个三级指标的评价结果。

表 11 -1　全国各省份统筹协调竞争力评价比较

地区	2018 年			2019 年			综合排名升降
	统筹发展竞争力	协调发展竞争力	全国比较综合排名	统筹发展竞争力	协调发展竞争力	全国比较综合排名	
北　京	1	25	4	2	28	5	-1
天　津	3	11	2	8	18	9	-7
河　北	18	10	16	19	7	14	2
山　西	19	2	12	16	13	17	-5
内蒙古	27	21	26	29	26	29	-3
辽　宁	20	15	19	28	16	21	-2
吉　林	14	5	10	31	17	25	-15

地区	2018 年			2019 年			综合排名升降
	统筹发展竞争力	协调发展竞争力	全国比较综合排名	统筹发展竞争力	协调发展竞争力	全国比较综合排名	
黑龙江	15	28	23	25	29	27	-4
上 海	2	17	3	1	14	1	2
江 苏	4	1	1	4	2	2	-1
浙 江	7	4	7	5	1	3	4
安 徽	24	14	20	17	11	15	5
福 建	8	6	8	6	6	6	2
江 西	25	18	22	20	12	18	4
山 东	6	3	6	13	5	10	-4
河 南	17	12	15	7	10	7	8
湖 北	11	8	11	9	8	8	3
湖 南	16	20	18	11	19	16	2
广 东	5	9	5	3	9	4	1
广 西	28	23	27	26	20	24	3
海 南	13	26	21	22	24	23	-2
重 庆	12	22	17	10	15	12	5
四 川	21	7	14	15	4	11	3
贵 州	22	29	28	24	30	26	2
云 南	31	27	29	23	22	22	7
西 藏	30	30	30	27	27	28	2
陕 西	10	19	13	18	23	20	-7
甘 肃	26	31	31	14	31	31	0
青 海	29	16	24	12	21	19	5
宁 夏	23	24	25	30	25	30	-5
新 疆	9	13	9	21	3	13	-4

11.2 全国省域统筹协调竞争力排序分析

2018 年全国各省份统筹协调竞争力处于上游区（1～10 位）的依次是江苏省、天津市、上海市、北京市、广东省、山东省、浙江省、福建省、新疆维吾尔自治区、吉林省，排在中游区（11～20 位）的依次排序为湖北省、

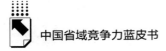

山西省、陕西省、四川省、河南省、河北省、重庆市、湖南省、辽宁省、安徽省，处于下游区（21～31位）的依次排序为海南省、江西省、黑龙江省、青海省、宁夏回族自治区、内蒙古自治区、广西壮族自治区、贵州省、云南省、西藏自治区、甘肃省。

2019年全国各省份统筹协调竞争力处于上游区（1～10位）的依次是上海市、江苏省、浙江省、广东省、北京市、福建省、河南省、湖北省、天津市、山东省，排在中游区（11～20位）的依次排序为四川省、重庆市、新疆维吾尔自治区、河北省、安徽省、湖南省、山西省、江西省、青海省、陕西省，处于下游区（21～31位）的依次排序为辽宁省、云南省、海南省、广西壮族自治区、吉林省、贵州省、黑龙江省、西藏自治区、内蒙古自治区、宁夏回族自治区、甘肃省。

11.3　全国省域统筹协调竞争力排序变化比较

2019年与2018年相比较，排位上升的有17个省份，上升幅度最大的是河南省（8位），其他依次为：云南省（7位）、安徽省（5位）、重庆市（5位）、青海省（5位）、浙江省（4位）、江西省（4位）、湖北省（3位）、广西壮族自治区（3位）、四川省（3位）、河北省（2位）、上海市（2位）、福建省（2位）、湖南省（2位）、贵州省（2位）、西藏自治区（2位）、广东省（1位）；有1个省份排位没有变化，为甘肃省；排位下降的有13个省份，下降幅度最大的是吉林省（15位），其他依次为：天津市（7位）、陕西省（7位）、山西省（5位）、宁夏回族自治区（5位）、黑龙江省（4位）、山东省（4位）、新疆维吾尔自治区（4位）、内蒙古自治区（3位）、辽宁省（2位）、海南省（2位）、北京市（1位）、江苏省（1位）。

11.4　全国省域统筹协调竞争力跨区段变化情况

在评价期内，一些省份统筹协调竞争力排位出现了跨区段变化。在跨区段上升方面，河南省由中游区升入上游区，江西省和青海省由下游区升入中游区；在跨区段下降方面，吉林省由上游区降入下游区，新疆维吾尔自治区由上游区降入中游区。

11.5 全国省域统筹协调竞争力动因分析

在统筹发展竞争力方面，2018年排在前10位的省份依次为北京市、上海市、天津市、江苏省、广东省、山东省、浙江省、福建省、新疆维吾尔自治区、陕西省，2019年排在前10位的省份依次为上海市、北京市、广东省、江苏省、浙江省、福建省、河南省、天津市、湖北省、重庆市。

在协调发展竞争力方面，2018年排在前10位的省份依次为江苏省、山西省、山东省、浙江省、吉林省、福建省、四川省、湖北省、广东省、河北省，2019年排在前10位的省份依次为浙江省、江苏省、新疆维吾尔自治区、四川省、山东省、福建省、河北省、湖北省、广东省、河南省。

从上述数据可以看出，大部分省份，不管是统筹协调竞争力排位靠前还是靠后，统筹发展竞争力和协调发展竞争力2个三级指标都不太协调，经济较发达的省份也存在不协调发展的情况，这与各地发展基础以及自然状况有关，也与经济发展的路径选择有关，如何在新发展理念下进一步加快发展方式转变，是每一个省份都要重视的问题。

十二 2018~2019年全国省域经济综合竞争力
变化的基本特征及启示

省域经济综合竞争力综合评价指标体系是由1个一级指标、9个二级指标、25个三级指标和210个四级指标构成的，各省份的竞争力评价结果综合反映了经济、产业、财政、金融、科教文化、资源环境、社会民生等各方面的发展能力及其在全国的优势或者劣势地位。根据前述省域经济综合竞争力模型，省域竞争力发展的各个方面都是相互促进、相互制约的，这些要素共同决定着一个省的经济综合竞争力水平，反映了其在全国的排名和变化趋势，当然，其内在驱动力和外在表现也有一定的规律性和特点。省域经济综合竞争力的发展变化有其内在的逻辑规律，既有各省共同的特点，又有不同省情所决定的个别特点，是共性与个性的结合。深入认识和把握这些竞争力的特点，从而研究和发现提升省级经济综合竞争力的正确路径、方法和对策，有利于不断提升省级经济的综合竞争力。

12.1 竞争力排位整体比较稳定，个别省份排位有较大波动

为全面反映各省份经济综合竞争力的排位变化趋势，总结其变化特征，图 12 - 1 显示了 2019 年经济综合竞争力上游省份自 2006 年以来的排位及其变化情况，图 12 - 2 显示了 2019 年经济综合竞争力下游省份自 2006 年以来的排位及其变化情况。

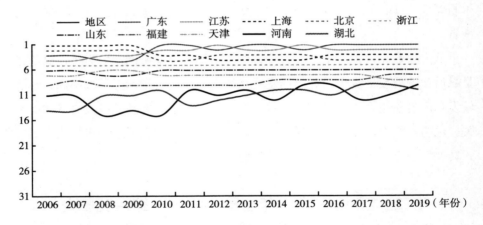

图 12 - 1 2019 年经济综合竞争力上游省份 2006 ~ 2019 年排位变化趋势

从图 12 - 1 中上游省份排位变化情况来看，各省份经济综合竞争力排位相对稳定，各省份的排位变化不大，只有少数省份有所调整。其中广东和江苏的排名有交替波动，北京和上海的排名有交替波动，另外，湖北省和河南省的排名上升比较明显，特别是湖北省的排名从中游快速提升到上游。处于上游区的 10 个省份，大部分在十多年内仍然保持上游，说明这些省份竞争优势比较明显，相对位置比较稳固。处于下游区的 10 个省份，基本上也稳

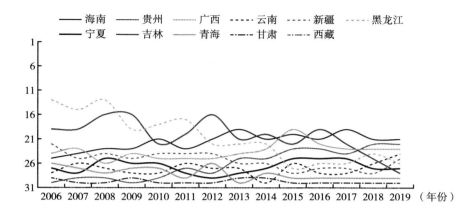

图12-2　2019年经济综合竞争力下游省份2006~2019年排位变化趋势

定在下游区，竞争弱势非常明显，只有吉林省和黑龙江省由中游区降入下游区。

从竞争力基本理论和各省综合排名结果来看，虽然各省经济综合竞争力排名相对稳定，但由于各项指标数据的动态变化，通过竞争力评价模型得到的各省得分之间的差距也会随之发生变化，尤其是排名处于中下游的省份，它们的得分非常接近，相互之间的差距并不明显，微小的得分变化很容易导致最终综合排名的变化。由于上游省份之间的分数差距较大，其排名相对稳定，但其分数还是会发生变化。当分数差距变化到一定程度时，可能会引起综合排名的变化。因此，各省之间的竞争优劣势是动态的，特别是从长期来看，有些省份的排名发生了很大的变化，少数省份的排名变化非常明显。这些变化是长期积累的结果，是省域经济发展过程中竞争优势和劣势由量变到质变的综合影响，也是各方面具体指标综合变化的结果。

12.2　省域经济综合竞争力是多种要素综合作用的展现，各要素发挥的作用不尽相同

表12-1列出了2018年和2019年各省份经济综合竞争力得分与9个二级指标竞争力得分的相关系数及变化情况。

表 12 - 1　全国各省份经济综合竞争力与二级指标得分相关系数

	宏观经济竞争力	产业经济竞争力	可持续发展竞争力	财政金融竞争力	知识经济竞争力	发展环境竞争力	政府作用竞争力	发展水平竞争力	统筹协调竞争力
2018 年	0.908	0.958	0.217	0.860	0.964	0.956	0.785	0.922	0.842
2019 年	0.929	0.956	0.255	0.889	0.959	0.928	0.830	0.918	0.898
变化	0.021	- 0.002	0.038	0.029	- 0.005	- 0.028	0.045	- 0.004	0.056

从表 12 - 1 来看，与省域经济综合竞争力得分相关程度最高的二级指标是知识经济竞争力，相关系数达到 0.959，其次是产业经济竞争力，相关系数为 0.956，高于其他几个二级指标，同时宏观经济竞争力和发展水平竞争力两个二级指标的相关系数也都比较大，都超过了 0.9。相关系数比较小的是可持续发展竞争力。通过比较二级指标与省域经济综合竞争力的相关系数大小，可以发现省域经济综合竞争力的最大影响因素就是知识经济竞争力，知识经济是促进经济综合竞争力提升的重要力量。

知识经济竞争力指标组的重要性表明，科技创新是省域经济保持高质量发展的主要推动力，教育发展为省域经济高质量发展提供人力资源和智力支持，文化产业是经济高质量发展的新方向，所以知识经济是提升省域经济发展质量、优化省域经济结构、提高省域经济效益的最重要途径。省域经济竞争结果主要体现在宏观经济竞争力和产业经济竞争力，各省在大力发展经济、促进产业发展、提高经济发展质量的过程中，经济综合竞争力会得到相应提升，因为发展是硬道理，经济综合实力是竞争力的核心基础。区域产业发展离不开良好的发展环境，不管是基础设施等方面的硬环境，还是营商环境等方面的软环境，都是保障经济稳定发展、提升经济发展质量和效率的重要基础，从二级指标间相关系数的变化来看，相关系数增加较大的有政府作用竞争力，反映近年来各省更多地关注发挥政府作用，更好地结合政府调控和市场功能，改善经济环境，营造良好的营商环境，更加注重软实力建设，努力提升服务水平。

总而言之，省域经济综合竞争力是多种要素综合反映的结果，既有经济总量和规模的竞争，也表现为经济增长速度、结构、效益和质量的综合竞争，是显性优势和潜在优势相结合的综合反映。任何一个省份要提升其经济综合竞争力，都要从影响综合竞争力的各个具体要素出发，全面培养竞争优势，减少竞争劣势，制定和实施竞争力提升的长期战略。

12.3　省域经济综合竞争力的关键动力在于经济发展实力和经济发展水平

经济发展是经济综合竞争力的基础，经济增长的动力在于产业经济发展，而企业更是地区经济竞争力的核心。图12－3显示了全国各省份经济综合竞争力得分与经济总量（地区生产总值GDP）的变动关系。图12－4显示了全国各省份经济综合竞争力得分与经济发展水平（人均地区生产总值GDP）的变动关系。

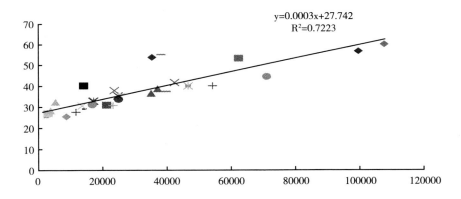

图 12－3　2019 年全国各省份经济总量和经济综合竞争力得分对应关系

从图 12－3 和图 12－4 中可以看出，各省份经济综合竞争力得分和经济规模（GDP）、经济发展水平（人均 GDP）表现出同方向变化关系，绝大部分省份都聚集在正向趋势线上，表明经济发展水平和经济综合竞争力具有很强的正向线性关系。评价结果表明，经济发展水平越高的省份，其经济综合竞争力得分也越高，竞争力自然越强，竞争力排名自然更为靠前。当然，经济总量和经济发展水平也不是决定省域经济综合竞争力水平高低的唯一因素，一个省份的竞争力综合水平还由其他很多方面的因素共同决定，所以在

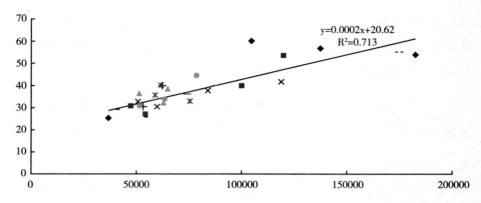

图 12 – 4　2019 年全国各省份经济发展水平和经济综合竞争力得分对应关系

图形中就会有一些省份没有落在直线上，而是有所偏离。一些经济总量排名不太高的省份，由于具有其他方面的竞争优势，其经济综合竞争力得分却相对比较高，这进一步说明经济综合竞争力是由众多因素共同决定的。

12.4　优劣势指标的数量和构成，决定了省域经济综合竞争力的地位和变化

表 12 – 2 列出了 2019 年全国各省份经济综合竞争力四级指标的竞争态势结构，以反映指标优劣势及其结构对竞争力排位的影响。

表 12 – 2　全国各省份经济综合竞争力四级指标优劣势结构分析

地　区	强势指标（个）	优势指标（个）	中势指标（个）	劣势指标（个）	2019 年排位
广　东	70	65	41	34	1
江　苏	60	78	40	32	2
上　海	70	53	36	51	3
北　京	69	43	33	65	4
浙　江	49	88	38	35	5
山　东	33	68	63	46	6
福　建	17	69	81	43	7
天　津	30	50	67	63	8
河　南	14	50	75	50	9

续表

地　区	强势指标 （个）	优势指标 （个）	中势指标 （个）	劣势指标 （个）	2019 年 排位
湖　北	7	84	83	36	10
四　川	8	81	82	39	11
安　徽	8	57	98	47	12
重　庆	10	59	100	41	13
湖　南	9	57	88	56	14
河　北	5	47	102	56	15
陕　西	7	37	129	37	16
江　西	9	35	116	50	17
辽　宁	7	50	101	52	18
内蒙古	21	35	60	94	19
山　西	12	27	71	100	20
海　南	17	40	55	98	21
贵　州	11	28	69	102	22
广　西	4	35	88	83	23
云　南	7	35	80	88	24
新　疆	10	38	51	93	25
黑龙江	14	28	44	124	26
宁　夏	5	39	41	125	27
吉　林	9	30	57	114	28
青　海	15	23	36	136	29
甘　肃	12	17	47	134	30
西　藏	31	22	22	135	31

　　省域经济综合竞争力是由 210 个基础指标构成，综合排位由这些基础指标的优劣势及构成决定，总的来说，一个省份基础指标中拥有的强势和优势指标越多，其经济综合竞争力的优势地位就越明显，并取得更高的竞争力排名。排在上游区的省份，大多拥有很多的始终处于上游区的强势指标和优势指标，而且强势指标的数量也是非常多的，比如广东省、江苏省、北京市和上海市等，竞争力排位长期处于上游区。从强势指标的数量来看，排在前六位的省份都拥有很多强势指标，远远超过其他省份，省域经济综合竞争力的优势地位非常稳定。但是第七位以后的省份拥有的强势指标数量较少，竞争

力优势地位也不明显。当然，强势指标数量不能完全决定一个省份在全国的综合排位，特别是处于中游区的省份强势指标个数比较少，反而是部分处于下游区省份拥有的强势指标个数比较多，很多排位比较靠前的省份强势指标数量反而比排位靠后的省份少。比如排位在最后的西藏自治区，虽然竞争力处于劣势地位，却拥有 31 个强势指标，不但比中游区和下游区省份的强势指标数量多，甚至比处于上游区的福建省、天津市、河南省和湖北省拥有的强势指标数量还要多。另外，中游地区的内蒙古也拥有较多的强势指标。所以，不能仅仅依靠强势指标的数量来决定一个省份的综合排位，还应该考虑其拥有的优势指标数量，处于上游区的福建省、河南省和湖北省虽然强势指标不多，但它们拥有的优势指标数量比较多，远远超过排在下游区的省份，其他处于上游区的省份也有这个特点。因此，把各省份的强势指标和优势指标个数加总后可以发现，拥有的强势指标和优势指标个数之和越大的，其省域经济综合竞争力排位越靠前。上游区的 10 个省份中，排在第 6 位的山东及前面的省份强势指标和优势指标个数之和都超过 100 个，进入前 10 位的福建省、天津市等省份也都比较多，大大都超过中游区和下游区省份。但是在强势指标和优势指标数量之和方面，虽然中游区和下游区省份都比较小，但差别不是很明显，区分中游区和下游区的重要因素主要体现在劣势指标数量上。排在第 20 位以后的省份劣势指标个数明显增加，下游省份的劣势指标个数大多超过 100 个，远多于排位在前面的省份；特别是排位最后的青海省、甘肃省和西藏自治区三个省份，劣势指标个数明显多于其他省份。所以，一个省份经济综合竞争力排位需要依靠更多的强势指标和优势指标来支撑，反之，劣势指标太多，就会导致省域经济综合竞争力排位靠后。处于下游区的省份强势指标和优势指标都比较少，中势指标和劣势指标数量相对较多，而且劣势指标越多，排位越靠后。

因此，根据指标优劣势数量和构成的特点分析，要保持和提升一个省域经济综合竞争力优势地位，重点是优化指标结构，关键在于努力增加强势指标和优势指标数量，并且尽量减少劣势指标数量。一个省份指标体系中的强势指标、优势指标、中势指标、劣势指标个数及不同构成，决定了其在全国的竞争力排位，也为提升省域经济综合竞争力指明了基本路径和方法，需要因地制宜，根据自身特点有针对性地采取措施保持强势指标，强化优势指标，减少劣势指标，不断优化指标结构，才能保证省域经济综合竞争力的优势地位。

12.5 基础指标排位波动及其结构决定了省域经济综合竞争力排位的波动

表 12 – 3 列出了 2019 年全国各省份经济综合竞争力四级指标的竞争变化趋势，以反映指标排位波动及其结构对竞争力排位的影响。

表 12 – 3 全国各省份经济综合竞争力四级指标竞争变化趋势

地 区	上升指标（个）	保持指标（个）	下降指标（个）	波动趋势	排位波动
新 疆	70	80	60	上升	3
河 南	82	63	65	上升	2
河 北	71	63	76	保持	1
内蒙古	69	70	71	上升	1
江 西	91	70	49	上升	1
湖 南	80	68	62	上升	1
云 南	95	60	55	上升	1
北 京	47	105	58	保持	0
天 津	56	81	73	保持	0
黑龙江	55	82	73	下降	0
上 海	50	98	62	保持	0
江 苏	60	92	58	保持	0
浙 江	77	87	46	保持	0
安 徽	85	53	72	保持	0
福 建	60	77	73	保持	0
山 东	56	81	73	保持	0
广 东	0	93	59	保持	0
广 西	80	60	70	保持	0
海 南	72	71	67	保持	0
重 庆	73	70	67	保持	0

续表

地　区	上升指标（个）	保持指标（个）	下降指标（个）	波动趋势	排位波动
贵　州	71	71	68	保持	0
西　藏	57	101	52	保持	0
甘　肃	54	84	72	保持	0
青　海	55	80	75	保持	0
宁　夏	60	76	74	保持	0
山　西	74	54	82	下降	−1
辽　宁	49	70	91	下降	−1
湖　北	76	71	63	下降	−1
四　川	80	69	61	下降	−1
陕　西	61	69	80	下降	−2
吉　林	64	58	88	下降	−4

从表 12－3 可以看出，各省份 210 个四级指标排位波动及其构成变化对省域经济综合竞争力的变化有较大影响，综合排位上升的 7 个省份中，大多数省份的上升指标显著大于下降指标的数量，排位上升幅度较大。比如新疆维吾尔自治区、河南省、江西省、湖南省和云南省，上升指标个数超过下降指标比较多，排位上升幅度比较大。2018～2019 年有 18 个省份排位保持不变，虽然这些省份的上升指标和下降指标个数不完全一样，但没有表现出明显的差别，其中几个省份的上升指标和下降指标数量比较接近，而且都是排位保持的指标个数最多，在所有指标中占据主导地位，只有少数几个省份的上升指标个数与下降指标个数存在较大差距。在综合排位下降的 6 个省份中，大部分都是下降指标个数超过上升指标个数，特别是吉林省、陕西省、辽宁省和山西省，表现得尤为明显。因此，要保持省域经济综合竞争优势，并且在激烈竞争中不断提高综合排位，就需要维持各个具体指标的竞争优势，极力使各个指标排位不断上升，避免或减少指标排位下降，特别是处于劣势地位的指标，更应该努力提升其排位，才能系统而有效地促进省域经济综合竞争力整体水平的不断提升。

十三　提升省域经济综合竞争力的
基本路径、方法和对策

1. 贯彻新发展理念，构建新发展格局，推进高质量发展，实现省域宏观经济竞争力的全面提升

当今经济全球化遭遇逆流，单边主义、保护主义上升，新冠肺炎疫情带来的影响广泛而深远，仍在肆虐着全球贸易经济。世界经济发展面临的不稳定性、不确定性更加突出，省域经济发展面临严峻的外部环境。与此同时，我国经济发展仍然处于重要战略机遇期，但已转向高质量发展阶段，正处于转变发展方式、优化经济结构、转换增长动力的攻关时期。省域经济面临全面提升发展质量、推进产业结构升级的压力，机遇与挑战并存。但机遇与挑战与以往相比，发生了新的变化，因此需要以新发展理念为引领。构建新发展格局，通过推进高质量发展，来实现省域经济的快速、稳定发展，不断提升区域经济竞争力。构建新发展格局，要坚持扩大内需这个战略基点，使生产、分配、流通、消费更多依托国内市场，形成国民经济良性循环。坚持供给侧结构性改革的战略方向，提升供给体系对国内需求的适配性，打通经济循环堵点，提升产业链、供应链的完整性，使国内市场成为最终需求的主要来源，形成需求牵引供给、供给创造需求的更高水平动态平衡。为此，各区域应加强关键核心技术攻关，维护产业链、供应链的安全稳定，以科技创新催生新发展动能，实现依靠创新驱动的内涵型增长。通过优化收入分配结构，扩大中等收入群体，建设现代流通体系，优化消费环境，促进消费升级，充分发挥我国超大规模市场优势，让内需更好成为经济发展的基本动力，让扩大内需更好满足人民美好生活需要，为高质量发展注入强劲动力。

新发展格局绝不是封闭的国内循环，而是开放的国内国际双循环。通过发挥内需潜力、强化国内经济大循环，使国内市场和国际市场更好地联通，更好地利用国际国内两个市场、两种资源，推动经济发展质量变革、效率变革、动力变革。推动形成宏大顺畅的国内经济循环，就能更好地吸引全球资

源要素，既满足国内需求，又提升我国产业技术发展水平，形成参与国际经济合作和竞争新优势。为此，各区域应在更高水平上扩大对外开放，扩大外资企业的市场准入，更好地利用国内国际两个市场、两种资源。通过打造市场化、法治化、国际化营商环境，依托国内强大市场，使我国成为吸引全球优质要素资源的强大引力场，成为外商投资兴业的沃土，使国内循环和国际循环相互促进、相得益彰。在推进我国同世界各国互利共赢、共同繁荣发展的同时，不断提升省域宏观经济竞争力。

2. 稳固农业基础，提升创新能力，打造完整产业链与供应链，加快发展现代产业体系，增强省域产业经济竞争力

作为高质量发展的重要任务和重点领域，农业农村高质量发展既是实现农业农村现代化、全面建成社会主义现代化强国的必由之路，也是破解"三农"发展系列难题、实现乡村全面振兴的必然要求。为此，应全面推进乡村振兴战略，强化以工补农、以城带乡，推动形成工农互促、城乡互补、协调发展、共同繁荣的新型工农城乡关系，加快农业农村现代化，走中国特色社会主义乡村振兴道路。"十四五"时期推进农业农村高质量发展，应在稳固农业基础性作用的同时，以乡村发展规律和农业农村现代化规律为导向，走城乡融合、产业融合、全面发展之路。做好政府统筹与市场引导，在充分发挥市场在资源配置中的决定性作用的同时，更好地发挥政府作用，规范并发挥好社会组织的作用，实现三者有机统一。各区域经济应在乡村产业发展上，要遵循市场规律和产业发展规律，注重以市场的力量聚集资金、人才、技术、信息等资源要素，发展高质量农业，提高农业生产的效益和竞争力。发挥好政府在规划引导、政策支持、公共服务、市场监管、法治保障等方面的积极作用。建设健全农村公共服务体系和社会保障体系，深化产权制度和要素市场化配置改革，激发各类主体活力。引导并规范农村社会组织发展。健全农业社会化服务体系，创新公共服务提供方式，鼓励支持社会力量兴办农村公益事业，全面推进农村产业的提升发展。

没有工业化就没有现代化，强大的工业化是强国的基础。当前全球信息化进入新一轮革命期，进入人工智能制造时代。发展新一代信息技术产业成

为我国增强国际竞争力、保障国家安全、转变经济发展方式、带动新兴经济增长的重要途径，也成为区域促进产业结构转型升级、加快转变经济发展方式的重要抓手。为此，"十四五"进入工业化后期，我国应在保持制造业比重基本稳定的同时，注重创新，打造新型智能化产业，将新一代信息技术与产业融合，全面推进产业转型升级。同时应在高端芯片以及生物、海洋、空天、新能源、新材料等新技术上取得突破性进展，改变受制于人的状况。坚持自主可控、安全高效，分行业做好供应链战略设计和精准施策，推动全产业链优化升级。

要以科技创新催生新发展动能，打造新的竞争优势。自主可控的科技创新，是重中之重，全力解决"卡脖子"等关键技术的创新。实现高质量发展，必须实现依靠创新驱动的内涵型增长，大力提升自主创新能力，尽快突破关键核心技术，保障我国产业的稳定发展。为此，国家层面应做好国家科技创新战略顶层设计，对于新材料、精密设备等高科技产品要制定好规划和实施步骤。建立高科技产品在产、学、研、官、市场方面的协同创新机制。省域经济应以区域发展状况为着力点，营造高科技产品协同创新的氛围，激发科技人才创新动力。强化企业创新主体地位，促进各类创新要素向企业集聚，推进自主创新。发挥大企业引领支撑作用，支持创新型中小微企业成长为创新重要发源地，加强共性技术平台建设，推动产业链上中下游、大中小企业融通创新，通过创新为区域产业发展提供不竭的动力。

推进产业融合，实现生产性服务业向专业化和价值链高端延伸，推动现代服务业同先进制造业、现代农业深度融合，加快推进服务业数字化，实现现代服务业的加速发展，对推动经济高质量发展具有重要意义。坚持先进制造业与现代服务业融合发展，推动生产性服务业向专业化和价值链高端延伸，生活性服务业向高品质和多样化升级。通过强化现代服务业对先进制造业的提质赋能和引领推动作用，推动制造与服务实现高水平融合、互动、协同发展。先进制造业与现代服务业的深度融合能够加快新一代信息技术特别是互联网技术的广泛应用，推动制造业和服务业创新生产模式、商业模式和组织模式。为此，各区域应完善有利于科技创新的产业环境，推进先进制造业与现代服务业深度融合，实现分工的深化和细化，从而进一步激发科技创新活力，不断增强区域产品和服务的科技含量，提升区域现代服务业的发展水平。同时，为满足我国人民群众消费需求的提升，省域经济还应推动生活性服务业向高品质和多样化升级，加快发展健康、养老、育幼、文化、旅游、体育、家政、物业等服务业，加强公益性、基础性服务业供给，在满足人民对美好生活需要的同时，推动区域现代服务业的发展。

3. 以绿色发展为引领，扩大内需，推进消费升级，改善人民生活品质，进一步提升可持续竞争力

"十四五"规划指出，坚定不移贯彻创新、协调、绿色、开放、共享的新发展理念，推进高质量发展。这就意味着，高质量发展需要深入实施可持续发展战略，坚持尊重自然、顺应自然、保护自然，构建生态文明体系，促进经济社会发展全面绿色转型，建设人与自然和谐共生的现代化。为此，发展应以生态环境保护倒逼高质量发展，走出一条绿色、生态、可持续的发展道路，力争"十四五"生态环境出现趋势性好转，为人民进一步提高生活水平创造良好的生活环境，为建成现代化的美丽中国打下坚实基础。这就意味着绿色发展要贯穿整个发展进程，就其产业体系而言，实质就是要实现经济生态化和生态经济化。两者相互作用，逐步成为推动生产力发展和促进生产方式转变的关键性要素和力量。当今时代，科学技术高度发展，在信息产业、智能化应用、新材料、节能环保、清洁能源、生态修复、生态技术、循环利用等领域取得了重大的突破，绿色产业和绿色经济已经成为走高质量发展之路的必然选择。① 为此，省域经济应以绿色发展为引领，推进区域产业转型升级，在不断推进生态环境改善的同时，实现经济高质量发展。

消费，连续五年来成为我国经济增长的第一驱动力，对经济增长"稳定器"和"压舱石"的作用日益凸显。从多个维度看，我国消费市场今后潜力更大。14 亿人口的庞大市场、4 亿中等收入群体的强大购买力，是任何

---

① 黄承梁：《"两山论"引领"十四五"高质量绿色发展》，人民网－理论频道 2020 年 8 月 15 日，http：//theory.people.com.cn/n1/2020/0815/c40531－31823289.html。

国家都无法比拟的巨大消费力量，成为中国消费市场持续发展的最可靠保障。在消费升级的大趋势下，新产品、新服务具有巨大的想象空间。① "十四五"时期，将会继续把居民消费作为经济增长的核心驱动力。消费是生产的最终目的和直接动力，是人民对美好生活需要的直接体现，是构建新发展格局的重要环节。改善人民生活品质，在某种程度上就是要改善人民消费水平。随着我国社会经济的发展，人们的消费需求进一步提升，旅游、文化、体育、健康、养老、教育培训等服务消费需求激增，同时消费需求的高端化、个性化、定制化特征日趋明显。所以，"十四五"时期，内循环下扩大内需应全面促进消费，顺应消费升级的趋势，不断促进消费向绿色、健康、安全发展。同时，发展服务消费，鼓励消费新模式新业态发展，为推动高质量发展、促进形成强大国内市场、保障和改善民生提供了有力支撑。为此，省域经济应以本区域经济发展状况与特点为基础，着力促进城市和农村消费的扩容提质。一方面，培育消费中心城市，带动消费升级，提升消费水平；另一方面，做大农村消费市场，推进电商进农村，构建更加便捷的流通体系，加速商品和服务消费潜力释放。同时稳定和扩大汽车消费，扩大进口商品消费，促进餐饮消费，创新开展消费促进活动。在提升传统消费的同时，培育新型消费，以消费者追求创新和变化、更加偏好新产品和新体验的消费文化特征，推动传统和新型消费创新融合。营造安全和放心消费的良好环境，让14亿人组成的超大规模市场，释放源源不断的消费潜力，支撑我国的高质量发展和区域经济的可持增长。

4. 继续实施积极的财政政策和稳健的货币政策，进一步完善减税降费政策，健全金融机构治理，切实提升省域财政金融竞争力

面对严峻复杂的国际形势、艰巨繁重的国内改革发展稳定任务特别是新冠肺炎疫情的严重冲击，2020年中央经济工作会议提出要继续实施积极的财政政策和稳健的货币政策，强调要"保持对经济恢复的必要支持力度，

① 王珂：人民日报人民时评《消费升级，以蓬勃内需推动长期增长》，《人民日报》2019年2月25日第5版。

政策操作上要更加精准有效，不急转弯，把握好政策时度效"。积极的财政政策要提质增效、更可持续，特别强调要增强国家重大战略任务财力保障，在促进科技创新、加快经济结构调整、调节收入分配上主动作为；稳健的货币政策要灵活精准、合理适度，强调要保持货币供应量和社会融资规模增速同名义经济增速基本匹配，保持宏观杠杆率基本稳定；要健全金融机构治理，促进资本市场健康发展，提高上市公司质量，打击各种逃废债行为，特别强调了金融创新必须在审慎监管的前提下进行。由此可见，2021 年我国的财政货币政策将以"稳""准"为主基调，保持政策的连续性、稳定性、可持续性，着力推动经济持续恢复和高质量发展。

为此，进一步做好财政工作，更好地提升省域财政竞争力，必须要重视财政政策提质增效，提高政策的持续性和稳定性。首先，要优化财政支出结构，提高财政资金使用绩效。明确财政支出重点领域，重点支持科技创新、产业链供应链稳定和内需市场培育，特别是要持续加大对国家重大战略任务的支持力度，通过"补短板"实现"卡脖子"关键核心技术的突破，同时要发挥财政政策在调节收入分配上的积极作用，着力提高低收入群体收入，扩大中等收入群体，充分挖掘国内市场潜力，更好地促进扩大内需战略实施。其次，要着力推进财税体制改革，加快建立健全现代财政制度。贯彻落实十九届五中全会精神，深化预算管理制度改革，强化对预算编制的宏观指导，确保各级地方政府的预算编制符合中央要求，进一步落实"全方位、全过程、全覆盖"的预算绩效管理工作，强化预算约束和绩效管理；进一步健全省以下财政体制，明确中央和地方政府事权与支出责任，建立权责清晰、财力协调、区域均衡的中央和地方财政关系，着力增强基层公共服务保障能力；完善现代税收制度，深化税收征管制度改革。最后，要健全政府债务管理制度，严控地方债务风险。健全政府债务管理制度，依法构建管理规范、责任清晰、公开透明、风险可控的政府举债融资机制。抓实化解地方政府隐性债务风险工作，稳定宏观杠杆、缓释债务风险。

要提升省域金融竞争力，必须更好地发挥金融在经济发展中的"血脉"作用，切实做到为实体经济"造血、输血、活血"，同时也要进一步完善金融监管体系，深化金融供给侧结构性改革。首先，把握好稳健的货币政策要灵活精准、合理适度的原则。要完善货币供应调控机制，保持宏观杠杆率基本稳定，处理好恢复经济和防范风险的关系。积极发挥资本市场枢纽功能，促进畅通货币政策、资本市场和实体经济的传导机制。其次，要强化金融支持实体经济发展的能力。进一步加大对制造业、中小微企业、科技创新、绿色发展等重点领域和薄弱环节的金融支持。做好稳企业保就业纾困政策的适当接续，继续支持民营小微企业发展。加快构建金融有效服务实体经济的体制机制，助推经济转型和结构调整，增强产业链供应链自主可控能力，畅通国内大循环。积极发挥科创板、创业板、新三板支持创新的功能作用，更好地促进科技、资本和产业高水平循环。再次，要进一步防范和化解金融风险，巩固拓展防范化解重大金融风险攻坚战成果。抓好各种存量风险化解和增量风险防范。稳妥处置突出金融风险点，精准防控重点领域金融风险，多渠道补充银行资本金，推动中小银行深化改革、化解风险，守牢不发生系统性金融风险的底线。又次，要进一步深化金融供给侧结构性改革。加快完善多层次、广覆盖、差异化金融机构体系。持续加强金融消费权益保护，努力提升金融产品和服务质量，增强人民群众获得感、幸福感。最后，要进一步健全金融监管体系。加快完善宏观审慎政策框架，切实提高金融法治化水平，对各类金融活动和行为依法实施全面监管。强化反垄断和防止资本无序扩张，特别是要强调金融创新必须在审慎监管的前提下进行，更好地规范金融创新。

5. 深入实施创新驱动发展战略，全面塑造发展新优势，建设高质量教育体系，加快推进文化事业和文化产业繁荣发展，努力提升省域知识经济竞争力

创新是引领经济社会发展的第一动力，十九届五中全会通过的"十四五"规划建议提出，要"坚持创新在我国现代化建设全局中的核心地位，把科技自立自强作为国家发展的战略支撑，面向世界科技前沿、面向经济主战场、面向国家重大需求、面向人民生命健康，深入实施科教兴国战略、人才强国战略、创新驱动发展战略，完善国家创新体系，加快建设科技强

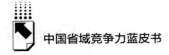

国"。因此，各个省份都要深入实施创新驱动发展战略，加快建设高质量教育体系，推进实施文化强省战略，努力提升知识经济竞争力。

在提升科技竞争力方面，各个省份都必须深入实施创新驱动发展战略，依靠创新推动区域经济高质量发展。一是要着力增强自主创新能力。各个省份都要把科技创新作为第一动力源，加快建设创新型省份。要围绕国家重大战略需求部署科技创新活动，实施一批具有前瞻性、战略性的重大科技项目。着力依靠自主创新掌握关键核心技术，解决一批"卡脖子"问题。二是要进一步完善科技创新体制机制。优化国家科技规划体系和运行机制，增强科技规划对科技任务布局和资源配置的引领作用。改进科技项目组织管理方式，实行"揭榜挂帅""军令状""里程碑式考核"等管理制度。完善科研项目和资金管理，减轻科研人员负担，赋予创新领军人才更大技术路线决定权和经费使用权，充分发挥科技创新人才的创造力。加快形成以政府投入为主、社会投入为辅的多元化机制。加强知识产权创造、运用和保护，提高科技成果转移转化成效，以完善的知识产权保护体系激发全社会的创新潜能。三是进一步强化企业的创新主体地位。建立以企业为主体、市场为导向及产学研深度融合的技术创新体系。加快提升企业技术创新能力，充分发挥企业家在技术创新中的重要作用。鼓励企业加大研发投入，对企业投入基础研究实行税收优惠。

在提升教育竞争力方面，各省份要按照十九届五中全会提出的"建设高质量教育体系"的战略部署，抓紧研究制定各省份推进教育现代化的规划或方案，把党中央的部署转化为实际行动，加快建设高质量教育体系。一是要落实教育优先发展战略。在财政资金投入上优先保障教育投入，持续稳定提升国家财政性教育经费支出占 GDP 的比例。同时要把全社会的力量和资源都调动起来，着力扩大教育投入。二是要健全学校家庭社会协同育人机制。深入贯彻习近平总书记关于"办好教育事业，家庭、学校、政府、社会都有责任""全社会要担负起青少年成长成才的责任"等系列重要论述精神，充分发挥各方力量推动高质量教育体系建设，既要重视家庭教育的重要作用，也要加强教师队伍建设，提升教师教书育人能力素质，多方位提高师生素质，努力汇聚起教育系统和社会各方的更大合力。三是要着力推动义务教育均衡发展和城乡一体化。以"坚持教育公益性原则，深化教育改革，促进教育公平"为导向，加大对乡村教师队伍建设的倾斜和支持力度，推进城乡教育均等化。提高民族地区教育质量和水平。积极发展"互联网＋"教育，深入推进教育信息化2.0行动计划，促进优质教育资源共享。四是要着力深化教育领域综合改革。加快破除"唯分数、唯升学、唯文凭、唯论文、唯帽子"的教育评价"顽疾"，以评价改革作为抓手更好地撬动整个教育综合改革，切实建立更加科学、更加全面的教育评价导向和评价体系。提高高等教育质量，分类建设一流大学和一流学科，加快培养理工农医类专业紧缺人才。探索中国特色学徒制，大力培养技术技能人才。支持和保护各地各校进行教育创新，形成办学类型多样、充满生机活力的教育生态。五是要完善终身学习体系，建设学习型社会。发挥在线教育优势，构建方式更加灵活、资源更加丰富、学习更加便捷的终身学习体系，推动教育可持续发展。

在提升文化竞争力方面，各个省份要加快繁荣发展文化事业和文化产业，提高文化软实力。一方面要加大文化事业投入力度，提升公共文化服务水平。加强区域公共文化服务体系建设，促进城乡公共文化服务体系一体化建设。全面繁荣新闻出版、广播影视、文学艺术、哲学社会科学事业，为人民群众提供更多的文艺精品，更好地满足人民日益增长的文化需求。另一方面要健全现代文化产业体系，提升省域文化产业竞争力。要推动各省份文化经济总量增长，促进文化市场繁荣发展，尤其是要实施文化产业数字化战略，加快数字内容、动漫游戏、视频直播、视听载体、手机出版等基于互联网和移动互联网的新兴文化业态和文化消费模式发展。进一步完善区域文化产业规划和政策，加强文化市场体系建设，扩大优质文化产品供给。

6.统筹推进基础设施建设，加快构建现代化基础设施体系，持续优化区域营商环境，打造优质软环境，着力提升发展环境竞争力

发展环境是影响区域经济发展的重要因素，其包括基础设施等"硬环境"和体制机制等"软环境"。当前我国基础设施的投资需求潜力依然较大，尤其是新型基础设施的投资潜力巨大，各个省份要加力补齐基础设施建

设短板，继续增加投入力度，全面提升基础设施建设水平。同时，也要加快转变政府职能，持续创新体制机制，营造更加良好的区域发展软环境。

要提升基础设施竞争力，首先要继续加快推进交通基础设施建设。构建现代化高质量综合立体交通网络，完善综合运输大通道、综合交通枢纽和物流网络，加快城市群和都市圈轨道交通网络化，提升中心城市和城市群的辐射带动作用，促进区域协调发展。提高农村和边境地区交通通达深度，构建比较完善的农村交通基础设施网络。优先发展公共交通，破解城市交通拥堵，尤其是大城市应构建以轨道交通为骨干、以公共汽车为主体的综合交通系统，推进绿色交通发展。其次，要加快推进新型基础设施建设。要大力发展数字经济，加大新型基础设施投资力度。构建系统完备、高效实用、智能绿色、安全可靠的现代化基础设施体系。系统布局新型基础设施，加快第五代移动通信、工业互联网、大数据中心等建设，提升智能交通水平。同时，也要扩大制造业设备更新和技术改造投资，提升其应用新兴技术的水平和能力。

同时，营造良好的区域发展环境，还必须注重提升软环境竞争力。2020年中央经济工作会议提出"要深入实施国企改革三年行动，优化民营经济发展环境""要放宽市场准入，促进公平竞争，保护知识产权，建设统一大市场，营造市场化、法治化、国际化营商环境""要深化重点领域和关键环节改革，推进'放管服'改革，不断优化营商环境"。因此，要继续深化经济体制改革，进一步优化区域营商环境。首先，要加快推进建设高标准市场体系，进一步激发市场主体活力。健全市场体系基础制度，坚持平等准入、公正监管、开放有序、诚信守法，形成高效规范、公平竞争的国内统一市场。深化国资国企改革，做强做优做大国有资本和国有企业。优化民营经济发展环境，构建亲清政商关系，促进非公有制经济健康发展，依法平等保护民营企业产权和企业家权益，破除制约民营企业发展的各种壁垒，完善促进中小微企业和个体工商户发展的法律环境和政策体系。其次，加快转变政府职能。建设职责明确、依法行政的政府治理体系。深化简政放权、放管结合、优化服务改革，全面实行政府权责清单制度。规范各级政府部门权责事项，提高行政职权运行的规范化水平。持续优化市场化、法治化、国际化营商环境。要聚焦市场主体关切，加快关键环节和重要领域改革步伐，激发市场主体发展活力。全面贯彻《优化营商环境条例》，坚持一视同仁对待在中国注册的企业。最后，要加快金融体制改革。优化金融体系结构，构建金融有效支持实体经济的体制机制，提升金融科技水平，增强金融普惠性。

7. 不断推进构建亲清政商关系，保障市场经济顺畅发展，努力推动市场竞争主体的公平性，有效保护各类企业的合法权益，切实提升省域政府作用竞争力

以构建亲清政商关系为目标不断改善营商环境，落实简政放权、优化服务的政商模式，建立政商互动交流沟通机制，切实构建公平有序的市场经营环境，为市场经济顺畅发展提供基本保障。坚持简化审批程序的行政改革思路，实施审批和责任对等落实，明确行政部门职责范围，避免审批环节模糊交叉，加强行政人员专业素质能力培训，不断提升行政效率。完善政府和企业之间的合法关系，以服务理念为导向加强与企业的沟通，落实企业合理合法的诉求，切实排除企业生产经营活动中的瓶颈，以行政规范保障市场运行基本要素，建立政府服务市场的清廉体系，依法设立政府官员与企业主体之间的行为规范准则。构建依法行政的政府治理体系，不断完善市场经济法律体系，维护市场主体合法生产经营活动收益，以法治推动市场竞争公平竞争环境的构建，依法保障市场经济运行。完善落实公平竞争审查制度，构建公平竞争的有效标准，消除公平竞争的人为障碍，降低行业准入标准，防范行政特权对公平竞争的阻碍。提升政府的宏观调控能力，遵循市场发展规律形成有序的宏观政策操作准则，确保宏观经济和市场体系稳定发展，防范经济发展的大起大落，为市场主体竞争提供宏观环境的理性预期。设立反垄断的规范标准，在反垄断管制实施过程中确保各类市场主体的同等地位，确保反垄断管制有法可依有规可循，切实防范垄断行为对市场公平竞争的限制。加快转变政府职能，充分发挥政府在市场经济中的服务作用，减少政府行为对市场资源配置的直接干预，增加政府在基础设施建设和基础公共服务中的职能，不断激发市场主体活力，切实保障市场运行的有效性。加强市场运行监

管，对产品服务等质量加强过程监管，从生产源头开始防范质量问题，加大对市场主体产品服务质量问题的处罚力度，严厉打击市场违法行为，有效维护市场秩序。提高知识产权审批效率，加强知识产权保护，完善知识产权法律法规，形成完整的知识产权保护体系，保障知识产权所有者的全方位权益，防范知识产权侵权违法行为。优化税收服务体系，有效落实减税退税优惠政策，发挥政府在降低企业负担中的能动性，简化税收申报审批程序，有效降低税收政策实施成本，充分落实企业减负。协调劳动者和企业之间的关系，发挥政府作用推动社保体系覆盖面扩大，创新社保缴纳方式，在保障劳动者合法权益前提下探索降低企业劳动支出负担的路径，以企业员工之间的良性关系推动市场的有序运行。改革社保跨地区转移方式，推动地区间社保大数据共享，统筹建立全国性社保网络和跨地区转移机制，为劳动力跨地区流动提供基本的社保支撑，在劳动要素流动上推动市场经济的有序发展。保障民营企业的合法权益，提升政府部门对民营企业的服务效率，不断发挥民营企业在优化资源配置、增加就业等方面的灵活作用，降低民营企业的行业进入门槛，在竞争性行业中充分提升民营企业的主导作用。金融资源配置市场化，减少政府对金融资源的微观干预，发挥金融机构的微观主体职能，以市场竞争不断优化金融资源配置效率，以结构优化为导向有效规范金融秩序。加强金融市场风险防范，切实防范行政导向的金融风险积压，做好风险的量化规划和管理，通过市场机制消除系统性金融风险，强化创新型金融产品的风险监管，完善宏观金融风险管理的法律法规体系。优化国际营商环境，提高行政部门的国际业务能力，加快自贸区和自贸港建设，持续实施外资负面清单管理模式，为外资企业提供公平的行政服务，加大高质量外资的引进。规范外资企业和内资企业的竞争行为，以国民待遇统一规范外资企业行为，构建外资内资公平竞争的制度环境，以维护市场公平竞争为准则保障外资企业的合法权益。逐步落实实施外商安全审查制度，依法对敏感行业的外商开展安全审查，在保障外商市场权利的前提下有效防范国家安全，在实施中不断优化外商安全审查制度，形成市场效率和国家安全兼顾的有效措施。

8. 坚持对外开放，不断拓宽国际合作，发挥国内市场规模优势提升国际贸易和国际投资质量，防范国际系统性风险，显著提升省域发展水平竞争力

持续深化对外开放，不断扩大现有对外开放成果，以质量提升为导向进一步探索对外开放的创新路径，以"一带一路"倡议和自贸区（港）建设为契机优化对外开放结构布局，形成新阶段下的高质量对外开放模式。推动对外开放体制改革，消除限制开放的制度性因素，打通内向发展和外向发展的壁垒，形成国内市场化改革和对外开放改革的互动，以市场化因素促进更为深层次的对外开放形态。多方位多维度拓宽国际合作，加强全球范围内产能合作，加深服务业国际合作程度，进一步融入全球价值链体系，在国际合作中发挥大国作用，推动全球经济一体化正常有序发展。创新国际合作方式，围绕现有国内国际经济发展状况和需求拓宽产业合作领域，加深医疗、通信等当前关键行业的国际研发合作，提升全球关键技术开发效率，推动全球化持续发展。加强金砖国家、20国集团内部的全面合作，通过大国组织之间的合作形成稳定的国际市场环境，加强全球性重大问题的沟通协作，为我国企业国际化发展提供良好的国别合作基础。增加全球能源合作，鼓励优势大型企业布局全球能源开发领域，利用国际能源补充国内能源短缺，促进全球能源优化配置，同时保障全球能源开发的可持续性。充分开发中小企业生产优势，利用现有国际分工体系鼓励中小企业参与全球价值链，在税收、融资等领域为中小企业融入全球化提供优惠政策措施，切实提升中小企业国际竞争力。充分利用国内大市场的规模经济优势，优化产业区域布局，借力规模经济提升企业研发创新能力，以规模优势攀升全球价值链，提升国际分工地位，增加国际合作收益。发挥技术在国际贸易中的重要作用，以技术创新推动进出口产品服务质量提升，建立国际市场质量优势，以国内市场规模经济优势兼顾出口产品质量和成本，不断增加国际贸易附加值，保障国际贸易利得。利用规模经济培育服务消费市场，加快提升服务业企业竞争力，以国内市场带动服务贸易高质量发展，不断缩小服务贸易逆差，实现从贸易大国向贸易强国的转变。优化金融服务和通信服务，创新金融、通信服务贸易发展，以大市场优势促进信息基础设施建设，提升金融服务和通信服务速度

及质量，在全球核心服务贸易市场中占据一定份额。利用大市场优势培育提升企业国内规模，进一步推动国际投资分类管理措施，鼓励优势企业开展对外直接投资，注重投资项目事中事后监管，切实提升对外直接投资整体质量。优化国际投资结构，制定差别性的投资激励政策措施，推动高质量制造业和优势产能开展对外直接投资，适当限制非优势产业对外直接投资，控制整体风险，提升对外直接投资安全性。防范国际市场系统性风险，设立系统性风险监测机制，实施风险动态实时评估措施，充分重视国际宏观政治经济波动所带来的连锁反应，为企业开展国际业务提供风险规避参考。探索国际系统性风险的有效规避机制，在贸易投资目的地选择中增加风险因素决策权重，鼓励企业内部建立完整的风险控制体系，设立风险资金储备制度，建立切实牢固的风险防控微观基础。完善国际系统风险规避的政策支持机制，改进国际贸易和国际投资保险业务质量，增加优质国际化业务的保险支持力度，降低优质贸易投资项目的整体风险，建立灵活牢靠的风险防控政策支撑。持续贯彻实施"一带一路"倡议，全方位加深与沿线国之间的国际经贸合作，鼓励企业对沿线国开展国际化业务，增加对沿线国的产能投资合作，推动与沿线国之间的基础设施合作，以与沿线国之间的深度合作持续优化我国对外经贸发展结构。推动"一带一路"沿线国的境外经贸合作区建设，加大合作区的政策支持力度，增加合作区的配套基础设施建设，为中小企业入驻合作区提供便利，增强中小优势企业对"一带一路"沿线国的直接投资动机。拓宽亚太区域经济合作，在贸易投资领域不断探索区域性合作方式，降低投资贸易壁垒，鼓励区域内资本、要素和产品服务的合理流动，以全方位区域合作带动更为广泛的全球一体化发展。

9. 坚持推动内需发展，完善社会保障体系，以提升要素优化配置为基础促进内外循环良性互动，兼顾民生与增长，显著提升省域统筹协调竞争力

坚持贯彻内需导向的发展战略，切实提升内需在经济发展中的重要地位，多维度保障内需的稳步增长，合理配置消费和投资之间的关系，为经济发展的可持续性提供扎实的内需保障。完善社会保障体系建设，提高社会保障覆盖率，扩大保障范围，构建与物价挂钩的社会保障弹性制度，增加新阶

段下保障制度的灵活性，在农村地区建立更为广泛的民生保障制度，切实维护居民基本生活。创新社会保障资金来源渠道，增加财政社保投入，探索社保基金保值盈利的新型模式，在增加资金来源的同时切实降低企业和个人的社保支出负担，全力推动社会保障的促进内需作用。增加医疗资源供给，进一步增加医疗基础设施建设，推动基本医疗保障改革，提升医疗保险覆盖率，减少医疗资源中间环节，有效降低医疗成本，切实保障居民能获取基础医疗服务。多维度创新养老方式，提升养老服务质量，发挥市场力量优化养老资源配置，进一步鼓励社会资本进入养老行业，有效降低养老成本，切实缓解低收入者的养老压力。维持基本物价稳定，增加基本生活物资储备，发挥市场在生活物资配置中的主要作用，提高生活物品供应链完整及自主性，保障基本物资的充足市场供给，维护居民基本生活。统筹居民生活和工业生产能源供应，优先充分保障居民生活用电用水，开拓能源供给渠道，实现工业生产和居民生活能源使用不受限制，促进生产和生活质量的循环发展。促进劳动力要素的优化配置，消除地区间限制劳动力流动的人为因素，在子女教育、社保配套、住房等方面消除跨地区障碍，为劳动力流动消除后顾之忧，充分实现劳动力流动的资源配置优化红利。有序引导资本要素跨地区合理流动，提高资本在地区间的配置效率，鼓励资本流向低经济发展地区，增加低发展地区基础设施建设投资，推动区域经济平衡发展，统筹经济发展的全局性。优化土地资源利用效率，兼顾统筹工业用地、农业用地和居住用地等，优先保障高端前沿产业土地资源，维持农业用地的充足保障，切实保障土地资源配置的合理性。有效协调经济增长和能源开发，提升能源使用效率，优化能源配置效率，在能源开发中注重环境保护，加强国际能源合作，开拓能源获取途径，全力推动经济增长的可持续性。兼顾统筹内外双循环，以循环为主线打通内外联结通道，以促内需为主导有效协调内需和外需共同发展，以产品服务质量发展为基础不断提升贸易条件，增加外需收入推动内需。充分发挥外循环对内循环的促进作用，鼓励企业通过国际化获取技术、关键设备、资源等反哺国内生产，充分利用国际市场优质资源，保持外向发展推动内向高质量发展的通道畅通。消除内循环的结构性阻力，提升经济增长质量，切实保障经济增长带来的收入效应，使增长红利充分惠及广大劳动者，优化转移支付路径，以收入带内需促进内循环顺畅发展。融通内外循环渠道，充分对接国内国外两个市场，对接国际技术、产品、服务等标准，保障内销产品和外销产品的无缝转换，有效降低内外循环相互推动的成本。提升经济增长对就业的推动作用，以增加就业岗位为导向实施经济结构调整，有效落实就业优先战略，确保广泛的就业充分性，以就业保障推动内循环顺畅发展。兼顾效率和公平，实施高效收入分配政策，完善直接税和间接税改革，有效落实个人所得税的收入调节作用，结合经济发展阶段特征切实减少低收入者的个人所得税负担，保障消费能力。切实缩小收入差距，发挥市场力量提升低收入者收入水平，创新金融发展，为低收入者技能提升、创业就业、生活保障等提供金融支持，有效落实低收入者增加收入渠道的资金保障。协调省际经济发展，以"全国一盘棋"为思路导向消除省际的制度和行政壁垒，鼓励资源要素跨省流动，优化产业在省际的布局，充分发挥各地比较优势，全方位提升产业竞争力。统筹实施区域经济一体化战略，统筹跨省份一体化区域发展，以城市群为核心发挥空间辐射功能，推动技术跨区域扩散，缩小区域间的技术差距，有效实现区域经济发展平衡。

Ⅱ 分 报 告

Departmental Reports

B.2

1

2018～2019年北京市经济综合
竞争力评价分析报告

北京市简称"京"，是中华人民共和国的首都，为历史悠久的世界著名古城。位于华北平原西北边缘，东南距渤海约150公里，与河北省、天津市相接。全市面积为16410平方公里，2019年全市常住人口为2153.6万人，地区生产总值为35371亿元，同比增长6.1%，人均GDP达164220元。本部分通过分析2018～2019年北京市经济综合竞争力以及各要素竞争力的排名变化，从中找出北京市经济综合竞争力的推动点及影响因素，为进一步提升北京市经济综合竞争力提供决策参考。

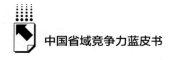

1.1 北京市经济综合竞争力总体分析

1. 北京市经济综合竞争力一级指标概要分析

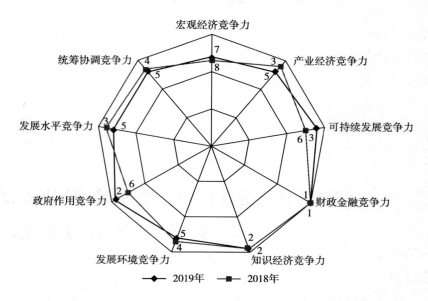

图1-1 2018~2019年北京市经济综合竞争力二级指标比较

表1-1 2018~2019年北京市经济综合竞争力二级指标比较

年份\项目	宏观经济竞争力	产业经济竞争力	可持续发展竞争力	财政金融竞争力	知识经济竞争力	发展环境竞争力	政府作用竞争力	发展水平竞争力	统筹协调竞争力	综合排位
2018	8	3	6	1	2	4	6	3	4	4
2019	7	5	3	1	2	5	2	5	5	4
升降	1	-2	3	0	0	-1	4	-2	-1	0
优劣度	优势	优势	强势	强势	强势	优势	强势	优势	优势	优势

（1）从综合排位看，2019年北京市经济综合竞争力综合排位在全国居第4位，这表明其在全国处于优势地位；与2018年相比，综合排位没有发

生变化。

（2）从指标所处区位看，9个指标均处于上游区，其中可持续发展竞争力、财政金融竞争力、知识经济竞争力、政府作用竞争力4个指标为北京市经济综合竞争力的强势指标。

（3）从指标变化趋势看，9个二级指标中，有3个指标处于上升趋势，分别为宏观经济竞争力、可持续发展竞争力、政府作用竞争力，这些是北京市经济综合竞争力的上升动力所在；有2个指标排位没有发生变化，分别为财政金融竞争力和知识经济竞争力；有4个指标处于下降趋势，为产业经济竞争力、发展环境竞争力、发展水平竞争力和统筹协调竞争力，这些是北京市经济综合竞争力的下降拉力所在。

2. 北京市经济综合竞争力各级指标动态变化分析

表1-2　2018～2019年北京市经济综合竞争力各级指标排位变化态势比较

单位：个，%

二级指标	三级指标	四级指标数	上升		保持		下降		变化趋势
			指标数	比重	指标数	比重	指标数	比重	
宏观经济竞争力	经济实力竞争力	12	4	33.3	3	25.0	5	41.7	下降
	经济结构竞争力	6	2	33.3	2	33.3	2	33.3	上升
	经济外向度竞争力	9	2	22.2	5	55.6	2	22.2	保持
	小　计	27	8	29.6	10	37.0	9	33.3	上升
产业经济竞争力	农业竞争力	10	1	10.0	8	80.0	1	10.0	保持
	工业竞争力	10	1	10.0	4	40.0	5	50.0	保持
	服务业竞争力	10	3	30.0	5	50.0	2	20.0	保持
	企业竞争力	10	2	20.0	6	60.0	2	20.0	保持
	小　计	40	7	17.5	23	57.5	10	25.0	下降
可持续发展竞争力	资源竞争力	9	1	11.1	7	77.8	1	11.1	保持
	环境竞争力	8	3	37.5	4	50.0	1	12.5	上升
	人力资源竞争力	7	2	28.6	3	42.9	2	28.6	保持
	小　计	24	6	25.0	14	58.3	4	16.7	上升

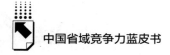

续表

二级指标	三级指标	四级指标数	上升		保持		下降		变化趋势
			指标数	比重	指标数	比重	指标数	比重	
财政金融竞争力	财政竞争力	12	1	8.3	5	41.7	6	50.0	保持
	金融竞争力	10	0	0.0	8	80.0	2	20.0	保持
	小　计	22	1	4.5	13	59.1	8	36.4	保持
知识经济竞争力	科技竞争力	9	1	11.1	7	77.8	1	11.1	保持
	教育竞争力	10	1	10.0	7	70.0	2	20.0	保持
	文化竞争力	10	2	20.0	5	50.0	3	30.0	上升
	小　计	29	4	13.8	19	65.5	6	20.7	保持
发展环境竞争力	基础设施竞争力	9	1	11.1	6	66.7	2	22.2	保持
	软环境竞争力	9	2	22.2	4	44.4	3	33.3	上升
	小　计	18	3	16.7	10	55.6	5	27.8	下降
政府作用竞争力	政府发展经济竞争力	5	2	40.0	1	20.0	2	40.0	上升
	政府规调经济竞争力	5	2	40.0	0	0.0	3	60.0	上升
	政府保障经济竞争力	6	3	50.0	3	50.0	0	0.0	上升
	小　计	16	7	43.8	4	25.0	5	31.3	上升
发展水平竞争力	工业化进程竞争力	6	3	50.0	2	33.3	1	16.7	保持
	城市化进程竞争力	6	1	16.7	4	66.7	1	16.7	保持
	市场化进程竞争力	6	2	33.3	2	33.3	2	33.3	下降
	小　计	18	6	33.3	8	44.4	4	22.2	下降
统筹协调竞争力	统筹发展竞争力	8	3	37.5	2	25.0	3	37.5	下降
	协调发展竞争力	8	2	25.0	2	25.0	4	50.0	下降
	小　计	16	5	31.3	4	25.0	7	43.8	下降
合　计		210	47	22.4	105	50.0	58	27.6	保持

从表1-2可以看出，210个四级指标中，上升指标有47个，占指标总数的22.4%；下降指标有58个，占指标总数的27.6%；保持不变的指标有105个，占指标总数的50.0%。综上所述，北京市经济综合竞争力的上升动力和下降拉力大致相当，且排位保持不变的指标占较大比重，故2018～2019年北京市经济综合竞争力排位保持不变。

3. 北京市经济综合竞争力各级指标优劣势结构分析

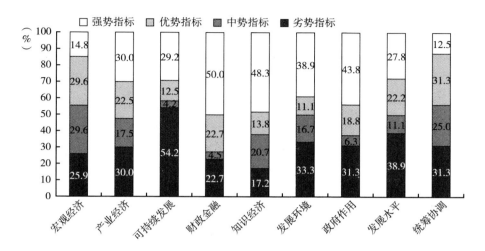

图1-2 2019年北京市经济综合竞争力各级指标优劣势比较

表1-3 2019年北京市经济综合竞争力各级指标优劣势比较

单位：个，%

二级指标	三级指标	四级指标数	强势指标		优势指标		中势指标		劣势指标		优劣势
			个数	比重	个数	比重	个数	比重	个数	比重	
宏观经济竞争力	经济实力竞争力	12	2	16.7	2	16.7	3	25.0	5	41.7	中势
	经济结构竞争力	6	2	33.3	1	16.7	1	16.7	2	33.3	中势
	经济外向度竞争力	9	0	0.0	5	55.6	4	44.4	0	0.0	优势
	小　计	**27**	4	14.8	8	29.6	8	29.6	7	25.9	优势
产业经济竞争力	农业竞争力	10	2	20.0	1	10.0	0	0.0	7	70.0	劣势
	工业竞争力	10	1	10.0	3	30.0	4	40.0	2	20.0	中势
	服务业竞争力	10	3	30.0	3	30.0	3	30.0	1	10.0	优势
	企业竞争力	10	6	60.0	2	20.0	0	0.0	2	20.0	强势
	小　计	**40**	12	30.0	9	22.5	7	17.5	12	30.0	优势
可持续发展竞争力	资源竞争力	9	0	0.0	0	0.0	1	11.1	8	88.9	劣势
	环境竞争力	8	3	37.5	3	37.5	0	0.0	2	25.0	优势
	人力资源竞争力	7	4	57.1	0	0.0	0	0.0	3	42.9	强势
	小　计	**24**	7	29.2	3	12.5	1	4.2	13	54.2	强势

二级指标	三级指标	四级指标数	强势指标		优势指标		中势指标		劣势指标		优劣势
			个数	比重	个数	比重	个数	比重	个数	比重	
财政金融竞争力	财政竞争力	12	5	41.7	2	16.7	1	8.3	4	33.3	强势
	金融竞争力	10	6	60.0	3	30.0	0	0.0	1	10.0	强势
	小　计	22	11	50.0	5	22.7	1	4.5	5	22.7	强势
知识经济竞争力	科技竞争力	9	6	66.7	0	0.0	3	33.3	0	0.0	强势
	教育竞争力	10	5	50.0	1	10.0	2	20.0	2	20.0	强势
	文化竞争力	10	3	30.0	3	30.0	1	10.0	3	30.0	优势
	小　计	29	14	48.3	4	13.8	6	20.7	5	17.2	强势
发展环境竞争力	基础设施竞争力	9	3	33.3	1	11.1	1	11.1	4	44.4	优势
	软环境竞争力	9	4	44.4	1	11.1	2	22.2	2	22.2	强势
	小　计	18	7	38.9	2	11.1	3	16.7	6	33.3	优势
政府作用竞争力	政府发展经济竞争力	5	0	0.0	1	20.0	1	20.0	3	60.0	劣势
	政府规调经济竞争力	5	3	60.0	1	20.0	0	0.0	1	20.0	强势
	政府保障经济竞争力	6	4	66.7	1	16.7	0	0.0	1	16.7	强势
	小　计	16	7	43.8	3	18.8	1	6.3	5	31.3	强势
发展水平竞争力	工业化进程竞争力	6	3	50.0	1	16.7	0	0.0	2	33.3	强势
	城市化进程竞争力	6	2	33.3	1	16.7	1	16.7	2	33.3	强势
	市场化进程竞争力	6	0	0.0	2	33.3	1	16.7	3	50.0	劣势
	小　计	18	5	27.8	4	22.2	2	11.1	7	38.9	优势
统筹协调竞争力	统筹发展竞争力	8	2	25.0	4	50.0	1	12.5	1	12.5	强势
	协调发展竞争力	8	0	0.0	1	12.5	3	37.5	4	50.0	劣势
	小　计	16	2	12.5	5	31.3	4	25.0	5	31.3	优势
合　计		210	69	32.9	43	20.5	33	15.7	65	31.0	优势

基于图 1-2 和表 1-3，具体到四级指标，强势指标 69 个，占指标总数的 32.9%；优势指标 43 个，占指标总数的 20.5%；中势指标 33 个，占指标总数的 15.7%；劣势指标 65 个，占指标总数的 31.0%。三级指标中，强势指标 12 个，占三级指标总数的 48%；优势指标 5 个，占三级指标总数的 20%；中势指标 3 个，占三级指标总数的 12%；劣势指标 5 个，占三级指标总数的 20%。从二级指标看，强势指标 4 个，占二级指标总数的 44.4%；优势指标有 5 个，占二级指标总数的 55.6%。综合来看，由于优势指标在指标体系中居于主导地位，2019 年北京市经济综合竞争力处于优势地位。

4. 北京市经济综合竞争力四级指标优劣势对比分析

表1-4 2019年北京市经济综合竞争力各级指标优劣势情况

二级指标	优劣势	四级指标
宏观经济竞争力（27个）	强势指标	人均财政收入、人均全社会消费品零售总额、产业结构优化度、就业结构优化度(4个)
	优势指标	人均地区生产总值、财政总收入、财政收入结构优化度、进出口总额、出口总额、实际FDI、外资企业数、对外直接投资额(8个)
	劣势指标	财政总收入增长率、固定资产投资额、固定资产投资额增长率、人均固定资产投资额、全社会消费品零售总额增长率、所有制经济结构优化度、贸易结构优化度(7个)
产业经济竞争力（40个）	强势指标	农民人均纯收入、农产品出口占农林牧渔总产值比重、工业成本费用率、人均服务业增加值、旅游外汇收入、电子商务销售额、规模以上企业平均资产、规模以上企业平均收入、规模以上企业平均利润、规模以上企业劳动效率、城镇就业人员平均工资、全国500强企业数(12个)
	优势指标	农村人均用电量、工业资产总额、工业全员劳动生产率、工业收入利润率、服务业增加值、服务业从业人员数、限额以上批发零售企业主营业务收入、新产品销售收入占主营业务收入比重、工业企业R&D经费投入强度(9个)
	劣势指标	农业增加值、农业增加值增长率、人均农业增加值、农民人均纯收入增长率、人均主要农产品产量、农业机械化水平、财政支农资金比重、工业增加值、工业增加值增长率、服务业增加值增长率、规模以上工业企业数、产品质量抽查合格率(12个)
可持续发展竞争力（24个）	强势指标	人均工业废气排放量、人均工业固体废物排放量、生活垃圾无害化处理率、15~64岁人口比例、文盲率、大专以上教育程度人口比例、平均受教育程度(7个)
	优势指标	森林覆盖率、一般工业固体废物综合利用率、自然灾害直接经济损失(3个)
	劣势指标	人均国土面积、人均年水资源量、耕地面积、人均耕地面积、人均牧草地面积、主要能源矿产基础储量、人均主要能源矿产基础储量、人均森林储积量、人均废水排放量、人均治理工业污染投资额、常住人口增长率、人口健康素质、职业学校毕业生数(13个)
财政金融竞争力（22个）	强势指标	地方财政收入占GDP比重、税收收入占GDP比重、人均地方财政收入、人均地方财政支出、人均税收收入、存款余额、人均存款余额、人均贷款余额、保险密度（人均保险费）、保险深度（保险费占GDP的比重）、国内上市公司市值(11个)
	优势指标	地方财政收入、税收收入占财政总收入比重、贷款余额、保险费净收入、国内上市公司数(5个)
	劣势指标	地方财政支出占GDP比重、地方财政收入增长率、地方财政支出增长率、税收收入增长率、中长期贷款占贷款余额比重(5个)

续表

二级指标	优劣势	四级指标
知识经济竞争力（29个）	强势指标	R&D经费、R&D经费投入强度、发明专利授权量、技术市场成交合同金额、财政科技支出占地方财政支出比重、高技术产业收入占工业增加值比重、人均教育经费、人均文化教育支出、万人中小学学校数、万人中小学专任教师数、高等学校数、文化批发零售业营业收入、文化服务业企业营业收入、城镇居民人均文化娱乐支出（14个）
	优势指标	高校专任教师数、图书和期刊出版数、印刷用纸量、农村居民人均文化娱乐支出（4个）
	劣势指标	教育经费占GDP比重、万人高等学校在校学生数、电子出版物品种、城镇居民人均文化娱乐支出占消费性支出比重、农村居民人均文化娱乐支出占消费性支出比重（5个）
发展环境竞争力（18个）	强势指标	铁路网线密度、人均邮电业务总量、电话普及率、万人外资企业数、万人商标注册件数、罚没收入占财政收入比重、社会捐赠站点数（7个）
	优势指标	公路网线密度、万人个体私营企业数（2个）
	劣势指标	人均内河航道里程、全社会旅客周转量、全社会货物周转量、政府网站数、外资企业数增长率、个体私营企业数增长率（6个）
政府作用竞争力（16个）	强势指标	物价调控、统筹经济社会发展、规范税收、城镇职工养老保险收支比、失业保险覆盖率、最低工资标准、城镇登记失业率（7个）
	优势指标	政府公务员对经济的贡献、固定资产投资价格指数、医疗保险覆盖率（3个）
	劣势指标	财政支出用于基本建设投资比重、财政支出用于经济社会比重、财政投资对社会投资的拉动、调控城乡消费差距、养老保险覆盖率（5个）
发展水平竞争力（18个）	强势指标	高技术产业占工业增加值比重、信息产业增加值占GDP比重、工农业增加值比值、城镇化率、城镇居民人均可支配收入（5个）
	优势指标	高技术产品占商品出口额比重、人均公共绿地面积、亿元以上商品市场成交额、亿元以上商品市场成交额占全社会消费品零售总额比重（4个）
	劣势指标	工业增加值占GDP比重、工业增加值增长率、城市平均建成区面积比重、人均拥有道路面积、非公有制经济产值占全社会总产值比重、私有和个体企业从业人员比重、居民消费支出占总消费支出比重（7个）
统筹协调竞争力（16个）	强势指标	社会劳动生产率、二三产业增加值比例（2个）
	优势指标	能源使用下降率、万元GDP综合能耗下降率、非农用地产出率、居民收入占GDP比重、全社会消费品零售总额与外贸出口总额比差（5个）
	劣势指标	固定资产投资增长率、资源竞争力与宏观经济竞争力比差、人力资源竞争力与宏观经济竞争力比差、环境竞争力与工业竞争力比差、城乡居民人均现金消费支出比差（5个）

1.2　北京市经济综合竞争力各级指标具体分析

1. 北京市宏观经济竞争力指标排名变化情况

表1-5　2018~2019年北京市宏观经济竞争力指标组排位及变化趋势

指　标		2018年	2019年	排位升降	优劣势
1　宏观经济竞争力		8	7	1	优势
1.1	经济实力竞争力	10	11	-1	中势
	地区生产总值	12	11	1	中势
	地区生产总值增长率	19	15	4	中势
	人均地区生产总值	1	6	-5	优势
	财政总收入	7	7	0	优势
	财政总收入增长率	25	22	3	劣势
	人均财政收入	2	3	-1	强势
	固定资产投资额	23	24	-1	劣势
	固定资产投资额增长率	26	27	-1	劣势
	人均固定资产投资额	25	25	0	劣势
	全社会消费品零售总额	14	12	2	中势
	全社会消费品零售总额增长率	23	28	-5	劣势
	人均全社会消费品零售总额	1	1	0	强势
1.2	经济结构竞争力	16	11	5	中势
	产业结构优化度	1	1	0	强势
	所有制经济结构优化度	26	28	-2	劣势
	城乡经济结构优化度	18	19	-1	中势
	就业结构优化度	11	2	9	强势
	财政收入结构优化度	28	5	23	优势
	贸易结构优化度	30	30	0	劣势
1.3	经济外向度竞争力	6	6	0	优势
	进出口总额	5	5	0	优势
	进出口增长率	28	18	10	中势
	出口总额	7	7	0	优势
	出口增长率	24	15	9	中势
	实际FDI	4	4	0	优势
	实际FDI增长率	18	18	0	中势
	外贸依存度	9	11	-2	中势
	外资企业数	5	6	-1	优势
	对外直接投资额	5	5	0	优势

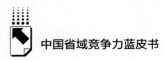

2. 北京市产业经济竞争力指标排名变化情况

表1-6 2018~2019年北京市产业经济竞争力指标组排位及变化趋势

指 标	2018 年	2019 年	排位升降	优劣势
2 产业经济竞争力	3	5	-2	优势
2.1 农业竞争力	29	29	0	劣势
农业增加值	30	30	0	劣势
农业增加值增长率	30	30	0	劣势
人均农业增加值	30	30	0	劣势
农民人均纯收入	3	3	0	强势
农民人均纯收入增长率	8	25	-17	劣势
农产品出口占农林牧渔总产值比重	2	2	0	强势
人均主要农产品产量	31	31	0	劣势
农业机械化水平	30	30	0	劣势
农村人均用电量	6	6	0	优势
财政支农资金比重	28	27	1	劣势
2.2 工业竞争力	12	12	0	中势
工业增加值	24	23	1	劣势
工业增加值增长率	18	25	-7	劣势
人均工业增加值	11	12	-1	中势
工业资产总额	6	6	0	优势
工业资产总额增长率	9	14	-5	中势
规模以上工业主营业务收入	16	16	0	中势
工业成本费用率	1	3	-2	强势
规模以上工业利润总额	15	15	0	中势
工业全员劳动生产率	10	10	0	优势
工业收入利润率	6	7	-1	优势
2.3 服务业竞争力	4	4	0	优势
服务业增加值	5	4	1	优势
服务业增加值增长率	23	24	-1	劣势
人均服务业增加值	1	1	0	强势
服务业从业人员数	8	8	0	优势
限额以上批发零售企业主营业务收入	5	5	0	优势
限额以上批零企业利税率	18	12	6	中势
限额以上餐饮企业利税率	2	18	-16	中势
旅游外汇收入	3	3	0	强势
商品房销售收入	20	18	2	中势
电子商务销售额	2	2	0	强势

续表

指 标	2018 年	2019 年	排位升降	优劣势
2.4 企业竞争力	1	1	0	强势
规模以上工业企业数	24	24	0	劣势
规模以上企业平均资产	1	1	0	强势
规模以上企业平均收入	1	1	0	强势
规模以上企业平均利润	2	1	1	强势
规模以上企业劳动效率	1	1	0	强势
城镇就业人员平均工资	1	1	0	强势
新产品销售收入占主营业务收入比重	10	6	4	优势
产品质量抽查合格率	14	22	−8	劣势
工业企业 R&D 经费投入强度	9	10	−1	优势
全国 500 强企业数	1	1	0	强势

3. 北京市可持续发展竞争力指标排名变化情况

表 1－7 2018～2019 年北京市可持续发展竞争力指标组排位及变化趋势

指 标	2018 年	2019 年	排位升降	优劣势
3 可持续发展竞争力	7	3	4	强势
3.1 资源竞争力	30	30	0	劣势
人均国土面积	30	30	0	劣势
人均可使用海域和滩涂面积	12	12	0	中势
人均年水资源量	29	30	−1	劣势
耕地面积	30	30	0	劣势
人均耕地面积	30	30	0	劣势
人均牧草地面积	24	24	0	劣势
主要能源矿产基础储量	24	21	3	劣势
人均主要能源矿产基础储量	21	21	0	劣势
人均森林储积量	27	27	0	劣势
3.2 环境竞争力	6	5	1	优势
森林覆盖率	16	10	6	优势
人均废水排放量	26	26	0	劣势
人均工业废气排放量	1	1	0	强势
人均工业固体废物排放量	3	3	0	强势
人均治理工业污染投资额	6	30	−24	劣势
一般工业固体废物综合利用率	9	9	0	优势
生活垃圾无害化处理率	9	1	8	强势
自然灾害直接经济损失额	8	6	2	优势

续表

指 标	2018 年	2019 年	排位升降	优劣势
3.3　人力资源竞争力	1	1	0	强势
常住人口增长率	31	28	3	劣势
15~64 岁人口比例	2	1	1	强势
文盲率	3	3	0	强势
大专以上教育程度人口比例	1	1	0	强势
平均受教育程度	1	1	0	强势
人口健康素质	23	27	-4	劣势
职业学校毕业生数	28	29	-1	劣势

4. 北京市财政金融竞争力指标排名变化情况

表 1-8　2018~2019 年北京市财政金融竞争力指标组排位及变化趋势

指 标	2018 年	2019 年	排位升降	优劣势
4　财政金融竞争力	1	1	0	强势
4.1　财政竞争力	2	2	0	强势
地方财政收入	6	6	0	优势
地方财政支出	10	11	-1	中势
地方财政收入占 GDP 比重	2	3	-1	强势
地方财政支出占 GDP 比重	16	21	-5	劣势
税收入占 GDP 比重	2	2	0	强势
税收入占财政总收入比重	2	4	-2	优势
人均地方财政收入	2	2	0	强势
人均地方财政支出	2	2	0	强势
人均税收收入	2	2	0	强势
地方财政收入增长率	18	25	-7	劣势
地方财政支出增长率	13	30	-17	劣势
税收收入增长率	28	24	4	劣势
4.2　金融竞争力	1	1	0	强势
存款余额	2	2	0	强势
人均存款余额	1	1	0	强势
贷款余额	6	6	0	优势
人均贷款余额	1	1	0	强势
中长期贷款占贷款余额比重	21	23	-2	劣势
保险费净收入	8	8	0	优势
保险密度(人均保险费)	1	1	0	强势
保险深度(保险费占 GDP 的比重)	1	3	-2	强势
国内上市公司数	4	4	0	优势
国内上市公司市值	1	1	0	强势

5. 北京市知识经济竞争力指标排名变化情况

表1-9 2018~2019年北京市知识经济竞争力指标组排位及变化趋势

指 标	2018 年	2019 年	排位升降	优劣势
5 知识经济竞争力	2	2	0	强势
5.1 科技竞争力	3	3	0	强势
R&D 人员	17	17	0	中势
R&D 经费	3	3	0	强势
R&D 经费投入强度	1	1	0	强势
发明专利授权量	2	2	0	强势
技术市场成交合同金额	1	1	0	强势
财政科技支出占地方财政支出比重	2	2	0	强势
高技术产业主营业务收入	10	11	-1	中势
高技术产业收入占工业增加值比重	2	1	1	强势
高技术产品出口额占商品出口额比重	14	14	0	中势
5.2 教育竞争力	1	1	0	强势
教育经费	12	12	0	中势
教育经费占 GDP 比重	22	26	-4	劣势
人均教育经费	2	2	0	强势
公共教育经费占财政支出比重	24	20	4	中势
人均文化教育支出	2	2	0	强势
万人中小学学校数	2	2	0	强势
万人中小学专任教师数	2	2	0	强势
高等学校数	1	1	0	强势
高校专任教师数	9	9	0	优势
万人高等学校在校学生数	1	22	-21	劣势
5.3 文化竞争力	6	5	1	优势
文化制造业营业收入	15	15	0	中势
文化批发零售业营业收入	4	2	2	强势
文化服务业企业营业收入	1	1	0	强势
图书和期刊出版数	14	8	6	优势
电子出版物品种	9	21	-12	劣势
印刷用纸量	5	5	0	优势
城镇居民人均文化娱乐支出	2	2	0	强势
农村居民人均文化娱乐支出	7	9	-2	优势
城镇居民人均文化娱乐支出占消费性支出比重	28	29	-1	劣势
农村居民人均文化娱乐支出占消费性支出比重	29	29	0	劣势

6. 北京市发展环境竞争力指标排名变化情况

表 1 – 10   2018 ~ 2019 年北京市发展环境竞争力指标组排位及变化趋势

指标	2018 年	2019 年	排位升降	优劣势
6 发展环境竞争力	4	5	– 1	优势
6.1 基础设施竞争力	7	7	0	优势
铁路网线密度	2	2	0	强势
公路网线密度	9	9	0	优势
人均内河航道里程	28	28	0	劣势
全社会旅客周转量	26	26	0	劣势
全社会货物周转量	27	28	– 1	劣势
人均邮电业务总量	2	2	0	强势
电话普及率	1	1	0	强势
政府网站数	31	30	1	劣势
人均耗电量	13	14	– 1	中势
6.2 软环境竞争力	3	2	1	强势
外资企业数增长率	23	30	– 7	劣势
万人外资企业数	3	3	0	强势
个体私营企业数增长率	31	31	0	劣势
万人个体私营企业数	6	9	– 3	优势
万人商标注册件数	1	1	0	强势
查处商标侵权假冒案件数	20	15	5	中势
每十万人交通事故发生数	13	14	– 1	中势
罚没收入占财政收入比重	2	2	0	强势
社会捐赠站点数	8	3	5	强势

7. 北京市政府作用竞争力指标排名变化情况

表 1 – 11   2018 ~ 2019 年北京市政府作用竞争力指标组排位及变化趋势

指标	2018 年	2019 年	排位升降	优劣势
7 政府作用竞争力	6	2	4	强势
7.1 政府发展经济竞争力	31	25	6	劣势
财政支出用于基本建设投资比重	22	24	– 2	劣势
财政支出对 GDP 增长的拉动	16	11	5	中势
政府公务员对经济的贡献	8	7	1	优势
财政支出用于经济社会的拉动	27	29	– 2	劣势
财政投资对社会投资的拉动	27	27	0	劣势

续表

指　标	2018 年	2019 年	排位升降	优势
7.2　政府规调经济竞争力	5	2	3	强势
物价调控	29	3	26	强势
调控城乡消费差距	20	22	-2	劣势
统筹经济社会发展	4	3	1	强势
规范税收	1	2	-1	强势
固定资产投资价格指数	6	10	-4	优势
7.3　政府保障经济竞争力	2	1	1	强势
城镇职工养老保险收支比	11	1	10	强势
医疗保险覆盖率	5	5	0	优势
养老保险覆盖率	24	21	3	劣势
失业保险覆盖率	4	3	1	强势
最低工资标准	2	2	0	强势
城镇登记失业率	1	1	0	强势

8. 北京市发展水平竞争力指标排名变化情况

表 1-12　2018～2019 年北京市发展水平竞争力指标组排位及变化趋势

指　标	2018 年	2019 年	排位升降	优劣势
8　发展水平竞争力	3	5	-2	优势
8.1　工业化进程竞争力	2	2	0	强势
工业增加值占 GDP 比重	29	29	0	劣势
工业增加值增长率	18	25	-7	劣势
高技术产业占工业增加值比重	4	2	2	强势
高技术产品占商品出口额比重	7	5	2	优势
信息产业增加值占 GDP 比重	1	1	0	强势
工农业增加值比值	3	2	1	强势
8.2　城市化进程竞争力	1	1	0	强势
城镇化率	2	2	0	强势
城镇居民人均可支配收入	2	1	1	强势
城市平均建成区面积比重	31	31	0	劣势
人均拥有道路面积	30	30	0	劣势
人均日生活用水量	9	16	-7	中势
人均公共绿地面积	6	6	0	优势

指标	2018 年	2019 年	排位升降	优劣势
8.3　市场化进程竞争力	21	23	-2	劣势
非公有制经济产值占全社会总产值比重	26	28	-2	劣势
社会投资占投资总额比重	14	11	3	中势
私有和个体企业从业人员比重	27	30	-3	劣势
亿元以上商品市场成交额	9	8	1	优势
亿元以上商品市场成交额占全社会消费品零售总额比重	9	9	0	优势
居民消费支出占总消费支出比重	27	27	0	劣势

9. 北京市统筹协调竞争力指标排名变化情况

表 1-13　2018~2019 年北京市统筹协调竞争力指标组排位及变化趋势

指标	2018 年	2019 年	排位升降	优劣势
9　统筹协调竞争力	4	5	-1	优势
9.1　统筹发展竞争力	1	2	-1	强势
社会劳动生产率	1	1	0	强势
能源使用下降率	14	6	8	优势
万元 GDP 综合能耗下降率	15	5	10	优势
非农用地产出率	5	7	-2	优势
居民收入占 GDP 比重	16	7	9	优势
二三产业增加值比例	1	1	0	强势
固定资产投资额占 GDP 比重	10	13	-3	中势
固定资产投资增长率	6	27	-21	劣势
9.2　协调发展竞争力	25	28	-3	劣势
资源竞争力与宏观经济竞争力比差	30	29	1	劣势
环境竞争力与宏观经济竞争力比差	15	18	-3	中势
人力资源竞争力与宏观经济竞争力比差	22	23	-1	劣势
环境竞争力与工业竞争力比差	30	30	0	劣势
资源竞争力与工业竞争力比差	20	19	1	中势
城乡居民家庭人均收入比差	18	19	-1	中势
城乡居民人均现金消费支出比差	20	22	-2	劣势
全社会消费品零售总额与外贸出口总额比差	9	9	0	优势

B.3
2

2018 ~ 2019年天津市经济综合
竞争力评价分析报告

天津市简称"津",位于华北平原东北部,与北京市、河北省相接,是中央四大直辖市之一,也是中国北方最大的沿海开放城市,素有"渤海明珠"之称。全市面积为11919.7平方公里。2019年全市常住人口为1561.83万人,地区生产总值为90371亿元,同比增长4.8%,人均GDP达90371元。本部分通过分析2018~2019年天津市经济综合竞争力以及各要素竞争力的排名变化,从中找出天津市经济综合竞争力的推动点及影响因素,为进一步提升天津市经济综合竞争力提供决策参考。

2.1 天津市经济综合竞争力总体分析

1. 天津市经济综合竞争力一级指标概要分析

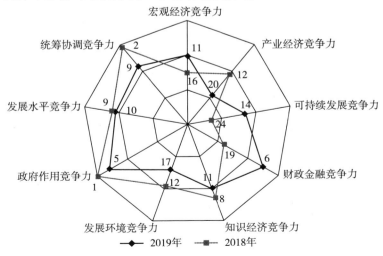

图2-1 2018~2019年天津市经济综合竞争力二级指标比较

表 2-1　2018~2019 年天津市经济综合竞争力二级指标比较

项目 年份	宏观 经济 竞争力	产业 经济 竞争力	可持续 发展 竞争力	财政 金融 竞争力	知识 经济 竞争力	发展 环境 竞争力	政府 作用 竞争力	发展 水平 竞争力	统筹 协调 竞争力	综合 排位
2018	16	12	24	19	8	12	1	9	2	8
2019	11	20	14	6	11	17	5	10	9	8
升降	5	-8	10	13	-3	-5	-4	-1	-7	0
优劣度	中势	中势	中势	优势	中势	中势	优势	优势	优势	优势

（1）从综合排位看，2019 年天津市经济综合竞争力综合排位在全国居第 8 位，这表明其在全国处于优势地位；与 2018 年相比，综合排位保持不变。

（2）从指标所处区位看，4 个指标处于上游区，分别为财政金融竞争力、政府作用竞争力、发展水平竞争力和统筹协调竞争力；没有强势指标。其余 5 个指标处于下游区，皆为中势指标。

（3）从指标变化趋势看，9 个二级指标中，有 3 个指标处于上升趋势，分别为宏观经济竞争力、可持续发展竞争力和财政金融竞争力，这些是天津市经济综合竞争力的上升动力所在；其余 6 个指标均处于下降趋势，为天津市经济综合竞争力的下降拉力所在。

2. 天津市经济综合竞争力各级指标动态变化分析

表 2-2　2018~2019 年天津市经济综合竞争力各级指标排位变化态势比较

单位：个，%

二级指标	三级指标	四级 指标数	上升		保持		下降		变化 趋势
			指标 数	比重	指标 数	比重	指标 数	比重	
宏观经济 竞争力	经济实力竞争力	12	5	41.7	2	16.7	5	41.7	上升
	经济结构竞争力	6	3	50.0	3	50.0	0	0.0	上升
	经济外向度竞争力	9	2	22.2	3	33.3	4	44.4	上升
	小　计	27	10	37.0	8	29.6	9	33.3	上升

续表

二级指标	三级指标	四级指标数	上升		保持		下降		变化趋势
			指标数	比重	指标数	比重	指标数	比重	
产业经济竞争力	农业竞争力	10	2	20.0	8	80.0	0	0.0	保持
	工业竞争力	10	3	30.0	2	20.0	5	50.0	下降
	服务业竞争力	10	2	20.0	5	50.0	3	30.0	下降
	企业竞争力	10	3	30.0	1	10.0	6	60.0	下降
	小　计	**40**	10	25.0	16	40.0	14	35.0	下降
可持续发展竞争力	资源竞争力	9	1	11.1	8	88.9	0	0.0	保持
	环境竞争力	8	3	37.5	4	50.0	1	12.5	上升
	人力资源竞争力	7	0	0.0	3	42.9	4	57.1	下降
	小　计	**24**	4	16.7	15	62.5	5	20.8	上升
财政金融竞争力	财政竞争力	12	8	66.7	3	25.0	1	8.3	上升
	金融竞争力	10	3	30.0	3	30.0	4	40.0	上升
	小　计	**22**	11	50.0	6	27.3	5	22.7	上升
知识经济竞争力	科技竞争力	9	2	22.2	2	22.2	5	55.6	下降
	教育竞争力	10	1	10.0	6	60.0	3	30.0	下降
	文化竞争力	10	2	20.0	4	40.0	4	40.0	上升
	小　计	**29**	5	17.2	12	41.4	12	41.4	下降
发展环境竞争力	基础设施竞争力	9	2	22.2	6	66.7	1	11.1	上升
	软环境竞争力	9	1	11.1	3	33.3	5	55.6	下降
	小　计	**18**	3	16.7	9	50.0	6	33.3	下降
政府作用竞争力	政府发展经济竞争力	5	0	0.0	3	60.0	2	40.0	下降
	政府规调经济竞争力	5	2	40.0	1	20.0	2	40.0	上升
	政府保障经济竞争力	6	1	16.7	1	16.7	4	66.7	下降
	小　计	**16**	3	18.8	5	31.3	8	50.0	下降
发展水平竞争力	工业化进程竞争力	6	1	16.7	1	16.7	4	66.7	下降
	城市化进程竞争力	6	0	0.0	4	66.7	2	33.3	下降
	市场化进程竞争力	6	2	33.3	4	66.7	0	0.0	上升
	小　计	**18**	3	16.7	9	50.0	6	33.3	下降
统筹协调竞争力	统筹发展竞争力	8	3	37.5	0	0.0	5	62.5	下降
	协调发展竞争力	8	4	50.0	1	12.5	3	37.5	下降
	小　计	**16**	7	43.8	1	6.3	8	50.0	下降
合　计		**210**	56	26.7	81	38.6	73	34.8	保持

从表 2 - 2 可以看出，210 个四级指标中，上升指标有 56 个，占指标总数的 26.7%；下降指标有 73 个，占指标总数的 34.8%；保持不变的指标有 81 个，占指标总数的 38.6%。综上所述，天津市经济综合竞争力的上升动力小于下降拉力，但由于受到保持指标所占比重较大等因素的综合影响，2018～2019 年天津市经济综合竞争力排位保持不变。

3. 天津市经济综合竞争力各级指标优劣势结构分析

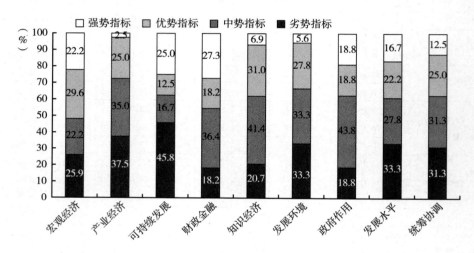

图 2 - 2　2019 年天津市经济综合竞争力各级指标优劣势比较

表 2 - 3　2019 年天津市经济综合竞争力各级指标优劣势比较

单位：个，%

二级指标	三级指标	四级指标数	强势指标		优势指标		中势指标		劣势指标		优劣势
			个数	比重	个数	比重	个数	比重	个数	比重	
宏观经济竞争力	经济实力竞争力	12	3	25.0	2	16.7	4	33.3	3	25.0	中势
	经济结构竞争力	6	2	33.3	2	33.3	1	16.7	1	16.7	强势
	经济外向度竞争力	9	1	11.1	4	44.4	1	11.1	3	33.3	优势
	小　计	27	6	22.2	8	29.6	6	22.2	7	25.9	中势
产业经济竞争力	农业竞争力	10	1	10.0	2	20.0	0	0.0	7	70.0	劣势
	工业竞争力	10	0	0.0	1	10.0	6	60.0	3	30.0	劣势
	服务业竞争力	10	0	0.0	2	20.0	4	40.0	4	40.0	中势
	企业竞争力	10	0	0.0	5	50.0	4	40.0	1	10.0	优势
	小　计	40	1	2.5	10	25.0	14	35.0	15	37.5	中势

续表

二级指标	三级指标	四级指标数	强势指标		优势指标		中势指标		劣势指标		优劣势
			个数	比重	个数	比重	个数	比重	个数	比重	
可持续发展竞争力	资源竞争力	9	0	0.0	1	11.1	2	22.2	6	66.7	劣势
	环境竞争力	8	2	25.0	2	25.0	2	25.0	2	25.0	优势
	人力资源竞争力	7	4	57.1	0	0.0	0	0.0	3	42.9	优势
	小　计	24	6	25.0	3	12.5	4	16.7	11	45.8	中势
财政金融竞争力	财政竞争力	12	5	41.7	2	16.7	3	25.0	2	16.7	优势
	金融竞争力	10	1	10.0	2	20.0	5	50.0	2	20.0	优势
	小　计	22	6	27.3	4	18.2	8	36.4	4	18.2	优势
知识经济竞争力	科技竞争力	9	1	11.1	3	33.3	5	55.6	0	0.0	中势
	教育竞争力	10	1	10.0	4	40.0	1	10.0	4	40.0	中势
	文化竞争力	10	0	0.0	2	20.0	6	60.0	2	20.0	劣势
	小　计	29	2	6.9	9	31.0	12	41.4	6	20.7	中势
发展环境竞争力	基础设施竞争力	9	1	11.1	1	11.1	4	44.4	3	33.3	中势
	软环境竞争力	9	0	0.0	4	44.4	2	22.2	3	33.3	劣势
	小　计	18	1	5.6	5	27.8	6	33.3	6	33.3	中势
政府作用竞争力	政府发展经济竞争力	5	1	20.0	1	20.0	1	20.0	2	40.0	优势
	政府规调经济竞争力	5	2	40.0	1	20.0	2	40.0	0	0.0	强势
	政府保障经济竞争力	6	0	0.0	1	16.7	4	66.7	1	16.7	中势
	小　计	16	3	18.8	3	18.8	7	43.8	3	18.8	优势
发展水平竞争力	工业化进程竞争力	6	1	16.7	2	33.3	2	33.3	1	16.7	中势
	城市化进程竞争力	6	1	16.7	2	33.3	0	0.0	3	50.0	优势
	市场化进程竞争力	6	1	16.7	0	0.0	3	50.0	2	33.3	中势
	小　计	18	3	16.7	4	22.2	5	27.8	6	33.3	优势
统筹协调竞争力	统筹发展竞争力	8	1	12.5	3	37.5	2	25.0	2	25.0	优势
	协调发展竞争力	8	1	12.5	1	12.5	3	37.5	3	37.5	中势
	小　计	16	2	12.5	4	25.0	5	31.3	5	31.3	优势
合　计		210	30	14.3	50	23.8	67	31.9	63	30.0	优势

　　基于图2-2和表2-3，从四级指标来看，强势指标30个，占指标总数的14.3%；优势指标50个，占指标总数的23.8%；中势指标67个，占指标总数的31.9%；劣势指标63个，占指标总数的30.0%。从三级指标来

看，强势指标 2 个，占三级指标总数的 8%；优势指标 9 个，占三级指标总数的 36%；中势指标 9 个，占三级指标总数的 36%；劣势指标 5 个，占三级指标总数的 20%。反映到二级指标上来，没有强势指标和劣势指标；优势指标有 4 个，占二级指标总数的 44.4%；中势指标有 5 个，占二级指标总数的 55.6%。综合来看，2019 年天津市经济综合竞争力处于优势地位。

4. 天津市经济综合竞争力四级指标优劣势对比分析

表 2－4　2019 年天津市经济综合竞争力各级指标优劣势比较

二级指标	优劣势	四级指标
宏观经济竞争力（27 个）	强势指标	地区生产总值增长率、固定资产投资额增长率、人均固定资产投资额、产业结构优化度、城乡经济结构优化度、外贸依存度（6 个）
	优势指标	财政总收入增长率、人均财政收入、就业结构优化度、财政收入结构优化度、进出口总额、实际 FDI、外资企业数、对外直接投资额（8 个）
	劣势指标	人均地区生产总值、全社会消费品零售总额、全社会消费品零售总额增长率、贸易结构优化度、进出口增长率、出口增长率、实际 FDI 增长率（7 个）
产业经济竞争力（40 个）	强势指标	农产品出口占农林牧渔总产值比重（1 个）
	优势指标	农民人均纯收入、农村人均用电量、人均工业增加值、人均服务业增加值、限额以上批发零售企业主营业务收入、规模以上企业平均利润、规模以上企业劳动效率、城镇就业人员平均工资、新产品销售收入占主营业务收入比重、产品质量抽查合格率（10 个）
	劣势指标	农业增加值、农业增加值增长率、人均农业增加值、农民人均纯收入增长率、人均主要农产品产量、农业机械化水平、财政支农资金比重、工业增加值、工业增加值增长率、工业资产总额增长率、服务业增加值增长率、服务业从业人员数、限额以上批零企业利税率、商品房销售收入、全国 500 强企业数（15 个）
可持续发展竞争力（24 个）	强势指标	一般工业固体废物综合利用率、生活垃圾无害化处理率、15～64 岁人口比例、文盲率、大专以上教育程度人口比例、平均受教育程度（6 个）
	优势指标	人均可使用海域和滩涂面积、人均治理工业污染投资额、自然灾害直接经济损失额（3 个）
	劣势指标	人均国土面积、人均年水资源量、耕地面积、人均耕地面积、人均牧草地面积、人均森林储积量、森林覆盖率、人均废水排放量、常住人口增长率、人口健康素质、职业学校毕业生数（11 个）

续表

二级指标	优劣势	四级指标
财政金融竞争力（22个）	强势指标	地方财政收入占GDP比重、人均地方财政收入、人均税收收入、地方财政收入增长率、地方财政支出增长率、人均贷款余额（6个）
	优势指标	税收收入占GDP比重、人均地方财政支出、人均存款余额、保险密度（人均保险费）（4个）
	劣势指标	地方财政支出、税收收入占财政总收入比重、中长期贷款占贷款余额比重、保险费净收入（4个）
知识经济竞争力（29个）	强势指标	R&D经费投入强度、万人中小学专任教师数（2个）
	优势指标	技术市场成交合同金额、财政科技支出占地方财政支出比重、高技术产业收入占工业增加值比重、人均教育经费、人均文化教育支出、万人中小学学校数、高等学校数、文化服务业企业营业收入、城镇居民人均文化娱乐支出（9个）
	劣势指标	教育经费、公共教育经费占财政支出比重、高校专任教师数、万人高等学校在校学生数、农村居民人均文化娱乐支出、农村居民人均文化娱乐支出占消费性支出比重（6个）
发展环境竞争力（18个）	强势指标	铁路网线密度（1个）
	优势指标	公路网线密度、万人外资企业数、个体私营企业数增长率、万人商标注册件数、社会捐赠站点数、（5个）
	劣势指标	人均内河航道里程、全社会旅客周转量、政府网站数、外资企业数增长率、每十万人交通事故发生数、罚没收入占财政收入比重（6个）
政府作用竞争力（16个）	强势指标	财政投资对社会投资的拉动、统筹经济社会发展、规范税收（3个）
	优势指标	政府公务员对经济的贡献、固定资产投资价格指数、最低工资标准（3个）
	劣势指标	财政支出用于基本建设投资比重、财政支出用于经济社会比重、城镇登记失业率（3个）
发展水平竞争力（18个）	强势指标	工农业增加值比值、城镇化率、社会投资占投资总额比重（3个）
	优势指标	高技术产品占商品出口额比重、信息产业增加值占GDP比重、城镇居民人均可支配收入、城市平均建成区面积比重（4个）
	劣势指标	工业增加值增长率、人均拥有道路面积、人均日生活用水量、人均公共绿地面积、私有和个体企业从业人员比重、居民消费支出占总消费支出比重（6个）
统筹协调竞争力（16个）	强势指标	固定资产投资增长率、城乡居民家庭人均收入比差（2个）
	优势指标	社会劳动生产率、非农用地产出率、二三产业增加值比例、全社会消费品零售总额与外贸出口总额比差（4个）
	劣势指标	万元GDP综合能耗下降率、居民收入占GDP比重、资源竞争力与宏观经济竞争力比差、环境竞争力与工业竞争力比差、资源竞争力与工业竞争力比差（5个）

2.2 天津市经济综合竞争力各级指标具体分析

1. 天津市宏观经济竞争力指标排名变化情况

表 2－5　2018～2019 年天津市宏观经济竞争力指标组排位及变化趋势

指　标	2018 年	2019 年	排位升降	优劣势
1　宏观经济竞争力	16	11	5	中势
1.1　经济实力竞争力	21	13	8	中势
地区生产总值	19	20	－1	中势
地区生产总值增长率	31	1	30	强势
人均地区生产总值	3	29	－26	劣势
财政总收入	20	20	0	中势
财政总收入增长率	29	10	19	优势
人均财政收入	4	5	－1	优势
固定资产投资额	20	18	2	中势
固定资产投资额增长率	27	1	26	强势
人均固定资产投资额	4	2	2	强势
全社会消费品零售总额	24	24	0	劣势
全社会消费品零售总额增长率	29	31	－2	劣势
人均全社会消费品零售总额	6	11	－5	中势
1.2　经济结构竞争力	11	2	9	强势
产业结构优化度	3	3	0	强势
所有制经济结构优化度	16	14	2	中势
城乡经济结构优化度	1	1	0	强势
就业结构优化度	9	6	3	优势
财政收入结构优化度	21	7	14	优势
贸易结构优化度	26	26	0	劣势
1.3　经济外向度竞争力	12	10	2	优势
进出口总额	8	8	0	优势
进出口增长率	14	29	－15	劣势
出口总额	12	13	－1	中势
出口增长率	23	27	－4	劣势
实际 FDI	8	8	0	优势
实际 FDI 增长率	15	23	－8	劣势
外贸依存度	5	3	2	强势
外资企业数	9	9	0	优势
对外直接投资额	10	7	3	优势

2. 天津市产业经济竞争力指标排名变化情况

表 2 - 6　2018～2019 年天津市产业经济竞争力指标组排位及变化趋势

指　标	2018 年	2019 年	排位升降	优劣势
2　产业经济竞争力	12	20	- 8	中势
2.1　农业竞争力	31	31	0	劣势
农业增加值	28	28	0	劣势
农业增加值增长率	29	29	0	劣势
人均农业增加值	27	27	0	劣势
农民人均纯收入	4	4	0	优势
农民人均纯收入增长率	31	31	0	劣势
农产品出口占农林牧渔总产值比重	4	3	1	强势
人均主要农产品产量	29	29	0	劣势
农业机械化	29	29	0	劣势
农村人均用电量	9	8	1	优势
财政支农资金比重	31	31	0	劣势
2.2　工业竞争力	6	22	- 16	劣势
工业增加值	16	22	- 6	劣势
工业增加值增长率	25	30	- 5	劣势
人均工业增加值	1	6	- 5	优势
工业资产总额	20	20	0	中势
工业资产总额增长率	17	26	- 9	劣势
规模以上工业主营业务收入	20	18	2	中势
工业成本费用率	20	19	1	中势
规模以上工业利润总额	20	18	2	中势
工业全员劳动生产率	1	15	- 14	中势
工业收入利润率	12	12	0	中势
2.3　服务业竞争力	17	20	- 3	中势
服务业增加值	15	15	0	中势
服务业增加值增长率	28	27	1	劣势
人均服务业增加值	3	5	- 2	优势
服务业从业人员数	27	27	0	劣势
限额以上批发零售企业主营业务收入	8	8	0	优势
限额以上批零企业利税率	30	31	- 1	劣势
限额以上餐饮企业利税率	11	17	- 6	中势
旅游外汇收入	18	18	0	中势
商品房销售收入	22	21	1	劣势
电子商务销售额	15	15	0	中势

指 标	2018 年	2019 年	排位升降	优劣势
2.4 企业竞争力	4	7	−3	优势
规模以上工业企业数	20	18	2	中势
规模以上企业平均资产	13	16	−3	中势
规模以上企业平均收入	7	11	−4	中势
规模以上企业平均利润	7	6	1	优势
规模以上企业劳动效率	5	4	1	优势
城镇就业人员平均工资	4	4	0	优势
新产品销售收入占主营业务收入比重	7	10	−3	优势
产品质量抽查合格率	1	4	−3	优势
工业企业 R&D 经费投入强度	7	12	−5	中势
全国 500 强企业数	19	21	−2	劣势

3. 天津市可持续发展竞争力指标排名变化情况

表 2 − 7　2018 ~ 2019 年天津市可持续发展竞争力指标组排位及变化趋势

指 标	2018 年	2019 年	排位升降	优劣势
3　可持续发展竞争力	21	14	7	中势
3.1 资源竞争力	29	29	0	劣势
人均国土面积	29	29	0	劣势
人均可使用海域和滩涂面积	9	9	0	优势
人均年水资源量	31	31	0	劣势
耕地面积	29	29	0	劣势
人均耕地面积	28	28	0	劣势
人均牧草地面积	31	31	0	劣势
主要能源矿产基础储量	25	20	5	中势
人均主要能源矿产基础储量	20	20	0	中势
人均森林储积量	30	30	0	劣势
3.2 环境竞争力	18	10	8	优势
森林覆盖率	29	28	1	劣势
人均废水排放量	24	24	0	劣势
人均工业废气排放量	14	14	0	中势
人均工业固体废物排放量	17	17	0	中势
人均治理工业污染投资额	11	6	5	优势
一般工业固体废物综合利用率	1	1	0	强势
生活垃圾无害化处理率	28	1	27	强势
自然灾害直接经济损失额	2	5	−3	优势

续表

指　标	2018 年	2019 年	排位升降	优劣势
3.3　人力资源竞争力	3	4	−1	优势
常住人口增长率	27	27	0	劣势
15~64 岁人口比例	1	2	−1	强势
文盲率	1	2	−1	强势
大专以上教育程度人口比例	3	3	0	强势
平均受教育程度	3	3	0	强势
人口健康素质	26	28	−2	劣势
职业学校毕业生数	26	27	−1	劣势

4. 天津市财政金融竞争力指标排名变化情况

表 2－8　2018~2019 年天津市财政金融竞争力指标组排位及变化趋势

指　标	2018 年	2019 年	排位升降	优劣势
4　财政金融竞争力	19	6	13	优势
4.1　财政竞争力	27	5	22	优势
地方财政收入	19	16	3	中势
地方财政支出	27	27	0	劣势
地方财政收入占 GDP 比重	11	2	9	强势
地方财政支出占 GDP 比重	26	15	11	中势
税收收入占 GDP 比重	8	4	4	优势
税收收入占财政总收入比重	8	28	−20	劣势
人均地方财政收入	3	3	0	强势
人均地方财政支出	7	5	2	优势
人均税收收入	3	3	0	强势
地方财政收入增长率	31	1	30	强势
地方财政支出增长率	31	3	28	强势
税收收入增长率	31	18	13	中势
4.2　金融竞争力	11	9	2	优势
存款余额	19	20	−1	中势
人均存款余额	4	4	0	优势
贷款余额	15	16	−1	中势
人均贷款余额	3	3	0	强势
中长期贷款占贷款余额比重	24	25	−1	劣势
保险费净收入	24	23	1	劣势
保险密度（人均保险费）	4	5	−1	优势
保险深度（保险费占 GDP 的比重）	29	11	18	中势
国内上市公司数	16	16	0	中势
国内上市公司市值	21	14	7	中势

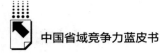

5. 天津市知识经济竞争力指标排名变化情况

表 2-9 2018~2019 年天津市知识经济竞争力指标组排位及变化趋势

指　　标	2018 年	2019 年	排位升降	优劣势
5　知识经济竞争力	8	11	-3	中势
5.1　科技竞争力	11	12	-1	中势
R&D 人员	15	16	-1	中势
R&D 经费	15	17	-2	中势
R&D 经费投入强度	5	3	2	强势
发明专利授权量	16	17	-1	中势
技术市场成交合同金额	9	9	0	优势
财政科技支出占地方财政支出比重	8	8	0	优势
高技术产业主营业务收入	13	15	-2	中势
高技术产业收入占工业增加值比重	6	5	1	优势
高技术产品出口额占商品出口额比重	10	11	-1	中势
5.2　教育竞争力	6	12	-6	中势
教育经费	27	27	0	劣势
教育经费占 GDP 比重	30	16	14	中势
人均教育经费	5	6	-1	优势
公共教育经费占财政支出比重	20	24	-4	劣势
人均文化教育支出	5	5	0	优势
万人中小学学校数	5	5	0	优势
万人中小学专任教师数	3	3	0	强势
高等学校数	10	10	0	优势
高校专任教师数	24	24	0	劣势
万人高等学校在校学生数	2	23	-21	劣势
5.3　文化竞争力	23	22	1	劣势
文化制造业营业收入	13	17	-4	中势
文化批发零售业营业收入	14	14	0	中势
文化服务业企业营业收入	6	7	-1	优势
图书和期刊出版数	24	18	6	中势
电子出版物品种	15	18	-3	中势
印刷用纸量	18	18	0	中势
城镇居民人均文化娱乐支出	5	5	0	优势
农村居民人均文化娱乐支出	19	25	-6	劣势
城镇居民人均文化娱乐支出占消费性支出比重	18	17	1	中势
农村居民人均文化娱乐支出占消费性支出比重	28	28	0	劣势

6. 天津市发展环境竞争力指标排名变化情况

表 2-10　2018~2019 年天津市发展环境竞争力指标组排位及变化趋势

指　标	2018 年	2019 年	排位升降	优劣势
6　发展环境竞争力	12	17	-5	中势
6.1　基础设施竞争力	12	11	1	中势
铁路网线密度	1	1	0	强势
公路网线密度	8	8	0	优势
人均内河航道里程	27	27	0	劣势
全社会旅客周转量	25	25	0	劣势
全社会货物周转量	22	19	3	中势
人均邮电业务总量	12	15	-3	中势
电话普及率	16	11	5	中势
政府网站数	28	28	0	劣势
人均耗电量	12	12	0	中势
6.2　软环境竞争力	12	27	-15	劣势
外资企业数增长率	11	27	-16	劣势
万人外资企业数	4	4	0	优势
个体私营企业数增长率	8	10	-2	优势
万人个体私营企业数	19	20	-1	中势
万人商标注册件数	7	7	0	优势
查处商标侵权假冒案件数	8	14	-6	中势
每十万人交通事故发生数	31	31	0	劣势
罚没收入占财政收入比重	6	30	-24	劣势
社会捐赠站点数	12	7	5	优势

7. 天津市政府作用竞争力指标排名变化情况

表 2-11　2018~2019 年天津市政府作用竞争力指标组排位及变化趋势

指　标	2018 年	2019 年	排位升降	优劣势
7　政府作用竞争力	1	5	-4	优势
7.1　政府发展经济竞争力	4	7	-3	优势
财政支出用于基本建设投资比重	30	30	0	劣势
财政支出对 GDP 增长的拉动	6	17	-11	中势
政府公务员对经济的贡献	3	5	-2	优势
财政支出用于经济社会比重	30	30	0	劣势
财政投资对社会投资的拉动	2	2	0	强势

指　标	2018 年	2019 年	排位升降	优劣势
7.2. 政府规调经济竞争力	2	1	1	强势
物价调控	10	13	−3	中势
调控城乡消费差距	11	14	−3	中势
统筹经济社会发展	2	2	0	强势
规范税收	6	2	4	强势
固定资产投资价格指数	10	6	4	优势
7.3　政府保障经济竞争力	9	12	−3	中势
城镇职工养老保险收支比	25	19	6	中势
医疗保险覆盖率	8	12	−4	中势
养老保险覆盖率	10	13	−3	中势
失业保险覆盖率	9	11	−2	中势
最低工资标准	4	4	0	优势
城镇登记失业率	9	26	−17	劣势

8. 天津市发展水平竞争力指标排名变化情况

表 2 −12　2018 ~ 2019 年天津市发展水平竞争力指标组排位及变化趋势

指　标	2018 年	2019 年	排位升降	优劣势
8　发展水平竞争力	9	10	−1	优势
8.1　工业化进程竞争力	4	11	−7	中势
工业增加值占 GDP 比重	9	15	−6	中势
工业增加值增长率	25	30	−5	劣势
高技术产业占工业增加值比重	10	11	−1	中势
高技术产品占商品出口额比重	10	8	2	优势
信息产业增加值占 GDP 比重	6	6	0	优势
工农业增加值比值	2	3	−1	强势
8.2　城市化进程竞争力	7	8	−1	优势
城镇化率	3	3	0	强势
城镇居民人均可支配收入	6	6	0	优势
城市平均建成区面积比重	7	8	−1	优势
人均拥有道路面积	29	29	0	劣势
人均日生活用水量	30	30	0	劣势
人均公共绿地面积	29	30	−1	劣势

续表

指　标	2018 年	2019 年	排位升降	优劣势
8.3　市场化进程竞争力	24	19	5	中势
非公有制经济产值占全社会总产值比重	16	14	2	中势
社会投资占投资总额比重	1	1	0	强势
私有和个体企业从业人员比重	31	31	0	劣势
亿元以上商品市场成交额	20	20	0	中势
亿元以上商品市场成交额占全社会消费品零售总额比重	15	11	4	中势
居民消费支出占总消费支出比重	22	22	0	劣势

9. 天津市统筹协调竞争力指标排名变化情况

表 2-13　2018~2019 年天津市统筹协调竞争力指标组排位及变化趋势

指　标	2018 年	2019 年	排位升降	优劣势
9　统筹协调竞争力	2	9	−7	优势
9.1　统筹发展竞争力	3	8	−5	优势
社会劳动生产率	3	6	−3	优势
能源使用下降率	10	16	−6	中势
万元 GDP 综合能耗下降率	26	25	1	劣势
非农用地产出率	2	6	−4	优势
居民收入占 GDP 比重	1	21	−20	劣势
二三产业增加值比例	6	5	1	优势
固定资产投资额占 GDP 比重	1	18	−17	中势
固定资产投资增长率	5	1	4	强势
9.2　协调发展竞争力	11	18	−7	中势
资源竞争力与宏观经济竞争力比差	29	28	1	劣势
环境竞争力与宏观经济竞争力比差	16	11	5	中势
人力资源竞争力与宏观经济竞争力比差	19	15	4	中势
环境竞争力与工业竞争力比差	4	25	−21	劣势
资源竞争力与工业竞争力比差	29	27	2	劣势
城乡居民家庭人均收入比差	1	1	0	强势
城乡居民人均现金消费支出比差	11	14	−3	中势
全社会消费品零售总额与外贸出口总额比差	4	5	−1	优势

B.4
3

2018~2019年河北省经济综合竞争力评价分析报告

河北省简称"冀",位于黄河下游以北,东部濒临渤海,东南部和南部与山东、河南两省接壤,西部隔太行山与山西省为邻,西北部、北部和东北部同内蒙古自治区、辽宁省相接。河北省面积为18.77万平方公里。2019年全市常住人口为7592万人,地区生产总值为35105亿元,同比增长6.8%,人均GDP达46348元。本部分通过分析2018~2019年河北省经济综合竞争力以及各要素竞争力的排名变化,从中找出河北省经济综合竞争力的推动点及影响因素,为进一步提升河北省经济综合竞争力提供决策参考。

3.1 河北省经济综合竞争力总体分析

1. 河北省经济综合竞争力一级指标概要分析

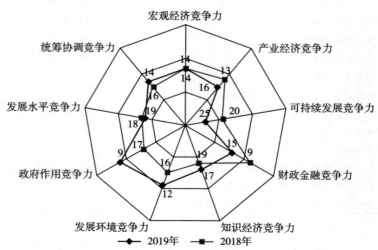

图3-1 2018~2019年河北省经济综合竞争力二级指标比较

表 3-1 2018~2019 年河北省经济综合竞争力二级指标比较

项目 年份	宏观经济竞争力	产业经济竞争力	可持续发展竞争力	财政金融竞争力	知识经济竞争力	发展环境竞争力	政府作用竞争力	发展水平竞争力	统筹协调竞争力	综合排位
2018	14	13	20	9	19	16	17	18	16	15
2019	14	16	25	15	17	12	9	19	14	15
升降	0	-3	-5	-6	2	4	8	-1	2	0
优劣度	中势	中势	劣势	中势	中势	中势	优势	中势	中势	中势

（1）从综合排位看，2019 年河北省经济综合竞争力综合排位在全国居第 15 位，这表明其在全国处于中势地位；与 2018 年相比，综合排位没有变化。

（2）从指标所处区位看，上游区有 1 个指标，为政府作用竞争力；下游区有 1 个指标，为可持续发展竞争力；其他 7 个指标均处于中游区。

（3）从指标变化趋势看，9 个二级指标中，有 4 个指标处于上升趋势，分别为知识经济竞争力、发展环境竞争力、政府作用竞争力和统筹协调竞争力，这些是河北省经济综合竞争力的上升动力所在；有 4 个指标处于下降趋势，为产业经济竞争力、可持续发展竞争力、财政金融竞争力和发展水平竞争力，这些是河北省经济综合竞争力的下降拉力所在。

2. 河北省经济综合竞争力各级指标动态变化分析

表 3-2 2018~2019 年河北省经济综合竞争力各级指标排位变化态势比较

单位：个，%

二级指标	三级指标	四级指标数	上升		保持		下降		变化趋势
			指标数	比重	指标数	比重	指标数	比重	
宏观经济竞争力	经济实力竞争力	12	5	41.7	2	16.7	5	41.7	下降
	经济结构竞争力	6	2	33.3	2	33.3	2	33.3	保持
	经济外向度竞争力	9	4	44.4	2	22.2	3	33.3	上升
	小 计	27	11	40.7	6	22.2	10	37.0	保持

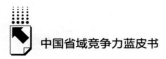

续表

二级指标	三级指标	四级指标数	上升		保持		下降		变化趋势
			指标数	比重	指标数	比重	指标数	比重	
产业经济竞争力	农业竞争力	10	2	20.0	4	40.0	4	40.0	下降
	工业竞争力	10	2	20.0	2	20.0	6	60.0	下降
	服务业竞争力	10	3	30.0	3	30.0	4	40.0	下降
	企业竞争力	10	5	50.0	1	10.0	4	40.0	上升
	小　计	40	12	30.0	10	25.0	18	45.0	下降
可持续发展竞争力	资源竞争力	9	0	0.0	7	77.8	2	22.2	下降
	环境竞争力	8	1	12.5	6	75.0	1	12.5	下降
	人力资源竞争力	7	4	57.1	2	28.6	1	14.3	上升
	小　计	24	5	20.8	15	62.5	4	16.7	下降
财政金融竞争力	财政竞争力	12	7	58.3	2	16.7	3	25.0	下降
	金融竞争力	10	1	10.0	4	40.0	5	50.0	下降
	小　计	22	8	36.4	6	27.3	8	36.4	下降
知识经济竞争力	科技竞争力	9	3	33.3	4	44.4	2	22.2	下降
	教育竞争力	10	6	60.0	3	30.0	1	10.0	上升
	文化竞争力	10	6	60.0	1	10.0	3	30.0	下降
	小　计	29	15	51.7	8	27.6	6	20.7	上升
发展环境竞争力	基础设施竞争力	9	2	22.2	5	55.6	2	22.2	保持
	软环境竞争力	9	3	33.3	2	22.2	4	44.4	上升
	小　计	18	5	27.8	7	38.9	6	33.3	上升
政府作用竞争力	政府发展经济竞争力	5	1	20.0	1	20.0	3	60.0	下降
	政府规调经济竞争力	5	3	60.0	0	0.0	2	40.0	上升
	政府保障经济竞争力	6	2	33.3	0	0.0	4	66.7	上升
	小　计	16	6	37.5	1	6.3	9	56.3	上升
发展水平竞争力	工业化进程竞争力	6	1	16.7	2	33.3	3	50.0	下降
	城市化进程竞争力	6	0	0.0	3	50.0	3	50.0	下降
	市场化进程竞争力	6	3	50.0	2	33.3	1	16.7	上升
	小　计	18	4	22.2	7	38.9	7	38.9	下降
统筹协调竞争力	统筹发展竞争力	8	1	12.5	1	12.5	6	75.0	下降
	协调发展竞争力	8	4	50.0	2	25.0	2	25.0	上升
	小　计	16	5	31.3	3	18.8	8	50.0	上升
合　计		210	71	33.8	63	30.0	76	36.2	保持

从表3-2可以看出，210个四级指标中，上升指标有71个，占指标总数的33.8%；下降指标有76个，占指标总数的36.2%；保持不变的指标有63个，占指标总数的30.0%。综上所述，河北省经济综合竞争力的上升动力略小于下降拉力，但由于受到其他外部因素的综合影响，2018~2019年河北省经济综合竞争力排位处于保持趋势。

3. 河北省经济综合竞争力各级指标优劣势结构分析

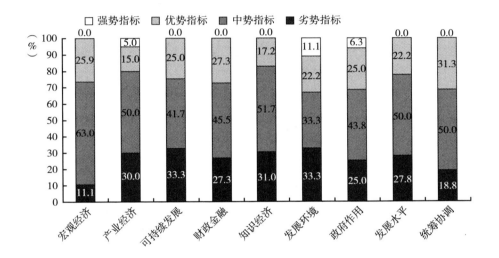

图3-2 2019年河北省经济综合竞争力各级指标优劣势比较

表3-3 2019年河北省经济综合竞争力各级指标优劣势比较

单位：个，%

二级指标	三级指标	四级指标数	强势指标		优势指标		中势指标		劣势指标		优劣势
			个数	比重	个数	比重	个数	比重	个数	比重	
宏观经济竞争力	经济实力竞争力	12	0	0.0	4	33.3	5	41.7	3	25.0	中势
	经济结构竞争力	6	0	0.0	1	16.7	5	83.3	0	0.0	中势
	经济外向度竞争力	9	0	0.0	2	22.2	7	77.8	0	0.0	中势
	小　计	27	0	0.0	7	25.9	17	63.0	3	11.1	中势
产业经济竞争力	农业竞争力	10	1	10.0	2	20.0	6	60.0	1	10.0	中势
	工业竞争力	10	0	0.0	3	30.0	2	20.0	5	50.0	中势
	服务业竞争力	10	1	10.0	0	0.0	5	50.0	4	40.0	中势
	企业竞争力	10	0	0.0	1	10.0	7	70.0	2	20.0	中势
	小　计	40	2	5.0	6	15.0	20	50.0	12	30.0	中势

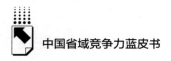
续表

二级指标	三级指标	四级指标数	强势指标		优势指标		中势指标		劣势指标		优劣势
			个数	比重	个数	比重	个数	比重	个数	比重	
可持续发展竞争力	资源竞争力	9	0	0.0	2	22.2	4	44.4	3	33.3	中势
	环境竞争力	8	0	0.0	2	25.0	3	37.5	3	37.5	劣势
	人力资源竞争力	7	0	0.0	2	28.6	3	42.9	2	28.6	中势
	小　计	24	0	0.0	6	25.0	10	41.7	8	33.3	劣势
财政金融竞争力	财政竞争力	12	0	0.0	4	33.3	5	41.7	3	25.0	中势
	金融竞争力	10	0	0.0	2	20.0	5	50.0	3	30.0	中势
	小　计	22	0	0.0	6	27.3	10	45.5	6	27.3	中势
知识经济竞争力	科技竞争力	9	0	0.0	0	0.0	6	66.7	3	33.3	劣势
	教育竞争力	10	0	0.0	4	40.0	3	30.0	3	30.0	中势
	文化竞争力	10	0	0.0	1	10.0	6	60.0	3	30.0	中势
	小　计	29	0	0.0	5	17.2	15	51.7	9	31.0	中势
发展环境竞争力	基础设施竞争力	9	1	11.1	2	22.2	4	44.4	2	22.2	优势
	软环境竞争力	9	1	11.1	2	22.2	2	22.2	4	44.4	中势
	小　计	18	2	11.1	4	22.2	6	33.3	6	33.3	中势
政府作用竞争力	政府发展经济竞争力	5	0	0.0	1	20.0	4	80.0	0	0.0	中势
	政府规调经济竞争力	5	0	0.0	1	20.0	1	20.0	3	60.0	劣势
	政府保障经济竞争力	6	1	16.7	2	33.3	2	33.3	1	16.7	强势
	小　计	16	1	6.3	4	25.0	7	43.8	4	25.0	优势
发展水平竞争力	工业化进程竞争力	6	0	0.0	0	0.0	3	50.0	3	50.0	劣势
	城市化进程竞争力	6	0	0.0	1	16.7	3	50.0	2	33.3	劣势
	市场化进程竞争力	6	0	0.0	3	50.0	3	50.0	0	0.0	优势
	小　计	18	0	0.0	4	22.2	9	50.0	5	27.8	中势
统筹协调竞争力	统筹发展竞争力	8	0	0.0	2	25.0	3	37.5	3	37.5	中势
	协调发展竞争力	8	0	0.0	3	37.5	5	62.5	0	0.0	优势
	小　计	16	0	0.0	5	31.3	8	50.0	3	18.8	中势
合　计		210	5	2.4	47	22.4	102	48.6	56	26.7	中势

基于图3-2和表3-3，从四级指标来看，强势指标5个，占指标总数的2.4%；优势指标47个，占指标总数的22.4%；中势指标102个，占指

标总数的48.6%；劣势指标56个，占指标总数的26.7%。从三级指标来看，强势指标1个，占三级指标总数的4%；优势指标3个，占三级指标总数的12%；中势指标16个，占三级指标总数的64%；劣势指标5个，占三级指标总数的20%。反映到二级指标上来，没有强势指标；优势指标有1个，占二级指标总数的11.1%；中势指标有7个，占二级指标总数的77.8%；劣势指标有1个，占二级指标总数的11.1%。综合来看，由于中势指标在指标体系中居于主导地位，2019年河北省经济综合竞争力处于中势地位。

4. 河北省经济综合竞争力四级指标优劣势对比分析

表3-4 2019年河北省经济综合竞争力各级指标优劣势比较

二级指标	优劣势	四级指标
宏观经济竞争力（27个）	强势指标	（0个）
	优势指标	地区生产总值、人均地区生产总值、财政总收入、固定资产投资额、城乡经济结构优化度、进出口增长率、实际FDI增长率（7个）
	劣势指标	地区生产总值增长率、人均财政收入、人均全社会消费品零售总额（3个）
产业经济竞争力（40个）	强势指标	农业机械化水平、服务业增加值增长率（2个）
	优势指标	农业增加值、农村人均用电量、工业增加值、工业资产总额、规模以上工业主营业务收入、全国500强企业数（6个）
	劣势指标	农业增加值增长率、工业增加值增长率、人均工业增加值、工业资产总额增长率、工业全员劳动生产率、工业收入利润率、人均服务业增加值、限额以上批零企业利税率、限额以上餐饮企业利税率、旅游外汇收入、规模以上企业平均利润、城镇就业人员平均工资（12个）
可持续发展竞争力（24个）	强势指标	（0个）
	优势指标	人均可使用海域和滩涂面积、耕地面积、人均废水排放量、自然灾害直接经济损失额、文盲率、职业学校毕业生数（6个）
	劣势指标	人均国土面积、人均年水资源量、人均森林储积量、人均工业废气排放量、人均工业固体废物排放量、生活垃圾无害化处理率、15~64岁人口比例、大专以上教育程度人口比例（8个）

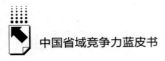

二级指标	优劣势	四级指标
财政金融竞争力(22个)	强势指标	(0个)
	优势指标	地方财政收入、地方财政支出、地方财政收入增长率、税收收入增长率、存款余额、贷款余额(6个)
	劣势指标	人均地方财政收入、人均地方财政支出、人均税收收入、人均贷款余额、保险密度(人均保险费)、保险深度(保险费占GDP的比重)(6个)
知识经济竞争力(29个)	强势指标	(0个)
	优势指标	教育经费、公共教育经费占财政支出比重、高校专任教师数、万人高等学校在校学生数、印刷用纸量(5个)
	劣势指标	财政科技支出占地方财政支出比重、高技术产业收入占工业增加值比重、高技术产品出口额占商品出口额比重、人均教育经费、人均文化教育支出、万人中小学专任教师数、城镇居民人均文化娱乐支出、农村居民人均文化娱乐支出、城镇居民人均文化娱乐支出占消费性支出比重(9个)
发展环境竞争力(18个)	强势指标	全社会货物周转量、每十万人交通事故发生数(2个)
	优势指标	铁路网线密度、全社会旅客周转量、外资企业数增长率、个体私营企业数增长率(4个)
	劣势指标	人均内河航道里程、人均邮电业务总量、万人外资企业数、查处商标侵权假冒案件数、罚没收入占财政收入比重、社会捐赠站点数(6个)
政府作用竞争力(16个)	强势指标	医疗保险覆盖率(1个)
	优势指标	财政投资对社会投资的拉动、调控城乡消费差距、养老保险覆盖率、最低工资标准(4个)
	劣势指标	物价调控、规范税收、固定资产投资价格指数、城镇职工养老保险收支比(4个)
发展水平竞争力(18个)	强势指标	(0个)
	优势指标	人均拥有道路面积、社会投资占投资总额比重、亿元以上商品市场成交额、亿元以上商品市场成交额占全社会消费品零售总额比重(4个)
	劣势指标	工业增加值增长率、高技术产业占工业增加值比重、高技术产品占商品出口额比重、城镇居民人均可支配收入、人均日生活用水量(5个)
统筹协调竞争力(16个)	强势指标	(0个)
	优势指标	能源使用下降率、万元GDP综合能耗下降率、环境竞争力与宏观经济竞争力比差、城乡居民家庭人均收入比差、城乡居民人均现金消费支出比差(5个)
	劣势指标	社会劳动生产率、居民收入占GDP比重、固定资产投资额占GDP比重(3个)

3.2 河北省经济综合竞争力各级指标具体分析

1.河北省宏观经济竞争力指标排名变化情况

表3－5 2018～2019年河北省宏观经济竞争力指标组排位及变化趋势

指　标	2018年	2019年	排位升降	优劣势
1　宏观经济竞争力	14	14	0	中势
1.1　经济实力竞争力	12	14	−2	中势
地区生产总值	9	9	0	优势
地区生产总值增长率	19	21	−2	劣势
人均地区生产总值	21	10	11	优势
财政总收入	11	10	1	优势
财政总收入增长率	7	11	−4	中势
人均财政收入	24	23	1	劣势
固定资产投资额	6	8	−2	优势
固定资产投资额增长率	17	15	2	中势
人均固定资产投资额	17	17	0	中势
全社会消费品零售总额	8	13	−5	中势
全社会消费品零售总额增长率	16	12	4	中势
人均全社会消费品零售总额	17	25	−8	劣势
1.2　经济结构竞争力	14	14	0	中势
产业结构优化度	24	18	6	中势
所有制经济结构优化度	13	12	1	中势
城乡经济结构优化度	10	10	0	优势
就业结构优化度	14	16	−2	中势
财政收入结构优化度	12	13	−1	中势
贸易结构优化度	16	16	0	中势
1.3　经济外向度竞争力	24	13	11	中势
进出口总额	15	16	−1	中势
进出口增长率	27	8	19	优势
出口总额	15	18	−3	中势
出口增长率	14	16	−2	中势
实际FDI	16	14	2	中势
实际FDI增长率	17	4	13	优势
外贸依存度	14	14	0	中势
外资企业数	14	14	0	中势
对外直接投资额	14	12	2	中势

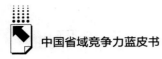

2. 河北省产业经济竞争力指标排名变化情况

表3－6　2018～2019年河北省产业经济竞争力指标组排位及变化趋势

指　　标	2018 年	2019 年	排位升降	优劣势
2　产业经济竞争力	13	16	−3	中势
2.1　农业竞争力	7	12	−5	中势
农业增加值	7	8	−1	优势
农业增加值增长率	22	26	−4	劣势
人均农业增加值	18	20	−2	中势
农民人均纯收入	13	14	−1	中势
农民人均纯收入增长率	20	18	2	中势
农产品出口占农林牧渔总产值比重	18	18	0	中势
人均主要农产品产量	11	11	0	中势
农业机械化水平	3	3	0	强势
农村人均用电量	8	7	1	优势
财政支农资金比重	17	17	0	中势
2.2　工业竞争力	13	17	−4	中势
工业增加值	8	10	−2	优势
工业增加值增长率	28	28	0	劣势
人均工业增加值	17	22	−5	劣势
工业资产总额	7	8	−1	优势
工业资产总额增长率	23	22	1	劣势
规模以上工业主营业务收入	11	9	2	优势
工业成本费用率	6	12	−6	中势
规模以上工业利润总额	12	14	−2	中势
工业全员劳动生产率	11	21	−10	劣势
工业收入利润率	24	24	0	劣势
2.3　服务业竞争力	12	19	−7	中势
服务业增加值	11	11	0	中势
服务业增加值增长率	3	1	2	强势
人均服务业增加值	24	25	−1	劣势
服务业从业人员数	12	12	0	中势
限额以上批发零售企业主营业务收入	19	16	3	中势
限额以上批零企业利税率	15	22	−7	劣势
限额以上餐饮企业利税率	7	31	−24	劣势
旅游外汇收入	24	22	2	劣势
商品房销售收入	14	15	−1	中势
电子商务销售额	17	17	0	中势

续表

指　　标	2018 年	2019 年	排位升降	优劣势
2.4　企业竞争力	16	12	4	中势
规模以上工业企业数	10	11	−1	中势
规模以上企业平均资产	18	17	1	中势
规模以上企业平均收入	22	17	5	中势
规模以上企业平均利润	20	22	−2	劣势
规模以上企业劳动效率	16	16	0	中势
城镇就业人员平均工资	25	27	−2	劣势
新产品销售收入占主营业务收入比重	15	14	1	中势
产品质量抽查合格率	4	14	−10	中势
工业企业 R&D 经费投入强度	15	13	2	中势
全国 500 强企业数	11	7	4	优势

3. 河北省可持续发展竞争力指标排名变化情况

表 3-7　2018~2019 年河北省可持续发展竞争力指标组排位及变化趋势

指　　标	2018 年	2019 年	排位升降	优劣势
3　可持续发展竞争力	22	25	−3	劣势
3.1　资源竞争力	17	18	−1	中势
人均国土面积	22	22	0	劣势
人均可使用海域和滩涂面积	8	8	0	优势
人均年水资源量	27	29	−2	劣势
耕地面积	7	7	0	优势
人均耕地面积	17	17	0	中势
人均牧草地面积	11	11	0	中势
主要能源矿产基础储量	11	14	−3	中势
人均主要能源矿产基础储量	14	14	0	中势
人均森林储积量	25	25	0	劣势
3.2　环境竞争力	15	25	−10	劣势
森林覆盖率	19	19	0	中势
人均废水排放量	4	4	0	优势
人均工业废气排放量	24	24	0	劣势
人均工业固体废物排放量	26	26	0	劣势
人均治理工业污染投资额	12	12	0	中势
一般工业固体废物综合利用率	14	14	0	中势
生活垃圾无害化处理率	16	29	−13	劣势
自然灾害直接经济损失额	13	10	3	优势

指　标	2018 年	2019 年	排位升降	优劣势
3.3　人力资源竞争力	19	18	1	中势
常住人口增长率	17	14	3	中势
15～64 岁人口比例	23	21	2	劣势
文盲率	13	7	6	优势
大专以上教育程度人口比例	25	25	0	劣势
平均受教育程度	18	17	1	中势
人口健康素质	12	16	-4	中势
职业学校毕业生数	6	6	0	优势

4. 河北省财政金融竞争力指标排名变化情况

表 3-8　2018～2019 年河北省财政金融竞争力指标组排位及变化趋势

指　标	2018 年	2019 年	排位升降	优劣势
4　财政金融竞争力	9	15	-6	中势
4.1　财政竞争力	9	12	-3	中势
地方财政收入	9	9	0	优势
地方财政支出	8	7	1	优势
地方财政收入占 GDP 比重	19	12	7	中势
地方财政支出占 GDP 比重	21	16	5	中势
税收收入占 GDP 比重	22	11	11	中势
税收收入占财政总收入比重	17	20	-3	中势
人均地方财政收入	23	21	2	劣势
人均地方财政支出	29	29	0	劣势
人均税收收入	23	21	2	劣势
地方财政收入增长率	11	7	4	优势
地方财政支出增长率	3	18	-15	中势
税收收入增长率	4	10	-6	优势
4.2　金融竞争力	9	17	-8	中势
存款余额	8	8	0	优势
人均存款余额	21	18	3	中势
贷款余额	9	9	0	优势
人均贷款余额	25	25	0	劣势
中长期贷款占贷款余额比重	14	17	-3	中势
保险费净收入	7	18	-11	中势
保险密度（人均保险费）	14	30	-16	劣势
保险深度（保险费占 GDP 的比重）	3	29	-26	劣势
国内上市公司数	14	14	0	中势
国内上市公司市值	13	15	-2	中势

5. 河北省知识经济竞争力指标排名变化情况

表3－9 2018～2019年河北省知识经济竞争力指标组排位及变化趋势

指　　标	2018 年	2019 年	排位升降	优劣势
5　知识经济竞争力	19	17	2	中势
5.1　科技竞争力	20	21	−1	劣势
R&D 人员	12	13	−1	中势
R&D 经费	14	14	0	中势
R&D 经费投入强度	18	16	2	中势
发明专利授权量	17	16	1	中势
技术市场成交合同金额	15	15	0	中势
财政科技支出占地方财政支出比重	23	23	0	劣势
高技术产业主营业务收入	19	19	0	中势
高技术产业收入占工业增加值比重	26	24	2	劣势
高技术产品出口额占商品出口额比重	23	25	−2	劣势
5.2　教育竞争力	19	13	6	中势
教育经费	7	7	0	优势
教育经费占 GDP 比重	17	14	3	中势
人均教育经费	30	29	1	劣势
公共教育经费占财政支出比重	9	5	4	优势
人均文化教育支出	30	28	2	劣势
万人中小学学校数	23	20	3	中势
万人中小学专任教师数	24	25	−1	劣势
高等学校数	18	18	0	中势
高校专任教师数	7	7	0	优势
万人高等学校在校学生数	16	7	9	优势
5.3　文化竞争力	12	15	−3	中势
文化制造业营业收入	14	14	0	中势
文化批发零售业营业收入	17	15	2	中势
文化服务业企业营业收入	18	20	−2	中势
图书和期刊出版数	11	14	−3	中势
电子出版物品种	12	11	1	中势
印刷用纸量	4	6	−2	优势
城镇居民人均文化娱乐支出	30	28	2	劣势
农村居民人均文化娱乐支出	23	22	1	劣势
城镇居民人均文化娱乐支出占消费性支出比重	26	24	2	劣势
农村居民人均文化娱乐支出占消费性支出比重	20	19	1	中势

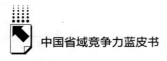

6. 河北省发展环境竞争力指标排名变化情况

表3-10 2018~2019年河北省发展环境竞争力指标组排位及变化趋势

指 标	2018 年	2019 年	排位升降	优劣势
6 发展环境竞争力	16	12	4	中势
6.1 基础设施竞争力	10	10	0	优势
铁路网线密度	6	6	0	优势
公路网线密度	15	16	-1	中势
人均内河航道里程	28	28	0	劣势
全社会旅客周转量	6	6	0	优势
全社会货物周转量	3	3	0	强势
人均邮电业务总量	22	21	1	劣势
电话普及率	18	19	-1	中势
政府网站数	16	16	0	中势
人均耗电量	16	15	1	中势
6.2 软环境竞争力	19	15	4	中势
外资企业数增长率	21	7	14	优势
万人外资企业数	21	21	0	劣势
个体私营企业数增长率	7	7	0	优势
万人个体私营企业数	18	17	1	中势
万人商标注册件数	16	17	-1	中势
查处商标侵权假冒案件数	18	21	-3	劣势
每十万人交通事故发生数	2	3	-1	强势
罚没收入占财政收入比重	29	25	4	劣势
社会捐赠站点数	21	23	-2	劣势

7. 河北省政府作用竞争力指标排名变化情况

表3-11 2018~2019年河北省政府作用竞争力指标组排位及变化趋势

指 标	2018 年	2019 年	排位升降	优劣势
7 政府作用竞争力	17	9	8	优势
7.1 政府发展经济竞争力	15	18	-3	中势
财政支出用于基本建设投资比重	18	15	3	中势
财政支出对 GDP 增长的拉动	11	16	-5	中势
政府公务员对经济的贡献	18	18	0	中势
财政支出用于经济社会比重	17	19	-2	中势
财政投资对社会投资的拉动	6	7	-1	优势

续表

指　标		2018 年	2019 年	排位升降	优劣势
7.2	政府规调经济竞争力	23	21	2	劣势
	物价调控	26	22	4	劣势
	调控城乡消费差距	12	10	2	优势
	统筹经济社会发展	16	13	3	中势
	规范税收	18	22	−4	劣势
	固定资产投资价格指数	18	23	−5	劣势
7.3	政府保障经济竞争力	14	3	11	强势
	城镇职工养老保险收支比	3	21	−18	劣势
	医疗保险覆盖率	15	1	14	强势
	养老保险覆盖率	6	8	−2	优势
	失业保险覆盖率	16	17	−1	中势
	最低工资标准	24	8	16	优势
	城镇登记失业率	15	19	−4	中势

8. 河北省发展水平竞争力指标排名变化情况

表 3－12　2018～2019 年河北省发展水平竞争力指标组排位及变化趋势

指　标		2018 年	2019 年	排位升降	优劣势
8	**发展水平竞争力**	18	19	−1	中势
8.1	工业化进程竞争力	22	26	−4	劣势
	工业增加值占 GDP 比重	7	12	−5	中势
	工业增加值增长率	28	28	0	劣势
	高技术产业占工业增加值比重	18	28	−10	劣势
	高技术产品占商品出口额比重	26	25	1	劣势
	信息产业增加值占 GDP 比重	20	20	0	中势
	工农业增加值比值	16	18	−2	中势
8.2	城市化进程竞争力	20	24	−4	劣势
	城镇化率	19	19	0	中势
	城镇居民人均可支配收入	21	21	0	劣势
	城市平均建成区面积比重	10	16	−6	中势
	人均拥有道路面积	8	9	−1	优势
	人均日生活用水量	28	29	−1	劣势
	人均公共绿地面积	13	13	0	中势

指　标	2018 年	2019 年	排位升降	优劣势
8.3　市场化进程竞争力	6	5	1	优势
非公有制经济产值占全社会总产值比重	13	12	1	中势
社会投资占投资总额比重	3	4	−1	优势
私有和个体企业从业人员比重	15	13	2	中势
亿元以上商品市场成交额	5	5	0	优势
亿元以上商品市场成交额占全社会消费品零售总额比重	7	5	2	优势
居民消费支出占总消费支出比重	14	14	0	中势

9. 河北省统筹协调竞争力指标排名变化情况

表 3 – 13　2018～2019 年河北省统筹协调竞争力指标组排位及变化趋势

指　标	2018 年	2019 年	排位升降	优劣势
9　统筹协调竞争力	16	14	2	中势
9.1　统筹发展竞争力	18	19	−1	中势
社会劳动生产率	20	23	−3	劣势
能源使用下降率	3	5	−2	优势
万元 GDP 综合能耗下降率	3	4	−1	优势
非农用地产出率	17	18	−1	中势
居民收入占 GDP 比重	24	27	−3	劣势
二三产业增加值比例	26	18	8	中势
固定资产投资额占 GDP 比重	22	26	−4	劣势
固定资产投资增长率	15	15	0	中势
9.2　协调发展竞争力	10	7	3	优势
资源竞争力与宏观经济竞争力比差	15	15	0	中势
环境竞争力与宏观经济竞争力比差	12	7	5	优势
人力资源竞争力与宏观经济竞争力比差	13	11	2	中势
环境竞争力与工业竞争力比差	12	13	−1	中势
资源竞争力与工业竞争力比差	16	15	1	中势
城乡居民家庭人均收入比差	10	10	0	优势
城乡居民人均现金消费支出比差	12	10	2	优势
全社会消费品零售总额与外贸出口总额比差	15	17	−2	中势

2018~2019年山西省经济综合
竞争力评价分析报告

　　山西省简称"晋"，地处黄河以东，太行山之西，基本地形是中间为盆地，东西侧为山区，北与内蒙古自治区相接，东与河北省相接，南与河南省相连，西隔黄河与陕西省为邻，总面积为15.6万平方公里。2019年总人口为3729万人，地区生产总值为17027亿元，同比增长6.2%，人均GDP达45724元。本部分通过分析2018~2019年山西省经济综合竞争力以及各要素竞争力的排名变化，从中找出山西省经济综合竞争力的推动点及影响因素，为进一步提升山西省经济综合竞争力提供决策参考。

4.1　山西省经济综合竞争力总体分析

1. 山西省经济综合竞争力一级指标概要分析

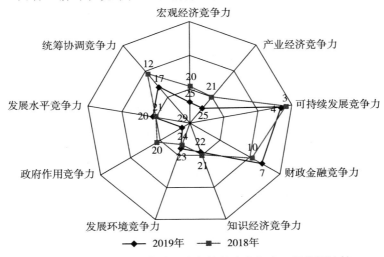

图4-1　2018~2019年山西省经济综合竞争力二级指标比较

表 4 – 1　2018～2019 年山西省经济综合竞争力二级指标比较

项目 年份	宏观 经济 竞争力	产业 经济 竞争力	可持续 发展 竞争力	财政 金融 竞争力	知识 经济 竞争力	发展 环境 竞争力	政府 作用 竞争力	发展 水平 竞争力	统筹 协调 竞争力	综合 排位
2018	20	21	3	10	21	24	20	21	12	19
2019	25	25	4	7	22	23	29	20	17	20
升降	– 5	– 4	– 1	3	– 1	1	– 9	1	– 5	– 1
优劣度	劣势	劣势	优势	优势	劣势	劣势	劣势	中势	中势	中势

（1）从综合排位看，2019 年山西省经济综合竞争力综合排位在全国居第 20 位，这表明其在全国处于中势地位；与 2018 年相比，综合排位下降了 1 位。

（2）从指标所处区位看，2 个指标处于上游区，为可持续发展竞争力和财政金融竞争力；2 个指标处于中游区，分别为发展水平竞争力和统筹协调竞争力；5 个指标处于下游区，分别为宏观经济竞争力、产业经济竞争力、知识经济竞争力、发展环境竞争力、政府作用竞争力。

（3）从指标变化趋势看，9 个二级指标中，有 3 个指标处于上升趋势，分别为财政金融竞争力、发展环境竞争力和发展水平竞争力，这些是山西省经济综合竞争力上升的动力所在；有 6 个指标处于下降趋势，分别为宏观经济竞争力、产业经济竞争力、可持续发展竞争力、知识经济竞争力、政府作用竞争力和统筹协调竞争力，这些是山西省经济综合竞争力下降的拉力所在。

2. 山西省经济综合竞争力各级指标动态变化分析

表 4 – 2　2018～2019 年山西省经济综合竞争力各级指标排位变化态势比较

单位：个，%

二级指标	三级指标	四级 指标数	上升		保持		下降		变化 趋势
			指标数	比重	指标数	比重	指标数	比重	
宏观经济 竞争力	经济实力竞争力	12	4	33.3	2	16.7	6	50.0	下降
	经济结构竞争力	6	3	50.0	0	0.0	3	50.0	下降
	经济外向度竞争力	9	1	11.1	1	11.1	7	77.8	下降
	小　计	27	8	29.6	3	11.1	16	59.3	下降

续表

二级指标	三级指标	四级指标数	上升		保持		下降		变化趋势
			指标数	比重	指标数	比重	指标数	比重	
产业经济竞争力	农业竞争力	10	3	30.0	5	50.0	2	20.0	保持
	工业竞争力	10	4	40.0	4	40.0	2	20.0	上升
	服务业竞争力	10	1	10.0	3	30.0	6	60.0	下降
	企业竞争力	10	4	40.0	1	10.0	5	50.0	下降
	小　计	**40**	12	30.0	13	32.5	15	37.5	下降
可持续发展竞争力	资源竞争力	9	1	11.1	8	88.9	0	0.0	保持
	环境竞争力	8	2	25.0	5	62.5	1	12.5	上升
	人力资源竞争力	7	4	57.1	2	28.6	1	14.3	上升
	小　计	**24**	7	29.2	15	62.5	2	8.3	上升
财政金融竞争力	财政竞争力	12	7	58.3	2	16.7	3	25.0	下降
	金融竞争力	10	5	50.0	0	0.0	5	50.0	上升
	小　计	**22**	12	54.5	2	9.1	8	36.4	上升
知识经济竞争力	科技竞争力	9	2	22.2	2	22.2	5	55.6	保持
	教育竞争力	10	4	40.0	2	20.0	4	40.0	上升
	文化竞争力	10	5	50.0	2	20.0	3	30.0	下降
	小　计	**29**	11	37.9	6	20.7	12	41.4	下降
发展环境竞争力	基础设施竞争力	9	4	44.4	4	44.4	1	11.1	保持
	软环境竞争力	9	2	22.2	2	22.2	5	55.6	上升
	小　计	**18**	6	33.3	6	33.3	6	33.3	上升
政府作用竞争力	政府发展经济竞争力	5	1	20.0	1	20.0	3	60.0	下降
	政府规调经济竞争力	5	0	0.0	0	0.0	5	100.0	下降
	政府保障经济竞争力	6	2	33.3	1	16.7	3	50.0	下降
	小　计	**16**	3	18.8	2	12.5	11	68.8	下降
发展水平竞争力	工业化进程竞争力	6	3	50.0	2	33.3	1	16.7	上升
	城市化进程竞争力	6	3	50.0	1	16.7	2	33.3	保持
	市场化进程竞争力	6	3	50.0	2	33.3	1	16.7	保持
	小　计	**18**	9	50.0	5	27.8	4	22.2	上升
统筹协调竞争力	统筹发展竞争力	8	3	37.5	2	25.0	3	37.5	上升
	协调发展竞争力	8	3	37.5	0	0.0	5	62.5	下降
	小　计	**16**	6	37.5	2	12.5	8	50.0	下降
合　计		**210**	74	35.2	54	25.7	82	39.0	下降

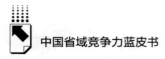

从表4-2可以看出，210个四级指标中，上升指标有74个，占指标总数的35.2%；下降指标有82个，占指标总数的39.0%；保持不变的指标有54个，占指标总数的25.7%。综上所述，山西省经济综合竞争力上升的动力小于下降的拉力，2018～2019年山西省经济综合竞争力排位下降1位。

3. 山西省经济综合竞争力各级指标优劣势结构分析

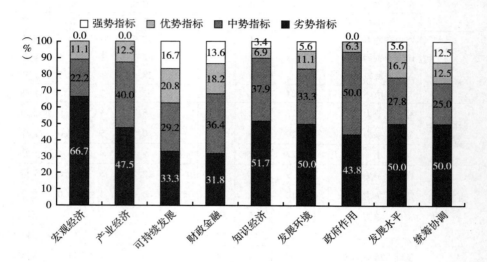

图4-2 2019年山西省经济综合竞争力各级指标优劣势比较

表4-3 2019年山西省经济综合竞争力各级指标优劣势比较

单位：个，%

二级指标	三级指标	四级指标数	强势指标		优势指标		中势指标		劣势指标		优劣势
			个数	比重	个数	比重	个数	比重	个数	比重	
宏观经济竞争力	经济实力竞争力	12	0	0.0	1	8.3	2	16.7	9	75.0	劣势
	经济结构竞争力	6	0	0.0	2	33.3	2	33.3	2	33.3	中势
	经济外向度竞争力	9	0	0.0	0	0.0	2	22.2	7	77.8	劣势
	小　计	27	0	0.0	3	11.1	6	22.2	18	66.7	劣势
产业经济竞争力	农业竞争力	10	0	0.0	0	0.0	4	40.0	6	60.0	劣势
	工业竞争力	10	0	0.0	1	10.0	7	70.0	2	20.0	中势
	服务业竞争力	10	0	0.0	0	0.0	3	30.0	7	70.0	劣势
	企业竞争力	10	0	0.0	4	40.0	2	20.0	4	40.0	劣势
	小　计	40	0	0.0	5	12.5	16	40.0	19	47.5	劣势

续表

二级指标	三级指标	四级指标数	强势指标		优势指标		中势指标		劣势指标		优劣势
			个数	比重	个数	比重	个数	比重	个数	比重	
可持续发展竞争力	资源竞争力	9	2	22.2	0	0.0	5	55.6	2	22.2	优势
	环境竞争力	8	2	25.0	1	12.5	0	0.0	5	62.5	中势
	人力资源竞争力	7	0	0.0	4	57.1	2	28.6	1	14.3	中势
	小 计	**24**	4	16.7	5	20.8	7	29.2	8	33.3	优势
财政金融竞争力	财政竞争力	12	1	8.3	3	25.0	6	50.0	2	16.7	优势
	金融竞争力	10	2	20.0	1	10.0	2	20.0	5	50.0	优势
	小 计	**22**	3	13.6	4	18.2	8	36.4	7	31.8	优势
知识经济竞争力	科技竞争力	9	0	0.0	1	11.1	2	22.2	6	66.7	中势
	教育竞争力	10	0	0.0	0	0.0	6	60.0	4	40.0	劣势
	文化竞争力	10	1	10.0	1	10.0	3	30.0	5	50.0	劣势
	小 计	**29**	1	3.4	2	6.9	11	37.9	15	51.7	劣势
发展环境竞争力	基础设施竞争力	9	0	0.0	2	22.2	3	33.3	4	44.4	劣势
	软环境竞争力	9	1	11.1	0	0.0	3	33.3	5	55.6	劣势
	小 计	**18**	1	5.6	2	11.1	6	33.3	9	50.0	劣势
政府作用竞争力	政府发展经济竞争力	5	0	0.0	0	0.0	2	40.0	3	60.0	劣势
	政府规调经济竞争力	5	0	0.0	1	20.0	2	40.0	2	40.0	劣势
	政府保障经济竞争力	6	0	0.0	0	0.0	4	66.7	2	33.3	劣势
	小 计	**16**	0	0.0	1	6.3	8	50.0	7	43.8	劣势
发展水平竞争力	工业化进程竞争力	6	1	16.7	2	33.3	1	16.7	2	33.3	优势
	城市化进程竞争力	6	0	0.0	0	0.0	4	66.7	2	33.3	劣势
	市场化进程竞争力	6	0	0.0	1	16.7	0	0.0	5	83.3	劣势
	小 计	**18**	1	5.6	3	16.7	5	27.8	9	50.0	中势
统筹协调竞争力	统筹发展竞争力	8	1	12.5	1	12.5	3	37.5	3	37.5	中势
	协调发展竞争力	8	1	12.5	1	12.5	1	12.5	5	62.5	中势
	小 计	**16**	2	12.5	2	12.5	4	25.0	8	50.0	中势
合 计		**210**	12	5.7	27	12.9	71	33.8	100	47.6	中势

基于图4-2和表4-3，从四级指标来看，强势指标12个，占指标总数的5.7%；优势指标27个，占指标总数的12.9%；中势指标71个，占指标总数的33.8%；劣势指标100个，占指标总数的47.6%。从三级指标来

看，没有强势指标；优势指标 4 个，占三级指标总数的 16%；中势指标 7 个，占三级指标总数的 28%；劣势指标 14 个，占三级指标总数的 56%。反映到二级指标上来，没有强势指标；优势指标有 2 个，占二级指标总数的 22.2%；中势指标 2 个，占二级指标总数的 22.2%；劣势指标 5 个，占二级指标总数的 55.6%。综合来看，由于中势指标和劣势指标在指标体系中居于主导地位，2019 年山西省经济综合竞争力处于中势地位。

4. 山西省经济综合竞争力四级指标优劣势对比分析

表4-4 2019 年山西省经济综合竞争力各级指标优劣势比较

二级指标	优劣势	四级指标
宏观经济竞争力(27个)	强势指标	(0个)
	优势指标	固定资产投资额增长率、财政收入结构优化度、贸易结构优化度(3个)
	劣势指标	地区生产总值、地区生产总值增长率、人均地区生产总值、财政总收入、人均财政收入、固定资产投资额、人均固定资产投资额、全社会消费品零售总额、人均全社会消费品零售总额、所有制经济结构优化度、城乡经济结构优化度、进出口总额、出口总额、出口增长率、实际 FDI、外贸依存度、外资企业数、对外直接投资额(18个)
产业经济竞争力(40个)	强势指标	(0个)
	优势指标	工业资产总额增长率、规模以上企业平均资产、规模以上企业平均收入、规模以上企业平均利润、产品质量抽查合格率(5个)
	劣势指标	农业增加值、农业增加值增长率、人均农业增加值、农民人均纯收入、农产品出口占农林牧渔总产值比重、农业机械化水平、工业全员劳动生产率、工业收入利润率、服务业增加值、人均服务业增加值、服务业从业人员数、限额以上批零企业利税率、限额以上餐饮企业利税率、旅游外汇收入、商品房销售收入、规模以上企业劳动效率、城镇就业人员平均工资、新产品销售收入占主营业务收入比重、工业企业 R&D 经费投入强度(19个)
可持续发展竞争力(24个)	强势指标	主要能源矿产基础储量、人均主要能源矿产基础储量、人均治理工业污染投资额、生活垃圾无害化处理率(4个)
	优势指标	人均废水排放量、15~64 岁人口比例、文盲率、大专以上教育程度人口比例、平均受教育程度(5个)
	劣势指标	人均年水资源量、人均森林储积量、森林覆盖率、人均工业废气排放量、人均工业固体废物排放量、一般工业固体废物综合利用率、自然灾害直接经济损失、人口健康素质(8个)

续表

二级指标	优劣势	四级指标
财政金融竞争力(22个)	强势指标	税收收入增长率、保险密度(人均保险费)、保险深度(保险费占GDP的比重)(3个)
	优势指标	地方财政收入占GDP比重、税收收入占GDP比重、税收收入占财政总收入比重、保险费净收入(4个)
	劣势指标	地方财政支出、人均地方财政支出、贷款余额、人均贷款余额、中长期贷款占贷款余额比重、国内上市公司数、国内上市公司市值(7个)
知识经济竞争力(29个)	强势指标	城镇居民人均文化娱乐支出占消费性支出比重(1个)
	优势指标	高技术产品出口额占商品出口额比重、农村居民人均文化娱乐支出占消费性支出比重(2个)
	劣势指标	R&D经费投入强度、发明专利授权量、技术市场成交合同金额、财政科技支出占地方财政支出比重、高技术产业主营业务收入、高技术产业收入占工业增加值比重、教育经费、人均教育经费、万人中小学学校数、万人中小学专任教师数、文化制造业营业收入、文化批发零售业营业收入、文化服务业企业营业收入、图书和期刊出版数、农村居民人均文化娱乐支出(15个)
发展环境竞争力(18个)	强势指标	查处商标侵权假冒案件数(1个)
	优势指标	铁路网线密度、人均耗电量(2个)
	劣势指标	人均内河航道里程、全社会旅客周转量、人均邮电业务总量、电话普及率、外资企业数增长率、万人外资企业数、万人个体私营企业数、万人商标注册件数、每十万人交通事故发生数(9个)
政府作用竞争力(16个)	强势指标	(0个)
	优势指标	规范税收(1个)
	劣势指标	财政支出用于基本建设投资比重、政府公务员对经济的贡献、财政投资对社会投资的拉动、调控城乡消费差距、固定资产投资价格指数、养老保险覆盖率、最低工资标准(7个)
发展水平竞争力(18个)	强势指标	工业增加值占GDP比重(1个)
	优势指标	高技术产品占商品出口额比重、工农业增加值比值、居民消费支出占总消费支出比重(3个)
	劣势指标	高技术产业占工业增加值比重、信息产业增加值占GDP比重、城镇居民人均可支配收入、人均日生活用水量、非公有制经济产值占全社会总产值比重、社会投资占投资总额比重、私有和个体企业从业人员比重、亿元以上商品市场成交额、亿元以上商品市场成交额占全社会消费品零售总额比重(9个)
统筹协调竞争力(16个)	强势指标	固定资产投资额占GDP比重、资源竞争力与工业竞争力比差(2个)
	优势指标	固定资产投资增长率、资源竞争力与宏观经济竞争力比差(2个)
	劣势指标	非农用地产出率、居民收入占GDP比重、二三产业增加值比例、环境竞争力与宏观经济竞争力比差、人力资源竞争力与宏观经济竞争力比差、城乡居民家庭人均收入比差、城乡居民人均现金消费支出比差、全社会消费品零售总额与外贸出口总额比差(8个)

119

4.2 山西省经济综合竞争力各级指标具体分析

1. 山西省宏观经济竞争力指标排名变化情况

表 4–5 2018～2019 年山西省宏观经济竞争力指标组排位及变化趋势

指　　标	2018 年	2019 年	排位升降	优劣势
1　宏观经济竞争力	20	25	−5	劣势
1.1　经济实力竞争力	24	27	−3	劣势
地区生产总值	22	31	−9	劣势
地区生产总值增长率	17	31	−14	劣势
人均地区生产总值	25	30	−5	劣势
财政总收入	19	31	−12	劣势
财政总收入增长率	20	17	3	中势
人均财政收入	23	22	1	劣势
固定资产投资额	26	25	1	劣势
固定资产投资额增长率	18	7	11	优势
人均固定资产投资额	30	30	0	劣势
全社会消费品零售总额	21	21	0	劣势
全社会消费品零售总额增长率	8	14	−6	中势
人均全社会消费品零售总额	20	24	−4	劣势
1.2　经济结构竞争力	15	18	−3	中势
产业结构优化度	9	17	−8	中势
所有制经济结构优化度	23	21	2	劣势
城乡经济结构优化度	22	21	1	劣势
就业结构优化度	10	13	−3	中势
财政收入结构优化度	25	8	17	优势
贸易结构优化度	5	8	−3	优势
1.3　经济外向度竞争力	20	25	−5	劣势
进出口总额	22	23	−1	劣势
进出口增长率	11	17	−6	中势
出口总额	22	22	0	劣势
出口增长率	8	23	−15	劣势
实际FDI	20	21	−1	劣势
实际FDI增长率	7	15	−8	中势
外贸依存度	21	23	−2	劣势
外资企业数	24	23	1	劣势
对外直接投资额	26	29	−3	劣势

2. 山西省产业经济竞争力指标排名变化情况

表4－6 2018～2019年山西省产业经济竞争力指标组排位及变化趋势

指　标	2018年	2019年	排位升降	优劣势
2　产业经济竞争力	21	25	－4	劣势
2.1　农业竞争力	30	30	0	劣势
农业增加值	25	25	0	劣势
农业增加值增长率	25	24	1	劣势
人均农业增加值	29	29	0	劣势
农民人均纯收入	24	25	－1	劣势
农民人均纯收入增长率	21	13	8	中势
农产品出口占农林牧渔总产值比重	29	28	1	劣势
人均主要农产品产量	20	20	0	中势
农业机械化水平	22	22	0	劣势
农村人均用电量	17	17	0	中势
财政支农资金比重	10	12	－2	中势
2.2　工业竞争力	19	18	1	中势
工业增加值	18	17	1	中势
工业增加值增长率	20	12	8	中势
人均工业增加值	21	18	3	中势
工业资产总额	11	11	0	中势
工业资产总额增长率	7	7	0	优势
规模以上工业主营业务收入	18	18	0	中势
工业成本费用率	23	11	12	中势
规模以上工业利润总额	18	20	－2	中势
工业全员劳动生产率	29	29	0	劣势
工业收入利润率	7	21	－14	劣势
2.3　服务业竞争力	20	25	－5	劣势
服务业增加值	22	22	0	劣势
服务业增加值增长率	10	19	－9	中势
人均服务业增加值	20	26	－6	劣势
服务业从业人员数	22	22	0	劣势
限额以上批发零售企业主营业务收入	17	18	－1	中势
限额以上批零企业利税率	25	29	－4	劣势
限额以上餐饮企业利税率	6	26	－20	劣势
旅游外汇收入	26	26	0	劣势
商品房销售收入	23	22	1	劣势
电子商务销售额	18	19	－1	中势

指　　标	2018 年	2019 年	排位升降	优劣势
2.4　企业竞争力	14	21	-7	劣势
规模以上工业企业数	22	19	3	中势
规模以上企业平均资产	5	6	-1	优势
规模以上企业平均收入	3	6	-3	优势
规模以上企业平均利润	6	8	-2	优势
规模以上企业劳动效率	30	28	2	劣势
城镇就业人员平均工资	29	29	0	劣势
新产品销售收入占主营业务收入比重	18	21	-3	劣势
产品质量抽查合格率	13	9	4	优势
工业企业 R&D 经费投入强度	23	25	-2	劣势
全国 500 强企业数	28	13	15	中势

3. 山西省可持续发展竞争力指标排名变化情况

表 4-7　2018~2019 年山西省可持续发展竞争力指标组排位及变化趋势

指　　标	2018 年	2019 年	排位升降	优劣势
3　可持续发展竞争力	6	4	2	优势
3.1　资源竞争力	4	4	0	优势
人均国土面积	14	14	0	中势
人均可使用海域和滩涂面积	13	13	0	中势
人均年水资源量	26	24	2	劣势
耕地面积	18	18	0	中势
人均耕地面积	11	11	0	中势
人均牧草地面积	16	16	0	中势
主要能源矿产基础储量	1	1	0	强势
人均主要能源矿产基础储量	1	1	0	强势
人均森林储积量	23	23	0	劣势
3.2　环境竞争力	20	17	3	中势
森林覆盖率	22	22	0	劣势
人均废水排放量	5	5	0	优势
人均工业废气排放量	27	27	0	劣势
人均工业固体废物排放量	29	29	0	劣势
人均治理工业污染投资额	3	2	1	强势
一般工业固体废物综合利用率	29	29	0	劣势
生活垃圾无害化处理率	15	1	14	强势
自然灾害直接经济损失额	24	25	-1	劣势

续表

指　　标	2018 年	2019 年	排位升降	优劣势
3.3　人力资源竞争力	18	11	7	中势
常住人口增长率	20	20	0	中势
15~64 岁人口比例	10	9	1	优势
文盲率	6	4	2	优势
大专以上教育程度人口比例	11	9	2	优势
平均受教育程度	5	6	-1	优势
人口健康素质	28	22	6	劣势
职业学校毕业生数	16	16	0	中势

4. 山西省财政金融竞争力指标排名变化情况

表 4 – 8　2018~2019 年山西省财政金融竞争力指标组排位及变化趋势

指　　标	2018 年	2019 年	排位升降	优劣势
4　财政金融竞争力	10	7	3	优势
4.1　财政竞争力	7	9	-2	优势
地方财政收入	16	17	-1	中势
地方财政支出	24	24	0	劣势
地方财政收入占 GDP 比重	5	5	0	优势
地方财政支出占 GDP 比重	14	12	2	中势
税收收入占 GDP 比重	7	5	2	优势
税收收入占财政总收入比重	20	8	12	优势
人均地方财政收入	14	13	1	中势
人均地方财政支出	25	24	1	劣势
人均税收收入	15	12	3	中势
地方财政收入增长率	2	17	-15	中势
地方财政支出增长率	6	12	-6	中势
税收收入增长率	3	2	1	强势
4.2　金融竞争力	17	8	9	优势
存款余额	17	18	-1	中势
人均存款余额	15	14	1	中势
贷款余额	21	22	-1	劣势
人均贷款余额	22	23	-1	劣势
中长期贷款占贷款余额比重	28	24	4	劣势
保险费净收入	16	7	9	优势
保险密度(人均保险费)	19	3	16	强势
保险深度(保险费占 GDP 的比重)	5	1	4	强势
国内上市公司数	21	23	-2	劣势
国内上市公司市值	20	21	-1	劣势

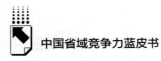

5. 山西省知识经济竞争力指标排名变化情况

表 4 - 9   2018 ~ 2019 年山西省知识经济竞争力指标组排位及变化趋势

指　　标	2018 年	2019 年	排位升降	优劣势
5 知识经济竞争力	21	22	- 1	劣势
5.1 科技竞争力	18	18	0	中势
R&D 人员	19	20	- 1	中势
R&D 经费	20	20	0	中势
R&D 经费投入强度	21	22	- 1	劣势
发明专利授权量	23	22	1	劣势
技术市场成交合同金额	20	22	- 2	劣势
财政科技支出占地方财政支出比重	20	22	- 2	劣势
高技术产业主营业务收入	22	22	0	劣势
高技术产业收入占工业增加值比重	22	23	- 1	劣势
高技术产品出口额占商品出口额比重	6	5	1	优势
5.2 教育竞争力	27	26	1	劣势
教育经费	21	22	- 1	劣势
教育经费占 GDP 比重	11	12	- 1	中势
人均教育经费	25	26	- 1	劣势
公共教育经费占财政支出比重	16	18	- 2	中势
人均文化教育支出	18	16	2	中势
万人中小学学校数	27	24	3	劣势
万人中小学专任教师数	26	22	4	劣势
高等学校数	18	18	0	中势
高校专任教师数	20	20	0	中势
万人高等学校在校学生数	19	18	1	中势
5.3 文化竞争力	22	24	- 2	劣势
文化制造业营业收入	26	23	3	劣势
文化批发零售业营业收入	21	21	0	劣势
文化服务业企业营业收入	25	24	1	劣势
图书和期刊出版数	23	27	- 4	劣势
电子出版物品种	16	15	1	中势
印刷用纸量	22	20	2	中势
城镇居民人均文化娱乐支出	18	16	2	中势
农村居民人均文化娱乐支出	26	27	- 1	劣势
城镇居民人均文化娱乐支出占消费性支出比重	2	2	0	强势
农村居民人均文化娱乐支出占消费性支出比重	8	10	- 2	优势

6. 山西省发展环境竞争力指标排名变化情况

表4-10 2018~2019年山西省发展环境竞争力指标组排位及变化趋势

指　标	2018年	2019年	排位升降	优劣势
6　发展环境竞争力	24	23	1	劣势
6.1　基础设施竞争力	23	23	0	劣势
铁路网线密度	7	8	-1	优势
公路网线密度	17	17	0	中势
人均内河航道里程	24	24	0	劣势
全社会旅客周转量	23	23	0	劣势
全社会货物周转量	15	12	3	中势
人均邮电业务总量	27	26	1	劣势
电话普及率	22	22	0	劣势
政府网站数	20	19	1	中势
人均耗电量	10	9	1	优势
6.2　软环境竞争力	26	24	2	劣势
外资企业数增长率	31	23	8	劣势
万人外资企业数	24	27	-3	劣势
个体私营企业数增长率	12	17	-5	中势
万人个体私营企业数	25	25	0	劣势
万人商标注册件数	29	29	0	劣势
查处商标侵权假冒案件数	6	3	3	强势
每十万人交通事故发生数	20	24	-4	劣势
罚没收入占财政收入比重	13	14	-1	中势
社会捐赠站点数	16	18	-2	中势

7. 山西省政府作用竞争力指标排名变化情况

表4-11 2018~2019年山西省政府作用竞争力指标组排位及变化趋势

指　标	2018年	2019年	排位升降	优劣势
7　政府作用竞争力	20	29	-9	劣势
7.1　政府发展经济竞争力	30	31	-1	劣势
财政支出用于基本建设投资比重	28	27	1	劣势
财政支出对GDP增长的拉动	18	20	-2	中势
政府公务员对经济的贡献	26	26	0	劣势
财政支出用于经济社会比重	12	13	-1	中势
财政投资对社会投资的拉动	16	23	-7	劣势

指 标		2018 年	2019 年	排位升降	优劣势
7.2	政府规调经济竞争力	6	26	-20	劣势
	物价调控	7	13	-6	中势
	调控城乡消费差距	21	26	-5	劣势
	统筹经济社会发展	19	20	-1	中势
	规范税收	8	10	-2	优势
	固定资产投资价格指数	9	28	-19	劣势
7.3	政府保障经济竞争力	19	21	-2	劣势
	城镇职工养老保险收支比	19	16	3	中势
	医疗保险覆盖率	18	20	-2	中势
	养老保险覆盖率	26	27	-1	劣势
	失业保险覆盖率	15	15	0	中势
	最低工资标准	12	21	-9	劣势
	城镇登记失业率	16	11	5	中势

8. 山西省发展水平竞争力指标排名变化情况

表 4 - 12 2018 ~ 2019 年山西省发展水平竞争力指标组排位及变化趋势

指 标		2018 年	2019 年	排位升降	优劣势
8	**发展水平竞争力**	21	20	1	中势
8.1	工业化进程竞争力	14	9	5	优势
	工业增加值占 GDP 比重	12	1	11	强势
	工业增加值增长率	20	12	8	中势
	高技术产业占工业增加值比重	21	21	0	劣势
	高技术产品占商品出口额比重	9	6	3	优势
	信息产业增加值占 GDP 比重	28	28	0	劣势
	工农业增加值比值	6	7	-1	优势
8.2	城市化进程竞争力	25	25	0	劣势
	城镇化率	16	15	1	中势
	城镇居民人均可支配收入	28	28	0	劣势
	城市平均建成区面积比重	12	11	1	中势
	人均拥有道路面积	15	17	-2	中势
	人均日生活用水量	22	27	-5	劣势
	人均公共绿地面积	21	19	2	中势

续表

指　标	2018 年	2019 年	排位升降	优劣势
8.3　市场化进程竞争力	22	22	0	劣势
非公有制经济产值占全社会总产值比重	23	21	2	劣势
社会投资占投资总额比重	21	21	0	劣势
私有和个体企业从业人员比重	26	27	−1	劣势
亿元以上商品市场成交额	24	23	1	劣势
亿元以上商品市场成交额占全社会消费品零售总额比重	26	25	1	劣势
居民消费支出占总消费支出比重	8	8	0	优势

9. 山西省统筹协调竞争力指标排名变化情况

表 4 - 13　2018 ~ 2019 年山西省统筹协调竞争力指标组排位及变化趋势

指　标	2018 年	2019 年	排位升降	优劣势
9　统筹协调竞争力	12	17	−5	中势
9.1　统筹发展竞争力	19	16	3	中势
社会劳动生产率	18	20	−2	中势
能源使用下降率	18	14	4	中势
万元 GDP 综合能耗下降率	19	19	0	中势
非农用地产出率	22	22	0	劣势
居民收入占 GDP 比重	23	25	−2	劣势
二三产业增加值比例	14	26	−12	劣势
固定资产投资额占 GDP 比重	6	2	4	强势
固定资产投资增长率	14	7	7	优势
9.2　协调发展竞争力	2	13	−11	中势
资源竞争力与宏观经济竞争力比差	2	5	−3	优势
环境竞争力与宏观经济竞争力比差	20	25	−5	劣势
人力资源竞争力与宏观经济竞争力比差	26	28	−2	劣势
环境竞争力与工业竞争力比差	21	16	5	中势
资源竞争力与工业竞争力比差	2	3	−1	强势
城乡居民家庭人均收入比差	22	21	1	劣势
城乡居民人均现金消费支出比差	21	26	−5	劣势
全社会消费品零售总额与外贸出口总额比差	22	21	1	劣势

B.6

5

2018～2019年内蒙古自治区经济综合竞争力评价分析报告

　　内蒙古自治区位于我国北部边疆，地跨中国东北、西北、华北"三北"地区，西北紧邻蒙古和俄罗斯，内接黑龙江省、吉林省、辽宁省、河北省、山西省、宁夏回族自治区、甘肃省，全区土地总面积118.3万平方公里。2019年总人口为2540万人，地区生产总值为17213亿元，同比增长5.2%，人均GDP达67852元。本部分通过分析2018～2019年内蒙古自治区经济综合竞争力以及各要素竞争力的排名变化，从中找出内蒙古自治区经济综合竞争力的推动点及影响因素，为进一步提升内蒙古自治区经济综合竞争力提供决策参考。

5.1　内蒙古自治区经济综合竞争力总体分析

1. 内蒙古自治区经济综合竞争力一级指标概要分析

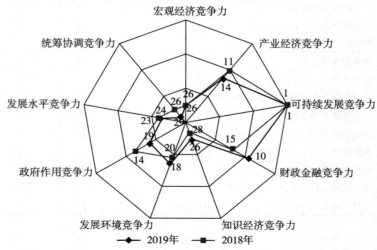

图5-1　2018～2019年内蒙古自治区经济综合竞争力二级指标比较

表 5 - 1 2018～2019 年内蒙古自治区经济综合竞争力二级指标比较

项目 年份	宏观 经济 竞争力	产业 经济 竞争力	可持续 发展 竞争力	财政 金融 竞争力	知识 经济 竞争力	发展 环境 竞争力	政府 作用 竞争力	发展 水平 竞争力	统筹 协调 竞争力	综合 排位
2018	26	11	1	15	28	20	14	23	26	20
2019	26	14	1	10	26	18	19	24	29	19
升降	0	−3	0	5	2	2	−5	−1	−3	1
优劣度	劣势	中势	强势	优势	劣势	中势	中势	劣势	劣势	中势

（1）从综合排位看，2019 年内蒙古自治区经济综合竞争力综合排位在全国居第 19 位，这表明其在全国处于中势地位；与 2018 年相比，综合排位上升 1 位。

（2）从指标所处区位看，2 个指标处于上游区，分别为可持续发展竞争力和财政金融竞争力；3 个指标处于中游区，分别为产业经济竞争力、发展环境竞争力和政府作用竞争力；4 个指标处于下游区，分别为宏观经济竞争力、知识经济竞争力、发展水平竞争力和统筹协调竞争力。

（3）从指标变化趋势看，9 个二级指标中，有 3 个指标处于上升趋势，分别为财政金融竞争力、知识经济竞争力和发展环境竞争力，这些是内蒙古自治区经济综合竞争力上升的动力所在；有 2 个指标排位没有发生变化，分别为宏观经济竞争力和可持续发展竞争力；有 4 个指标处于下降趋势，分别为产业经济竞争力、政府作用竞争力、发展水平竞争力和统筹协调竞争力，这些是内蒙古自治区经济综合竞争力下降的拉力所在。

2. 内蒙古自治区经济综合竞争力各级指标动态变化分析

表 5 - 2 2018～2019 年内蒙古自治区经济综合竞争力各级指标排位变化态势比较

单位：个，%

二级指标	三级指标	四级 指标数	上升		保持		下降		变化 趋势
			指标数	比重	指标数	比重	指标数	比重	
宏观经济 竞争力	经济实力竞争力	12	4	33.3	2	16.7	6	50.0	保持
	经济结构竞争力	6	4	66.7	1	16.7	1	16.7	上升
	经济外向度竞争力	9	2	22.2	3	33.3	4	44.4	下降
	小　计	27	10	37.0	6	22.2	11	40.7	保持

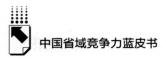

续表

二级指标	三级指标	四级指标数	上升		保持		下降		变化趋势
			指标数	比重	指标数	比重	指标数	比重	
产业经济竞争力	农业竞争力	10	3	30.0	4	40.0	3	30.0	下降
	工业竞争力	10	4	40.0	4	40.0	2	20.0	上升
	服务业竞争力	10	1	10.0	5	50.0	4	40.0	下降
	企业竞争力	10	3	30.0	2	20.0	5	50.0	下降
	小　计	**40**	11	27.5	15	37.5	14	35.0	下降
可持续发展竞争力	资源竞争力	9	0	0.0	8	88.9	1	11.1	保持
	环境竞争力	8	1	12.5	5	62.5	2	25.0	上升
	人力资源竞争力	7	3	42.9	2	28.6	2	28.6	上升
	小　计	**24**	4	16.7	15	62.5	5	20.8	保持
财政金融竞争力	财政竞争力	12	8	66.7	3	25.0	1	8.3	上升
	金融竞争力	10	1	10.0	5	50.0	4	40.0	保持
	小　计	**22**	9	40.9	8	36.4	5	22.7	上升
知识经济竞争力	科技竞争力	9	6	66.7	2	22.2	1	11.1	保持
	教育竞争力	10	4	40.0	4	40.0	2	20.0	下降
	文化竞争力	10	4	40.0	0	0.0	6	60.0	下降
	小　计	**29**	14	48.3	6	20.7	9	31.0	上升
发展环境竞争力	基础设施竞争力	9	2	22.2	5	55.6	2	22.2	下降
	软环境竞争力	9	5	55.6	0	0.0	4	44.4	上升
	小　计	**18**	7	38.9	5	27.8	6	33.3	上升
政府作用竞争力	政府发展经济竞争力	5	1	20.0	2	40.0	2	40.0	上升
	政府规调经济竞争力	5	4	80.0	0	0.0	1	20.0	保持
	政府保障经济竞争力	6	0	0.0	1	16.7	5	83.3	下降
	小　计	**16**	5	31.3	3	18.8	8	50.0	下降
发展水平竞争力	工业化进程竞争力	6	3	50.0	1	16.7	2	33.3	保持
	城市化进程竞争力	6	0	0.0	4	66.7	2	33.3	下降
	市场化进程竞争力	6	3	50.0	2	33.3	1	16.7	下降
	小　计	**18**	6	33.3	7	38.9	5	27.8	下降
统筹协调竞争力	统筹发展竞争力	8	0	0.0	3	37.5	5	62.5	下降
	协调发展竞争力	8	3	37.5	2	25.0	3	37.5	下降
	小　计	**16**	3	18.8	5	31.3	8	50.0	下降
合　计		**210**	69	32.9	70	33.3	71	33.8	上升

从表5-2可以看出，210个四级指标中，上升指标有69个，占指标总数的32.9%；下降指标有71个，占指标总数的33.8%；保持不变的指标有70个，占指标总数的33.3%。综上所述，内蒙古自治区经济综合竞争力上升的动力小于下降的拉力，但受其他外部因素的综合影响，2018～2019年内蒙古自治区经济综合竞争力排位上升了1位。

3. 内蒙古自治区经济综合竞争力各级指标优劣势结构分析

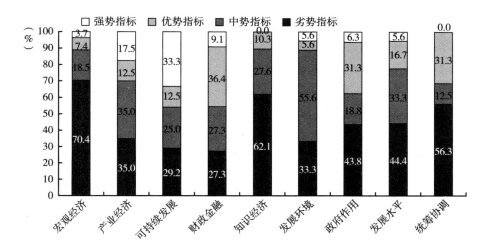

图5-2 2019年内蒙古自治区经济综合竞争力各级指标优劣势比较

表5-3 2019年内蒙古自治区经济综合竞争力各级指标优劣势比较

单位：个，%

二级指标	三级指标	四级指标数	强势指标		优势指标		中势指标		劣势指标		优劣势
			个数	比重	个数	比重	个数	比重	个数	比重	
宏观经济竞争力	经济实力竞争力	12	0	0.0	1	8.3	3	25.0	8	66.7	劣势
	经济结构竞争力	6	1	16.7	0	0.0	1	16.7	4	66.7	劣势
	经济外向度竞争力	9	0	0.0	1	11.1	1	11.1	7	77.8	劣势
	小　计	27	1	3.7	2	7.4	5	18.5	19	70.4	劣势
产业经济竞争力	农业竞争力	10	3	30.0	2	20.0	4	40.0	1	10.0	强势
	工业竞争力	10	2	20.0	1	10.0	5	50.0	2	20.0	中势
	服务业竞争力	10	0	0.0	0	0.0	4	40.0	6	60.0	劣势
	企业竞争力	10	2	20.0	2	20.0	1	10.0	5	50.0	优势
	小　计	40	7	17.5	5	12.5	14	35.0	14	35.0	中势

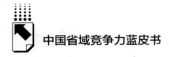

续表

二级指标	三级指标	四级指标数	强势指标		优势指标		中势指标		劣势指标		优劣势
			个数	比重	个数	比重	个数	比重	个数	比重	
可持续发展竞争力	资源竞争力	9	6	66.7	1	11.1	2	22.2	0	0.0	强势
	环境竞争力	8	1	12.5	0	0.0	3	37.5	4	50.0	劣势
	人力资源竞争力	7	1	14.3	2	28.6	1	14.3	3	42.9	优势
	小　计	24	8	33.3	3	12.5	6	25.0	7	29.2	强势
财政金融竞争力	财政竞争力	12	2	16.7	7	58.3	1	8.3	2	16.7	优势
	金融竞争力	10	0	0.0	1	10.0	5	50.0	4	40.0	中势
	小　计	22	2	9.1	8	36.4	6	27.3	6	27.3	优势
知识经济竞争力	科技竞争力	9	0	0.0	0	0.0	1	11.1	8	88.9	劣势
	教育竞争力	10	0	0.0	1	10.0	5	50.0	4	40.0	劣势
	文化竞争力	10	0	0.0	2	20.0	2	20.0	6	60.0	中势
	小　计	29	0	0.0	3	10.3	8	27.6	18	62.1	劣势
发展环境竞争力	基础设施竞争力	9	1	11.1	0	0.0	5	55.6	3	33.3	中势
	软环境竞争力	9	0	0.0	1	11.1	5	55.6	3	33.3	中势
	小　计	18	1	5.6	1	5.6	10	55.6	6	33.3	中势
政府作用竞争力	政府发展经济竞争力	5	1	20.0	1	20.0	0	0.0	3	60.0	中势
	政府规调经济竞争力	5	0	0.0	3	60.0	0	0.0	2	40.0	中势
	政府保障经济竞争力	6	0	0.0	1	16.7	3	50.0	2	33.3	劣势
	小　计	16	1	6.3	5	31.3	3	18.8	7	43.8	中势
发展水平竞争力	工业化进程竞争力	6	0	0.0	0	0.0	3	50.0	3	50.0	劣势
	城市化进程竞争力	6	1	16.7	3	50.0	0	0.0	2	33.3	中势
	市场化进程竞争力	6	0	0.0	0	0.0	3	50.0	3	50.0	劣势
	小　计	18	1	5.6	3	16.7	6	33.3	8	44.4	劣势
统筹协调竞争力	统筹发展竞争力	8	0	0.0	2	25.0	2	25.0	4	50.0	劣势
	协调发展竞争力	8	0	0.0	3	37.5	0	0.0	5	62.5	劣势
	小　计	16	0	0.0	5	31.3	2	12.5	9	56.3	劣势
合　计		210	21	10.0	35	16.7	60	28.6	94	44.8	中势

基于图5-2和表5-3，从四级指标来看，强势指标21个，占指标总数的10.0%；优势指标35个，占指标总数的16.7%；中势指标60个，占指标总数的28.6%；劣势指标94个，占指标总数的44.8%。从三级指标来看，强势指标2个，占三级指标总数的8.0%；优势指标3个，占三级指标

总数的12.0%；中势指标8个，占三级指标总数的32.0%；劣势指标12个，占三级指标总数的48.0%。反映到二级指标上来，强势指标1个，占二级指标总数的11.1%；优势指标1个，占二级指标总数的11.1%；中势指标3个，占二级指标总数的33.3%；劣势指标4个，占二级指标总数的44.4%。综合来看，由于中势指标在指标体系中居于主导地位，2019年内蒙古自治区经济综合竞争力处于中势地位。

4. 内蒙古自治区经济综合竞争力四级指标优劣势对比分析

表5-4　2019年内蒙古自治区经济综合竞争力各级指标优劣势比较

二级指标	优劣势	四级指标
宏观经济 竞争力 （27个）	强势指标	财政收入结构优化度（1个）
	优势指标	财政总收入增长率、实际FDI增长率（2个）
	劣势指标	地区生产总值、地区生产总值增长率、人均地区生产总值、财政总收入、固定资产投资额、全社会消费品零售总额、全社会消费品零售总额增长率、人均全社会消费品零售总额、产业结构优化度、城乡经济结构优化度、就业结构优化度、贸易结构优化度、进出口总额、出口总额、出口增长率、实际FDI、外贸依存度、外资企业数、对外直接投资额（19个）
产业经济 竞争力 （40个）	强势指标	人均农业增加值、农民人均纯收入增长率、人均主要农产品产量、工业全员劳动生产率、工业收入利润率、规模以上企业平均收入、规模以上企业平均利润（7个）
	优势指标	农业机械化水平、财政支农资金比重、人均工业增加值、规模以上企业平均资产、规模以上企业劳动效率（5个）
	劣势指标	农业增加值增长率、规模以上工业主营业务收入、工业成本费用率、服务业增加值、服务业增加值增长率、服务业从业人员数、限额以上批发零售企业主营业务收入、限额以上餐饮企业利税率、商品房销售收入、规模以上工业企业数、新产品销售收入占主营业务收入比重、产品质量抽查合格率、工业企业R&D经费投入强度、全国500强企业数（14个）
可持续 发展 竞争力 （24个）	强势指标	耕地面积、人均耕地面积、人均牧草地面积、主要能源矿产基础储量、人均主要能源矿产基础储量、人均森林储积量、人均治理工业污染投资额、15~64岁人口比例（8个）
	优势指标	人均国土面积、大专以上教育程度人口比例、平均受教育程度（3个）
	劣势指标	森林覆盖率、人均工业废气排放量、人均工业固体废物排放量、一般工业固体废物综合利用率、常住人口增长率、人口健康素质、职业学校毕业生数（7个）

二级指标	优劣势	四级指标
财政金融竞争力(22个)	强势指标	地方财政收入增长率、税收收入增长率(2个)
	优势指标	地方财政收入占GDP比重、地方财政支出占GDP比重、税收收入占GDP比重、税收收入占财政总收入比重、人均地方财政收入、人均地方财政支出、人均税收收入、保险密度(人均保险费)(8个)
	劣势指标	地方财政收入、地方财政支出增长率、存款余额、贷款余额、国内上市公司数、国内上市公司市值(6个)
知识经济竞争力(29个)	强势指标	(0个)
	优势指标	万人中小学学校数、农村居民人均文化娱乐支出、农村居民人均文化娱乐支出占消费性支出比重(3个)
	劣势指标	R&D人员、R&D经费、R&D经费投入强度、发明专利授权量、技术市场成交合同金额、财政科技支出占地方财政支出比重、高技术产业主营业务收入、高技术产业收入占工业增加值比重、教育经费、公共教育经费占财政支出比重、高校专任教师数、万人高等学校在校学生数、文化制造业营业收入、文化批发零售业营业收入、文化服务业企业营业收入、图书和期刊出版数、印刷用纸量、城镇居民人均文化娱乐支出占消费性支出比重(18个)
发展环境竞争力(18个)	强势指标	人均耗电量(1个)
	优势指标	查处商标侵权假冒案件数(1个)
	劣势指标	铁路网线密度、公路网线密度、全社会旅客周转量、外资企业数增长率、个体私营企业数增长率、万人商标注册件数(6个)
政府作用竞争力(16个)	强势指标	财政支出用于经济社会比重(1个)
	优势指标	财政投资对社会投资的拉动、物价调控、调控城乡消费差距、固定资产投资价格指数、养老保险覆盖率(5个)
	劣势指标	财政支出用于基本建设投资比重、财政支出对GDP增长的拉动、政府公务员对经济的贡献、统筹经济社会发展、规范税收、城镇职工养老保险收支比、城镇登记失业率(7个)
发展水平竞争力(18个)	强势指标	人均公共绿地面积(1个)
	优势指标	城镇化率、城镇居民人均可支配收入、人均拥有道路面积(3个)
	劣势指标	高技术产业占工业增加值比重、高技术产品占商品出口额比重、信息产业增加值占GDP比重、城市平均建成区面积比重、人均日生活用水量、社会投资占投资总额比重、亿元以上商品市场成交额、居民消费支出占总消费支出比重(8个)
统筹协调竞争力(16个)	强势指标	(0个)
	优势指标	社会劳动生产率、固定资产投资额占GDP比重、资源竞争力与工业竞争力比差、环境竞争力与工业竞争力比差、城乡居民人均现金消费支出比差(5个)
	劣势指标	能源使用下降率、万元GDP综合能耗下降率、非农用地产出率、二三产业增加值比例、环境竞争力与宏观经济竞争力比差、资源竞争力与宏观经济竞争力比差、人力资源竞争力与宏观经济竞争力比差、城乡居民家庭人均收入比差、全社会消费品零售总额与外贸出口总额比差(9个)

5.2 内蒙古自治区经济综合竞争力各级指标具体分析

1. 内蒙古自治区宏观经济竞争力指标排名变化情况

表5-5 2018~2019年内蒙古自治区宏观经济竞争力指标组排位及变化趋势

指　　标	2018 年	2019 年	排位升降	优劣势
1　宏观经济竞争力	26	26	0	劣势
1.1　经济实力竞争力	25	25	0	劣势
地区生产总值	21	23	-2	劣势
地区生产总值增长率	28	27	1	劣势
人均地区生产总值	9	21	-12	劣势
财政总收入	22	23	-1	劣势
财政总收入增长率	10	9	1	优势
人均财政收入	18	18	0	中势
固定资产投资额	21	21	0	劣势
固定资产投资额增长率	31	13	18	中势
人均固定资产投资额	23	20	3	中势
全社会消费品零售总额	22	23	-1	劣势
全社会消费品零售总额增长率	21	29	-8	劣势
人均全社会消费品零售总额	11	23	-12	劣势
1.2　经济结构竞争力	27	24	3	劣势
产业结构优化度	15	27	-12	劣势
所有制经济结构优化度	21	20	1	中势
城乡经济结构优化度	25	24	1	劣势
就业结构优化度	30	29	1	劣势
财政收入结构优化度	26	3	23	强势
贸易结构优化度	24	24	0	劣势
1.3　经济外向度竞争力	21	23	-2	劣势
进出口总额	25	25	0	劣势
进出口增长率	8	15	-7	中势
出口总额	23	23	0	劣势
出口增长率	3	22	-19	劣势
实际 FDI	25	24	1	劣势
实际 FDI 增长率	29	9	20	优势
外贸依存度	25	25	0	劣势
外资企业数	23	24	-1	劣势
对外直接投资额	23	24	-1	劣势

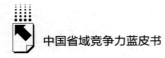

2. 内蒙古自治区产业经济竞争力指标排名变化情况

表5-6 2018~2019年内蒙古自治区产业经济竞争力指标组排位及变化趋势

指　　标	2018年	2019年	排位升降	优劣势
2　产业经济竞争力	11	14	-3	中势
2.1　农业竞争力	2	3	-1	强势
农业增加值	19	19	0	中势
农业增加值增长率	18	21	-3	劣势
人均农业增加值	3	3	0	强势
农民人均纯收入	18	15	3	中势
农民人均纯收入增长率	5	2	3	强势
农产品出口占农林牧渔总产值比重	15	16	-1	中势
人均主要农产品产量	2	2	0	强势
农业机械化水平	11	10	1	优势
农村人均用电量	12	12	0	中势
财政支农资金比重	1	6	-5	优势
2.2　工业竞争力	16	13	3	中势
工业增加值	20	18	2	中势
工业增加值增长率	11	18	-7	中势
人均工业增加值	10	10	0	优势
工业资产总额	16	16	0	中势
工业资产总额增长率	19	18	1	中势
规模以上工业主营业务收入	21	21	0	劣势
工业成本费用率	28	27	1	劣势
规模以上工业利润总额	17	16	1	中势
工业全员劳动生产率	2	2	0	强势
工业收入利润率	2	3	-1	强势
2.3　服务业竞争力	24	27	-3	劣势
服务业增加值	21	21	0	劣势
服务业增加值增长率	27	30	-3	劣势
人均服务业增加值	9	11	-2	中势
服务业从业人员数	23	23	0	劣势
限额以上批发零售企业主营业务收入	26	26	0	劣势
限额以上批零企业利税率	13	20	-7	中势
限额以上餐饮企业利税率	19	28	-9	劣势
旅游外汇收入	17	17	0	中势
商品房销售收入	26	26	0	劣势
电子商务销售额	19	18	1	中势

续表

指　标	2018 年	2019 年	排位升降	优劣势
2.4　企业竞争力	8	9	-1	优势
规模以上工业企业数	26	26	0	劣势
规模以上企业平均资产	4	4	0	优势
规模以上企业平均收入	4	2	2	强势
规模以上企业平均利润	1	2	-1	强势
规模以上企业劳动效率	6	5	1	优势
城镇就业人员平均工资	18	17	1	中势
新产品销售收入占主营业务收入比重	24	27	-3	劣势
产品质量抽查合格率	18	21	-3	劣势
工业企业 R&D 经费投入强度	22	23	-1	劣势
全国 500 强企业数	16	24	-8	劣势

3. 内蒙古自治区可持续发展竞争力指标排名变化情况

表 5-7　2018～2019 年内蒙古自治区可持续发展竞争力指标组排位及变化趋势

指　标	2018 年	2019 年	排位升降	优劣势
3　可持续发展竞争力	1	1	0	强势
3.1　资源竞争力	1	1	0	强势
人均国土面积	4	4	0	优势
人均可使用海域和滩涂面积	13	13	0	中势
人均年水资源量	13	16	-3	中势
耕地面积	2	2	0	强势
人均耕地面积	2	2	0	强势
人均牧草地面积	3	3	0	强势
主要能源矿产基础储量	2	2	0	强势
人均主要能源矿产基础储量	2	2	0	强势
人均森林储积量	2	2	0	强势
3.2　环境竞争力	26	24	2	劣势
森林覆盖率	21	21	0	劣势
人均废水排放量	12	12	0	中势
人均工业废气排放量	30	30	0	劣势
人均工业固体废物排放量	30	30	0	劣势
人均治理工业污染投资额	2	3	-1	强势
一般工业固体废物综合利用率	27	27	0	劣势
生活垃圾无害化处理率	17	18	-1	中势
自然灾害直接经济损失额	26	14	12	中势

指　标	2018 年	2019 年	排位升降	优劣势
3.3　人力资源竞争力	11	8	3	优势
常住人口增长率	26	24	2	劣势
15～64 岁人口比例	4	3	1	强势
文盲率	16	17	-1	中势
大专以上教育程度人口比例	4	4	0	优势
平均受教育程度	7	5	2	优势
人口健康素质	22	24	-2	劣势
职业学校毕业生数	22	22	0	劣势

4. 内蒙古自治区财政金融竞争力指标排名变化情况

表 5-8　2018~2019 年内蒙古自治区财政金融竞争力指标组排位及变化趋势

指　标	2018 年	2019 年	排位升降	优劣势
4　财政金融竞争力	15	10	5	优势
4.1　财政竞争力	12	8	4	优势
地方财政收入	21	21	0	劣势
地方财政支出	21	20	1	中势
地方财政收入占 GDP 比重	15	7	8	优势
地方财政支出占 GDP 比重	10	10	0	优势
税收收入占 GDP 比重	11	9	2	优势
税收收入占财政总收入比重	12	9	3	优势
人均地方财政收入	9	8	1	优势
人均地方财政支出	8	8	0	优势
人均税收收入	9	8	1	优势
地方财政收入增长率	10	2	8	强势
地方财政支出增长率	22	25	-3	劣势
税收收入增长率	23	1	22	强势
4.2　金融竞争力	19	19	0	中势
存款余额	24	25	-1	劣势
人均存款余额	18	19	-1	中势
贷款余额	23	23	0	劣势
人均贷款余额	14	14	0	中势
中长期贷款占贷款余额比重	16	16	0	中势
保险费净收入	20	20	0	中势
保险密度(人均保险费)	8	10	-2	优势
保险深度(保险费占 GDP 的比重)	15	12	3	中势
国内上市公司数	28	28	0	劣势
国内上市公司市值	19	22	-3	劣势

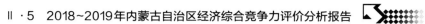

5. 内蒙古自治区知识经济竞争力指标排名变化情况

表5-9 2018~2019年内蒙古自治区知识经济竞争力指标组排位及变化趋势

指　标	2018年	2019年	排位升降	优劣势
5　知识经济竞争力	28	26	2	劣势
5.1　科技竞争力	28	28	0	劣势
R&D人员	23	24	-1	劣势
R&D经费	23	23	0	劣势
R&D经费投入强度	26	26	0	劣势
发明专利授权量	27	26	1	劣势
技术市场成交合同金额	27	26	1	劣势
财政科技支出占地方财政支出比重	30	29	1	劣势
高技术产业主营业务收入	25	24	1	劣势
高技术产业收入占工业增加值比重	30	29	1	劣势
高技术产品出口额占商品出口额比重	21	20	1	中势
5.2　教育竞争力	26	27	-1	劣势
教育经费	23	23	0	劣势
教育经费占GDP比重	18	15	3	中势
人均教育经费	14	15	-1	中势
公共教育经费占财政支出比重	29	28	1	劣势
人均文化教育支出	19	20	-1	中势
万人中小学学校数	7	7	0	优势
万人中小学专任教师数	15	12	3	中势
高等学校数	18	18	0	中势
高校专任教师数	26	26	0	劣势
万人高等学校在校学生数	28	26	2	劣势
5.3　文化竞争力	18	20	-2	中势
文化制造业营业收入	24	27	-3	劣势
文化批发零售业营业收入	27	28	-1	劣势
文化服务业企业营业收入	29	28	1	劣势
图书和期刊出版数	28	26	2	劣势
电子出版物品种	19	14	5	中势
印刷用纸量	23	24	-1	劣势
城镇居民人均文化娱乐支出	19	20	-1	中势
农村居民人均文化娱乐支出	2	4	-2	优势
城镇居民人均文化娱乐支出占消费性支出比重	25	23	2	劣势
农村居民人均文化娱乐支出占消费性支出比重	1	6	-5	优势

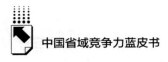

6. 内蒙古自治区发展环境竞争力指标排名变化情况

表5－10　2018～2019 年内蒙古自治区发展环境竞争力指标组排位及变化趋势

指　标	2018 年	2019 年	排位升降	优劣势
6　发展环境竞争力	20	18	2	中势
6.1　基础设施竞争力	18	19	−1	中势
铁路网线密度	25	25	0	劣势
公路网线密度	28	28	0	劣势
人均内河航道里程	13	13	0	中势
全社会旅客周转量	24	24	0	劣势
全社会货物周转量	12	13	−1	中势
人均邮电业务总量	15	16	−1	中势
电话普及率	14	13	1	中势
政府网站数	14	12	2	中势
人均耗电量	2	2	0	强势
6.2　软环境竞争力	25	20	5	中势
外资企业数增长率	24	29	−5	劣势
万人外资企业数	16	19	−3	中势
个体私营企业数增长率	30	27	3	劣势
万人个体私营企业数	16	18	−2	中势
万人商标注册件数	24	23	1	劣势
查处商标侵权假冒案件数	9	4	5	优势
每十万人交通事故发生数	16	17	−1	中势
罚没收入占财政收入比重	25	13	12	中势
社会捐赠站点数	19	13	6	中势

7. 内蒙古自治区政府作用竞争力指标排名变化情况

表5－11　2018～2019 年内蒙古自治区政府作用竞争力指标组排位及变化趋势

指　标	2018 年	2019 年	排位升降	优劣势
7　政府作用竞争力	14	19	−5	中势
7.1　政府发展经济竞争力	14	13	1	中势
财政支出用于基本建设投资比重	26	28	−2	劣势
财政支出对 GDP 增长的拉动	22	22	0	劣势
政府公务员对经济的贡献	22	22	0	劣势
财政支出用于经济社会比重	2	3	−1	强势
财政投资对社会投资的拉动	12	6	6	优势

续表

指 标	2018 年	2019 年	排位升降	优劣势
7.2 政府规调经济竞争力	11	11	0	中势
物价调控	8	6	2	优势
调控城乡消费差距	10	9	1	优势
统筹经济社会发展	30	29	1	劣势
规范税收	30	23	7	劣势
固定资产投资价格指数	4	6	−2	优势
7.3 政府保障经济竞争力	16	24	−8	劣势
城镇职工养老保险收支比	21	29	−8	劣势
医疗保险覆盖率	14	16	−2	中势
养老保险覆盖率	8	10	−2	优势
失业保险覆盖率	18	19	−1	中势
最低工资标准	19	19	0	中势
城镇登记失业率	6	29	−23	劣势

8. 内蒙古自治区发展水平竞争力指标排名变化情况

表 5 - 12 2018 ~ 2019 年内蒙古自治区发展水平竞争力指标组排位及变化趋势

指 标	2018 年	2019 年	排位升降	优劣势
8 发展水平竞争力	23	24	−1	劣势
8.1 工业化进程竞争力	24	24	0	劣势
工业增加值占 GDP 比重	16	14	2	中势
工业增加值增长率	11	18	−7	中势
高技术产业占工业增加值比重	23	30	−7	劣势
高技术产品占商品出口额比重	22	21	1	劣势
信息产业增加值占 GDP 比重	29	29	0	劣势
工农业增加值比值	21	20	1	中势
8.2 城市化进程竞争力	10	12	−2	中势
城镇化率	10	10	0	优势
城镇居民人均可支配收入	9	9	0	优势
城市平均建成区面积比重	23	24	−1	劣势
人均拥有道路面积	5	6	−1	优势
人均日生活用水量	31	31	0	劣势
人均公共绿地面积	2	2	0	强势

指　标	2018 年	2019 年	排位升降	优劣势
8.3　市场化进程竞争力	23	24	−1	劣势
非公有制经济产值占全社会总产值比重	21	20	1	中势
社会投资占投资总额比重	26	26	0	劣势
私有和个体企业从业人员比重	17	16	1	中势
亿元以上商品市场成交额	23	24	−1	劣势
亿元以上商品市场成交额占全社会消费品零售总额比重	25	20	5	中势
居民消费支出占总消费支出比重	23	23	0	劣势

9. 内蒙古自治区统筹协调竞争力指标排名变化情况

表 5 – 13　2018 ~ 2019 年内蒙古自治区统筹协调竞争力指标组排位及变化趋势

指　标	2018 年	2019 年	排位升降	优劣势
9　统筹协调竞争力	26	29	−3	劣势
9.1　统筹发展竞争力	27	29	−2	劣势
社会劳动生产率	8	10	−2	优势
能源使用下降率	31	31	0	劣势
万元 GDP 综合能耗下降率	31	31	0	劣势
非农用地产出率	27	27	0	劣势
居民收入占 GDP 比重	12	16	−4	中势
二三产业增加值比例	12	22	−10	劣势
固定资产投资额占 GDP 比重	3	5	−2	优势
固定资产投资增长率	1	13	−12	中势
9.2　协调发展竞争力	21	26	−5	劣势
资源竞争力与宏观经济竞争力比差	13	31	−18	劣势
环境竞争力与宏观经济竞争力比差	27	22	5	劣势
人力资源竞争力与宏观经济竞争力比差	28	29	−1	劣势
环境竞争力与工业竞争力比差	10	10	0	优势
资源竞争力与工业竞争力比差	3	5	−2	优势
城乡居民家庭人均收入比差	25	24	1	劣势
城乡居民人均现金消费支出比差	10	9	1	优势
全社会消费品零售总额与外贸出口总额比差	26	26	0	劣势

2018～2019年辽宁省经济综合竞争力评价分析报告

辽宁省简称"辽"，位于中国东北地区的南部沿海，东隔鸭绿江与朝鲜为邻，内接吉林省、内蒙古自治区、河北省，是中国东北经济区和环渤海经济区的重要结合部。全省陆地面积达14.59万平方公里。2019年总人口为4352万人，地区生产总值为27078亿元，同比增长5.5%，人均GDP达57191元。本部分通过分析2018～2019年辽宁省经济综合竞争力以及各要素竞争力的排名变化，从中找出辽宁省经济综合竞争力的推动点及影响因素，为进一步提升辽宁省经济综合竞争力提供决策参考。

6.1 辽宁省经济综合竞争力总体分析

1. 辽宁省经济综合竞争力一级指标概要分析

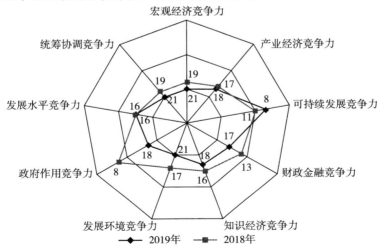

图6-1 2018～2019年辽宁省经济综合竞争力二级指标比较

表 6 - 1   2018～2019 年辽宁省经济综合竞争力二级指标比较

项目 年份	宏观 经济 竞争力	产业 经济 竞争力	可持续 发展 竞争力	财政 金融 竞争力	知识 经济 竞争力	发展 环境 竞争力	政府 作用 竞争力	发展 水平 竞争力	统筹 协调 竞争力	综合 排位
2018	19	17	11	13	16	17	8	16	19	17
2019	21	18	8	17	18	21	18	16	21	18
升降	-2	-1	3	-4	-2	-4	-10	0	-2	-1
优劣度	劣势	中势	优势	中势	中势	劣势	中势	中势	劣势	中势

（1）从综合排位看，2019 年辽宁省经济综合竞争力综合排位在全国居第 18 位，这表明其在全国处于中势地位；与 2018 年相比，综合排位下降了 1 位。

（2）从指标所处区位看，1 个指标处于上游区，为可持续发展竞争力；5 个指标处于中游区，分别为产业经济竞争力、财政金融竞争力、知识经济竞争力、政府作用竞争力和发展水平竞争力；3 个指标处于下游区，分别为宏观经济竞争力、发展环境竞争力和统筹协调竞争力。

（3）从指标变化趋势看，9 个二级指标中，有 1 个指标处于上升趋势，为可持续发展竞争力，这是辽宁省经济综合竞争力上升的动力所在；有 1 个指标排位没有发生变化，为发展水平竞争力；有 7 个指标处于下降趋势，分别为宏观经济竞争力、产业经济竞争力、财政金融竞争力、知识经济竞争力、发展环境竞争力、政府作用竞争力和统筹协调竞争力，这些是辽宁省经济综合竞争力下降的拉力所在。

2. 辽宁省经济综合竞争力各级指标动态变化分析

表 6 - 2   2018～2019 年辽宁省经济综合竞争力各级指标排位变化态势比较

单位：个，%

二级指标	三级指标	四级 指标数	上升		保持		下降		变化 趋势
			指标数	比重	指标数	比重	指标数	比重	
宏观经济 竞争力	经济实力竞争力	12	3	25.0	3	25.0	6	50.0	保持
	经济结构竞争力	6	2	33.3	0	0.0	4	66.7	保持
	经济外向度竞争力	9	0	0.0	4	44.4	5	55.6	下降
	小　计	27	5	18.5	7	25.9	15	55.6	下降

续表

二级指标	三级指标	四级指标数	上升		保持		下降		变化趋势
			指标数	比重	指标数	比重	指标数	比重	
产业经济竞争力	农业竞争力	10	5	50.0	4	40.0	1	10.0	上升
	工业竞争力	10	4	40.0	2	20.0	4	40.0	上升
	服务业竞争力	10	2	20.0	1	10.0	7	70.0	上升
	企业竞争力	10	2	20.0	2	20.0	6	60.0	下降
	小　计	**40**	13	32.5	9	22.5	18	45.0	下降
可持续发展竞争力	资源竞争力	9	1	11.1	8	88.9	0	0.0	保持
	环境竞争力	8	2	25.0	4	50.0	2	25.0	上升
	人力资源竞争力	7	2	28.6	3	42.9	2	28.6	下降
	小　计	**24**	5	20.8	15	62.5	4	16.7	上升
财政金融竞争力	财政竞争力	12	3	25.0	3	25.0	6	50.0	下降
	金融竞争力	10	3	30.0	4	40.0	3	30.0	上升
	小　计	**22**	6	27.3	7	31.8	9	40.9	下降
知识经济竞争力	科技竞争力	9	4	44.4	2	22.2	3	33.3	下降
	教育竞争力	10	0	0.0	4	40.0	6	60.0	下降
	文化竞争力	10	2	20.0	3	30.0	5	50.0	下降
	小　计	**29**	6	20.7	9	31.0	14	48.3	下降
发展环境竞争力	基础设施竞争力	9	1	11.1	5	55.6	3	33.3	下降
	软环境竞争力	9	2	22.2	3	33.3	4	44.4	下降
	小　计	**18**	3	16.7	8	44.4	7	38.9	下降
政府作用竞争力	政府发展经济竞争力	5	1	20.0	2	40.0	2	40.0	上升
	政府规调经济竞争力	5	1	20.0	1	20.0	3	60.0	下降
	政府保障经济竞争力	6	1	16.7	1	16.7	4	66.7	下降
	小　计	**16**	3	18.8	4	25.0	9	56.3	下降
发展水平竞争力	工业化进程竞争力	6	2	33.3	2	33.3	2	33.3	上升
	城市化进程竞争力	6	0	0.0	3	50.0	3	50.0	下降
	市场化进程竞争力	6	2	33.3	2	33.3	2	33.3	上升
	小　计	**18**	4	22.2	7	38.9	7	38.9	保持
统筹协调竞争力	统筹发展竞争力	8	0	0.0	2	25.0	6	75.0	下降
	协调发展竞争力	8	4	50.0	2	25.0	2	25.0	下降
	小　计	**16**	4	25.0	4	25.0	8	50.0	下降
合　计		**210**	49	23.3	70	33.3	91	43.3	下降

从表6-2可以看出，210个四级指标中，上升指标有49个，占指标总数的23.3%；下降指标有91个，占指标总数的43.3%；保持不变的指

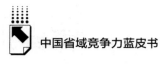

标有 70 个，占指标总数的 33.3%。综上所述，辽宁省经济综合竞争力下降的动力大于上升的拉力，2018~2019 年辽宁省经济综合竞争力排位下降了 1 位。

3. 辽宁省经济综合竞争力各级指标优劣势结构分析

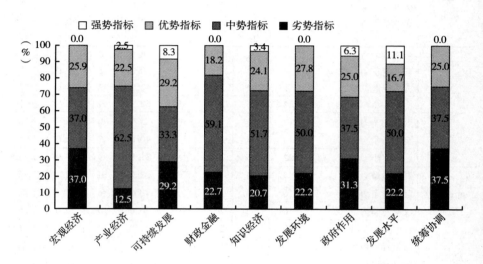

图 6-2   2019 年辽宁省经济综合竞争力各级指标优劣势比较

表 6-3   2019 年辽宁省经济综合竞争力各级指标优劣势比较

单位：个，%

二级指标	三级指标	四级指标数	强势指标		优势指标		中势指标		劣势指标		优劣势
			个数	比重	个数	比重	个数	比重	个数	比重	
宏观经济竞争力	经济实力竞争力	12	0	0.0	3	25.0	4	33.3	5	41.7	劣势
	经济结构竞争力	6	0	0.0	0	0.0	4	66.7	2	33.3	劣势
	经济外向度竞争力	9	0	0.0	4	44.4	2	22.2	3	33.3	中势
	小　计	**27**	0	0.0	7	25.9	10	37.0	10	37.0	劣势
产业经济竞争力	农业竞争力	10	0	0.0	6	60.0	3	30.0	1	10.0	中势
	工业竞争力	10	1	10.0	1	10.0	7	70.0	1	10.0	中势
	服务业竞争力	10	0	0.0	0	0.0	8	80.0	2	20.0	劣势
	企业竞争力	10	0	0.0	2	20.0	7	70.0	1	10.0	中势
	小　计	**40**	1	2.5	9	22.5	25	62.5	5	12.5	中势

续表

二级指标	三级指标	四级指标数	强势指标		优势指标		中势指标		劣势指标		优劣势
			个数	比重	个数	比重	个数	比重	个数	比重	
可持续发展竞争力	资源竞争力	9	1	11.1	3	33.3	4	44.4	1	11.1	优势
	环境竞争力	8	0	0.0	0	0.0	3	37.5	5	62.5	中势
	人力资源竞争力	7	1	14.3	4	57.1	1	14.3	1	14.3	优势
	小　计	24	2	8.3	7	29.2	8	33.3	7	29.2	优势
财政金融竞争力	财政竞争力	12	0	0.0	1	8.3	8	66.7	3	25.0	劣势
	金融竞争力	10	0	0.0	3	30.0	5	50.0	2	20.0	中势
	小　计	22	0	0.0	4	18.2	13	59.1	5	22.7	中势
知识经济竞争力	科技竞争力	9	0	0.0	1	11.1	5	55.6	3	33.3	中势
	教育竞争力	10	0	0.0	4	40.0	3	30.0	3	30.0	中势
	文化竞争力	10	1	10.0	2	20.0	7	70.0	0	0.0	中势
	小　计	29	1	3.4	7	24.1	15	51.7	6	20.7	中势
发展环境竞争力	基础设施竞争力	9	0	0.0	2	22.2	5	55.6	2	22.2	中势
	软环境竞争力	9	0	0.0	3	33.3	4	44.4	2	22.2	劣势
	小　计	18	0	0.0	5	27.8	9	50.0	4	22.2	劣势
政府作用竞争力	政府发展经济竞争力	5	0	0.0	1	20.0	3	60.0	1	20.0	劣势
	政府规调经济竞争力	5	0	0.0	1	20.0	2	40.0	2	40.0	中势
	政府保障经济竞争力	6	1	16.7	2	33.3	1	16.7	2	33.3	优势
	小　计	16	1	6.3	4	25.0	6	37.5	5	31.3	中势
发展水平竞争力	工业化进程竞争力	6	0	0.0	0	0.0	6	100.0	0	0.0	中势
	城市化进程竞争力	6	0	0.0	1	16.7	1	16.7	4	66.7	中势
	市场化进程竞争力	6	2	33.3	2	33.3	2	33.3	0	0.0	中势
	小　计	18	2	11.1	3	16.7	9	50.0	4	22.2	中势
统筹协调竞争力	统筹发展竞争力	8	0	0.0	1	12.5	3	37.5	4	50.0	劣势
	协调发展竞争力	8	0	0.0	3	37.5	3	37.5	2	25.0	中势
	小　计	16	0	0.0	4	25.0	6	37.5	6	37.5	劣势
合　计		210	7	3.3	50	23.8	101	48.1	52	24.8	中势

　　基于图6-2和表6-3，从四级指标来看，强势指标7个，占指标总数的3.3%；优势指标50个，占指标总数的23.8%；中势指标101个，

占指标总数的 48.1%；劣势指标 52 个，占指标总数的 24.8%。从三级指标来看，没有强势指标；优势指标 3 个，占三级指标总数的 12.0%；中势指标 15 个，占三级指标总数的 60.0%；劣势指标 7 个，占三级指标总数的 28.0%。反映到二级指标上来，没有强势指标；优势指标有 1 个，占二级指标总数的 11.1%；中势指标 5 个，占二级指标总数的 55.6%；劣势指标有 3 个，占二级指标总数的 33.3%。综合来看，由于中势指标在指标体系中居于主导地位，2019 年辽宁省经济综合竞争力处于中势地位。

4. 辽宁省经济综合竞争力四级指标优劣势对比分析

表 6 - 4   2019 年辽宁省经济综合竞争力各级指标优劣势比较

二级指标	优劣势	四级指标
宏观经济竞争力（27 个）	强势指标	（0 个）
	优势指标	地区生产总值增长率、人均地区生产总值、财政总收入增长率、进出口总额、实际 FDI、外贸依存度、外资企业数（7 个）
	劣势指标	地区生产总值、固定资产投资额、固定资产投资额增长率、人均固定资产投资额、全社会消费品零售总额增长率、就业结构优化度、贸易结构优化度、进出口增长率、出口增长率、实际 FDI 增长率（10 个）
产业经济竞争力（40 个）	强势指标	工业资产总额增长率（1 个）
	优势指标	人均农业增加值、农民人均纯收入、农民人均纯收入增长率、农产品出口占农林牧渔总产值比重、人均主要农产品产量、农村人均用电量、工业成本费用率、规模以上企业平均收入、规模以上企业劳动效率（9 个）
	劣势指标	财政支农资金比重、工业收入利润率、服务业增加值增长率、限额以上批零企业利税率、城镇就业人员平均工资（5 个）
可持续发展竞争力（24 个）	强势指标	人均可使用海域和滩涂面积、文盲率（2 个）
	优势指标	人均耕地面积、主要能源矿产基础储量、人均主要能源矿产基础储量、15 ~ 64 岁人口比例、大专以上教育程度人口比例、平均受教育程度、人口健康素质（7 个）
	劣势指标	人均年水资源量、人均废水排放量、人均工业废气排放量、人均工业固体废物排放量、一般工业固体废物综合利用率、生活垃圾无害化处理率、常住人口增长率（7 个）

续表

二级指标	优劣势	四级指标
财政金融竞争力（22个）	强势指标	（0个）
	优势指标	税收收入占GDP比重、存款余额、人均存款余额、人均贷款余额（4个）
	劣势指标	人均地方财政支出、地方财政收入增长率、税收收入增长率、中长期贷款占贷款余额比重、保险密度（人均保险费）（5个）
知识经济竞争力（29个）	强势指标	城镇居民人均文化娱乐支出占消费性支出比重（1个）
	优势指标	R&D经费投入强度、人均文化教育支出、万人中小学学校数、万人中小学专任教师数、高等学校数、电子出版物品种、城镇居民人均文化娱乐支出（7个）
	劣势指标	高技术产业主营业务收入、高技术产业收入占工业增加值比重、高技术产品出口额占商品出口额比重、教育经费占GDP比重、人均教育经费、公共教育经费占财政支出比重（6个）
发展环境竞争力（18个）	强势指标	（0个）
	优势指标	铁路网线密度、全社会货物周转量、万人外资企业数、每十万人交通事故发生数、社会捐赠站点数（5个）
	劣势指标	人均内河航道里程、人均邮电业务总量、外资企业数增长率、罚没收入占财政收入比重（4个）
政府作用竞争力（16个）	强势指标	养老保险覆盖率（1个）
	优势指标	财政投资对社会投资的拉动、物价调控、医疗保险覆盖率、失业保险覆盖率（4个）
	劣势指标	财政支出用于基本建设投资比重、调控城乡消费差距、固定资产投资价格指数、城镇职工养老保险收支比、城镇登记失业率（5个）
发展水平竞争力（18个）	强势指标	社会投资占投资总额比重、居民消费支出占总消费支出比重（2个）
	优势指标	城镇化率、亿元以上商品市场成交额、亿元以上商品市场成交额占全社会消费品零售总额比重（3个）
	劣势指标	城市平均建成区面积比重、人均拥有道路面积、人均日生活用水量、人均公共绿地面积（4个）
统筹协调竞争力（16个）	强势指标	（0个）
	优势指标	固定资产投资额占GDP比重、资源竞争力与宏观经济竞争力比差、环境竞争力与工业竞争力比差、全社会消费品零售总额与外贸出口总额比差（4个）
	劣势指标	能源使用下降率、万元GDP综合能耗下降率、居民收入占GDP比重、固定资产投资增长率、人力资源竞争力与宏观经济竞争力比差、城乡居民人均现金消费支出比差（6个）

6.2 辽宁省经济综合竞争力各级指标具体分析

1. 辽宁省宏观经济竞争力指标排名变化情况

表 6 - 5　2018 ~ 2019 年辽宁省宏观经济竞争力指标组排位及变化趋势

指　标	2018 年	2019 年	排位升降	优劣势
1　宏观经济竞争力	19	21	-2	劣势
1.1　经济实力竞争力	23	23	0	劣势
地区生产总值	14	21	-7	劣势
地区生产总值增长率	27	5	22	优势
人均地区生产总值	13	9	4	优势
财政总收入	15	15	0	中势
财政总收入增长率	13	6	7	优势
人均财政收入	17	17	0	中势
固定资产投资额	25	26	-1	劣势
固定资产投资额增长率	22	25	-3	劣势
人均固定资产投资额	31	31	0	劣势
全社会消费品零售总额	11	18	-7	中势
全社会消费品零售总额增长率	19	22	-3	劣势
人均全社会消费品零售总额	9	16	-7	中势
1.2　经济结构竞争力	21	21	0	劣势
产业结构优化度	10	12	-2	中势
所有制经济结构优化度	20	19	1	中势
城乡经济结构优化度	17	16	1	中势
就业结构优化度	28	30	-2	劣势
财政收入结构优化度	15	18	-3	中势
贸易结构优化度	21	22	-1	劣势
1.3　经济外向度竞争力	11	20	-9	中势
进出口总额	9	9	0	优势
进出口增长率	10	27	-17	劣势
出口总额	11	11	0	中势
出口增长率	10	25	-15	劣势
实际 FDI	6	7	-1	优势
实际 FDI 增长率	11	25	-14	劣势
外贸依存度	6	6	0	优势
外资企业数	8	8	0	优势
对外直接投资额	19	20	-1	中势

2. 辽宁省产业经济竞争力指标排名变化情况

表6-6 2018~2019年辽宁省产业经济竞争力指标组排位及变化趋势

指 标	2018 年	2019 年	排位升降	优劣势
2 产业经济竞争力	17	18	-1	中势
2.1 农业竞争力	26	19	7	中势
农业增加值	15	15	0	中势
农业增加值增长率	21	11	10	中势
人均农业增加值	7	7	0	优势
农民人均纯收入	10	10	0	优势
农民人均纯收入增长率	29	10	19	优势
农产品出口占农林牧渔总产值比重	8	8	0	优势
人均主要农产品产量	9	7	2	优势
农业机械化水平	19	18	1	中势
农村人均用电量	7	9	-2	优势
财政支农资金比重	24	23	1	劣势
2.2 工业竞争力	17	11	6	中势
工业增加值	15	15	0	中势
工业增加值增长率	6	17	-11	中势
人均工业增加值	16	15	1	中势
工业资产总额	14	12	2	中势
工业资产总额增长率	24	2	22	强势
规模以上工业主营业务收入	14	14	0	中势
工业成本费用率	17	8	9	优势
规模以上工业利润总额	16	17	-1	中势
工业全员劳动生产率	16	19	-3	中势
工业收入利润率	25	27	-2	劣势
2.3 服务业竞争力	23	21	2	劣势
服务业增加值	13	13	0	中势
服务业增加值增长率	30	29	1	劣势
人均服务业增加值	12	15	-3	中势
服务业从业人员数	16	17	-1	中势
限额以上批发零售企业主营业务收入	10	11	-1	中势
限额以上批零企业利税率	31	28	3	劣势
限额以上餐饮企业利税率	8	13	-5	中势
旅游外汇收入	14	16	-2	中势
商品房销售收入	18	20	-2	中势
电子商务销售额	12	13	-1	中势

指　标	2018 年	2019 年	排位升降	优劣势
2.4　企业竞争力	9	16	-7	中势
规模以上工业企业数	15	14	1	中势
规模以上企业平均资产	10	12	-2	中势
规模以上企业平均收入	8	8	0	优势
规模以上企业平均利润	9	18	-9	中势
规模以上企业劳动效率	11	8	3	优势
城镇就业人员平均工资	28	28	0	劣势
新产品销售收入占主营业务收入比重	11	15	-4	中势
产品质量抽查合格率	6	16	-10	中势
工业企业 R&D 经费投入强度	13	15	-2	中势
全国 500 强企业数	9	13	-4	中势

3. 辽宁省可持续发展竞争力指标排名变化情况

表 6 - 7　2018 ~ 2019 年辽宁省可持续发展竞争力指标组排位及变化趋势

指　标	2018 年	2019 年	排位升降	优劣势
3　可持续发展竞争力	11	8	3	优势
3.1　资源竞争力	9	9	0	优势
人均国土面积	17	17	0	中势
人均可使用海域和滩涂面积	3	3	0	强势
人均年水资源量	22	22	0	劣势
耕地面积	13	13	0	中势
人均耕地面积	10	10	0	优势
人均牧草地面积	19	19	0	中势
主要能源矿产基础储量	10	8	2	优势
人均主要能源矿产基础储量	8	8	0	优势
人均森林储积量	16	16	0	中势
3.2　环境竞争力	21	19	2	中势
森林覆盖率	14	16	-2	中势
人均废水排放量	23	23	0	劣势
人均工业废气排放量	26	26	0	劣势
人均工业固体废物排放量	27	27	0	劣势
人均治理工业污染投资额	19	17	2	中势
一般工业固体废物综合利用率	23	23	0	劣势
生活垃圾无害化处理率	20	23	-3	劣势
自然灾害直接经济损失额	23	16	7	中势

续表

指 标	2018 年	2019 年	排位升降	优劣势
3.3 人力资源竞争力	6	7	−1	优势
常住人口增长率	28	29	−1	劣势
15~64 岁人口比例	7	7	0	优势
文盲率	2	1	1	强势
大专以上教育程度人口比例	8	6	2	优势
平均受教育程度	4	4	0	优势
人口健康素质	2	4	−2	优势
职业学校毕业生数	17	17	0	中势

4. 辽宁省财政金融竞争力指标排名变化情况

表 6 − 8 2018 ~ 2019 年辽宁省财政金融竞争力指标组排位及变化趋势

指 标	2018 年	2019 年	排位升降	优劣势
4 财政金融竞争力	13	17	−4	中势
4.1 财政竞争力	15	21	−6	劣势
地方财政收入	14	14	0	中势
地方财政支出	15	17	−2	中势
地方财政收入占 GDP 比重	17	13	4	中势
地方财政支出占 GDP 比重	22	17	5	中势
税收收入占 GDP 比重	16	10	6	优势
税收收入占财政总收入比重	10	13	−3	中势
人均地方财政收入	16	16	0	中势
人均地方财政支出	22	22	0	劣势
人均税收收入	13	15	−2	中势
地方财政收入增长率	8	22	−14	劣势
地方财政支出增长率	14	17	−3	中势
税收收入增长率	21	22	−1	劣势
4.2 金融竞争力	16	13	3	中势
存款余额	10	10	0	优势
人均存款余额	8	7	1	优势
贷款余额	11	12	−1	中势
人均贷款余额	11	10	1	优势
中长期贷款占贷款余额比重	25	28	−3	劣势
保险费净收入	17	17	0	中势
保险密度（人均保险费）	22	22	0	劣势
保险深度（保险费占 GDP 的比重）	24	20	4	中势
国内上市公司数	13	13	0	中势
国内上市公司市值	14	17	−3	中势

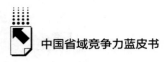

5. 辽宁省知识经济竞争力指标排名变化情况

表6-9 2018~2019年辽宁省知识经济竞争力指标组排位及变化趋势

指 标	2018年	2019年	排位升降	优劣势
5 知识经济竞争力	16	18	-2	中势
5.1 科技竞争力	19	20	-1	中势
R&D人员	16	15	1	中势
R&D经费	16	15	1	中势
R&D经费投入强度	12	10	2	优势
发明专利授权量	14	13	1	中势
技术市场成交合同金额	11	11	0	中势
财政科技支出占地方财政支出比重	19	19	0	中势
高技术产业主营业务收入	20	21	-1	劣势
高技术产业收入占工业增加值比重	21	25	-4	劣势
高技术产品出口额占商品出口额比重	19	21	-2	劣势
5.2 教育竞争力	14	18	-4	中势
教育经费	19	20	-1	中势
教育经费占GDP比重	24	24	0	劣势
人均教育经费	27	30	-3	劣势
公共教育经费占财政支出比重	26	27	-1	劣势
人均文化教育支出	6	7	-1	优势
万人中小学学校数	8	8	0	优势
万人中小学专任教师数	5	5	0	优势
高等学校数	8	8	0	优势
高校专任教师数	11	12	-1	中势
万人高等学校在校学生数	9	14	-5	中势
5.3 文化竞争力	9	12	-3	中势
文化制造业营业收入	20	20	0	中势
文化批发零售业营业收入	19	19	0	中势
文化服务业企业营业收入	15	16	-1	中势
图书和期刊出版数	16	11	5	中势
电子出版物品种	7	8	-1	优势
印刷用纸量	13	16	-3	中势
城镇居民人均文化娱乐支出	6	7	-1	优势
农村居民人均文化娱乐支出	13	16	-3	中势
城镇居民人均文化娱乐支出占消费性支出比重	4	3	1	强势
农村居民人均文化娱乐支出占消费性支出比重	14	14	0	中势

6. 辽宁省发展环境竞争力指标排名变化情况

表 6−10 2018~2019 年辽宁省发展环境竞争力指标组排位及变化趋势

指 标	2018 年	2019 年	排位升降	优劣势
6 发展环境竞争力	17	21	−4	劣势
6.1 基础设施竞争力	13	15	−2	中势
铁路网线密度	4	4	0	优势
公路网线密度	20	20	0	中势
人均内河航道里程	26	26	0	劣势
全社会旅客周转量	11	11	0	中势
全社会货物周转量	6	8	−2	优势
人均邮电业务总量	18	24	−6	劣势
电话普及率	15	15	0	中势
政府网站数	12	13	−1	中势
人均耗电量	14	13	1	中势
6.2 软环境竞争力	28	29	−1	劣势
外资企业数增长率	27	31	−4	劣势
万人外资企业数	8	8	0	优势
个体私营企业数增长率	24	19	5	中势
万人个体私营企业数	14	15	−1	中势
万人商标注册件数	13	15	−2	中势
查处商标侵权假冒案件数	16	18	−2	中势
每十万人交通事故发生数	4	4	0	优势
罚没收入占财政收入比重	31	31	0	劣势
社会捐赠站点数	13	8	5	优势

7. 辽宁省政府作用竞争力指标排名变化情况

表 6−11 2018~2019 年辽宁省政府作用竞争力指标组排位及变化趋势

指 标	2018 年	2019 年	排位升降	优劣势
7 政府作用竞争力	8	18	−10	中势
7.1 政府发展经济竞争力	27	24	3	劣势
财政支出用于基本建设投资比重	31	31	0	劣势
财政支出对 GDP 增长的拉动	10	15	−5	中势
政府公务员对经济的贡献	16	17	−1	中势
财政支出用于经济社会比重	19	17	2	中势
财政投资对社会投资的拉动	9	9	0	优势

指　　标		2018 年	2019 年	排位升降	优劣势
7.2	政府规调经济竞争力	17	20	−3	中势
	物价调控	30	6	24	优势
	调控城乡消费差距	27	27	0	劣势
	统筹经济社会发展	12	14	−2	中势
	规范税收	16	17	−1	中势
	固定资产投资价格指数	2	24	−22	劣势
7.3	政府保障经济竞争力	3	9	−6	优势
	城镇职工养老保险收支比	15	31	−16	劣势
	医疗保险覆盖率	1	4	−3	优势
	养老保险覆盖率	1	1	0	强势
	失业保险覆盖率	6	9	−3	优势
	最低工资标准	26	11	15	中势
	城镇登记失业率	3	31	−28	劣势

8. 辽宁省发展水平竞争力指标排名变化情况

表 6 – 12　2018～2019 年辽宁省发展水平竞争力指标组排位及变化趋势

指　　标		2018 年	2019 年	排位升降	优劣势
8	**发展水平竞争力**	16	16	0	中势
8.1	工业化进程竞争力	18	17	1	中势
	工业增加值占 GDP 比重	15	11	4	中势
	工业增加值增长率	6	17	−11	中势
	高技术产业占工业增加值比重	12	20	−8	中势
	高技术产品占商品出口额比重	20	20	0	中势
	信息产业增加值占 GDP 比重	12	12	0	中势
	工农业增加值比值	18	17	1	中势
8.2	城市化进程竞争力	19	20	−1	中势
	城镇化率	7	7	0	优势
	城镇居民人均可支配收入	10	11	−1	中势
	城市平均建成区面积比重	28	28	0	劣势
	人均拥有道路面积	19	23	−4	劣势
	人均日生活用水量	20	21	−1	劣势
	人均公共绿地面积	22	22	0	劣势

续表

指　标	2018 年	2019 年	排位升降	优劣势
8.3　市场化进程竞争力	14	11	3	中势
非公有制经济产值占全社会总产值比重	20	19	1	中势
社会投资占投资总额比重	2	2	0	强势
私有和个体企业从业人员比重	19	20	−1	中势
亿元以上商品市场成交额	8	9	−1	优势
亿元以上商品市场成交额占全社会消费品零售总额比重	10	6	4	优势
居民消费支出占总消费支出比重	3	3	0	强势

9. 辽宁省统筹协调竞争力指标排名变化情况

表 6 – 13　2018～2019 年辽宁省统筹协调竞争力指标组排位及变化趋势

指　标	2018 年	2019 年	排位升降	优劣势
9　统筹协调竞争力	19	21	−2	劣势
9.1　统筹发展竞争力	20	28	−8	劣势
社会劳动生产率	12	13	−1	中势
能源使用下降率	28	29	−1	劣势
万元 GDP 综合能耗下降率	28	29	−1	劣势
非农用地产出率	16	16	0	中势
居民收入占 GDP 比重	27	28	−1	劣势
二三产业增加值比例	8	15	−7	中势
固定资产投资额占 GDP 比重	9	9	0	优势
固定资产投资增长率	10	25	−15	劣势
9.2　协调发展竞争力	15	16	−1	中势
资源竞争力与宏观经济竞争力比差	10	8	2	优势
环境竞争力与宏观经济竞争力比差	17	19	−2	中势
人力资源竞争力与宏观经济竞争力比差	23	22	1	劣势
环境竞争力与工业竞争力比差	14	9	5	优势
资源竞争力与工业竞争力比差	11	11	0	中势
城乡居民家庭人均收入比差	17	16	1	中势
城乡居民人均现金消费支出比差	27	27	0	劣势
全社会消费品零售总额与外贸出口总额比差	8	10	−2	优势

B.8 7

2018~2019年吉林省经济综合竞争力评价分析报告

吉林省简称"吉"，位于我国东北地区中部，南隔图们江、鸭绿江与朝鲜为邻，东与俄罗斯接壤，内陆与黑龙江省、内蒙古自治区、辽宁省相接。全省总面积为18.74万平方公里，2019年总人口为2691万人，地区生产总值达11727亿元，同比增长3%，人均GDP达43475元。本部分通过分析2018~2019年吉林省经济综合竞争力以及各要素竞争力的排名变化，从中找出吉林省经济综合竞争力的推动点及影响因素，为进一步提升吉林省经济综合竞争力提供决策参考。

7.1 吉林省经济综合竞争力总体分析

1. 吉林省经济综合竞争力一级指标概要分析

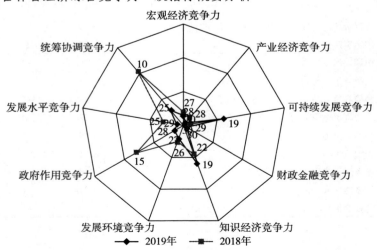

图7-1 2018~2019年吉林省经济综合竞争力二级指标比较

表7－1 2018～2019年吉林省经济综合竞争力二级指标比较

年份 \ 项目	宏观经济竞争力	产业经济竞争力	可持续发展竞争力	财政金融竞争力	知识经济竞争力	发展环境竞争力	政府作用竞争力	发展水平竞争力	统筹协调竞争力	综合排位
2018	27	28	29	30	22	26	15	25	10	25
2019	28	30	19	30	19	27	28	29	25	28
升降	-1	-2	10	0	3	-1	-13	-4	-15	-3
优劣度	劣势	劣势	中势	劣势	中势	劣势	劣势	劣势	劣势	劣势

（1）从综合排位看，2019年吉林省经济综合竞争力居第28位，在全国处于劣势地位；与2018年相比，综合排位下降了3位。

（2）从指标所处区位看，9个二级指标中，无优势指标；有2个中势指标，分别为可持续发展竞争力和知识经济竞争力；有7个劣势指标，分别为宏观经济竞争力、产业经济竞争力、财政金融竞争力、发展环境竞争力、政府作用竞争力、发展水平竞争力和统筹协调竞争力。

（3）从指标变化趋势看，9个二级指标中，有2个指标处于上升趋势，即可持续发展竞争力和知识经济竞争力，这些是吉林省经济综合竞争力排位上升的动力所在；有1个指标排位没有发生变化，为财政金融竞争力；有6个指标处于下降趋势，分别为宏观经济竞争力、产业经济竞争力、发展环境竞争力、政府作用竞争力、发展水平竞争力和统筹协调竞争力，这些是吉林省经济综合竞争力排位下降的拉力所在。

2.吉林省经济综合竞争力各级指标动态变化分析

表7－2 2018～2019年吉林省经济综合竞争力各级指标排位变化态势比较

单位：个，%

二级指标	三级指标	四级指标数	上升		保持		下降		变化趋势
			指标数	比重	指标数	比重	指标数	比重	
宏观经济竞争力	经济实力竞争力	12	5	41.7	1	8.3	6	50.0	下降
	经济结构竞争力	6	1	16.7	1	16.7	4	66.7	上升
	经济外向度竞争力	9	3	33.3	3	33.3	3	33.3	上升
	小 计	27	9	33.3	5	18.5	13	48.1	下降

159

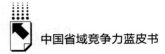

续表

二级指标	三级指标	四级指标数	上升		保持		下降		变化趋势
			指标数	比重	指标数	比重	指标数	比重	
产业经济竞争力	农业竞争力	10	2	20.0	6	60.0	2	20.0	上升
	工业竞争力	10	2	20.0	1	10.0	7	70.0	下降
	服务业竞争力	10	1	10.0	4	40.0	5	50.0	下降
	企业竞争力	10	8	80.0	0	0.0	2	20.0	上升
	小 计	40	13	32.5	11	27.5	16	40.0	下降
可持续发展竞争力	资源竞争力	9	0	0.0	9	100.0	0	0.0	保持
	环境竞争力	8	1	12.5	4	50.0	3	37.5	上升
	人力资源竞争力	7	2	28.6	2	28.6	3	42.9	上升
	小 计	24	3	12.5	15	62.5	6	25.0	上升
财政金融竞争力	财政竞争力	12	5	41.7	1	8.3	6	50.0	保持
	金融竞争力	10	3	30.0	5	50.0	2	20.0	上升
	小 计	22	8	36.4	6	27.3	8	36.4	保持
知识经济竞争力	科技竞争力	9	4	44.4	3	33.3	2	22.2	上升
	教育竞争力	10	4	40.0	2	20.0	4	40.0	下降
	文化竞争力	10	6	60.0	0	0.0	4	40.0	上升
	小 计	29	14	48.3	5	17.2	10	34.5	上升
发展环境竞争力	基础设施竞争力	9	2	22.2	4	44.4	3	33.3	下降
	软环境竞争力	9	4	44.4	2	22.2	3	33.3	保持
	小 计	18	6	33.3	6	33.3	6	33.3	下降
政府作用竞争力	政府发展经济竞争力	5	2	40.0	0	0.0	3	60.0	下降
	政府规调经济竞争力	5	1	20.0	1	20.0	3	60.0	下降
	政府保障经济竞争力	6	1	16.7	2	33.3	3	50.0	下降
	小 计	16	4	25.0	3	18.8	9	56.3	下降
发展水平竞争力	工业化进程竞争力	6	1	16.7	1	16.7	4	66.7	下降
	城市化进程竞争力	6	1	16.7	1	16.7	4	66.7	保持
	市场化进程竞争力	6	2	33.3	2	33.3	2	33.3	下降
	小 计	18	4	22.2	4	22.2	10	55.6	下降
统筹协调竞争力	统筹发展竞争力	8	1	12.5	0	0.0	7	87.5	下降
	协调发展竞争力	8	2	25.0	3	37.5	3	37.5	下降
	小 计	16	3	18.8	3	18.8	10	62.5	下降
	合 计	210	64	30.5	58	27.6	88	41.9	下降

从表7-2可以看出，210个四级指标中，排位上升指标有64个，占指标总数的30.5%；排位下降指标有88个，占指标总数的41.9%；排位保持不变的指标有58个，占指标总数的27.6%。由此可见，吉林省经济综合竞争力排位上升的动力小于下降的拉力，2018~2019年吉林省经济综合竞争力排位处于下降趋势。

3. 吉林省经济综合竞争力各级指标优劣势结构分析

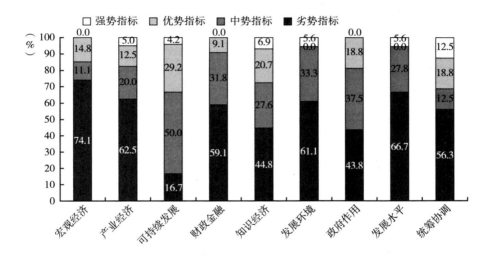

图7-2 2019年吉林省经济综合竞争力各级指标优劣势比较

表7-3 2019年吉林省经济综合竞争力各级指标优劣势比较

单位：个，%

二级指标	三级指标	四级指标数	强势指标		优势指标		中势指标		劣势指标		优劣势
			个数	比重	个数	比重	个数	比重	个数	比重	
宏观经济竞争力	经济实力竞争力	12	0	0.0	1	8.3	2	16.7	9	75.0	劣势
	经济结构竞争力	6	0	0.0	2	33.3	0	0.0	4	66.7	劣势
	经济外向度竞争力	9	0	0.0	1	11.1	1	11.1	7	77.8	劣势
	小　计	**27**	0	0.0	4	14.8	3	11.1	20	74.1	劣势

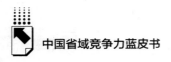

续表

二级指标	三级指标	四级指标数	强势指标		优势指标		中势指标		劣势指标		优劣势
			个数	比重	个数	比重	个数	比重	个数	比重	
产业经济竞争力	农业竞争力	10	1	10.0	1	10.0	5	50.0	3	30.0	中势
	工业竞争力	10	0	0.0	0	0.0	1	10.0	9	90.0	劣势
	服务业竞争力	10	0	0.0	0	0.0	1	10.0	9	90.0	劣势
	企业竞争力	10	1	10.0	4	40.0	1	10.0	4	40.0	中势
	小　计	40	2	5.0	5	12.5	8	20.0	25	62.5	劣势
可持续发展竞争力	资源竞争力	9	1	11.1	4	44.4	4	44.4	0	0.0	优势
	环境竞争力	8	0	0.0	0	0.0	7	87.5	1	12.5	劣势
	人力资源竞争力	7	0	0.0	3	42.9	1	14.3	3	42.9	劣势
	小　计	24	1	4.2	7	29.2	12	50.0	4	16.7	中势
财政金融竞争力	财政竞争力	12	0	0.0	1	8.3	4	33.3	7	58.3	劣势
	金融竞争力	10	0	0.0	1	10.0	3	30.0	6	60.0	劣势
	小　计	22	0	0.0	2	9.1	7	31.8	13	59.1	劣势
知识经济竞争力	科技竞争力	9	0	0.0	1	11.1	4	44.4	4	44.4	中势
	教育竞争力	10	0	0.0	3	30.0	1	10.0	6	60.0	劣势
	文化竞争力	10	2	20.0	2	20.0	3	30.0	3	30.0	优势
	小　计	29	2	6.9	6	20.7	8	27.6	13	44.8	中势
发展环境竞争力	基础设施竞争力	9	0	0.0	0	0.0	3	33.3	6	66.7	劣势
	软环境竞争力	9	1	11.1	0	0.0	3	33.3	5	55.6	劣势
	小　计	18	1	5.6	0	0.0	6	33.3	11	61.1	劣势
政府作用竞争力	政府发展经济竞争力	5	0	0.0	2	40.0	0	0.0	3	60.0	中势
	政府规调经济竞争力	5	0	0.0	0	0.0	2	40.0	3	60.0	劣势
	政府保障经济竞争力	6	0	0.0	1	16.7	4	66.7	1	16.7	中势
	小　计	16	0	0.0	3	18.8	6	37.5	7	43.8	劣势
发展水平竞争力	工业化进程竞争力	6	0	0.0	0	0.0	2	33.3	4	66.7	劣势
	城市化进程竞争力	6	0	0.0	0	0.0	2	33.3	4	66.7	劣势
	市场化进程竞争力	6	1	16.7	0	0.0	1	16.7	4	66.7	劣势
	小　计	18	1	5.6	0	0.0	5	27.8	12	66.7	劣势
统筹协调竞争力	统筹发展竞争力	8	0	0.0	2	25.0	1	12.5	5	62.5	劣势
	协调发展竞争力	8	2	25.0	1	12.5	1	12.5	4	50.0	中势
	小　计	16	2	12.5	3	18.8	2	12.5	9	56.3	劣势
合　计		210	9	4.3	30	14.3	57	27.1	114	54.3	劣势

　　基于图7-2和表7-3，从四级指标来看，强势指标有9个，占指标总数的4.3%；优势指标有30个，占指标总数的14.3%；中势指标有57个，

占指标总数的 27.1%；劣势指标有 114 个，占指标总数的 54.3%。从三级指标来看，无强势指标；优势指标 2 个，占三级指标总数的 8%；中势指标有 7 个，占三级指标总数的 28%；劣势指标有 16 个，占三级指标总数的 64%。反映到二级指标上来，中势指标有 2 个，占二级指标总数的 22.2%；劣势指标有 7 个，占二级指标总数的 77.8%。劣势指标在指标体系中居于主导地位，综合其他方面的因素影响，2019 年吉林省经济综合竞争力处于劣势地位。

4. 吉林省经济综合竞争力四级指标优劣势对比分析

表 7-4 2019 年吉林省经济综合竞争力各级指标优劣势比较

二级指标	优劣势	四级指标
宏观经济竞争力（27 个）	强势指标	（0 个）
	优势指标	财政总收入增长率、产业结构优化度、城乡经济结构优化度、实际 FDI 增长率（4 个）
	劣势指标	地区生产总值、地区生产总值增长率、财政总收入、人均财政收入、固定资产投资额增长率、人均固定资产投资额、全社会消费品零售总额、全社会消费品零售总额增长率、人均全社会消费品零售总额、所有制经济结构优化度、就业结构优化度、财政收入结构优化度、贸易结构优化度、进出口总额、进出口增长率、出口总额、出口增长率、实际 FDI、外资企业数、对外直接投资额（20 个）
产业经济竞争力（40 个）	强势指标	人均主要农产品产量、产品质量抽查合格率（2 个）
	优势指标	财政支农资金比重、规模以上企业平均资产、规模以上企业平均收入、规模以上企业平均利润、规模以上企业劳动效率（5 个）
	劣势指标	农业增加值、农民人均纯收入增长率、农村人均用电量、工业增加值、工业增加值增长率、人均工业增加值、工业资产总额、工业资产总额增长率、规模以上工业主营业务收入、规模以上工业利润总额、工业全员劳动生产率、工业收入利润率、服务业增加值、服务业增加值增长率、人均服务业增加值、服务业从业人员数、限额以上批发零售企业主营业务收入、限额以上餐饮企业利税率、旅游外汇收入、商品房销售收入、电子商务销售额、规模以上工业企业数、城镇就业人员平均工资、工业企业 R&D 经费投入强度、全国 500 强企业数（25 个）
可持续发展竞争力（24 个）	强势指标	人均耕地面积（1 个）
	优势指标	人均国土面积、耕地面积、人均牧草地面积、人均森林储积量、15~64 岁人口比例、文盲率、人口健康素质（7 个）
	劣势指标	生活垃圾无害化处理率、常住人口增长率、大专以上教育程度人口比例、职业学校毕业生数（4 个）

续表

二级指标	优劣势	四级指标
财政金融竞争力（22个）	强势指标	（0个）
	优势指标	地方财政支出占GDP比重、保险深度（保险费占GDP的比重）（2个）
	劣势指标	地方财政收入、地方财政支出、人均地方财政收入、人均税收收入、地方财政收入增长率、地方财政支出增长率、税收收入增长率、存款余额、人均存款余额、贷款余额、人均贷款余额、保险费净收入、国内上市公司市值（13个）
知识经济竞争力（29个）	强势指标	图书和期刊出版数、农村居民人均文化娱乐支出占消费性支出比重（2个）
	优势指标	高技术产业收入占工业增加值比重、教育经费占GDP比重、万人中小学专任教师数、高等学校数、农村居民人均文化娱乐支出、城镇居民人均文化娱乐支出占消费性支出比重（6个）
	劣势指标	R&D人员、R&D经费、财政科技支出占地方财政支出比重、高技术产品出口额占商品出口额比重、教育经费、人均教育经费、公共教育经费占财政支出比重、万人中小学学校数、高校专任教师数、万人高等学校在校学生数、文化制造业营业收入、文化批发零售业营业收入、文化服务业企业营业收入（13个）
发展环境竞争力（18个）	强势指标	查处商标侵权假冒案件数（1个）
	优势指标	（0个）
	劣势指标	公路网线密度、全社会旅客周转量、全社会货物周转量、人均邮电业务总量、政府网站数、人均耗电量、外资企业数增长率、个体私营企业数增长率、万人商标注册件数、罚没收入占财政收入比重、社会捐赠站点数（11个）
政府作用竞争力（16个）	强势指标	（0个）
	优势指标	财政支出用于经济社会比重、财政投资对社会投资的拉动、养老保险覆盖率（3个）
	劣势指标	财政支出用于基本建设投资比重、财政支出对GDP增长的拉动、政府公务员对经济的贡献、物价调控、统筹经济社会发展、规范税收、城镇职工养老保险收支比（7个）
发展水平竞争力（18个）	强势指标	私有和个体企业从业人员比重（1个）
	优势指标	（0个）
	劣势指标	工业增加值增长率、高技术产业占工业增加值比重、高技术产品占商品出口额比重、工农业增加值比值、城镇居民人均可支配收入、城市平均建成区面积比重、人均拥有道路面积、人均日生活用水量、非公有制经济产值占全社会总产值比重、亿元以上商品市场成交额、亿元以上商品市场成交额占全社会消费品零售总额比重、居民消费支出占总消费支出比重（12个）
统筹协调竞争力（16个）	强势指标	资源竞争力与宏观经济竞争力比差、环境竞争力与工业竞争力比差（2个）
	优势指标	能源使用下降率、二三产业增加值比例、城乡居民家庭人均收入比差（3个）
	劣势指标	社会劳动生产率、万元GDP综合能耗下降率、居民收入占GDP比重、固定资产投资额占GDP比重、固定资产投资增长率、环境竞争力与宏观经济竞争力比差、人力资源竞争力与宏观经济竞争力比差、资源竞争力与工业竞争力比差、全社会消费品零售总额与外贸出口总额比差（9个）

7.2 吉林省经济综合竞争力各级指标具体分析

1.吉林省宏观经济竞争力指标排名变化情况

表7－5 2018～2019年吉林省宏观经济竞争力指标组排位及变化趋势

指　　标	2018年	2019年	排位升降	优劣势
1　宏观经济竞争力	27	28	－1	劣势
1.1　经济实力竞争力	26	29	－3	劣势
地区生产总值	24	22	2	劣势
地区生产总值增长率	30	23	7	劣势
人均地区生产总值	14	18	－4	中势
财政总收入	25	24	1	劣势
财政总收入增长率	27	7	20	优势
人均财政收入	26	24	2	劣势
固定资产投资额	18	20	－2	中势
固定资产投资额增长率	23	31	－8	劣势
人均固定资产投资额	15	21	－6	劣势
全社会消费品零售总额	20	25	－5	劣势
全社会消费品零售总额增长率	30	30	0	劣势
人均全社会消费品零售总额	12	27	－15	劣势
1.2　经济结构竞争力	26	25	1	劣势
产业结构优化度	16	9	7	优势
所有制经济结构优化度	29	30	－1	劣势
城乡经济结构优化度	4	4	0	优势
就业结构优化度	26	27	－1	劣势
财政收入结构优化度	17	22	－5	劣势
贸易结构优化度	28	29	－1	劣势
1.3　经济外向度竞争力	28	26	2	劣势
进出口总额	23	24	－1	劣势
进出口增长率	23	28	－5	劣势
出口总额	25	27	－2	劣势
出口增长率	25	24	1	劣势
实际FDI	23	23	0	劣势
实际FDI增长率	8	7	1	优势
外贸依存度	23	20	3	中势
外资企业数	22	22	0	劣势
对外直接投资额	28	28	0	劣势

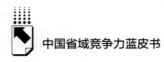

2. 吉林省产业经济竞争力指标排名变化情况

表7-6　2018～2019年吉林省产业经济竞争力指标组排位及变化趋势

指　标	2018年	2019年	排位升降	优劣势
2　产业经济竞争力	28	30	-2	劣势
2.1　农业竞争力	23	20	3	中势
农业增加值	22	22	0	劣势
农业增加值增长率	26	19	7	中势
人均农业增加值	19	19	0	中势
农民人均纯收入	20	20	0	中势
农民人均纯收入增长率	30	28	2	劣势
农产品出口占农林牧渔总产值比重	11	11	0	中势
人均主要农产品产量	3	3	0	强势
农业机械化水平	12	12	0	中势
农村人均用电量	24	25	-1	劣势
财政支农资金比重	8	10	-2	优势
2.2　工业竞争力	26	31	-5	劣势
工业增加值	21	25	-4	劣势
工业增加值增长率	30	31	-1	劣势
人均工业增加值	13	25	-12	劣势
工业资产总额	23	24	-1	劣势
工业资产总额增长率	30	31	-1	劣势
规模以上工业主营业务收入	22	23	-1	劣势
工业成本费用率	21	14	7	中势
规模以上工业利润总额	24	24	0	劣势
工业全员劳动生产率	9	27	-18	劣势
工业收入利润率	23	22	1	劣势
2.3　服务业竞争力	27	31	-4	劣势
服务业增加值	24	24	0	劣势
服务业增加值增长率	29	31	-2	劣势
人均服务业增加值	14	27	-13	劣势
服务业从业人员数	21	21	0	劣势
限额以上批发零售企业主营业务收入	27	27	0	劣势
限额以上批零企业利税率	11	19	-8	中势
限额以上餐饮企业利税率	15	29	-14	劣势
旅游外汇收入	23	24	-1	劣势
商品房销售收入	24	23	1	劣势
电子商务销售额	27	27	0	劣势

续表

指　标	2018 年	2019 年	排位升降	优劣势
2.4　企业竞争力	28	14	14	中势
规模以上工业企业数	18	25	−7	劣势
规模以上企业平均资产	17	10	7	优势
规模以上企业平均收入	25	4	21	优势
规模以上企业平均利润	25	7	18	优势
规模以上企业劳动效率	20	10	10	优势
城镇就业人员平均工资	27	24	3	劣势
新产品销售收入占主营业务收入比重	20	11	9	中势
产品质量抽查合格率	3	2	1	强势
工业企业 R&D 经费投入强度	29	27	2	劣势
全国 500 强企业数	22	25	−3	劣势

3. 吉林省可持续发展竞争力指标排名变化情况

表 7 - 7　2018～2019 年吉林省可持续发展竞争力指标组排位及变化趋势

指　标	2018 年	2019 年	排位升降	优劣势
3　可持续发展竞争力	25	19	6	中势
3.1　资源竞争力	7	7	0	优势
人均国土面积	9	9	0	优势
人均可使用海域和滩涂面积	13	13	0	中势
人均年水资源量	14	14	0	中势
耕地面积	5	5	0	优势
人均耕地面积	3	3	0	强势
人均牧草地面积	10	10	0	优势
主要能源矿产基础储量	17	17	0	中势
人均主要能源矿产基础储量	17	17	0	中势
人均森林储积量	5	5	0	优势
3.2　环境竞争力	24	23	1	劣势
森林覆盖率	11	14	−3	中势
人均废水排放量	17	18	−1	中势
人均工业废气排放量	20	20	0	中势
人均工业固体废物排放量	13	13	0	中势
人均治理工业污染投资额	18	19	−1	中势
一般工业固体废物综合利用率	20	20	0	中势
生活垃圾无害化处理率	30	30	0	劣势
自然灾害直接经济损失额	22	17	5	中势

指　标	2018 年	2019 年	排位升降	优劣势
3.3　人力资源竞争力	25	24	1	劣势
常住人口增长率	30	30	0	劣势
15~64 岁人口比例	5	6	-1	优势
文盲率	8	5	3	优势
大专以上教育程度人口比例	16	21	-5	劣势
平均受教育程度	12	14	-2	中势
人口健康素质	14	9	5	优势
职业学校毕业生数	24	24	0	劣势

4. 吉林省财政金融竞争力指标排名变化情况

表 7 - 8　2018~2019 年吉林省财政金融竞争力指标组排位及变化趋势

指　标	2018 年	2019 年	排位升降	优劣势
4　财政金融竞争力	30	30	0	劣势
4.1　财政竞争力	31	31	0	劣势
地方财政收入	26	26	0	劣势
地方财政支出	25	26	-1	劣势
地方财政收入占 GDP 比重	28	17	11	中势
地方财政支出占 GDP 比重	15	9	6	优势
税收收入占 GDP 比重	28	19	9	中势
税收收入占财政总收入比重	19	16	3	中势
人均地方财政收入	24	28	-4	劣势
人均地方财政支出	14	17	-3	中势
人均税收收入	25	27	-2	劣势
地方财政收入增长率	28	31	-3	劣势
地方财政支出增长率	29	28	1	劣势
税收收入增长率	30	31	-1	劣势
4.2　金融竞争力	23	18	5	中势
存款余额	25	24	1	劣势
人均存款余额	22	22	0	劣势
贷款余额	26	25	1	劣势
人均贷款余额	20	21	-1	劣势
中长期贷款占贷款余额比重	18	18	0	中势
保险费净收入	21	22	-1	劣势
保险密度(人均保险费)	17	17	0	中势
保险深度(保险费占 GDP 的比重)	11	4	7	优势
国内上市公司数	20	20	0	中势
国内上市公司市值	24	24	0	劣势

5.吉林省知识经济竞争力指标排名变化情况

表7-9 2018~2019年吉林省知识经济竞争力指标组排位及变化趋势

指　标	2018 年	2019 年	排位升降	优劣势
5　知识经济竞争力	22	19	3	中势
5.1　科技竞争力	22	19	3	中势
R&D 人员	25	25	0	劣势
R&D 经费	25	22	3	劣势
R&D 经费投入强度	25	20	5	中势
发明专利授权量	20	20	0	中势
技术市场成交合同金额	12	13	-1	中势
财政科技支出占地方财政支出比重	22	24	-2	劣势
高技术产业主营业务收入	18	18	0	中势
高技术产业收入占工业增加值比重	11	7	4	优势
高技术产品出口额占商品出口额比重	25	24	1	劣势
5.2　教育竞争力	20	22	-2	劣势
教育经费	26	26	0	劣势
教育经费占 GDP 比重	19	10	9	优势
人均教育经费	20	22	-2	劣势
公共教育经费占财政支出比重	22	23	-1	劣势
人均文化教育支出	12	11	1	中势
万人中小学学校数	24	21	3	劣势
万人中小学专任教师数	10	8	2	优势
高等学校数	10	10	0	优势
高校专任教师数	21	22	-1	劣势
万人高等学校在校学生数	6	21	-15	劣势
5.3　文化竞争力	11	9	2	优势
文化制造业营业收入	23	24	-1	劣势
文化批发零售业营业收入	25	27	-2	劣势
文化服务业企业营业收入	24	25	-1	劣势
图书和期刊出版数	15	3	12	强势
电子出版物品种	20	16	4	中势
印刷用纸量	15	13	2	中势
城镇居民人均文化娱乐支出	12	11	1	中势
农村居民人均文化娱乐支出	9	10	-1	优势
城镇居民人均文化娱乐支出占消费性支出比重	5	4	1	优势
农村居民人均文化娱乐支出占消费性支出比重	4	3	1	强势

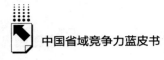

6. 吉林省发展环境竞争力指标排名变化情况

表7-10 2018～2019年吉林省发展环境竞争力指标组排位及变化趋势

指　标	2018年	2019年	排位升降	优劣势
6　发展环境竞争力	26	27	-1	劣势
6.1　基础设施竞争力	27	28	-1	劣势
铁路网线密度	15	17	-2	中势
公路网线密度	23	23	0	劣势
人均内河航道里程	18	18	0	中势
全社会旅客周转量	21	21	0	劣势
全社会货物周转量	25	23	2	劣势
人均邮电业务总量	21	22	-1	劣势
电话普及率	13	17	-4	中势
政府网站数	22	21	1	劣势
人均耗电量	28	28	0	劣势
6.2　软环境竞争力	21	21	0	劣势
外资企业数增长率	29	26	3	劣势
万人外资企业数	15	15	0	中势
个体私营企业数增长率	23	25	-2	劣势
万人个体私营企业数	11	13	-2	中势
万人商标注册件数	23	21	2	劣势
查处商标侵权假冒案件数	5	2	3	强势
每十万人交通事故发生数	18	13	5	中势
罚没收入占财政收入比重	20	24	-4	劣势
社会捐赠站点数	27	27	0	劣势

7. 吉林省政府作用竞争力指标排名变化情况

表7-11 2018～2019年吉林省政府作用竞争力指标组排位及变化趋势

指　标	2018年	2019年	排位升降	优劣势
7　政府作用竞争力	15	28	-13	劣势
7.1　政府发展经济竞争力	9	19	-10	中势
财政支出用于基本建设投资比重	27	25	2	劣势
财政支出对GDP增长的拉动	17	23	-6	劣势
政府公务员对经济的贡献	17	25	-8	劣势
财政支出用于经济社会比重	10	7	3	优势
财政投资对社会投资的拉动	4	10	-6	优势

续表

指　标	2018 年	2019 年	排位升降	优劣势
7.2　政府规调经济竞争力	24	30	－6	劣势
物价调控	19	22	－3	劣势
调控城乡消费差距	18	18	0	中势
统筹经济社会发展	22	24	－2	劣势
规范税收	29	25	4	劣势
固定资产投资价格指数	12	18	－6	中势
7.3　政府保障经济竞争力	11	17	－6	中势
城镇职工养老保险收支比	28	28	0	劣势
医疗保险覆盖率	13	17	－4	中势
养老保险覆盖率	5	5	0	优势
失业保险覆盖率	17	16	1	中势
最低工资标准	9	17	－8	中势
城镇登记失业率	11	17	－6	中势

8. 吉林省发展水平竞争力指标排名变化情况

表 7 – 12　2018 ～ 2019 年吉林省发展水平竞争力指标组排位及变化趋势

指　标	2018 年	2019 年	排位升降	优劣势
8　发展水平竞争力	25	29	－4	劣势
8.1　工业化进程竞争力	21	29	－8	劣势
工业增加值占 GDP 比重	11	19	－8	中势
工业增加值增长率	30	31	－1	劣势
高技术产业占工业增加值比重	14	27	－13	劣势
高技术产品占商品出口额比重	25	23	2	劣势
信息产业增加值占 GDP 比重	15	15	0	中势
工农业增加值比值	11	23	－12	劣势
8.2　城市化进程竞争力	30	30	0	劣势
城镇化率	18	18	0	中势
城镇居民人均可支配收入	29	30	－1	劣势
城市平均建成区面积比重	25	26	－1	劣势
人均拥有道路面积	24	27	－3	劣势
人均日生活用水量	29	28	1	劣势
人均公共绿地面积	16	20	－4	中势

指　标	2018 年	2019 年	排位升降	优劣势
8.3　市场化进程竞争力	20	21	−1	劣势
非公有制经济产值占全社会总产值比重	29	30	−1	劣势
社会投资占投资总额比重	9	13	−4	中势
私有和个体企业从业人员比重	5	3	2	强势
亿元以上商品市场成交额	26	26	0	劣势
亿元以上商品市场成交额占全社会消费品零售总额比重	29	23	6	劣势
居民消费支出占总消费支出比重	25	25	0	劣势

9. 吉林省统筹协调竞争力指标排名变化情况

表 7 – 13　2018～2019 年吉林省统筹协调竞争力指标组排位及变化趋势

指　标	2018 年	2019 年	排位升降	优劣势
9　统筹协调竞争力	10	25	−15	劣势
9.1　统筹发展竞争力	14	31	−17	劣势
社会劳动生产率	14	26	−12	劣势
能源使用下降率	6	8	−2	优势
万元 GDP 综合能耗下降率	23	27	−4	劣势
非农用地产出率	18	20	−2	中势
居民收入占 GDP 比重	9	29	−20	劣势
二三产业增加值比例	17	8	9	优势
固定资产投资额占 GDP 比重	18	22	−4	劣势
固定资产投资增长率	9	31	−22	劣势
9.2　协调发展竞争力	5	17	−12	中势
资源竞争力与宏观经济竞争力比差	4	1	3	强势
环境竞争力与宏观经济竞争力比差	18	27	−9	劣势
人力资源竞争力与宏观经济竞争力比差	25	27	−2	劣势
环境竞争力与工业竞争力比差	6	1	5	强势
资源竞争力与工业竞争力比差	17	31	−14	劣势
城乡居民家庭人均收入比差	4	4	0	优势
城乡居民人均现金消费支出比差	18	18	0	中势
全社会消费品零售总额与外贸出口总额比差	25	25	0	劣势

2018～2019年黑龙江省经济综合
竞争力评价分析报告

  黑龙江省简称"黑",位于我国最东北部,与俄罗斯为邻,内接内蒙古自治区、吉林省。全省面积为46万多平方公里,2019年总人口为3751万人,地区生产总值达13613亿元,同比增长4.2%,人均GDP达36183元。本部分通过分析2018～2019年黑龙江省经济综合竞争力以及各要素竞争力的排名变化,从中找出黑龙江省经济综合竞争力的推动点及影响因素,为进一步提升黑龙江省经济综合竞争力提供决策参考。

8.1 黑龙江省经济综合竞争力总体分析

1. 黑龙江省经济综合竞争力一级指标概要分析

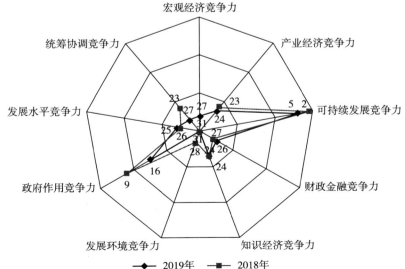

图 8－1 　2018～2019 年黑龙江省经济综合竞争力二级指标比较

表 8 - 1　2018～2019 年黑龙江省经济综合竞争力二级指标比较

项目\年份	宏观经济竞争力	产业经济竞争力	可持续发展竞争力	财政金融竞争力	知识经济竞争力	发展环境竞争力	政府作用竞争力	发展水平竞争力	统筹协调竞争力	综合排位
2018	31	23	2	27	24	28	9	26	23	24
2019	27	24	5	26	24	31	16	25	27	26
升降	4	-1	-3	1	0	-3	-7	1	-4	-2
优劣度	劣势	劣势	优势	劣势	劣势	劣势	中势	劣势	劣势	劣势

（1）从综合排位看，2019 年黑龙江省经济综合竞争力居第 26 位，在全国处于劣势地位；与 2018 年相比，综合排位下降了 2 位。

（2）从指标所处区位看，9 个二级指标中，有 1 个优势指标，为可持续发展竞争力；有 1 个中势指标，为政府作用竞争力；有 7 个劣势指标，分别为宏观经济竞争力、产业经济竞争力、财政金融竞争力、知识经济竞争力、发展环境竞争力、发展水平竞争力和统筹协调竞争力。

（3）从指标变化趋势看，9 个二级指标中，有 3 个指标处于上升趋势，分别为宏观经济竞争力、财政金融竞争力和发展水平竞争力，这些是黑龙江省经济综合竞争力上升的动力所在；有 1 个指标排位没有发生变化，为知识经济竞争力；有 5 个指标处于下降趋势，分别为产业经济竞争力、可持续发展竞争力、发展环境竞争力、政府作用竞争力和统筹协调竞争力，这些是黑龙江省经济综合竞争力下降的拉力所在。

2. 黑龙江省经济综合竞争力各级指标动态变化分析

表 8 - 2　2018～2019 年黑龙江省经济综合竞争力各级指标排位变化态势比较

单位：个，%

二级指标	三级指标	四级指标数	上升		保持		下降		变化趋势
			指标数	比重	指标数	比重	指标数	比重	
宏观经济竞争力	经济实力竞争力	12	2	16.7	4	33.3	6	50.0	保持
	经济结构竞争力	6	1	16.7	4	66.7	1	16.7	上升
	经济外向度竞争力	9	4	44.4	2	22.2	3	33.3	下降
	小　计	**27**	7	25.9	10	37.0	10	37.0	上升

续表

二级指标	三级指标	四级 指标数	上升		保持		下降		变化 趋势
			指标数	比重	指标数	比重	指标数	比重	
产业经济 竞争力	农业竞争力	10	1	10.0	6	60.0	3	30.0	保持
	工业竞争力	10	3	30.0	5	50.0	2	20.0	上升
	服务业竞争力	10	1	10.0	6	60.0	3	30.0	下降
	企业竞争力	10	7	70.0	1	10.0	2	20.0	上升
	小　计	**40**	12	30.0	18	45.0	10	25.0	下降
可持续 发展 竞争力	资源竞争力	9	2	22.2	7	77.8	0	0.0	保持
	环境竞争力	8	1	12.5	4	50.0	3	37.5	下降
	人力资源竞争力	7	1	14.3	1	14.3	5	71.4	下降
	小　计	**24**	4	16.7	12	50.0	8	33.3	下降
财政金融 竞争力	财政竞争力	12	5	41.7	4	33.3	3	25.0	上升
	金融竞争力	10	2	20.0	3	30.0	5	50.0	下降
	小　计	**22**	7	31.8	7	31.8	8	36.4	上升
知识经济 竞争力	科技竞争力	9	3	33.3	2	22.2	4	44.4	下降
	教育竞争力	10	2	20.0	6	60.0	2	20.0	上升
	文化竞争力	10	6	60.0	3	30.0	1	10.0	上升
	小　计	**29**	11	37.9	11	37.9	7	24.1	保持
发展环境 竞争力	基础设施竞争力	9	1	11.1	5	55.6	3	33.3	下降
	软环境竞争力	9	2	22.2	2	22.2	5	55.6	下降
	小　计	**18**	3	16.7	7	38.9	8	44.4	下降
政府作用 竞争力	政府发展经济竞争力	5	1	20.0	0	0.0	4	80.0	下降
	政府规调经济竞争力	5	1	20.0	2	40.0	2	40.0	下降
	政府保障经济竞争力	6	2	33.3	1	16.7	3	50.0	下降
	小　计	**16**	4	25.0	3	18.8	9	56.3	下降
发展水平 竞争力	工业化进程竞争力	6	1	16.7	2	33.3	3	50.0	下降
	城市化进程竞争力	6	1	16.7	3	50.0	2	33.3	下降
	市场化进程竞争力	6	2	33.3	3	50.0	1	16.7	上升
	小　计	**18**	4	22.2	8	44.4	6	33.3	上升
统筹协调 竞争力	统筹发展竞争力	8	1	12.5	2	25.0	5	62.5	下降
	协调发展竞争力	8	2	25.0	4	50.0	2	25.0	下降
	小　计	**16**	3	18.8	6	37.5	7	43.8	下降
合　计		**210**	55	26.2	82	39.0	73	34.8	下降

　　从表 8－2 可以看出，210 个四级指标中，排位上升指标有 55 个，占指标总数的 26.2%；排位下降指标有 73 个，占指标总数的 34.8%；排位保持

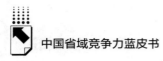

不变的指标有 82 个，占指标总数的 39.0%。由此可见，黑龙江省经济综合竞争力排位上升的动力小于下降的拉力，因此 2018～2019 年黑龙江省经济综合竞争力排位呈下降趋势。

3. 黑龙江省经济综合竞争力各级指标优劣势结构分析

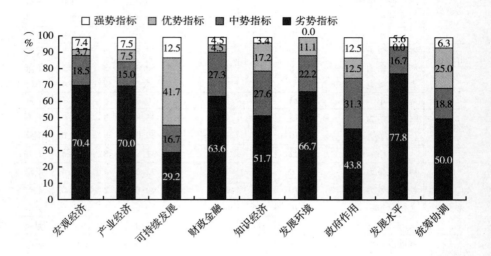

图 8-2　2019 年黑龙江省经济综合竞争力各级指标优劣势比较

表 8-3　2019 年黑龙江省经济综合竞争力各级指标优劣势比较

单位：个，%

二级指标	三级指标	四级指标数	强势指标		优势指标		中势指标		劣势指标		优劣势
			个数	比重	个数	比重	个数	比重	个数	比重	
宏观经济竞争力	经济实力竞争力	12	0	0.0	0	0.0	3	25.0	9	75.0	劣势
	经济结构竞争力	6	2	33.3	0	0.0	0	0.0	4	66.7	劣势
	经济外向度竞争力	9	0	0.0	1	11.1	2	22.2	6	66.7	劣势
	小　计	**27**	2	7.4	1	3.7	5	18.5	19	70.4	劣势
产业经济竞争力	农业竞争力	10	2	20.0	3	30.0	2	20.0	3	30.0	强势
	工业竞争力	10	0	0.0	0	0.0	2	20.0	8	80.0	劣势
	服务业竞争力	10	0	0.0	0	0.0	1	10.0	9	90.0	劣势
	企业竞争力	10	1	10.0	0	0.0	1	10.0	8	80.0	劣势
	小　计	**40**	3	7.5	3	7.5	6	15.0	28	70.0	劣势

续表

二级指标	三级指标	四级指标数	强势指标		优势指标		中势指标		劣势指标		优劣势
			个数	比重	个数	比重	个数	比重	个数	比重	
可持续发展竞争力	资源竞争力	9	3	33.3	5	55.6	1	11.1	0	0.0	强势
	环境竞争力	8	0	0.0	2	25.0	1	12.5	5	62.5	劣势
	人力资源竞争力	7	0	0.0	3	42.9	2	28.6	2	28.6	劣势
	小　计	**24**	3	12.5	10	41.7	4	16.7	7	29.2	优势
财政金融竞争力	财政竞争力	12	0	0.0	1	8.3	4	33.3	7	58.3	劣势
	金融竞争力	10	1	10.0	0	0.0	2	20.0	7	70.0	劣势
	小　计	**22**	1	4.5	1	4.5	6	27.3	14	63.6	劣势
知识经济竞争力	科技竞争力	9	0	0.0	0	0.0	2	22.2	7	77.8	劣势
	教育竞争力	10	0	0.0	3	30.0	4	40.0	3	30.0	劣势
	文化竞争力	10	1	10.0	2	20.0	2	20.0	5	50.0	中势
	小　计	**29**	1	3.4	5	17.2	8	27.6	15	51.7	劣势
发展环境竞争力	基础设施竞争力	9	0	0.0	1	11.1	1	11.1	7	77.8	劣势
	软环境竞争力	9	0	0.0	1	11.1	3	33.3	5	55.6	劣势
	小　计	**18**	0	0.0	2	11.1	4	22.2	12	66.7	劣势
政府作用竞争力	政府发展经济竞争力	5	0	0.0	1	20.0	2	40.0	2	40.0	劣势
	政府规调经济竞争力	5	1	20.0	1	20.0	2	40.0	1	20.0	优势
	政府保障经济竞争力	6	1	16.7	0	0.0	1	16.7	4	66.7	中势
	小　计	**16**	2	12.5	2	12.5	5	31.3	7	43.8	中势
发展水平竞争力	工业化进程竞争力	6	0	0.0	0	0.0	0	0.0	6	100.0	劣势
	城市化进程竞争力	6	1	16.7	0	0.0	1	16.7	4	66.7	中势
	市场化进程竞争力	6	0	0.0	0	0.0	2	33.3	4	66.7	劣势
	小　计	**18**	1	5.6	0	0.0	3	16.7	14	77.8	劣势
统筹协调竞争力	统筹发展竞争力	8	0	0.0	2	25.0	3	37.5	3	37.5	劣势
	协调发展竞争力	8	1	12.5	2	25.0	0	0.0	5	62.5	劣势
	小　计	**16**	1	6.3	4	25.0	3	18.8	8	50.0	劣势
合　计		**210**	14	6.7	28	13.3	44	21.0	124	59.0	劣势

　　基于图8-2和表8-3，从四级指标来看，强势指标有14个，占指标总数的6.7%；优势指标有28个，占指标总数的13.3%；中势指标有44个，占指标总数的21.0%；劣势指标有124个，占指标总数的59.0%。从三级指标来看，强势指标有2个，占三级指标总数的8%；优势指标有1个，占三级指标总数的4%；中势指标有3个，占三级指标总数的12%；劣

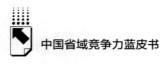

势指标有 19 个，占三级指标总数的 76%。反映到二级指标上来，优势指标有 1 个，占二级指标总数的 11%；中势指标有 1 个，占二级指标总数的 11%；劣势指标有 7 个，占二级指标总数的 78%。综合来看，由于劣势指标在指标体系中居于主导地位，2019 年黑龙江省经济综合竞争力处于劣势地位。

4. 黑龙江省经济综合竞争力四级指标优劣势对比分析

表 8 - 4　2019 年黑龙江省经济综合竞争力各级指标优劣势比较

二级指标	优劣势	四级指标
宏观经济 竞争力 (27 个)	强势指标	城乡经济结构优化度、财政收入结构优化度(2 个)
	优势指标	出口增长率(1 个)
	劣势指标	地区生产总值、地区生产总值增长率、人均地区生产总值、财政总收入、财政总收入增长率、人均财政总收入、人均固定资产投资额、全社会消费品零售总额、人均全社会消费品零售总额、产业结构优化度、所有制经济结构优化度、就业结构优化度、贸易结构优化度、进出口总额、出口总额、实际 FDI、实际 FDI 增长率、外资企业数、对外直接投资额(19 个)
产业经济 竞争力 (40 个)	强势指标	人均农业增加值、人均主要农产品产量、产品质量抽查合格率(3 个)
	优势指标	农业增加值、农业机械化水平、财政支农资金比重(3 个)
	劣势指标	农业增加值增长率、农民人均纯收入增长率、农产品出口占农林牧渔总产值比重、工业增加值、工业增加值增长率、人均工业增加值、工业资产总额、规模以上工业主营业务收入、规模以上工业利润总额、工业全员劳动生产率、工业收入利润率、服务业增加值增长率、人均服务业增加值、服务业从业人员数、限额以上批发零售企业主营业务收入、限额以上批零企业利税率、限额以上餐饮企业利税率、旅游外汇收入、商品房销售收入、电子商务销售额、规模以上工业企业数、规模以上企业平均收入、规模以上企业平均利润、规模以上企业劳动效率、城镇就业人员平均工资、新产品销售收入占主营业务收入比重、工业企业 R&D 经费投入强度、全国 500 强企业数(28 个)
可持续 发展 竞争力 (24 个)	强势指标	耕地面积、人均耕地面积、人均森林储积量(3 个)
	优势指标	人均国土面积、人均年水资源量、人均牧草地面积、主要能源矿产基础储量、人均主要能源矿产基础储量、森林覆盖率、人均废水排放量、15 ~ 64 岁人口比例、文盲率、平均受教育程度(10 个)
	劣势指标	人均工业废气排放量、人均治理工业污染投资额、一般工业固体废物综合利用率、生活垃圾无害化处理率、自然灾害直接经济损失额、常住人口增长率、职业学校毕业生数(7 个)

续表

二级指标	优劣势	四级指标
财政金融竞争力（22个）	强势指标	保险深度(保险费占GDP的比重)(1个)
	优势指标	地方财政支出占GDP比重(1个)
	劣势指标	地方财政收入、地方财政支出、人均地方财政收入、人均地方财政支出、人均税收收入、地方财政收入增长率、税收收入增长率、存款余额、人均存款余额、贷款余额、人均贷款余额、中长期贷款占贷款余额比重、国内上市公司数、国内上市公司市值(14个)
知识经济竞争力（29个）	强势指标	农村居民人均文化娱乐支出占消费性支出比重(1个)
	优势指标	万人中小学学校数、万人中小学专任教师数、高等学校数、农村居民人均文化娱乐支出、城镇居民人均文化娱乐支出占消费性支出比重(5个)
	劣势指标	R&D人员、R&D经费、R&D经费投入强度、财政科技支出占地方财政支出比重、高技术产业主营业务收入、高技术产业收入占工业增加值比重、高技术产品出口额占商品出口额比重、教育经费、人均教育经费、公共教育经费占财政支出比重、文化制造业营业收入、文化批发零售业营业收入、文化服务业企业营业收入、电子出版物品种、印刷用纸量(15个)
发展环境竞争力（18个）	强势指标	(0个)
	优势指标	人均内河航道里程、查处商标侵权假冒案件数(2个)
	劣势指标	铁路网线密度、公路网线密度、全社会货物周转量、人均邮电业务总量、电话普及率、政府网站数、人均耗电量、个体私营企业数增长率、万人个体私营企业数、万人商标注册件数、罚没收入占财政收入比重、社会捐赠站点数(12个)
政府作用竞争力（16个）	强势指标	固定资产投资价格指数、养老保险覆盖率(2个)
	优势指标	财政支出用于经济社会比重、调控城乡消费差距(2个)
	劣势指标	财政支出对GDP增长的拉动、政府公务员对经济的贡献、统筹经济社会发展、城镇职工养老保险收支比、失业保险覆盖率、最低工资标准、城镇登记失业率(7个)
发展水平竞争力（18个）	强势指标	城市平均建成区面积比重(1个)
	优势指标	(0个)
	劣势指标	工业增加值占GDP比重、工业增加值增长率、高技术产业占工业增加值比重、高技术产品占商品出口额比重、信息产业增加值占GDP比重、工农业增加值比值、城镇居民人均可支配收入、人均拥有道路面积、人均日生活用水量、人均公共绿地面积、非公有制经济产值占全社会总产值比重、私有和个体企业从业人员比重、亿元以上商品市场成交额、居民消费支出占总消费支出比重(14个)
统筹协调竞争力（16个）	强势指标	城乡居民家庭人均收入比差(1个)
	优势指标	能源使用下降率、二三产业增加值比例、环境竞争力与工业竞争力比差、城乡居民人均现金消费支出比差(4个)
	劣势指标	社会劳动生产率、非农用地产出率、居民收入占GDP比重、资源竞争力与宏观经济竞争力比差、环境竞争力与宏观经济竞争力比差、人力资源竞争力与宏观经济竞争力比差、资源竞争力与工业竞争力比差、全社会消费品零售总额与外贸出口总额比差(8个)

179

8.2 黑龙江省经济综合竞争力各级指标具体分析

1. 黑龙江省宏观经济竞争力指标排名变化情况

表 8－5 2018～2019 年黑龙江省宏观经济竞争力指标组排位及变化趋势

指　标	2018 年	2019 年	排位升降	优劣势
1 宏观经济竞争力	31	27	4	劣势
1.1　经济实力竞争力	28	28	0	劣势
地区生产总值	23	28	－ 5	劣势
地区生产总值增长率	29	24	5	劣势
人均地区生产总值	27	30	－ 3	劣势
财政总收入	27	28	－ 1	劣势
财政总收入增长率	23	27	－ 4	劣势
人均财政收入	31	31	0	劣势
固定资产投资额	19	19	0	中势
固定资产投资额增长率	25	16	9	中势
人均固定资产投资额	28	28	0	劣势
全社会消费品零售总额	15	22	－ 7	劣势
全社会消费品零售总额增长率	20	20	0	中势
人均全社会消费品零售总额	14	29	－ 15	劣势
1.2　经济结构竞争力	31	28	3	劣势
产业结构优化度	4	25	－ 21	劣势
所有制经济结构优化度	24	24	0	劣势
城乡经济结构优化度	3	3	0	强势
就业结构优化度	31	31	0	劣势
财政收入结构优化度	30	1	29	强势
贸易结构优化度	31	31	0	劣势
1.3　经济外向度竞争力	19	22	－ 3	劣势
进出口总额	21	21	0	劣势
进出口增长率	1	14	－ 13	中势
出口总额	27	24	3	劣势
出口增长率	31	5	26	优势
实际 FDI	26	26	0	劣势
实际 FDI 增长率	6	21	－ 15	劣势
外贸依存度	22	17	5	中势
外资企业数	20	21	－ 1	劣势
对外直接投资额	24	21	3	劣势

2. 黑龙江省产业经济竞争力指标排名变化情况

表8－6　2018～2019年黑龙江省产业经济竞争力指标组排位及变化趋势

指　标	2018 年	2019 年	排位升降	优劣势
2　产业经济竞争力	23	24	−1	劣势
2.1　农业竞争力	1	1	0	强势
农业增加值	10	10	0	优势
农业增加值增长率	11	21	−10	劣势
人均农业增加值	2	2	0	强势
农民人均纯收入	17	19	−2	中势
农民人均纯收入增长率	18	29	−11	劣势
农产品出口占农林牧渔总产值比重	26	25	1	劣势
人均主要农产品产量	1	1	0	强势
农业机械化水平	6	6	0	优势
农村人均用电量	20	20	0	中势
财政支农资金比重	4	4	0	优势
2.2　工业竞争力	30	28	2	劣势
工业增加值	26	26	0	劣势
工业增加值增长率	23	24	−1	劣势
人均工业增加值	28	28	0	劣势
工业资产总额	26	25	1	劣势
工业资产总额增长率	11	11	0	中势
规模以上工业主营业务收入	26	25	1	劣势
工业成本费用率	25	17	8	中势
规模以上工业利润总额	26	26	0	劣势
工业全员劳动生产率	23	23	0	劣势
工业收入利润率	26	28	−2	劣势
2.3　服务业竞争力	22	28	−6	劣势
服务业增加值	18	18	0	中势
服务业增加值增长率	26	27	−1	劣势
人均服务业增加值	19	30	−11	劣势
服务业从业人员数	24	24	0	劣势
限额以上批发零售企业主营业务收入	25	25	0	劣势
限额以上批零企业利税率	24	24	0	劣势
限额以上餐饮企业利税率	1	27	−26	劣势
旅游外汇收入	25	23	2	劣势
商品房销售收入	25	25	0	劣势
电子商务销售额	26	26	0	劣势

指　标	2018 年	2019 年	排位升降	优劣势
2.4　企业竞争力	29	25	4	劣势
规模以上工业企业数	23	22	1	劣势
规模以上企业平均资产	15	15	0	中势
规模以上企业平均收入	24	21	3	劣势
规模以上企业平均利润	26	28	-2	劣势
规模以上企业劳动效率	29	27	2	劣势
城镇就业人员平均工资	31	30	1	劣势
新产品销售收入占主营业务收入比重	27	25	2	劣势
产品质量抽查合格率	2	1	1	强势
工业企业 R&D 经费投入强度	24	22	2	劣势
全国 500 强企业数	24	25	-1	劣势

3. 黑龙江省可持续发展竞争力指标排名变化情况

表 8 - 7　2018～2019 年黑龙江省可持续发展竞争力指标组排位及变化趋势

指　标	2018 年	2019 年	排位升降	优劣势
3　可持续发展竞争力	3	5	-2	优势
3.1　资源竞争力	3	3	0	强势
人均国土面积	6	6	0	优势
人均可使用海域和滩涂面积	13	13	0	中势
人均年水资源量	9	5	4	优势
耕地面积	1	1	0	强势
人均耕地面积	1	1	0	强势
人均牧草地面积	9	9	0	优势
主要能源矿产基础储量	12	9	3	优势
人均主要能源矿产基础储量	9	9	0	优势
人均森林储积量	3	3	0	强势
3.2　环境竞争力	23	26	-3	劣势
森林覆盖率	9	9	0	优势
人均废水排放量	6	7	-1	优势
人均工业废气排放量	23	23	0	劣势
人均工业固体废物排放量	12	12	0	中势
人均治理工业污染投资额	23	27	-4	劣势
一般工业固体废物综合利用率	21	21	0	劣势
生活垃圾无害化处理率	31	28	3	劣势
自然灾害直接经济损失额	21	26	-5	劣势

续表

指　　标	2018 年	2019 年	排位升降	优劣势
3.3　人力资源竞争力	20	21	−1	劣势
常住人口增长率	29	31	−2	劣势
15~64 岁人口比例	3	4	−1	优势
文盲率	4	8	−4	优势
大专以上教育程度人口比例	15	14	1	中势
平均受教育程度	9	10	−1	优势
人口健康素质	10	12	−2	中势
职业学校毕业生数	21	21	0	劣势

4. 黑龙江省财政金融竞争力指标排名变化情况

表 8 – 8　2018~2019 年黑龙江省财政金融竞争力指标组排位及变化趋势

指　　标	2018 年	2019 年	排位升降	优劣势
4　财政金融竞争力	27	26	1	劣势
4.1　财政竞争力	29	26	3	劣势
地方财政收入	25	25	0	劣势
地方财政支出	22	22	0	劣势
地方财政收入占 GDP 比重	30	19	11	中势
地方财政支出占 GDP 比重	9	6	3	优势
税收收入占 GDP 比重	27	20	7	中势
税收收入占财政总收入比重	9	12	−3	中势
人均地方财政收入	30	30	0	劣势
人均地方财政支出	19	21	−2	劣势
人均税收收入	29	29	0	劣势
地方财政收入增长率	27	26	1	劣势
地方财政支出增长率	30	20	10	中势
税收收入增长率	24	29	−5	劣势
4.2　金融竞争力	20	22	−2	劣势
存款余额	23	22	1	劣势
人均存款余额	28	28	0	劣势
贷款余额	24	24	0	劣势
人均贷款余额	29	31	−2	劣势
中长期贷款占贷款余额比重	29	30	−1	劣势
保险费净收入	14	16	−2	中势
保险密度（人均保险费）	13	16	−3	中势
保险深度（保险费占 GDP 的比重）	2	2	0	强势
国内上市公司数	23	21	2	劣势
国内上市公司市值	25	26	−1	劣势

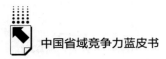

5. 黑龙江省知识经济竞争力指标排名变化情况

表 8 - 9　2018 ~ 2019 年黑龙江省知识经济竞争力指标组排位及变化趋势

指　标	2018 年	2019 年	排位升降	优劣势
5　知识经济竞争力	24	24	0	劣势
5.1　科技竞争力	26	27	-1	劣势
R&D 人员	24	23	1	劣势
R&D 经费	22	24	-2	劣势
R&D 经费投入强度	23	23	0	劣势
发明专利授权量	19	18	1	中势
技术市场成交合同金额	19	16	3	中势
财政科技支出占地方财政支出比重	26	26	0	劣势
高技术产业主营业务收入	23	25	-2	劣势
高技术产业收入占工业增加值比重	25	26	-1	劣势
高技术产品出口额占商品出口额比重	27	28	-1	劣势
5.2　教育竞争力	23	21	2	劣势
教育经费	24	24	0	劣势
教育经费占 GDP 比重	14	11	3	中势
人均教育经费	31	31	0	劣势
公共教育经费占财政支出比重	25	25	0	劣势
人均文化教育支出	22	17	5	中势
万人中小学学校数	4	4	0	优势
万人中小学专任教师数	4	4	0	优势
高等学校数	8	8	0	优势
高校专任教师数	15	17	-2	中势
万人高等学校在校学生数	18	19	-1	中势
5.3　文化竞争力	25	16	9	中势
文化制造业营业收入	25	26	-1	劣势
文化批发零售业营业收入	26	26	0	劣势
文化服务业企业营业收入	26	26	0	劣势
图书和期刊出版数	25	17	8	中势
电子出版物品种	24	24	0	劣势
印刷用纸量	24	22	2	劣势
城镇居民人均文化娱乐支出	22	17	5	中势
农村居民人均文化娱乐支出	8	5	3	优势
城镇居民人均文化娱乐支出占消费性支出比重	12	5	7	优势
农村居民人均文化娱乐支出占消费性支出比重	10	1	9	强势

6. 黑龙江省发展环境竞争力指标排名变化情况

表8–10   2018～2019年黑龙江省发展环境竞争力指标组排位及变化趋势

指标	2018年	2019年	排位升降	优劣势
6 发展环境竞争力	28	31	−3	劣势
6.1 基础设施竞争力	29	30	−1	劣势
铁路网线密度	24	24	0	劣势
公路网线密度	26	26	0	劣势
人均内河航道里程	6	6	0	优势
全社会旅客周转量	19	20	−1	中势
全社会货物周转量	26	25	1	劣势
人均邮电业务总量	31	31	0	劣势
电话普及率	23	23	0	劣势
政府网站数	19	22	−3	劣势
人均耗电量	29	30	−1	劣势
6.2 软环境竞争力	16	30	−14	劣势
外资企业数增长率	5	17	−12	中势
万人外资企业数	17	18	−1	中势
个体私营企业数增长率	26	23	3	劣势
万人个体私营企业数	27	27	0	劣势
万人商标注册件数	26	26	0	劣势
查处商标侵权假冒案件数	19	7	12	优势
每十万人交通事故发生数	10	11	−1	中势
罚没收入占财政收入比重	27	28	−1	劣势
社会捐赠站点数	7	25	−18	劣势

7. 黑龙江省政府作用竞争力指标排名变化情况

表8–11   2018～2019年黑龙江省政府作用竞争力指标组排位及变化趋势

指标	2018年	2019年	排位升降	优劣势
7 政府作用竞争力	9	16	−7	中势
7.1 政府发展经济竞争力	21	28	−7	劣势
财政支出用于基本建设投资比重	24	20	4	中势
财政支出对 GDP 增长的拉动	23	26	−3	劣势
政府公务员对经济的贡献	20	23	−3	劣势
财政支出用于经济社会比重	6	10	−4	优势
财政投资对社会投资的拉动	10	18	−8	中势

指　标	2018 年	2019 年	排位升降	优劣势
7.2　政府规调经济竞争力	3	8	−5	优势
物价调控	12	17	−5	中势
调控城乡消费差距	5	5	0	优势
统筹经济社会发展	24	21	3	劣势
规范税收	12	15	−3	中势
固定资产投资价格指数	1	1	0	强势
7.3　政府保障经济竞争力	13	16	−3	中势
城镇职工养老保险收支比	23	30	−7	劣势
医疗保险覆盖率	16	13	3	中势
养老保险覆盖率	2	2	0	强势
失业保险覆盖率	24	21	3	劣势
最低工资标准	14	24	−10	劣势
城镇登记失业率	1	26	−25	劣势

8. 黑龙江省发展水平竞争力指标排名变化情况

表 8 - 12　2018 ~ 2019 年黑龙江省发展水平竞争力指标组排位及变化趋势

指　标	2018 年	2019 年	排位升降	优劣势
8　发展水平竞争力	26	25	1	劣势
8.1　工业化进程竞争力	29	30	−1	劣势
工业增加值占 GDP 比重	28	27	1	劣势
工业增加值增长率	23	24	−1	劣势
高技术产业占工业增加值比重	24	26	−2	劣势
高技术产品占商品出口额比重	27	28	−1	劣势
信息产业增加值占 GDP 比重	27	27	0	劣势
工农业增加值比值	29	29	0	劣势
8.2　城市化进程竞争力	11	13	−2	中势
城镇化率	13	13	0	中势
城镇居民人均可支配收入	31	31	0	劣势
城市平均建成区面积比重	1	1	0	强势
人均拥有道路面积	20	21	−1	劣势
人均日生活用水量	27	25	2	劣势
人均公共绿地面积	20	21	−1	劣势

续表

指　　标	2018 年	2019 年	排位升降	优劣势
8.3　市场化进程竞争力	26	25	1	劣势
非公有制经济产值占全社会总产值比重	24	24	0	劣势
社会投资占投资总额比重	11	16	−5	中势
私有和个体企业从业人员比重	30	28	2	劣势
亿元以上商品市场成交额	22	22	0	劣势
亿元以上商品市场成交额占全社会消费品零售总额比重	23	18	5	中势
居民消费支出占总消费支出比重	24	24	0	劣势

9. 黑龙江省统筹协调竞争力指标排名变化情况

表 8－13　2018～2019 年黑龙江省统筹协调竞争力指标组排位及变化趋势

指　　标	2018 年	2019 年	排位升降	优劣势
9　统筹协调竞争力	23	27	−4	劣势
9.1　统筹发展竞争力	15	25	−10	劣势
社会劳动生产率	24	29	−5	劣势
能源使用下降率	6	7	−1	优势
万元 GDP 综合能耗下降率	22	20	2	中势
非农用地产出率	26	26	0	劣势
居民收入占 GDP 比重	29	31	−2	劣势
二三产业增加值比例	4	4	0	优势
固定资产投资额占 GDP 比重	7	17	−10	中势
固定资产投资增长率	7	16	−9	中势
9.2　协调发展竞争力	28	29	−1	劣势
资源竞争力与宏观经济竞争力比差	7	25	−18	劣势
环境竞争力与宏观经济竞争力比差	31	30	1	劣势
人力资源竞争力与宏观经济竞争力比差	31	31	0	劣势
环境竞争力与工业竞争力比差	5	7	−2	优势
资源竞争力与工业竞争力比差	29	24	5	劣势
城乡居民家庭人均收入比差	3	3	0	强势
城乡居民人均现金消费支出比差	5	5	0	优势
全社会消费品零售总额与外贸出口总额比差	27	27	0	劣势

B. 10
9

2018～2019年上海市经济综合竞争力评价分析报告

上海市简称"沪"，地处长江三角洲前缘，东濒东海，南临杭州湾，西接江苏、浙江两省，北接长江入海口，处于我国南北海岸线的中部，交通便利，腹地广阔，地理位置优越，是一个良好的江海港口城市。全市面积为6340.5平方千米，2019年全市常住人口为2428万人，地区生产总值为38155亿元，同比增长6%，人均GDP达157279元。本部分通过分析2018～2019年上海市经济综合竞争力以及各要素竞争力的排名变化，从中找出上海市经济综合竞争力的推动点及影响因素，为进一步提升上海市经济综合竞争力提供决策参考。

9.1 上海市经济综合竞争力总体分析

1. 上海市经济综合竞争力一级指标概要分析

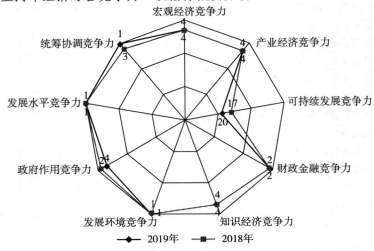

图9-1 2018～2019年上海市经济综合竞争力二级指标比较

表 9 - 1 2018~2019 年上海市经济综合竞争力二级指标比较

项目 年份	宏观经济竞争力	产业经济竞争力	可持续发展竞争力	财政金融竞争力	知识经济竞争力	发展环境竞争力	政府作用竞争力	发展水平竞争力	统筹协调竞争力	综合排位
2018	4	4	17	2	4	1	2	1	3	3
2019	4	4	20	2	4	1	4	1	1	3
升降	0	0	-3	0	0	0	-2	0	2	0
优劣度	优势	优势	中势	强势	优势	强势	优势	强势	强势	强势

（1）从综合排位看，2019 年上海市经济综合竞争力综合排位在全国居第 3 位，这表明其在全国处于强势地位；与 2018 年相比，综合排位没有发生变化。

（2）从指标所处区位看，8 个指标处于上游区，其中财政金融竞争力、发展环境竞争力、发展水平竞争力和统筹协调竞争力等 4 个指标为上海市经济综合竞争力的强势指标。

（3）从指标变化趋势看，9 个二级指标中，有 1 个指标处于上升趋势，为统筹协调竞争力，这是上海市经济综合竞争力的上升动力所在；有 6 个指标排位没有发生变化，分别为宏观经济竞争力、产业经济竞争力、财政金融竞争力、知识经济竞争力、发展环境竞争力和发展水平竞争力；有 2 个指标处于下降趋势，为可持续发展竞争力和政府作用竞争力，这些是上海市经济综合竞争力的下降拉力所在。

2. 上海市经济综合竞争力各级指标动态变化分析

表 9 - 2 2018~2019 年上海市经济综合竞争力各级指标排位变化态势比较

单位：个，%

二级指标	三级指标	四级指标数	上升		保持		下降		变化趋势
			指标数	比重	指标数	比重	指标数	比重	
宏观经济竞争力	经济实力竞争力	12	5	41.7	3	25.0	4	33.3	下降
	经济结构竞争力	6	2	33.3	3	50.0	1	16.7	上升
	经济外向度竞争力	9	3	33.3	5	55.6	1	11.1	保持
	小 计	27	10	37.0	11	40.7	6	22.2	保持

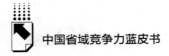

续表

二级指标	三级指标	四级指标数	上升		保持		下降		变化趋势
			指标数	比重	指标数	比重	指标数	比重	
产业经济竞争力	农业竞争力	10	1	10.0	8	80.0	1	10.0	下降
	工业竞争力	10	5	50.0	2	20.0	3	30.0	保持
	服务业竞争力	10	3	30.0	5	50.0	2	20.0	保持
	企业竞争力	10	1	10.0	4	40.0	5	50.0	下降
	小　计	40	10	25.0	19	47.5	11	27.5	保持
可持续发展竞争力	资源竞争力	9	1	11.1	8	88.9	0	0.0	保持
	环境竞争力	8	2	25.0	5	62.5	1	12.5	下降
	人力资源竞争力	7	2	28.6	3	42.9	2	28.6	下降
	小　计	24	5	20.8	16	66.7	3	12.5	下降
财政金融竞争力	财政竞争力	12	1	8.3	7	58.3	4	33.3	保持
	金融竞争力	10	2	20.0	7	70.0	1	10.0	保持
	小　计	22	3	13.6	14	63.6	5	22.7	保持
知识经济竞争力	科技竞争力	9	1	11.1	3	33.3	5	55.6	下降
	教育竞争力	10	2	20.0	5	50.0	3	30.0	下降
	文化竞争力	10	3	30.0	5	50.0	2	20.0	下降
	小　计	29	6	20.7	13	44.8	10	34.5	保持
发展环境竞争力	基础设施竞争力	9	1	11.1	5	55.6	3	33.3	下降
	软环境竞争力	9	1	11.1	4	44.4	4	44.4	保持
	小　计	18	2	11.1	9	50.0	7	38.9	保持
政府作用竞争力	政府发展经济竞争力	5	3	60.0	1	20.0	1	20.0	上升
	政府规调经济竞争力	5	3	60.0	0	0.0	2	40.0	上升
	政府保障经济竞争力	6	1	16.7	1	16.7	4	66.7	下降
	小　计	16	7	43.8	2	12.5	7	43.8	下降
发展水平竞争力	工业化进程竞争力	6	1	16.7	2	33.3	3	50.0	保持
	城市化进程竞争力	6	0	0.0	4	66.7	2	33.3	保持
	市场化进程竞争力	6	1	16.7	2	33.3	3	50.0	下降
	小　计	18	2	11.1	8	44.4	8	44.4	保持
统筹协调竞争力	统筹发展竞争力	8	1	12.5	3	37.5	4	50.0	上升
	协调发展竞争力	8	4	50.0	3	37.5	1	12.5	上升
	小　计	16	5	31.3	6	37.5	5	31.3	上升
合　计		210	50	23.8	98	46.7	62	29.5	保持

从表9-2可以看出，210个四级指标中，上升指标有50个，占指标总数的23.8%；下降指标有62个，占指标总数的29.5%；保持不变的指标有

98 个，占指标总数的 46.7%。综上所述，上海市经济综合竞争力的上升动力和下降拉力大致相当，且排位保持不变的指标占较大比重，2018～2019年上海市经济综合竞争力排位保持不变。

3. 上海市经济综合竞争力各级指标优劣势结构分析

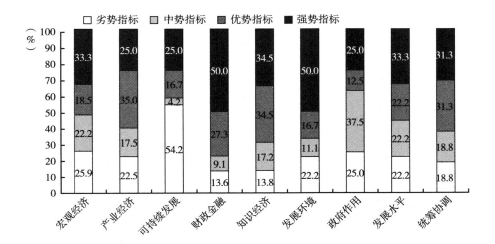

图 9－2   2019 年上海市经济综合竞争力各级指标优劣势比较

表 9－3   2019 年上海市经济综合竞争力各级指标优劣势比较

单位：个，%

二级指标	三级指标	四级指标数	强势指标		优势指标		中势指标		劣势指标		优劣势
			个数	比重	个数	比重	个数	比重	个数	比重	
宏观经济竞争力	经济实力竞争力	12	2	16.7	3	25.0	4	33.3	3	25.0	优势
	经济结构竞争力	6	2	33.3	1	16.7	1	16.7	2	33.3	优势
	经济外向度竞争力	9	5	55.6	1	11.1	1	11.1	2	22.2	强势
	小　计	27	9	33.3	5	18.5	6	22.2	7	25.9	优势
产业经济竞争力	农业竞争力	10	3	30.0	0	0.0	0	0.0	7	70.0	中势
	工业竞争力	10	1	10.0	6	60.0	2	20.0	1	10.0	优势
	服务业竞争力	10	4	40.0	3	30.0	3	30.0	0	0.0	强势
	企业竞争力	10	2	20.0	5	50.0	2	20.0	1	10.0	优势
	小　计	40	10	25.0	14	35.0	7	17.5	9	22.5	优势

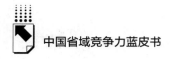
续表

二级指标	三级指标	四级指标数	强势指标		优势指标		中势指标		劣势指标		优劣势
			个数	比重	个数	比重	个数	比重	个数	比重	
可持续发展竞争力	资源竞争力	9	0	0.0	0	0.0	1	11.1	8	88.9	劣势
	环境竞争力	8	4	50.0	2	25.0	0	0.0	2	25.0	优势
	人力资源竞争力	7	2	28.6	2	28.6	0	0.0	3	42.9	优势
	小　计	**24**	6	25.0	4	16.7	1	4.2	13	54.2	中势
财政金融竞争力	财政竞争力	12	7	58.3	1	8.3	2	16.7	2	16.7	强势
	金融竞争力	10	4	40.0	5	50.0	0	0.0	1	10.0	强势
	小　计	**22**	11	50.0	6	27.3	2	9.1	3	13.6	强势
知识经济竞争力	科技竞争力	9	1	11.1	7	77.8	1	11.1	0	0.0	优势
	教育竞争力	10	5	50.0	0	0.0	2	20.0	3	30.0	优势
	文化竞争力	10	4	40.0	3	30.0	2	20.0	1	10.0	优势
	小　计	**29**	10	34.5	10	34.5	5	17.2	4	13.8	优势
发展环境竞争力	基础设施竞争力	9	4	44.4	2	22.2	1	11.1	2	22.2	强势
	软环境竞争力	9	5	55.6	1	11.1	1	11.1	2	22.2	强势
	小　计	**18**	9	50.0	3	16.7	2	11.1	4	22.2	强势
政府作用竞争力	政府发展经济竞争力	5	1	20.0	0	0.0	2	40.0	2	40.0	优势
	政府规调经济竞争力	5	2	40.0	1	20.0	1	20.0	1	20.0	强势
	政府保障经济竞争力	6	1	16.7	1	16.7	3	50.0	1	16.7	优势
	小　计	**16**	4	25.0	2	12.5	6	37.5	4	25.0	优势
发展水平竞争力	工业化进程竞争力	6	2	33.3	3	50.0	0	0.0	1	16.7	强势
	城市化进程竞争力	6	2	33.3	1	16.7	0	0.0	3	50.0	强势
	市场化进程竞争力	6	2	33.3	0	0.0	4	66.7	0	0.0	优势
	小　计	**18**	6	33.3	4	22.2	4	22.2	4	22.2	强势
统筹协调竞争力	统筹发展竞争力	8	3	37.5	2	25.0	3	37.5	0	0.0	强势
	协调发展竞争力	8	2	25.0	3	37.5	0	0.0	3	37.5	中势
	小　计	**16**	5	31.3	5	31.3	3	18.8	3	18.8	强势
合　计		**210**	70	33.3	53	25.2	36	17.1	51	24.3	强势

　　基于图9-2和表9-3，具体到四级指标，强势指标70个，占指标总数的33.3%；优势指标53个，占指标总数的25.2%；中势指标36个，占指标总数的17.1%；劣势指标51个，占指标总数的24.3%。三级指标中，强势指标10个，占三级指标总数的40%；优势指标12个，占三级指标总数的48%；中势指标2个，占三级指标总数的8%；劣势指标1个，占三级

指标总数的 4%。从二级指标看,强势指标 4 个,占二级指标总数的
44.4%;优势指标有 4 个,占二级指标总数的 44.4%;中势指标有 1 个,占
二级指标总数的 11.1%。综合来看,由于强势指标在指标体系中居于主导
地位,2019 年上海市经济综合竞争力处于强势地位。

4. 上海市经济综合竞争力四级指标优劣势对比分析

表 9 - 4   2019 年上海市经济综合竞争力各级指标优劣势情况

二级指标	优劣势	四级指标
宏观经济 竞争力 (27 个)	强势指标	人均财政收入、人均全社会消费品零售总额、产业结构优化度、财政收入结构优化度、进出口总额、实际 FDI、外贸依存度、外资企业数、对外直接投资额(9 个)
	优势指标	地区生产总值增长率、人均地区生产总值、财政总收入、城乡经济结构优化度、出口总额(5 个)
	劣势指标	财政总收入增长率、固定资产投资额、人均固定资产投资额、就业结构优化度、贸易结构优化度、进出口增长率、出口增长率(7 个)
产业经济 竞争力 (40 个)	强势指标	农民人均纯收入、农产品出口占农林牧渔总产值比重、农村人均用电量、人均工业增加值、人均服务业增加值、限额以上批发零售企业主营业务收入、旅游外汇收入、电子商务销售额、规模以上企业劳动效率、城镇就业人员平均工资(10 个)
	优势指标	工业增加值增长率、工业资产总额、规模以上工业主营业务收入、规模以上工业利润总额、工业全员劳动生产率、工业收入利润率、服务业增加值、服务业增加值增长率、服务业从业人员数、规模以上企业平均收入、规模以上企业平均利润、新产品销售收入占主营业务收入比重、工业企业 R&D 经费投入强度、全国 500 强企业数(14 个)
	劣势指标	农业增加值、农业增加值增长率、人均农业增加值、农村居民人均可支配收入增长率、人均主要农产品产量、农业机械化水平、财政支农资金比重、工业成本费用率、产品质量抽查合格率(9 个)
可持续 发展 竞争力 (24 个)	强势指标	人均工业废气排放量、人均治理工业污染投资额、生活垃圾无害化处理率、自然灾害直接经济损失额、大专以上教育程度人口比例、平均受教育程度(6 个)
	优势指标	人均工业固体废物排放量、一般工业固体废物综合利用率、15 ~ 64 岁人口比例、文盲率(4 个)
	劣势指标	人均国土面积、人均年水资源量、耕地面积、人均耕地面积、人均牧草地面积、主要能源矿产基础储量、人均主要能源矿产基础储量、人均森林储积量、森林覆盖率、人均废水排放量、常住人口增长率、人口健康素质、职业学校毕业生数(13 个)

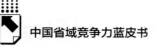

二级指标	优劣势	四级指标
财政金融竞争力（22个）	强势指标	地方财政收入、地方财政收入占GDP比重、税收收入占GDP比重、税收收入占财政总收入比重、人均地方财政收入、人均地方财政支出、人均税收收入、人均存款余额、人均贷款余额、保险密度（人均保险费）、国内上市公司市值（11个）
	优势指标	地方财政支出、存款余额、贷款余额、保险费净收入、保险深度（保险费占GDP的比重）、国内上市公司数（6个）
	劣势指标	地方财政收入增长率、地方财政支出增长率、中长期贷款占贷款余额比重（3个）
知识经济竞争力（29个）	强势指标	R&D经费投入强度、人均教育经费、人均文化教育支出、万人中小学学校数、万人中小学专任教师数、高等学校数、文化批发零售业营业收入、图书和期刊出版数、电子出版物品种、城镇居民人均文化娱乐支出（10个）
	优势指标	R&D经费、发明专利授权量、技术市场成交合同金额、财政科技支出占地方财政支出比重、高技术产业主营业务收入、高技术产业收入占工业增加值比重、高技术产品出口额占商品出口额比重、文化服务业企业营业收入、印刷用纸量、城镇居民人均文化娱乐支出占消费性支出比重（10个）
	劣势指标	教育经费占GDP比重、公共教育经费占财政支出比重、万人高等学校在校学生数、农村居民人均文化娱乐支出占消费性支出比重（4个）
发展环境竞争力（18个）	强势指标	铁路网线密度、公路网线密度、全社会货物周转量、电话普及率、万人外资企业数、万人商标注册件数、每十万人交通事故发生数、罚没收入占财政收入比重、社会捐赠站点数（9个）
	优势指标	人均邮电业务总量、人均耗电量、万人个体私营企业数（3个）
	劣势指标	全社会旅客周转量、政府网站数、外资企业数增长率、个体私营企业数增长率（4个）
政府作用竞争力（16个）	强势指标	政府公务员对经济的贡献、规范税收、固定资产投资价格指数、最低工资标准（4个）
	优势指标	物价调控、失业保险覆盖率（2个）
	劣势指标	财政支出用于基本建设投资比重、财政投资对社会投资的拉动、调控城乡消费差距、城镇登记失业率（4个）
发展水平竞争力（18个）	强势指标	信息产业增加值占GDP比重、工农业增加值比值、城镇化率、城镇居民人均可支配收入、亿元以上商品市场成交额、亿元以上商品市场成交额占全社会消费品零售总额比重（6个）
	优势指标	工业增加值增长率、高技术产业占工业增加值比重、高技术产品占商品出口额比重、人均日生活用水量（4个）
	劣势指标	工业增加值占GDP比重、城市平均建成区面积比重、人均拥有道路面积、人均公共绿地面积（4个）
统筹协调竞争力（16个）	强势指标	社会劳动生产率、非农用地产出率、二三产业增加值比例、人力资源竞争力与宏观经济竞争力比差、全社会消费品零售总额与外贸出口总额比重（5个）
	优势指标	能源使用下降率、万元GDP综合能耗下降率、环境竞争力与宏观经济竞争力比差、环境竞争力与工业竞争力比差、城乡居民家庭人均收入比差（5个）
	劣势指标	资源竞争力与宏观经济竞争力比差、资源竞争力与工业竞争力比差、城乡居民人均现金消费支出比差（3个）

9.2　上海市经济综合竞争力各级指标具体分析

1.上海市宏观经济竞争力指标排名变化情况

表9－5　2018～2019年上海市宏观经济竞争力指标组排位及变化趋势

指　　标	2018 年	2019 年	排位升降	优劣势
1　宏观经济竞争力	4	4	0	优势
1.1　经济实力竞争力	6	9	－3	优势
地区生产总值	11	14	－3	中势
地区生产总值增长率	19	4	15	优势
人均地区生产总值	2	7	－5	优势
财政总收入	6	6	0	优势
财政总收入增长率	26	23	3	劣势
人均财政收入	1	2	－1	强势
固定资产投资额	24	23	1	劣势
固定资产投资额增长率	20	19	1	中势
人均固定资产投资额	27	27	0	劣势
全社会消费品零售总额	12	11	1	中势
全社会消费品零售总额增长率	5	18	－13	中势
人均全社会消费品零售总额	2	2	0	强势
1.2　经济结构竞争力	12	4	8	优势
产业结构优化度	2	2	0	强势
所有制经济结构优化度	18	17	1	中势
城乡经济结构优化度	5	5	0	优势
就业结构优化度	16	22	－6	劣势
财政收入结构优化度	29	2	27	强势
贸易结构优化度	25	25	0	劣势
1.3　经济外向度竞争力	2	2	0	强势
进出口总额	3	3	0	强势
进出口增长率	25	21	4	劣势
出口总额	4	4	0	优势
出口增长率	28	21	7	劣势
实际 FDI	3	3	0	强势
实际 FDI 增长率	22	20	2	中势
外贸依存度	1	1	0	强势
外资企业数	2	2	0	强势
对外直接投资额	1	2	－1	强势

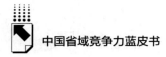

中国省域竞争力蓝皮书

2. 上海市产业经济竞争力指标排名变化情况

表9-6　2018～2019年上海市产业经济竞争力指标组排位及变化趋势

指　标	2018年	2019年	排位升降	优劣势
2　产业经济竞争力	4	4	0	优势
2.1　农业竞争力	15	18	-3	中势
农业增加值	31	31	0	劣势
农业增加值增长率	31	31	0	劣势
人均农业增加值	31	31	0	劣势
农民人均纯收入	1	1	0	强势
农民人均纯收入增长率	12	22	-10	劣势
农产品出口占农林牧渔总产值比重	1	1	0	强势
人均主要农产品产量	30	30	0	劣势
农业机械化水平	31	31	0	劣势
农村人均用电量	1	1	0	强势
财政支农资金比重	30	29	1	劣势
2.2　工业竞争力	5	5	0	优势
工业增加值	13	12	1	中势
工业增加值增长率	22	8	14	优势
人均工业增加值	4	3	1	强势
工业资产总额	9	9	0	优势
工业资产总额增长率	18	19	-1	中势
规模以上工业主营业务收入	10	10	0	优势
工业成本费用率	24	23	1	劣势
规模以上工业利润总额	6	9	-3	优势
工业全员劳动生产率	14	9	5	优势
工业收入利润率	4	6	-2	优势
2.3　服务业竞争力	2	2	0	强势
服务业增加值	6	6	0	优势
服务业增加值增长率	13	7	6	优势
人均服务业增加值	2	2	0	强势
服务业从业人员数	9	7	2	优势
限额以上批发零售企业主营业务收入	1	1	0	强势
限额以上批零企业利税率	16	17	-1	中势
限额以上餐饮企业利税率	4	19	-15	中势
旅游外汇收入	2	2	0	强势
商品房销售收入	12	11	1	中势
电子商务销售额	3	3	0	强势

196

续表

指　　标	2018 年	2019 年	排位升降	优劣势
2.4　企业竞争力	2	4	−2	优势
规模以上工业企业数	13	13	0	中势
规模以上企业平均资产	11	13	−2	中势
规模以上企业平均收入	5	5	0	优势
规模以上企业平均利润	4	5	−1	优势
规模以上企业劳动效率	3	3	0	强势
城镇就业人员平均工资	2	2	0	强势
新产品销售收入占主营业务收入比重	3	5	−2	优势
产品质量抽查合格率	24	27	−3	劣势
工业企业 R&D 经费投入强度	8	7	1	优势
全国 500 强企业数	3	6	−3	优势

3. 上海市可持续发展竞争力指标排名变化情况

表 9 – 7　2018 ~ 2019 年上海市可持续发展竞争力指标组排位及变化趋势

指　　标	2018 年	2019 年	排位升降	优劣势
3　可持续发展竞争力	15	20	−5	中势
3.1　资源竞争力	31	31	0	劣势
人均国土面积	31	31	0	劣势
人均可使用海域和滩涂面积	11	11	0	中势
人均年水资源量	30	25	5	劣势
耕地面积	31	31	0	劣势
人均耕地面积	31	31	0	劣势
人均牧草地面积	30	30	0	劣势
主要能源矿产基础储量	31	31	0	劣势
人均主要能源矿产基础储量	31	31	0	劣势
人均森林储积量	31	31	0	劣势
3.2　环境竞争力	8	9	−1	优势
森林覆盖率	28	25	3	劣势
人均废水排放量	31	31	0	劣势
人均工业废气排放量	3	3	0	强势
人均工业固体废物排放量	7	7	0	优势
人均治理工业污染投资额	1	1	0	强势
一般工业固体废物综合利用率	4	4	0	优势
生活垃圾无害化处理率	3	1	2	强势
自然灾害直接经济损失额	1	3	−2	强势

指 标	2018 年	2019 年	排位升降	优劣势
3.3　人力资源竞争力	4	6	-2	优势
常住人口增长率	25	25	0	劣势
15~64 岁人口比例	6	8	-2	优势
文盲率	5	6	-1	优势
大专以上教育程度人口比例	2	2	0	强势
平均受教育程度	2	2	0	强势
人口健康素质	27	26	1	劣势
职业学校毕业生数	27	26	1	劣势

4. 上海市财政金融竞争力指标排名变化情况

表 9 - 8　2018~2019 年上海市财政金融竞争力指标组排位及变化趋势

指 标	2018 年	2019 年	排位升降	优劣势
4　财政金融竞争力	2	2	0	强势
4.1　财政竞争力	1	1	0	强势
地方财政收入	3	3	0	强势
地方财政支出	7	8	-1	优势
地方财政收入占 GDP 比重	1	1	0	强势
地方财政支出占 GDP 比重	13	20	-7	中势
税收收入占 GDP 比重	1	1	0	强势
税收收入占财政总收入比重	1	1	0	强势
人均地方财政收入	1	1	0	强势
人均地方财政支出	3	3	0	强势
人均税收收入	1	1	0	强势
地方财政收入增长率	14	23	-9	劣势
地方财政支出增长率	10	31	-21	劣势
税收收入增长率	27	20	7	中势
4.2　金融竞争力	3	3	0	强势
存款余额	4	4	0	优势
人均存款余额	2	2	0	强势
贷款余额	5	5	0	优势
人均贷款余额	2	2	0	强势
中长期贷款占贷款余额比重	22	26	-4	劣势
保险费净收入	11	10	1	优势
保险密度(人均保险费)	2	2	0	强势
保险深度(保险费占 GDP 的比重)	10	9	1	优势
国内上市公司数	5	5	0	优势
国内上市公司市值	3	3	0	强势

5. 上海市知识经济竞争力指标排名变化情况

表9-9 2018~2019年上海市知识经济竞争力指标组排位及变化趋势

指 标	2018年	2019年	排位升降	优劣势
5 知识经济竞争力	4	4	0	优势
5.1 科技竞争力	4	5	-1	优势
R&D人员	10	11	-1	中势
R&D经费	6	5	1	优势
R&D经费投入强度	2	2	0	强势
发明专利授权量	5	5	0	优势
技术市场成交合同金额	3	6	-3	优势
财政科技支出占地方财政支出比重	3	5	-2	优势
高技术产业主营业务收入	5	6	-1	优势
高技术产业收入占工业增加值比重	5	6	-1	优势
高技术产品出口额占商品出口额比重	7	7	0	优势
5.2 教育竞争力	2	4	-2	优势
教育经费	14	13	1	中势
教育经费占GDP比重	26	28	-2	劣势
人均教育经费	3	3	0	强势
公共教育经费占财政支出比重	31	29	2	劣势
人均文化教育支出	1	1	0	强势
万人中小学学校数	1	1	0	强势
万人中小学专任教师数	1	1	0	强势
高等学校数	3	3	0	强势
高校专任教师数	17	18	-1	中势
万人高等学校在校学生数	4	24	-20	劣势
5.3 文化竞争力	2	4	-2	优势
文化制造业营业收入	11	11	0	中势
文化批发零售业营业收入	1	3	-2	强势
文化服务业企业营业收入	4	4	0	优势
图书和期刊出版数	3	1	2	强势
电子出版物品种	1	3	-2	强势
印刷用纸量	7	7	0	优势
城镇居民人均文化娱乐支出	1	1	0	强势
农村居民人均文化娱乐支出	22	18	4	中势
城镇居民人均文化娱乐支出占消费性支出比重	11	10	1	优势
农村居民人均文化娱乐支出占消费性支出比重	30	30	0	劣势

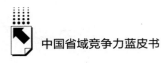

6. 上海市发展环境竞争力指标排名变化情况

表 9 – 10   2018 ~ 2019 年上海市发展环境竞争力指标组排位及变化趋势

指　标	2018 年	2019 年	排位升降	优劣势
6　发展环境竞争力	1	1	0	强势
6.1　基础设施竞争力	2	3	−1	强势
铁路网线密度	3	3	0	强势
公路网线密度	1	2	−1	强势
人均内河航道里程	15	16	−1	中势
全社会旅客周转量	27	27	0	劣势
全社会货物周转量	2	1	1	强势
人均邮电业务总量	4	4	0	优势
电话普及率	2	2	0	强势
政府网站数	30	31	−1	劣势
人均耗电量	7	7	0	优势
6.2　软环境竞争力	1	1	0	强势
外资企业数增长率	20	24	−4	劣势
万人外资企业数	1	1	0	强势
个体私营企业数增长率	20	30	−10	劣势
万人个体私营企业数	3	5	−2	优势
万人商标注册件数	2	2	0	强势
查处商标侵权假冒案件数	7	12	−5	中势
每十万人交通事故发生数	1	1	0	强势
罚没收入占财政收入比重	1	1	0	强势
社会捐赠站点数	2	1	1	强势

7. 上海市政府作用竞争力指标排名变化情况

表 9 – 11   2018 ~ 2019 年上海市政府作用竞争力指标组排位及变化趋势

指　标	2018 年	2019 年	排位升降	优劣势
7　政府作用竞争力	2	4	−2	优势
7.1　政府发展经济竞争力	8	4	4	优势
财政支出用于基本建设投资比重	25	26	−1	劣势
财政支出对 GDP 增长的拉动	19	12	7	中势
政府公务员对经济的贡献	1	1	0	强势
财政支出用于经济社会比重	16	12	4	中势
财政投资对社会投资的拉动	26	25	1	劣势

续表

指标	2018年	2019年	排位升降	优势
7.2 政府规调经济竞争力	4	3	1	强势
物价调控	3	9	−6	优势
调控城乡消费差距	26	23	3	劣势
统筹经济社会发展	14	18	−4	中势
规范税收	2	1	1	强势
固定资产投资价格指数	22	3	19	强势
7.3 政府保障经济竞争力	4	6	−2	优势
城镇职工养老保险收支比	17	15	2	中势
医疗保险覆盖率	6	11	−5	中势
养老保险覆盖率	14	20	−6	中势
失业保险覆盖率	3	6	−3	优势
最低工资标准	1	1	0	强势
城镇登记失业率	8	28	−20	劣势

8. 上海市发展水平竞争力指标排名变化情况

表9－12 2018～2019年上海市发展水平竞争力指标组排位及变化趋势

指标	2018年	2019年	排位升降	优劣势
8 发展水平竞争力	1	1	0	强势
8.1 工业化进程竞争力	1	1	0	强势
工业增加值占GDP比重	24	25	−1	劣势
工业增加值增长率	22	8	14	优势
高技术产业占工业增加值比重	1	4	−3	优势
高技术产品占商品出口额比重	5	7	−2	优势
信息产业增加值占GDP比重	2	2	0	强势
工农业增加值比值	1	1	0	强势
8.2 城市化进程竞争力	2	2	0	强势
城镇化率	1	1	0	强势
城镇居民人均可支配收入	1	2	−1	强势
城市平均建成区面积比重	30	30	0	劣势
人均拥有道路面积	31	31	0	劣势
人均日生活用水量	7	10	−3	优势
人均公共绿地面积	31	31	0	劣势

续表

指　标	2018 年	2019 年	排位升降	优劣势
8.3　市场化进程竞争力	5	6	−1	优势
非公有制经济产值占全社会总产值比重	18	17	1	中势
社会投资占投资总额比重	17	19	−2	中势
私有和个体企业从业人员比重	14	17	−3	中势
亿元以上商品市场成交额	3	3	0	强势
亿元以上商品市场成交额占全社会消费品零售总额比重	1	2	−1	强势
居民消费支出占总消费支出比重	16	16	0	中势

9. 上海市统筹协调竞争力指标排名变化情况

表 9 – 13　2018～2019 年上海市统筹协调竞争力指标组排位及变化趋势

指　标	2018 年	2019 年	排位升降	优劣势
9　统筹协调竞争力	3	1	2	强势
9.1　统筹发展竞争力	2	1	1	强势
社会劳动生产率	2	2	0	强势
能源使用下降率	4	10	−6	优势
万元 GDP 综合能耗下降率	4	8	−4	优势
非农用地产出率	1	1	0	强势
居民收入占 GDP 比重	21	12	9	中势
二三产业增加值比例	3	3	0	强势
固定资产投资额占 GDP 比重	13	14	−1	中势
固定资产投资增长率	12	19	−7	中势
9.2　协调发展竞争力	17	14	3	中势
资源竞争力与宏观经济竞争力比差	31	30	1	劣势
环境竞争力与宏观经济竞争力比差	5	6	−1	优势
人力资源竞争力与宏观经济竞争力比差	4	1	3	强势
环境竞争力与工业竞争力比差	31	31	0	劣势
资源竞争力与工业竞争力比差	7	6	1	优势
城乡居民家庭人均收入比差	5	5	0	优势
城乡居民人均现金消费支出比差	26	23	3	劣势
全社会消费品零售总额与外贸出口总额比差	2	2	0	强势

B.11

10

2018~2019年江苏省经济综合竞争力评价分析报告

江苏省简称"苏",位于我国大陆东部沿海中心,位居长江、淮河下游,东濒黄海,东南与浙江省和上海市毗邻,西连安徽省,北接山东省。全市面积为107200平方千米,2019年全市常住人口为8070万人,地区生产总值为99632亿元,同比增长6.1%,人均GDP达123607元。本部分通过分析2018~2019年江苏省经济综合竞争力以及各要素竞争力的排名变化,从中找出江苏省经济综合竞争力的推动点及影响因素,为进一步提升江苏省经济综合竞争力提供决策参考。

10.1 江苏省经济综合竞争力总体分析

1. 江苏省经济综合竞争力一级指标概要分析

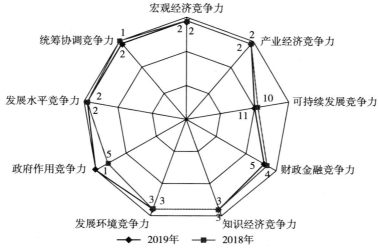

图 10-1 2018~2019 年江苏省经济综合竞争力二级指标比较

表 10 - 1　2018~2019 年江苏省经济综合竞争力二级指标比较

项目　年份	宏观经济竞争力	产业经济竞争力	可持续发展竞争力	财政金融竞争力	知识经济竞争力	发展环境竞争力	政府作用竞争力	发展水平竞争力	统筹协调竞争力	综合排位
2018	2	2	10	4	3	3	5	2	1	2
2019	2	2	11	5	3	3	1	2	2	2
升降	0	0	-1	-1	0	0	4	0	-1	0
优劣度	强势	强势	中势	优势	强势	强势	强势	强势	强势	强势

（1）从综合排位看，2019 年江苏省经济综合竞争力综合排位在全国居第 2 位，这表明其在全国处于强势地位；与 2018 年相比，综合排位没有发生变化。

（2）从指标所处区位看，8 个指标处于上游区，其中宏观经济竞争力、产业经济竞争力、知识经济竞争力、发展环境竞争力、政府作用竞争力、发展水平竞争力和统筹协调竞争力 7 个指标为江苏省经济综合竞争力的强势指标。

（3）从指标变化趋势看，9 个二级指标中，有 1 个指标处于上升趋势，为政府作用竞争力，这是江苏省经济综合竞争力的上升动力所在；有 5 个指标排位没有发生变化，分别为宏观经济竞争力、产业经济竞争力、知识经济竞争力、发展环境竞争力和发展水平竞争力；有 3 个指标处于下降趋势，分别为可持续发展竞争力、财政金融竞争力和统筹协调竞争力，这些是江苏省经济综合竞争力的下降拉力所在。

2. 江苏省经济综合竞争力各级指标动态变化分析

表 10 - 2　2018~2019 年江苏省经济综合竞争力各级指标排位变化态势比较

单位：个，%

二级指标	三级指标	四级指标数	上升		保持		下降		变化趋势
			指标数	比重	指标数	比重	指标数	比重	
宏观经济竞争力	经济实力竞争力	12	5	41.7	2	16.7	5	41.7	保持
	经济结构竞争力	6	2	33.3	2	33.3	2	33.3	下降
	经济外向度竞争力	9	2	22.2	4	44.4	3	33.3	保持
	小　计	**27**	9	33.3	8	29.6	10	37.0	保持

续表

二级指标	三级指标	四级指标数	上升		保持		下降		变化趋势
			指标数	比重	指标数	比重	指标数	比重	
产业经济竞争力	农业竞争力	10	1	10.0	8	80.0	1	10.0	下降
	工业竞争力	10	4	40.0	3	30.0	3	30.0	下降
	服务业竞争力	10	2	20.0	4	40.0	4	40.0	保持
	企业竞争力	10	5	50.0	1	10.0	4	40.0	上升
	小 计	40	12	30.0	16	40.0	12	30.0	保持
可持续发展竞争力	资源竞争力	9	0	0.0	8	88.9	1	11.1	保持
	环境竞争力	8	2	25.0	6	75.0	0	0.0	上升
	人力资源竞争力	7	5	71.4	0	0.0	2	28.6	上升
	小 计	24	7	29.2	14	58.3	3	12.5	上升
财政金融竞争力	财政竞争力	12	4	33.3	4	33.3	4	33.3	下降
	金融竞争力	10	0	0.0	8	80.0	2	20.0	保持
	小 计	22	4	18.2	12	54.5	6	27.3	下降
知识经济竞争力	科技竞争力	9	1	11.1	5	55.6	3	33.3	保持
	教育竞争力	10	2	20.0	6	60.0	2	20.0	保持
	文化竞争力	10	2	20.0	4	40.0	4	40.0	保持
	小 计	29	5	17.2	15	51.7	9	31.0	保持
发展环境竞争力	基础设施竞争力	9	2	22.2	5	55.6	2	22.2	上升
	软环境竞争力	9	2	22.2	3	33.3	4	44.4	上升
	小 计	18	4	22.2	8	44.4	6	33.3	保持
政府作用竞争力	政府发展经济竞争力	5	0	0.0	4	80.0	1	20.0	保持
	政府规调经济竞争力	5	2	40.0	1	20.0	2	40.0	上升
	政府保障经济竞争力	6	4	66.7	1	16.7	1	16.7	上升
	小 计	16	6	37.5	6	37.5	4	25.0	上升
发展水平竞争力	工业化进程竞争力	6	3	50.0	2	33.3	1	16.7	下降
	城市化进程竞争力	6	1	16.7	4	66.7	1	16.7	下降
	市场化进程竞争力	6	2	33.3	3	50.0	1	16.7	下降
	小 计	18	6	33.3	9	50.0	3	16.7	保持
统筹协调竞争力	统筹发展竞争力	8	3	37.5	1	12.5	4	50.0	保持
	协调发展竞争力	8	4	50.0	3	37.5	1	12.5	下降
	小 计	16	7	43.8	4	25.0	5	31.3	下降
合 计		210	60	28.6	92	43.8	58	27.6	保持

从表10-2可以看出，210个四级指标中，上升指标有60个，占指标总数的28.6%；下降指标有58个，占指标总数的27.6%；保持不变的指标

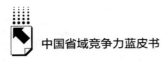
有 92 个，占指标总数的 43.8%。综上所述，江苏省经济综合竞争力的上升动力和下降拉力大致相当，且排位保持不变的指标占较大比重，2018～2019年江苏省经济综合竞争力排位保持不变。

3. 江苏省经济综合竞争力各级指标优劣势结构分析

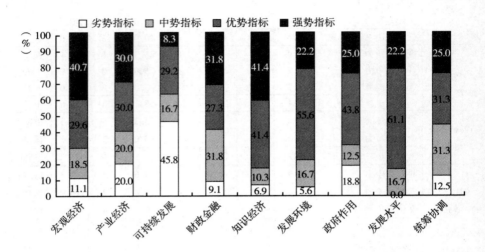

图 10 – 2　2019 年江苏省经济综合竞争力各级指标优劣势比较

表 10 – 3　2019 年江苏省经济综合竞争力各级指标优劣势比较

单位：个，%

二级指标	三级指标	四级指标数	强势指标		优势指标		中势指标		劣势指标		优劣势
			个数	比重	个数	比重	个数	比重	个数	比重	
宏观经济竞争力	经济实力竞争力	12	7	58.3	2	16.7	1	8.3	2	16.7	强势
	经济结构竞争力	6	0	0.0	4	66.7	2	33.3	0	0.0	优势
	经济外向度竞争力	9	4	44.4	2	22.2	2	22.2	1	11.1	强势
	小　计	**27**	11	40.7	8	29.6	5	18.5	3	11.1	强势
产业经济竞争力	农业竞争力	10	1	10.0	5	50.0	1	10.0	3	30.0	优势
	工业竞争力	10	5	50.0	1	10.0	3	30.0	1	10.0	强势
	服务业竞争力	10	4	40.0	3	30.0	2	20.0	1	10.0	强势
	企业竞争力	10	2	20.0	3	30.0	2	20.0	3	30.0	强势
	小　计	**40**	12	30.0	12	30.0	8	20.0	8	20.0	强势

续表

二级指标	三级指标	四级指标数	强势指标		优势指标		中势指标		劣势指标		优劣势
			个数	比重	个数	比重	个数	比重	个数	比重	
可持续发展竞争力	资源竞争力	9	0	0.0	1	11.1	1	11.1	7	77.8	中势
	环境竞争力	8	2	25.0	2	25.0	1	12.5	3	37.5	中势
	人力资源竞争力	7	0	0.0	4	57.1	2	28.6	1	14.3	优势
	小　计	24	2	8.3	7	29.2	4	16.7	11	45.8	中势
财政金融竞争力	财政竞争力	12	3	25.0	2	16.7	5	41.7	2	16.7	优势
	金融竞争力	10	4	40.0	4	40.0	2	20.0	0	0.0	优势
	小　计	22	7	31.8	6	27.3	7	31.8	2	9.1	优势
知识经济竞争力	科技竞争力	9	5	55.6	4	44.4	0	0.0	0	0.0	强势
	教育竞争力	10	4	40.0	3	30.0	2	20.0	1	10.0	强势
	文化竞争力	10	3	30.0	5	50.0	1	10.0	1	10.0	强势
	小　计	29	12	41.4	12	41.4	3	10.3	2	6.9	强势
发展环境竞争力	基础设施竞争力	9	2	22.2	7	77.8	0	0.0	0	0.0	强势
	软环境竞争力	9	2	22.2	3	33.3	3	33.3	1	11.1	强势
	小　计	18	4	22.2	10	55.6	3	16.7	1	5.6	强势
政府作用竞争力	政府发展经济竞争力	5	3	60.0	0	0.0	0	0.0	2	40.0	强势
	政府规调经济竞争力	5	1	20.0	3	60.0	0	0.0	1	20.0	优势
	政府保障经济竞争力	6	0	0.0	4	66.7	2	33.3	0	0.0	优势
	小　计	16	4	25.0	7	43.8	2	12.5	3	18.8	强势
发展水平竞争力	工业化进程竞争力	6	1	16.7	4	66.7	1	16.7	0	0.0	优势
	城市化进程竞争力	6	1	16.7	4	66.7	1	16.7	0	0.0	优势
	市场化进程竞争力	6	2	33.3	3	50.0	1	16.7	0	0.0	强势
	小　计	18	4	22.2	11	61.1	3	16.7	0	0.0	强势
统筹协调竞争力	统筹发展竞争力	8	3	37.5	1	12.5	3	37.5	1	12.5	优势
	协调发展竞争力	8	1	12.5	4	50.0	2	25.0	1	12.5	强势
	小　计	16	4	25.0	5	31.3	5	31.3	2	12.5	强势
合　计		210	60	28.6	78	37.1	40	19.0	32	15.2	强势

　　基于图 10-2 和表 10-3，具体到四级指标，强势指标 60 个，占指标总数的 28.6%；优势指标 78 个，占指标总数的 37.1%；中势指标 40 个，占指标总数的 19.0%；劣势指标 32 个，占指标总数的 15.2%。三级指标中，强势指标 13 个，占三级指标总数的 52%；优势指标 10 个，占三级指标总数的 40%；中势指标 2 个，占三级指标总数的 8%；劣势指标 0 个。从二级指标看，强势指标 7 个，占二级指标总数的 77.8%；优势指标有 1 个，

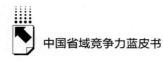

占二级指标总数的 11.1%；中势指标有 1 个，占二级指标总数的 11.1%。综合来看，由于强势指标在指标体系中居于主导地位，2019 年江苏省经济综合竞争力处于强势地位。

4. 江苏省经济综合竞争力四级指标优劣势对比分析

表 10 - 4　2019 年江苏省经济综合竞争力各级指标优劣势情况

二级指标	优劣势	四级指标
宏观经济竞争力（27 个）	强势指标	地区生产总值、地区生产总值增长率、人均地区生产总值、财政总收入、固定资产投资额、人均固定资产投资额、全社会消费品零售总额、进出口总额、出口总额、实际 FDI、外资企业数（11 个）
	优势指标	人均财政收入、人均全社会消费品零售总额、所有制经济结构优化度、城乡经济结构优化度、就业结构优化度、财政收入结构优化度、外贸依存度、对外直接投资额（8 个）
	劣势指标	财政总收入增长率、全社会消费品零售总额增长率、进出口增长率（3 个）
产业经济竞争力（40 个）	强势指标	农村人均用电量、工业增加值、人均工业增加值、工业资产总额、规模以上工业主营业务收入、规模以上工业利润总额、服务业增加值、人均服务业增加值、服务业从业人员数、商品房销售收入、规模以上工业企业数、工业企业 R&D 经费投入强度（12 个）
	优势指标	农业增加值、人均农业增加值、农民人均纯收入、农产品出口占农林牧渔总产值比重、农业机械化水平、工业成本费用率、限额以上批发零售业主营业务收入、旅游外汇收入、电子商务销售额、城镇就业人员平均工资、新产品销售收入占主营业务收入比重、全国 500 强企业数（12 个）
	劣势指标	农业增加值增长率、农民人均纯收入增长率、财政支农资金比重、工业资产总额增长率、服务业增加值增长率、规模以上企业平均资产、规模以上企业平均收入、规模以上企业平均利润（8 个）
可持续发展竞争力（24 个）	强势指标	一般工业固体废物综合利用率、生活垃圾无害化处理率（2 个）
	优势指标	人均可使用海域和滩涂面积、人均治理工业污染投资额、自然灾害直接经济损失额、大专以上教育程度人口比例、平均受教育程度、人口健康素质、职业学校毕业生数（7 个）
	劣势指标	人均国土面积、人均年水资源量、人均耕地面积、人均牧草地面积、主要能源矿产基础储量、人均主要能源矿产基础储量、人均森林储量量、森林覆盖率、人均废水排放量、人均工业固体废物排放量、常住人口增长率（11 个）
财政金融竞争力（22 个）	强势指标	地方财政收入、地方财政支出、税收收入占财政总收入比重、存款余额、贷款余额、保险费净收入、国内上市公司数（7 个）
	优势指标	人均地方财政收入、人均税收收入、人均存款余额、人均贷款余额、保险密度（人均保险费）、国内上市公司市值（6 个）
	劣势指标	地方财政收入占 GDP 比重、地方财政支出占 GDP 比重（2 个）

续表

二级指标	优劣势	四级指标
知识经济竞争力（29个）	强势指标	R&D人员、R&D经费、发明专利授权量、技术市场成交合同金额、高技术产业主营业务收入、教育经费、万人中小学学校数、高等学校数、高校专任教师数、文化制造业营业收入、图书和期刊出版数、电子出版物品种（12个）
	优势指标	R&D经费投入强度、财政科技支出占地方财政支出比重、高技术产业收入占工业增加值比重、高技术产品出口额占商品出口额比重、公共教育经费占财政支出比重、人均文化教育支出、万人高等学校在校学生数、文化批发零售业营业收入、文化服务业企业营业收入、印刷用纸量、城镇居民人均文化娱乐支出、农村居民人均文化娱乐支出（12个）
	劣势指标	教育经费占GDP比重、农村居民人均文化娱乐支出占消费性支出比重（2个）
发展环境竞争力（18个）	强势指标	人均内河航道里程、全社会旅客周转量、万人个体私营企业数、社会捐赠站点数（4个）
	优势指标	铁路网线密度、公路网线密度、全社会货物周转量、人均邮电业务总量、电话普及率、政府网站数、人均耗电量、万人外资企业数、万人商标注册件数、罚没收入占财政收入比重（10个）
	劣势指标	查处商标侵权假冒案件数（1个）
政府作用竞争力（16个）	强势指标	财政支出对GDP增长的拉动、政府公务员对经济的贡献、财政投资对社会投资的拉动、固定资产投资价格指数（4个）
	优势指标	调控城乡消费差距、统筹经济社会发展、规范税收、城镇职工养老保险收支比、医疗保险覆盖率、失业保险覆盖率、最低工资标准（7个）
	劣势指标	财政支出用于基本建设投资比重、财政支出用于经济社会比重、物价调控（3个）
发展水平竞争力（18个）	强势指标	工业增加值占GDP比重、人均拥有道路面积、社会投资占投资总额比重、亿元以上商品市场成交额（4个）
	优势指标	高技术产业占工业增加值比重、高技术产品占商品出口额比重、信息产业增加值占GDP比重、工农业增加值比值、城镇化率、城镇居民人均可支配收入、人均日生活用水量、人均公共绿地面积、非公有制经济产值占全社会总产值比重、私有和个体企业从业人员比重、亿元以上商品市场成交额占全社会消费品零售总额比重（11个）
	劣势指标	（0个）
统筹协调竞争力（16个）	强势指标	社会劳动生产率、居民收入占GDP比重、固定资产投资额占GDP比重、资源竞争力与工业竞争力比差（4个）
	优势指标	非农用地产出率、环境竞争力与宏观经济竞争力比差、城乡居民家庭人均收入比差、城乡居民人均现金消费支出比差、全社会消费品零售总额与外贸出口总额比差（5个）
	劣势指标	二三产业增加值比例、环境竞争力与工业竞争力比差（2个）

10.2 江苏省经济综合竞争力各级指标具体分析

1. 江苏省宏观经济竞争力指标排名变化情况

表 10 – 5 2018 ～ 2019 年江苏省宏观经济竞争力指标组排位及变化趋势

指 标	2018 年	2019 年	排位升降	优劣势
1 宏观经济竞争力	2	2	0	强势
1.1 经济实力竞争力	1	1	0	强势
地区生产总值	2	2	0	强势
地区生产总值增长率	17	3	14	强势
人均地区生产总值	4	2	2	强势
财政总收入	3	3	0	强势
财政总收入增长率	28	25	3	劣势
人均财政收入	5	7	− 2	优势
固定资产投资额	2	1	1	强势
固定资产投资额增长率	19	20	− 1	中势
人均固定资产投资额	2	3	− 1	强势
全社会消费品零售总额	3	2	1	强势
全社会消费品零售总额增长率	13	21	− 8	劣势
人均全社会消费品零售总额	4	5	− 1	优势
1.2 经济结构竞争力	2	5	− 3	优势
产业结构优化度	14	18	− 4	中势
所有制经济结构优化度	2	4	− 2	优势
城乡经济结构优化度	6	6	0	优势
就业结构优化度	7	7	0	优势
财政收入结构优化度	13	10	3	优势
贸易结构优化度	14	13	1	中势
1.3 经济外向度竞争力	3	3	0	强势
进出口总额	2	2	0	强势
进出口增长率	20	24	− 4	劣势
出口总额	2	2	0	强势
出口增长率	16	19	− 3	中势
实际 FDI	2	2	0	强势
实际 FDI 增长率	23	16	7	中势
外贸依存度	4	5	− 1	优势
外资企业数	3	3	0	强势
对外直接投资额	7	6	1	优势

2. 江苏省产业经济竞争力指标排名变化情况

表10－6　2018～2019年江苏省产业经济竞争力指标组排位及变化趋势

指标	2018年	2019年	排位升降	优劣势
2　产业经济竞争力	2	2	0	强势
2.1　农业竞争力	4	5	－1	优势
农业增加值	4	4	0	优势
农业增加值增长率	28	27	1	劣势
人均农业增加值	5	5	0	优势
农民人均纯收入	5	5	0	优势
农民人均纯收入增长率	22	27	－5	劣势
农产品出口占农林牧渔总产值比重	10	10	0	优势
人均主要农产品产量	14	14	0	中势
农业机械化水平	7	7	0	优势
农村人均用电量	2	2	0	强势
财政支农资金比重	25	25	0	劣势
2.2　工业竞争力	1	2	－1	强势
工业增加值	2	2	0	强势
工业增加值增长率	16	13	3	中势
人均工业增加值	2	1	1	强势
工业资产总额	2	2	0	强势
工业资产总额增长率	13	29	－16	劣势
规模以上工业主营业务收入	2	2	0	强势
工业成本费用率	9	4	5	优势
规模以上工业利润总额	1	2	－1	强势
工业全员劳动生产率	25	14	11	中势
工业收入利润率	16	19	－3	中势
2.3　服务业竞争力	3	3	0	强势
服务业增加值	2	2	0	强势
服务业增加值增长率	18	22	－4	劣势
人均服务业增加值	4	3	1	强势
服务业从业人员数	3	3	0	强势
限额以上批发零售企业主营业务收入	3	4	－1	优势
限额以上批零企业利税率	17	14	3	中势
限额以上餐饮企业利税率	12	14	－2	中势
旅游外汇收入	4	5	－1	优势
商品房销售收入	2	2	0	强势
电子商务销售额	6	6	0	优势

指　标	2018 年	2019 年	排位升降	优劣势
2.4　企业竞争力	6	2	4	强势
规模以上工业企业数	2	2	0	强势
规模以上企业平均资产	24	25	−1	劣势
规模以上企业平均收入	19	25	−6	劣势
规模以上企业平均利润	13	24	−11	劣势
规模以上企业劳动效率	13	18	−5	中势
城镇就业人员平均工资	8	7	1	优势
新产品销售收入占主营业务收入比重	5	4	1	优势
产品质量抽查合格率	25	11	14	中势
工业企业 R&D 经费投入强度	2	1	1	强势
全国 500 强企业数	5	4	1	优势

3. 江苏省可持续发展竞争力指标排名变化情况

表 10 - 7　2018～2019 年江苏省可持续发展竞争力指标组排位及变化趋势

指　标	2018 年	2019 年	排位升降	优劣势
3　可持续发展竞争力	16	11	5	中势
3.1　资源竞争力	19	19	0	中势
人均国土面积	28	28	0	劣势
人均可使用海域和滩涂面积	5	5	0	优势
人均年水资源量	23	23	0	劣势
耕地面积	14	14	0	中势
人均耕地面积	25	25	0	劣势
人均牧草地面积	29	29	0	劣势
主要能源矿产基础储量	19	23	−4	劣势
人均主要能源矿产基础储量	23	23	0	劣势
人均森林储积量	29	29	0	劣势
3.2　环境竞争力	17	16	1	中势
森林覆盖率	24	24	0	劣势
人均废水排放量	28	28	0	劣势
人均工业废气排放量	18	18	0	中势
人均工业固体废物排放量	21	21	0	劣势
人均治理工业污染投资额	8	8	0	优势
一般工业固体废物综合利用率	3	3	0	强势
生活垃圾无害化处理率	4	1	3	强势
自然灾害直接经济损失额	13	8	5	优势

续表

指　标	2018 年	2019 年	排位升降	优劣势
3.3　人力资源竞争力	7	5	2	优势
常住人口增长率	23	22	1	劣势
15～64 岁人口比例	17	18	－1	中势
文盲率	21	20	1	中势
大专以上教育程度人口比例	13	5	8	优势
平均受教育程度	14	8	6	优势
人口健康素质	5	7	－2	优势
职业学校毕业生数	9	8	1	优势

4. 江苏省财政金融竞争力指标排名变化情况

表 10 - 8　2018～2019 年江苏省财政金融竞争力指标组排位及变化趋势

指　标	2018 年	2019 年	排位升降	优劣势
4　财政金融竞争力	4	5	－1	优势
4.1　财政竞争力	6	7	－1	优势
地方财政收入	2	2	0	强势
地方财政支出	2	2	0	强势
地方财政收入占 GDP 比重	22	24	－2	劣势
地方财政支出占 GDP 比重	31	30	1	劣势
税收收入占 GDP 比重	15	13	2	中势
税收收入占财政总收入比重	4	3	1	强势
人均地方财政收入	5	6	－1	优势
人均地方财政支出	12	12	0	中势
人均税收收入	5	5	0	优势
地方财政收入增长率	21	20	1	中势
地方财政支出增长率	11	15	－4	中势
税收收入增长率	10	16	－6	中势
4.2　金融竞争力	4	4	0	优势
存款余额	3	3	0	强势
人均存款余额	6	6	0	优势
贷款余额	2	2	0	强势
人均贷款余额	5	5	0	优势
中长期贷款占贷款余额比重	15	19	－4	中势
保险费净收入	2	2	0	强势
保险密度（人均保险费）	3	4	－1	优势
保险深度（保险费占 GDP 的比重）	19	19	0	中势
国内上市公司数	3	3	0	强势
国内上市公司市值	5	5	0	优势

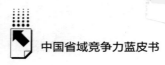

5. 江苏省知识经济竞争力指标排名变化情况

表 10 – 9　2018 ~ 2019 年江苏省知识经济竞争力指标组排位及变化趋势

指　　标	2018 年	2019 年	排位升降	优劣势
5　知识经济竞争力	3	3	0	强势
5.1　　科技竞争力	2	2	0	强势
R&D 人员	2	2	0	强势
R&D 经费	2	2	0	强势
R&D 经费投入强度	4	5	-1	优势
发明专利授权量	3	3	0	强势
技术市场成交合同金额	7	3	4	强势
财政科技支出占地方财政支出比重	6	6	0	优势
高技术产业主营业务收入	2	2	0	强势
高技术产业收入占工业增加值比重	3	4	-1	优势
高技术产品出口额占商品出口额比重	8	9	-1	优势
5.2　　教育竞争力	3	3	0	强势
教育经费	2	2	0	强势
教育经费占 GDP 比重	31	31	0	劣势
人均教育经费	12	11	1	中势
公共教育经费占财政支出比重	5	6	-1	优势
人均文化教育支出	8	8	0	优势
万人中小学学校数	3	3	0	强势
万人中小学专任教师数	11	11	0	中势
高等学校数	2	2	0	强势
高校专任教师数	1	2	-1	强势
万人高等学校在校学生数	5	4	1	优势
5.3　　文化竞争力	3	3	0	强势
文化制造业营业收入	2	2	0	强势
文化批发零售业营业收入	3	4	-1	优势
文化服务业企业营业收入	5	5	0	优势
图书和期刊出版数	1	2	-1	强势
电子出版物品种	2	2	0	强势
印刷用纸量	6	4	2	优势
城镇居民人均文化娱乐支出	8	8	0	优势
农村居民人均文化娱乐支出	5	6	-1	优势
城镇居民人均文化娱乐支出占消费性支出比重	24	20	4	中势
农村居民人均文化娱乐支出占消费性支出比重	23	25	-2	劣势

6. 江苏省发展环境竞争力指标排名变化情况

表 10 – 10 2018~2019 年江苏省发展环境竞争力指标组排位及变化趋势

指 标	2018 年	2019 年	排位升降	优劣势
6 发展环境竞争力	3	3	0	强势
6.1 基础设施竞争力	3	2	1	强势
铁路网线密度	10	9	1	优势
公路网线密度	5	6	−1	优势
人均内河航道里程	1	1	0	强势
全社会旅客周转量	3	3	0	强势
全社会货物周转量	9	7	2	优势
人均邮电业务总量	5	5	0	优势
电话普及率	5	5	0	优势
政府网站数	7	9	−2	优势
人均耗电量	6	6	0	优势
6.2 软环境竞争力	4	3	1	强势
外资企业数增长率	26	19	7	中势
万人外资企业数	6	6	0	优势
个体私营企业数增长率	10	12	−2	中势
万人个体私营企业数	2	1	1	强势
万人商标注册件数	6	6	0	优势
查处商标侵权假冒案件数	30	30	0	劣势
每十万人交通事故发生数	15	16	−1	中势
罚没收入占财政收入比重	3	4	−1	优势
社会捐赠站点数	1	2	−1	强势

7. 江苏省政府作用竞争力指标排名变化情况

表 10 – 11 2018~2019 年江苏省政府作用竞争力指标组排位及变化趋势

指 标	2018 年	2019 年	排位升降	优劣势
7 政府作用竞争力	5	1	4	强势
7.1 政府发展经济竞争力	1	1	0	强势
财政支出用于基本建设投资比重	29	29	0	劣势
财政支出对 GDP 增长的拉动	1	2	−1	强势
政府公务员对经济的贡献	2	2	0	强势
财政支出用于经济社会比重	23	23	0	劣势
财政投资对社会投资的拉动	1	1	0	强势

指　标	2018 年	2019 年	排位升降	优劣势
7.2　政府规调经济竞争力	19	7	12	优势
物价调控	23	25	−2	劣势
调控城乡消费差距	4	4	0	优势
统筹经济社会发展	8	9	−1	优势
规范税收	9	8	1	优势
固定资产投资价格指数	25	2	23	强势
7.3　政府保障经济竞争力	12	8	4	优势
城镇职工养老保险收支比	2	9	−7	优势
医疗保险覆盖率	11	7	4	优势
养老保险覆盖率	20	15	5	中势
失业保险覆盖率	11	8	3	优势
最低工资标准	5	5	0	优势
城镇登记失业率	20	16	4	中势

8. 江苏省发展水平竞争力指标排名变化情况

表 10 – 12　2018～2019 年江苏省发展水平竞争力指标组排位及变化趋势

指　标	2018 年	2019 年	排位升降	优劣势
8　发展水平竞争力	2	2	0	强势
8.1　工业化进程竞争力	5	6	−1	优势
工业增加值占 GDP 比重	5	3	2	强势
工业增加值增长率	16	13	3	中势
高技术产业占工业增加值比重	5	5	0	优势
高技术产品占商品出口额比重	11	9	2	优势
信息产业增加值占 GDP 比重	4	4	0	优势
工农业增加值比值	5	6	−1	优势
8.2　城市化进程竞争力	4	5	−1	优势
城镇化率	5	5	0	优势
城镇居民人均可支配收入	4	4	0	优势
城市平均建成区面积比重	19	19	0	中势
人均拥有道路面积	2	2	0	强势
人均日生活用水量	3	6	−3	优势
人均公共绿地面积	10	9	1	优势

续表

指　标	2018 年	2019 年	排位升降	优劣势
8.3　市场化进程竞争力	1	2	−1	强势
非公有制经济产值占全社会总产值比重	2	4	−2	优势
社会投资占投资总额比重	4	3	1	强势
私有和个体企业从业人员比重	8	7	1	优势
亿元以上商品市场成交额	1	1	0	强势
亿元以上商品市场成交额占全社会消费品零售总额比重	4	4	0	优势
居民消费支出占总消费支出比重	15	15	0	中势

9. 江苏省统筹协调竞争力指标排名变化情况

表 10 – 13　2018 ~ 2019 年江苏省统筹协调竞争力指标组排位及变化趋势

指　标	2018 年	2019 年	排位升降	优劣势
9　统筹协调竞争力	1	2	−1	强势
9.1　统筹发展竞争力	4	4	0	优势
社会劳动生产率	4	3	1	强势
能源使用下降率	2	12	−10	中势
万元 GDP 综合能耗下降率	2	14	−12	中势
非农用地产出率	6	5	1	优势
居民收入占 GDP 比重	2	2	0	强势
二三产业增加值比例	19	27	−8	劣势
固定资产投资额占 GDP 比重	5	3	2	强势
固定资产投资增长率	13	20	−7	中势
9.2　协调发展竞争力	1	2	−1	强势
资源竞争力与宏观经济竞争力比差	22	20	2	中势
环境竞争力与宏观经济竞争力比差	1	4	−3	优势
人力资源竞争力与宏观经济竞争力比差	18	13	5	中势
环境竞争力与工业竞争力比差	27	26	1	劣势
资源竞争力与工业竞争力比差	3	3	0	强势
城乡居民家庭人均收入比差	6	6	0	优势
城乡居民人均现金消费支出比差	4	4	0	优势
全社会消费品零售总额与外贸出口总额比差	5	4	1	优势

B.12

11

2018～2019年浙江省经济综合竞争力评价分析报告

　　浙江省简称"浙"，位于我国东南沿海，地处长江三角洲南翼，东临东海，南邻福建，西接安徽、江西，北连上海、江苏。浙江山清水秀，物产丰饶，人杰地灵，素有"鱼米之乡、丝茶之府、文物之邦、旅游胜地"的美誉。全省面积10.2万平方公里，2019年总人口为5850万人，全省地区生产总值达62352亿元，同比增长6.8%，人均GDP达107139元。本部分通过对浙江省2018～2019年经济综合竞争力以及各要素竞争力的排名变化分析，从中找出浙江省经济综合竞争力的推动点及影响因素，为进一步提升浙江省经济综合竞争力提供决策参考。

11.1　浙江省经济综合竞争力总体分析

　　1. 浙江省经济综合竞争力一级指标概要分析

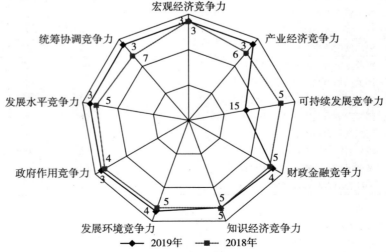

图11-1　2018～2019年浙江省经济综合竞争力二级指标比较

218

表 11 - 1　2018～2019 年浙江省经济综合竞争力二级指标比较

项目 年份	宏观 经济 竞争力	产业 经济 竞争力	可持续 发展 竞争力	财政 金融 竞争力	知识 经济 竞争力	发展 环境 竞争力	政府 作用 竞争力	发展 水平 竞争力	统筹 协调 竞争力	综合 排位
2018	3	6	5	5	5	5	4	5	7	5
2019	3	3	15	4	5	4	3	3	3	5
升降	0	3	- 10	1	0	1	1	2	4	0
优劣度	强势	强势	中势	优势	优势	优势	强势	强势	强势	优势

（1）从综合排位看，2019 年浙江省经济综合竞争力综合排位在全国居第 5 位，这表明其在全国处于优势地位；与 2018 年相比，综合排位没有发生变化。

（2）从指标所处区位看，8 个指标处于上游区，其中宏观经济竞争力、产业经济竞争力、政府作用竞争力、发展水平竞争力和统筹协调竞争力 5 个指标为浙江省经济综合竞争力的强势指标。

（3）从指标变化趋势看，9 个二级指标中，有 6 个指标处于上升趋势，分别为产业经济竞争力、财政金融竞争力、发展环境竞争力、政府作用竞争力、发展水平竞争力和统筹协调竞争力，这些是浙江省经济综合竞争力的上升动力所在；有 2 个指标排位没有发生变化，分别为宏观经济竞争力和知识经济竞争力；有 1 个指标处于下降趋势，为可持续发展竞争力，这是浙江省经济综合竞争力的下降拉力所在。

2. 浙江省经济综合竞争力各级指标动态变化分析

表 11 - 2　2018～2019 年浙江省经济综合竞争力各级指标排位变化态势比较

单位：个，%

二级指标	三级指标	四级 指标数	上升		保持		下降		变化 趋势
			指标数	比重	指标数	比重	指标数	比重	
宏观经济 竞争力	经济实力竞争力	12	7	58.3	3	25.0	2	16.7	上升
	经济结构竞争力	6	1	16.7	2	33.3	3	50.0	保持
	经济外向度竞争力	9	2	22.2	3	33.3	4	44.4	保持
	小　计	**27**	10	37.0	8	29.6	9	33.3	保持

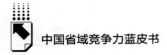

二级指标	三级指标	四级指标数	上升		保持		下降		变化趋势
			指标数	比重	指标数	比重	指标数	比重	
产业经济竞争力	农业竞争力	10	1	10.0	6	60.0	3	30.0	下降
	工业竞争力	10	6	60.0	2	20.0	2	20.0	上升
	服务业竞争力	10	5	50.0	4	40.0	1	10.0	上升
	企业竞争力	10	1	10.0	5	50.0	4	40.0	上升
	小　计	40	13	32.5	17	42.5	10	25.0	上升
可持续发展竞争力	资源竞争力	9	1	11.1	8	88.9	0	0.0	保持
	环境竞争力	8	1	12.5	4	50.0	3	37.5	下降
	人力资源竞争力	7	3	42.9	3	42.9	1	14.3	上升
	小　计	24	5	20.8	15	62.5	4	16.7	下降
财政金融竞争力	财政竞争力	12	4	33.3	6	50.0	2	16.7	下降
	金融竞争力	10	1	10.0	6	60.0	3	30.0	保持
	小　计	22	5	22.7	12	54.5	5	22.7	上升
知识经济竞争力	科技竞争力	9	2	22.2	6	66.7	1	11.1	上升
	教育竞争力	10	5	50.0	4	40.0	1	10.0	下降
	文化竞争力	10	5	50.0	4	40.0	1	10.0	上升
	小　计	29	12	41.4	14	48.3	3	10.3	保持
发展环境竞争力	基础设施竞争力	9	2	22.2	5	55.6	2	22.2	保持
	软环境竞争力	9	4	44.4	3	33.3	2	22.2	保持
	小　计	18	6	33.3	8	44.4	4	22.2	上升
政府作用竞争力	政府发展经济竞争力	5	2	40.0	0	0.0	3	60.0	下降
	政府规调经济竞争力	5	4	80.0	1	20.0	0	0.0	上升
	政府保障经济竞争力	6	4	66.7	1	16.7	1	16.7	上升
	小　计	16	10	62.5	2	12.5	4	25.0	上升
发展水平竞争力	工业化进程竞争力	6	3	50.0	2	33.3	1	16.7	上升
	城市化进程竞争力	6	1	16.7	2	33.3	3	50.0	上升
	市场化进程竞争力	6	3	50.0	3	50.0	0	0.0	上升
	小　计	18	7	38.9	7	38.9	4	22.2	上升
统筹协调竞争力	统筹发展竞争力	8	5	62.5	1	12.5	2	25.0	上升
	协调发展竞争力	8	4	50.0	3	37.5	1	12.5	上升
	小　计	16	9	56.3	4	25.0	3	18.8	上升
合　计		210	77	36.7	87	41.4	46	21.9	保持

从表 11-2 可以看出，210 个四级指标中，上升指标有 77 个，占指标总数的 36.7%；下降指标有 46 个，占指标总数的 21.9%；保持不变的指标

有87个,占指标总数的41.4%。综上所述,浙江省经济综合竞争力的上升动力和下降拉力大致相当,且排位保持不变的指标占较大比重,2018~2019年浙江省经济综合竞争力排位保持不变。

3. 浙江省经济综合竞争力各级指标优劣势结构分析

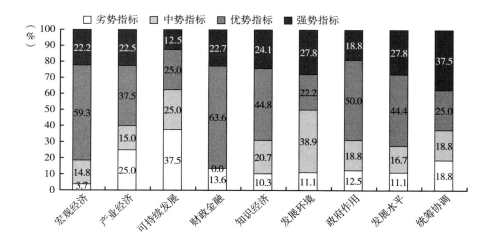

图 11-2 2019 年浙江省经济综合竞争力各级指标优劣势比较

表 11-3 2019 年浙江省经济综合竞争力各级指标优劣势比较

单位:个,%

二级指标	三级指标	四级指标数	强势指标		优势指标		中势指标		劣势指标		优劣势
			个数	比重	个数	比重	个数	比重	个数	比重	
宏观经济竞争力	经济实力竞争力	12	1	8.3	10	83.3	1	8.3	0	0.0	强势
	经济结构竞争力	6	4	66.7	1	16.7	0	0.0	1	16.7	强势
	经济外向度竞争力	9	1	11.1	5	55.6	3	33.3	0	0.0	优势
	小　计	27	6	22.2	16	59.3	4	14.8	1	3.7	强势
产业经济竞争力	农业竞争力	10	2	20.0	1	10.0	3	30.0	4	40.0	中势
	工业竞争力	10	2	20.0	6	60.0	1	10.0	1	10.0	强势
	服务业竞争力	10	2	20.0	5	50.0	2	20.0	1	10.0	优势
	企业竞争力	10	3	30.0	3	30.0	0	0.0	4	40.0	强势
	小　计	40	9	22.5	15	37.5	6	15.0	10	25.0	强势

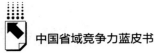

二级指标	三级指标	四级指标数	强势指标		优势指标		中势指标		劣势指标		优劣势
			个数	比重	个数	比重	个数	比重	个数	比重	
可持续发展竞争力	资源竞争力	9	0	0.0	1	11.1	2	22.2	6	66.7	劣势
	环境竞争力	8	2	25.0	3	37.5	1	12.5	2	25.0	中势
	人力资源竞争力	7	1	14.3	2	28.6	3	42.9	1	14.3	强势
	小　计	24	3	12.5	6	25.0	6	25.0	9	37.5	中势
财政金融竞争力	财政竞争力	12	2	16.7	9	75.0	0	0.0	1	8.3	优势
	金融竞争力	10	3	30.0	5	50.0	0	0.0	2	20.0	优势
	小　计	22	5	22.7	14	63.6	0	0.0	3	13.6	优势
知识经济竞争力	科技竞争力	9	2	22.2	5	55.6	1	11.1	1	11.1	优势
	教育竞争力	10	1	10.0	4	40.0	4	40.0	1	10.0	优势
	文化竞争力	10	4	40.0	4	40.0	1	10.0	1	10.0	强势
	小　计	29	7	24.1	13	44.8	6	20.7	3	10.3	优势
发展环境竞争力	基础设施竞争力	9	3	33.3	3	33.3	3	33.3	0	0.0	优势
	软环境竞争力	9	2	22.2	1	11.1	4	44.4	2	22.2	优势
	小　计	18	5	27.8	4	22.2	7	38.9	2	11.1	优势
政府作用竞争力	政府发展经济竞争力	5	0	0.0	2	40.0	2	40.0	1	20.0	优势
	政府规调经济竞争力	5	2	40.0	2	40.0	1	20.0	0	0.0	优势
	政府保障经济竞争力	6	1	16.7	4	66.7	0	0.0	1	16.7	优势
	小　计	16	3	18.8	8	50.0	3	18.8	2	12.5	强势
发展水平竞争力	工业化进程竞争力	6	1	16.7	4	66.7	0	0.0	1	16.7	优势
	城市化进程竞争力	6	1	16.7	2	33.3	2	33.3	1	16.7	优势
	市场化进程竞争力	6	3	50.0	2	33.3	1	16.7	0	0.0	强势
	小　计	18	5	27.8	8	44.4	3	16.7	2	11.1	强势
统筹协调竞争力	统筹发展竞争力	8	1	12.5	3	37.5	3	37.5	1	12.5	优势
	协调发展竞争力	8	5	62.5	1	12.5	0	0.0	2	25.0	强势
	小　计	16	6	37.5	4	25.0	3	18.8	3	18.8	强势
合　计		210	49	23.3	88	41.9	38	18.1	35	16.7	优势

　　基于图 11－2 和表 11－3，具体到四级指标，强势指标 49 个，占指标总数的 23.3%；优势指标 88 个，占指标总数的 41.9%；中势指标 38 个，占指标总数的 18.1%；劣势指标 35 个，占指标总数的 16.7%。三级指标中，强势指标 8 个，占三级指标总数的 32%；优势指标 14 个，占三级指标总数的 56%；中势指标 2 个，占三级指标总数的 8%；劣势指标 1 个，占三

级指标总数的 4%。从二级指标看，强势指标 5 个，占二级指标总数的
55.6%；优势指标有 3 个，占二级指标总数的 33.3%；中势指标有 1 个，占
二级指标总数的 11.1%。综合来看，由于强势指标和优势指标在指标体系
中居于主导地位，2019 年浙江省经济综合竞争力处于优势地位。

4. 浙江省经济综合竞争力四级指标优劣势对比分析

表 11－4 2019 年浙江省经济综合竞争力各级指标优劣势情况

二级指标	优劣势	四级指标
宏观经济 竞争力 (27 个)	强势指标	地区生产总值、所有制经济结构优化度、城乡经济结构优化度、就业结构优化度、贸易结构优化度、出口总额（6 个）
	优势指标	人均地区生产总值、财政总收入、财政总收入增长率、人均财政收入、固定资产投资额、固定资产投资额增长率、人均固定资产投资额、全社会消费品零售总额、全社会消费品零售总额增长率、人均全社会消费品零售总额、产业结构优化度、进出口总额、实际 FDI、外贸依存度、外资企业数、对外直接投资额（16 个）
	劣势指标	财政收入结构优化度（1 个）
产业经济 竞争力 (40 个)	强势指标	农民人均纯收入、农村人均用电量、工业增加值增长率、规模以上工业利润总额、限额以上批发零售企业主营业务收入、商品房销售收入、规模以上工业企业数、新产品销售收入占主营业务收入比重、工业企业 R&D 经费投入强度（9 个）
	优势指标	农产品出口占农林牧渔总产值比重、工业增加值、人均工业增加值、工业资产总额、工业资产总额增长率、规模以上工业主营业务收入、工业成本费用率、服务业增加值、服务业增加值增长率、人均服务业增加值、服务业从业人员数、电子商务销售额、城镇就业人员平均工资、产品质量抽查合格率、全国 500 强企业数（15 个）
	劣势指标	农业增加值增长率、人均主要农产品产量、农业机械化水平、财政支农资金比重、工业全员劳动生产率、限额以上批零企业利税率、规模以上企业平均资产、规模以上企业平均收入、规模以上企业平均利润、规模以上企业劳动效率（10 个）
可持续 发展 竞争力 (24 个)	强势指标	一般工业固体废物综合利用率、生活垃圾无害化处理率、常住人口增长率（3 个）
	优势指标	人均可使用海域和滩涂面积、森林覆盖率、人均工业废气排放量、人均工业固体废物排放量、大专以上教育程度人口比例、职业学校毕业生数（6 个）
	劣势指标	人均国土面积、耕地面积、人均耕地面积、人均牧草地面积、主要能源矿产基础储量、人均主要能源矿产基础储量、人均废水排放量、自然灾害直接经济损失、人口健康素质（9 个）
财政金融 竞争力 (22 个)	强势指标	税收收入占财政总收入比重、地方财政支出增长率、人均存款余额、贷款余额、国内上市公司数（5 个）

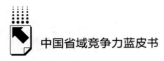

续表

二级指标	优劣势	四级指标
财政金融竞争力（22个）	优势指标	地方财政收入、地方财政支出、地方财政收入占GDP比重、税收收入占GDP比重、人均地方财政收入、人均地方财政支出、人均税收收入、地方财政收入增长率、税收收入增长率、存款余额、人均贷款余额、保险费净收入、保险密度（人均保险费）、国内上市公司市值（14个）
	劣势指标	地方财政支出占GDP比重、中长期贷款占贷款余额比重、保险深度（保险费占GDP的比重）（3个）
知识经济竞争力（29个）	强势指标	R&D人员、财政科技支出占地方财政支出比重、人均文化教育支出、文化服务业企业营业收入、印刷用纸量、城镇居民人均文化娱乐支出、农村居民人均文化娱乐支出（7个）
	优势指标	R&D经费、R&D经费投入强度、发明专利授权量、技术市场成交合同金额、高技术产业主营业务收入、教育经费、人均教育经费、万人中小学学校数、万人中小学专任教师数、文化制造业营业收入、文化批发零售业营业收入、图书和期刊出版数、电子出版物品种（13个）
	劣势指标	高技术产品出口额占商品出口额比重、教育经费占GDP比重、农村居民人均文化娱乐支出占消费性支出比重（3个）
发展环境竞争力（18个）	强势指标	人均内河航道里程、人均邮电业务总量、电话普及率、万人个体私营企业数、万人商标注册件数（5个）
	优势指标	全社会旅客周转量、全社会货物周转量、人均耗电量、万人外资企业数（4个）
	劣势指标	查处商标侵权假冒案件数、每十万人交通事故发生数（2个）
政府作用竞争力（16个）	强势指标	调控城乡消费差距、规范税收、医疗保险覆盖率（3个）
	优势指标	财政支出对GDP增长的拉动、政府公务员对经济的贡献、统筹经济社会发展、固定资产投资价格指数、养老保险覆盖率、失业保险覆盖率、最低工资标准、城镇登记失业率（8个）
	劣势指标	财政支出用于经济社会比重、城镇职工养老保险收支比（2个）
发展水平竞争力（18个）	强势指标	工业增加值增长率、城镇居民人均可支配收入、非公有制经济产值占全社会总产值比重、亿元以上商品市场成交额、亿元以上商品市场成交额占全社会消费品零售总额比重（5个）
	优势指标	工业增加值占GDP比重、高技术产业占工业增加值比重、信息产业增加值占GDP比重、工农业增加值比值、城镇化率、人均日生活用水量、社会投资占投资总额比重、私有和个体企业从业人员比重（8个）
	劣势指标	高技术产品占商品出口额比重、城市平均建成区面积比重（2个）
统筹协调竞争力（16个）	强势指标	非农用地产出率、环境竞争力与宏观经济竞争力比差、资源竞争力与工业竞争力比差、城乡居民家庭人均收入比差、城乡居民人均现金消费支出比差、全社会消费品零售总额与外贸出口总额比差（6个）
	优势指标	社会劳动生产率、固定资产投资额占GDP比重、固定资产投资增长率、人力资源竞争力与宏观经济竞争力比差（4个）
	劣势指标	二三产业增加值比例、资源竞争力与宏观经济竞争力比差、环境竞争力与工业竞争力比差（3个）

11.2　浙江省经济综合竞争力各级指标具体分析

1. 浙江省宏观经济竞争力指标排名变化情况

表11－5　2018～2019年浙江省宏观经济竞争力指标组排位及变化趋势

指　　标	2018年	2019年	排位升降	优劣势
1　宏观经济竞争力	3	3	0	强势
1.1　经济实力竞争力	4	3	1	强势
地区生产总值	4	1	3	强势
地区生产总值增长率	13	12	1	中势
人均地区生产总值	5	4	1	优势
财政总收入	4	4	0	优势
财政总收入增长率	24	8	16	优势
人均财政收入	3	4	−1	优势
固定资产投资额	9	9	0	优势
固定资产投资额增长率	15	5	10	优势
人均固定资产投资额	9	7	2	优势
全社会消费品零售总额	4	4	0	优势
全社会消费品零售总额增长率	18	9	9	优势
人均全社会消费品零售总额	3	4	−1	优势
1.2　经济结构竞争力	1	1	0	强势
产业结构优化度	7	8	−1	优势
所有制经济结构优化度	4	3	1	强势
城乡经济结构优化度	2	2	0	强势
就业结构优化度	1	1	0	强势
财政收入结构优化度	9	21	−12	劣势
贸易结构优化度	1	3	−2	强势
1.3　经济外向度竞争力	4	4	0	优势
进出口总额	4	4	0	优势
进出口增长率	17	11	6	中势
出口总额	3	3	0	强势
出口增长率	15	13	2	中势
实际FDI	5	6	−1	优势
实际FDI增长率	12	14	−2	中势
外贸依存度	3	4	−1	优势
外资企业数	4	4	0	优势
对外直接投资额	3	4	−1	优势

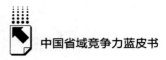

2. 浙江省产业经济竞争力指标排名变化情况

表 11-6　2018～2019 年浙江省产业经济竞争力指标组排位及变化趋势

指　标	2018 年	2019 年	排位升降	优劣势
2　产业经济竞争力	6	3	3	强势
2.1　农业竞争力	11	17	-6	中势
农业增加值	16	16	0	中势
农业增加值增长率	27	25	2	劣势
人均农业增加值	16	18	-2	中势
农民人均纯收入	2	2	0	强势
农民人均纯收入增长率	7	20	-13	中势
农产品出口占农林牧渔总产值比重	6	6	0	优势
人均主要农产品产量	27	27	0	劣势
农业机械化水平	21	21	0	劣势
农村人均用电量	3	3	0	强势
财政支农资金比重	26	28	-2	劣势
2.2　工业竞争力	8	3	5	强势
工业增加值	5	4	1	优势
工业增加值增长率	31	1	30	强势
人均工业增加值	7	4	3	优势
工业资产总额	4	4	0	优势
工业资产总额增长率	3	8	-5	优势
规模以上工业主营业务收入	4	4	0	优势
工业成本费用率	5	7	-2	优势
规模以上工业利润总额	4	3	1	强势
工业全员劳动生产率	31	30	1	劣势
工业收入利润率	18	11	7	中势
2.3　服务业竞争力	6	5	1	优势
服务业增加值	4	5	-1	优势
服务业增加值增长率	19	10	9	优势
人均服务业增加值	5	4	1	优势
服务业从业人员数	4	4	0	优势
限额以上批发零售企业主营业务收入	4	3	1	强势
限额以上批零企业利税率	28	23	5	劣势
限额以上餐饮企业利税率	16	15	1	中势
旅游外汇收入	11	11	0	中势
商品房销售收入	3	3	0	强势
电子商务销售额	5	5	0	优势

续表

指　标	2018 年	2019 年	排位升降	优劣势
2.4　企业竞争力	5	3	2	强势
规模以上工业企业数	3	3	0	强势
规模以上企业平均资产	30	30	0	劣势
规模以上企业平均收入	30	31	−1	劣势
规模以上企业平均利润	29	29	0	劣势
规模以上企业劳动效率	27	29	−2	劣势
城镇就业人员平均工资	5	5	0	优势
新产品销售收入占主营业务收入比重	1	1	0	强势
产品质量抽查合格率	10	7	3	优势
工业企业 R&D 经费投入强度	1	2	−1	强势
全国 500 强企业数	4	5	−1	优势

3. 浙江省可持续发展竞争力指标排名变化情况

表 11 − 7　2018~2019 年浙江省可持续发展竞争力指标组排位及变化趋势

指　标	2018 年	2019 年	排位升降	优劣势
3　可持续发展竞争力	5	15	−10	中势
3.1　资源竞争力	25	25	0	劣势
人均国土面积	24	24	0	劣势
人均可使用海域和滩涂面积	7	7	0	优势
人均年水资源量	17	13	4	中势
耕地面积	23	23	0	劣势
人均耕地面积	26	26	0	劣势
人均牧草地面积	27	27	0	劣势
主要能源矿产基础储量	29	29	0	劣势
人均主要能源矿产基础储量	29	29	0	劣势
人均森林储积量	20	20	0	中势
3.2　环境竞争力	3	20	−17	中势
森林覆盖率	3	4	−1	优势
人均废水排放量	30	30	0	劣势
人均工业废气排放量	10	10	0	优势
人均工业固体废物排放量	9	9	0	优势
人均治理工业污染投资额	7	11	−4	中势
一般工业固体废物综合利用率	2	2	0	强势
生活垃圾无害化处理率	6	1	5	强势
自然灾害直接经济损失额	10	31	−21	劣势

指　　标	2018 年	2019 年	排位升降	优劣势
3.3　人力资源竞争力	5	3	2	强势
常住人口增长率	4	1	3	强势
15~64 岁人口比例	12	12	0	中势
文盲率	19	19	0	中势
大专以上教育程度人口比例	9	7	2	优势
平均受教育程度	16	15	1	中势
人口健康素质	23	25	-2	劣势
职业学校毕业生数	10	10	0	优势

4. 浙江省财政金融竞争力指标排名变化情况

表 11 - 8　　2018 ~ 2019 年浙江省财政金融竞争力指标组排位及变化趋势

指　　标	2018 年	2019 年	排位升降	优劣势
4　财政金融竞争力	5	4	1	优势
4.1　财政竞争力	3	4	-1	优势
地方财政收入	4	4	0	优势
地方财政支出	6	6	0	优势
地方财政收入占 GDP 比重	9	10	-1	优势
地方财政支出占 GDP 比重	28	27	1	劣势
税收收入占 GDP 比重	6	6	0	优势
税收收入占财政总收入比重	3	2	1	强势
人均地方财政收入	4	4	0	优势
人均地方财政支出	10	10	0	优势
人均税收收入	4	4	0	优势
地方财政收入增长率	3	6	-3	优势
地方财政支出增长率	4	2	2	强势
税收收入增长率	9	4	5	优势
4.2　金融竞争力	5	5	0	优势
存款余额	5	5	0	优势
人均存款余额	3	3	0	强势
贷款余额	3	3	0	强势
人均贷款余额	4	4	0	优势
中长期贷款占贷款余额比重	27	29	-2	劣势
保险费净收入	6	5	1	优势
保险密度(人均保险费)	5	6	-1	优势
保险深度(保险费占 GDP 的比重)	21	22	-1	劣势
国内上市公司数	2	2	0	强势
国内上市公司市值	4	4	0	优势

5. 浙江省知识经济竞争力指标排名变化情况

表 11－9   2018～2019 年浙江省知识经济竞争力指标组排位及变化趋势

指　　标	2018 年	2019 年	排位升降	优劣势
5　知识经济竞争力	5	5	0	优势
5.1　科技竞争力	5	4	1	优势
R&D 人员	3	3	0	强势
R&D 经费	5	4	1	优势
R&D 经费投入强度	6	6	0	优势
发明专利授权量	4	4	0	优势
技术市场成交合同金额	10	10	0	优势
财政科技支出占地方财政支出比重	5	3	2	强势
高技术产业主营业务收入	7	7	0	优势
高技术产业收入占工业增加值比重	10	19	－9	中势
高技术产品出口额占商品出口额比重	26	26	0	劣势
5.2　教育竞争力	5	6	－1	优势
教育经费	5	5	0	优势
教育经费占 GDP 比重	25	25	0	劣势
人均教育经费	6	5	1	优势
公共教育经费占财政支出比重	7	11	－4	中势
人均文化教育支出	4	3	1	强势
万人中小学学校数	6	6	0	优势
万人中小学专任教师数	8	7	1	优势
高等学校数	18	18	0	中势
高校专任教师数	12	11	1	中势
万人高等学校在校学生数	21	13	8	中势
5.3　文化竞争力	4	2	2	强势
文化制造业营业收入	5	5	0	优势
文化批发零售业营业收入	6	6	0	优势
文化服务业企业营业收入	3	2	1	强势
图书和期刊出版数	5	5	0	优势
电子出版物品种	3	4	－1	优势
印刷用纸量	3	2	1	强势
城镇居民人均文化娱乐支出	4	3	1	强势
农村居民人均文化娱乐支出	1	1	0	强势
城镇居民人均文化娱乐支出占消费性支出比重	23	18	5	中势
农村居民人均文化娱乐支出占消费性支出比重	26	21	5	劣势

6. 浙江省发展环境竞争力指标排名变化情况

表 11－10　2018～2019 年浙江省发展环境竞争力指标组排位及变化趋势

指　标	2018 年	2019 年	排位升降	优劣势
6　发展环境竞争力	5	4	1	优势
6.1　基础设施竞争力	4	4	0	优势
铁路网线密度	13	15	－2	中势
公路网线密度	11	12	－1	中势
人均内河航道里程	2	2	0	强势
全社会旅客周转量	9	9	0	优势
全社会货物周转量	5	4	1	优势
人均邮电业务总量	1	1	0	强势
电话普及率	4	3	1	强势
政府网站数	11	11	0	中势
人均耗电量	5	5	0	优势
6.2　软环境竞争力	9	9	0	优势
外资企业数增长率	13	14	－1	中势
万人外资企业数	7	7	0	优势
个体私营企业数增长率	19	15	4	中势
万人个体私营企业数	1	2	－1	强势
万人商标注册件数	3	3	0	强势
查处商标侵权假冒案件数	31	31	0	劣势
每十万人交通事故发生数	23	21	2	劣势
罚没收入占财政收入比重	14	12	2	中势
社会捐赠站点数	22	19	3	中势

7. 浙江省政府作用竞争力指标排名变化情况

表 11－11　2018～2019 年浙江省政府作用竞争力指标组排位及变化趋势

指　标	2018 年	2019 年	排位升降	优劣势
7　政府作用竞争力	4	3	1	强势
7.1　政府发展经济竞争力	5	6	－1	优势
财政支出用于基本建设投资比重	9	11	－2	中势
财政支出对 GDP 增长的拉动	4	5	－1	优势
政府公务员对经济的贡献	5	4	1	优势
财政支出用于经济社会比重	24	26	－2	劣势
财政投资对社会投资的拉动	22	16	6	中势

续表

指 标	2018 年	2019 年	排位升降	优劣势
7.2　政府规调经济竞争力	9	4	5	优势
物价调控	22	18	4	中势
调控城乡消费差距	3	3	0	强势
统筹经济社会发展	9	6	3	优势
规范税收	3	2	1	强势
固定资产投资价格指数	23	10	13	优势
7.3　政府保障经济竞争力	5	4	1	优势
城镇职工养老保险收支比	4	25	− 21	劣势
医疗保险覆盖率	3	2	1	强势
养老保险覆盖率	7	6	1	优势
失业保险覆盖率	5	4	1	优势
最低工资标准	6	6	0	优势
城镇登记失业率	26	7	19	优势

8.浙江省发展水平竞争力指标排名变化情况

表 11－12　2018～2019 年浙江省发展水平竞争力指标组排位及变化趋势

指 标	2018 年	2019 年	排位升降	优劣势
8　发展水平竞争力	5	3	2	强势
8.1　工业化进程竞争力	17	8	9	优势
工业增加值占 GDP 比重	25	5	20	优势
工业增加值增长率	31	1	30	强势
高技术产业占工业增加值比重	2	8	− 6	优势
高技术产品占商品出口额比重	24	24	0	劣势
信息产业增加值占 GDP 比重	5	5	0	优势
工农业增加值比值	7	4	3	优势
8.2　城市化进程竞争力	5	4	1	优势
城镇化率	6	6	0	优势
城镇居民人均可支配收入	3	3	0	强势
城市平均建成区面积比重	24	25	− 1	劣势
人均拥有道路面积	11	12	− 1	中势
人均日生活用水量	6	5	1	优势
人均公共绿地面积	14	16	− 2	中势

231

指　标	2018 年	2019 年	排位升降	优劣势
8.3　市场化进程竞争力	2	1	1	强势
非公有制经济产值占全社会总产值比重	4	3	1	强势
社会投资占投资总额比重	6	6	0	优势
私有和个体企业从业人员比重	7	5	2	优势
亿元以上商品市场成交额	2	2	0	强势
亿元以上商品市场成交额占全社会消费品零售总额比重	2	1	1	强势
居民消费支出占总消费支出比重	11	11	0	中势

9. 浙江省统筹协调竞争力指标排名变化情况

表 11 – 13　2018 ～ 2019 年浙江省统筹协调竞争力指标组排位及变化趋势

指　标	2018 年	2019 年	排位升降	优劣势
9　统筹协调竞争力	7	3	4	强势
9.1　统筹发展竞争力	7	5	2	优势
社会劳动生产率	6	5	1	优势
能源使用下降率	16	14	2	中势
万元 GDP 综合能耗下降率	16	13	3	中势
非农用地产出率	7	3	4	强势
居民收入占 GDP 比重	19	20	− 1	中势
二三产业增加值比例	9	21	− 12	劣势
固定资产投资额占 GDP 比重	4	4	0	优势
固定资产投资增长率	17	5	12	优势
9.2　协调发展竞争力	4	1	3	强势
资源竞争力与宏观经济竞争力比差	27	26	1	劣势
环境竞争力与宏观经济竞争力比差	4	1	3	强势
人力资源竞争力与宏观经济竞争力比差	15	4	11	优势
环境竞争力与工业竞争力比差	26	28	− 2	劣势
资源竞争力与工业竞争力比差	18	2	16	强势
城乡居民家庭人均收入比差	2	2	0	强势
城乡居民人均现金消费支出比差	3	3	0	强势
全社会消费品零售总额与外贸出口总额比差	3	3	0	强势

B.13

12

2018~2019年安徽省经济综合
竞争力评价分析报告

安徽省简称"皖"，位于华东腹地，地跨长江、淮河中下游，东连江苏、浙江，西接湖北、河南，南邻江西，北靠山东。全省总面积13.96万平方公里，2019年总人口为6366万人，全省地区生产总值达37114亿元，同比增长7.5%，人均GDP达58496元。本部分通过对安徽省2018~2019年经济综合竞争力以及各要素竞争力的排名变化分析，从中找出安徽省经济综合竞争力的推动点及影响因素，为进一步提升安徽省经济综合竞争力提供决策参考。

12.1 安徽省经济综合竞争力总体分析

1. 安徽省经济综合竞争力一级指标概要分析

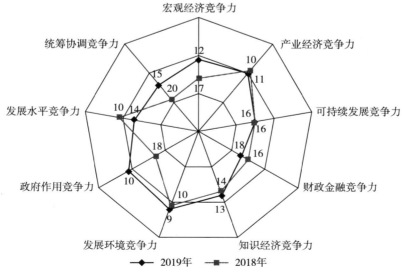

图12-1 2018~2019年安徽省经济综合竞争力二级指标比较

表 12 −1　2018 ~ 2019 年安徽省经济综合竞争力二级指标比较

项目 年份	宏观 经济 竞争力	产业 经济 竞争力	可持续 发展 竞争力	财政 金融 竞争力	知识 经济 竞争力	发展 环境 竞争力	政府 作用 竞争力	发展 水平 竞争力	统筹 协调 竞争力	综合 排位
2018	17	10	16	16	14	10	18	10	20	12
2019	12	11	16	18	13	9	10	14	15	12
升降	5	−1	0	−2	1	1	8	−4	5	0
优劣度	中势	中势	中势	中势	中势	优势	优势	中势	中势	中势

（1）从综合排位看，2019 年安徽省经济综合竞争力综合排位在全国居第 12 位，这表明其在全国处于中势地位；与 2018 年相比，综合排位没有发生变化。

（2）从指标所处区位看，2 个指标处于上游区，分别为发展环境竞争力和政府作用竞争力，均为安徽省经济综合竞争力的优势指标；其余 7 个指标均为中势指标。

（3）从指标变化趋势看，9 个二级指标中，有 5 个指标处于上升趋势，分别为宏观经济竞争力、知识经济竞争力、发展环境竞争力、政府作用竞争力和统筹协调竞争力，这些是安徽省经济综合竞争力的上升动力所在；有 1 个指标排位没有发生变化，为可持续发展竞争力；有 3 个指标处于下降趋势，为产业经济竞争力、财政金融竞争力和发展水平竞争力，这些是安徽省经济综合竞争力的下降拉力所在。

2. 安徽省经济综合竞争力各级指标动态变化分析

表 12 −2　2018 ~ 2019 年安徽省经济综合竞争力各级指标排位变化态势比较

单位：个，%

二级指标	三级指标	四级 指标数	上升		保持		下降		变化 趋势
			指标数	比重	指标数	比重	指标数	比重	
宏观经济 竞争力	经济实力竞争力	12	9	75.0	1	8.3	2	16.7	上升
	经济结构竞争力	6	2	33.3	2	33.3	2	33.3	上升
	经济外向度竞争力	9	3	33.3	2	22.2	4	44.4	上升
	小　计	27	14	51.9	5	18.5	8	29.6	上升

续表

二级指标	三级指标	四级指标数	上升		保持		下降		变化趋势
			指标数	比重	指标数	比重	指标数	比重	
产业经济竞争力	农业竞争力	10	3	30.0	2	20.0	5	50.0	下降
	工业竞争力	10	3	30.0	0	0.0	7	70.0	下降
	服务业竞争力	10	4	40.0	3	30.0	3	30.0	下降
	企业竞争力	10	6	60.0	0	0.0	4	40.0	上升
	小　计	**40**	16	40.0	5	12.5	19	47.5	下降
可持续发展竞争力	资源竞争力	9	0	0.0	7	77.8	2	22.2	保持
	环境竞争力	8	3	37.5	4	50.0	1	12.5	上升
	人力资源竞争力	7	2	28.6	1	14.3	4	57.1	下降
	小　计	**24**	5	20.8	12	50.0	7	29.2	上升
财政金融竞争力	财政竞争力	12	4	33.3	4	33.3	4	33.3	上升
	金融竞争力	10	2	20.0	6	60.0	2	20.0	保持
	小　计	**22**	6	27.3	10	45.5	6	27.3	下降
知识经济竞争力	科技竞争力	9	2	22.2	5	55.6	2	22.2	保持
	教育竞争力	10	6	60.0	2	20.0	2	20.0	上升
	文化竞争力	10	4	40.0	1	10.0	5	50.0	下降
	小　计	**29**	12	41.4	8	27.6	9	31.0	上升
发展环境竞争力	基础设施竞争力	9	4	44.4	3	33.3	2	22.2	保持
	软环境竞争力	9	6	66.7	0	0.0	3	33.3	上升
	小　计	**18**	10	55.6	3	16.7	5	27.8	上升
政府作用竞争力	政府发展经济竞争力	5	4	80.0	0	0.0	1	20.0	上升
	政府规调经济竞争力	5	2	40.0	2	40.0	1	20.0	上升
	政府保障经济竞争力	6	4	66.7	0	0.0	2	33.3	上升
	小　计	**16**	10	62.5	2	12.5	4	25.0	上升
发展水平竞争力	工业化进程竞争力	6	0	0.0	2	33.3	4	66.7	下降
	城市化进程竞争力	6	1	16.7	2	33.3	3	50.0	下降
	市场化进程竞争力	6	2	33.3	1	16.7	3	50.0	保持
	小　计	**18**	3	16.7	5	27.8	10	55.6	下降
统筹协调竞争力	统筹发展竞争力	8	5	62.5	1	12.5	2	25.0	上升
	协调发展竞争力	8	4	50.0	2	25.0	2	25.0	上升
	小　计	**16**	9	56.3	3	18.8	4	25.0	上升
合　计		**210**	85	40.5	53	25.2	72	34.3	保持

从表12-2可以看出，210个四级指标中，上升指标有85个，占指标总数的40.5%；下降指标有72个，占指标总数的34.3%；保持不变的指标

有 53 个，占指标总数的 25.2%。综上所述，安徽省经济综合竞争力的上升动力和下降拉力大致相当，因此 2018～2019 年安徽省经济综合竞争力排位保持不变。

3. 安徽省经济综合竞争力各级指标优劣势结构分析

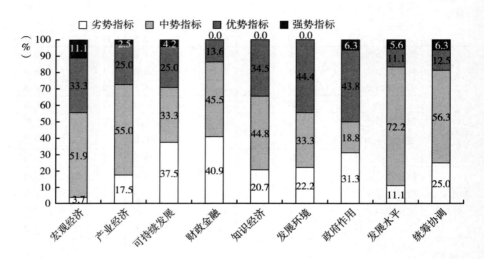

图 12-2　2019 年安徽省经济综合竞争力各级指标优劣势比较

表 12-3　2019 年安徽省经济综合竞争力各级指标优劣势比较

单位：个，%

二级指标	三级指标	四级指标数	强势指标		优势指标		中势指标		劣势指标		优劣势
			个数	比重	个数	比重	个数	比重	个数	比重	
宏观经济竞争力	经济实力竞争力	12	2	16.7	6	50.0	3	25.0	1	8.3	优势
	经济结构竞争力	6	0	0.0	1	16.7	5	83.3	0	0.0	中势
	经济外向度竞争力	9	1	11.1	2	22.2	6	66.7	0	0.0	中势
	小　计	**27**	3	11.1	9	33.3	14	51.9	1	3.7	中势
产业经济竞争力	农业竞争力	10	0	0.0	3	30.0	5	50.0	2	20.0	中势
	工业竞争力	10	0	0.0	1	10.0	7	70.0	2	20.0	中势
	服务业竞争力	10	0	0.0	4	40.0	6	60.0	0	0.0	中势
	企业竞争力	10	1	10.0	2	20.0	4	40.0	3	30.0	中势
	小　计	**40**	1	2.5	10	25.0	22	55.0	7	17.5	中势

续表

二级指标	三级指标	四级指标数	强势指标		优势指标		中势指标		劣势指标		优劣势
			个数	比重	个数	比重	个数	比重	个数	比重	
可持续发展竞争力	资源竞争力	9	0	0.0	3	33.3	2	22.2	4	44.4	劣势
	环境竞争力	8	1	12.5	2	25.0	4	50.0	1	12.5	优势
	人力资源竞争力	7	0	0.0	1	14.3	2	28.6	4	57.1	中势
	小 计	24	1	4.2	6	25.0	8	33.3	9	37.5	中势
财政金融竞争力	财政竞争力	12	0	0.0	1	8.3	6	50.0	5	41.7	中势
	金融竞争力	10	0	0.0	2	20.0	4	40.0	4	40.0	中势
	小 计	22	0	0.0	3	13.6	10	45.5	9	40.9	中势
知识经济竞争力	科技竞争力	9	0	0.0	3	33.3	6	66.7	0	0.0	中势
	教育竞争力	10	0	0.0	4	40.0	3	30.0	3	30.0	中势
	文化竞争力	10	0	0.0	3	30.0	4	40.0	3	30.0	中势
	小 计	29	0	0.0	10	34.5	13	44.8	6	20.7	中势
发展环境竞争力	基础设施竞争力	9	0	0.0	5	55.6	2	22.2	2	22.2	优势
	软环境竞争力	9	0	0.0	3	33.3	4	44.4	2	22.2	中势
	小 计	18	0	0.0	8	44.4	6	33.3	4	22.2	优势
政府作用竞争力	政府发展经济竞争力	5	0	0.0	3	60.0	1	20.0	1	20.0	优势
	政府规调经济竞争力	5	1	20.0	2	40.0	2	40.0	0	0.0	优势
	政府保障经济竞争力	6	0	0.0	2	33.3	0	0.0	4	66.7	劣势
	小 计	16	1	6.3	7	43.8	3	18.8	5	31.3	优势
发展水平竞争力	工业化进程竞争力	6	0	0.0	0	0.0	5	83.3	1	16.7	中势
	城市化进程竞争力	6	0	0.0	1	16.7	4	66.7	1	16.7	中势
	市场化进程竞争力	6	1	16.7	1	16.7	4	66.7	0	0.0	优势
	小 计	18	1	5.6	2	11.1	13	72.2	2	11.1	中势
统筹协调竞争力	统筹发展竞争力	8	0	0.0	1	12.5	3	37.5	4	50.0	中势
	协调发展竞争力	8	1	12.5	1	12.5	6	75.0	0	0.0	中势
	小 计	16	1	6.3	2	12.5	9	56.3	4	25.0	中势
合 计		210	8	3.8	57	27.1	98	46.7	47	22.4	中势

基于图 12-2 和表 12-3，具体到四级指标，强势指标 8 个，占指标总数的 3.8%；优势指标 57 个，占指标总数的 27.1%；中势指标 98 个，

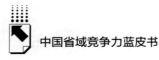

占指标总数的 46.7%；劣势指标 47 个，占指标总数的 22.4%。三级指标中，没有强势指标；优势指标 6 个，占三级指标总数的 24%；中势指标 17 个，占三级指标总数的 68%；劣势指标 2 个，占三级指标总数的 8%。从二级指标看，没有强势指标；优势指标有 2 个，占二级指标总数的 22.2%；中势指标有 7 个，占二级指标总数的 77.8%。综合来看，由于中势指标在指标体系中居于主导地位，2019 年安徽省经济综合竞争力处于中势地位。

4. 安徽省经济综合竞争力四级指标优劣势对比分析

表 12－4　2019 年安徽省经济综合竞争力各级指标优劣势情况

二级指标	优劣势	四级指标
宏观经济 竞争力 （27 个）	强势指标	财政总收入增长率、全社会消费品零售总额增长率、实际 FDI 增长率（3 个）
	优势指标	地区生产总值、地区生产总值增长率、固定资产投资额、固定资产投资额增长率、全社会消费品零售总额、人均全社会消费品零售额、贸易结构优化度、进出口增长率、出口增长率（9 个）
	劣势指标	人均财政收入（1 个）
产业经济 竞争力 （40 个）	强势指标	新产品销售收入占主营业务收入比重（1 个）
	优势指标	农民人均纯收入增长率、人均主要农产品产量、农业机械化水平、工业成本费用率、限额以上餐饮企业利税率、旅游外汇收入、商品房销售收入、电子商务销售额、规模以上工业企业数、工业企业 R&D 经费投入强度（10 个）
	劣势指标	人均农业增加值、财政支农资金比重、工业增加值增长率、工业资产总额增长率、规模以上企业平均资产、规模以上企业平均收入、规模以上企业平均利润（7 个）
可持续 发展 竞争力 （24 个）	强势指标	生活垃圾无害化处理率（1 个）
	优势指标	耕地面积、主要能源矿产基础储量、人均主要能源矿产基础储量、人均废水排放量、一般工业固体废物综合利用率、职业学校毕业生数（6 个）
	劣势指标	人均国土面积、人均年水资源量、人均牧草地面积、人均森林储积量、人均工业固体废物排放量、15～64 岁人口比例、文盲率、大专以上教育程度人口比例、平均受教育程度（9 个）

续表

二级指标	优劣势	四级指标
财政金融竞争力（22个）	强势指标	（0个）
	优势指标	地方财政支出增长率、国内上市公司数、国内上市公司市值（3个）
	劣势指标	地方财政收入占GDP比重、地方财政支出占GDP比重、税收收入占GDP比重、税收收入占财政总收入比重、人均地方财政支出、人均存款余额、人均贷款余额、保险密度（人均保险费）、保险深度（保险费占GDP的比重）（9个）
知识经济竞争力（29个）	强势指标	（0个）
	优势指标	R&D人员、发明专利授权量、财政科技支出占地方财政支出比重、教育经费、万人中小学专任教师数、高等学校数、万人高等学校在校学生数、文化制造业营业收入、文化批发零售业营业收入、印刷用纸量（10个）
	劣势指标	教育经费占GDP比重、人均教育经费、人均文化教育支出、电子出版物品种、城镇居民人均文化娱乐支出、农村居民人均文化娱乐支出占消费性支出比重（6个）
发展环境竞争力（18个）	强势指标	（0个）
	优势指标	铁路网线密度、公路网线密度、全社会旅客周转量、全社会货物周转量、政府网站数、外资企业数增长率、个体私营企业数增长率、罚没收入占财政收入比重（8个）
	劣势指标	电话普及率、人均耗电量、万人外资企业数、查处商标侵权假冒案件数（4个）
政府作用竞争力（16个）	强势指标	调控城乡消费差距（1个）
	优势指标	财政支出用于基本建设投资比重、财政支出对GDP增长的拉动、政府公务员对经济的贡献、统筹经济社会发展、规范税收、城镇职工养老保险收支比、城镇登记失业率（7个）
	劣势指标	财政支出用于经济社会比重、医疗保险覆盖率、养老保险覆盖率、失业保险覆盖率、最低工资标准（5个）
发展水平竞争力（18个）	强势指标	居民消费支出占总消费支出比重（1个）
	优势指标	人均拥有道路面积、私有和个体企业从业人员比重（2个）
	劣势指标	工业增加值增长率、城镇化率（2个）
统筹协调竞争力（16个）	强势指标	城乡居民人均现金消费支出比差（1个）
	优势指标	固定资产投资增长率、人力资源竞争力与宏观经济竞争力比差（2个）
	劣势指标	社会劳动生产率、能源使用下降率、二三产业增加值比例、固定资产投资额占GDP比重（4个）

12.2　安徽省经济综合竞争力各级指标具体分析

1. 安徽省宏观经济竞争力指标排名变化情况

表 12 - 5　2018 ~ 2019 年安徽省宏观经济竞争力指标组排位及变化趋势

指　标	2018 年	2019 年	排位升降	优劣势
1　宏观经济竞争力	17	12	5	中势
1.1　经济实力竞争力	15	8	7	优势
地区生产总值	13	8	5	优势
地区生产总值增长率	7	9	-2	优势
人均地区生产总值	22	13	9	中势
财政总收入	23	12	11	中势
财政总收入增长率	14	2	12	强势
人均财政收入	30	21	9	劣势
固定资产投资额	10	10	0	优势
固定资产投资额增长率	2	8	-6	优势
人均固定资产投资额	12	11	1	中势
全社会消费品零售总额	13	9	4	优势
全社会消费品零售总额增长率	4	2	2	强势
人均全社会消费品零售总额	21	10	11	优势
1.2　经济结构竞争力	19	13	6	中势
产业结构优化度	29	20	9	中势
所有制经济结构优化度	14	15	-1	中势
城乡经济结构优化度	14	14	0	中势
就业结构优化度	17	18	-1	中势
财政收入结构优化度	31	15	16	中势
贸易结构优化度	10	10	0	优势
1.3　经济外向度竞争力	15	11	4	中势
进出口总额	13	13	0	中势
进出口增长率	13	5	8	优势
出口总额	13	14	-1	中势
出口增长率	6	7	-1	优势
实际 FDI	14	13	1	中势
实际 FDI 增长率	5	3	2	强势
外贸依存度	17	19	-2	中势
外资企业数	15	15	0	中势
对外直接投资额	11	18	-7	中势

2. 安徽省产业经济竞争力指标排名变化情况

表 12 - 6 2018～2019 年安徽省产业经济竞争力指标组排位及变化趋势

指　　标	2018 年	2019 年	排位升降	优劣势
2　产业经济竞争力	10	11	− 1	中势
2.1　农业竞争力	12	14	− 2	中势
农业增加值	11	12	− 1	中势
农业增加值增长率	18	13	5	中势
人均农业增加值	24	22	2	劣势
农民人均纯收入	14	12	2	中势
农民人均纯收入增长率	4	6	− 2	优势
农产品出口占农林牧渔总产值比重	17	19	− 2	中势
人均主要农产品产量	7	8	− 1	优势
农业机械化水平	4	4	0	优势
农村人均用电量	18	18	0	中势
财政支农资金比重	20	21	− 1	劣势
2.2　工业竞争力	9	16	− 7	中势
工业增加值	10	11	− 1	中势
工业增加值增长率	7	23	− 16	劣势
人均工业增加值	15	17	− 2	中势
工业资产总额	12	14	− 2	中势
工业资产总额增长率	6	27	− 21	劣势
规模以上工业主营业务收入	9	12	− 3	中势
工业成本费用率	10	9	1	优势
规模以上工业利润总额	10	12	− 2	中势
工业全员劳动生产率	18	17	1	中势
工业收入利润率	19	16	3	中势
2.3　服务业竞争力	10	12	− 2	中势
服务业增加值	14	14	0	中势
服务业增加值增长率	14	13	1	中势
人均服务业增加值	25	16	9	中势
服务业从业人员数	11	11	0	中势
限额以上批发零售企业主营业务收入	15	15	0	中势
限额以上批零企业利税率	8	11	− 3	中势
限额以上餐饮企业利税率	17	9	8	优势
旅游外汇收入	7	9	− 2	优势
商品房销售收入	8	9	− 1	优势
电子商务销售额	8	7	1	优势

指　标	2018 年	2019 年	排位升降	优劣势
2.4　企业竞争力	12	11	1	中势
规模以上工业企业数	6	7	−1	优势
规模以上企业平均资产	29	27	2	劣势
规模以上企业平均收入	29	28	1	劣势
规模以上企业平均利润	28	27	1	劣势
规模以上企业劳动效率	17	19	−2	中势
城镇就业人员平均工资	16	20	−4	中势
新产品销售收入占主营业务收入比重	4	3	1	强势
产品质量抽查合格率	9	20	−11	中势
工业企业 R&D 经费投入强度	10	6	4	优势
全国 500 强企业数	12	11	1	中势

3. 安徽省可持续发展竞争力指标排名变化情况

表 12 – 7　2018 ~ 2019 年安徽省可持续发展竞争力指标组排位及变化趋势

指　标	2018 年	2019 年	排位升降	优劣势
3　可持续发展竞争力	19	16	3	中势
3.1　资源竞争力	22	22	0	劣势
人均国土面积	23	23	0	劣势
人均可使用海域和滩涂面积	13	13	0	中势
人均年水资源量	19	21	−2	劣势
耕地面积	9	9	0	优势
人均耕地面积	14	14	0	中势
人均牧草地面积	25	25	0	劣势
主要能源矿产基础储量	6	10	−4	优势
人均主要能源矿产基础储量	10	10	0	优势
人均森林储积量	22	22	0	劣势
3.2　环境竞争力	13	8	5	优势
森林覆盖率	18	18	0	中势
人均废水排放量	7	6	1	优势
人均工业废气排放量	13	13	0	中势
人均工业固体废物排放量	24	24	0	劣势
人均治理工业污染投资额	14	15	−1	中势
一般工业固体废物综合利用率	5	5	0	优势
生活垃圾无害化处理率	8	1	7	强势
自然灾害直接经济损失额	25	20	5	中势

续表

指　标		2018 年	2019 年	排位升降	优劣势
3.3	人力资源竞争力	12	20	− 8	中势
	常住人口增长率	5	11	− 6	中势
	15 ~ 64 岁人口比例	26	27	− 1	劣势
	文盲率	23	22	1	劣势
	大专以上教育程度人口比例	23	22	1	劣势
	平均受教育程度	23	24	− 1	劣势
	人口健康素质	20	20	0	中势
	职业学校毕业生数	3	4	− 1	优势

4. 安徽省财政金融竞争力指标排名变化情况

表 12 − 8　　2018 ~ 2019 年安徽省财政金融竞争力指标组排位及变化趋势

指　标		2018 年	2019 年	排位升降	优劣势
4	**财政金融竞争力**	16	18	− 2	中势
4.1	财政竞争力	21	20	1	中势
	地方财政收入	11	11	0	中势
	地方财政支出	12	12	0	中势
	地方财政收入占 GDP 比重	18	26	− 8	劣势
	地方财政支出占 GDP 比重	19	24	− 5	劣势
	税收收入占 GDP 比重	19	26	− 7	劣势
	税收收入占财政总收入比重	21	24	− 3	劣势
	人均地方财政收入	20	20	0	中势
	人均地方财政支出	28	28	0	劣势
	人均税收收入	21	20	1	中势
	地方财政收入增长率	12	11	1	中势
	地方财政支出增长率	24	6	18	优势
	税收收入增长率	16	15	1	中势
4.2	金融竞争力	14	14	0	中势
	存款余额	12	12	0	中势
	人均存款余额	23	23	0	劣势
	贷款余额	13	13	0	中势
	人均贷款余额	26	26	0	劣势
	中长期贷款占贷款余额比重	10	13	− 3	中势
	保险费净收入	12	12	0	中势
	保险密度（人均保险费）	23	21	2	劣势
	保险深度（保险费占 GDP 的比重）	12	21	− 9	劣势
	国内上市公司数	10	10	0	优势
	国内上市公司市值	11	10	1	优势

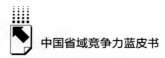

5. 安徽省知识经济竞争力指标排名变化情况

表 12 - 9 2018~2019 年安徽省知识经济竞争力指标组排位及变化趋势

指　标	2018 年	2019 年	排位升降	优劣势
5　知识经济竞争力	14	13	1	中势
5.1　科技竞争力	13	13	0	中势
R&D 人员	7	7	0	优势
R&D 经费	11	11	0	中势
R&D 经费投入强度	8	11	-3	中势
发明专利授权量	7	7	0	优势
技术市场成交合同金额	13	14	-1	中势
财政科技支出占地方财政支出比重	4	4	0	优势
高技术产业主营业务收入	15	13	2	中势
高技术产业收入占工业增加值比重	17	13	4	中势
高技术产品出口额占商品出口额比重	12	12	0	中势
5.2　教育竞争力	18	15	3	中势
教育经费	10	9	1	优势
教育经费占 GDP 比重	15	22	-7	劣势
人均教育经费	29	27	2	劣势
公共教育经费占财政支出比重	12	13	-1	中势
人均文化教育支出	29	21	8	劣势
万人中小学学校数	20	17	3	中势
万人中小学专任教师数	14	10	4	优势
高等学校数	10	10	0	优势
高校专任教师数	13	13	0	中势
万人高等学校在校学生数	26	9	17	优势
5.3　文化竞争力	13	17	-4	中势
文化制造业营业收入	8	10	-2	优势
文化批发零售业营业收入	8	9	-1	优势
文化服务业企业营业收入	14	14	0	中势
图书和期刊出版数	10	13	-3	中势
电子出版物品种	24	25	-1	劣势
印刷用纸量	11	10	1	优势
城镇居民人均文化娱乐支出	29	21	8	劣势
农村居民人均文化娱乐支出	15	13	2	中势
城镇居民人均文化娱乐支出占消费性支出比重	17	16	1	中势
农村居民人均文化娱乐支出占消费性支出比重	21	22	-1	劣势

6. 安徽省发展环境竞争力指标排名变化情况

表 12 – 10 2018～2019 年安徽省发展环境竞争力指标组排位及变化趋势

指　标	2018 年	2019 年	排位升降	优劣势
6　发展环境竞争力	10	9	1	优势
6.1　基础设施竞争力	8	8	0	优势
铁路网线密度	9	10	−1	优势
公路网线密度	6	5	1	优势
人均内河航道里程	14	14	0	中势
全社会旅客周转量	8	8	0	优势
全社会货物周转量	4	5	−1	优势
人均邮电业务总量	24	20	4	中势
电话普及率	31	30	1	劣势
政府网站数	4	4	0	优势
人均耗电量	25	24	1	劣势
6.2　软环境竞争力	15	12	3	中势
外资企业数增长率	12	5	7	优势
万人外资企业数	23	22	1	劣势
个体私营企业数增长率	5	6	−1	优势
万人个体私营企业数	20	19	1	中势
万人商标注册件数	15	13	2	中势
查处商标侵权假冒案件数	21	26	−5	劣势
每十万人交通事故发生数	17	18	−1	中势
罚没收入占财政收入比重	12	10	2	优势
社会捐赠站点数	20	14	6	中势

7. 安徽省政府作用竞争力指标排名变化情况

表 12 – 11 2018～2019 年安徽省政府作用竞争力指标组排位及变化趋势

指　标	2018 年	2019 年	排位升降	优劣势
7　政府作用竞争力	18	10	8	优势
7.1　政府发展经济竞争力	11	10	1	优势
财政支出用于基本建设投资比重	4	5	−1	优势
财政支出对 GDP 增长的拉动	13	8	5	优势
政府公务员对经济的贡献	11	10	1	优势
财政支出用于经济社会比重	29	27	2	劣势
财政投资对社会投资的拉动	21	17	4	中势

指　　标	2018 年	2019 年	排位升降	优劣势
7.2　政府规调经济竞争力	7	6	1	优势
物价调控	13	13	0	中势
调控城乡消费差距	1	1	0	强势
统筹经济社会发展	3	5	−2	优势
规范税收	20	7	13	优势
固定资产投资价格指数	24	12	12	中势
7.3　政府保障经济竞争力	27	23	4	劣势
城镇职工养老保险收支比	13	7	6	优势
医疗保险覆盖率	23	21	2	劣势
养老保险覆盖率	27	26	1	劣势
失业保险覆盖率	20	23	−3	劣势
最低工资标准	29	31	−2	劣势
城镇登记失业率	23	10	13	优势

8. 安徽省发展水平竞争力指标排名变化情况

表 12 - 12　2018～2019 年安徽省发展水平竞争力指标组排位及变化趋势

指　　标	2018 年	2019 年	排位升降	优劣势
8　发展水平竞争力	10	14	−4	中势
8.1　工业化进程竞争力	9	15	−6	中势
工业增加值占 GDP 比重	2	16	−14	中势
工业增加值增长率	7	23	−16	劣势
高技术产业占工业增加值比重	6	12	−6	中势
高技术产品占商品出口额比重	14	14	0	中势
信息产业增加值占 GDP 比重	16	16	0	中势
工农业增加值比值	13	16	−3	中势
8.2　城市化进程竞争力	12	14	−2	中势
城镇化率	22	22	0	劣势
城镇居民人均可支配收入	14	14	0	中势
城市平均建成区面积比重	14	15	−1	中势
人均拥有道路面积	3	4	−1	优势
人均日生活用水量	12	11	1	中势
人均公共绿地面积	8	11	−3	中势

续表

指　标	2018 年	2019 年	排位升降	优劣势
8.3　市场化进程竞争力	10	10	0	优势
非公有制经济产值占全社会总产值比重	14	15	−1	中势
社会投资占投资总额比重	16	12	4	中势
私有和个体企业从业人员比重	10	6	4	优势
亿元以上商品市场成交额	12	13	−1	中势
亿元以上商品市场成交额占全社会消费品零售总额比重	14	15	−1	中势
居民消费支出占总消费支出比重	2	2	0	强势

9. 安徽省统筹协调竞争力指标排名变化情况

表 12 – 13　2018～2019 年安徽省统筹协调竞争力指标组排位及变化趋势

指　标	2018 年	2019 年	排位升降	优劣势
9　统筹协调竞争力	20	15	5	中势
9.1　统筹发展竞争力	24	17	7	中势
社会劳动生产率	28	22	6	劣势
能源使用下降率	11	22	−11	劣势
万元 GDP 综合能耗下降率	5	15	−10	中势
非农用地产出率	13	13	0	中势
居民收入占 GDP 比重	25	17	8	中势
二三产业增加值比例	28	23	5	劣势
固定资产投资额占 GDP 比重	25	21	4	劣势
固定资产投资增长率	30	8	22	优势
9.2　协调发展竞争力	14	11	3	中势
资源竞争力与宏观经济竞争力比差	20	19	1	中势
环境竞争力与宏观经济竞争力比差	22	13	9	中势
人力资源竞争力与宏观经济竞争力比差	7	5	2	优势
环境竞争力与工业竞争力比差	21	20	1	中势
资源竞争力与工业竞争力比差	15	20	−5	中势
城乡居民家庭人均收入比差	14	14	0	中势
城乡居民人均现金消费支出比差	1	1	0	强势
全社会消费品零售总额与外贸出口总额比差	19	20	−1	中势

B.14

13

2018～2019年福建省经济综合竞争力评价分析报告

福建省简称"闽",地处中国东南部、东海之滨,东隔台湾海峡与台湾地区相望,东北与浙江省毗邻,西北横贯武夷山脉与江西省交界,西南与广东省相连,连接长江三角洲和珠江三角洲。全省陆域面积12.4万平方公里,海域面积13.6万平方公里,2019年全省常住人口为3973万人,地区生产总值为42395亿元,同比增长7.6%,人均GDP达107139元。本部分通过分析2018～2019年福建省经济综合竞争力以及各要素竞争力的排名变化,从中找出福建省经济综合竞争力的推动点及影响因素,为进一步提升福建省经济综合竞争力提供决策参考。

13.1　福建省经济综合竞争力总体分析

1. 福建省经济综合竞争力一级指标概要分析

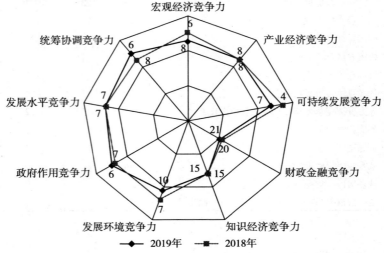

图13-1　2018～2019年福建省经济综合竞争力二级指标比较

表 13 - 1   2018~2019 年福建省经济综合竞争力二级指标比较

项目 年份	宏观 经济 竞争力	产业 经济 竞争力	可持续 发展 竞争力	财政 金融 竞争力	知识 经济 竞争力	发展 环境 竞争力	政府 作用 竞争力	发展 水平 竞争力	统筹 协调 竞争力	综合 排位
2018	6	8	4	20	15	7	7	7	8	7
2019	8	8	7	21	15	10	6	7	6	7
升降	-2	0	-3	-1	0	-3	1	0	2	0
优劣度	优势	优势	优势	劣势	中势	优势	优势	优势	优势	优势

（1）从综合排位看，2019 年福建省经济综合竞争力综合排位在全国居第 7 位，这表明其在全国处于优势地位；与 2018 年相比，综合排位没有发生变化。

（2）从指标所处区位看，7 个指标处于上游区，分别为宏观经济竞争力、产业经济竞争力、可持续发展竞争力、发展环境竞争力、政府作用竞争力、发展水平竞争力和统筹协调竞争力，这些为福建省经济综合竞争力的优势指标。

（3）从指标变化趋势看，9 个二级指标中，有 4 个指标处于下降趋势，分别为宏观经济竞争力、可持续发展竞争力、财政金融竞争力和发展环境竞争力，这些是福建省经济综合竞争力的下降拉力所在；有 3 个指标排位没有发生变化，分别为产业经济竞争力、知识经济竞争力和发展水平竞争力；有 2 个指标处于上升趋势，为政府作用竞争力和统筹协调竞争力，这些是福建省经济综合竞争力的上升动力所在。

2. 福建省经济综合竞争力各级指标动态变化分析

表 13 - 2   2018~2019 年福建省经济综合竞争力各级指标排位变化态势比较

单位：个,%

二级指标	三级指标	四级 指标数	上升		保持		下降		变化 趋势
			指标数	比重	指标数	比重	指标数	比重	
宏观经济 竞争力	经济实力竞争力	12	3	25.0	2	16.7	7	58.3	下降
	经济结构竞争力	6	1	16.7	3	50.0	2	33.3	下降
	经济外向度竞争力	9	3	33.3	4	44.4	2	22.2	上升
	小　计	27	7	25.9	9	33.3	11	40.7	下降

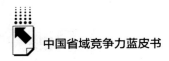

续表

二级指标	三级指标	四级指标数	上升		保持		下降		变化趋势
			指标数	比重	指标数	比重	指标数	比重	
产业经济竞争力	农业竞争力	10	1	10.0	6	60.0	3	30.0	保持
	工业竞争力	10	3	30.0	3	30.0	4	40.0	保持
	服务业竞争力	10	5	50.0	3	30.0	2	20.0	上升
	企业竞争力	10	4	40.0	1	10.0	5	50.0	上升
	小　计	40	13	32.5	13	32.5	14	35.0	保持
可持续发展竞争力	资源竞争力	9	1	11.1	7	77.8	1	11.1	保持
	环境竞争力	8	0	0.0	5	62.5	3	37.5	上升
	人力资源竞争力	7	1	14.3	1	14.3	5	71.4	保持
	小　计	24	2	8.3	13	54.2	9	37.5	下降
财政金融竞争力	财政竞争力	12	3	25.0	1	8.3	8	66.7	下降
	金融竞争力	10	2	20.0	7	70.0	1	10.0	上升
	小　计	22	5	22.7	8	36.4	9	40.9	下降
知识经济竞争力	科技竞争力	9	1	11.1	6	66.7	2	22.2	保持
	教育竞争力	10	7	70.0	2	20.0	1	10.0	上升
	文化竞争力	10	5	50.0	4	40.0	1	10.0	上升
	小　计	29	13	44.8	12	41.4	4	13.8	保持
发展环境竞争力	基础设施竞争力	9	1	11.1	5	55.6	3	33.3	上升
	软环境竞争力	9	1	11.1	2	22.2	6	66.7	下降
	小　计	18	2	11.1	7	38.9	9	50.0	下降
政府作用竞争力	政府发展经济竞争力	5	2	40.0	2	40.0	1	20.0	保持
	政府规调经济竞争力	5	2	40.0	1	20.0	2	40.0	下降
	政府保障经济竞争力	6	3	50.0	1	16.7	2	33.3	下降
	小　计	16	7	43.8	4	25.0	5	31.3	上升
发展水平竞争力	工业化进程竞争力	6	2	33.3	3	50.0	1	16.7	上升
	城市化进程竞争力	6	1	16.7	1	16.7	4	66.7	保持
	市场化进程竞争力	6	1	16.7	2	33.3	3	50.0	下降
	小　计	18	4	22.2	6	33.3	8	44.4	保持
统筹协调竞争力	统筹发展竞争力	8	4	50.0	3	37.5	1	12.5	上升
	协调发展竞争力	8	3	37.5	2	25.0	3	37.5	保持
	小　计	16	7	43.8	5	31.3	4	25.0	上升
合　计		210	60	28.6	77	36.7	73	34.8	保持

　　从表 13-2 可以看出，210 个四级指标中，上升指标有 60 个，占指标总数的 28.6%；下降指标有 73 个，占指标总数的 34.8%；保持不变的指标

有 77 个，占指标总数的 36.7%。综上所述，福建省经济综合竞争力的上升动力稍弱于下降拉力，但排位保持不变的指标仍占较大比重，2018～2019年福建省经济综合竞争力排位保持不变。

3. 福建省经济综合竞争力各级指标优劣势结构分析

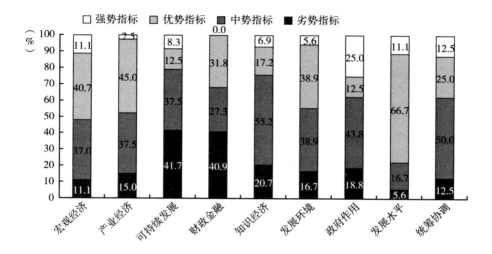

图 13－2　2019 年福建省经济综合竞争力各级指标优劣势比较

表 13－3　2019 年福建省经济综合竞争力各级指标优劣势比较

单位：个，%

二级指标	三级指标	四级指标数	强势指标		优势指标		中势指标		劣势指标		优劣势
			个数	比重	个数	比重	个数	比重	个数	比重	
宏观经济竞争力	经济实力竞争力	12	2	16.7	4	33.3	5	41.7	1	8.3	优势
	经济结构竞争力	6	1	16.7	1	16.7	3	50.0	1	16.7	优势
	经济外向度竞争力	9	0	0.0	6	66.7	2	22.2	1	11.1	优势
	小　计	**27**	3	11.1	11	40.7	10	37.0	3	11.1	优势
产业经济竞争力	农业竞争力	10	0	0.0	4	40.0	3	30.0	3	30.0	中势
	工业竞争力	10	1	10.0	5	50.0	3	30.0	1	10.0	优势
	服务业竞争力	10	0	0.0	5	50.0	5	50.0	0	0.0	优势
	企业竞争力	10	0	0.0	4	40.0	4	40.0	2	20.0	中势
	小　计	**40**	1	2.5	18	45.0	15	37.5	6	15.0	优势

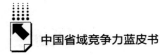

续表

二级指标	三级指标	四级指标数	强势指标		优势指标		中势指标		劣势指标		优劣势
			个数	比重	个数	比重	个数	比重	个数	比重	
可持续发展竞争力	资源竞争力	9	1	11.1	2	22.2	1	11.1	5	55.6	中势
	环境竞争力	8	1	12.5	0	0.0	5	62.5	2	25.0	强势
	人力资源竞争力	7	0	0.0	1	14.3	3	42.9	3	42.9	中势
	小　计	24	2	8.3	3	12.5	9	37.5	10	41.7	优势
财政金融竞争力	财政竞争力	12	0	0.0	2	16.7	2	16.7	8	66.7	劣势
	金融竞争力	10	0	0.0	5	50.0	4	40.0	1	10.0	中势
	小　计	22	0	0.0	7	31.8	6	27.3	9	40.9	劣势
知识经济竞争力	科技竞争力	9	0	0.0	2	22.2	6	66.7	1	11.1	中势
	教育竞争力	10	1	10.0	0	0.0	8	80.0	1	10.0	中势
	文化竞争力	10	1	10.0	3	30.0	2	20.0	4	40.0	中势
	小　计	29	2	6.9	5	17.2	16	55.2	6	20.7	中势
发展环境竞争力	基础设施竞争力	9	0	0.0	4	44.4	5	55.6	0	0.0	中势
	软环境竞争力	9	1	11.1	3	33.3	2	22.2	3	33.3	优势
	小　计	18	1	5.6	7	38.9	7	38.9	3	16.7	优势
政府作用竞争力	政府发展经济竞争力	5	3	60.0	0	0.0	2	40.0	0	0.0	强势
	政府规调经济竞争力	5	1	20.0	1	20.0	3	60.0	0	0.0	优势
	政府保障经济竞争力	6	0	0.0	1	16.7	2	33.3	3	50.0	劣势
	小　计	16	4	25.0	2	12.5	7	43.8	3	18.8	优势
发展水平竞争力	工业化进程竞争力	6	1	16.7	4	66.7	1	16.7	0	0.0	优势
	城市化进程竞争力	6	0	0.0	6	100.0	0	0.0	0	0.0	优势
	市场化进程竞争力	6	1	16.7	2	33.3	2	33.3	1	16.7	优势
	小　计	18	2	11.1	12	66.7	3	16.7	1	5.6	优势
统筹协调竞争力	统筹发展竞争力	8	1	12.5	2	25.0	3	37.5	2	25.0	优势
	协调发展竞争力	8	1	12.5	2	25.0	5	62.5	0	0.0	优势
	小　计	16	2	12.5	4	25.0	8	50.0	2	12.5	优势
合　计		210	17	8.1	69	32.9	81	38.6	43	20.5	优势

基于图 13 - 2 和表 13 - 3，具体到四级指标，强势指标 17 个，占指标总数的 8.1%；优势指标 69 个，占指标总数的 32.9%；中势指标 81 个，

占指标总数的38.6%；劣势指标43个，占指标总数的20.5%。三级指标中，强势指标2个，占三级指标总数的8%；优势指标12个，占三级指标总数的48%；中势指标9个，占三级指标总数的36%；劣势指标2个，占三级指标总数的8%。从二级指标看，没有强势指标；优势指标有7个，占二级指标总数的77.8%；中势指标有1个，占二级指标总数的11.1%；劣势指标有1个，占二级指标总数的11.1%。综合来看，由于优势指标在指标体系中居于主导地位，2019年福建省经济综合竞争力处于优势地位。

4. 福建省经济综合竞争力四级指标优劣势对比分析

表13－4　2019年福建省经济综合竞争力各级指标优劣势情况

二级指标	优劣势	四级指标
宏观经济竞争力（27个）	强势指标	人均固定资产投资额、人均全社会消费品零售总额、所有制经济结构优化度（3个）
	优势指标	地区生产总值增长率、人均财政收入、全社会消费品零售总额、全社会消费品零售总额增长率、就业结构优化度、进出口总额、出口总额、实际FDI、外贸依存度、外资企业数、对外直接投资额（11个）
	劣势指标	财政总收入增长率、产业结构优化度、实际FDI增长率（3个）
产业经济竞争力（40个）	强势指标	人均工业增加值（1个）
	优势指标	人均农业增加值、农民人均纯收入、农产品出口占农林牧渔总产值比重、农村人均用电量、工业增加值、工业增加值增长率、规模以上工业主营业务收入、规模以上工业利润总额、工业收入利润率、人均服务业增加值、服务业从业人员数、限额以上批发零售企业主营业务收入、旅游外汇收入、商品房销售收入、规模以上工业企业数、规模以上企业平均利润、产品质量抽查合格率、全国500强企业数（18个）
	劣势指标	人均主要农产品产量、农业机械化水平、财政支农资金比重、工业全员劳动生产率、规模以上企业平均资产、规模以上企业劳动效率（6个）
可持续发展竞争力（24个）	强势指标	人均可使用海域和滩涂面积、森林覆盖率（2个）
	优势指标	人均年水资源量、人均森林储积量、常住人口增长率（3个）
	劣势指标	耕地面积、人均耕地面积、人均牧草地面积、主要能源矿产基础储量、人均主要能源矿产基础储量、人均废水排放量、自然灾害直接经济损失额、文盲率、大专以上教育程度人口比例、平均受教育程度（10个）

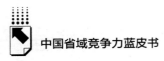

续表

二级指标	优劣势	四级指标
财政金融竞争力(22个)	强势指标	(0个)
	优势指标	人均地方财政收入、人均税收收入、人均存款余额、贷款余额、人均贷款余额、国内上市公司数、国内上市公司市值(7个)
	劣势指标	地方财政支出、地方财政收入占GDP比重、地方财政支出占GDP比重、税收收入占GDP比重、人均地方财政支出、地方财政收入增长率、地方财政支出增长率、税收收入增长率、保险深度(保险费占GDP的比重)(9个)
知识经济竞争力(29个)	强势指标	公共教育经费占财政支出比重、文化制造业营业收入(2个)
	优势指标	R&D人员、高技术产业主营业务收入、文化批发零售业营业收入、文化服务业企业营业收入、农村居民人均文化娱乐支出(5个)
	劣势指标	技术市场成交合同金额、教育经费占GDP比重、图书和期刊出版数、电子出版物品种、城镇居民人均文化娱乐支出占消费性支出比重、农村居民人均文化娱乐支出占消费性支出比重(6个)
发展环境竞争力(18个)	强势指标	万人个体私营企业数(1个)
	优势指标	全社会货物周转量、人均邮电业务总量、电话普及率、人均耗电量、万人外资企业数、个体私营企业数增长率、万人商标注册件数(7个)
	劣势指标	外资企业数增长率、查处商标侵权假冒案件数、每十万人交通事故发生数(3个)
政府作用竞争力(16个)	强势指标	财政支出用于基本建设投资比重、财政支出对GDP增长的拉动、政府公务员对经济的贡献、规范税收(4个)
	优势指标	固定资产投资价格指数、城镇职工养老保险收支比(2个)
	劣势指标	医疗保险覆盖率、养老保险覆盖率、城镇登记失业率(3个)
发展水平竞争力(18个)	强势指标	工业增加值占GDP比重、非公有制经济产值占全社会总产值比重(2个)
	优势指标	工业增加值增长率、高技术产业占工业增加值比重、信息产业增加值占GDP比重、工农业增加值比值、城镇化率、城镇居民人均可支配收入、城市平均建成区面积比重、人均拥有道路面积、人均日生活用水量、人均公共绿地面积、私有和个体企业从业人员比重、居民消费支出占总消费支出比重(12个)
	劣势指标	亿元以上商品市场成交额占全社会消费品零售总额比重(1个)
统筹协调竞争力(16个)	强势指标	居民收入占GDP比重、人力资源竞争力与宏观经济竞争力比差(2个)
	优势指标	社会劳动生产率、非农用地产出率、资源竞争力与工业竞争力比差、全社会消费品零售总额与外贸出口总额比差(4个)
	劣势指标	能源使用下降率、二三产业增加值比例(2个)

13.2 福建省经济综合竞争力各级指标具体分析

1.福建省宏观经济竞争力指标排名变化情况

表13－5 2018～2019年福建省宏观经济竞争力指标组排位及变化趋势

指 标	2018 年	2019 年	排位升降	优劣势
1 宏观经济竞争力	6	8	−2	优势
1.1 经济实力竞争力	5	10	−5	优势
地区生产总值	10	12	−2	中势
地区生产总值增长率	5	8	−3	优势
人均地区生产总值	6	19	−13	中势
财政总收入	12	11	1	中势
财政总收入增长率	12	24	−12	劣势
人均财政收入	6	9	−3	优势
固定资产投资额	11	11	0	中势
固定资产投资额增长率	4	17	−13	中势
人均固定资产投资额	1	1	0	强势
全社会消费品零售总额	10	8	2	优势
全社会消费品零售总额增长率	2	8	−6	优势
人均全社会消费品零售总额	5	3	2	强势
1.2 经济结构竞争力	3	7	−4	优势
产业结构优化度	27	31	−4	劣势
所有制经济结构优化度	1	1	0	强势
城乡经济结构优化度	11	11	0	中势
就业结构优化度	12	9	3	优势
财政收入结构优化度	7	20	−13	中势
贸易结构优化度	11	11	0	中势
1.3 经济外向度竞争力	10	9	1	优势
进出口总额	7	7	0	优势
进出口增长率	19	12	7	中势
出口总额	6	6	0	优势
出口增长率	13	14	−1	中势
实际 FDI	9	9	0	优势
实际 FDI 增长率	26	24	2	劣势
外贸依存度	7	8	−1	优势
外资企业数	7	7	0	优势
对外直接投资额	9	8	1	优势

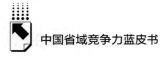

2. 福建省产业经济竞争力指标排名变化情况

表 13－6 2018～2019 年福建省产业经济竞争力指标组排位及变化趋势

指　标	2018 年	2019 年	排位升降	优劣势
2　产业经济竞争力	8	8	0	优势
2.1　农业竞争力	13	13	0	中势
农业增加值	13	13	0	中势
农业增加值增长率	13	11	2	中势
人均农业增加值	4	4	0	优势
农民人均纯收入	6	6	0	优势
农民人均纯收入增长率	13	14	－1	中势
农产品出口占农林牧渔总产值比重	3	4	－1	优势
人均主要农产品产量	25	25	0	劣势
农业机械化水平	24	24	0	劣势
农村人均用电量	5	5	0	优势
财政支农资金比重	23	24	－1	劣势
2.2　工业竞争力	4	4	0	优势
工业增加值	6	6	0	优势
工业增加值增长率	3	6	－3	优势
人均工业增加值	3	2	1	强势
工业资产总额	13	13	0	中势
工业资产总额增长率	8	12	－4	中势
规模以上工业主营业务收入	5	5	0	优势
工业成本费用率	12	20	－8	中势
规模以上工业利润总额	5	4	1	优势
工业全员劳动生产率	27	28	－1	劣势
工业收入利润率	8	4	4	优势
2.3　服务业竞争力	11	9	2	优势
服务业增加值	12	12	0	中势
服务业增加值增长率	10	17	－7	中势
人均服务业增加值	7	7	0	优势
服务业从业人员数	6	10	－4	优势
限额以上批发零售企业主营业务收入	7	7	0	优势
限额以上批零企业利税率	20	15	5	中势
限额以上餐饮企业利税率	27	11	16	中势
旅游外汇收入	9	8	1	优势
商品房销售收入	9	8	1	优势
电子商务销售额	13	11	2	中势

续表

指 标	2018 年	2019 年	排位升降	优劣势
2.4 企业竞争力	15	13	2	中势
规模以上工业企业数	7	6	1	优势
规模以上企业平均资产	27	28	−1	劣势
规模以上企业平均收入	15	16	−1	中势
规模以上企业平均利润	11	9	2	优势
规模以上企业劳动效率	23	24	−1	劣势
城镇就业人员平均工资	17	15	2	中势
新产品销售收入占主营业务收入比重	17	18	−1	中势
产品质量抽查合格率	12	6	6	优势
工业企业 R&D 经费投入强度	14	14	0	中势
全国 500 强企业数	7	10	−3	优势

3. 福建省可持续发展竞争力指标排名变化情况

表 13 – 7　2018 ~ 2019 年福建省可持续发展竞争力指标组排位及变化趋势

指 标	2018 年	2019 年	排位升降	优劣势
3　可持续发展竞争力	4	7	−3	优势
3.1 资源竞争力	13	13	0	中势
人均国土面积	18	19	−1	中势
人均可使用海域和滩涂面积	2	2	0	强势
人均年水资源量	11	7	4	优势
耕地面积	24	24	0	劣势
人均耕地面积	27	27	0	劣势
人均牧草地面积	26	26	0	劣势
主要能源矿产基础储量	22	22	0	劣势
人均主要能源矿产基础储量	22	22	0	劣势
人均森林储积量	7	7	0	优势
3.2 环境竞争力	4	2	2	强势
森林覆盖率	1	1	0	强势
人均废水排放量	25	25	0	劣势
人均工业废气排放量	11	11	0	中势
人均工业固体废物排放量	14	14	0	中势
人均治理工业污染投资额	15	16	−1	中势
一般工业固体废物综合利用率	12	12	0	中势
生活垃圾无害化处理率	13	15	−2	中势
自然灾害直接经济损失额	11	24	−13	劣势

指 标	2018 年	2019 年	排位升降	优劣势
3.3　人力资源竞争力	16	16	0	中势
常住人口增长率	11	7	4	优势
15~64 岁人口比例	11	11	0	中势
文盲率	22	23	-1	劣势
大专以上教育程度人口比例	17	27	-10	劣势
平均受教育程度	20	26	-6	劣势
人口健康素质	17	18	-1	中势
职业学校毕业生数	14	15	-1	中势

4. 福建省财政金融竞争力指标排名变化情况

表 13 - 8　2018~2019 年福建省财政金融竞争力指标组排位及变化趋势

指 标	2018 年	2019 年	排位升降	优劣势
4　财政金融竞争力	20	21	-1	劣势
4.1　财政竞争力	24	25	-1	劣势
地方财政收入	12	12	0	中势
地方财政支出	20	21	-1	劣势
地方财政收入占 GDP 比重	26	31	-5	劣势
地方财政支出占 GDP 比重	29	31	-2	劣势
税收收入占 GDP 比重	26	30	-4	劣势
税收收入占财政总收入比重	15	14	1	中势
人均地方财政收入	8	9	-1	优势
人均地方财政支出	21	23	-2	劣势
人均税收收入	8	9	-1	优势
地方财政收入增长率	13	21	-8	劣势
地方财政支出增长率	28	26	2	劣势
税收收入增长率	22	21	1	劣势
4.2　金融竞争力	15	12	3	中势
存款余额	14	14	0	中势
人均存款余额	10	10	0	优势
贷款余额	10	10	0	优势
人均贷款余额	8	8	0	优势
中长期贷款占贷款余额比重	17	20	-3	中势
保险费净收入	15	14	1	中势
保险密度(人均保险费)	20	19	1	中势
保险深度(保险费占 GDP 的比重)	30	30	0	劣势
国内上市公司数	7	7	0	优势
国内上市公司市值	7	7	0	优势

5. 福建省知识经济竞争力指标排名变化情况

表 13 – 9 2018～2019 年福建省知识经济竞争力指标组排位及变化趋势

指　标	2018 年	2019 年	排位升降	优劣势
5　知识经济竞争力	15	15	0	中势
5.1　科技竞争力	14	14	0	中势
R&D 人员	6	6	0	优势
R&D 经费	12	12	0	中势
R&D 经费投入强度	15	15	0	中势
发明专利授权量	10	11	− 1	中势
技术市场成交合同金额	24	21	3	劣势
财政科技支出占地方财政支出比重	11	11	0	中势
高技术产业主营业务收入	9	9	0	优势
高技术产业收入占工业增加值比重	14	16	− 2	中势
高技术产品出口额占商品出口额比重	17	17	0	中势
5.2　教育竞争力	15	14	1	中势
教育经费	17	17	0	中势
教育经费占 GDP 比重	28	30	− 2	劣势
人均教育经费	15	14	1	中势
公共教育经费占财政支出比重	3	2	1	强势
人均文化教育支出	14	13	1	中势
万人中小学学校数	18	16	2	中势
万人中小学专任教师数	18	16	2	中势
高等学校数	15	15	0	中势
高校专任教师数	16	15	1	中势
万人高等学校在校学生数	22	16	6	中势
5.3　文化竞争力	19	13	6	中势
文化制造业营业收入	4	3	1	强势
文化批发零售业营业收入	7	7	0	优势
文化服务业企业营业收入	13	10	3	优势
图书和期刊出版数	22	22	0	劣势
电子出版物品种	21	23	− 2	劣势
印刷用纸量	17	17	0	中势
城镇居民人均文化娱乐支出	14	13	1	中势
农村居民人均文化娱乐支出	11	7	4	优势
城镇居民人均文化娱乐支出占消费性支出比重	30	30	0	劣势
农村居民人均文化娱乐支出占消费性支出比重	25	23	2	劣势

6. 福建省发展环境竞争力指标排名变化情况

表 13－10　2018～2019 年福建省发展环境竞争力指标组排位及变化趋势

指　　标	2018 年	2019 年	排位升降	优劣势
6　发展环境竞争力	7	10	−3	优势
6.1　基础设施竞争力	15	14	1	中势
铁路网线密度	12	13	−1	中势
公路网线密度	18	18	0	中势
人均内河航道里程	17	17	0	中势
全社会旅客周转量	17	17	0	中势
全社会货物周转量	10	10	0	优势
人均邮电业务总量	8	9	−1	优势
电话普及率	9	7	2	优势
政府网站数	17	17	0	中势
人均耗电量	9	10	−1	优势
6.2　软环境竞争力	5	6	−1	优势
外资企业数增长率	15	21	−6	劣势
万人外资企业数	5	5	0	优势
个体私营企业数增长率	4	5	−1	优势
万人个体私营企业数	5	3	2	强势
万人商标注册件数	5	5	0	优势
查处商标侵权假冒案件数	23	27	−4	劣势
每十万人交通事故发生数	24	25	−1	劣势
罚没收入占财政收入比重	15	19	−4	中势
社会捐赠站点数	11	12	−1	中势

7. 福建省政府作用竞争力指标排名变化情况

表 13－11　2018～2019 年福建省政府作用竞争力指标组排位及变化趋势

指　　标	2018 年	2019 年	排位升降	优劣势
7　政府作用竞争力	7	6	1	优势
7.1　政府发展经济竞争力	2	2	0	强势
财政支出用于基本建设投资比重	2	2	0	强势
财政支出对 GDP 增长的拉动	3	1	2	强势
政府公务员对经济的贡献	6	3	3	强势
财政支出用于经济社会比重	18	18	0	中势
财政投资对社会投资的拉动	18	20	−2	中势

续表

指 标	2018 年	2019 年	排位升降	优劣势
7.2 政府规调经济竞争力	1	5	−4	优势
物价调控	1	12	−11	中势
调控城乡消费差距	7	11	−4	中势
统筹经济社会发展	15	15	0	中势
规范税收	7	3	4	强势
固定资产投资价格指数	14	4	10	优势
7.3 政府保障经济竞争力	22	25	−3	劣势
城镇职工养老保险收支比	18	5	13	优势
医疗保险覆盖率	25	23	2	劣势
养老保险覆盖率	29	29	0	劣势
失业保险覆盖率	25	18	7	中势
最低工资标准	12	13	−1	中势
城镇登记失业率	5	25	−20	劣势

8. 福建省发展水平竞争力指标排名变化情况

表 13－12　2018～2019 年福建省发展水平竞争力指标组排位及变化趋势

指 标	2018 年	2019 年	排位升降	优劣势
8 发展水平竞争力	7	7	0	优势
8.1 工业化进程竞争力	12	10	2	优势
工业增加值占 GDP 比重	3	2	1	强势
工业增加值增长率	3	6	−3	优势
高技术产业占工业增加值比重	17	10	7	优势
高技术产品占商品出口额比重	18	18	0	中势
信息产业增加值占 GDP 比重	8	8	0	优势
工农业增加值比值	8	8	0	优势
8.2 城市化进程竞争力	6	6	0	优势
城镇化率	8	9	−1	优势
城镇居民人均可支配收入	7	7	0	优势
城市平均建成区面积比重	8	10	−2	优势
人均拥有道路面积	6	8	−2	优势
人均日生活用水量	5	8	−3	优势
人均公共绿地面积	11	8	3	优势

续表

指　标	2018 年	2019 年	排位升降	优劣势
8.3　市场化进程竞争力	7	8	−1	优势
非公有制经济产值占全社会总产值比重	1	1	0	强势
社会投资占投资总额比重	19	14	5	中势
私有和个体企业从业人员比重	4	8	−4	优势
亿元以上商品市场成交额	17	18	−1	中势
亿元以上商品市场成交额占全社会消费品零售总额比重	22	28	−6	劣势
居民消费支出占总消费支出比重	6	6	0	优势

9. 福建省统筹协调竞争力指标排名变化情况

表 13 – 13　2018～2019 年福建省统筹协调竞争力指标组排位及变化趋势

指　标	2018 年	2019 年	排位升降	优劣势
9　统筹协调竞争力	8	6	2	优势
9.1　统筹发展竞争力	8	6	2	优势
社会劳动生产率	7	7	0	优势
能源使用下降率	29	25	4	劣势
万元 GDP 综合能耗下降率	17	17	0	中势
非农用地产出率	4	4	0	优势
居民收入占 GDP 比重	4	1	3	强势
二三产业增加值比例	30	31	−1	劣势
固定资产投资额占 GDP 比重	15	11	4	中势
固定资产投资增长率	28	17	11	中势
9.2　协调发展竞争力	6	6	0	优势
资源竞争力与宏观经济竞争力比差	17	14	3	中势
环境竞争力与宏观经济竞争力比差	11	15	−4	中势
人力资源竞争力与宏观经济竞争力比差	6	3	3	强势
环境竞争力与工业竞争力比差	18	19	−1	中势
资源竞争力与工业竞争力比差	9	7	2	优势
城乡居民家庭人均收入比差	11	11	0	中势
城乡居民人均现金消费支出比差	7	11	−4	中势
全社会消费品零售总额与外贸出口总额比差	6	6	0	优势

B.15

14

2018~2019年江西省经济综合
竞争力评价分析报告

江西省简称"赣"，属于华东地区，东邻浙江省、福建省，南连广东省，西接湖南省，北毗湖北省、安徽省而共接长江。全省面积 16.69 万平方公里，流域面积 16.22 万平方公里，2019 年全省常住人口为 4666 万人，地区生产总值为 23758 亿元，同比增长 8%，人均 GDP 达 53164 元。本部分通过分析 2018~2019 年江西省经济综合竞争力以及各要素竞争力的排名变化，从中找出江西省经济综合竞争力的推动点及影响因素，为进一步提升江西省经济综合竞争力提供决策参考。

14.1 江西省经济综合竞争力总体分析

1. 江西省经济综合竞争力一级指标概要分析

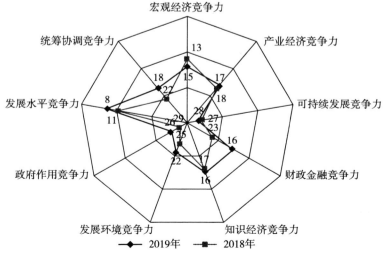

图 14-1 2018~2019 年江西省经济综合竞争力二级指标比较

263

表 14 –1　2018～2019 年江西省经济综合竞争力二级指标比较

项目 年份	宏观 经济 竞争力	产业 经济 竞争力	可持续 发展 竞争力	财政 金融 竞争力	知识 经济 竞争力	发展 环境 竞争力	政府 作用 竞争力	发展 水平 竞争力	统筹 协调 竞争力	综合 排位
2018	13	18	27	23	17	25	29	11	22	18
2019	15	17	28	16	16	22	26	8	18	17
升降	–2	1	–1	7	1	3	3	3	4	1
优劣度	中势	中势	劣势	中势	中势	劣势	劣势	优势	中势	中势

（1）从综合排位看，2019 年江西省经济综合竞争力综合排位在全国居第 17 位，这表明其在全国处于中势地位；与 2018 年相比，综合排位上升了 1 位。

（2）从指标所处区位看，5 个指标处于中游区，分别为宏观经济竞争力、产业经济竞争力、财政金融竞争力、知识经济竞争力和统筹协调竞争力，这些为江西省经济综合竞争力的中势指标。

（3）从指标变化趋势看，9 个二级指标中，有 7 个指标处于上升趋势，分别为产业经济竞争力、财政金融竞争力、知识经济竞争力、发展环境竞争力、政府作用竞争力、发展水平竞争力和统筹协调竞争力，这些是江西省经济综合竞争力的上升动力所在；有 2 个指标处于下降趋势，分别为宏观经济竞争力和可持续发展竞争力，这些是江西省经济综合竞争力的下降拉力所在。

2. 江西省经济综合竞争力各级指标动态变化分析

表 14 –2　2018～2019 年江西省经济综合竞争力各级指标排位变化态势比较

单位：个，%

二级指标	三级指标	四级 指标数	上升		保持		下降		变化 趋势
			指标数	比重	指标数	比重	指标数	比重	
宏观经济 竞争力	经济实力竞争力	12	6	50.0	2	16.7	4	33.3	下降
	经济结构竞争力	6	2	33.3	3	50.0	1	16.7	下降
	经济外向度竞争力	9	5	55.6	3	33.3	1	11.1	上升
	小　计	27	13	48.1	8	29.6	6	22.2	下降

续表

二级指标	三级指标	四级指标数	上升		保持		下降		变化趋势
			指标数	比重	指标数	比重	指标数	比重	
产业经济竞争力	农业竞争力	10	1	10.0	5	50.0	4	40.0	下降
	工业竞争力	10	4	40.0	3	30.0	3	30.0	保持
	服务业竞争力	10	4	40.0	4	40.0	2	20.0	上升
	企业竞争力	10	5	50.0	2	20.0	3	30.0	上升
	小　计	**40**	14	35.0	14	35.0	12	30.0	上升
可持续发展竞争力	资源竞争力	9	1	11.1	7	77.8	1	11.1	保持
	环境竞争力	8	1	12.5	6	75.0	1	12.5	下降
	人力资源竞争力	7	5	71.4	0	0.0	2	28.6	上升
	小　计	**24**	7	29.2	13	54.2	4	16.7	下降
财政金融竞争力	财政竞争力	12	5	41.7	5	41.7	2	16.7	上升
	金融竞争力	10	4	40.0	4	40.0	2	20.0	上升
	小　计	**22**	9	40.9	9	40.9	4	18.2	上升
知识经济竞争力	科技竞争力	9	2	22.2	5	55.6	2	22.2	保持
	教育竞争力	10	5	50.0	3	30.0	2	20.0	保持
	文化竞争力	10	5	50.0	1	10.0	4	40.0	上升
	小　计	**29**	12	41.4	9	31.0	8	27.6	上升
发展环境竞争力	基础设施竞争力	9	2	22.2	4	44.4	3	33.3	保持
	软环境竞争力	9	6	66.7	2	22.2	1	11.1	上升
	小　计	**18**	8	44.4	6	33.3	4	22.2	上升
政府作用竞争力	政府发展经济竞争力	5	4	80.0	0	0.0	1	20.0	上升
	政府规调经济竞争力	5	4	80.0	1	20.0	0	0.0	上升
	政府保障经济竞争力	6	1	16.7	1	16.7	4	66.7	下降
	小　计	**16**	9	56.3	2	12.5	5	31.3	上升
发展水平竞争力	工业化进程竞争力	6	5	83.3	1	16.7	0	0.0	上升
	城市化进程竞争力	6	1	16.7	2	33.3	3	50.0	下降
	市场化进程竞争力	6	1	16.7	3	50.0	2	33.3	保持
	小　计	**18**	7	38.9	6	33.3	5	27.8	上升
统筹协调竞争力	统筹发展竞争力	8	6	75.0	1	12.5	1	12.5	上升
	协调发展竞争力	8	6	75.0	2	25.0	0	0.0	上升
	小　计	**16**	12	75.0	3	18.8	1	6.3	上升
合　计		**210**	91	43.3	70	33.3	49	23.3	上升

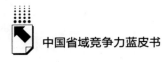

从表 14-2 可以看出，210 个四级指标中，上升指标有 91 个，占指标总数的 43.3%；保持不变的指标有 70 个，占指标总数的 33.3%；下降指标有 49 个，占指标总数的 23.3%。综上所述，江西省经济综合竞争力的上升指标占较大比重，故 2018~2019 年江西省经济综合竞争力排位上升了 1 位。

3. 江西省经济综合竞争力各级指标优劣势结构分析

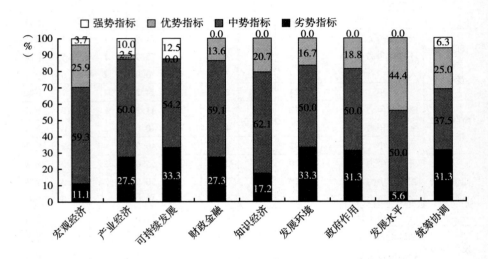

图 14-2 2019 年江西省经济综合竞争力各级指标优劣势比较

表 14-3 2019 年江西省经济综合竞争力各级指标优劣势比较

单位：个，%

二级指标	三级指标	四级指标数	强势指标		优势指标		中势指标		劣势指标		优劣势
			个数	比重	个数	比重	个数	比重	个数	比重	
宏观经济竞争力	经济实力竞争力	12	1	8.3	2	16.7	8	66.7	1	8.3	中势
	经济结构竞争力	6	0	0.0	3	50.0	1	16.7	2	33.3	优势
	经济外向度竞争力	9	0	0.0	2	22.2	7	77.8	0	0.0	中势
	小　计	27	1	3.7	7	25.9	16	59.3	3	11.1	中势
产业经济竞争力	农业竞争力	10	0	0.0	0	0.0	6	60.0	4	40.0	劣势
	工业竞争力	10	0	0.0	1	10.0	8	80.0	1	10.0	中势
	服务业竞争力	10	3	30.0	0	0.0	4	40.0	3	30.0	中势
	企业竞争力	10	1	10.0	0	0.0	6	60.0	3	30.0	中势
	小　计	40	4	10.0	1	2.5	24	60.0	11	27.5	中势

续表

二级指标	三级指标	四级指标数	强势指标		优势指标		中势指标		劣势指标		优劣势
			个数	比重	个数	比重	个数	比重	个数	比重	
可持续发展竞争力	资源竞争力	9	1	11.1	0	0.0	4	44.4	4	44.4	劣势
	环境竞争力	8	2	25.0	0	0.0	4	50.0	2	25.0	中势
	人力资源竞争力	7	0	0.0	0	0.0	5	71.4	2	28.6	劣势
	小　计	**24**	3	12.5	0	0.0	13	54.2	8	33.3	劣势
财政金融竞争力	财政竞争力	12	0	0.0	3	25.0	8	66.7	1	8.3	优势
	金融竞争力	10	0	0.0	0	0.0	5	50.0	5	50.0	中势
	小　计	**22**	0	0.0	3	13.6	13	59.1	6	27.3	中势
知识经济竞争力	科技竞争力	9	0	0.0	3	33.3	5	55.6	1	11.1	中势
	教育竞争力	10	0	0.0	2	20.0	5	50.0	3	30.0	中势
	文化竞争力	10	0	0.0	1	10.0	8	80.0	1	10.0	中势
	小　计	**29**	0	0.0	6	20.7	18	62.1	5	17.2	中势
发展环境竞争力	基础设施竞争力	9	0	0.0	3	33.3	3	33.3	3	33.3	中势
	软环境竞争力	9	0	0.0	0	0.0	6	66.7	3	33.3	劣势
	小　计	**18**	0	0.0	3	16.7	9	50.0	6	33.3	中势
政府作用竞争力	政府发展经济竞争力	5	0	0.0	1	20.0	3	60.0	1	20.0	劣势
	政府规调经济竞争力	5	0	0.0	2	40.0	3	60.0	0	0.0	中势
	政府保障经济竞争力	6	0	0.0	0	0.0	2	33.3	4	66.7	劣势
	小　计	**16**	0	0.0	3	18.8	8	50.0	5	31.3	劣势
发展水平竞争力	工业化进程竞争力	6	0	0.0	3	50.0	2	33.3	1	16.7	中势
	城市化进程竞争力	6	0	0.0	2	33.3	4	66.7	0	0.0	优势
	市场化进程竞争力	6	0	0.0	3	50.0	3	50.0	0	0.0	优势
	小　计	**18**	0	0.0	8	44.4	9	50.0	1	5.6	优势
统筹协调竞争力	统筹发展竞争力	8	0	0.0	2	25.0	3	37.5	3	37.5	中势
	协调发展竞争力	8	1	12.5	2	25.0	3	37.5	2	25.0	中势
	小　计	**16**	1	6.3	4	25.0	6	37.5	5	31.3	中势
合　计		**210**	9	4.3	35	16.7	116	55.2	50	23.8	中势

基于图 14-2 和表 14-3，具体到四级指标，强势指标 9 个，占指标总数的 4.3%；优势指标 35 个，占指标总数的 16.7%；中势指标 116 个，占指标总数的 55.2%；劣势指标 50 个，占指标总数的 23.8%。三级指标中，优势指标 4 个，占三级指标总数的 16%；中势指标 15 个，占三级指标总数的 60%；劣势指标 6 个，占三级指标总数的 24%。从二级指标看，优势指

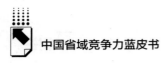

标1个,占二级指标总数的11.1%;中势指标有5个,占二级指标总数的55.6%;劣势指标有3个,占二级指标总数的33.3%。综合来看,由于中势指标在指标体系中居于主导地位,2019年江西省经济综合竞争力处于中势地位。

4. 江西省经济综合竞争力四级指标优劣势对比分析

表14-4 2019年江西省经济综合竞争力各级指标优劣势情况

二级指标	优劣势	四级指标
宏观经济竞争力(27个)	强势指标	全社会消费品零售总额增长率(1个)
	优势指标	固定资产投资额增长率、人均固定资产投资额、所有制经济结构优化度、城乡经济结构优化度、贸易结构优化度、进出口增长率、出口增长率(7个)
	劣势指标	财政总收入增长率、产业结构优化度、财政收入结构优化度(3个)
产业经济竞争力(40个)	强势指标	服务业增加值增长率、限额以上批零企业利税率、限额以上餐饮企业利税率、产品质量抽查合格率(4个)
	优势指标	工业增加值增长率(1个)
	劣势指标	人均农业增加值、农民人均纯收入增长率、农产品出口占农林牧渔总产值比重、财政支农资金比重、工业全员劳动生产率、人均服务业增加值、限额以上批发零售企业主营业务收入、旅游外汇收入、规模以上企业平均资产、规模以上企业平均收入、城镇就业人员平均工资(11个)
可持续发展竞争力(24个)	强势指标	人均年水资源量、森林覆盖率、生活垃圾无害化处理率(3个)
	优势指标	(0个)
	劣势指标	人均耕地面积、人均牧草地面积、主要能源矿产基础储量、人均主要能源矿产基础储量、一般工业固体废物综合利用率、自然灾害直接经济损失额、大专以上教育程度人口比例、人口健康素质(8个)
财政金融竞争力(22个)	强势指标	(0个)
	优势指标	地方财政收入增长率、地方财政支出增长率、税收收入增长率(3个)
	劣势指标	税收收入占财政总收入比重、人均存款余额、人均贷款余额、保险密度(人均保险费)、保险深度(保险费占GDP的比重)、国内上市公司市值(6个)
知识经济竞争力(29个)	强势指标	(0个)
	优势指标	R&D人员、财政科技支出占地方财政支出比重、高技术产业收入占工业增加值比重、公共教育经费占财政支出比重、万人高等学校在校学生数、文化制造业营业收入(6个)
	劣势指标	发明专利授权量、人均文化教育支出、万人中小学校数、万人中小学专任教师数、城镇居民人均文化娱乐支出(5个)

续表

二级指标	优劣势	四级指标
发展环境竞争力（18个）	强势指标	（0个）
	优势指标	公路网线密度、人均内河航道里程、全社会旅客周转量（3个）
	劣势指标	人均邮电业务总量、电话普及率、人均耗电量、万人个体私营企业数、罚没收入占财政收入比重、社会捐赠站点数（6个）
政府作用竞争力（16个）	强势指标	（0个）
	优势指标	财政投资对社会投资的拉动、调控城乡消费差距、统筹经济社会发展（3个）
	劣势指标	财政支出用于经济社会比重、城镇职工养老保险收支比、医疗保险覆盖率、失业保险覆盖率、最低工资标准（5个）
发展水平竞争力（18个）	强势指标	（0个）
	优势指标	工业增加值占GDP比重、工业增加值增长率、高技术产业占工业增加值比重、城市平均建成区面积比重、人均拥有道路面积、非公有制经济产值占全社会总产值比重、社会投资占投资总额比重、居民消费支出占总消费支出比重（8个）
	劣势指标	信息产业增加值占GDP比重（1个）
统筹协调竞争力（16个）	强势指标	人力资源竞争力与宏观经济竞争力比差（1个）
	优势指标	万元GDP综合能耗下降率、固定资产投资增长率、城乡居民家庭人均收入比差、城乡居民人均现金消费支出比差（4个）
	劣势指标	居民收入占GDP比重、二三产业增加值比例、固定资产投资额占GDP比重、资源竞争力与宏观经济竞争力比差、资源竞争力与工业竞争力比差（5个）

14.2　江西省经济综合竞争力各级指标具体分析

1. 江西省宏观经济竞争力指标排名变化情况

表14-5　2018~2019年江西省宏观经济竞争力指标组排位及变化趋势

指标	2018年	2019年	排位升降	优劣势
1　宏观经济竞争力	13	15	-2	中势
1.1　经济实力竞争力	14	15	-1	中势
地区生产总值	16	13	3	中势
地区生产总值增长率	4	14	-10	中势
人均地区生产总值	24	16	8	中势

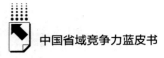

续表

指　标	2018 年	2019 年	排位升降	优劣势
财政总收入	14	14	0	中势
财政总收入增长率	8	26	− 18	劣势
人均财政收入	12	16	− 4	中势
固定资产投资额	13	13	0	中势
固定资产投资额增长率	5	9	− 4	优势
人均固定资产投资额	11	10	1	优势
全社会消费品零售总额	19	17	2	中势
全社会消费品零售总额增长率	22	1	21	强势
人均全社会消费品零售总额	25	18	7	中势
1.2　经济结构竞争力	6	10	− 4	优势
产业结构优化度	30	29	1	劣势
所有制经济结构优化度	7	7	0	优势
城乡经济结构优化度	9	9	0	优势
就业结构优化度	19	17	2	中势
财政收入结构优化度	5	24	− 19	劣势
贸易结构优化度	7	7	0	优势
1.3　经济外向度竞争力	27	17	10	中势
进出口总额	18	19	− 1	中势
进出口增长率	21	9	12	优势
出口总额	16	16	0	中势
出口增长率	21	10	11	优势
实际 FDI	19	19	0	中势
实际 FDI 增长率	25	11	14	中势
外贸依存度	18	18	0	中势
外资企业数	17	16	1	中势
对外直接投资额	22	11	11	中势

2. 江西省产业经济竞争力指标排名变化情况

表 14 − 6　2018 ~ 2019 年江西省产业经济竞争力指标组排位及变化趋势

指　标	2018 年	2019 年	排位升降	优劣势
2　产业经济竞争力	18	17	1	中势
2.1　农业竞争力	20	25	− 5	劣势
农业增加值	17	17	0	中势

续表

指　　标	2018 年	2019 年	排位升降	优劣势
农业增加值增长率	15	17	－2	中势
人均农业增加值	25	24	1	劣势
农民人均纯收入	11	11	0	中势
农民人均纯收入增长率	10	23	－13	劣势
农产品出口占农林牧渔总产值比重	23	24	－1	劣势
人均主要农产品产量	12	12	0	中势
农业机械化水平	16	16	0	中势
农村人均用电量	19	19	0	中势
财政支农资金比重	21	22	－1	劣势
2.2　工业竞争力	15	15	0	中势
工业增加值	14	14	0	中势
工业增加值增长率	21	10	11	优势
人均工业增加值	18	13	5	中势
工业资产总额	18	18	0	中势
工业资产总额增长率	2	16	－14	中势
规模以上工业主营业务收入	13	13	0	中势
工业成本费用率	14	15	－1	中势
规模以上工业利润总额	13	11	2	中势
工业全员劳动生产率	28	24	4	劣势
工业收入利润率	11	14	－3	中势
2.3　服务业竞争力	14	13	1	中势
服务业增加值	19	19	0	中势
服务业增加值增长率	1	3	－2	强势
人均服务业增加值	26	22	4	劣势
服务业从业人员数	17	18	－1	中势
限额以上批发零售企业主营业务收入	23	22	1	劣势
限额以上批零企业利税率	4	3	1	强势
限额以上餐饮企业利税率	25	2	23	强势
旅游外汇收入	21	21	0	劣势
商品房销售收入	13	13	0	中势
电子商务销售额	16	16	0	中势
2.4　企业竞争力	23	15	8	中势
规模以上工业企业数	12	12	0	中势
规模以上企业平均资产	28	29	－1	劣势
规模以上企业平均收入	20	23	－3	劣势
规模以上企业平均利润	14	19	－5	中势

指　标	2018 年	2019 年	排位升降	优劣势
规模以上企业劳动效率	18	15	3	中势
城镇就业人员平均工资	26	25	1	劣势
新产品销售收入占主营业务收入比重	14	12	2	中势
产品质量抽查合格率	22	3	19	强势
工业企业 R&D 经费投入强度	19	18	1	中势
全国 500 强企业数	16	16	0	中势

3. 江西省可持续发展竞争力指标排名变化情况

表 14 - 7　2018 ~ 2019 年江西省可持续发展竞争力指标组排位及变化趋势

指　标	2018 年	2019 年	排位升降	优劣势
3　可持续发展竞争力	23	28	- 5	劣势
3.1　资源竞争力	26	26	0	劣势
人均国土面积	16	16	0	中势
人均可使用海域和滩涂面积	13	13	0	中势
人均年水资源量	10	3	7	强势
耕地面积	20	20	0	中势
人均耕地面积	23	23	0	劣势
人均牧草地面积	23	23	0	劣势
主要能源矿产基础储量	23	26	- 3	劣势
人均主要能源矿产基础储量	26	26	0	劣势
人均森林储积量	12	12	0	中势
3.2　环境竞争力	7	15	- 8	中势
森林覆盖率	2	2	0	强势
人均废水排放量	11	11	0	中势
人均工业废气排放量	17	17	0	中势
人均工业固体废物排放量	18	18	0	中势
人均治理工业污染投资额	24	14	10	中势
一般工业固体废物综合利用率	28	28	0	劣势
生活垃圾无害化处理率	1	1	0	强势
自然灾害直接经济损失额	16	28	- 12	劣势

续表

指　　标	2018 年	2019 年	排位升降	优劣势
3.3　人力资源竞争力	27	25	2	劣势
常住人口增长率	15	17	−2	中势
15～64 岁人口比例	22	20	2	中势
文盲率	15	11	4	中势
大专以上教育程度人口比例	27	23	4	劣势
平均受教育程度	20	18	2	中势
人口健康素质	18	21	−3	劣势
职业学校毕业生数	15	14	1	中势

4. 江西省财政金融竞争力指标排名变化情况

表 14 - 8　2018～2019 年江西省财政金融竞争力指标组排位及变化趋势

指　　标	2018 年	2019 年	排位升降	优劣势
4　财政金融竞争力	23	16	7	中势
4.1　财政竞争力	20	10	10	优势
地方财政收入	15	15	0	中势
地方财政支出	14	14	0	中势
地方财政收入占 GDP 比重	14	15	−1	中势
地方财政支出占 GDP 比重	12	14	−2	中势
税收收入占 GDP 比重	17	17	0	中势
税收收入占财政总收入比重	25	22	3	劣势
人均地方财政收入	19	19	0	中势
人均地方财政支出	23	19	4	中势
人均税收收入	19	19	0	中势
地方财政收入增长率	22	9	13	优势
地方财政支出增长率	9	5	4	优势
税收收入增长率	18	6	12	优势
4.2　金融竞争力	21	20	1	中势
存款余额	18	17	1	中势
人均存款余额	24	24	0	劣势
贷款余额	18	17	1	中势
人均贷款余额	23	22	1	劣势
中长期贷款占贷款余额比重	9	12	−3	中势
保险费净收入	19	19	0	中势
保险密度(人均保险费)	25	24	1	劣势
保险深度(保险费占 GDP 的比重)	23	24	−1	劣势
国内上市公司数	19	19	0	中势
国内上市公司市值	23	23	0	劣势

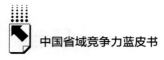

5. 江西省知识经济竞争力指标排名变化情况

表 14 - 9　2018 ~ 2019 年江西省知识经济竞争力指标组排位及变化趋势

指　　标	2018 年	2019 年	排位升降	优劣势
5　知识经济竞争力	17	16	1	中势
5.1　科技竞争力	16	16	0	中势
R&D 人员	13	10	3	优势
R&D 经费	18	18	0	中势
R&D 经费投入强度	16	17	-1	中势
发明专利授权量	21	21	0	劣势
技术市场成交合同金额	22	20	2	中势
财政科技支出占地方财政支出比重	9	9	0	优势
高技术产业主营业务收入	12	12	0	中势
高技术产业收入占工业增加值比重	8	10	-2	优势
高技术产品出口额占商品出口额比重	18	18	0	中势
5.2　教育竞争力	16	16	0	中势
教育经费	16	14	2	中势
教育经费占 GDP 比重	10	13	-3	中势
人均教育经费	19	18	1	中势
公共教育经费占财政支出比重	6	4	2	优势
人均文化教育支出	21	22	-1	劣势
万人中小学学校数	28	26	2	劣势
万人中小学专任教师数	23	21	2	劣势
高等学校数	18	18	0	中势
高校专任教师数	14	14	0	中势
万人高等学校在校学生数	10	10	0	优势
5.3　文化竞争力	20	18	2	中势
文化制造业营业收入	10	9	1	优势
文化批发零售业营业收入	18	17	1	中势
文化服务业企业营业收入	17	17	0	中势
图书和期刊出版数	13	16	-3	中势
电子出版物品种	17	18	-1	中势
印刷用纸量	16	14	2	中势
城镇居民人均文化娱乐支出	21	22	-1	劣势
农村居民人均文化娱乐支出	27	19	8	中势
城镇居民人均文化娱乐支出占消费性支出比重	10	12	-2	中势
农村居民人均文化娱乐支出占消费性支出比重	19	17	2	中势

6. 江西省发展环境竞争力指标排名变化情况

表 14－10 2018～2019 年江西省发展环境竞争力指标组排位及变化趋势

指 标	2018 年	2019 年	排位升降	优劣势
6 发展环境竞争力	25	22	3	劣势
6.1 基础设施竞争力	20	20	0	中势
铁路网线密度	16	12	4	中势
公路网线密度	16	10	6	优势
人均内河航道里程	8	8	0	优势
全社会旅客周转量	10	10	0	优势
全社会货物周转量	14	15	－1	中势
人均邮电业务总量	28	28	0	劣势
电话普及率	30	31	－1	劣势
政府网站数	13	14	－1	中势
人均耗电量	26	26	0	劣势
6.2 软环境竞争力	31	28	3	劣势
外资企业数增长率	25	11	14	中势
万人外资企业数	18	16	2	中势
个体私营企业数增长率	22	13	9	中势
万人个体私营企业数	31	30	1	劣势
万人商标注册件数	19	19	0	中势
查处商标侵权假冒案件数	11	13	－2	中势
每十万人交通事故发生数	12	12	0	中势
罚没收入占财政收入比重	30	29	1	劣势
社会捐赠站点数	26	22	4	劣势

7. 江西省政府作用竞争力指标排名变化情况

表 14－11 2018～2019 年江西省政府作用竞争力指标组排位及变化趋势

指 标	2018 年	2019 年	排位升降	优劣势
7 政府作用竞争力	29	26	3	劣势
7.1 政府发展经济竞争力	24	23	1	劣势
财政支出用于基本建设投资比重	20	18	2	中势
财政支出对 GDP 增长的拉动	20	18	2	中势
政府公务员对经济的贡献	19	16	3	中势
财政支出用于经济社会比重	25	28	－3	劣势
财政投资对社会投资的拉动	7	5	2	优势

续表

指　标	2018 年	2019 年	排位升降	优劣势
7.2　政府规调经济竞争力	26	15	11	中势
物价调控	18	18	0	中势
调控城乡消费差距	9	8	1	优势
统筹经济社会发展	7	4	3	优势
规范税收	28	18	10	中势
固定资产投资价格指数	30	15	15	中势
7.3　政府保障经济竞争力	23	29	−6	劣势
城镇职工养老保险收支比	22	26	−4	劣势
医疗保险覆盖率	30	30	0	劣势
养老保险覆盖率	17	16	1	中势
失业保险覆盖率	29	30	−1	劣势
最低工资标准	14	24	−10	劣势
城镇登记失业率	12	14	−2	中势

8. 江西省发展水平竞争力指标排名变化情况

表 14 −12　2018 ~ 2019 年江西省发展水平竞争力指标组排位及变化趋势

指　标	2018 年	2019 年	排位升降	优劣势
8　发展水平竞争力	11	8	3	优势
8.1　工业化进程竞争力	19	13	6	中势
工业增加值占 GDP 比重	10	7	3	优势
工业增加值增长率	21	10	11	优势
高技术产业占工业增加值比重	13	6	7	优势
高技术产品占商品出口额比重	17	15	2	中势
信息产业增加值占 GDP 比重	22	22	0	劣势
工农业增加值比值	15	12	3	中势
8.2　城市化进程竞争力	8	10	−2	优势
城镇化率	20	20	0	中势
城镇居民人均可支配收入	15	16	−1	中势
城市平均建成区面积比重	2	5	−3	优势
人均拥有道路面积	10	10	0	优势
人均日生活用水量	16	15	1	中势
人均公共绿地面积	9	12	−3	中势

占指标总数的 30.0%；劣势指标 46 个，占指标总数的 21.9%。从三级指标来看，强势指标 3 个，占三级指标总数的 12%；优势指标 12 个，占三级指标总数的 48%；中势指标 8 个，占三级指标总数的 32%；劣势指标 2 个，占三级指标总数的 8%。反映到二级指标上，强势指标 0 个；优势指标有 7 个，占二级指标总数的 77.8%；中势指标 1 个，占二级指标总数的 11.1%；劣势指标 1 个，占二级指标总数的 11.1%。综合来看，由于优势指标在指标体系中居于主导地位，2019 年山东省经济综合竞争力处于优势地位。

　　4. 山东省经济综合竞争力四级指标优劣势对比分析

表 15－4　2019 年山东省经济综合竞争力各级指标优劣势比较

二级指标	优劣势	四级指标
宏观经济 竞争力 （27 个）	强势指标	地区生产总值、人均地区生产总值、财政总收入、固定资产投资额、全社会消费品零售总额、就业结构优化度、实际 FDI 增长率、对外直接投资额（8 个）
	优势指标	人均财政收入、人均全社会消费品零售总额、进出口总额、出口总额、实际 FDI、外贸依存度、外资企业数（7 个）
	劣势指标	固定资产投资额增长率、财政收入结构优化度（2 个）
产业经济 竞争力 （40 个）	强势指标	农业增加值、农业机械化水平、工业增加值、工业资产总额、规模以上工业主营业务收入、工业成本费用率、服务业增加值、服务业从业人员数、全国 500 强企业数（9 个）
	优势指标	农民人均纯收入、农产品出口占农林牧渔总产值比重、人均主要农产品产量、农村人均用电量、人均工业增加值、规模以上工业利润总额、服务业增加值增长率、人均服务业增加值、限额以上批发零售企业主营业务收入、旅游外汇收入、商品房销售收入、电子商务销售额、规模以上工业企业数、工业企业 R&D 经费投入强度（14 个）
	劣势指标	农业增加值增长率、农民人均纯收入增长率、工业增加值增长率、工业资产总额增长率、工业全员劳动生产率、工业收入利润率、限额以上批零企业利税率、限额以上餐饮企业利税率、规模以上企业平均利润（9 个）
可持续 发展 竞争力 （24 个）	强势指标	人口健康素质（1 个）
	优势指标	人均可使用海域和滩涂面积、耕地面积、人均治理工业污染投资额、一般工业固体废物综合利用率、职业学校毕业生数（5 个）
	劣势指标	人均国土面积、人均年水资源量、人均耕地面积、人均森林储积量、森林覆盖率、人均废水排放量、人均工业废气排放量、人均工业固体废物排放量、自然灾害直接经济损失额、常住人口增长率、15～64 岁人口比例、文盲率、平均受教育程度（13 个）

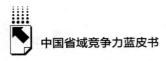
二级指标	优劣势	四级指标
财政金融 竞争力 （22个）	强势指标	地方财政支出、保险费净收入（2个）
	优势指标	地方财政收入、存款余额、贷款余额、国内上市公司数、国内上市公司市值（5个）
	劣势指标	地方财政支出占GDP比重、人均地方财政支出、地方财政收入增长率、地方财政支出增长率、中长期贷款占贷款余额比重（5个）
知识经济 竞争力 （29个）	强势指标	高技术产业主营业务收入、教育经费、公共教育经费占财政支出比重、高校专任教师数、万人高等学校在校学生数、印刷用纸量（6个）
	优势指标	R&D人员、R&D经费、R&D经费投入强度、发明专利授权量、技术市场成交合同金额、财政科技支出占地方财政支出比重、高技术产业收入占工业增加值比重、人均文化教育支出、高等学校数、文化制造业营业收入、文化批发零售业营业收入、图书期刊出版数、电子出版物品种、城镇居民人均文化娱乐支出（14个）
	劣势指标	高技术产品出口额占商品出口额比重、教育经费占GDP比重（2个）
发展环境 竞争力 （18个）	强势指标	公路网线密度、政府网站数（2个）
	优势指标	铁路网线密度、全社会旅客周转量、全社会货物周转量、人均耗电量、万人外资企业数、个体私营企业数增长率、万人个体私营企业数、万人商标注册件数、每十万人交通事故发生数、社会捐赠站点数（10个）
	劣势指标	人均内河航道里程、人均邮电业务总量、查处商标侵权假冒案件数（3个）
政府作用 竞争力 （16个）	强势指标	财政支出对GDP增长的拉动（1个）
	优势指标	财政投资对社会投资的拉动、统筹经济社会发展、医疗保险覆盖率、失业保险覆盖率、最低工资标准（5个）
	劣势指标	财政支出用于经济社会比重、物价调控、调控城乡消费差距、固定资产投资价格指数、城镇职工养老保险收支比、城镇登记失业率（6个）
发展水平 竞争力 （18个）	强势指标	人均拥有道路面积、私有和个体企业从业人员比重、居民消费支出占总消费支出比重（3个）
	优势指标	城镇居民人均可支配收入、人均公共绿地面积、亿元以上商品市场成交额、亿元以上商品市场成交额占全社会消费品零售总额比重（4个）
	劣势指标	工业增加值增长率、高技术产品占商品出口额比重、城市平均建成区面积比重、人均日生活用水量（4个）
统筹协调 竞争力 （16个）	强势指标	环境竞争力与宏观经济竞争力比差（1个）
	优势指标	能源使用下降率、非农用地产出率、环境竞争力与工业竞争力比差、全社会消费品零售总额与外贸出口总额比差（4个）
	劣势指标	固定资产投资增长率、城乡居民人均现金消费支出比差（2个）

15.2 山东省经济综合竞争力各级指标具体分析

1. 山东省宏观经济竞争力指标排名变化情况

表 15－5 2018～2019 年山东省宏观经济竞争力指标组排位及变化趋势

指 标	2018 年	2019 年	排位升降	优劣势
1 宏观经济竞争力	5	5	0	优势
1.1 经济实力竞争力	3	4	－1	优势
地区生产总值	3	3	0	强势
地区生产总值增长率	22	13	9	中势
人均地区生产总值	8	3	5	强势
财政总收入	2	2	0	强势
财政总收入增长率	6	13	－7	中势
人均财政收入	7	8	－1	优势
固定资产投资额	1	2	－1	强势
固定资产投资额增长率	21	28	－7	劣势
人均固定资产投资额	10	14	－4	中势
全社会消费品零售总额	2	3	－1	强势
全社会消费品零售总额增长率	26	19	7	中势
人均全社会消费品零售总额	8	9	－1	优势
1.2 经济结构竞争力	13	16	－3	中势
产业结构优化度	17	12	5	中势
所有制经济结构优化度	10	11	－1	中势
城乡经济结构优化度	13	12	1	中势
就业结构优化度	2	3	－1	强势
财政收入结构优化度	4	27	－23	劣势
贸易结构优化度	19	18	1	中势
1.3 经济外向度竞争力	5	5	0	优势
进出口总额	6	6	0	优势
进出口增长率	16	16	0	中势
出口总额	5	5	0	优势
出口增长率	17	17	0	中势
实际 FDI	7	5	2	优势
实际 FDI 增长率	16	2	14	强势
外贸依存度	8	7	1	优势
外资企业数	6	5	1	优势
对外直接投资额	4	3	1	强势

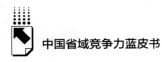

2. 山东省产业经济竞争力指标排名变化情况

表 15 – 6　2018 ~ 2019 年山东省产业经济竞争力指标组排位及变化趋势

指　标	2018 年	2019 年	排位升降	优劣势
2　产业经济竞争力	5	6	-1	优势
2.1　农业竞争力	3	2	1	强势
农业增加值	1	1	0	强势
农业增加值增长率	24	28	-4	劣势
人均农业增加值	10	11	-1	中势
农民人均纯收入	8	8	0	优势
农民人均纯收入增长率	28	26	2	劣势
农产品出口占农林牧渔总产值比重	5	5	0	优势
人均主要农产品产量	8	9	-1	优势
农业机械化水平	1	1	0	强势
农村人均用电量	10	10	0	优势
财政支农资金比重	22	20	2	中势
2.2　工业竞争力	3	6	-3	优势
工业增加值	3	3	0	强势
工业增加值增长率	26	29	-3	劣势
人均工业增加值	6	9	-3	优势
工业资产总额	3	3	0	强势
工业资产总额增长率	29	30	-1	劣势
规模以上工业主营业务收入	3	3	0	强势
工业成本费用率	3	2	1	强势
规模以上工业利润总额	3	5	-2	优势
工业全员劳动生产率	17	22	-5	劣势
工业收入利润率	27	26	1	劣势
2.3　服务业竞争力	5	6	-1	优势
服务业增加值	3	3	0	强势
服务业增加值增长率	16	4	12	优势
人均服务业增加值	8	10	-2	优势
服务业从业人员数	2	2	0	强势
限额以上批发零售企业主营业务收入	6	6	0	优势
限额以上批零企业利税率	22	25	-3	劣势
限额以上餐饮企业利税率	20	23	-3	劣势
旅游外汇收入	6	7	-1	优势
商品房销售收入	4	4	0	优势
电子商务销售额	4	4	0	优势

续表

指　标	2018 年	2019 年	排位升降	优劣势
2.4　企业竞争力	7	6	1	优势
规模以上工业企业数	4	4	0	优势
规模以上企业平均资产	22	18	4	中势
规模以上企业平均收入	23	18	5	中势
规模以上企业平均利润	27	25	2	劣势
规模以上企业劳动效率	15	13	2	中势
城镇就业人员平均工资	20	16	4	中势
新产品销售收入占主营业务收入比重	13	13	0	中势
产品质量抽查合格率	11	13	−2	中势
工业企业 R&D 经费投入强度	5	8	−3	优势
全国 500 强企业数	6	3	3	强势

3. 山东省可持续发展竞争力指标排名变化情况

表 15-7　2018~2019 年山东省可持续发展竞争力指标组排位及变化趋势

指　标	2018 年	2019 年	排位升降	优劣势
3　可持续发展竞争力	26	24	2	劣势
3.1　资源竞争力	11	12	−1	中势
人均国土面积	27	27	0	劣势
人均可使用海域和滩涂面积	4	4	0	优势
人均年水资源量	25	26	−1	劣势
耕地面积	4	4	0	优势
人均耕地面积	22	22	0	劣势
人均牧草地面积	20	20	0	中势
主要能源矿产基础储量	7	16	−9	中势
人均主要能源矿产基础储量	16	16	0	中势
人均森林储积量	28	28	0	劣势
3.2　环境竞争力	27	28	−1	劣势
森林覆盖率	23	23	0	劣势
人均废水排放量	22	22	0	劣势
人均工业废气排放量	21	21	0	劣势
人均工业固体废物排放量	25	25	0	劣势
人均治理工业污染投资额	5	4	1	优势
一般工业固体废物综合利用率	8	8	0	优势
生活垃圾无害化处理率	7	15	−8	中势
自然灾害直接经济损失额	30	30	0	劣势

续表

指　　标	2018 年	2019 年	排位升降	优劣势
3.3　人力资源竞争力	21	17	4	中势
常住人口增长率	22	23	−1	劣势
15~64 岁人口比例	30	30	0	劣势
文盲率	24	26	−2	劣势
大专以上教育程度人口比例	20	19	1	中势
平均受教育程度	19	21	−2	劣势
人口健康素质	3	2	1	强势
职业学校毕业生数	5	5	0	优势

4. 山东省财政金融竞争力指标排名变化情况

表 15 - 8　2018~2019 年山东省财政金融竞争力指标组排位及变化趋势

指　　标	2018 年	2019 年	排位升降	优劣势
4　财政金融竞争力	8	8	0	优势
4.1　财政竞争力	11	13	−2	中势
地方财政收入	5	5	0	优势
地方财政支出	3	3	0	强势
地方财政收入占 GDP 比重	24	20	4	中势
地方财政支出占 GDP 比重	30	29	1	劣势
税收收入占 GDP 比重	24	18	6	中势
税收收入占财政总收入比重	11	11	0	中势
人均地方财政收入	12	11	1	中势
人均地方财政支出	30	30	0	劣势
人均税收收入	11	11	0	中势
地方财政收入增长率	19	24	−5	劣势
地方财政支出增长率	15	23	−8	劣势
税收收入增长率	15	19	−4	中势
4.2　金融竞争力	7	6	1	优势
存款余额	6	6	0	优势
人均存款余额	13	12	1	中势
贷款余额	4	4	0	优势
人均贷款余额	16	16	0	中势
中长期贷款占贷款余额比重	26	27	−1	劣势
保险费净收入	3	3	0	强势
保险密度(人均保险费)	11	12	−1	中势
保险深度(保险费占 GDP 的比重)	25	15	10	中势
国内上市公司数	6	6	0	优势
国内上市公司市值	6	6	0	优势

5. 山东省知识经济竞争力指标排名变化情况

表 15－9 2018～2019 年山东省知识经济竞争力指标组排位及变化趋势

指　　标	2018 年	2019 年	排位升降	优劣势
5　知识经济竞争力	6	6	0	优势
5.1　科技竞争力	6	6	0	优势
R&D 研究人员	4	4	0	优势
R&D 经费	4	6	－2	优势
R&D 经费投入强度	9	8	1	优势
发明专利授权量	6	6	0	优势
技术市场成交合同金额	8	8	0	优势
财政科技支出占地方财政支出比重	12	10	2	优势
高技术产业主营业务收入	3	3	0	强势
高技术产业收入占工业增加值比重	9	8	1	优势
高技术产品出口额占商品出口额比重	22	22	0	劣势
5.2　教育竞争力	7	5	2	优势
教育经费	3	3	0	强势
教育经费占 GDP 比重	29	27	2	劣势
人均教育经费	22	20	2	中势
公共教育经费占财政支出比重	1	1	0	强势
人均文化教育支出	9	10	－1	优势
万人中小学学校数	12	12	0	中势
万人中小学专任教师数	20	18	2	中势
高等学校数	10	10	0	优势
高校专任教师数	2	3	－1	强势
万人高等学校在校学生数	14	2	12	强势
5.3　文化竞争力	5	6	－1	优势
文化制造业营业收入	3	4	－1	优势
文化批发零售业营业收入	5	5	0	优势
文化服务业企业营业收入	10	12	－2	中势
图书和期刊出版数	2	4	－2	优势
电子出版物品种	4	5	－1	优势
印刷用纸量	2	3	－1	强势
城镇居民人均文化娱乐支出	9	10	－1	优势
农村居民人均文化娱乐支出	16	15	1	中势
城镇居民人均文化娱乐支出占消费性支出比重	13	15	－2	中势
农村居民人均文化娱乐支出占消费性支出比重	16	16	0	中势

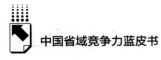

6. 山东省发展环境竞争力指标排名变化情况

表15－10　2018～2019年山东省发展环境竞争力指标组排位及变化趋势

指　　　标	2018 年	2019 年	排位升降	优劣势
6　发展环境竞争力	6	6	0	优势
6.1　基础设施竞争力	5	5	0	优势
铁路网线密度	5	5	0	优势
公路网线密度	3	3	0	强势
人均内河航道里程	25	25	0	劣势
全社会旅客周转量	5	5	0	优势
全社会货物周转量	7	6	1	优势
人均邮电业务总量	23	30	-7	劣势
电话普及率	21	18	3	中势
政府网站数	1	3	-2	强势
人均耗电量	8	8	0	优势
6.2　软环境竞争力	8	7	1	优势
外资企业数增长率	18	12	6	中势
万人外资企业数	9	10	-1	优势
个体私营企业数增长率	14	8	6	优势
万人个体私营企业数	7	6	1	优势
万人商标注册件数	9	9	0	优势
查处商标侵权假冒案件数	28	22	6	劣势
每十万人交通事故发生数	9	7	2	优势
罚没收入占财政收入比重	18	18	0	中势
社会捐赠站点数	3	6	-3	优势

7. 山东省政府作用竞争力指标排名变化情况

表15－11　2018～2019年山东省政府作用竞争力指标组排位及变化趋势

指　　　标	2018 年	2019 年	排位升降	优劣势
7　政府作用竞争力	11	12	-1	中势
7.1　政府发展经济竞争力	3	3	0	强势
财政支出用于基本建设投资比重	23	19	4	中势
财政支出对 GDP 增长的拉动	2	3	-1	强势
政府公务员对经济的贡献	7	11	-4	中势
财政支出用于经济社会比重	21	22	-1	劣势
财政投资对社会投资的拉动	3	4	-1	优势

续表

指 标	2018 年	2019 年	排位升降	优劣势
7.2 政府规调经济竞争力	30	27	3	劣势
物价调控	27	27	0	劣势
调控城乡消费差距	23	25	−2	劣势
统筹经济社会发展	10	10	0	优势
规范税收	21	13	8	中势
固定资产投资价格指数	26	21	5	劣势
7.3 政府保障经济竞争力	10	14	−4	中势
城镇职工养老保险收支比	5	24	−19	劣势
医疗保险覆盖率	10	9	1	优势
养老保险覆盖率	16	11	5	中势
失业保险覆盖率	10	10	0	优势
最低工资标准	7	7	0	优势
城镇登记失业率	14	23	−9	劣势

8. 山东省发展水平竞争力指标排名变化情况

表 15 − 12 2018 ~ 2019 年山东省发展水平竞争力指标组排位及变化趋势

指 标	2018 年	2019 年	排位升降	优劣势
8 发展水平竞争力	8	9	−1	优势
8.1 工业化进程竞争力	13	19	−6	中势
工业增加值占 GDP 比重	8	13	−5	中势
工业增加值增长率	26	29	−3	劣势
高技术产业占工业增加值比重	9	18	−9	中势
高技术产品占商品出口额比重	21	22	−1	劣势
信息产业增加值占 GDP 比重	11	11	0	中势
工农业增加值比值	9	13	−4	中势
8.2 城市化进程竞争力	9	11	−2	中势
城镇化率	11	11	0	中势
城镇居民人均可支配收入	8	8	0	优势
城市平均建成区面积比重	26	27	−1	劣势
人均拥有道路面积	1	3	−2	强势
人均日生活用水量	26	26	0	劣势
人均公共绿地面积	4	4	0	优势

指　标	2018 年	2019 年	排位升降	优劣势
8.3　市场化进程竞争力	4	3	1	强势
非公有制经济产值占全社会总产值的比重	10	11	-1	中势
社会投资占投资总额比重	10	15	-5	中势
私有和个体企业从业人员比重	6	2	4	强势
亿元以上商品市场成交额	4	4	0	优势
亿元以上商品市场成交额占全社会消费品零售总额比重	13	8	5	优势
居民消费支出占总消费支出比重	1	1	0	强势

9. 山东省统筹协调竞争力指标排名变化情况

表 15-13　2018~2019 年山东省统筹协调竞争力指标组排位及变化趋势

指　标	2018 年	2019 年	排位升降	优劣势
9　统筹协调竞争力	6	10	-4	优势
9.1　统筹发展竞争力	6	13	-7	中势
社会劳动生产率	11	12	-1	中势
能源使用下降率	5	9	-4	优势
万元 GDP 综合能耗下降率	9	12	-3	中势
非农用地产出率	8	10	-2	优势
居民收入占 GDP 比重	5	14	-9	中势
二三产业增加值比例	22	17	5	中势
固定资产投资额占 GDP 比重	12	12	0	中势
固定资产投资增长率	11	28	-17	劣势
9.2　协调发展竞争力	3	5	-2	优势
资源竞争力与宏观经济竞争力比差	16	16	0	中势
环境竞争力与宏观经济竞争力比差	3	3	0	强势
人力资源竞争力与宏观经济竞争力比差	12	12	0	中势
环境竞争力与工业竞争力比差	1	4	-3	优势
资源竞争力与工业竞争力比差	19	16	3	中势
城乡居民家庭人均收入比差	13	12	1	中势
城乡居民人均现金消费支出比差	23	25	-2	劣势
全社会消费品零售总额与外贸出口总额比差	7	7	0	优势

2018~2019年河南省经济综合竞争力评价分析报告

河南省简称"豫",位于中国中东部,黄河中下游,黄淮海平原西南部,大部分地区在黄河以南,北承河北省、山西省,东接山东省、安徽省,南连湖北省,西邻陕西省。全省总面积约16.7万平方公里,2019年总人口为9640万人,全省地区生产总值达54259亿元,同比增长7.0%,人均GDP达56388元。本部分通过分析2018~2019年河南省经济综合竞争力以及各要素竞争力的排名变化,从中找出河南省经济综合竞争力的推动点及影响因素,为进一步提升河南省经济综合竞争力提供决策参考。

16.1 河南省经济综合竞争力总体分析

1. 河南省经济综合竞争力一级指标概要分析

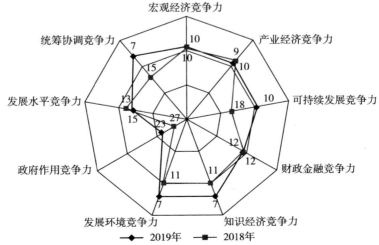

图 16-1 2018~2019年河南省经济综合竞争力二级指标比较

表 16 – 1　2018～2019 年河南省经济综合竞争力二级指标比较

项目 年份	宏观 经济 竞争力	产业 经济 竞争力	可持续 发展 竞争力	财政 金融 竞争力	知识 经济 竞争力	发展 环境 竞争力	政府 作用 竞争力	发展 水平 竞争力	统筹 协调 竞争力	综合 排位
2018	10	9	18	12	11	11	27	13	15	11
2019	10	10	10	12	7	7	23	15	7	9
升降	0	-1	8	0	4	4	4	-2	8	2
优劣度	优势	优势	优势	中势	优势	优势	劣势	中势	优势	优势

（1）从综合排位的变化比较看，2019 年河南省经济综合竞争力综合排位在全国处于第 9 位，表明其在全国处于居中偏上地位；与 2018 年相比，综合排位上升了 2 位。

（2）从指标所处区位看，处于上游区的指标有 6 个，分别为宏观经济竞争力、产业经济竞争力、可持续发展竞争力、知识经济竞争力、发展环境竞争力和统筹协调竞争力，没有强势指标，财政金融竞争力和发展水平竞争力均处于中游区，政府作用竞争力处于下游区。

（3）从指标变化趋势看，9 个二级指标中，有 5 个指标处于上升趋势，分别为可持续发展竞争力、知识经济竞争力、发展环境竞争力、政府作用竞争力和统筹协调竞争力，这些是河南省经济综合竞争力的上升动力所在；有 2 个指标排位没有发生变化，分别为宏观经济竞争力和财政金融竞争力；有 2 个指标处于下降趋势，分别为产业经济竞争力和发展水平竞争力，这些是河南省经济综合竞争力的下降拉力所在。

2. 河南省经济综合竞争力各级指标动态变化分析

表 16 – 2　2018～2019 年河南省经济综合竞争力各级指标排位变化态势比较

单位：个，%

二级指标	三级指标	四级 指标数	上升		保持		下降		变化 趋势
			指标数	比重	指标数	比重	指标数	比重	
宏观经济 竞争力	经济实力竞争力	12	6	50.0	3	25.0	3	25.0	上升
	经济结构竞争力	6	2	33.3	0	0.0	4	66.7	下降
	经济外向度竞争力	9	5	55.6	0	0.0	4	44.4	上升
	小　计	27	13	48.1	3	11.1	11	40.7	保持

续表

二级指标	三级指标	四级指标数	上升		保持		下降		变化趋势
			指标数	比重	指标数	比重	指标数	比重	
产业经济竞争力	农业竞争力	10	2	20.0	6	60.0	2	20.0	上升
	工业竞争力	10	3	30.0	2	20.0	5	50.0	上升
	服务业竞争力	10	4	40.0	3	30.0	3	30.0	下降
	企业竞争力	10	5	50.0	2	20.0	3	30.0	下降
	小　计	**40**	14	35.0	13	32.5	13	32.5	下降
可持续发展竞争力	资源竞争力	9	0	0.0	7	77.8	2	22.2	保持
	环境竞争力	8	1	12.5	5	62.5	2	25.0	保持
	人力资源竞争力	7	1	14.3	5	71.4	1	14.3	下降
	小　计	**24**	2	8.3	17	70.8	5	20.8	上升
财政金融竞争力	财政竞争力	12	5	41.7	5	41.7	2	16.7	上升
	金融竞争力	10	2	20.0	5	50.0	3	30.0	下降
	小　计	**22**	7	31.8	10	45.5	5	22.7	保持
知识经济竞争力	科技竞争力	9	2	22.2	4	44.4	3	33.3	下降
	教育竞争力	10	7	70.0	2	20.0	1	10.0	上升
	文化竞争力	10	7	70.0	1	10.0	2	20.0	下降
	小　计	**29**	16	55.2	7	24.1	6	20.7	上升
发展环境竞争力	基础设施竞争力	9	2	22.2	4	44.4	3	33.3	保持
	软环境竞争力	9	6	66.7	2	22.2	1	11.1	上升
	小　计	**18**	8	44.4	6	33.3	4	22.2	上升
政府作用竞争力	政府发展经济竞争力	5	4	80.0	0	0.0	1	20.0	上升
	政府规调经济竞争力	5	2	40.0	0	0.0	3	60.0	下降
	政府保障经济竞争力	6	2	33.3	1	16.7	3	50.0	上升
	小　计	**16**	8	50.0	1	6.3	7	43.8	上升
发展水平竞争力	工业化进程竞争力	6	1	16.7	1	16.7	4	66.7	下降
	城市化进程竞争力	6	2	33.3	2	33.3	2	33.3	上升
	市场化进程竞争力	6	2	33.3	2	33.3	2	33.3	下降
	小　计	**18**	5	27.8	5	27.8	8	44.4	下降
统筹协调竞争力	统筹发展竞争力	8	6	75.0	0	0.0	2	25.0	上升
	协调发展竞争力	8	3	37.5	1	12.5	4	50.0	上升
	小　计	**16**	9	56.3	1	6.3	6	37.5	上升
合　计		**210**	82	39.0	63	30.0	65	31.0	上升

从表 16 - 2 可以看出，210 个四级指标中，上升指标有 82 个，占指标总数的 39.0%；下降指标有 65 个，占指标总数的 31.0%；保持指标有 63

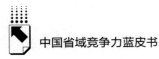
个，占指标总数的30.0%。综上所述，上升的动力大于下降的拉力，使得2018～2019年河南省经济综合竞争力排位上升了2位。

3. 河南省经济综合竞争力各级指标优劣势结构分析

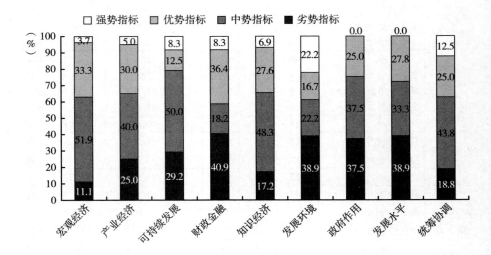

图16－2　2019年河南省经济综合竞争力各级指标优劣势比较

表16－3　2019年河南省经济综合竞争力各级指标优劣势比较

单位：个，%

二级指标	三级指标	四级指标数	强势指标		优势指标		中势指标		劣势指标		优劣势
			个数	比重	个数	比重	个数	比重	个数	比重	
宏观经济竞争力	经济实力竞争力	12	1	8.3	4	33.3	6	50.0	1	8.3	优势
	经济结构竞争力	6	0	0.0	3	50.0	2	33.3	1	16.7	优势
	经济外向度竞争力	9	0	0.0	2	22.2	6	66.7	1	11.1	劣势
	小　计	**27**	1	3.7	9	33.3	14	51.9	3	11.1	优势
产业经济竞争力	农业竞争力	10	2	20.0	1	10.0	5	50.0	2	20.0	优势
	工业竞争力	10	0	0.0	5	50.0	1	10.0	4	40.0	优势
	服务业竞争力	10	0	0.0	5	50.0	5	50.0	0	0.0	优势
	企业竞争力	10	0	0.0	1	10.0	5	50.0	4	40.0	中势
	小　计	**40**	2	5.0	12	30.0	16	40.0	10	25.0	优势

续表

二级指标	三级指标	四级指标数	强势指标		优势指标		中势指标		劣势指标		优劣势
			个数	比重	个数	比重	个数	比重	个数	比重	
可持续发展竞争力	资源竞争力	9	1	11.1	0	0.0	4	44.4	4	44.4	劣势
	环境竞争力	8	0	0.0	2	25.0	5	62.5	1	12.5	中势
	人力资源竞争力	7	1	14.3	1	14.3	3	42.9	2	28.6	优势
	小 计	24	2	8.3	3	12.5	12	50.0	7	29.2	优势
财政金融竞争力	财政竞争力	12	1	8.3	4	33.3	0	0.0	7	58.3	中势
	金融竞争力	10	0	0.0	4	40.0	4	40.0	2	20.0	优势
	小 计	22	1	8.3	8	36.4	4	18.2	9	40.9	优势
知识经济竞争力	科技竞争力	9	0	0.0	4	44.4	5	55.6	0	0.0	优势
	教育竞争力	10	2	20.0	2	20.0	2	20.0	4	40.0	优势
	文化竞争力	10	0	0.0	2	20.0	7	70.0	1	10.0	中势
	小 计	29	2	6.9	8	27.6	14	48.3	5	17.2	优势
发展环境竞争力	基础设施竞争力	9	2	22.2	3	33.3	0	0.0	4	44.4	优势
	软环境竞争力	9	2	22.2	0	0.0	4	44.4	3	33.3	中势
	小 计	18	4	22.2	3	16.7	4	22.2	7	38.9	优势
政府作用竞争力	政府发展经济竞争力	5	0	0.0	2	40.0	2	40.0	1	20.0	中势
	政府规调经济竞争力	5	0	0.0	1	20.0	2	40.0	2	40.0	劣势
	政府保障经济竞争力	6	0	0.0	1	16.7	2	33.3	3	50.0	劣势
	小 计	16	0	0.0	4	25.0	6	37.5	6	37.5	劣势
发展水平竞争力	工业化进程竞争力	6	0	0.0	2	33.3	2	33.3	2	33.3	中势
	城市化进程竞争力	6	0	0.0	1	16.7	1	16.7	4	66.7	劣势
	市场化进程竞争力	6	0	0.0	2	33.3	3	50.0	1	16.7	中势
	小 计	18	0	0.0	5	27.8	6	33.3	7	38.9	中势
统筹协调竞争力	统筹发展竞争力	8	2	25.0	1	12.5	3	37.5	2	25.0	优势
	协调发展竞争力	8	0	0.0	3	37.5	4	50.0	1	12.5	优势
	小 计	16	2	12.5	4	25.0	7	43.8	3	18.8	优势
合 计		210	14	6.7	56	26.7	83	39.5	57	27.1	优势

基于图 16-2 和表 16-3，从四级指标来看，强势指标 14 个，占指标总数的 6.7%；优势指标 56 个，占指标总数的 26.7%；中势指标 83 个，占

指标总数的 39.5%；劣势指标 57 个，占指标总数的 27.1%。从三级指标来看，没有强势指标；优势指标 10 个，占三级指标总数的 40%；中势指标 10 个，占三级指标总数的 40%；劣势指标 5 个，占三级指标总数的 20%。反映到二级指标上来，没有强势指标；优势指标有 6 个，占二级指标总数的 66.7%；中势指标 2 个，占二级指标总数的 22.2%；劣势指标 1 个占二级指标总数的 11.1%。综合来看，由于优势指标在指标体系中居于主导地位，使得 2019 年河南省经济综合竞争力处于优势地位。

4. 河南省经济综合竞争力四级指标优劣势对比分析

表 16-4 2019 年河南省经济综合竞争力各级指标优劣势比较

二级指标	优劣势	四级指标
宏观经济竞争力（27 个）	强势指标	固定资产投资额（1 个）
	优势指标	地区生产总值、财政总收入、全社会消费品零售总额、全社会消费品零售总额增长率、所有制经济结构优化度、城乡经济结构优化度、贸易结构优化度、出口总额、对外直接投资额（9 个）
	劣势指标	人均财政总收入、产业结构优化度、外贸依存度（3 个）
产业经济竞争力（40 个）	强势指标	农业增加值、农业机械化水平（2 个）
	优势指标	人均主要农产品产量、工业增加值、工业资产总额、规模以上工业主营业务收入、规模以上工业利润总额、工业收入利润率、服务业增加值、服务业从业人员数、限额以上批零企业利税率、限额以上餐饮企业利税率、商品房销售收入、规模以上工业企业数（12 个）
	劣势指标	农业增加值增长率、人均农业增加值、工业增加值增长率、工业资产总额增长率、工业成本费用率、工业全员劳动生产率、规模以上企业平均资产、规模以上企业平均收入、规模以上企业劳动效率、城镇就业人员平均工资（10 个）
可持续发展竞争力（24 个）	强势指标	耕地面积、职业学校毕业生数（2 个）
	优势指标	人均工业废气排放量、一般工业固体废物综合利用率、人口健康素质（3 个）
	劣势指标	人均国土面积、人均年水资源量、人均牧草地面积、人均森林蓄积量、生活垃圾无害化处理率、15~64 岁人口比例、大专以上教育程度人口比例（7 个）
财政金融竞争力（22 个）	强势指标	税收收入增长率（1 个）
	优势指标	地方财政收入、地方财政支出、地方财政收入增长率、地方财政支出增长率、存款余额、贷款余额、保险费净收入、保险深度（保险费占 GDP 的比重）（8 个）
	劣势指标	地方财政收入占 GDP 比重、地方财政支出占 GDP 比重、税收收入占 GDP 比重、税收收入占财政总收入比重、人均地方财政收入、人均地方财政支出、人均税收收入、人均存款余额、人均贷款余额（9 个）

续表

二级指标	优劣势	四级指标
知识经济 竞争力 (29个)	强势指标	高校专任教师数、万人高等学校在校学生数(2个)
	优势指标	R&D人员、R&D经费、高技术产业主营业务收入、高技术产品出口额占商品出口额比重、教育经费、公共教育经费占财政支出比重、电子出版物品种、农村居民人均文化娱乐支出占消费性支出比重(8个)
	劣势指标	人均教育经费、人均文化教育支出、万人中小学学校数、万人中小学专任教师数、城镇居民人均文化娱乐支出(5个)
发展环境 竞争力 (18个)	强势指标	全社会旅客周转量、政府网站数、外资企业数增长率、个体私营企业数增长率(4个)
	优势指标	铁路网线密度、公路网线密度、全社会货物周转量(3个)
	劣势指标	人均内河航道里程、人均邮电业务总量、电话普及率、人均耗电量、万人外资企业数、万人个体私营企业数、罚没收入占财政收入比重(7个)
政府作用 竞争力 (16个)	强势指标	(0个)
	优势指标	财政支出用于基本建设投资比重、财政支出对GDP增长的拉动、统筹经济社会发展、最低工资标准(4个)
	劣势指标	财政支出用于经济社会比重、物价调控、固定资产投资价格指数、医疗保险覆盖率、养老保险覆盖率、失业保险覆盖率(6个)
发展水平 竞争力 (18个)	强势指标	(0个)
	优势指标	工业增加值占GDP比重、高技术产品占商品出口额比重、城市平均建成区面积比重、非公有制经济产值占全社会总产值比重、社会投资占投资总额比重(5个)
	劣势指标	工业增加值增长率、信息产业增加值占GDP比重、城镇化率、城镇居民人均可支配收入、人均拥有道路面积、人均日生活用水量、私有和个体企业从业人员比重(7个)
统筹协调 竞争力 (16个)	强势指标	能源使用下降率、万元GDP综合能耗下降率(2个)
	优势指标	居民收入占GDP比重、环境竞争力与宏观经济竞争力比差、人力资源竞争力与宏观经济竞争力比差、城乡居民家庭人均收入比差(4个)
	劣势指标	社会劳动生产率、二三产业增加值比例、资源竞争力与工业竞争力比差(3个)

16.2 河南省经济综合竞争力各级指标具体分析

1. 河南省宏观经济竞争力指标排名变化情况

表 16 – 5 2018～2019 年河南省宏观经济竞争力指标组排位及变化趋势

指 标	2018 年	2019 年	排位升降	优劣势
1 宏观经济竞争力	10	10	0	优势
1.1 经济实力竞争力	9	7	2	优势
地区生产总值	5	6	−1	优势
地区生产总值增长率	11	17	−6	中势
人均地区生产总值	18	11	7	中势
财政总收入	8	8	0	优势
财政总收入增长率	4	18	−14	中势
人均财政收入	27	26	1	劣势
固定资产投资额	3	3	0	强势
固定资产投资额增长率	13	12	1	中势
人均固定资产投资额	14	13	1	中势
全社会消费品零售总额	5	5	0	优势
全社会消费品零售总额增长率	12	4	8	优势
人均全社会消费品零售总额	19	14	5	中势
1.2 经济结构竞争力	5	6	−1	优势
产业结构优化度	27	28	−1	劣势
所有制经济结构优化度	5	6	−1	优势
城乡经济结构优化度	8	7	1	优势
就业结构优化度	3	11	−8	中势
财政收入结构优化度	11	14	−3	中势
贸易结构优化度	6	4	2	优势
1.3 经济外向度竞争力	25	21	4	劣势
进出口总额	11	12	−1	中势
进出口增长率	26	19	7	中势
出口总额	8	9	−1	优势
出口增长率	12	18	−6	中势
实际 FDI	17	16	1	中势
实际 FDI 增长率	28	17	11	中势
外贸依存度	19	21	−2	劣势
外资企业数	13	12	1	中势
对外直接投资额	12	9	3	优势

2. 河南省产业经济竞争力指标排名变化情况

表 16 - 6　2018 ~ 2019 年河南省产业经济竞争力指标组排位及变化趋势

指标	2018 年	2019 年	排位升降	优劣势
2　产业经济竞争力	9	10	- 1	优势
2.1　农业竞争力	5	4	1	优势
农业增加值	3	3	0	强势
农业增加值增长率	17	23	- 6	劣势
人均农业增加值	23	23	0	劣势
农民人均纯收入	16	16	0	中势
农民居民人均可支配收入增长率	24	15	9	中势
农产品出口占农林牧渔总产值比重	13	14	- 1	中势
人均主要农产品产量	6	6	0	优势
农业机械化水平	2	2	0	强势
农村人均用电量	15	14	1	中势
财政支农资金比重	18	18	0	中势
2.2　工业竞争力	11	10	1	优势
工业增加值	4	5	- 1	优势
工业增加值增长率	9	26	- 17	劣势
人均工业增加值	12	14	- 2	中势
工业资产总额	5	5	0	优势
工业资产总额增长率	31	24	7	劣势
规模以上工业主营业务收入	6	6	0	优势
工业成本费用率	13	22	- 9	劣势
规模以上工业利润总额	7	6	1	优势
工业全员劳动生产率	20	26	- 6	劣势
工业收入利润率	15	8	7	优势
2.3　服务业竞争力	8	10	- 2	优势
服务业增加值	7	7	0	优势
服务业增加值增长率	7	16	- 9	中势
人均服务业增加值	21	20	1	中势
服务业从业人员数	7	5	2	优势
限额以上批发零售企业主营业务收入	12	12	0	中势
限额以上批零企业利税率	6	9	- 3	优势
限额以上餐饮企业利税率	13	8	5	优势
旅游外汇收入	22	20	2	中势
商品房销售收入	6	6	0	优势
电子商务销售额	7	12	- 5	中势

指标	2018 年	2019 年	排位升降	优劣势
2.4　企业竞争力	18	20	−2	中势
规模以上工业企业数	5	5	0	优势
规模以上企业平均资产	26	24	2	劣势
规模以上企业平均收入	27	26	1	劣势
规模以上企业平均利润	24	16	8	中势
规模以上企业劳动效率	31	31	0	劣势
城镇就业人员平均工资	30	31	−1	劣势
新产品销售收入占主营业务收入比重	12	16	−4	中势
产品质量抽查合格率	5	12	−7	中势
工业企业 R&D 经费投入强度	12	11	1	中势
全国 500 强企业数	16	13	3	中势

3. 河南省可持续发展竞争力指标排名变化情况

表 16-7　2018~2019 年河南省可持续发展竞争力指标组排位及变化趋势

指　标	2018 年	2019 年	排位升降	优劣势
3　可持续发展竞争力	13	10	3	优势
3.1　资源竞争力	21	21	0	劣势
人均国土面积	25	25	0	劣势
人均可使用海域和滩涂面积	13	13	0	中势
人均年水资源量	24	28	−4	劣势
耕地面积	3	3	0	强势
人均耕地面积	18	18	0	中势
人均牧草地面积	28	28	0	劣势
主要能源矿产基础储量	8	15	−7	中势
人均主要能源矿产基础储量	15	15	0	中势
人均森林储积量	24	24	0	劣势
3.2　环境竞争力	11	11	0	中势
森林覆盖率	20	20	0	中势
人均废水排放量	13	13	0	中势
人均工业废气排放量	7	7	0	优势
人均工业固体废物排放量	20	20	0	中势
人均治理工业污染投资额	10	13	−3	中势
一般工业固体废物综合利用率	10	10	0	优势
生活垃圾无害化处理率	19	21	−2	劣势
自然灾害直接经济损失额	17	11	6	中势

续表

指　　标	2018 年	2019 年	排位升降	优劣势
3.3　人力资源竞争力	9	10	-1	优势
常住人口增长率	18	18	0	中势
15~64 岁人口比例	29	28	1	劣势
文盲率	18	18	0	中势
大专以上教育程度人口比例	28	28	0	劣势
平均受教育程度	20	20	0	中势
人口健康素质	9	10	-1	优势
职业学校毕业生数	1	1	0	强势

4. 河南省财政金融竞争力指标排名变化情况

表 16-8　2018~2019 年河南省财政金融竞争力指标组排位及变化趋势

指　　标	2018 年	2019 年	排位升降	优劣势
4　财政金融竞争力	12	12	0	中势
4.1　财政竞争力	17	14	3	中势
地方财政收入	8	8	0	优势
地方财政支出	5	5	0	优势
地方财政收入占 GDP 比重	31	29	2	劣势
地方财政支出占 GDP 比重	24	25	-1	劣势
税收收入占 GDP 比重	29	29	0	劣势
税收收入占财政总收入比重	24	21	3	劣势
人均地方财政收入	28	27	1	劣势
人均地方财政支出	31	31	0	劣势
人均税收收入	28	28	0	劣势
地方财政收入增长率	7	5	2	优势
地方财政支出增长率	7	9	-2	优势
税收收入增长率	8	3	5	强势
4.2　金融竞争力	8	11	-3	中势
存款余额	9	9	0	优势
人均存款余额	29	29	0	劣势
贷款余额	8	8	0	优势
人均贷款余额	31	30	1	劣势
中长期贷款占贷款余额比重	13	15	-2	中势
保险费净收入	4	4	0	优势
保险密度（人均保险费）	15	18	-3	中势
保险深度（保险费占 GDP 的比重）	9	10	-1	优势
国内上市公司数	12	12	0	中势
国内上市公司市值	16	13	3	中势

303

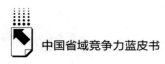

5. 河南省知识经济竞争力指标排名变化情况

表 16 - 9   2018 ~ 2019 年河南省知识经济竞争力指标组排位及变化趋势

指　　标	2018 年	2019 年	排位升降	优劣势
5 知识经济竞争力	11	7	4	优势
5.1 科技竞争力	10	11	-1	中势
R&D 人员	5	5	0	优势
R&D 经费	9	9	0	优势
R&D 经费投入强度	17	18	-1	中势
发明专利授权量	12	14	-2	中势
技术市场成交合同金额	21	17	4	中势
财政科技支出占地方财政支出比重	15	14	1	中势
高技术产业主营业务收入	4	4	0	优势
高技术产业收入占工业增加值比重	12	12	0	中势
高技术产品出口额占商品出口额比重	2	4	-2	优势
5.2 教育竞争力	12	7	5	优势
教育经费	4	4	0	优势
教育经费占 GDP 比重	16	17	-1	中势
人均教育经费	26	23	3	劣势
公共教育经费占财政支出比重	11	8	3	优势
人均文化教育支出	25	24	1	劣势
万人中小学学校数	30	27	3	劣势
万人中小学专任教师数	30	28	2	劣势
高等学校数	18	18	0	中势
高校专任教师数	3	1	2	强势
万人高等学校在校学生数	11	1	10	强势
5.3 文化竞争力	10	11	-1	中势
文化制造业营业收入	12	12	0	中势
文化批发零售业营业收入	12	11	1	中势
文化服务业企业营业收入	12	13	-1	中势
图书和期刊出版数	7	15	-8	中势
电子出版物品种	8	7	1	优势
印刷用纸量	14	11	3	中势
城镇居民人均文化娱乐支出	25	24	1	劣势
农村居民人均文化娱乐支出	20	14	6	中势
城镇居民人均文化娱乐支出占消费性支出比重	15	13	2	中势
农村居民人均文化娱乐支出占消费性支出比重	12	8	4	优势

6.河南省发展环境竞争力指标排名变化情况

表16－10　2018～2019年河南省发展环境竞争力指标组排位及变化趋势

指　标	2018 年	2019 年	排位升降	优劣势
6　发展环境竞争力	11	7	4	优势
6.1　基础设施竞争力	6	6	0	优势
铁路网线密度	8	7	1	优势
公路网线密度	4	4	0	优势
人均内河航道里程	23	23	0	劣势
全社会旅客周转量	2	2	0	强势
全社会货物周转量	8	9	－ 1	优势
人均邮电业务总量	17	23	－ 6	劣势
电话普及率	26	26	0	劣势
政府网站数	3	2	1	强势
人均耗电量	20	25	－ 5	劣势
6.2　软环境竞争力	22	17	5	中势
外资企业数增长率	17	3	14	强势
万人外资企业数	28	25	3	劣势
个体私营企业数增长率	3	3	0	强势
万人个体私营企业数	26	23	3	劣势
万人商标注册件数	17	16	1	中势
查处商标侵权假冒案件数	24	20	4	中势
每十万人交通事故发生数	19	19	0	中势
罚没收入占财政收入比重	26	23	3	劣势
社会捐赠站点数	15	20	－ 5	中势

7.河南省政府作用竞争力指标排名变化情况

表16－11　2018～2019年河南省政府作用竞争力指标组排位及变化趋势

指　标	2018 年	2019 年	排位升降	优劣势
7　政府作用竞争力	27	23	4	劣势
7.1　政府发展经济竞争力	17	15	2	中势
财政支出用于基本建设投资比重	11	8	3	优势
财政支出对 GDP 增长的拉动	8	7	1	优势
政府公务员对经济的贡献	15	13	2	中势
财政支出用于经济社会比重	28	25	3	劣势
财政投资对社会投资的拉动	11	13	－ 2	中势

续表

指　标	2018 年	2019 年	排位升降	优劣势
7.2　政府规调经济竞争力	21	22	−1	劣势
物价调控	21	22	−1	劣势
调控城乡消费差距	16	12	4	中势
统筹经济社会发展	5	7	−2	优势
规范税收	27	15	12	中势
固定资产投资价格指数	20	25	−5	劣势
7.3　政府保障经济竞争力	26	22	4	劣势
城镇职工养老保险收支比	20	13	7	中势
医疗保险覆盖率	27	28	−1	劣势
养老保险覆盖率	22	22	0	劣势
失业保险覆盖率	21	24	−3	劣势
最低工资标准	19	8	11	优势
城镇登记失业率	19	20	−1	中势

8. 河南省发展水平竞争力指标排名变化情况

表 16 – 12　2018 ~ 2019 年河南省发展水平竞争力指标组排位及变化趋势

指　标	2018 年	2019 年	排位升降	优劣势
8　发展水平竞争力	13	15	−2	中势
8.1　工业化进程竞争力	8	14	−6	中势
工业增加值占 GDP 比重	1	9	−8	优势
工业增加值增长率	9	26	−17	劣势
高技术产业占工业增加值比重	16	14	2	中势
高技术产品占商品出口额比重	3	4	−1	优势
信息产业增加值占 GDP 比重	21	21	0	劣势
工农业增加值比值	12	15	−3	中势
8.2　城市化进程竞争力	22	21	1	劣势
城镇化率	25	25	0	劣势
城镇居民人均可支配收入	25	26	−1	劣势
城市平均建成区面积比重	3	4	−1	优势
人均拥有道路面积	22	22	0	劣势
人均日生活用水量	25	23	2	劣势
人均公共绿地面积	19	17	2	中势

续表

指　标	2018 年	2019 年	排位升降	优劣势
8.3　市场化进程竞争力	13	14	－1	中势
非公有制经济产值占全社会总产值比重	5	6	－1	优势
社会投资占投资总额比重	7	5	2	优势
私有和个体企业从业人员比重	24	23	1	劣势
亿元以上商品市场成交额	11	11	0	中势
亿元以上商品市场成交额占全社会消费品零售总额比重	17	19	－2	中势
居民消费支出占总消费支出比重	17	17	0	中势

9. 河南省统筹协调竞争力指标排名变化情况

表 16 − 13　2018 ～ 2019 年河南省统筹协调竞争力指标组排位及变化趋势

指　标	2018 年	2019 年	排位升降	优劣势
9　统筹协调竞争力	15	7	8	优势
9.1　统筹发展竞争力	17	7	10	优势
社会劳动生产率	27	25	2	劣势
能源使用下降率	12	2	10	强势
万元 GDP 综合能耗下降率	7	2	5	强势
非农用地产出率	10	12	－2	中势
居民收入占 GDP 比重	15	9	6	优势
二三产业增加值比例	27	28	－1	劣势
固定资产投资额占 GDP 比重	23	20	3	中势
固定资产投资增长率	19	12	7	中势
9.2　协调发展竞争力	12	10	2	优势
资源竞争力与宏观经济竞争力比差	21	18	3	中势
环境竞争力与宏观经济竞争力比差	10	10	0	优势
人力资源竞争力与宏观经济竞争力比差	2	10	－8	优势
环境竞争力与工业竞争力比差	13	15	－2	中势
资源竞争力与工业竞争力比差	20	21	－1	劣势
城乡居民家庭人均收入比差	8	7	1	优势
城乡居民人均现金消费支出比差	16	12	4	中势
全社会消费品零售总额与外贸出口总额比差	17	19	－2	中势

B.18

17

2018~2019年湖北省经济综合竞争力评价分析报告

湖北省简称"鄂"，位于长江中游，周边分别与河南省、安徽省、江西省、湖南省、重庆市、陕西省为邻。省域内多湖泊，有"千湖之省"之称。全省面积18万平方公里，2019年总人口为5927万人，全省地区生产总值达45828亿元，同比增长7.5%，人均GDP达77387元。本部分通过分析2018~2019年湖北省经济综合竞争力以及各要素竞争力的排名变化，从中找出湖北省经济综合竞争力的推动点及影响因素，为进一步提升湖北省经济综合竞争力提供决策参考。

17.1 湖北省经济综合竞争力总体分析

1. 湖北省经济综合竞争力一级指标概要分析

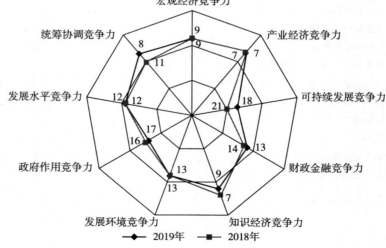

图17-1 2018~2019年湖北省经济综合竞争力二级指标比较

表 17－1　2018~2019 年湖北省经济综合竞争力二级指标比较

项目 年份	宏观 经济 竞争力	产业 经济 竞争力	可持续 发展 竞争力	财政 金融 竞争力	知识 经济 竞争力	发展 环境 竞争力	政府 作用 竞争力	发展 水平 竞争力	统筹 协调 竞争力	综合 排位
2018	9	7	21	14	7	13	16	12	11	9
2019	9	7	18	13	9	13	17	12	8	10
升降	0	0	3	1	−2	0	−1	0	3	−1
优劣度	优势	优势	中势	中势	优势	中势	中势	中势	优势	优势

（1）从综合排位的变化比较看，2019 年湖北省经济综合竞争力综合排位在全国处于第 10 位，表明其在全国处于优势地位；与 2018 年相比，综合排位下降了 1 位。

（2）从指标所处区位看，处于上游区的指标有 4 个，分别为宏观经济竞争力、产业经济竞争力、知识经济竞争力和统筹协调竞争力，没有强势指标，没有处于下游区的指标，其他 5 个指标均处于中游区。

（3）从指标变化趋势看，9 个二级指标中，有 3 个指标处于上升趋势，分别为可持续发展竞争力、财政金融竞争力和统筹协调竞争力，这些是湖北省经济综合竞争力的上升动力所在；有 4 个指标排位没有发生变化，分别为宏观经济竞争力、产业经济竞争力、发展环境竞争力和发展水平竞争力；有 2 个指标处于下降趋势，分别为知识经济竞争力和政府作用竞争力，这些是湖北省经济综合竞争力的下降拉力所在。

2. 湖北省经济综合竞争力各级指标动态变化分析

表 17－2　2018~2019 年湖北省经济综合竞争力各级指标排位变化态势比较

单位：个，%

二级指标	三级指标	四级 指标数	上升		保持		下降		变化 趋势
			指标数	比重	指标数	比重	指标数	比重	
宏观经济 竞争力	经济实力竞争力	12	7	58.3	3	25.0	2	16.7	上升
	经济结构竞争力	6	1	16.7	0	0.0	5	83.3	下降
	经济外向度竞争力	9	4	44.4	4	44.4	1	11.1	上升
	小　计	27	12	44.4	7	25.9	8	29.6	保持

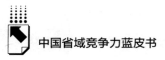
续表

二级指标	三级指标	四级指标数	上升		保持		下降		变化趋势
			指标数	比重	指标数	比重	指标数	比重	
产业经济竞争力	农业竞争力	10	3	30.0	7	70.0	0	0.0	保持
	工业竞争力	10	5	50.0	3	30.0	2	20.0	保持
	服务业竞争力	10	3	30.0	4	40.0	3	30.0	下降
	企业竞争力	10	6	60.0	2	20.0	2	20.0	上升
	小　计	**40**	17	42.5	16	40.0	7	17.5	保持
可持续发展竞争力	资源竞争力	9	1	11.1	6	66.7	2	22.2	保持
	环境竞争力	8	1	12.5	4	50.0	3	37.5	下降
	人力资源竞争力	7	1	14.3	2	28.6	4	57.1	下降
	小　计	**24**	3	12.5	12	50.0	9	37.5	下降
财政金融竞争力	财政竞争力	12	6	50.0	3	25.0	3	25.0	上升
	金融竞争力	10	4	40.0	3	30.0	3	30.0	保持
	小　计	**22**	10	45.5	6	27.3	6	27.3	上升
知识经济竞争力	科技竞争力	9	3	33.3	3	33.3	3	33.3	上升
	教育竞争力	10	1	10.0	5	50.0	4	40.0	保持
	文化竞争力	10	5	50.0	3	30.0	2	20.0	保持
	小　计	**29**	9	31.0	11	37.9	9	31.0	下降
发展环境竞争力	基础设施竞争力	9	2	22.2	5	55.6	2	22.2	保持
	软环境竞争力	9	2	22.2	1	11.1	6	66.7	下降
	小　计	**18**	4	22.2	6	33.3	8	44.4	保持
政府作用竞争力	政府发展经济竞争力	5	3	60.0	2	40.0	0	0.0	上升
	政府规调经济竞争力	5	2	40.0	1	20.0	2	40.0	下降
	政府保障经济竞争力	6	3	50.0	0	0.0	3	50.0	上升
	小　计	**16**	8	50.0	3	18.8	5	31.3	下降
发展水平竞争力	工业化进程竞争力	6	3	50.0	1	16.7	2	33.3	下降
	城市化进程竞争力	6	1	16.7	3	50.0	2	33.3	下降
	市场化进程竞争力	6	2	33.3	2	33.3	2	33.3	下降
	小　计	**18**	6	33.3	6	33.3	6	33.3	保持
统筹协调竞争力	统筹发展竞争力	8	5	62.5	1	12.5	2	25.0	上升
	协调发展竞争力	8	2	25.0	3	37.5	3	37.5	保持
	小　计	**16**	7	43.8	4	25.0	5	31.3	上升
合　计		**210**	76	36.2	71	33.8	63	30.0	下降

从表 17 - 2 可以看出，210 个四级指标中，上升指标有 76 个，占指标总数的 36.2%；下降指标有 71 个，占指标总数的 33.8%；保持指标有 63 个，占指标总数的 30.0%。综上所述，上升的动力大于下降的拉力，但受其他外部因素的综合影响，使得 2018 ~ 2019 年湖北省经济综合竞争力排位下降了 1 位。

3. 湖北省经济综合竞争力各级指标优劣势结构分析

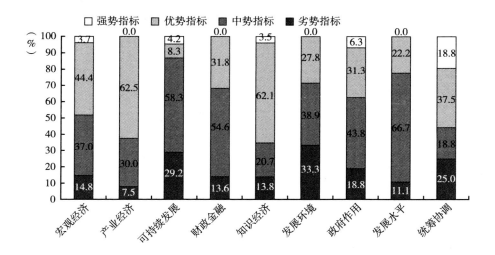

图 17 - 2　2019 年湖北省经济综合竞争力各级指标优劣势比较

表 17 - 3　2019 年湖北省经济综合竞争力各级指标优劣势比较

单位：个，%

二级指标	三级指标	四级指标数	强势指标		优势指标		中势指标		劣势指标		优劣势
			个数	比重	个数	比重	个数	比重	个数	比重	
宏观经济竞争力	经济实力竞争力	12	1	8.3	8	66.7	3	25.0	0	0.0	优势
	经济结构竞争力	6	0	0.0	2	33.3	1	16.7	3	50.0	中势
	经济外向度竞争力	9	0	0.0	2	22.2	6	66.7	1	11.1	中势
	小　计	**27**	1	3.7	12	44.4	10	37.0	4	14.8	优势

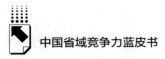

中国省域竞争力蓝皮书

续表

二级指标	三级指标	四级指标数	强势指标		优势指标		中势指标		劣势指标		优劣势
			个数	比重	个数	比重	个数	比重	个数	比重	
产业经济竞争力	农业竞争力	10	0	0.0	5	50.0	5	50.0	0	0.0	优势
	工业竞争力	10	0	0.0	7	70.0	2	20.0	1	10.0	优势
	服务业竞争力	10	0	0.0	9	90.0	1	10.0	0	0.0	优势
	企业竞争力	10	0	0.0	4	40.0	4	40.0	2	20.0	优势
	小　计	40	0	0.0	25	62.5	12	30.0	3	7.5	优势
可持续发展竞争力	资源竞争力	9	0	0.0	0	0.0	6	66.7	3	33.3	劣势
	环境竞争力	8	1	12.5	1	12.5	4	50.0	2	25.0	中势
	人力资源竞争力	7	0	0.0	1	14.3	4	57.1	2	28.6	中势
	小　计	24	1	4.2	2	8.3	14	58.3	7	29.2	中势
财政金融竞争力	财政竞争力	12	0	0.0	3	25.0	6	50.0	3	25.0	中势
	金融竞争力	10	0	0.0	4	40.0	6	60.0	0	0.0	优势
	小　计	22	0	0.0	7	31.8	12	54.6	3	13.6	中势
知识经济竞争力	科技竞争力	9	0	0.0	8	88.9	1	11.1	0	0.0	优势
	教育竞争力	10	0	0.0	5	50.0	2	20.0	3	30.0	优势
	文化竞争力	10	1	10.0	5	50.0	3	30.0	1	10.0	优势
	小　计	29	1	3.5	18	62.1	6	20.7	4	13.8	优势
发展环境竞争力	基础设施竞争力	9	0	0.0	4	44.4	2	22.2	3	33.3	优势
	软环境竞争力	9	0	0.0	1	11.1	5	55.6	3	33.3	劣势
	小　计	18	0	0.0	5	27.8	7	38.9	6	33.3	中势
政府作用竞争力	政府发展经济竞争力	5	0	0.0	3	60.0	1	20.0	1	20.0	优势
	政府规调经济竞争力	5	1	20.0	1	20.0	1	20.0	2	40.0	劣势
	政府保障经济竞争力	6	0	0.0	1	16.7	5	83.3	0	0.0	中势
	小　计	16	1	6.3	5	31.3	7	43.8	3	18.8	中势
发展水平竞争力	工业化进程竞争力	6	0	0.0	2	33.3	4	66.7	0	0.0	中势
	城市化进程竞争力	6	0	0.0	0	0.0	5	83.3	1	16.7	中势
	市场化进程竞争力	6	0	0.0	2	33.3	3	50.0	1	16.7	中势
	小　计	18	0	0.0	4	22.2	12	66.7	2	11.1	中势
统筹协调竞争力	统筹发展竞争力	8	2	25.0	2	25.0	3	37.5	1	12.5	优势
	协调发展竞争力	8	1	12.5	4	50.0	0	0.0	3	37.5	优势
	小　计	16	3	18.8	6	37.5	3	18.8	4	25.0	优势
合　计		210	7	3.3	84	40.0	83	39.5	36	17.1	优势

基于图 17-2 和表 17-3，从四级指标来看，强势指标 7 个，占指标总数的 3.3%；优势指标 84 个，占指标总数的 40.0%；中势指标 83 个，占指标总数的 39.5%；劣势指标 36 个，占指标总数的 17.1%。从三级指标来看，没有强势指标；优势指标 13 个，占三级指标总数的 52%；中势指标 9 个，占三级指标总数的 36%；劣势指标 3 个，占三级指标总数的 12%。反映到二级指标上来，没有强势指标；优势指标有 4 个，占二级指标总数的 44.4%；中势指标有 5 个，占二级指标总数的 55.6%。综合来看，由于优势指标在指标体系中整体居于主导地位，使得 2019 年湖北省经济综合竞争力才能够处于优势地位。

4. 湖北省经济综合竞争力四级指标优劣势对比分析

表 17-4　2019 年湖北省经济综合竞争力各级指标优劣势比较

二级指标	优劣势	四级指标
宏观经济竞争力（27 个）	强势指标	固定资产投资额增长率（1 个）
	优势指标	地区生产总值、人均地区生产总值、财政总收入、固定资产投资额、人均固定资产投资额、全社会消费品零售总额、全社会消费品零售总额增长率、人均全社会消费品零售总额、所有制经济结构优化度、城乡经济结构优化度、进出口增长率、实际 FDI 增长率（12 个）
	劣势指标	产业结构优化度、就业结构优化度、财政收入结构优化度、外贸依存度（4 个）
产业经济竞争力（40 个）	强势指标	（0 个）
	优势指标	农业增加值、人均农业增加值、农民人均纯收入、人均主要农产品产量、农业机械化水平、工业增加值、工业增加值增长率、人均工业增加值、工业资产总额、规模以上工业主营业务收入、规模以上工业利润总额、工业收入利润率、服务业增加值、服务业增加值增长率、人均服务业增加值、服务业从业人员数、限额以上批发零售企业主营业务收入、限额以上批发企业利税率、限额以上餐饮企业利税率、商品房销售收入、电子商务销售额、规模以上工业企业数、新产品销售收入占主营业务收入比重、产品质量抽查合格率、工业企业 R&D 经费投入强度（25 个）
	劣势指标	工业成本费用率、规模以上企业平均资产、规模以上企业劳动效率（3 个）
可持续发展竞争力（24 个）	强势指标	生活垃圾无害化处理率（1 个）
	优势指标	人均工业废气排放量、人口健康素质（2 个）
	劣势指标	人均牧草地面积、主要能源矿产基础储量、人均主要能源矿产基础储量、人均治理工业污染投资额、自然灾害直接经济损失额、常住人口增长率、文盲率（7 个）

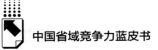

二级指标	优劣势	四级指标
财政金融 竞争力 (22个)	强势指标	(0个)
	优势指标	地方财政收入、地方财政支出、税收收入占财政总收入比重、中长期贷款占贷款余额比重、保险费净收入、保险密度(人均保险费)、国内上市公司数(7个)
	劣势指标	地方财政收入占GDP比重、地方财政支出占GDP比重、税收收入占GDP比重(3个)
知识经济 竞争力 (29个)	强势指标	农村居民人均文化娱乐支出(1个)
	优势指标	R&D人员、R&D经费、R&D经费投入强度、发明专利授权量、技术市场成交合同金额、财政科技支出占地方财政支出比重、高技术产业主营业务收入、高技术产品出口额占商品出口额比重、教育经费、万人中小学专任教师数、高等学校数、高校专任教师数、万人高等学校在校学生数、文化制造业营业收入、文化批发零售业营业收入、文化服务业企业营业收入、图书和期刊出版数、印刷用纸量(18个)
	劣势指标	教育经费占GDP比重、人均教育经费、公共教育经费占财政支出比重、城镇居民人均文化娱乐支出占消费性支出比重(4个)
发展环境 竞争力 (18个)	强势指标	(0个)
	优势指标	公路网线密度、人均内河航道里程、全社会旅客周转量、政府网站数、万人个体私营企业数(5个)
	劣势指标	人均邮电业务总量、电话普及率、人均耗电量、个体私营企业数增长率、查处商标侵权假冒案件数、每十万人交通事故发生数(6个)
政府作用 竞争力 (16个)	强势指标	调控城乡消费差距(1个)
	优势指标	财政支出用于基本建设投资比重、财政支出对GDP增长的拉动、政府公务员对经济的贡献、规范税收、城镇登记失业率(5个)
	劣势指标	财政支出用于经济社会比重、物价调控、固定资产投资价格指数(3个)
发展水平 竞争力 (18个)	强势指标	(0个)
	优势指标	工业增加值占GDP比重、工业增加值增长率、非公有制经济产值占全社会总产值比重、私有和个体企业从业人员比重(4个)
	劣势指标	人均公共绿地面积、亿元以上商品市场成交额占全社会消费品零售总额比重(2个)
统筹协调 竞争力 (16个)	强势指标	居民收入占GDP比重、固定资产投资增长率、城乡居民人均现金消费支出比差(3个)
	优势指标	社会劳动生产率、非农用地产出率、环境竞争力与宏观经济竞争力比差、人力资源竞争力与宏观经济竞争力比差、环境竞争力与工业竞争力比差、城乡居民家庭人均收入比差(6个)
	劣势指标	二三产业增加值比例、资源竞争力与宏观经济竞争力比差、资源竞争力与工业竞争力比差、全社会消费品零售总额与外贸出口总额比差(4个)

17.2　湖北省经济综合竞争力各级指标具体分析

1. 湖北省宏观经济竞争力指标排名变化情况

表 17－5　2018～2019 年湖北省宏观经济竞争力指标组排位及变化趋势

指　标	2018 年	2019 年	排位升降	优劣势
1　宏观经济竞争力	9	9	0	优势
1.1　经济实力竞争力	7	5	2	优势
地区生产总值	7	7	0	优势
地区生产总值增长率	9	20	−11	中势
人均地区生产总值	10	8	2	优势
财政总收入	10	9	1	优势
财政总收入增长率	11	12	−1	中势
人均财政收入	15	14	1	中势
固定资产投资额	5	5	0	优势
固定资产投资额增长率	6	3	3	强势
人均固定资产投资额	7	6	1	优势
全社会消费品零售总额	6	6	0	优势
全社会消费品零售总额增长率	10	6	4	优势
人均全社会消费品零售总额	10	6	4	优势
1.2　经济结构竞争力	7	12	−5	中势
产业结构优化度	20	26	−6	劣势
所有制经济结构优化度	12	10	2	优势
城乡经济结构优化度	7	8	−1	优势
就业结构优化度	21	24	−3	劣势
财政收入结构优化度	8	23	−15	劣势
贸易结构优化度	9	14	−5	中势
1.3　经济外向度竞争力	23	14	9	中势
进出口总额	17	17	0	中势
进出口增长率	22	7	15	优势
出口总额	14	17	−3	中势
出口增长率	18	11	7	中势
实际 FDI	11	11	0	中势
实际 FDI 增长率	9	8	1	优势
外贸依存度	24	24	0	劣势
外资企业数	11	11	0	中势
对外直接投资	17	14	3	中势

2. 湖北省产业经济竞争力指标排名变化情况

表17－6 2018～2019年湖北省产业经济竞争力指标组排位及变化趋势

指　标	2018年	2019年	排位升降	优劣势
2　产业经济竞争力	7	7	0	优势
2.1　农业竞争力	9	9	0	优势
农业增加值	6	6	0	优势
农业增加值增长率	23	13	10	中势
人均农业增加值	6	6	0	优势
农民人均纯收入	9	9	0	优势
农民人均纯收入增长率	25	19	6	中势
农产品出口占农林牧渔总产值比重	16	15	1	中势
人均主要农产品产量	10	10	0	优势
农业机械化水平	9	9	0	优势
农村人均用电量	16	16	0	中势
财政支农资金比重	19	19	0	中势
2.2　工业竞争力	7	7	0	优势
工业增加值	7	7	0	优势
工业增加值增长率	10	5	5	优势
人均工业增加值	9	7	2	优势
工业资产总额	10	10	0	优势
工业资产总额增长率	10	20	−10	中势
规模以上工业主营业务收入	7	7	0	优势
工业成本费用率	18	21	−3	劣势
规模以上工业利润总额	8	7	1	优势
工业全员劳动生产率	12	11	1	中势
工业收入利润率	17	10	7	优势
2.3　服务业竞争力	7	8	−1	优势
服务业增加值	10	10	0	优势
服务业增加值增长率	2	10	−8	优势
人均服务业增加值	11	9	2	优势
服务业从业人员数	5	6	−1	优势
限额以上批发零售企业主营业务收入	9	9	0	优势
限额以上批零企业利税率	7	10	−3	优势
限额以上餐饮企业利税率	21	7	14	优势
旅游外汇收入	12	12	0	中势
商品房销售收入	7	7	0	优势
电子商务销售额	11	10	1	优势

续表

指　　标	2018 年	2019 年	排位升降	优劣势
2.4　企业竞争力	13	8	5	优势
规模以上工业企业数	9	9	0	优势
规模以上企业平均资产	25	23	2	劣势
规模以上企业平均收入	21	20	1	中势
规模以上企业平均利润	17	14	3	中势
规模以上企业劳动效率	12	22	－ 10	劣势
城镇就业人员平均工资	19	19	0	中势
新产品销售收入占主营业务收入比重	9	8	1	优势
产品质量抽查合格率	20	5	15	优势
工业企业 R&D 经费投入强度	11	9	2	优势
全国 500 强企业数	9	11	－ 2	中势

3. 湖北省可持续发展竞争力指标排名变化情况

表 17 － 7　2018 ~ 2019 年湖北省可持续发展竞争力指标组排位及变化趋势

指　　标	2018 年	2019 年	排位升降	优劣势
3　可持续发展竞争力	17	18	－ 1	中势
3.1　资源竞争力	23	23	0	劣势
人均国土面积	19	18	1	中势
人均可使用海域和滩涂面积	13	13	0	中势
人均年水资源量	18	20	－ 2	中势
耕地面积	12	12	0	中势
人均耕地面积	16	16	0	中势
人均牧草地面积	21	21	0	劣势
主要能源矿产基础储量	21	24	－ 3	劣势
人均主要能源矿产基础储量	24	24	0	劣势
人均森林储积量	18	18	0	中势
3.2　环境竞争力	10	13	－ 3	中势
森林覆盖率	13	15	－ 2	中势
人均废水排放量	20	20	0	中势
人均工业废气排放量	9	9	0	优势
人均工业固体废物排放量	11	11	0	中势
人均治理工业污染投资额	20	22	－ 2	劣势
一般工业固体废物综合利用率	13	13	0	中势
生活垃圾无害化处理率	10	1	9	强势
自然灾害直接经济损失额	20	22	－ 2	劣势

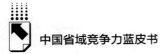

指　标	2018 年	2019 年	排位升降	优劣势
3.3　人力资源竞争力	14	15	−1	中势
常住人口增长率	24	26	−2	劣势
15～64 岁人口比例	16	16	0	中势
文盲率	17	21	−4	劣势
大专以上教育程度人口比例	10	11	−1	中势
平均受教育程度	9	13	−4	中势
人口健康素质	7	6	1	优势
职业学校毕业生数	13	13	0	中势

4. 湖北省财政金融竞争力指标排名变化情况

表 17 - 8　2018～2019 年湖北省财政金融竞争力指标组排位及变化趋势

指　标	2018 年	2019 年	排位升降	优劣势
4　财政金融竞争力	14	13	1	中势
4.1　财政竞争力	22	18	4	中势
地方财政收入	10	10	0	优势
地方财政支出	11	10	1	优势
地方财政收入占 GDP 比重	25	30	−5	劣势
地方财政支出占 GDP 比重	25	26	−1	劣势
税收收入占 GDP 比重	25	27	−2	劣势
税收收入占财政总收入比重	14	10	4	优势
人均地方财政收入	18	18	0	中势
人均地方财政支出	20	20	0	中势
人均税收收入	18	16	2	中势
地方财政收入增长率	29	16	13	中势
地方财政支出增长率	21	14	7	中势
税收收入增长率	20	11	9	中势
4.2　金融竞争力	10	10	0	优势
存款余额	11	11	0	中势
人均存款余额	16	15	1	中势
贷款余额	12	11	1	中势
人均贷款余额	17	17	0	中势
中长期贷款占贷款余额比重	5	6	−1	优势
保险费净收入	9	9	0	优势
保险密度（人均保险费）	12	9	3	优势
保险深度（保险费站 GDP 的比重）	17	18	−1	中势
国内上市公司数	11	9	2	优势
国内上市公司市值	10	11	−1	中势

5. 湖北省知识经济竞争力指标排名变化情况

表 17 － 9　2018～2019 年湖北省知识经济竞争力指标组排位及变化趋势

指　　　标	2018 年	2019 年	排位升降	优劣势
5　知识经济竞争力	7	9	－2	优势
5.1　科技竞争力	9	7	2	优势
R&D 人员	8	8	0	优势
R&D 经费	7	7	0	优势
R&D 经费投入强度	10	9	1	优势
发明专利授权量	9	8	1	优势
技术市场成交合同金额	4	5	－1	优势
财政科技支出占地方财政支出比重	7	7	0	优势
高技术产业主营业务收入	11	10	1	优势
高技术产业收入占工业增加值比重	16	17	－1	中势
高技术产品出口额占商品出口额比重	9	10	－1	优势
5.2　教育竞争力	9	9	0	优势
教育经费	9	10	－1	优势
教育经费占 GDP 比重	27	29	－2	劣势
人均教育经费	23	25	－2	劣势
公共教育经费占财政支出比重	19	22	－3	劣势
人均文化教育支出	15	15	0	中势
万人中小学学校数	13	13	0	中势
万人中小学专任教师数	6	6	0	优势
高等学校数	4	4	0	优势
高校专任教师数	6	6	0	优势
万人高等学校在校学生数	7	6	1	优势
5.3　文化竞争力	8	8	0	优势
文化制造业营业收入	9	8	1	优势
文化批发零售业营业收入	10	10	0	优势
文化服务业企业营业收入	7	6	1	优势
图书和期刊出版数	8	7	1	优势
电子出版物品种	11	12	－1	中势
印刷用纸量	8	8	0	优势
城镇居民人均文化娱乐支出	15	15	0	中势
农村居民人均文化娱乐支出	7	9	－2	优势
城镇居民人均文化娱乐支出占消费性支出比重	9	7	2	优势
农村居民人均文化娱乐支出占消费性支出比重	8	8	0	优势

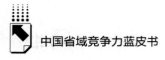

6. 湖北省发展环境竞争力指标排名变化情况

表 17 – 10　2018～2019 年湖北省发展环境竞争力指标组排位及变化趋势

指　　标	2018 年	2019 年	排位升降	优劣势
6　发展环境竞争力	13	13	0	中势
6.1　基础设施竞争力	9	9	0	优势
铁路网线密度	20	16	4	中势
公路网线密度	7	7	0	优势
人均内河航道里程	4	4	0	优势
全社会旅客周转量	7	7	0	优势
全社会货物周转量	11	11	0	中势
人均邮电业务总量	25	29	−4	劣势
电话普及率	27	29	−2	劣势
政府网站数	6	5	1	优势
人均耗电量	21	21	0	劣势
6.2　软环境竞争力	18	23	−5	劣势
外资企业数增长率	14	18	−4	中势
万人外资企业数	12	11	1	中势
个体私营企业数增长率	18	22	−4	劣势
万人个体私营企业数	9	10	−1	优势
万人商标注册件数	14	14	0	中势
查处商标侵权假冒案件数	22	24	−2	劣势
每十万人交通事故发生数	28	29	−1	劣势
罚没收入占财政收入比重	19	15	4	中势
食品安全事故数	14	16	−2	中势

7. 湖北省政府作用竞争力指标排名变化情况

表 17 – 11　2018～2019 年湖北省政府作用竞争力指标组排位及变化趋势

指　　标	2018 年	2019 年	排位升降	优劣势
7　政府作用竞争力	16	17	−1	中势
7.1　政府发展经济竞争力	7	5	2	优势
财政支出用于基本建设投资比重	7	7	0	优势
财政支出对 GDP 增长的拉动	7	6	1	优势
政府公务员对经济的贡献	10	8	2	优势
财政支出用于经济社会比重	22	21	1	劣势
财政投资对社会投资的拉动	15	15	0	中势

续表

指　标	2018 年	2019 年	排位升降	优劣势
7.2　政府规调经济竞争力	13	24	−11	劣势
物价调控	9	25	−16	劣势
调控城乡消费差距	2	2	0	强势
统筹经济社会发展	11	12	−1	中势
规范税收	19	10	9	优势
固定资产投资价格指数	31	28	3	劣势
7.3　政府保障经济竞争力	20	15	5	中势
城镇职工养老保险收支比	8	12	−4	中势
医疗保险覆盖率	19	18	1	中势
养老保险覆盖率	15	14	1	中势
失业保险覆盖率	19	20	−1	中势
最低工资标准	11	20	−9	中势
城镇登记失业率	27	6	21	优势

8. 湖北省发展水平竞争力指标排名变化情况

表 17−12　2018～2019 年湖北省发展水平竞争力指标组排位及变化趋势

指　标	2018 年	2019 年	排位升降	优劣势
8　发展水平竞争力	12	12	0	中势
8.1　工业化进程竞争力	10	12	−2	中势
工业增加值占 GDP 比重	13	8	5	优势
工业增加值增长率	10	5	5	优势
高新技术产业占工业增加值比重	11	13	−2	中势
高技术产品占商品出品额比重	8	11	−3	中势
信息产业增加值占 GDP 比重	14	14	0	中势
工农业增加值比重	19	14	5	中势
8.2　城市化进程竞争力	18	19	−1	中势
城镇化率	12	12	0	中势
城镇居民人均可支配收入	13	13	0	中势
城市平均建成区面积	17	17	0	中势
人均拥有道路面积	13	16	−3	中势
人均日生活用水量	8	12	−4	中势
人均公共绿地面积	25	23	2	劣势

指 标	2018 年	2019 年	排位升降	优劣势
8.3 市场化进程竞争力	12	10	2	优势
非公有制经济产值占全社会总产值的比重	20	20	0	中势
社会投资占投资总资金的比重	3	4	−1	优势
非国有单位从业人员占城镇从业人员比重	16	14	2	中势
亿元以上商品市场成交额	21	24	−3	劣势
亿元以上商品市场成交额占全社会消费品零售总额比重	13	13	0	中势
全社会消费品零售总额占工农总产值比重	12	12	0	中势

9. 湖北省统筹协调竞争力指标排名变化情况

表 17 – 13 2018 ~ 2019 年湖北省统筹协调竞争力指标组排位及变化趋势

指 标	2018 年	2019 年	排位升降	优劣势
9 统筹协调竞争力	11	8	3	优势
9.1 统筹发展竞争力	11	9	2	优势
社会劳动生产率	13	9	4	优势
能源使用下降率	16	17	−1	中势
万元 GDP 综合能耗下降率	12	11	1	中势
非农用地产出率	11	9	2	优势
居民收入占 GDP 比重	6	3	3	强势
二三产业增加值比例	23	24	−1	劣势
固定资产投资额占 GDP 比重	19	19	0	中势
固定资产投资增长率	26	3	23	强势
9.2 协调发展竞争力	8	8	0	优势
资源竞争力与宏观经济竞争力比差	23	21	2	劣势
环境竞争力与宏观经济竞争力比差	9	9	0	优势
人力资源竞争力与宏观经济竞争力比差	1	6	−5	优势
环境竞争力与工业竞争力比差	6	8	−2	优势
资源竞争力与工业竞争力比差	24	24	0	劣势
城乡居民家庭人均收入比差	7	8	−1	优势
城乡居民人均现金消费支出比差	2	2	0	强势
全社会消费品零售总额与外贸出口总额比差	23	22	1	劣势

2018～2019年湖南省经济综合竞争力评价分析报告

湖南省简称"湘"，位于长江中下游南岸，东与江西为邻，北和湖北为界，西连四川、贵州，南接广东、广西，是我国东南部地区腹地。全省面积21万平方公里，2019年总人口为6918万人，全省地区生产总值达39752亿元，同比增长7.6%，人均GDP达57540元。本部分通过分析2018～2019年湖南省经济综合竞争力以及各要素竞争力的排名变化，从中找出湖南省经济综合竞争力的推动点及影响因素，为进一步提升湖南省经济综合竞争力提供决策参考。

18.1 湖南省经济综合竞争力总体分析

1. 湖南省经济综合竞争力一级指标概要分析

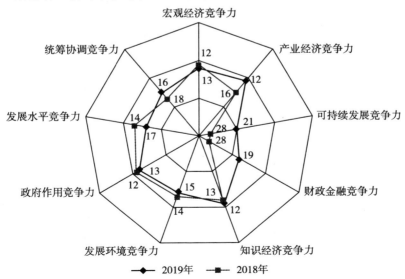

图18-1　2018～2019年湖南省经济综合竞争力二级指标比较

表 18-1　2018~2019 年湖南省经济综合竞争力二级指标比较

项目 年份	宏观 经济 竞争力	产业 经济 竞争力	可持续 发展 竞争力	财政 金融 竞争力	知识 经济 竞争力	发展 环境 竞争力	政府 作用 竞争力	发展 水平 竞争力	统筹 协调 竞争力	综合 排位
2018	12	16	28	28	13	14	12	14	18	16
2019	13	12	21	19	12	15	13	17	16	14
升降	-1	4	7	9	1	-1	-1	-3	2	2
优劣度	中势	中势	劣势	中势	中势	中势	中势	中势	中势	中势

（1）从综合排位的变化比较看，2019 年湖南省经济综合竞争力综合排位在全国处于第 14 位，表明其在全国处于居中偏上地位；与 2018 年相比，综合排位上升了 2 位。

（2）从指标所处区位看，没有处于上游区的指标，有 1 个处于下游区的指标，为可持续发展竞争力，其他指标均处于中游区。

（3）从指标变化趋势看，9 个二级指标中，有 5 个指标处于上升趋势，分别为产业经济竞争力、可持续发展竞争力、财政金融竞争力、知识经济竞争力和统筹协调竞争力，这些是湖南省经济综合竞争力的上升动力所在；有 4 个指标处于下降趋势，分别为宏观经济竞争力、发展环境竞争力、政府作用竞争力和发展水平竞争力，这些是湖南省经济综合竞争力的下降拉力所在。

2. 湖南省经济综合竞争力各级指标动态变化分析

表 18-2　2018~2019 年湖南省经济综合竞争力各级指标排位变化态势比较

单位：个，%

二级指标	三级指标	四级 指标数	上升		保持		下降		变化 趋势
			指标数	比重	指标数	比重	指标数	比重	
宏观经济 竞争力	经济实力竞争力	12	7	58.3	1	8.3	4	33.3	上升
	经济结构竞争力	6	4	66.7	0	0.0	2	33.3	保持
	经济外向度竞争力	9	4	44.4	2	22.2	3	33.3	上升
	小　计	27	15	55.6	3	11.1	9	33.3	下降

续表

二级指标	三级指标	四级指标数	上升		保持		下降		变化趋势
			指标数	比重	指标数	比重	指标数	比重	
产业经济竞争力	农业竞争力	10	2	20.0	4	40.0	4	40.0	保持
	工业竞争力	10	6	60.0	2	20.0	2	20.0	下降
	服务业竞争力	10	3	30.0	4	40.0	3	30.0	上升
	企业竞争力	10	5	50.0	3	30.0	2	20.0	上升
	小　计	**40**	16	40.0	13	32.5	11	27.5	上升
可持续发展竞争力	资源竞争力	9	1	11.1	7	77.8	1	11.1	保持
	环境竞争力	8	2	25.0	5	62.5	1	12.5	下降
	人力资源竞争力	7	4	57.1	1	14.3	2	28.6	上升
	小　计	**24**	7	29.2	13	54.2	4	16.7	下降
财政金融竞争力	财政竞争力	12	6	50.0	4	33.3	2	16.7	上升
	金融竞争力	10	4	40.0	3	30.0	3	30.0	上升
	小　计	**22**	10	45.5	7	31.8	5	22.7	上升
知识经济竞争力	科技竞争力	9	4	44.4	4	44.4	1	11.1	保持
	教育竞争力	10	2	20.0	6	60.0	2	20.0	上升
	文化竞争力	10	1	10.0	5	50.0	4	40.0	保持
	小　计	**29**	7	24.1	15	51.7	7	24.1	上升
发展环境竞争力	基础设施竞争力	9	2	22.2	4	44.4	3	33.3	上升
	软环境竞争力	9	6	66.7	0	0.0	3	33.3	下降
	小　计	**18**	8	44.4	4	22.2	6	33.3	下降
政府作用竞争力	政府发展经济竞争力	5	1	20.0	2	40.0	2	40.0	上升
	政府规调经济竞争力	5	3	60.0	1	20.0	1	20.0	下降
	政府保障经济竞争力	6	1	16.7	2	33.3	3	50.0	下降
	小　计	**16**	5	31.3	5	31.3	6	37.5	下降
发展水平竞争力	工业化进程竞争力	6	2	33.3	1	16.7	3	50.0	下降
	城市化进程竞争力	6	3	50.0	0	0.0	3	50.0	上升
	市场化进程竞争力	6	3	50.0	2	33.3	1	16.7	保持
	小　计	**18**	8	44.4	3	16.7	7	38.9	下降
统筹协调竞争力	统筹发展竞争力	8	2	25.0	2	25.0	4	50.0	上升
	协调发展竞争力	8	2	25.0	3	37.5	3	37.5	上升
	小　计	**16**	4	25.0	5	31.3	7	43.8	上升
合　计		**210**	80	38.1	68	32.4	62	29.5	上升

从表18-2可以看出，210个四级指标中，上升指标有80个，占指标总数的38.1%；保持指标有68个，占指标总数的32.4%；下降指标

有 62 个，占指标总数的 29.5%。综上所述，上升的动力大于下降的拉力，使得 2018～2019 年湖南省经济综合竞争力排位上升，在全国排名第 14 位。

3. 湖南省经济综合竞争力各级指标优劣势结构分析

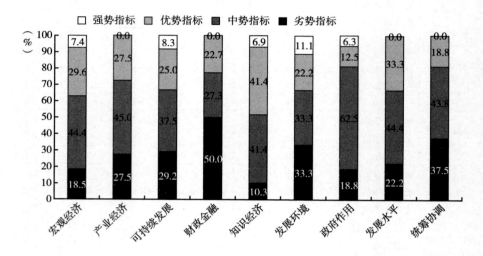

图 18-2　2019 年湖南省经济综合竞争力各级指标优劣势比较

表 18-3　2019 年湖南省经济综合竞争力各级指标优劣势比较

单位：个，%

二级指标	三级指标	四级指标数	强势指标		优势指标		中势指标		劣势指标		优劣势
			个数	比重	个数	比重	个数	比重	个数	比重	
宏观经济竞争力	经济实力竞争力	12	0	0.0	5	41.7	5	41.7	2	16.7	中势
	经济结构竞争力	6	0	0.0	3	50.0	2	33.3	1	16.7	优势
	经济外向度竞争力	9	2	22.2	0	0.0	5	55.6	2	22.2	优势
	小　计	27	2	7.4	8	29.6	12	44.4	5	18.5	中势
产业经济竞争力	农业竞争力	10	0	0.0	2	20.0	6	60.0	2	20.0	优势
	工业竞争力	10	0	0.0	1	10.0	6	60.0	3	30.0	中势
	服务业竞争力	10	0	0.0	5	50.0	5	50.0	0	0.0	中势
	企业竞争力	10	0	0.0	3	30.0	1	10.0	6	60.0	中势
	小　计	40	0	0.0	11	27.5	18	45.0	11	27.5	中势

续表

二级指标	三级指标	四级指标数	强势指标		优势指标		中势指标		劣势指标		优劣势
			个数	比重	个数	比重	个数	比重	个数	比重	
可持续发展竞争力	资源竞争力	9	0	0.0	0	0.0	6	66.7	3	33.3	劣势
	环境竞争力	8	1	12.5	4	50.0	1	12.5	2	25.0	中势
	人力资源竞争力	7	1	14.3	2	28.6	2	28.6	2	28.6	中势
	小　计	24	2	8.3	6	25.0	9	37.5	7	29.2	劣势
财政金融竞争力	财政竞争力	12	0	0.0	3	25.0	2	16.7	7	58.3	劣势
	金融竞争力	10	0	0.0	2	20.0	4	40.0	4	40.0	中势
	小　计	22	0	0.0	5	22.7	6	27.3	11	50.0	中势
知识经济竞争力	科技竞争力	9	0	0.0	2	22.2	6	66.7	1	11.1	中势
	教育竞争力	10	0	0.0	5	50.0	3	30.0	2	20.0	优势
	文化竞争力	10	2	20.0	5	50.0	3	30.0	0	0.0	优势
	小　计	29	2	6.9	12	41.4	12	41.4	3	10.3	中势
发展环境竞争力	基础设施竞争力	9	1	11.1	2	22.2	3	33.3	3	33.3	中势
	软环境竞争力	9	1	11.1	2	22.2	3	33.3	3	33.3	中势
	小　计	18	2	11.1	4	22.2	6	33.3	6	33.3	中势
政府作用竞争力	政府发展经济竞争力	5	1	20.0	1	20.0	2	40.0	1	20.0	优势
	政府规调经济竞争力	5	0	0.0	1	20.0	4	80.0	0	0.0	中势
	政府保障经济竞争力	6	0	0.0	0	0.0	4	66.7	2	33.3	中势
	小　计	16	1	6.3	2	12.5	10	62.5	3	18.8	中势
发展水平竞争力	工业化进程竞争力	6	0	0.0	0	0.0	5	83.3	1	16.7	中势
	城市化进程竞争力	6	0	0.0	2	33.3	2	33.3	2	33.3	中势
	市场化进程竞争力	6	0	0.0	4	66.7	1	16.7	1	16.7	中势
	小　计	18	0	0.0	6	33.3	8	44.4	4	22.2	中势
统筹协调竞争力	统筹发展竞争力	8	0	0.0	2	25.0	4	50.0	2	25.0	中势
	协调发展竞争力	8	0	0.0	1	12.5	3	37.5	4	50.0	中势
	小　计	16	0	0.0	3	18.8	7	43.8	6	37.5	中势
合　计		210	9	4.3	57	27.1	88	41.9	56	26.7	中势

基于图 18-2 和表 18-3，从四级指标来看，强势指标 9 个，占指标总数的 4.3%；优势指标 57 个，占指标总数的 27.1%；中势指标 88 个，

占指标总数的 41.9%；劣势指标 56 个，占指标总数的 26.7%。从三级指标来看，没有强势指标；优势指标 6 个，占三级指标总数的 24%；中势指标 17 个，占三级指标总数的 68%；劣势指标 2 个，占三级指标总数的 8%。反映到二级指标上来，没有强势指标和优势指标。综合来看，由于中势指标在指标体系中居于主导地位，使得 2019 年湖南省经济综合竞争力处于中势地位。

4. 湖南省经济综合竞争力四级指标优劣势对比分析

表 18 - 4　2019 年湖南省经济综合竞争力各级指标优劣势比较

二级指标	优劣势	四级指标
宏观经济竞争力（27 个）	强势指标	进出口增长率、出口增长率（2 个）
	优势指标	地区生产总值、固定资产投资额、固定资产投资额增长率、全社会消费品零售总额、全社会消费品零售总额增长率、产业结构优化度、所有制经济结构优化度、贸易结构优化度（8 个）
	劣势指标	财政总收入增长率、人均财政总收入、城乡经济结构优化度、实际 FDI 增长率、外贸依存度（5 个）
产业经济竞争力（40 个）	强势指标	（0 个）
	优势指标	农业增加值、农业机械化水平、工业增加值、服务业增加值、服务业增加值增长率、限额以上批零企业利税率、限额以上餐饮企业利税率、商品房销售收入、规模以上工业企业数、新产品销售收入占主营业务收入比重、工业企业 R&D 经费投入强度（11 个）
	劣势指标	农村居民人均可支配收入增长率、农村人均用电量、工业增加值增长率、工业成本费用率、工业全员劳动生产率、规模以上企业平均资产、规模以上企业平均收入、规模以上企业平均利润、规模以上企业劳动效率、城镇就业人员平均工资、产品质量抽查合格率（11 个）
可持续发展竞争力（24 个）	强势指标	生活垃圾无害化处理率、人口健康素质（2 个）
	优势指标	森林覆盖率、人均工业废气排放量、人均工业固体废物排放量、一般工业固体废物综合利用率、文盲率、职业学校毕业生数（6 个）
	劣势指标	人均耕地面积、主要能源矿产基础储量、人均主要能源矿产基础储量、人均治理工业污染投资额、自然灾害直接经济损失、常住人口增长率、15～64 岁人口比例（7 个）

续表

二级指标	优劣势	四级指标
财政金融 竞争力 （22个）	强势指标	（0个）
	优势指标	地方财政支出、地方财政收入增长率、税收收入增长率、中长期贷款占贷款余额比重、国内上市公司数（5个）
	劣势指标	地方财政收入占GDP比重、地方财政支出占GDP比重、税收收入占GDP比重、税收收入占财政总收入比重、人均地方财政收入、人均地方财政支出、人均税收收入、人均存款余额、人均贷款余额、保险密度（人均保险费）、保险深度（保险费占GDP的比重）（11个）
知识经济 竞争力 （29个）	强势指标	农村居民人均文化娱乐支出、城镇居民人均文化娱乐支出占消费性支出比重（2个）
	优势指标	R&D人员、R&D经费、教育经费、人均文化教育支出、高等学校数、高校专任教师数、万人高等学校在校学生数、文化制造业营业收入、文化服务业企业营业收入、印刷用纸量、城镇居民人均文化娱乐支出、农村居民人均文化娱乐支出占消费性支出比重（12个）
	劣势指标	高技术产品出口额占商品出口额比重、教育经费占GDP比重、人均教育经费（3个）
发展环境 竞争力 （18个）	强势指标	人均内河航道里程、每十万人交通事故发生数（2个）
	优势指标	全社会旅客周转量、政府网站数、外资企业数增长率、社会捐赠站点数（4个）
	劣势指标	人均邮电业务总量、电话普及率、人均耗电量、万人个体私营企业数、查处商标侵权假冒案件数、罚没收入占财政收入比重（6个）
政府作用 竞争力 （16个）	强势指标	财政投资对社会投资的拉动（1个）
	优势指标	财政支出对GDP增长的拉动、固定资产投资价格指数（2个）
	劣势指标	财政支出用于基本建设投资比重、医疗保险覆盖率、最低工资标准（3个）
发展水平 竞争力 （18个）	强势指标	（0个）
	优势指标	城镇居民人均可支配收入、人均日生活用水量、非公有制经济产值占全社会总产值比重、社会投资占投资总额比重、亿元以上商品市场成交额、亿元以上商品市场成交额占全社会消费品零售总额比重（6个）
	劣势指标	工业增加值增长率、城镇化率、人均公共绿地面积、私有和个体企业从业人员比重（4个）
统筹协调 竞争力 （16个）	强势指标	（0个）
	优势指标	万元GDP综合能耗下降率、固定资产投资增长率、人力资源竞争力与宏观经济竞争力比差（3个）
	劣势指标	居民收入占GDP比重、固定资产投资额占GDP比重、资源竞争力与宏观经济竞争力比差、环境竞争力与工业竞争力比差、资源竞争力与工业竞争力比差、城乡居民家庭人均收入比差（6个）

18.2 湖南省经济综合竞争力各级指标具体分析

1. 湖南省宏观经济竞争力指标排名变化情况

表 18 - 5 2018~2019 年湖南省宏观经济竞争力指标组排位及变化趋势

指标	2018 年	2019 年	排位升降	优劣势
1 宏观经济竞争力	12	13	-1	中势
1.1 经济实力竞争力	13	12	1	中势
地区生产总值	8	10	-2	优势
地区生产总值增长率	9	18	-9	中势
人均地区生产总值	16	12	4	中势
财政总收入	13	13	0	中势
财政总收入增长率	30	29	1	劣势
人均财政收入	22	25	-3	劣势
固定资产投资额	8	6	2	优势
固定资产投资额增长率	11	4	7	优势
人均固定资产投资额	13	12	1	中势
全社会消费品零售总额	9	10	-1	优势
全社会消费品零售总额增长率	11	7	4	优势
人均全社会消费品零售总额	16	15	1	中势
1.2 经济结构竞争力	9	9	0	优势
产业结构优化度	12	10	2	优势
所有制经济结构优化度	6	5	1	优势
城乡经济结构优化度	20	22	-2	劣势
就业结构优化度	15	12	3	中势
财政收入结构优化度	6	16	-10	中势
贸易结构优化度	12	9	3	优势
1.3 经济外向度竞争力	17	8	9	优势
进出口总额	19	15	4	中势
进出口增长率	12	1	11	强势
出口总额	19	12	7	中势
出口增长率	9	1	8	强势
实际 FDI	10	12	-2	中势
实际 FDI 增长率	19	29	-10	劣势
外贸依存度	27	27	0	劣势
外资企业数	12	13	-1	中势
对外直接投资额	15	15	0	中势

2. 湖南省产业经济竞争力指标排名变化情况

表18-6　2018~2019年湖南省产业经济竞争力指标组排位及变化趋势

指　　标	2018 年	2019 年	排位升降	优劣势
2　产业经济竞争力	16	12	4	中势
2.1　农业竞争力	10	10	0	优势
农业增加值	8	7	1	优势
农业增加值增长率	13	13	0	中势
人均农业增加值	17	15	2	中势
农民人均纯收入	12	13	-1	中势
农民人均纯收入增长率	19	24	-5	劣势
农产品出口占农林牧渔总产值比重	20	20	0	中势
人均主要农产品产量	13	13	0	中势
农业机械化水平	5	5	0	优势
农村人均用电量	27	29	-2	劣势
财政支农资金比重	14	15	-1	中势
2.2　工业竞争力	18	19	-1	中势
工业增加值	11	9	2	优势
工业增加值增长率	27	22	5	劣势
人均工业增加值	19	19	0	中势
工业资产总额	17	17	0	中势
工业资产总额增长率	26	13	13	中势
规模以上工业主营业务收入	12	11	1	中势
工业成本费用率	15	26	-11	劣势
规模以上工业利润总额	14	13	1	中势
工业全员劳动生产率	21	25	-4	劣势
工业收入利润率	28	18	10	中势
2.3　服务业竞争力	13	11	2	中势
服务业增加值	9	9	0	优势
服务业增加值增长率	7	8	-1	优势
人均服务业增加值	15	13	2	中势
服务业从业人员数	14	14	0	中势
限额以上批发零售企业主营业务收入	16	17	-1	中势
限额以上批零企业利税率	3	4	-1	优势
限额以上餐饮企业利税率	26	5	21	优势
旅游外汇收入	15	14	1	中势
商品房销售收入	10	10	0	优势
电子商务销售额	14	14	0	中势

续表

指　　标	2018 年	2019 年	排位升降	优劣势
2.4　企业竞争力	22	18	4	中势
规模以上工业企业数	8	8	0	优势
规模以上企业平均资产	31	31	0	劣势
规模以上企业平均收入	26	27	−1	劣势
规模以上企业平均利润	30	26	4	劣势
规模以上企业劳动效率	25	25	0	劣势
城镇就业人员平均工资	24	23	1	劣势
新产品销售收入占主营业务收入比重	6	7	−1	优势
产品质量抽查合格率	28	25	3	劣势
工业企业 R&D 经费投入强度	6	5	1	优势
全国 500 强企业数	21	19	2	中势

3. 湖南省可持续发展竞争力指标排名变化情况

表 18－7　2018～2019 年湖南省可持续发展竞争力指标组排位及变化趋势

指　　标	2018 年	2019 年	排位升降	优劣势
3　可持续发展竞争力	10	21	−11	劣势
3.1　资源竞争力	27	27	0	劣势
人均国土面积	20	20	0	中势
人均可使用海域和滩涂面积	13	13	0	中势
人均年水资源量	12	11	1	中势
耕地面积	17	17	0	中势
人均耕地面积	24	24	0	劣势
人均牧草地面积	17	17	0	中势
主要能源矿产基础储量	20	25	−5	劣势
人均主要能源矿产基础储量	25	25	0	劣势
人均森林储积量	19	19	0	中势
3.2　环境竞争力	5	12	−7	中势
森林覆盖率	8	8	0	优势
人均废水排放量	15	15	0	中势
人均工业废气排放量	4	4	0	优势
人均工业固体废物排放量	6	6	0	优势
人均治理工业污染投资额	29	28	1	劣势
一般工业固体废物综合利用率	7	7	0	优势
生活垃圾无害化处理率	12	1	11	强势
自然灾害直接经济损失额	19	27	−8	劣势

续表

指　标	2018 年	2019 年	排位升降	优劣势
3.3　人力资源竞争力	15	14	1	中势
常住人口增长率	14	21	－7	劣势
15～64 岁人口比例	28	29	－1	劣势
文盲率	9	9	0	优势
大专以上教育程度人口比例	24	20	4	中势
平均受教育程度	14	11	3	中势
人口健康素质	4	3	1	强势
职业学校毕业生数	8	7	1	优势

4. 湖南省财政金融竞争力指标排名变化情况

表 18 – 8　2018～2019 年湖南省财政金融竞争力指标组排位及变化趋势

指　标	2018 年	2019 年	排位升降	优劣势
4　财政金融竞争力	28	19	9	中势
4.1　财政竞争力	26	23	3	劣势
地方财政收入	13	13	0	中势
地方财政支出	9	9	0	优势
地方财政收入占 GDP 比重	29	28	1	劣势
地方财政支出占 GDP 比重	23	23	0	劣势
税收收入占 GDP 比重	31	31	0	劣势
税收收入占财政总收入比重	28	25	3	劣势
人均地方财政收入	26	25	1	劣势
人均地方财政支出	26	27	－1	劣势
人均税收收入	27	26	1	劣势
地方财政收入增长率	26	8	18	优势
地方财政支出增长率	17	19	－2	中势
税收收入增长率	13	5	8	优势
4.2　金融竞争力	27	15	12	中势
存款余额	13	13	0	中势
人均存款余额	26	25	1	劣势
贷款余额	14	14	0	中势
人均贷款余额	30	29	1	劣势
中长期贷款占贷款余额比重	31	7	24	优势

指　标	2018 年	2019 年	排位升降	优劣势
保险费净收入	10	11	−1	中势
保险密度（人均保险费）	24	23	1	劣势
保险深度（保险费占 GDP 的比重）	22	23	−1	劣势
国内上市公司数	9	10	−1	优势
国内上市公司市值	12	12	0	中势

5. 湖南省知识经济竞争力指标排名变化情况

表 18 - 9　2018～2019 年湖南省知识经济竞争力指标组排位及变化趋势

指　标	2018 年	2019 年	排位升降	优劣势
5　知识经济竞争力	13	12	1	中势
5.1　科技竞争力	15	15	0	中势
R&D 人员	9	9	0	优势
R&D 经费	10	10	0	优势
R&D 经费投入强度	13	13	0	中势
发明专利授权量	13	12	1	中势
技术市场成交合同金额	14	12	2	中势
财政科技支出占地方财政支出比重	14	13	1	中势
高技术产业主营业务收入	14	14	0	中势
高技术产业收入占工业增加值比重	15	14	1	中势
高技术产品出口额占商品出口额比重	20	23	−3	劣势
5.2　教育竞争力	11	10	1	优势
教育经费	8	8	0	优势
教育经费占 GDP 比重	21	21	0	劣势
人均教育经费	28	28	0	劣势
公共教育经费占财政支出比重	15	16	−1	中势
人均文化教育支出	3	4	−1	优势
万人中小学学校数	16	14	2	中势
万人中小学专任教师数	13	13	0	中势
高等学校数	10	10	0	优势
高校专任教师数	8	8	0	优势
万人高等学校在校学生数	12	8	4	优势

续表

指 标	2018 年	2019 年	排位升降	优劣势
5.3 文化竞争力	7	7	0	优势
文化制造业营业收入	6	6	0	优势
文化批发零售业营业收入	11	12	-1	中势
文化服务业企业营业收入	9	9	0	优势
图书和期刊出版数	4	12	-8	中势
电子出版物品种	13	13	0	中势
印刷用纸量	9	9	0	优势
城镇居民人均文化娱乐支出	3	4	-1	优势
农村居民人均文化娱乐支出	3	2	1	强势
城镇居民人均文化娱乐支出占消费性支出比重	1	1	0	强势
农村居民人均文化娱乐支出占消费性支出比重	3	4	-1	优势

6. 湖南省发展环境竞争力指标排名变化情况

表 18－10 2018～2019 年湖南省发展环境竞争力指标组排位及变化趋势

指 标	2018 年	2019 年	排位升降	优劣势
6 发展环境竞争力	14	15	-1	中势
6.1 基础设施竞争力	14	13	1	中势
铁路网线密度	19	19	0	中势
公路网线密度	12	14	-2	中势
人均内河航道里程	3	3	0	强势
全社会旅客周转量	4	4	0	优势
全社会货物周转量	16	20	-4	中势
人均邮电业务总量	26	27	-1	劣势
电话普及率	29	28	1	劣势
政府网站数	10	10	0	优势
人均耗电量	30	29	1	劣势
6.2 软环境竞争力	14	18	-4	中势
外资企业数增长率	3	9	-6	优势
万人外资企业数	19	17	2	中势
个体私营企业数增长率	6	16	-10	中势
万人个体私营企业数	29	28	1	劣势
万人商标注册件数	18	20	-2	中势
查处商标侵权假冒案件数	26	25	1	劣势
每十万人交通事故发生数	3	2	1	强势
罚没收入占财政收入比重	28	26	2	劣势
社会捐赠站点数	6	4	2	优势

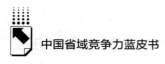

7. 湖南省政府作用竞争力指标排名变化情况

表 18 – 11　2018 ~ 2019 年湖南省政府作用竞争力指标组排位及变化趋势

指　标	2018 年	2019 年	排位升降	优劣势
7　政府作用竞争力	12	13	– 1	中势
7.1　政府发展经济竞争力	10	9	1	优势
财政支出用于基本建设投资比重	19	21	– 2	劣势
财政支出对 GDP 增长的拉动	9	9	0	优势
政府公务员对经济的贡献	12	12	0	中势
政府消费对民间消费的拉动	15	16	– 1	中势
财政投资对社会投资的拉动	5	3	2	强势
7.2　政府规调经济竞争力	12	14	– 2	中势
物价调控	11	18	– 7	中势
调控城乡消费差距	13	13	0	中势
统筹经济社会发展	18	17	1	中势
规范税收	24	12	12	中势
固定资产投资价格指数	13	6	7	优势
7.3　政府保障经济竞争力	15	18	– 3	中势
城镇职工养老保险收支比	10	11	– 1	中势
医疗保险覆盖率	20	24	– 4	劣势
养老保险覆盖率	12	12	0	中势
失业保险覆盖率	14	14	0	中势
最低工资标准	28	21	7	劣势
城镇登记失业率	6	12	– 6	中势

8. 湖南省发展水平竞争力指标排名变化情况

表 18 – 12　2018 ~ 2019 年湖南省发展水平竞争力指标组排位及变化趋势

指　标	2018 年	2019 年	排位升降	优劣势
8　发展水平竞争力	14	17	– 3	中势
8.1　工业化进程竞争力	15	18	– 3	中势
工业增加值占 GDP 比重	14	17	– 3	中势
工业增加值增长率	27	22	5	劣势
高技术产业占工业增加值比重	8	15	– 7	中势
高技术产品占商品出口额比重	15	19	– 4	中势
信息产业增加值占 GDP 比重	17	17	0	中势
工农业增加值比值	20	19	1	中势

续表

指　标	2018 年	2019 年	排位升降	优劣势
8.2　城市化进程竞争力	17	16	1	中势
城镇化率	20	21	− 1	劣势
城镇居民人均可支配收入	11	10	1	优势
城市平均建成区面积比重	15	13	2	中势
人均拥有道路面积	14	15	− 1	中势
人均日生活用水量	4	7	− 3	优势
人均公共绿地面积	27	26	1	劣势
8.3　市场化进程竞争力	12	12	0	中势
非公有制经济产值占全社会总产值比重	6	5	1	优势
社会投资占投资总额比重	15	8	7	优势
私有和个体企业从业人员比重	23	25	− 2	劣势
亿元以上商品市场成交额	7	7	0	优势
亿元以上商品市场成交额占全社会消费品零售总额比重	12	10	2	优势
居民消费支出占总消费支出比重	18	18	0	中势

9. 湖南省统筹协调竞争力指标排名变化情况

表 18 – 13　2018 ~ 2019 年湖南省统筹协调竞争力指标组排位及变化趋势

指　标	2018 年	2019 年	排位升降	优劣势
9　统筹协调竞争力	18	16	2	中势
9.1　统筹发展竞争力	16	11	5	中势
社会劳动生产率	16	15	1	中势
能源使用下降率	13	13	0	中势
万元 GDP 综合能耗下降率	6	6	0	优势
非农用地产出率	14	15	− 1	中势
居民收入占 GDP 比重	22	23	− 1	劣势
二三产业增加值比例	10	12	− 2	中势
固定资产投资额占 GDP 比重	21	23	− 2	劣势
固定资产投资增长率	21	4	17	优势
9.2　协调发展竞争力	20	19	1	中势
资源竞争力与宏观经济竞争力比差	25	24	1	劣势
环境竞争力与宏观经济竞争力比差	8	14	− 6	中势

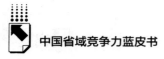

中国省域竞争力蓝皮书

续表

指　标	2018 年	2019 年	排位升降	优劣势
人力资源竞争力与宏观经济竞争力比差	8	8	0	优势
环境竞争力与工业竞争力比差	23	23	0	劣势
资源竞争力与工业竞争力比差	16	21	−5	劣势
城乡居民家庭人均收入比差	20	22	−2	劣势
城乡居民人均现金消费支出比差	13	13	0	中势
全社会消费品零售总额与外贸出口总额比差	21	14	7	中势

B.20 19

2018~2019年广东省经济综合
竞争力评价分析报告

广东省简称"粤"，北接湖南省、江西省，东连福建省，西邻广西壮族自治区，南隔琼州海峡与海南省相望。全省土地总面积17.8万平方公里，2019年总人口为11521万人，全省地区生产总值达107671亿元，同比增长6.2%，人均GDP达94172元。本部分通过分析2018~2019年广东省经济综合竞争力以及各要素竞争力的排名变化，从中找出广东省经济综合竞争力的推动点及影响因素，为进一步提升广东省经济综合竞争力提供决策参考。

19.1 广东省经济综合竞争力总体分析

1. 广东省经济综合竞争力一级指标概要分析

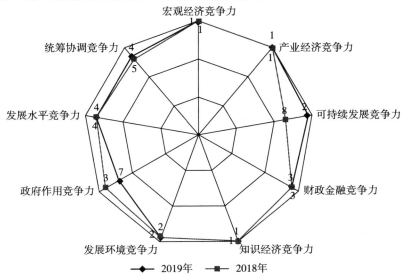

图 19-1 2018~2019年广东省经济综合竞争力二级指标比较

表 19 - 1　2018 ~ 2019 年广东省经济综合竞争力二级指标比较

项目 年份	宏观 经济 竞争力	产业 经济 竞争力	可持续 发展 竞争力	财政 金融 竞争力	知识 经济 竞争力	发展 环境 竞争力	政府 作用 竞争力	发展 水平 竞争力	统筹 协调 竞争力	综合 排位
2018	1	1	8	3	1	2	3	4	5	1
2019	1	1	2	3	1	2	7	4	4	1
升降	0	0	6	0	0	0	-4	0	1	0
优劣度	强势	强势	强势	强势	强势	强势	优势	优势	优势	强势

（1）从综合排位的变化比较看，2019 年广东省经济综合竞争力综合排位在全国处于第 1 位，表明其在全国处于强势地位；与 2018 年相比，综合排位没有变化。

（2）从指标所处区位看，处于上游区的指标有 9 个，分别为宏观经济竞争力、产业经济竞争力、可持续发展竞争力、财政金融竞争力、知识经济竞争力、发展环境竞争力、政府作用竞争力和发展水平竞争力、统筹协调竞争力。其中，宏观经济竞争力、产业经济竞争力、可持续发展竞争力、财政金融竞争力、知识经济竞争力、发展环境竞争力等 6 个指标为广东省经济综合竞争力中的强势指标。

（3）从指标变化趋势看，9 个二级指标中，有 2 个指标处于上升趋势，分别为可持续发展竞争力、统筹协调竞争力，这些是广东省经济综合竞争力的上升动力所在；有 6 个指标排位没有发生变化，分别为宏观经济竞争力、产业经济竞争力、财政金融竞争力、知识经济竞争力、发展环境竞争力、发展水平竞争力；有 1 个指标处于下降趋势，为政府作用竞争力，这是广东省经济综合竞争力的下降拉力所在。

2. 广东省经济综合竞争力各级指标动态变化分析

表 19 - 2　2018 ~ 2019 年广东省经济综合竞争力各级指标排位变化态势比较

单位：个，%

二级指标	三级指标	四级 指标数	上升		保持		下降		变化 趋势
			指标数	比重	指标数	比重	指标数	比重	
宏观经济 竞争力	经济实力竞争力	12	5	41.7	4	33.3	3	25.0	保持
	经济结构竞争力	6	5	83.3	0	0.0	1	16.7	上升
	经济外向度竞争力	9	3	33.3	5	55.6	1	11.1	保持
	小　计	27	13	0.0	9	33.3	5	18.5	保持

续表

二级指标	三级指标	四级指标数	上升		保持		下降		变化趋势
			指标数	比重	指标数	比重	指标数	比重	
产业经济竞争力	农业竞争力	10	1	10.0	7	70.0	2	20.0	上升
	工业竞争力	10	2	20.0	5	50.0	3	30.0	上升
	服务业竞争力	10	1	10.0	8	80.0	1	10.0	保持
	企业竞争力	10	0	0.0	5	50.0	5	50.0	下降
	小　计	40	4	10.0	25	62.5	11	27.5	保持
可持续发展竞争力	资源竞争力	9	1	11.1	7	77.8	1	11.1	保持
	环境竞争力	8	2	25.0	4	50.0	2	25.0	上升
	人力资源竞争力	7	4	57.1	2	28.6	1	14.3	保持
	小　计	24	7	29.2	13	54.2	4	16.7	上升
财政金融竞争力	财政竞争力	12	5	41.7	3	25.0	4	33.3	上升
	金融竞争力	10	2	20.0	7	70.0	1	10.0	保持
	小　计	22	7	31.8	10	45.5	5	22.7	保持
知识经济竞争力	科技竞争力	9	1	11.1	6	66.7	2	22.2	保持
	教育竞争力	10	4	40.0	6	60.0	0	0.0	上升
	文化竞争力	10	3	30.0	2	20.0	5	50.0	保持
	小　计	29	8	27.6	14	48.3	7	24.1	保持
发展环境竞争力	基础设施竞争力	9	0	0.0	4	44.4	5	55.6	保持
	软环境竞争力	9	2	22.2	4	44.4	3	33.3	下降
	小　计	18	2	11.2	8	44.4	8	44.4	保持
政府作用竞争力	政府发展经济竞争力	5	2	40.0	1	20.0	2	40.0	下降
	政府规调经济竞争力	5	1	20.0	1	20.0	3	60.0	下降
	政府保障经济竞争力	6	1	16.7	2	33.3	3	50.0	下降
	小　计	16	4	25.0	4	25.0	8	50.0	下降
发展水平竞争力	工业化进程竞争力	6	1	16.7	2	33.3	3	50.0	保持
	城市化进程竞争力	6	1	16.7	3	50.0	2	33.3	保持
	市场化进程竞争力	6	2	33.3	2	33.3	2	33.3	上升
	小　计	18	4	22.2	7	38.9	7	38.9	保持
统筹协调竞争力	统筹发展竞争力	8	7	87.5	0	0.0	1	12.5	上升
	协调发展竞争力	8	2	25.0	3	37.5	3	37.5	保持
	小　计	16	9	56.2	3	18.8	4	25.0	上升
合　计		210	58	27.6	93	44.3	59	28.1	保持

从表19-2可以看出，210个四级指标中，上升指标有58个，占指标总数的27.6%；保持指标有93个，占指标总数的44.3%；下降指标有59个，

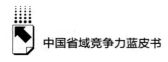

占指标总数的 28.1%。综上所述，广东省经济综合竞争力中排位保持不变的指标占较大比重，使得 2018～2019 年广东省经济综合竞争力排位保持不变。

3. 广东省经济综合竞争力各级指标优劣势结构分析

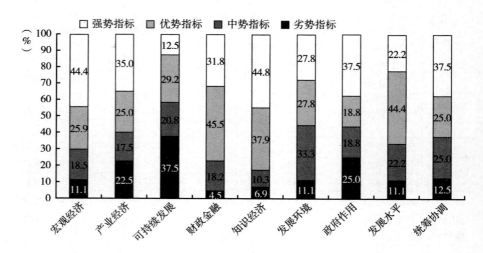

图 19-2　2019 年广东省经济综合竞争力各级指标优劣势比较

表 19-3　2019 年广东省经济综合竞争力各级指标优劣势比较

单位：个，%

二级指标	三级指标	四级指标数	强势指标		优势指标		中势指标		劣势指标		优劣势
			个数	比重	个数	比重	个数	比重	个数	比重	
宏观经济竞争力	经济实力竞争力	12	5	41.7	4	33.3	2	16.7	1	8.3	强势
	经济结构竞争力	6	1	16.7	3	50.0	2	33.3	0	0.0	强势
	经济外向度竞争力	9	6	66.7	0	0.0	1	11.1	2	22.2	强势
	小　计	**27**	12	44.4	7	25.9	5	18.5	3	11.1	强势
产业经济竞争力	农业竞争力	10	0	0.0	5	50.0	3	30.0	2	20.0	中势
	工业竞争力	10	4	40.0	3	30.0	2	20.0	1	10.0	强势
	服务业竞争力	10	6	60.0	1	10.0	2	20.0	1	10.0	强势
	企业竞争力	10	4	40.0	1	10.0	0	0.0	5	50.0	优势
	小　计	**40**	14	35.0	10	25.0	7	17.5	9	22.5	强势

续表

二级指标	三级指标	四级指标数	强势指标		优势指标		中势指标		劣势指标		优劣势
			个数	比重	个数	比重	个数	比重	个数	比重	
可持续发展竞争力	资源竞争力	9	0	0.0	1	11.1	1	11.1	7	77.8	劣势
	环境竞争力	8	1	12.5	4	50.0	2	25.0	1	12.5	优势
	人力资源竞争力	7	2	28.6	2	28.6	2	28.6	1	14.3	强势
	小　计	24	3	12.5	7	29.2	5	20.8	9	37.5	强势
财政金融竞争力	财政竞争力	12	2	16.7	7	58.3	2	16.7	1	8.3	强势
	金融竞争力	10	5	50.0	3	30.0	2	20.0	0	0.0	强势
	小　计	22	7	31.8	10	45.5	4	18.2	1	4.5	强势
知识经济竞争力	科技竞争力	9	7	77.8	2	22.2	0	0.0	0	0.0	强势
	教育竞争力	10	2	20.0	5	50.0	2	20.0	1	10.0	强势
	文化竞争力	10	4	40.0	4	40.0	1	10.0	1	10.0	强势
	小　计	29	13	44.8	11	37.9	3	10.3	2	6.9	强势
发展环境竞争力	基础设施竞争力	9	3	33.3	2	22.2	4	44.4	0	0.0	强势
	软环境竞争力	9	2	22.2	3	33.3	2	22.2	2	22.2	优势
	小　计	18	5	27.8	5	27.8	6	33.3	2	11.1	强势
政府作用竞争力	政府发展经济竞争力	5	0	0.0	2	40.0	1	20.0	2	40.0	中势
	政府规调经济竞争力	5	2	40.0	0	0.0	1	20.0	2	40.0	中势
	政府保障经济竞争力	6	4	66.7	1	16.7	1	16.7	0	0.0	强势
	小　计	16	6	37.5	3	18.8	3	18.8	4	25.0	优势
发展水平竞争力	工业化进程竞争力	6	2	33.3	2	33.3	2	33.3	0	0.0	强势
	城市化进程竞争力	6	1	16.7	4	66.7	0	0.0	1	16.7	强势
	市场化进程竞争力	6	1	16.7	2	33.3	2	33.3	1	16.7	优势
	小　计	18	4	22.2	8	44.4	4	22.2	2	11.1	优势
统筹协调竞争力	统筹发展竞争力	8	3	37.5	3	37.5	2	25.0	0	0.0	强势
	协调发展竞争力	8	3	37.5	1	12.5	2	25.0	2	25.0	优势
	小　计	16	6	37.5	4	25.0	4	25.0	2	12.5	优势
合　计		210	70	33.3	65	31.0	41	19.5	34	16.2	强势

基于图19-2和表19-3，具体到四级指标，强势指标70个，占指标总数的33.3%；优势指标65个，占指标总数的31.0%；中势指标41个，

占指标总数的 19.5%；劣势指标 34 个，占指标总数的 16.2%。三级指标中，强势指标 16 个，占三级指标总数的 64%；优势指标 5 个，占三级指标总数的 20%；中势指标 3 个，占三级指标总数的 12%；劣势指标 1 个，占三级指标总数的 4%。从二级指标看，强势指标 6 个，占二级指标总数的 66.7%；优势指标有 3 个，占二级指标总数的 33.3%；没有中势指标。综合来看，由于强势指标在指标体系中居于主导地位，2019 年广东省经济综合竞争力处于强势地位。

4. 广东省经济综合竞争力四级指标优劣势对比分析

表 19 - 4   2019 年广东省经济综合竞争力各级指标优劣势情况

二级指标	优劣势	四级指标
宏观经济竞争力（27 个）	强势指标	地区生产总值增长率、人均地区生产总值、财政总收入、固定资产投资额增长率、全社会消费品零售总额、所有制经济结构优化度、进出口总额、出口总额、实际 FDI、外贸依存度、外资企业数、对外直接投资额（12 个）
	优势指标	地区生产总值、人均财政收入、固定资产投资额、人均全社会消费品零售总额、产业结构优化度、就业结构优化度、财政收入结构优化度（7 个）
	劣势指标	人均固定资产投资额、进出口增长率、实际 FDI 增长率（3 个）
产业经济竞争力（40 个）	强势指标	工业增加值、工业资产总额、规模以上工业主营业务收入、规模以上工业利润总额、服务业增加值、服务业从业人员数、限额以上批发零售企业主营业务收入、旅游外汇收入、商品房销售收入、电子商务销售额、规模以上工业企业数、新产品销售收入占主营业务收入比重、工业企业 R&D 经费投入强度、全国 500 强企业数（14 个）
	优势指标	农业增加值、农业增加值增长率、农民人均纯收入、农产品出口占农林牧渔总产值比重、农村人均用电量、人均工业增加值、工业资产总额增长率、工业成本费用率、人均服务业增加值、城镇就业人员平均工资（10 个）
	劣势指标	人均主要农产品产量、财政支农资金比重、工业全员劳动生产率、限额以上批零企业利税率、规模以上企业平均资产、规模以上企业平均收入、规模以上企业平均利润、规模以上企业劳动效率、产品质量抽查合格率（9 个）
可持续发展竞争力（24 个）	强势指标	生活垃圾无害化处理率、常住人口增长率、职业学校毕业生数（3 个）
	优势指标	人均可使用海域和滩涂面积、森林覆盖率、人均工业废气排放量、人均工业固体废物排放量、一般工业固体废物综合利用率、15～64 岁人口比例、平均受教育程度（7 个）
	劣势指标	人均国土面积、耕地面积、人均耕地面积、人均牧草地面积、主要能源矿产基础储量、人均主要能源矿产基础储量、人均森林储积量、人均废水排放量、人口健康素质（9 个）

续表

二级指标	优劣势	四级指标
财政金融竞争力（22个）	强势指标	地方财政收入、地方财政支出、存款余额、贷款余额、保险费净收入、国内上市公司数、国内上市公司市值（7个）
	优势指标	地方财政收入占GDP比重、税收收入占GDP比重、税收收入占财政总收入比重、人均地方财政收入、人均税收收入、地方财政收入增长率、税收收入增长率、人均存款余额、人均贷款余额、保险密度（人均保险费）（10个）
	劣势指标	地方财政支出占GDP比重（1个）
知识经济竞争力（29个）	强势指标	R&D人员、R&D经费、发明专利授权量、技术市场成交合同金额、财政科技支出占地方财政支出比重、高技术产业主营业务收入、高技术产业收入占工业增加值比重、教育经费、万人高等学校在校学生数、文化制造业营业收入、文化批发零售业营业收入、文化服务业企业营业收入、印刷用纸量（13个）
	优势指标	R&D经费投入强度、高技术产品出口额占商品出口额比重、人均教育经费、公共教育经费占财政支出比重、人均文化教育支出、高等学校数、高校专任教师数、图书期刊出版数、电子出版物种、城镇居民人均文化娱乐支出、农村居民人均文化娱乐支出（11个）
	劣势指标	教育经费占GDP比重、农村居民人均文化娱乐支出占消费性支出比重（2个）
发展环境竞争力（18个）	强势指标	全社会旅客周转量、全社会货物周转量、人均邮电业务总量、万人外资企业数、罚没收入占财政收入比重（5个）
	优势指标	电话普及率、政府网站数、万人个体私营企业数、万人商标注册件数、社会捐赠站点数（5个）
	劣势指标	个体私营企业数增长率、查处专利侵权假冒案件数（2个）
政府作用竞争力（16个）	强势指标	统筹经济社会发展、规范税收、城镇职工养老保险收支比、医疗保险覆盖率、失业保险覆盖率、最低工资标准（6个）
	优势指标	财政支出对GDP增长的拉动、政府公务员对经济的贡献、城镇登记失业率（3个）
	劣势指标	财政支出用于经济社会比重、财政投资对社会投资的拉动、物价调控、固定资产投资价格指数（4个）
发展水平竞争力（18个）	强势指标	高技术产业占工业增加值比重、信息产业增加值占GDP比重、人均公共绿地面积、非公有制经济产值占全社会总产值比重（4个）
	优势指标	工业增加值占GDP比重、工农业增加值比值、城镇化率、城镇居民人均可支配收入、城市平均建成区面积比重、人均日生活用水量、亿元以上商品市场成交额、居民消费支出占总消费支出比重（8个）
	劣势指标	人均拥有道路面积、亿元以上商品市场成交额占全社会消费品零售总额比重（2个）
统筹协调竞争力（16个）	强势指标	非农用地产出率、固定资产投资额占GDP比重、固定资产投资增长率、环境竞争力与宏观经济竞争力比差、资源竞争力与工业竞争力比差、全社会消费品零售总额与外贸出口总额比差（6个）
	优势指标	社会劳动生产率、万元GDP综合能耗下降率、居民收入占GDP比重、人力资源竞争力与宏观经济竞争力比差（4个）
	劣势指标	资源竞争力与宏观经济竞争力比差、环境竞争力与工业竞争力比差（2个）

19.2　广东省经济综合竞争力各级指标具体分析

1. 广东省宏观经济竞争力指标排名变化情况

表 19 - 5　2018～2019 年广东省宏观经济竞争力指标组排位及变化趋势

指　标	2018 年	2019 年	排位升降	优劣势
1　宏观经济竞争力	1	1	0	强势
1.1　经济实力竞争力	2	2	0	强势
地区生产总值	1	4	-3	优势
地区生产总值增长率	15	2	13	强势
人均地区生产总值	7	1	6	强势
财政总收入	1	1	0	强势
财政总收入增长率	19	20	-1	中势
人均财政收入	8	10	-2	优势
固定资产投资额	4	4	0	优势
固定资产投资额增长率	8	2	6	强势
人均固定资产投资额	24	22	2	劣势
全社会消费品零售总额	1	1	0	强势
全社会消费品零售总额增长率	17	13	4	中势
人均全社会消费品零售总额	7	7	0	优势
1.2　经济结构竞争力	8	3	5	强势
产业结构优化度	8	5	3	优势
所有制经济结构优化度	3	2	1	强势
城乡经济结构优化度	19	20	-1	中势
就业结构优化度	5	4	1	优势
财政收入结构优化度	27	4	23	优势
贸易结构优化度	13	12	1	中势
1.3　经济外向度竞争力	1	1	0	强势
进出口总额	1	1	0	强势
进出口增长率	24	23	1	劣势
出口总额	1	1	0	强势
出口增长率	26	20	6	中势
实际 FDI	1	1	0	强势
实际 FDI 增长率	24	27	-3	劣势
外贸依存度	2	2	0	强势
外资企业数	1	1	0	强势
对外直接投资额	2	1	1	强势

2. 广东省产业经济竞争力指标排名变化情况

表19－6　2018～2019年广东省产业经济竞争力指标组排位及变化趋势

指　　标	2018年	2019年	排位升降	优劣势
2　产业经济竞争力	1	1	0	强势
2.1　农业竞争力	17	16	1	中势
农业增加值	5	5	0	优势
农业增加值增长率	8	8	0	优势
人均农业增加值	12	12	0	中势
农民人均纯收入	7	7	0	优势
农民人均纯收入增长率	23	16	7	中势
农产品出口占农林牧渔总产值比重	7	7	0	优势
人均主要农产品产量	28	28	0	劣势
农业机械化水平	15	17	−2	中势
农村人均用电量	4	4	0	优势
财政支农资金比重	29	30	−1	劣势
2.2　工业竞争力	2	1	1	强势
工业增加值	1	1	0	强势
工业增加值增长率	13	14	−1	中势
人均工业增加值	5	5	0	优势
工业资产总额	1	1	0	强势
工业资产总额增长率	5	5	0	优势
规模以上工业主营业务收入	1	1	0	强势
工业成本费用率	4	5	−1	优势
规模以上工业利润总额	2	1	1	强势
工业全员劳动生产率	30	31	−1	劣势
工业收入利润率	21	15	6	中势
2.3　服务业竞争力	1	1	0	强势
服务业增加值	1	1	0	强势
服务业增加值增长率	19	14	5	中势
人均服务业增加值	6	6	0	优势
服务业从业人员数	1	1	0	强势
限额以上批发零售企业主营业务收入	2	2	0	强势
限额以上批零企业利税率	21	21	0	劣势
限额以上餐饮企业利税率	5	16	−11	中势
旅游外汇收入	1	1	0	强势
商品房销售收入	1	1	0	强势
电子商务销售额	1	1	0	强势

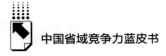

续表

指　标	2018 年	2019 年	排位升降	优劣势
2.4　企业竞争力	3	5	−2	优势
规模以上工业企业数	1	1	0	强势
规模以上企业平均资产	23	26	−3	劣势
规模以上企业平均收入	17	24	−7	劣势
规模以上企业平均利润	18	21	−3	劣势
规模以上企业劳动效率	28	30	−2	劣势
城镇就业人员平均工资	6	6	0	优势
新产品销售收入占主营业务收入比重	2	2	0	强势
产品质量抽查合格率	19	29	−10	劣势
工业企业 R&D 经费投入强度	3	3	0	强势
全国 500 强企业数	2	2	0	强势

3. 广东省可持续发展竞争力指标排名变化情况

表 19－7　2018～2019 年广东省可持续发展竞争力指标组排位及变化趋势

指　标	2018 年	2019 年	排位升降	优劣势
3　可持续发展竞争力	14	2	12	强势
3.1　资源竞争力	24	24	0	劣势
人均国土面积	26	26	0	劣势
人均可使用海域和滩涂面积	6	6	0	优势
人均年水资源量	16	15	1	中势
耕地面积	21	21	0	劣势
人均耕地面积	29	29	0	劣势
人均牧草地面积	22	22	0	劣势
主要能源矿产基础储量	28	30	−2	劣势
人均主要能源矿产基础储量	30	30	0	劣势
人均森林储积量	21	21	0	劣势
3.2　环境竞争力	19	4	15	优势
森林覆盖率	6	7	−1	优势
人均废水排放量	29	29	0	劣势
人均工业废气排放量	6	6	0	优势
人均工业固体废物排放量	5	5	0	优势
人均治理工业污染投资额	16	18	−2	中势
一般工业固体废物综合利用率	6	6	0	优势
生活垃圾无害化处理率	14	1	13	强势
自然灾害直接经济损失额	29	18	11	中势

续表

指　标	2018 年	2019 年	排位升降	优劣势
3.3　人力资源竞争力	2	2	0	强势
常住人口增长率	3	3	0	强势
15~64 岁人口比例	8	5	3	优势
文盲率	7	12	−5	中势
大专以上教育程度人口比例	22	13	9	中势
平均受教育程度	7	7	0	优势
人口健康素质	31	29	2	劣势
职业学校毕业生数	4	3	1	强势

4. 广东省财政金融竞争力指标排名变化情况

表 19 − 8　2018 ~ 2019 年广东省财政金融竞争力指标组排位及变化趋势

指　标	2018 年	2019 年	排位升降	优劣势
4　财政金融竞争力	3	3	0	强势
4.1　财政竞争力	4	3	1	强势
地方财政收入	1	1	0	强势
地方财政支出	1	1	0	强势
地方财政收入占 GDP 比重	7	8	−1	优势
地方财政支出占 GDP 比重	27	28	−1	劣势
税收收入占 GDP 比重	5	7	−2	优势
税收收入占财政总收入比重	6	7	−1	优势
人均地方财政收入	6	5	1	优势
人均地方财政支出	16	14	2	中势
人均税收收入	6	6	0	优势
地方财政收入增长率	16	10	6	优势
地方财政支出增长率	26	11	15	中势
税收收入增长率	19	9	10	优势
4.2　金融竞争力	2	2	0	强势
存款余额	1	1	0	强势
人均存款余额	5	5	0	优势
贷款余额	1	1	0	强势
人均贷款余额	7	6	1	优势
中长期贷款占贷款余额比重	11	11	0	中势
保险费净收入	1	1	0	强势

指　标	2018 年	2019 年	排位升降	优劣势
保险密度（人均保险费）	6	7	−1	优势
保险深度（保险费占 GDP 的比重）	20	16	4	中势
国内上市公司数	1	1	0	强势
国内上市公司市值	2	2	0	强势

5. 广东省知识经济竞争力指标排名变化情况

表 19 - 9　2018～2019 年广东省知识经济竞争力指标组排位及变化趋势

指　标	2018 年	2019 年	排位升降	优劣势
5　知识经济竞争力	1	1	0	强势
5.1　科技竞争力	1	1	0	强势
R&D 人员	1	1	0	强势
R&D 经费	1	1	0	强势
R&D 经费投入强度	3	4	−1	优势
发明专利授权量	1	1	0	强势
技术市场成交合同金额	2	2	0	强势
财政科技支出占地方财政支出比重	1	1	0	强势
高技术产业主营业务收入	1	1	0	强势
高技术产业收入占工业增加值比重	1	2	−1	强势
高技术产品出口额占商品出口额比重	11	8	3	优势
5.2　教育竞争力	4	2	2	强势
教育经费	1	1	0	强势
教育经费占 GDP 比重	23	23	0	劣势
人均教育经费	9	9	0	优势
公共教育经费占财政支出比重	10	7	3	优势
人均文化教育支出	7	6	1	优势
万人中小学学校数	11	11	0	中势
万人中小学专任教师数	19	17	2	中势
高等学校数	6	6	0	优势
高校专任教师数	4	4	0	优势
万人高等学校在校学生数	15	3	12	强势

续表

指　标	2018 年	2019 年	排位升降	优劣势
5.3　文化竞争力	1	1	0	强势
文化制造业营业收入	1	1	0	强势
文化批发零售业营业收入	2	1	1	强势
文化服务业企业营业收入	2	3	−1	强势
图书和期刊出版数	6	10	−4	优势
电子出版物品种	5	6	−1	优势
印刷用纸量	1	1	0	强势
城镇居民人均文化娱乐支出	7	6	1	优势
农村居民人均文化娱乐支出	6	8	−2	优势
城镇居民人均文化娱乐支出占消费性支出比重	21	19	2	中势
农村居民人均文化娱乐支出占消费性支出比重	22	24	−2	劣势

6. 广东省发展环境竞争力指标排名变化情况

表 19 - 10　2018~2019 年广东省发展环境竞争力指标组排位及变化趋势

指　标	2018 年	2019 年	排位升降	优劣势
6　发展环境竞争力	2	2	0	强势
6.1　基础设施竞争力	1	1	0	强势
铁路网线密度	17	20	−3	中势
公路网线密度	10	11	−1	中势
人均内河航道里程	11	11	0	中势
全社会旅客周转量	1	1	0	强势
全社会货物周转量	1	2	−1	强势
人均邮电业务总量	3	3	0	强势
电话普及率	3	4	−1	优势
政府网站数	5	8	−3	优势
人均耗电量	11	11	0	中势
6.2　软环境竞争力	2	5	−3	优势
外资企业数增长率	1	20	−19	中势
万人外资企业数	2	2	0	强势
个体私营企业数增长率	16	21	−5	劣势
万人个体私营企业数	4	4	0	优势
万人商标注册件数	4	4	0	优势
查处商标侵权假冒案件数	29	29	0	劣势
每十万人交通事故发生数	22	20	2	中势
罚没收入占财政收入比重	5	3	2	强势
社会捐赠站点数	9	10	−1	优势

7. 广东省政府作用竞争力指标排名变化情况

表19-11 2018~2019年广东省政府作用竞争力指标组排位及变化趋势

指　标	2018年	2019年	排位升降	优劣势
7　政府作用竞争力	3	7	-4	优势
7.1　政府发展经济竞争力	13	16	-3	中势
财政支出用于基本建设投资比重	16	13	3	中势
财政支出对GDP增长的拉动	5	4	1	优势
政府公务员对经济的贡献	4	6	-2	优势
财政支出用于经济社会比重	31	31	0	劣势
财政投资对社会投资的拉动	20	22	-2	劣势
7.2　政府规调经济竞争力	8	12	-4	中势
物价调控	20	29	-9	劣势
调控城乡消费差距	14	16	-2	中势
统筹经济社会发展	1	1	0	强势
规范税收	4	2	2	强势
固定资产投资价格指数	28	30	-2	劣势
7.3　政府保障经济竞争力	1	2	-1	强势
城镇职工养老保险收支比	1	2	-1	强势
医疗保险覆盖率	2	3	-1	强势
养老保险覆盖率	13	19	-6	中势
失业保险覆盖率	2	2	0	强势
最低工资标准	3	3	0	强势
城镇登记失业率	28	4	24	优势

8. 广东省发展水平竞争力指标排名变化情况

表19-12 2018~2019年广东省发展水平竞争力指标组排位及变化趋势

指　标	2018年	2019年	排位升降	优劣势
8　发展水平竞争力	4	4	0	优势
8.1　工业化进程竞争力	3	3	0	强势
工业增加值占GDP比重	6	6	0	优势
工业增加值增长率	13	14	-1	中势
高技术产业占工业增加值比重	3	1	2	强势
高技术产品占商品出口额比重	12	13	-1	中势
信息产业增加值占GDP比重	3	3	0	强势
工农业增加值比值	4	5	-1	优势

续表

指　　标		2018 年	2019 年	排位升降	优劣势
8.2	城市化进程竞争力	3	3	0	强势
	城镇化率	4	4	0	优势
	城镇居民人均可支配收入	5	5	0	优势
	城市平均建成区面积比重	11	9	2	优势
	人均拥有道路面积	27	28	−1	劣势
	人均日生活用水量	2	4	−2	优势
	人均公共绿地面积	3	3	0	强势
8.3	市场化进程竞争力	8	7	1	优势
	非公有制经济产值占全社会总产值比重	3	2	1	强势
	社会投资占投资总额比重	13	17	−4	中势
	私有和个体企业从业人员比重	13	12	1	中势
	亿元以上商品市场成交额	6	6	0	优势
	亿元以上商品市场成交额占全社会消费品零售总额比重	19	21	−2	劣势
	居民消费支出占总消费支出比重	10	10	0	优势

9. 广东省统筹协调竞争力指标排名变化情况

表 19 - 13　2018～2019 年广东省统筹协调竞争力指标组排位及变化趋势

指　　标		2018 年	2019 年	排位升降	优劣势
9	**统筹协调竞争力**	5	4	1	优势
9.1	统筹发展竞争力	5	3	2	强势
	社会劳动生产率	5	4	1	优势
	能源使用下降率	18	11	7	中势
	万元 GDP 综合能耗下降率	18	10	8	优势
	非农用地产出率	3	2	1	强势
	居民收入占 GDP 比重	11	8	3	优势
	二三产业增加值比例	11	16	−5	中势
	固定资产投资额占 GDP 比重	2	1	1	强势
	固定资产投资增长率	24	2	22	强势
9.2	协调发展竞争力	9	9	0	优势
	资源竞争力与宏观经济竞争力比差	28	27	1	劣势
	环境竞争力与宏观经济竞争力比差	2	2	0	强势
	人力资源竞争力与宏观经济竞争力比差	9	9	0	优势
	环境竞争力与工业竞争力比差	28	29	−1	劣势

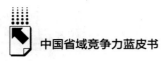

续表

指　　标	2018 年	2019 年	排位升降	优劣势
资源竞争力与工业竞争力比差	2	1	1	强势
城乡居民家庭人均收入比差	19	20	−1	中势
城乡居民人均现金消费支出比差	14	16	−2	中势
全社会消费品零售总额与外贸出口总额比差	1	1	0	强势

B.21

20

2018~2019年广西壮族自治区经济综合竞争力评价分析报告

广西壮族自治区简称"桂",地处华南地区西部,北靠贵州省、湖南省,东接广东省,西连云南省并与越南交界,南濒南海。全区土地面积23.67万平方公里,北部湾海域面积12.93万平方公里,2019年总人口为4960万人,全区地区生产总值达21237亿元,同比增长6%,人均GDP达42964元。本部分通过分析2018~2019年广西壮族自治区经济综合竞争力以及各要素竞争力的排名变化,从中找出广西壮族自治区经济综合竞争力的推动点及影响因素,为进一步提升广西壮族自治区经济综合竞争力提供决策参考。

20.1 广西壮族自治区经济综合竞争力总体分析

1. 广西壮族自治区经济综合竞争力一级指标概要分析

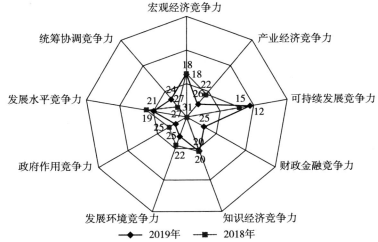

图20-1 2018~2019年广西壮族自治区经济综合竞争力二级指标比较

表 20 – 1 2018～2019 年广西壮族自治区经济综合竞争力二级指标比较

项目 \ 年份	宏观经济竞争力	产业经济竞争力	可持续发展竞争力	财政金融竞争力	知识经济竞争力	发展环境竞争力	政府作用竞争力	发展水平竞争力	统筹协调竞争力	综合排位
2018	18	22	15	31	20	22	25	19	27	23
2019	18	26	12	25	20	25	27	21	24	23
升降	0	-4	3	6	0	-3	-2	-2	3	0
优劣度	中势	劣势	中势	劣势	中势	劣势	劣势	劣势	劣势	劣势

（1）从综合排位看，2019 年广西壮族自治区经济综合竞争力综合排位在全国居第 23 位，这表明其在全国处于劣势地位；与 2018 年相比，综合排位保持不变。

（2）从指标所处区位看，只有宏观经济竞争力、可持续发展竞争力和知识经济竞争力 3 个二级指标处于中游区，其他 6 个二级指标都处于下游区。

（3）从指标变化趋势看，9 个二级指标中，有 3 个指标处于上升趋势，分别为可持续发展竞争力、财政金融竞争力和统筹协调竞争力，这些是广西壮族自治区经济综合竞争力的上升动力所在；有 2 个指标排位没有发生变化，分别为宏观经济竞争力和知识经济竞争力；有 4 个指标处于下降趋势，分别为产业经济竞争力、发展环境竞争力、政府作用竞争力和发展水平竞争力，这些是广西壮族自治区经济综合竞争力的下降拉力所在。

2. 广西壮族自治区经济综合竞争力各级指标动态变化分析

表 20 – 2 2018～2019 年广西壮族自治区经济综合竞争力各级指标排位变化态势比较

单位：个，%

二级指标	三级指标	四级指标数	上升		保持		下降		变化趋势
			指标数	比重	指标数	比重	指标数	比重	
宏观经济竞争力	经济实力竞争力	12	3	25.0	2	16.7	7	58.3	下降
	经济结构竞争力	6	2	33.3	1	16.7	3	50.0	下降
	经济外向度竞争力	9	5	55.6	3	33.3	1	11.1	上升
	小　计	**27**	10	37.0	6	22.2	11	40.7	保持

续表

二级指标	三级指标	四级指标数	上升		保持		下降		变化趋势
			指标数	比重	指标数	比重	指标数	比重	
产业经济竞争力	农业竞争力	10	3	30.0	5	50.0	2	20.0	下降
	工业竞争力	10	2	20.0	1	10.0	7	70.0	下降
	服务业竞争力	10	5	50.0	3	30.0	2	20.0	下降
	企业竞争力	10	4	40.0	1	25.0	5	50.0	下降
	小 计	40	14	35.0	10	40.0	16	40.0	下降
可持续发展竞争力	资源竞争力	9	1	11.1	7	77.8	1	11.1	保持
	环境竞争力	8	2	25.0	5	62.5	1	12.5	下降
	人力资源竞争力	7	4	57.1	1	14.3	2	28.6	上升
	小 计	24	7	29.2	13	54.2	4	16.7	下降
财政金融竞争力	财政竞争力	12	8	66.7	3	25.0	1	8.3	上升
	金融竞争力	10	3	30.0	5	50.0	2	20.0	上升
	小 计	22	11	50.0	8	36.4	3	13.6	上升
知识经济竞争力	科技竞争力	9	2	22.2	5	55.6	2	22.2	下降
	教育竞争力	10	4	40.0	4	40.0	2	20.0	下降
	文化竞争力	10	3	30.0	1	10.0	6	60.0	下降
	小 计	29	9	31.0	10	34.5	10	34.5	保持
发展环境竞争力	基础设施竞争力	9	3	33.3	2	22.2	4	44.4	保持
	软环境竞争力	9	3	33.3	2	22.2	4	44.4	下降
	小 计	18	6	33.3	4	22.2	8	44.4	下降
政府作用竞争力	政府发展经济竞争力	5	3	60.0	1	20.0	1	20.0	下降
	政府规调经济竞争力	5	3	60.0	0	0.0	2	40.0	下降
	政府保障经济竞争力	6	3	50.0	1	16.7	2	33.3	上升
	小 计	16	9	56.3	2	12.5	5	31.3	下降
发展水平竞争力	工业化进程竞争力	6	1	16.7	1	16.7	4	66.7	保持
	城市化进程竞争力	6	3	50.0	1	16.7	2	33.3	下降
	市场化进程竞争力	6	1	16.7	3	50.0	2	33.3	下降
	小 计	18	5	27.8	5	27.8	8	44.4	下降
统筹协调竞争力	统筹发展竞争力	8	4	50.0	1	12.5	3	37.5	上升
	协调发展竞争力	8	5	62.5	1	12.5	2	25.0	上升
	小 计	16	9	56.3	2	12.5	5	31.3	上升
合 计		210	80	38.1	60	28.6	70	33.3	保持

从表20-2可以看出，210个四级指标中，上升指标有80个，占指标总数的38.1%；下降指标有70个，占指标总数的33.3%；保持不变的指标

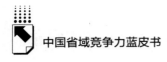

有 60 个，占指标总数的 28.6%。综上所述，广西壮族自治区经济综合竞争力上升的动力大于下降的拉力，但受其他外部因素的综合影响，使得2018～2019 年广西壮族自治区经济综合竞争力排位保持不变。

3. 广西壮族自治区经济综合竞争力各级指标优劣势结构分析

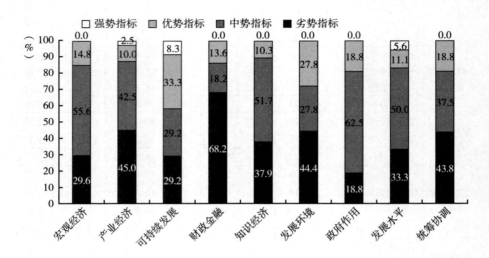

图 20 - 2　2019 年广西壮族自治区经济综合竞争力各级指标优劣势比较

表 20 - 3　2019 年广西壮族自治区经济综合竞争力各级指标优劣势比较

单位：个，%

二级指标	三级指标	四级指标数	强势指标		优势指标		中势指标		劣势指标		优劣势
			个数	比重	个数	比重	个数	比重	个数	比重	
宏观经济竞争力	经济实力竞争力	12	0	0.0	1	8.3	7	58.3	4	33.3	中势
	经济结构竞争力	6	0	0.0	0	0.0	3	50.0	3	50.0	劣势
	经济外向度竞争力	9	0	0.0	3	33.3	5	55.6	1	11.1	中势
	小　计	27	0	0.0	4	14.8	15	55.6	8	29.6	中势
产业经济竞争力	农业竞争力	10	1	10.0	3	30.0	3	30.0	3	30.0	中势
	工业竞争力	10	0	0.0	0	0.0	4	40.0	6	60.0	劣势
	服务业竞争力	10	0	0.0	1	10.0	5	50.0	4	40.0	劣势
	企业竞争力	10	0	0.0	0	0.0	5	50.0	5	50.0	劣势
	小　计	40	1	2.5	4	10.0	17	42.5	18	45.0	劣势

续表

二级指标	三级指标	四级指标数	强势指标		优势指标		中势指标		劣势指标		优劣势
			个数	比重	个数	比重	个数	比重	个数	比重	
可持续发展竞争力	资源竞争力	9	0	0.0	3	33.3	4	44.4	2	22.2	中势
	环境竞争力	8	2	25.0	2	25.0	2	25.0	2	25.0	强势
	人力资源竞争力	7	0	0.0	3	42.9	1	14.3	3	42.9	劣势
	小　计	24	2	8.3	8	33.3	7	29.2	7	29.2	中势
财政金融竞争力	财政竞争力	12	0	0.0	2	16.7	3	25.0	7	58.3	劣势
	金融竞争力	10	0	0.0	1	10.0	1	10.0	8	80.0	劣势
	小　计	22	0	0.0	3	13.6	4	18.2	15	68.2	劣势
知识经济竞争力	科技竞争力	9	0	0.0	0	0.0	4	44.4	5	55.6	劣势
	教育竞争力	10	0	0.0	2	20.0	4	40.0	4	40.0	中势
	文化竞争力	10	0	0.0	1	10.0	7	70.0	2	20.0	劣势
	小　计	29	0	0.0	3	10.3	15	51.7	11	37.9	中势
发展环境竞争力	基础设施竞争力	9	0	0.0	2	22.2	4	44.4	3	33.3	劣势
	软环境竞争力	9	0	0.0	3	33.3	1	11.1	5	55.6	劣势
	小　计	18	0	0.0	5	27.8	5	27.8	8	44.4	劣势
政府作用竞争力	政府发展经济竞争力	5	0	0.0	1	20.0	4	80.0	0	0.0	劣势
	政府规调经济竞争力	5	0	0.0	1	20.0	3	60.0	1	20.0	劣势
	政府保障经济竞争力	6	0	0.0	1	16.7	3	50.0	2	33.3	中势
	小　计	16	0	0.0	3	18.8	10	62.5	3	18.8	劣势
发展水平竞争力	工业化进程竞争力	6	0	0.0	0	0.0	3	50.0	3	50.0	中势
	城市化进程竞争力	6	1	16.7	1	16.7	1	16.7	3	50.0	劣势
	市场化进程竞争力	6	0	0.0	1	16.7	5	83.3	0	0.0	中势
	小　计	18	1	5.6	2	11.1	9	50.0	6	33.3	劣势
统筹协调竞争力	统筹发展竞争力	8	0	0.0	2	25.0	1	12.5	5	62.5	劣势
	协调发展竞争力	8	0	0.0	1	12.5	5	62.5	2	25.0	中势
	小　计	16	0	0.0	3	18.8	6	37.5	7	43.8	劣势
合　计		210	4	1.9	35	16.7	88	41.9	83	39.5	劣势

基于图20-2和表20-3，具体到四级指标，强势指标4个，占指标总数的1.9%；优势指标35个，占指标总数的16.7%；中势指标88个，占指

标总数的 41.9%；劣势指标 83 个，占指标总数的 39.5%。三级指标中，强势指标 1 个，占三级指标总数的 4%；中势指标 9 个，占三级指标总数的 36%；没有优势指标；劣势指标 15 个，占三级指标总数的 60%。从二级指标看，没有强势指标；没有优势指标；中势指标有 3 个，占二级指标总数的 33.3%；劣势指标有 6 个，占二级指标总数的 66.7%。综合来看，由于中势指标和劣势指标在指标体系中居于主导地位，使得 2019 年广西壮族自治区经济综合竞争力处于劣势地位。

4. 广西壮族自治区经济综合竞争力四级指标优劣势对比分析

表 20 - 4　2019 年广西壮族自治区经济综合竞争力各级指标优劣势情况

二级指标	优劣势	四级指标
宏观经济 竞争力 (27 个)	强势指标	(0 个)
	优势指标	固定资产投资额增长率、进出口增长率、出口增长率、实际 FDI 增长率(4 个)
	劣势指标	财政总收入、财政总收入增长率、人均财政收入、人均全社会消费品零售总额、产业结构优化度、就业结构优化度、贸易结构优化度、对外直接投资额(8 个)
产业经济 竞争力 (40 个)	强势指标	农业增加值增长率(1 个)
	优势指标	农业增加值、人均农业增加值、农民人均纯收入增长率、旅游外汇收入(4 个)
	劣势指标	农民人均纯收入、人均主要农产品产量、农村人均用电量、工业增加值增长率、人均工业增加值、工业资产总额、工业资产总额增长率、规模以上工业利润总额、工业收入利润率、服务业增加值增长率、人均服务业增加值、限额以上批发零售企业主营业务收入、电子商务销售额、规模以上企业平均资产、规模以上企业平均收入、规模以上企业平均利润、城镇就业人员平均工资、工业企业 R&D 经费投入强度(18 个)
可持续 发展 竞争力 (24 个)	强势指标	森林覆盖率、生活垃圾无害化处理率(2 个)
	优势指标	人均可使用海域和滩涂面积、人均年水资源量、人均森林储积量、人均废水排放量、人均工业固体废物排放量、常住人口增长率、文盲率、职业学校毕业生数(8 个)
	劣势指标	主要能源矿产基础储量、人均主要能源矿产基础储量、人均治理工业污染投资额、自然灾害直接经济损失、15~64 岁人口比例、大专以上教育程度人口比例、平均受教育程度(7 个)

续表

二级指标	优劣势	四级指标
财政金融竞争力（22个）	强势指标	（0个）
	优势指标	地方财政收入增长率、地方财政支出增长率、中长期贷款占贷款余额比重（3个）
	劣势指标	地方财政收入、地方财政收入占GDP比重、税收收入占GDP比重、税收收入占财政总收入比重、人均地方财政收入、人均地方财政支出、人均税收收入、存款余额、人均存款余额、人均贷款余额、保险费收入、保险密度（人均保险费）、保险深度（保险费占GDP的比重）、国内上市公司数、国内上市公司市值（15个）
知识经济竞争力（29个）	强势指标	（0个）
	优势指标	教育经费占GDP比重、公共教育经费占财政支出比重、农村居民人均文化娱乐支出占消费性支出比重（3个）
	劣势指标	R&D人员、R&D经费、R&D经费投入强度、技术市场成交合同金额、财政科技支出占地方财政支出比重、人均教育经费、人均文化教育支出、万人中小学学校数、万人中小学专任教师数、电子出版物品种、城镇居民人均文化娱乐支出（11个）
发展环境竞争力（18个）	强势指标	（0个）
	优势指标	人均内河航道里程、政府网站数、外资企业数增长率、查处商标侵权假冒案件数、社会捐赠站点数（5个）
	劣势指标	铁路网线密度、公路网线密度、电话普及率、万人外资企业数、万人个体私营企业数、万人商标注册件数、每十万人交通事故发生数、罚没收入占财政收入比重（8个）
政府作用竞争力（16个）	强势指标	（0个）
	优势指标	财政支出用于基本建设投资比重、调控城乡消费差距、城镇登记失业率（3个）
	劣势指标	物价调控、养老保险覆盖率、失业保险覆盖率（3个）
发展水平竞争力（18个）	强势指标	人均日生活用水量（1个）
	优势指标	人均拥有道路面积、私有和个体企业从业人员比重（2个）
	劣势指标	工业增加值占GDP比重、工业增加值增长率、工农业增加值比值、城镇化率、城镇居民人均可支配收入、城市平均建成区面积比重（6个）
统筹协调竞争力（16个）	强势指标	（0个）
	优势指标	二三产业增加值比例、固定资产投资增长率、城乡居民人均现金消费支出比差（3个）
	劣势指标	社会劳动生产率、万元GDP综合能耗下降率、非农用地产出率、居民收入占GDP比重、固定资产投资额占GDP比重、环境竞争力与宏观经济竞争力比差、资源竞争力与工业竞争力比差（7个）

20.2 广西壮族自治区经济综合竞争力各级指标具体分析

1. 广西壮族自治区宏观经济竞争力指标排名变化情况

表 20 - 5　2018～2019 年广西壮族自治区宏观经济竞争力指标组排位及变化趋势

指　标	2018 年	2019 年	排位升降	优劣势
1　宏观经济竞争力	18	18	0	中势
1.1　经济实力竞争力	16	20	-4	中势
地区生产总值	18	18	0	中势
地区生产总值增长率	15	19	-4	中势
人均地区生产总值	28	17	11	中势
财政总收入	9	22	-13	劣势
财政总收入增长率	3	30	-27	劣势
人均财政收入	10	28	-18	劣势
固定资产投资额	14	14	0	中势
固定资产投资额增长率	7	6	1	优势
人均固定资产投资额	18	15	3	中势
全社会消费品零售总额	17	19	-2	中势
全社会消费品零售总额增长率	7	17	-10	中势
人均全社会消费品零售总额	24	26	-2	劣势
1.2　经济结构竞争力	20	23	-3	劣势
产业结构优化度	26	21	5	劣势
所有制经济结构优化度	15	16	-1	中势
城乡经济结构优化度	21	18	3	中势
就业结构优化度	23	25	-2	劣势
财政收入结构优化度	1	17	-16	中势
贸易结构优化度	27	27	0	劣势
1.3　经济外向度竞争力	18	12	6	中势
进出口总额	14	14	0	中势
进出口增长率	15	4	11	优势
出口总额	17	15	2	中势
出口增长率	5	4	1	优势
实际 FDI	21	20	1	中势

续表

指　　标	2018 年	2019 年	排位升降	优劣势
实际 FDI 增长率	20	5	15	优势
外贸依存度	12	12	0	中势
外资企业数	19	19	0	中势
对外直接投资额	21	25	-4	劣势

2. 广西壮族自治区产业经济竞争力指标排名变化情况

表 20-6 2018~2019 年广西壮族自治区产业经济竞争力指标组排位及变化趋势

指　　标	2018 年	2019 年	排位升降	优劣势
2　产业经济竞争力	22	26	-4	劣势
2.1　农业竞争力	8	11	-3	中势
农业增加值	9	9	0	优势
农业增加值增长率	3	3	0	强势
人均农业增加值	11	10	1	优势
农民人均纯收入	22	22	0	劣势
农民人均纯收入增长率	3	8	-5	优势
农产品出口占农林牧渔总产值比重	12	12	0	中势
人均主要农产品产量	21	21	0	劣势
农业机械化水平	10	11	-1	中势
农村人均用电量	26	24	2	劣势
财政支农资金比重	15	13	2	中势
2.2　工业竞争力	21	27	-6	劣势
工业增加值	17	20	-3	中势
工业增加值增长率	17	27	-10	劣势
人均工业增加值	26	27	-1	劣势
工业资产总额	24	23	1	劣势
工业资产总额增长率	27	23	4	劣势
规模以上工业主营业务收入	19	20	-1	中势
工业成本费用率	16	16	0	优势
规模以上工业利润总额	21	23	-2	劣势
工业全员劳动生产率	15	20	-5	中势
工业收入利润率	22	23	-1	劣势

续表

指标	2018 年	2019 年	排位升降	优劣势
2.3 服务业竞争力	18	22	-4	劣势
服务业增加值	20	20	0	中势
服务业增加值增长率	5	26	-21	劣势
人均服务业增加值	29	29	0	劣势
服务业从业人员数	15	16	-1	中势
限额以上批发零售企业主营业务收入	21	21	0	劣势
限额以上批零企业利税率	23	16	7	中势
限额以上餐饮企业利税率	18	12	6	中势
旅游外汇收入	10	6	4	优势
商品房销售收入	15	14	1	中势
电子商务销售额	23	22	1	劣势
2.4 企业竞争力	24	29	-5	劣势
规模以上工业企业数	17	17	0	中势
规模以上企业平均资产	19	22	-3	劣势
规模以上企业平均收入	14	22	-8	劣势
规模以上企业平均利润	15	23	-8	劣势
规模以上企业劳动效率	19	20	-1	中势
城镇就业人员平均工资	23	22	1	劣势
新产品销售收入占主营业务收入比重	19	17	2	中势
产品质量抽查合格率	8	19	-11	中势
工业企业 R&D 经费投入强度	27	26	1	劣势
全国 500 强企业数	22	19	3	中势

3. 广西壮族自治区可持续发展竞争力指标排名变化情况

表 20 - 7   2018 ~ 2019 年广西壮族自治区可持续发展竞争力指标组排位及变化趋势

指标	2018 年	2019 年	排位升降	优劣势
3 可持续发展竞争力	8	12	-4	中势
3.1 资源竞争力	20	20	0	中势
人均国土面积	13	13	0	中势
人均可使用海域和滩涂面积	10	10	0	优势
人均年水资源量	5	4	1	优势
耕地面积	16	16	0	中势
人均耕地面积	15	15	0	中势
人均牧草地面积	18	18	0	中势
主要能源矿产基础储量	26	28	-2	劣势
人均主要能源矿产基础储量	28	28	0	劣势
人均森林储积量	10	10	0	优势

续表

指　标	2018 年	2019 年	排位升降	优劣势
3.2　环境竞争力	1	3	−2	强势
森林覆盖率	4	3	1	强势
人均废水排放量	9	9	0	优势
人均工业废气排放量	12	12	0	中势
人均工业固体废物排放量	10	10	0	优势
人均治理工业污染投资额	26	26	0	劣势
一般工业固体废物综合利用率	15	15	0	中势
生活垃圾无害化处理率	5	1	4	强势
自然灾害直接经济损失额	6	21	−15	劣势
3.3　人力资源竞争力	24	23	1	劣势
常住人口增长率	9	10	−1	优势
15~64 岁人口比例	27	22	5	劣势
文盲率	10	10	0	优势
大专以上教育程度人口比例	31	29	2	劣势
平均受教育程度	24	22	2	劣势
人口健康素质	20	15	5	中势
职业学校毕业生数	7	9	−2	优势

4. 广西壮族自治区财政金融竞争力指标排名变化情况

表 20−8　2018~2019 年广西壮族自治区财政金融竞争力指标组排位及变化趋势

指　标	2018 年	2019 年	排位升降	优劣势
4　财政金融竞争力	31	25	6	劣势
4.1　财政竞争力	30	24	6	劣势
地方财政收入	23	22	1	劣势
地方财政支出	16	16	0	中势
地方财政收入占 GDP 比重	27	27	0	劣势
地方财政支出占 GDP 比重	11	13	−2	中势
税收收入占 GDP 比重	30	28	2	劣势
税收收入占财政总收入比重	31	30	1	劣势
人均地方财政收入	29	29	0	劣势
人均地方财政支出	27	26	1	劣势
人均税收收入	31	30	1	劣势
地方财政收入增长率	25	4	21	优势
地方财政支出增长率	18	10	8	优势
税收收入增长率	29	13	16	中势

指　标	2018 年	2019 年	排位升降	优劣势
4.2　金融竞争力	31	25	6	劣势
存款余额	21	21	0	劣势
人均存款余额	31	31	0	劣势
贷款余额	20	20	0	中势
人均贷款余额	28	28	0	劣势
中长期贷款占贷款余额比重	30	5	25	优势
保险费净收入	23	24	-1	劣势
保险密度（人均保险费）	29	29	0	劣势
保险深度（保险费占 GDP 的比重）	26	27	-1	劣势
国内上市公司数	22	21	1	劣势
国内上市公司市值	26	25	1	劣势

5. 广西壮族自治区知识经济竞争力指标排名变化情况

表 20 - 9　2018～2019 年广西壮族自治区知识经济竞争力指标组排位及变化趋势

指　标	2018 年	2019 年	排位升降	优劣势
5　知识经济竞争力	20	20	0	中势
5.1　科技竞争力	21	22	-1	劣势
R&D 人员	22	22	0	劣势
R&D 经费	21	21	0	劣势
R&D 经费投入强度	27	27	0	劣势
发明专利授权量	18	19	-1	中势
技术市场成交合同金额	26	24	2	劣势
财政科技支出占地方财政支出比重	21	21	0	劣势
高技术产业主营业务收入	17	17	0	中势
高技术产业收入占工业增加值比重	13	11	2	中势
高技术产品出口额占商品出口额比重	15	16	-1	中势
5.2　教育竞争力	17	20	-3	中势
教育经费	15	15	0	中势
教育经费占 GDP 比重	9	9	0	优势
人均教育经费	21	21	0	劣势
公共教育经费占财政支出比重	4	9	-5	优势
人均文化教育支出	23	27	-4	劣势

续表

指标	2018 年	2019 年	排位升降	优劣势
万人中小学学校数	26	23	3	劣势
万人中小学专任教师数	25	23	2	劣势
高等学校数	18	18	0	中势
高校专任教师数	18	16	2	中势
万人高等学校在校学生数	13	12	1	中势
5.3　文化竞争力	14	21	−7	劣势
文化制造业营业收入	16	19	−3	中势
文化批发零售业营业收入	20	20	0	中势
文化服务业企业营业收入	22	19	3	中势
图书和期刊出版数	12	20	−8	中势
电子出版物品种	23	25	−2	劣势
印刷用纸量	10	15	−5	中势
城镇居民人均文化娱乐支出	23	27	−4	劣势
农村居民人均文化娱乐支出	18	12	6	中势
城镇居民人均文化娱乐支出占消费性支出比重	9	14	−5	中势
农村居民人均文化娱乐支出占消费性支出比重	13	9	4	优势

6. 广西壮族自治区发展环境竞争力指标排名变化情况

表 20 - 10　2018～2019 年广西壮族自治区发展环境竞争力指标组排位及变化趋势

指标	2018 年	2019 年	排位升降	优劣势
6　发展环境竞争力	22	25	−3	劣势
6.1　基础设施竞争力	22	22	0	劣势
铁路网线密度	21	22	−1	劣势
公路网线密度	25	25	0	劣势
人均内河航道里程	9	9	0	优势
全社会旅客周转量	13	14	−1	中势
全社会货物周转量	13	14	−1	中势
人均邮电业务总量	19	18	1	中势
电话普及率	24	25	−1	劣势
政府网站数	8	6	2	优势
人均耗电量	24	19	5	中势

续表

指　　标	2018 年	2019 年	排位升降	优劣势
6.2　软环境竞争力	27	31	−4	劣势
外资企业数增长率	9	10	−1	优势
万人外资企业数	22	23	−1	劣势
个体私营企业数增长率	13	14	−1	中势
万人个体私营企业数	30	31	−1	劣势
万人商标注册件数	30	30	0	劣势
查处商标侵权假冒案件数	13	9	4	优势
每十万人交通事故发生数	30	30	0	劣势
罚没收入占财政收入比重	23	22	1	劣势
社会捐赠站点数	10	9	1	优势

7. 广西壮族自治区政府作用竞争力指标排名变化情况

表 20－11　2018～2019 年广西壮族自治区政府作用竞争力指标组排位及变化趋势

指　　标	2018 年	2019 年	排位升降	优劣势
7　政府作用竞争力	25	27	−2	劣势
7.1　政府发展经济竞争力	20	21	−1	劣势
财政支出用于基本建设投资比重	5	6	−1	优势
财政支出对 GDP 增长的拉动	21	19	2	中势
政府公务员对经济的贡献	21	19	2	中势
财政支出用于经济社会比重	20	20	0	中势
财政投资对社会投资的拉动	23	19	4	中势
7.2　政府规调经济竞争力	14	28	−14	劣势
物价调控	24	31	−7	劣势
调控城乡消费差距	8	6	2	优势
统筹经济社会发展	13	11	2	中势
规范税收	26	11	15	中势
固定资产投资价格指数	8	15	−7	中势
7.3　政府保障经济竞争力	24	19	5	中势
城镇职工养老保险收支比	9	17	−8	中势
医疗保险覆盖率	21	19	2	中势
养老保险覆盖率	21	24	−3	劣势
失业保险覆盖率	22	22	0	劣势
最低工资标准	14	11	3	中势
城镇登记失业率	30	8	22	优势

8. 广西壮族自治区发展水平竞争力指标排名变化情况

表 20－12　2018～2019 年广西壮族自治区发展水平竞争力指标组排位及变化趋势

指　标	2018 年	2019 年	排位升降	优劣势
8　发展水平竞争力	19	21	－2	劣势
8.1　工业化进程竞争力	20	20	0	中势
工业增加值占 GDP 比重	21	26	－5	劣势
工业增加值增长率	17	27	－10	劣势
高技术产业占工业增加值比重	15	19	－4	中势
高技术产品占商品出口额比重	13	12	1	中势
信息产业增加值占 GDP 比重	19	19	0	中势
工农业增加值比值	26	28	－2	劣势
8.2　城市化进程竞争力	21	23	－2	劣势
城镇化率	27	27	0	劣势
城镇居民人均可支配收入	23	22	1	劣势
城市平均建成区面积比重	22	21	1	劣势
人均拥有道路面积	9	7	2	优势
人均日生活用水量	1	3	－2	强势
人均公共绿地面积	17	18	－1	中势
8.3　市场化进程竞争力	15	16	－1	中势
非公有制经济产值占全社会总产值比重	15	16	－1	中势
社会投资占投资总额比重	18	18	0	中势
私有和个体企业从业人员比重	9	10	－1	优势
亿元以上商品市场成交额	19	19	0	中势
亿元以上商品市场成交额占全社会消费品零售总额比重	18	16	2	中势
居民消费支出占总消费支出比重	12	12	0	中势

9. 广西壮族自治区统筹协调竞争力指标排名变化情况

表 20－13　2018～2019 年广西壮族自治区统筹协调竞争力指标组排位及变化趋势

指　标	2018 年	2019 年	排位升降	优劣势
9　统筹协调竞争力	27	24	3	劣势
9.1　统筹发展竞争力	28	26	2	劣势
社会劳动生产率	26	28	－2	劣势
能源使用下降率	21	20	1	中势

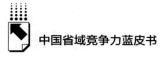
续表

指　标	2018 年	2019 年	排位升降	优劣势
万元 GDP 综合能耗下降率	20	22	-2	劣势
非农用地产出率	21	21	0	劣势
居民收入占 GDP 比重	28	26	2	劣势
二三产业增加值比例	18	9	9	优势
固定资产投资额占 GDP 比重	26	29	-3	劣势
固定资产投资增长率	25	6	19	优势
9.2　协调发展竞争力	23	20	3	中势
资源竞争力与宏观经济竞争力比差	19	13	6	中势
环境竞争力与宏观经济竞争力比差	24	23	1	劣势
人力资源竞争力与宏观经济竞争力比差	10	19	-9	中势
环境竞争力与工业竞争力比差	14	13	1	中势
资源竞争力与工业竞争力比差	28	29	-1	劣势
城乡居民家庭人均收入比差	21	18	3	中势
城乡居民人均现金消费支出比差	8	6	2	优势
全社会消费品零售总额与外贸出口总额比差	12	12	0	中势

2018~2019年海南省经济综合竞争力评价分析报告

海南省简称"琼",位于中国南部海域,北隔琼州海峡与广东省相望。全省陆地(主要包括海南岛和西沙、中沙、南沙群岛和南海诸岛)总面积3.5万平方公里,海域面积约200万平方公里,2019年全省常住人口为945万人,全省地区生产总值达5309亿元,同比增长5.8%,人均GDP达56507元。本部分通过分析2018~2019年海南省经济综合竞争力以及各要素竞争力的排名变化,从中找出海南省经济综合竞争力的推动点及影响因素,为进一步提升海南省经济综合竞争力提供决策参考。

21.1 海南省经济综合竞争力总体分析

1. 海南省经济综合竞争力一级指标概要分析

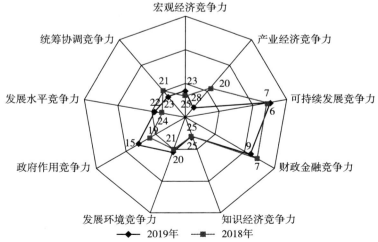

图21-1 2018~2019年海南省经济综合竞争力二级指标比较

表 21 – 1   2018～2019 年海南省经济综合竞争力二级指标比较

项目 年份	宏观经济竞争力	产业经济竞争力	可持续发展竞争力	财政金融竞争力	知识经济竞争力	发展环境竞争力	政府作用竞争力	发展水平竞争力	统筹协调竞争力	综合排位
2018	25	20	7	7	25	21	19	24	21	21
2019	23	28	6	9	25	20	15	22	23	21
升降	2	– 8	1	– 2	0	1	4	2	– 2	0
优劣度	劣势	劣势	优势	优势	劣势	中势	中势	劣势	劣势	劣势

（1）从综合排位看，2019 年海南省经济综合竞争力综合排位在全国居第 21 位，这表明其在全国处于劣势地位；与 2018 年相比，综合排位没有发生变化。

（2）从指标所处区位看，2 个指标处于上游区，分别为可持续发展竞争力、财政金融竞争力，均为海南省经济综合竞争力的优势指标。

（3）从指标变化趋势看，9 个二级指标中，有 5 个指标处于上升趋势，分别为宏观经济竞争力、可持续发展竞争力、发展环境竞争力、政府作用竞争力、发展水平竞争力，这些是海南省经济综合竞争力的上升动力所在；有 1 个指标排位没有发生变化，为知识经济竞争力；有 3 个指标处于下降趋势，分别为产业经济竞争力、财政金融竞争力、统筹协调竞争力，这些是海南省经济综合竞争力的下降拉力所在。

2. 海南省经济综合竞争力各级指标动态变化分析

表 21 – 2   2018～2019 年海南省经济综合竞争力各级指标排位变化态势比较

单位：个，%

二级指标	三级指标	四级指标数	上升		保持		下降		变化趋势
			指标数	比重	指标数	比重	指标数	比重	
宏观经济竞争力	经济实力竞争力	12	4	33.3	3	25.0	5	41.7	上升
	经济结构竞争力	6	3	50.0	1	16.7	2	33.3	上升
	经济外向度竞争力	9	3	33.3	3	33.3	3	33.3	下降
	小 计	**27**	10	37.0	7	25.9	10	37.0	上升

续表

二级指标	三级指标	四级指标数	上升		保持		下降		变化趋势
			指标数	比重	指标数	比重	指标数	比重	
产业经济竞争力	农业竞争力	10	2	20.0	3	30.0	5	50.0	下降
	工业竞争力	10	2	20.0	5	50.0	3	30.0	保持
	服务业竞争力	10	4	40.0	4	40.0	2	20.0	下降
	企业竞争力	10	1	10.0	3	30.0	6	60.0	下降
	小 计	40	9	22.5	15	37.5	16	40.0	下降
可持续发展竞争力	资源竞争力	9	1	11.1	7	77.8	1	11.1	保持
	环境竞争力	8	2	25.0	5	62.5	1	12.5	上升
	人力资源竞争力	7	2	28.6	1	14.3	4	57.1	上升
	小 计	24	5	20.8	13	54.2	6	25.0	下降
财政金融竞争力	财政竞争力	12	1	8.3	6	50.0	5	41.7	下降
	金融竞争力	10	1	10.0	6	60.0	3	30.0	下降
	小 计	22	2	9.1	12	54.5	8	36.4	下降
知识经济竞争力	科技竞争力	9	2	22.2	6	66.7	1	11.1	上升
	教育竞争力	10	4	40.0	4	40.0	2	20.0	保持
	文化竞争力	10	4	40.0	0	0.0	6	60.0	下降
	小 计	29	10	34.5	10	34.5	9	31.0	保持
发展环境竞争力	基础设施竞争力	9	4	44.4	3	33.3	2	22.2	上升
	软环境竞争力	9	6	66.7	1	11.1	2	22.2	上升
	小 计	18	10	55.6	4	22.2	4	22.2	上升
政府作用竞争力	政府发展经济竞争力	5	3	60.0	0	0.0	2	40.0	下降
	政府规调经济竞争力	5	4	80.0	0	0.0	1	20.0	上升
	政府保障经济竞争力	6	3	50.0	1	16.7	2	33.3	上升
	小 计	16	10	62.5	1	6.3	5	31.3	上升
发展水平竞争力	工业化进程竞争力	6	2	33.3	3	50.0	1	16.7	上升
	城市化进程竞争力	6	2	33.3	1	16.7	3	50.0	上升
	市场化进程竞争力	6	3	50.0	2	33.3	1	16.7	上升
	小 计	18	7	38.9	6	33.3	5	27.8	上升
统筹协调竞争力	统筹发展竞争力	8	4	50.0	2	25.0	2	25.0	下降
	协调发展竞争力	8	5	62.5	1	12.5	2	25.0	上升
	小 计	16	9	56.3	3	18.8	4	25.0	下降
合 计		210	72	34.3	71	33.8	67	31.9	保持

从表21-2可以看出，210个四级指标中，上升指标有72个，占指标总数的34.3%；下降指标有67个，占指标总数的31.9%；保持不变的指标

有 71 个, 占指标总数的 33.8%。综上所述, 海南省经济综合竞争力的上升动力稍大于下降拉力, 但受其他外部因素的综合影响, 总体上看, 2018 ~ 2019 年海南省经济综合竞争力排位保持不变。

3. 海南省经济综合竞争力各级指标优劣势结构分析

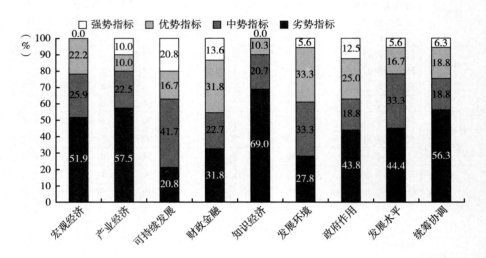

图 21 - 2 2019 年海南省经济综合竞争力各级指标优劣势比较

表 21 - 3 2019 年海南省经济综合竞争力各级指标优劣势比较

单位: 个, %

二级指标	三级指标	四级指标数	强势指标		优势指标		中势指标		劣势指标		优劣势
			个数	比重	个数	比重	个数	比重	个数	比重	
宏观经济竞争力	经济实力竞争力	12	0	0.0	0	0.0	3	25.0	9	75.0	劣势
	经济结构竞争力	6	0	0.0	3	50.0	1	16.7	2	33.3	中势
	经济外向度竞争力	9	0	0.0	3	33.3	3	33.3	3	33.3	中势
	小 计	**27**	0	0.0	6	22.2	7	25.9	14	51.9	劣势
产业经济竞争力	农业竞争力	10	1	10.0	0	0.0	4	40.0	5	50.0	劣势
	工业竞争力	10	0	0.0	2	20.0	1	10.0	7	70.0	劣势
	服务业竞争力	10	0	0.0	1	10.0	3	30.0	6	60.0	劣势
	企业竞争力	10	3	30.0	1	10.0	1	10.0	5	50.0	劣势
	小 计	**40**	4	10.0	4	10.0	9	22.5	23	57.5	劣势

续表

二级指标	三级指标	四级指标数	强势指标		优势指标		中势指标		劣势指标		优劣势
			个数	比重	个数	比重	个数	比重	个数	比重	
可持续发展竞争力	资源竞争力	9	1	11.1	1	11.1	6	66.7	1	11.1	优势
	环境竞争力	8	4	50.0	1	12.5	0	0.0	3	37.5	强势
	人力资源竞争力	7	0	0.0	2	28.6	4	57.1	1	14.3	中势
	小　计	24	5	20.8	4	16.7	10	41.7	5	20.8	优势
财政金融竞争力	财政竞争力	12	2	16.7	7	58.3	1	8.3	2	16.7	优势
	金融竞争力	10	1	10.0	0	0.0	4	40.0	5	50.0	劣势
	小　计	22	3	13.6	7	31.8	5	22.7	7	31.8	优势
知识经济竞争力	科技竞争力	9	0	0.0	0	0.0	2	22.2	7	77.8	劣势
	教育竞争力	10	0	0.0	2	20.0	1	10.0	7	70.0	劣势
	文化竞争力	10	0	0.0	1	10.0	3	30.0	6	60.0	劣势
	小　计	29	0	0.0	3	10.3	6	20.7	20	69.0	劣势
发展环境竞争力	基础设施竞争力	9	0	0.0	2	22.2	4	44.4	3	33.3	劣势
	软环境竞争力	9	1	11.1	4	44.4	2	22.2	2	22.2	优势
	小　计	18	1	5.6	6	33.3	6	33.3	5	27.8	中势
政府作用竞争力	政府发展经济竞争力	5	0	0.0	0	0.0	2	40.0	3	60.0	劣势
	政府规调经济竞争力	5	1	20.0	0	0.0	1	20.0	3	60.0	劣势
	政府保障经济竞争力	6	1	16.7	4	66.7	0	0.0	1	16.7	优势
	小　计	16	2	12.5	4	25.0	3	18.8	7	43.8	中势
发展水平竞争力	工业化进程竞争力	6	0	0.0	1	16.7	2	33.3	3	50.0	劣势
	城市化进程竞争力	6	1	16.7	0	0.0	3	50.0	2	33.3	中势
	市场化进程竞争力	6	0	0.0	2	33.3	1	16.7	3	50.0	中势
	小　计	18	1	5.6	3	16.7	6	33.3	8	44.4	劣势
统筹协调竞争力	统筹发展竞争力	8	1	12.5	1	12.5	0	0.0	6	75.0	劣势
	协调发展竞争力	8	0	0.0	2	25.0	3	37.5	3	37.5	劣势
	小　计	16	1	6.3	3	18.8	3	18.8	9	56.3	劣势
合　计		210	17	8.1	40	19.0	55	26.2	98	46.7	劣势

　　基于图21－2和表21－3，具体到四级指标，强势指标17个，占指标总数的8.1%；优势指标40个，占指标总数的19.0%；中势指标55个，占

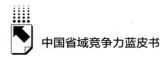

指标总数的 26.2%；劣势指标 98 个，占指标总数的 46.7%。三级指标中，强势指标 1 个，占三级指标总数的 4%；优势指标 4 个，占三级指标总数的 16%；中势指标 5 个，占三级指标总数的 20%；劣势指标 15 个，占三级指标总数的 60%。从二级指标看，没有强势指标；优势指标有 2 个，占二级指标总数的 22.2%；中势指标有 2 个，占二级指标总数的 22.2%；劣势指标有 5 个，占二级指标总数的 55.6%。综合来看，由于劣势指标在指标体系中居于主导地位，使得 2019 年海南省经济综合竞争力处于劣势地位。

4. 海南省经济综合竞争力四级指标优劣势对比分析

表 21-4　2019 年海南省经济综合竞争力各级指标优劣势情况

二级指标	优劣势	四级指标
宏观经济竞争力（27 个）	强势指标	（0 个）
	优势指标	产业结构优化度、所有制经济结构优化度、财政收入结构优化度、出口增长率、外贸依存度、对外直接投资额（6 个）
	劣势指标	地区生产总值、地区生产总值增长率、人均地区生产总值、财政总收入、固定资产投资额、固定资产投资额增长率、人均固定资产投资额、全社会消费品零售总额、全社会消费品零售总额增长率、就业结构优化度、贸易结构优化度、进出口总额、出口总额、外资企业数（14 个）
产业经济竞争力（40 个）	强势指标	人均农业增加值、规模以上企业平均收入、规模以上企业平均利润、规模以上企业劳动效率（4 个）
	优势指标	工业全员劳动生产率、工业收入利润率、限额以上批零企业利税率、规模以上企业平均资产（4 个）
	劣势指标	农业增加值、农民人均纯收入增长率、人均主要农产品产量、农业机械化水平、农村人均用电量、工业增加值、人均工业增加值、工业资产总额、工业资产总额增长率、规模以上工业主营业务收入、工业成本费用率、规模以上工业利润总额、服务业增加值、服务业从业人员数、限额以上批发零售企业主营业务收入、限额以上餐饮企业利税率、商品房销售收入、电子商务销售额、规模以上工业企业数、新产品销售收入占主营业务收入比重、产品质量抽查合格率、工业企业 R&D 经费投入强度、全国 500 强企业数（23 个）
可持续发展竞争力（24 个）	强势指标	人均可使用海域和滩涂面积、人均工业废气排放量、人均工业固体废物排放量、生活垃圾无害化处理率、自然灾害直接经济损失额（5 个）
	优势指标	人均森林储积量、森林覆盖率、常住人口增长率、平均受教育程度（4 个）
	劣势指标	耕地面积、人均废水排放量、人均治理工业污染投资额、一般工业固体废物综合利用率、职业学校毕业生数（5 个）

续表

二级指标	优劣势	四级指标
财政金融竞争力（22个）	强势指标	税收收入占GDP比重、地方财政收入增长率、中长期贷款占贷款余额比重（3个）
	优势指标	地方财政收入占GDP比重、地方财政支出占GDP比重、税收收入占财政总收入比重、人均地方财政收入、人均地方财政支出、人均税收收入、税收收入增长率（7个）
	劣势指标	地方财政收入、地方财政支出、存款余额、贷款余额、保险费净收入、国内上市公司数、国内上市公司市值（7个）
知识经济竞争力（29个）	强势指标	（0个）
	优势指标	教育经费占GDP比重、人均教育经费、城镇居民人均文化娱乐支出占消费性支出比重（3个）
	劣势指标	R&D人员、R&D经费、R&D经费投入强度、发明专利授权量、技术市场成交合同金额、高技术产业主营业务收入、高技术产品出口额占商品出口额比重、教育经费、公共教育经费占财政支出比重、万人中小学学校数、万人中小学专任教师数、高等学校数、高校专任教师数、万人高等学校在校学生数、文化制造业营业收入、文化批发零售业营业收入、文化服务业企业营业收入、图书和期刊出版数、电子出版物品种、印刷用纸量（20个）
发展环境竞争力（18个）	强势指标	个体私营企业数增长率（1个）
	优势指标	人均邮电业务总量、电话普及率、外资企业数增长率、万人外资企业数、万人个体私营企业数、万人商标注册件数（6个）
	劣势指标	全社会旅客周转量、全社会货物周转量、政府网站数、每十万人交通事故发生数、社会捐赠站点数（5个）
政府作用竞争力（16个）	强势指标	规范税收、失业保险覆盖率（2个）
	优势指标	城镇职工养老保险收支比、医疗保险覆盖率、养老保险覆盖率、城镇登记失业率（4个）
	劣势指标	财政支出对GDP增长的拉动、政府公务员对经济的贡献、财政投资对社会投资的拉动、物价调控、统筹经济社会发展、固定资产投资价格指数、最低工资标准（7个）
发展水平竞争力（18个）	强势指标	人均日生活用水量（1个）
	优势指标	高技术产业占工业增加值比重、非公有制经济产值占全社会总产值比重、社会投资占投资总额比重（3个）
	劣势指标	工业增加值占GDP比重、高技术产品占商品出口额比重、工农业增加值比值、城市平均建成区面积比重、人均公共绿地面积、亿元以上商品市场成交额、亿元以上商品市场成交额占全社会消费零售总额比重、居民消费支出占总消费支出比重（8个）
统筹协调竞争力（16个）	强势指标	二三产业增加值比例（1个）
	优势指标	固定资产投资额占GDP比重、资源竞争力与宏观经济竞争力比差、环境竞争力与工业竞争力比差（3个）
	劣势指标	社会劳动生产率、能源使用下降率、万元GDP综合能耗下降率、非农用地产出率、居民收入占GDP比重、固定资产投资增长率、环境竞争力与宏观经济竞争力比差、人力资源竞争力与宏观经济竞争力比差、资源竞争力与工业竞争力比差（9个）

21.2 海南省经济综合竞争力各级指标具体分析

1. 海南省宏观经济竞争力指标排名变化情况

表 21 – 5 2018～2019 年海南省宏观经济竞争力指标组排位及变化趋势

指 标	2018 年	2019 年	排位升降	优劣势
1 宏观经济竞争力	25	23	2	劣势
1.1 经济实力竞争力	31	30	1	劣势
地区生产总值	28	26	2	劣势
地区生产总值增长率	26	29	– 3	劣势
人均地区生产总值	17	26	– 9	劣势
财政总收入	28	27	1	劣势
财政总收入增长率	31	15	16	中势
人均财政收入	13	13	0	中势
固定资产投资额	29	29	0	劣势
固定资产投资额增长率	28	29	– 1	劣势
人均固定资产投资额	22	26	– 4	劣势
全社会消费品零售总额	28	28	0	劣势
全社会消费品零售总额增长率	9	25	– 16	劣势
人均全社会消费品零售总额	22	20	2	中势
1.2 经济结构竞争力	18	15	3	中势
产业结构优化度	5	4	1	优势
所有制经济结构优化度	8	8	0	优势
城乡经济结构优化度	12	13	– 1	中势
就业结构优化度	27	28	– 1	劣势
财政收入结构优化度	22	6	16	优势
贸易结构优化度	29	28	1	劣势
1.3 经济外向度竞争力	14	19	– 5	中势
进出口总额	26	26	0	劣势
进出口增长率	3	13	– 10	中势
出口总额	26	25	1	劣势
出口增长率	22	8	14	优势
实际 FDI	18	18	0	中势
实际 FDI 增长率	10	13	– 3	中势
外贸依存度	10	9	1	优势
外资企业数	25	25	0	劣势
对外直接投资额	8	10	– 2	优势

2. 海南省产业经济竞争力指标排名变化情况

表 21 − 6   2018 ~ 2019 年海南省产业经济竞争力指标组排位及变化趋势

指　标	2018 年	2019 年	排位升降	优劣势
2　产业经济竞争力	20	28	− 8	劣势
2.1　农业竞争力	18	22	− 4	劣势
农业增加值	23	23	0	劣势
农业增加值增长率	10	19	− 9	中势
人均农业增加值	1	1	0	强势
农民人均纯收入	15	18	− 3	中势
农民人均纯收入增长率	26	30	− 4	劣势
农产品出口占农林牧渔总产值比重	14	13	1	中势
人均主要农产品产量	22	23	− 1	劣势
农业机械化水平	26	26	0	劣势
农村人均用电量	25	26	− 1	劣势
财政支农资金比重	12	11	1	中势
2.2　工业竞争力	29	29	0	劣势
工业增加值	30	30	0	劣势
工业增加值增长率	12	15	− 3	中势
人均工业增加值	30	30	0	劣势
工业资产总额	30	30	0	劣势
工业资产总额增长率	4	21	− 17	劣势
规模以上工业主营业务收入	30	30	0	劣势
工业成本费用率	26	28	− 2	劣势
规模以上工业利润总额	29	29	0	劣势
工业全员劳动生产率	7	6	1	优势
工业收入利润率	14	5	9	优势
2.3　服务业竞争力	19	24	− 5	劣势
服务业增加值	28	28	0	劣势
服务业增加值增长率	25	14	11	中势
人均服务业增加值	13	12	1	中势
服务业从业人员数	28	28	0	劣势
限额以上批发零售企业主营业务收入	28	28	0	劣势
限额以上批零企业利税率	5	5	0	优势
限额以上餐饮企业利税率	3	24	− 21	劣势
旅游外汇收入	20	19	1	中势
商品房销售收入	21	24	− 3	劣势
电子商务销售额	25	24	1	劣势

指　　标	2018 年	2019 年	排位升降	优劣势
2.4　企业竞争力	10	22	−12	劣势
规模以上工业企业数	30	30	0	劣势
规模以上企业平均资产	6	7	−1	优势
规模以上企业平均收入	2	3	−1	强势
规模以上企业平均利润	3	3	0	强势
规模以上企业劳动效率	2	2	0	强势
城镇就业人员平均工资	13	14	−1	中势
新产品销售收入占主营业务收入比重	29	31	−2	劣势
产品质量抽查合格率	29	28	1	劣势
工业企业 R&D 经费投入强度	26	28	−2	劣势
全国 500 强企业数	24	30	−6	劣势

3. 海南省可持续发展竞争力指标排名变化情况

表 21 − 7　2018～2019 年海南省可持续发展竞争力指标组排位及变化趋势

指　　标	2018 年	2019 年	排位升降	优劣势
3　可持续发展竞争力	2	6	−4	优势
3.1　资源竞争力	10	10	0	优势
人均国土面积	15	15	0	中势
人均可使用海域和滩涂面积	1	1	0	强势
人均年水资源量	4	12	−8	中势
耕地面积	26	26	0	劣势
人均耕地面积	20	20	0	中势
人均牧草地面积	13	13	0	中势
主要能源矿产基础储量	27	19	8	中势
人均主要能源矿产基础储量	19	19	0	中势
人均森林储积量	8	8	0	优势
3.2　环境竞争力	2	1	1	强势
森林覆盖率	5	5	0	优势
人均废水排放量	21	21	0	劣势
人均工业废气排放量	2	2	0	强势
人均工业固体废物排放量	2	2	0	强势
人均治理工业污染投资额	17	29	−12	劣势
一般工业固体废物综合利用率	22	22	0	劣势
生活垃圾无害化处理率	2	1	1	强势
自然灾害直接经济损失额	3	1	2	强势

续表

指　　标	2018 年	2019 年	排位升降	优劣势
3.3 人力资源竞争力	17	13	4	中势
常住人口增长率	8	5	3	优势
15~64 岁人口比例	14	17	-3	中势
文盲率	14	15	-1	中势
大专以上教育程度人口比例	7	12	-5	中势
平均受教育程度	6	9	-3	优势
人口健康素质	19	17	2	中势
职业学校毕业生数	25	25	0	劣势

4. 海南省财政金融竞争力指标排名变化情况

表 21 - 8　2018~2019 年海南省财政金融竞争力指标组排位及变化趋势

指　　标	2018 年	2019 年	排位升降	优劣势
4　财政金融竞争力	7	9	-2	优势
4.1　财政竞争力	5	6	-1	优势
地方财政收入	28	28	0	劣势
地方财政支出	29	30	-1	劣势
地方财政收入占 GDP 比重	4	4	0	优势
地方财政支出占 GDP 比重	6	8	-2	优势
税收收入占 GDP 比重	3	3	0	强势
税收收入占财政总收入比重	5	6	-1	优势
人均地方财政收入	7	7	0	优势
人均地方财政支出	9	9	0	优势
人均税收收入	7	7	0	优势
地方财政收入增长率	5	3	2	强势
地方财政支出增长率	2	13	-11	中势
税收收入增长率	6	8	-2	优势
4.2　金融竞争力	22	26	-4	劣势
存款余额	28	28	0	劣势
人均存款余额	12	13	-1	中势
贷款余额	28	28	0	劣势
人均贷款余额	13	13	0	中势
中长期贷款占贷款余额比重	2	3	-1	强势
保险费净收入	28	28	0	劣势
保险密度（人均保险费）	21	20	1	中势
保险深度（保险费占 GDP 的比重）	16	17	-1	中势
国内上市公司数	26	26	0	劣势
国内上市公司市值	27	27	0	劣势

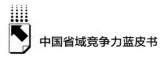

5. 海南省知识经济竞争力指标排名变化情况

表21-9 2018～2019年海南省知识经济竞争力指标组排位及变化趋势

指　　标	2018 年	2019 年	排位升降	优劣势
5　知识经济竞争力	25	25	0	劣势
5.1　科技竞争力	27	26	1	劣势
R&D 人员	29	30	-1	劣势
R&D 经费	29	29	0	劣势
R&D 经费投入强度	29	29	0	劣势
发明专利授权量	29	29	0	劣势
技术市场成交合同金额	29	28	1	劣势
财政科技支出占地方财政支出比重	25	18	7	中势
高技术产业主营业务收入	28	28	0	劣势
高技术产业收入占工业增加值比重	18	18	0	中势
高技术产品出口额占商品出口额比重	29	29	0	劣势
5.2　教育竞争力	24	24	0	劣势
教育经费	28	28	0	劣势
教育经费占 GDP 比重	6	5	1	优势
人均教育经费	7	7	0	优势
公共教育经费占财政支出比重	23	21	2	劣势
人均文化教育支出	11	12	-1	中势
万人中小学学校数	25	22	3	劣势
万人中小学专任教师数	28	26	2	劣势
高等学校数	31	31	0	劣势
高校专任教师数	28	28	0	劣势
万人高等学校在校学生数	23	28	-5	劣势
5.3　文化竞争力	24	25	-1	劣势
文化制造业营业收入	22	21	1	劣势
文化批发零售业营业收入	29	25	4	劣势
文化服务业企业营业收入	21	22	-1	劣势
图书和期刊出版数	29	25	4	劣势
电子出版物品种	24	28	-4	劣势
印刷用纸量	28	27	1	劣势
城镇居民人均文化娱乐支出	11	12	-1	中势
农村居民人均文化娱乐支出	10	11	-1	中势
城镇居民人均文化娱乐支出占消费性支出比重	6	9	-3	优势
农村居民人均文化娱乐支出占消费性支出比重	7	11	-4	中势

6. 海南省发展环境竞争力指标排名变化情况

表 21-10　2018~2019 年海南省发展环境竞争力指标组排位及变化趋势

指　　标	2018 年	2019 年	排位升降	优劣势
6　发展环境竞争力	21	20	1	中势
6.1　基础设施竞争力	25	24	1	劣势
铁路网线密度	11	11	0	中势
公路网线密度	14	15	-1	中势
人均内河航道里程	19	19	0	中势
全社会旅客周转量	29	28	1	劣势
全社会货物周转量	28	24	4	劣势
人均邮电业务总量	9	10	-1	优势
电话普及率	10	6	4	优势
政府网站数	29	29	0	劣势
人均耗电量	22	20	2	中势
6.2　软环境竞争力	13	8	5	优势
外资企业数增长率	6	4	2	优势
万人外资企业数	10	9	1	优势
个体私营企业数增长率	9	2	7	强势
万人个体私营企业数	12	8	4	优势
万人商标注册件数	11	10	1	优势
查处商标侵权假冒案件数	3	11	-8	中势
每十万人交通事故发生数	27	27	0	劣势
罚没收入占财政收入比重	7	17	-10	中势
社会捐赠站点数	31	29	2	劣势

7. 海南省政府作用竞争力指标排名变化情况

表 21-11　2018~2019 年海南省政府作用竞争力指标组排位及变化趋势

指　　标	2018 年	2019 年	排位升降	优劣势
7　政府作用竞争力	19	15	4	中势
7.1　政府发展经济竞争力	25	27	-2	劣势
财政支出用于基本建设投资比重	13	12	1	中势
财政支出对 GDP 增长的拉动	26	24	2	劣势
政府公务员对经济的贡献	24	21	3	劣势
财政支出用于经济社会比重	9	11	-2	中势
财政投资对社会投资的拉动	25	26	-1	劣势

指　标	2018 年	2019 年	排位升降	优劣势
7.2　政府规调经济竞争力	29	25	4	劣势
物价调控	28	29	−1	劣势
调控城乡消费差距	19	17	2	中势
统筹经济社会发展	25	22	3	劣势
规范税收	5	1	4	强势
固定资产投资价格指数	27	26	1	劣势
7.3　政府保障经济竞争力	6	5	1	优势
城镇职工养老保险收支比	27	8	19	优势
医疗保险覆盖率	4	6	−2	优势
养老保险覆盖率	11	9	2	优势
失业保险覆盖率	1	1	0	强势
最低工资标准	19	26	−7	劣势
城镇登记失业率	31	4	27	优势

8. 海南省发展水平竞争力指标排名变化情况

表 21 – 12　2018 ~ 2019 年海南省发展水平竞争力指标组排位及变化趋势

指　标	2018 年	2019 年	排位升降	优劣势
8　发展水平竞争力	24	22	2	劣势
8.1　工业化进程竞争力	30	25	5	劣势
工业增加值占 GDP 比重	30	30	0	劣势
工业增加值增长率	12	15	−3	中势
高技术产业占工业增加值比重	22	9	13	优势
高技术产品占商品出口额比重	29	27	2	劣势
信息产业增加值占 GDP 比重	13	13	0	中势
工农业增加值比值	31	31	0	劣势
8.2　城市化进程竞争力	23	18	5	中势
城镇化率	14	17	−3	中势
城镇居民人均可支配收入	18	20	−2	中势
城市平均建成区面积比重	21	23	−2	劣势
人均拥有道路面积	16	14	2	中势
人均日生活用水量	10	2	8	强势
人均公共绿地面积	28	28	0	劣势

续表

指　　标	2018 年	2019 年	排位升降	优劣势
8.3　市场化进程竞争力	16	15	1	中势
非公有制经济产值占全社会总产值比重	8	8	0	优势
社会投资占投资总额比重	5	9	−4	优势
私有和个体企业从业人员比重	16	15	1	中势
亿元以上商品市场成交额	30	29	1	劣势
亿元以上商品市场成交额占全社会消费品零售总额比重	31	29	2	劣势
居民消费支出占总消费支出比重	26	26	0	劣势

9. 海南省统筹协调竞争力指标排名变化情况

表 21 − 13　2018～2019 年海南省统筹协调竞争力指标组排位及变化趋势

指　　标	2018 年	2019 年	排位升降	优劣势
9　统筹协调竞争力	21	23	−2	劣势
9.1　统筹发展竞争力	13	22	−9	劣势
社会劳动生产率	23	21	2	劣势
能源使用下降率	27	22	5	劣势
万元 GDP 综合能耗下降率	27	26	1	劣势
非农用地产出率	23	23	0	劣势
居民收入占 GDP 比重	20	22	−2	劣势
二三产业增加值比例	2	2	0	强势
固定资产投资额占 GDP 比重	14	6	8	优势
固定资产投资增长率	4	29	−25	劣势
9.2　协调发展竞争力	26	24	2	劣势
资源竞争力与宏观经济竞争力比差	9	7	2	优势
环境竞争力与宏观经济竞争力比差	30	29	1	劣势
人力资源竞争力与宏观经济竞争力比差	24	25	−1	劣势
环境竞争力与工业竞争力比差	8	6	2	优势
资源竞争力与工业竞争力比差	31	30	1	劣势
城乡居民家庭人均收入比差	12	13	−1	中势
城乡居民人均现金消费支出比差	19	17	2	中势
全社会消费品零售总额与外贸出口总额比差	18	18	0	中势

B.23

22

2018~2019年重庆市经济综合竞争力评价分析报告

重庆市简称"渝"，位于青藏高原与长江中下游平原的过渡地带，北与四川省、陕西省相连，东与湖北省、湖南省相接，南与贵州省相邻，西与云南省交界。全市面积为82400平方公里，2019年全市常住人口为3124万人，地区生产总值为23606亿元，同比增长6.3%，人均GDP达75828元。本部分通过分析2018~2019年重庆市经济综合竞争力以及各要素竞争力的排名变化，从中找出重庆市经济综合竞争力的推动点及影响因素，为进一步提升重庆市经济综合竞争力提供决策参考。

22.1 重庆市经济综合竞争力总体分析

1. 重庆市经济综合竞争力一级指标概要分析

（1）从综合排位看，2019年重庆市经济综合竞争力综合排位在全国居第13位，这表明其在全国处于中势地位；与2018年相比，综合排位没有发生变化。

（2）从指标所处区位看，2个指标处于上游区，分别为政府作用竞争力和发展水平竞争力，均为重庆市经济综合竞争力的优势指标。

（3）从指标变化趋势看，9个二级指标中，有3个指标处于上升趋势，分别为产业经济竞争力、政府作用竞争力、统筹协调竞争力，这些是重庆市经济综合竞争力的上升动力所在；有1个指标排位没有发生变化，为发展水平竞争力；有5个指标处于下降趋势，分别为宏观经济竞争力、可持续发展竞争力、财政金融竞争力、知识经济竞争力、发展环境竞争力，这些是重庆市经济综合竞争力的下降拉力所在。

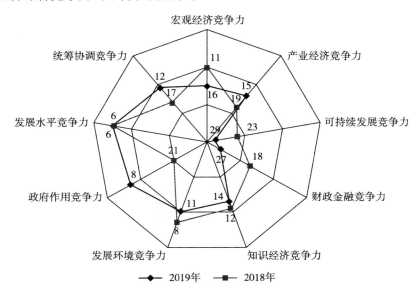

图22-1　2018~2019年重庆市经济综合竞争力二级指标比较

表22-1　2018~2019年重庆市经济综合竞争力二级指标比较

项目 年份	宏观 经济 竞争力	产业 经济 竞争力	可持续 发展 竞争力	财政 金融 竞争力	知识 经济 竞争力	发展 环境 竞争力	政府 作用 竞争力	发展 水平 竞争力	统筹 协调 竞争力	综合 排位
2018	11	19	23	18	12	8	21	6	17	13
2019	16	15	29	27	14	11	8	6	12	13
升降	-5	4	-6	-9	-2	-3	13	0	5	0
优劣度	中势	中势	劣势	劣势	中势	中势	优势	优势	中势	中势

2. 重庆市经济综合竞争力各级指标动态变化分析

从表22-2可以看出，210个四级指标中，上升指标有73个，占指标总数的34.8%；下降指标有70个，占指标总数的33.3%；保持不变的指标有67个，占指标总数的31.9%。综上所述，重庆市经济综合竞争力的上升动力和下降拉力大致相当，使得2018~2019年重庆市经济综合竞争力排位保持不变。

表 22 - 2　2018~2019 年重庆市经济综合竞争力各级指标排位变化态势比较

单位：个，%

二级指标	三级指标	四级指标数	上升		保持		下降		变化趋势
			指标数	比重	指标数	比重	指标数	比重	
宏观经济竞争力	经济实力竞争力	12	5	41.7	2	16.7	5	41.7	上升
	经济结构竞争力	6	1	16.7	1	16.7	4	66.7	下降
	经济外向度竞争力	9	2	22.2	0	0.0	7	77.8	下降
	小　计	27	8	29.6	3	11.1	16	59.3	下降
产业经济竞争力	农业竞争力	10	3	30.0	4	40.0	3	30.0	上升
	工业竞争力	10	6	60.0	4	40.0	0	0.0	上升
	服务业竞争力	10	4	40.0	4	40.0	2	20.0	上升
	企业竞争力	10	3	30.0	1	10.0	6	60.0	上升
	小　计	40	16	40.0	13	32.5	11	27.5	上升
可持续发展竞争力	资源竞争力	9	0	0.0	7	77.8	2	22.2	保持
	环境竞争力	8	0	0.0	6	75.0	2	25.0	下降
	人力资源竞争力	7	2	28.6	3	42.9	2	28.6	上升
	小　计	24	2	8.3	16	66.7	6	25.0	下降
财政金融竞争力	财政竞争力	12	2	16.7	4	33.3	6	50.0	下降
	金融竞争力	10	4	40.0	5	50.0	1	10.0	下降
	小　计	22	6	27.3	9	40.9	7	31.8	下降
知识经济竞争力	科技竞争力	9	3	33.3	4	44.4	2	22.2	下降
	教育竞争力	10	4	40.0	4	40.0	2	20.0	下降
	文化竞争力	10	3	30.0	4	40.0	3	30.0	下降
	小　计	29	10	34.5	12	41.4	7	24.1	下降
发展环境竞争力	基础设施竞争力	9	3	33.3	3	33.3	3	33.3	下降
	软环境竞争力	9	3	33.3	1	11.1	5	55.6	下降
	小　计	18	6	33.3	4	22.2	8	44.4	下降
政府作用竞争力	政府发展经济竞争力	5	3	60.0	1	20.0	1	20.0	上升
	政府规调经济竞争力	5	2	40.0	1	20.0	2	40.0	上升
	政府保障经济竞争力	6	5	83.3	0	0.0	1	16.7	上升
	小　计	16	10	62.5	2	12.5	4	25.0	上升
发展水平竞争力	工业化进程竞争力	6	4	66.7	2	33.3	0	0.0	上升
	城市化进程竞争力	6	1	16.7	4	66.7	1	16.7	下降
	市场化进程竞争力	6	1	16.7	4	66.7	1	16.7	下降
	小　计	18	6	33.3	10	55.6	2	11.1	保持
统筹协调竞争力	统筹发展竞争力	8	6	75.0	0	0.0	2	25.0	上升
	协调发展竞争力	8	3	37.5	1	12.5	4	50.0	上升
	小　计	16	9	56.3	1	6.3	6	37.5	上升
合　计		210	73	34.8	70	33.3	67	31.9	保持

3. 重庆市经济综合竞争力各级指标优劣势结构分析

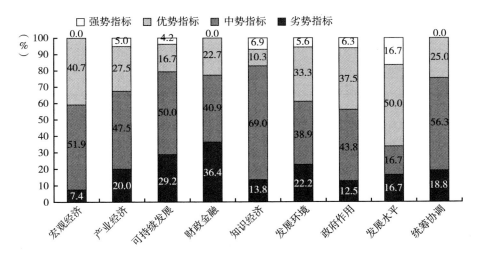

图 22 - 2 2019 年重庆市经济综合竞争力各级指标优劣势比较

表 22 - 3 2019 年重庆市经济综合竞争力各级指标优劣势比较

单位：个，%

二级指标	三级指标	四级指标数	强势指标		优势指标		中势指标		劣势指标		优劣势
			个数	比重	个数	比重	个数	比重	个数	比重	
宏观经济竞争力	经济实力竞争力	12	0	0.0	4	33.3	7	58.3	1	8.3	中势
	经济结构竞争力	6	0	0.0	4	66.7	2	33.3	0	0.0	优势
	经济外向度竞争力	9	0	0.0	3	33.3	5	55.6	1	11.1	中势
	小　计	**27**	0	0.0	11	40.7	14	51.9	2	7.4	中势
产业经济竞争力	农业竞争力	10	0	0.0	2	20.0	4	40.0	4	40.0	劣势
	工业竞争力	10	1	10.0	2	20.0	6	60.0	1	10.0	中势
	服务业竞争力	10	1	10.0	3	30.0	5	50.0	1	10.0	中势
	企业竞争力	10	0	0.0	4	40.0	4	40.0	2	20.0	优势
	小　计	**40**	2	5.0	11	27.5	19	47.5	8	20.0	中势
可持续发展竞争力	资源竞争力	9	0	0.0	0	0.0	6	66.7	3	33.3	劣势
	环境竞争力	8	0	0.0	2	25.0	3	37.5	3	37.5	劣势
	人力资源竞争力	7	1	14.3	2	28.6	3	42.9	1	14.3	中势
	小　计	**24**	1	4.2	4	16.7	12	50.0	7	29.2	劣势

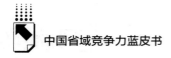

续表

二级指标	三级指标	四级指标数	强势指标		优势指标		中势指标		劣势指标		优劣势
			个数	比重	个数	比重	个数	比重	个数	比重	
财政金融竞争力	财政竞争力	12	0	0.0	2	16.7	3	25.0	7	58.3	劣势
	金融竞争力	10	0	0.0	3	30.0	6	60.0	1	10.0	劣势
	小　计	22	0	0.0	5	22.7	9	40.9	8	36.4	劣势
知识经济竞争力	科技竞争力	9	2	22.2	1	11.1	5	55.6	1	11.1	优势
	教育竞争力	10	0	0.0	1	10.0	9	90.0	0	0.0	中势
	文化竞争力	10	0	0.0	1	10.0	6	60.0	3	30.0	中势
	小　计	29	2	6.9	3	10.3	20	69.0	4	13.8	中势
发展环境竞争力	基础设施竞争力	9	1	11.1	2	22.2	4	44.4	2	22.2	中势
	软环境竞争力	9	0	0.0	4	44.4	3	33.3	2	22.2	优势
	小　计	18	1	5.6	6	33.3	7	38.9	4	22.2	中势
政府作用竞争力	政府发展经济竞争力	5	0	0.0	2	40.0	2	40.0	1	20.0	中势
	政府规调经济竞争力	5	1	20.0	1	20.0	2	40.0	1	20.0	优势
	政府保障经济竞争力	6	0	0.0	3	50.0	3	50.0	0	0.0	优势
	小　计	16	1	6.3	6	37.5	7	43.8	2	12.5	优势
发展水平竞争力	工业化进程竞争力	6	2	33.3	2	33.3	1	16.7	1	16.7	优势
	城市化进程竞争力	6	0	0.0	2	33.3	2	33.3	2	33.3	中势
	市场化进程竞争力	6	1	16.7	5	83.3	0	0.0	0	0.0	优势
	小　计	18	3	16.7	9	50.0	3	16.7	3	16.7	优势
统筹协调竞争力	统筹发展竞争力	8	0	0.0	3	37.5	4	50.0	1	12.5	优势
	协调发展竞争力	8	0	0.0	1	12.5	5	62.5	2	25.0	中势
	小　计	16	0	0.0	4	25.0	9	56.3	3	18.8	中势
合　计		210	10	4.8	59	28.1	100	47.6	41	19.5	中势

　　基于图 22 - 2 和表 22 - 3，具体到四级指标，强势指标 10 个，占指标总数的 4.8%；优势指标 59 个，占指标总数的 28.1%；中势指标 100 个，占指标总数的 47.6%；劣势指标 41 个，占指标总数的 19.5%。三级指标中，强势指标 0 个；优势指标 9 个，占三级指标总数的 36%；中势指标 11 个，占三级指标总数的 44%；劣势指标 5 个，占三级指标总数的 20%。从二级指标看，强势指标 0 个；优势指标有 2 个，占二级指标总数的 22.2%；

中势指标有 5 个，占二级指标总数的 55.6%；劣势指标有 2 个，占二级指标总数的 22.2%。综合来看，由于中势指标在指标体系中居于主导地位，使得 2019 年重庆市经济综合竞争力处于中势地位。

4. 重庆市经济综合竞争力四级指标优劣势对比分析

表 22 - 4 　2019 年重庆市经济综合竞争力各级指标优劣势情况

二级指标	优劣势	四级指标
宏观经济 竞争力 （27 个）	强势指标	（0 个）
	优势指标	地区生产总值增长率、人均固定资产投资额、全社会消费品零售总额增长率、人均全社会消费品零售总额、产业结构优化度、所有制经济结构优化度、就业结构优化度、贸易结构优化度、进出口增长率、出口总额、外贸依存度（11 个）
	劣势指标	财政总收入增长率、实际 FDI 增长率（2 个）
产业经济 竞争力 （40 个）	强势指标	工业资产总额增长率、限额以上餐饮企业利税率（2 个）
	优势指标	农业增加值增长率、人均农业增加值、工业增加值增长率、工业成本费用率、人均服务业增加值、限额以上批零企业利税率、电子商务销售额、城镇就业人员平均工资、新产品销售收入占主营业务收入比重、工业企业 R&D 经费投入强度、全国 500 强企业数（11 个）
	劣势指标	农业增加值、农产品出口占农林牧渔总产值比重、农业机械化水平、财政支农资金比重、工业资产总额、服务业增加值增长率、规模以上企业平均资产、规模以上企业劳动效率（8 个）
可持续发 展竞争力 （24 个）	强势指标	人口健康素质（1 个）
	优势指标	人均工业固体废物排放量、自然灾害直接经济损失额、常住人口增长率、大专以上教育程度人口比例（4 个）
	劣势指标	人均国土面积、耕地面积、人均耕地面积、人均废水排放量、人均治理工业污染投资额、生活垃圾无害化处理率、15~64 岁人口比例（7 个）
财政金融 竞争力 （22 个）	强势指标	（0 个）
	优势指标	人均地方财政收入、人均税收收入、人均存款余额、人均贷款余额、保险密度（人均保险费）（5 个）
	劣势指标	地方财政支出、地方财政收入占 GDP 比重、地方财政支出占 GDP 比重、税收收入占 GDP 比重、地方财政收入增长率、地方财政支出增长率、税收收入增长率、中长期贷款占贷款余额比重（8 个）

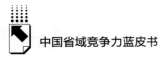

续表

二级指标	优劣势	四级指标
知识经济竞争力（29个）	强势指标	高技术产业收入占工业增加值比重、高技术产品出口额占商品出口额比重（2个）
	优势指标	高技术产业主营业务收入、万人中小学学校数、电子出版物品种（3个）
	劣势指标	技术市场成交合同金额、图书和期刊出版数、印刷用纸量、城镇居民人均文化娱乐支出占消费性支出比重（4个）
发展环境竞争力（18个）	强势指标	公路网线密度（1个）
	优势指标	人均内河航道里程、电话普及率、万人商标注册件数、每十万人交通事故发生数、罚没收入占财政收入比重、社会捐赠站点数（6个）
	劣势指标	政府网站数、人均耗电量、外资企业数增长率、个体私营企业数增长率（4个）
政府作用竞争力（16个）	强势指标	规范税收（1个）
	优势指标	财政支出对GDP增长的拉动、政府公务员对经济的贡献、统筹经济社会发展、养老保险覆盖率、失业保险覆盖率、城镇登记失业率（6个）
	劣势指标	财政支出用于经济社会比重、固定资产投资价格指数（2个）
发展水平竞争力（18个）	强势指标	高技术产业占工业增加值比重、高技术产品占商品出口额比重、私有和个体企业从业人员比重（3个）
	优势指标	工业增加值增长率、信息产业增加值占GDP比重、城镇化率、人均公共绿地面积、非公有制经济产值占全社会总产值比重、社会投资占投资总额比重、亿元以上商品市场成交额、亿元以上商品市场成交额占全社会消费品零售总额比重、居民消费支出占总消费支出比重（9个）
	劣势指标	工业增加值占GDP比重、城市平均建成区面积比重、人均拥有道路面积（3个）
统筹协调竞争力（16个）	强势指标	（0个）
	优势指标	社会劳动生产率、非农用地产出率、居民收入占GDP比重、环境竞争力与宏观经济竞争力比差（4个）
	劣势指标	万元GDP综合能耗下降率、资源竞争力与宏观经济竞争力比差、环境竞争力与工业竞争力比差（3个）

22.2 重庆市经济综合竞争力各级指标具体分析

1.重庆市宏观经济竞争力指标排名变化情况

表22－5 2018～2019年重庆市宏观经济竞争力指标组排位及变化趋势

指　　标	2018年	2019年	排位升降	优劣势
1 宏观经济竞争力	11	16	－5	中势
1.1 经济实力竞争力	17	16	1	中势
地区生产总值	17	15	2	中势
地区生产总值增长率	25	6	19	优势
人均地区生产总值	11	15	－4	中势
财政总收入	16	17	－1	中势
财政总收入增长率	21	28	－7	劣势
人均财政收入	9	12	－3	中势
固定资产投资额	16	16	0	中势
固定资产投资额增长率	16	18	－2	中势
人均固定资产投资额	8	8	0	优势
全社会消费品零售总额	18	14	4	中势
全社会消费品零售总额增长率	28	10	18	优势
人均全社会消费品零售总额	13	8	5	优势
1.2 经济结构竞争力	4	8	－4	优势
产业结构优化度	11	10	1	优势
所有制经济结构优化度	9	9	0	优势
城乡经济结构优化度	16	17	－1	中势
就业结构优化度	4	5	－1	优势
财政收入结构优化度	10	19	－9	中势
贸易结构优化度	4	6	－2	优势
1.3 经济外向度竞争力	9	18	－9	中势
进出口总额	12	11	1	中势
进出口增长率	9	10	－1	优势
出口总额	9	10	－1	优势
出口增长率	7	12	－5	中势
实际FDI	15	17	－2	中势
实际FDI增长率	13	30	－17	劣势
外贸依存度	11	10	1	优势
外资企业数	16	17	－1	中势
对外直接投资额	6	16	－10	中势

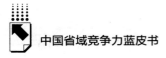

2. 重庆市产业经济竞争力指标排名变化情况

表 22-6　2018～2019 年重庆市产业经济竞争力指标组排位及变化趋势

指　标	2018 年	2019 年	排位升降	优劣势
2　产业经济竞争力	19	15	4	中势
2.1　农业竞争力	28	27	1	劣势
农业增加值	21	21	0	劣势
农业增加值增长率	7	10	-3	优势
人均农业增加值	9	9	0	优势
农民人均纯收入	19	17	2	中势
农民人均纯收入增长率	14	12	2	中势
农产品出口占农林牧渔总产值比重	28	30	-2	劣势
人均主要农产品产量	19	19	0	中势
农业机械化水平	23	23	0	劣势
农村人均用电量	14	15	-1	中势
财政支农资金比重	27	26	1	劣势
2.2　工业竞争力	22	14	8	中势
工业增加值	19	16	3	中势
工业增加值增长率	29	9	20	优势
人均工业增加值	14	11	3	中势
工业资产总额	22	22	0	劣势
工业资产总额增长率	28	3	25	强势
规模以上工业主营业务收入	17	17	0	中势
工业成本费用率	8	6	2	优势
规模以上工业利润总额	19	19	0	中势
工业全员劳动生产率	24	16	8	中势
工业收入利润率	20	20	0	中势
2.3　服务业竞争力	15	14	1	中势
服务业增加值	16	16	0	中势
服务业增加值增长率	9	24	-15	劣势
人均服务业增加值	10	8	2	优势
服务业从业人员数	13	13	0	中势
限额以上批发零售企业主营业务收入	14	14	0	中势
限额以上批零企业利税率	12	8	4	优势
限额以上餐饮企业利税率	29	3	26	强势
旅游外汇收入	13	13	0	中势
商品房销售收入	11	12	-1	中势
电子商务销售额	10	9	1	优势

续表

指　　标	2018 年	2019 年	排位升降	优劣势
2.4　企业竞争力	11	10	1	优势
规模以上工业企业数	14	16	− 2	中势
规模以上企业平均资产	20	21	− 1	劣势
规模以上企业平均收入	16	15	1	中势
规模以上企业平均利润	16	17	− 1	中势
规模以上企业劳动效率	24	21	3	劣势
城镇就业人员平均工资	9	10	− 1	优势
新产品销售收入占主营业务收入比重	8	9	− 1	优势
产品质量抽查合格率	7	18	− 11	中势
工业企业 R&D 经费投入强度	4	4	0	优势
全国 500 强企业数	15	8	7	优势

3. 重庆市可持续发展竞争力指标排名变化情况

表 22 - 7　2018 ~ 2019 年重庆市可持续发展竞争力指标组排位及变化趋势

指　　标	2018 年	2019 年	排位升降	优劣势
3　可持续发展竞争力	20	29	− 9	劣势
3.1　资源竞争力	28	28	0	劣势
人均国土面积	21	21	0	劣势
人均可使用海域和滩涂面积	13	13	0	中势
人均年水资源量	15	17	− 2	中势
耕地面积	22	22	0	劣势
人均耕地面积	21	21	0	劣势
人均牧草地面积	15	15	0	中势
主要能源矿产基础储量	16	18	− 2	中势
人均主要能源矿产基础储量	18	18	0	中势
人均森林储积量	17	17	0	中势
3.2　环境竞争力	9	22	− 13	劣势
森林覆盖率	12	12	0	中势
人均废水排放量	27	27	0	劣势
人均工业废气排放量	15	15	0	中势
人均工业固体废物排放量	4	4	0	优势
人均治理工业污染投资额	25	25	0	劣势
一般工业固体废物综合利用率	11	11	0	中势
生活垃圾无害化处理率	11	31	− 20	劣势
自然灾害直接经济损失额	7	9	− 2	优势

指　　标	2018 年	2019 年	排位升降	优劣势
3.3　人力资源竞争力	13	12	1	中势
常住人口增长率	7	9	-2	优势
15~64 岁人口比例	25	24	1	劣势
文盲率	12	13	-1	中势
大专以上教育程度人口比例	12	8	4	优势
平均受教育程度	16	16	0	中势
人口健康素质	1	1	0	强势
职业学校毕业生数	18	18	0	中势

4. 重庆市财政金融竞争力指标排名变化情况

表 22 - 8　2018~2019 年重庆市财政金融竞争力指标组排位及变化趋势

指　　标	2018 年	2019 年	排位升降	优劣势
4　财政金融竞争力	18	27	-9	劣势
4.1　财政竞争力	23	27	-4	劣势
地方财政收入	17	19	-2	中势
地方财政支出	23	23	0	劣势
地方财政收入占 GDP 比重	13	21	-8	劣势
地方财政支出占 GDP 比重	18	22	-4	劣势
税收收入占 GDP 比重	14	23	-9	劣势
税收收入占财政总收入比重	23	15	8	中势
人均地方财政收入	10	10	0	优势
人均地方财政支出	11	13	-2	中势
人均税收收入	10	10	0	优势
地方财政收入增长率	30	30	0	劣势
地方财政支出增长率	25	21	4	劣势
税收收入增长率	25	26	-1	劣势
4.2　金融竞争力	12	29	-17	劣势
存款余额	16	16	0	中势
人均存款余额	9	9	0	优势
贷款余额	16	15	1	中势
人均贷款余额	10	9	1	优势
中长期贷款占贷款余额比重	4	31	-27	劣势
保险费净收入	18	15	3	中势
保险密度（人均保险费）	9	8	1	优势
保险深度（保险费占 GDP 的比重）	14	14	0	中势
国内上市公司数	16	16	0	中势
国内上市公司市值	18	18	0	中势

5. 重庆市知识经济竞争力指标排名变化情况

表 22 – 9 2018～2019 年重庆市知识经济竞争力指标组排位及变化趋势

指　　标	2018 年	2019 年	排位升降	优劣势
5　知识经济竞争力	12	14	−2	中势
5.1　科技竞争力	7	8	−1	优势
R&D 人员	14	14	0	中势
R&D 经费	17	16	1	中势
R&D 经费投入强度	11	12	−1	中势
发明专利授权量	15	15	0	中势
技术市场成交合同金额	16	25	−9	劣势
财政科技支出占地方财政支出比重	18	17	1	中势
高技术产业主营业务收入	8	8	0	优势
高技术产业收入占工业增加值比重	4	3	1	强势
高技术产品出口额占商品出口额比重	3	3	0	强势
5.2　教育竞争力	13	17	−4	中势
教育经费	20	19	1	中势
教育经费占 GDP 比重	13	20	−7	中势
人均教育经费	13	13	0	中势
公共教育经费占财政支出比重	21	19	2	中势
人均文化教育支出	20	19	1	中势
万人中小学学校数	10	10	0	优势
万人中小学专任教师数	16	14	2	中势
高等学校数	15	15	0	中势
高校专任教师数	19	19	0	中势
万人高等学校在校学生数	8	17	−9	中势
5.3　文化竞争力	16	19	−3	中势
文化制造业营业收入	18	13	5	中势
文化批发零售业营业收入	13	13	0	中势
文化服务业企业营业收入	11	11	0	中势
图书和期刊出版数	19	21	−2	劣势
电子出版物品种	10	9	1	优势
印刷用纸量	21	21	0	劣势
城镇居民人均文化娱乐支出	20	19	1	中势
农村居民人均文化娱乐支出	12	17	−5	中势
城镇居民人均文化娱乐支出占消费性支出比重	22	22	0	劣势
农村居民人均文化娱乐支出占消费性支出比重	15	20	−5	中势

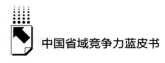

6. 重庆市发展环境竞争力指标排名变化情况

表 22 – 10　2018 ~ 2019 年重庆市发展环境竞争力指标组排位及变化趋势

指　标	2018 年	2019 年	排位升降	优劣势
6　发展环境竞争力	8	11	−3	中势
6.1　基础设施竞争力	11	12	−1	中势
铁路网线密度	14	14	0	中势
公路网线密度	2	1	1	强势
人均内河航道里程	5	5	0	优势
全社会旅客周转量	18	18	0	中势
全社会货物周转量	18	16	2	中势
人均邮电业务总量	13	12	1	中势
电话普及率	7	8	−1	优势
政府网站数	23	26	−3	劣势
人均耗电量	19	23	−4	劣势
6.2　软环境竞争力	7	10	−3	优势
外资企业数增长率	8	28	−20	劣势
万人外资企业数	11	12	−1	中势
个体私营企业数增长率	25	24	1	劣势
万人个体私营企业数	10	14	−4	中势
万人商标注册件数	8	8	0	优势
查处商标侵权假冒案件数	12	17	−5	中势
每十万人交通事故发生数	11	9	2	优势
罚没收入占财政收入比重	9	7	2	优势
社会捐赠站点数	4	5	−1	优势

7. 重庆市政府作用竞争力指标排名变化情况

表 22 – 11　2018 ~ 2019 年重庆市政府作用竞争力指标组排位及变化趋势

指　标	2018 年	2019 年	排位升降	优劣势
7　政府作用竞争力	21	8	13	优势
7.1　政府发展经济竞争力	18	11	7	中势
财政支出用于基本建设投资比重	17	16	1	中势
财政支出对 GDP 增长的拉动	14	10	4	优势
政府公务员对经济的贡献	9	9	0	优势
财政支出用于经济社会比重	26	24	2	劣势
财政投资对社会投资的拉动	8	11	−3	中势

续表

指　　标	2018 年	2019 年	排位升降	优劣势
7.2　政府规调经济竞争力	25	10	15	优势
物价调控	16	13	3	中势
调控城乡消费差距	15	15	0	中势
统筹经济社会发展	6	8	−2	优势
规范税收	31	2	29	强势
固定资产投资价格指数	16	27	−11	劣势
7.3　政府保障经济竞争力	17	7	10	优势
城镇职工养老保险收支比	14	18	−4	中势
医疗保险覆盖率	17	14	3	中势
养老保险覆盖率	9	7	2	优势
失业保险覆盖率	8	7	1	优势
最低工资标准	30	13	17	中势
城镇登记失业率	22	9	13	优势

8. 重庆市发展水平竞争力指标排名变化情况

表 22 – 12　2018 ~ 2019 年重庆市发展水平竞争力指标组排位及变化趋势

指　　标	2018 年	2019 年	排位升降	优劣势
8　发展水平竞争力	6	6	0	优势
8.1　工业化进程竞争力	6	4	2	优势
工业增加值占 GDP 比重	22	21	1	劣势
工业增加值增长率	29	9	20	优势
高技术产业占工业增加值比重	7	3	4	强势
高技术产品占商品出口额比重	2	2	0	强势
信息产业增加值占 GDP 比重	10	10	0	优势
工农业增加值比值	14	11	3	中势
8.2　城市化进程竞争力	16	17	−1	中势
城镇化率	9	8	1	优势
城镇居民人均可支配收入	12	12	0	中势
城市平均建成区面积比重	29	29	0	劣势
人均拥有道路面积	25	26	−1	劣势
人均日生活用水量	17	17	0	中势
人均公共绿地面积	5	5	0	优势

指　标	2018 年	2019 年	排位升降	优劣势
8.3　市场化进程竞争力	3	4	-1	优势
非公有制经济产值占全社会总产值比重	9	9	0	优势
社会投资占投资总额比重	12	10	2	优势
私有和个体企业从业人员比重	1	1	0	强势
亿元以上商品市场成交额	10	10	0	优势
亿元以上商品市场成交额占全社会消费品零售总额比重	5	7	-2	优势
居民消费支出占总消费支出比重	9	9	0	优势

9. 重庆市统筹协调竞争力指标排名变化情况

表 22－13　2018～2019 年重庆市统筹协调竞争力指标组排位及变化趋势

指　标	2018 年	2019 年	排位升降	优劣势
9　统筹协调竞争力	17	12	5	中势
9.1　统筹发展竞争力	12	10	2	优势
社会劳动生产率	9	8	1	优势
能源使用下降率	20	18	2	中势
万元 GDP 综合能耗下降率	24	21	3	劣势
非农用地产出率	9	8	1	优势
居民收入占 GDP 比重	8	5	3	优势
二三产业增加值比例	13	19	-6	中势
固定资产投资额占 GDP 比重	20	16	4	中势
固定资产投资增长率	16	18	-2	中势
9.2　协调发展竞争力	22	15	7	中势
资源竞争力与宏观经济竞争力比差	26	23	3	劣势
环境竞争力与宏观经济竞争力比差	14	8	6	优势
人力资源竞争力与宏观经济竞争力比差	5	14	-9	中势
环境竞争力与工业竞争力比差	22	25	-3	劣势
资源竞争力与工业竞争力比差	26	11	15	中势
城乡居民家庭人均收入比差	16	17	-1	中势
城乡居民人均现金消费支出比差	15	15	0	中势
全社会消费品零售总额与外贸出口总额比差	10	11	-1	中势

2018～2019年四川省经济综合竞争力评价分析报告

四川省简称"川"或"蜀",地处长江上游,北与青海省、甘肃省、陕西省相接,东与四川省相连,南与贵州省、云南省为邻,西与西藏自治区交界。全省面积为48.5万平方公里,全省物产丰富,素有"天府之国"美称。2019年全省常住人口为8375万人,全省地区生产总值为46616亿元,同比增长7.5%,人均GDP达55774元。本部分通过分析2018～2019年四川省经济综合竞争力以及各要素竞争力的排名变化,从中找出四川省经济综合竞争力的推动点及其影响因素,为进一步提升四川省经济综合竞争力提供决策参考。

23.1 四川省经济综合竞争力总体分析

1. 四川省经济综合竞争力一级指标概要分析

(1) 从综合排位看,2019年四川省经济综合竞争力综合排位在全国居第11位,这表明其在全国处于中势地位;与2018年相比,综合排位下降了1位。

(2) 从指标所处区位看,处于上游区的指标有3个,分别为宏观经济竞争力、产业经济竞争力和知识经济竞争力,均是优势指标;处于中游区的指标有5个,分别为财政金融竞争力、发展环境竞争力、政府作用竞争力、发展水平竞争力和统筹协调竞争力;劣势指标1个,为可持续发展竞争力。

(3) 从指标变化趋势看,9个二级指标中,有5个指标出现了上升趋势,分别为宏观经济竞争力、产业经济竞争力、知识经济竞争力、发展水平竞争力和统筹协调竞争力,这些是四川省经济综合竞争力的上升动力所在;其余4

个指标都出现了下降趋势，即可持续发展竞争力、财政金融竞争力、发展环境竞争力、政府作用竞争力，这些是四川省经济综合竞争力的下降拉力所在。

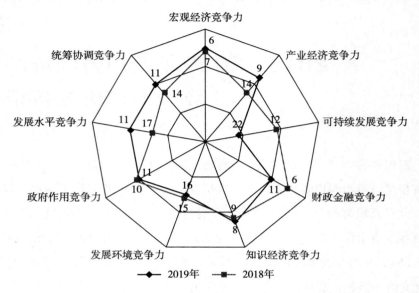

图 23-1 2018~2019 年四川省经济综合竞争力二级指标比较

表 23-1 2018~2019 年四川省经济综合竞争力二级指标比较

项目\年份	宏观经济竞争力	产业经济竞争力	可持续发展竞争力	财政金融竞争力	知识经济竞争力	发展环境竞争力	政府作用竞争力	发展水平竞争力	统筹协调竞争力	综合排位
2018	7	14	12	6	9	15	10	17	14	10
2019	6	9	22	11	8	16	11	11	11	11
升降	1	5	-10	-5	1	-1	-1	6	3	-1
优劣度	优势	优势	劣势	中势	优势	中势	中势	中势	中势	中势

2. 四川省经济综合竞争力各级指标动态变化分析

从表 23-2 可以看出，210 个四级指标中，上升指标有 80 个，占指标总数的 38.1%；下降指标有 61 个，占指标总数的 29.0%；保持不变的指标有 69 个，占指标总数的 32.9%。综上所述，四川省经济综合竞争力上升的动力稍大于下降的拉力，但受其他外部因素的综合影响，使得 2018~2019 年四川省经济综合竞争力排位处于下降趋势。

表 23－2 2018～2019 年四川省经济综合竞争力各级指标排位变化态势比较

单位：个，%

二级指标	三级指标	四级指标数	上升		保持		下降		变化趋势
			指标数	比重	指标数	比重	指标数	比重	
宏观经济竞争力	经济实力竞争力	12	5	41.7	4	33.3	3	25.0	上升
	经济结构竞争力	6	1	16.7	1	16.7	4	66.7	下降
	经济外向度竞争力	9	3	33.3	4	44.4	2	22.2	保持
	小　计	27	9	33.3	9	33.3	9	33.3	上升
产业经济竞争力	农业竞争力	10	1	10.0	6	60.0	3	30.0	保持
	工业竞争力	10	8	80.0	1	10.0	1	10.0	上升
	服务业竞争力	10	7	70.0	3	30.0	0	0.0	上升
	企业竞争力	10	4	40.0	1	10.0	5	50.0	保持
	小　计	40	20	50.0	11	27.5	9	22.5	上升
可持续发展竞争力	资源竞争力	9	0	0.0	7	77.8	2	22.2	下降
	环境竞争力	8	3	37.5	5	62.5	0	0.0	上升
	人力资源竞争力	7	5	71.4	1	14.3	1	14.3	上升
	小　计	24	8	33.3	13	54.2	3	12.5	上升
财政金融竞争力	财政竞争力	12	2	16.7	2	16.7	8	66.7	下降
	金融竞争力	10	2	20.0	5	50.0	3	30.0	下降
	小　计	22	4	18.2	7	31.8	11	50.0	下降
知识经济竞争力	科技竞争力	9	2	22.2	1	11.1	6	66.7	下降
	教育竞争力	10	4	40.0	5	50.0	1	10.0	上升
	文化竞争力	10	6	60.0	4	40.0	0	0.0	上升
	小　计	29	12	41.4	10	34.5	7	24.1	上升
发展环境竞争力	基础设施竞争力	9	3	33.3	5	55.6	1	11.1	下降
	软环境竞争力	9	0	0.0	5	55.6	4	44.4	下降
	小　计	18	3	16.7	10	55.6	5	27.8	下降
政府作用竞争力	政府发展经济竞争力	5	2	40.0	1	20.0	2	40.0	上升
	政府规调经济竞争力	5	3	60.0	0	0.0	2	40.0	上升
	政府保障经济竞争力	6	0	0.0	2	33.3	4	66.7	下降
	小　计	16	5	31.3	3	18.8	8	50.0	下降
发展水平竞争力	工业化进程竞争力	6	5	83.3	1	16.7	0	0.0	上升
	城市化进程竞争力	6	4	66.7	1	16.7	1	16.7	上升
	市场化进程竞争力	6	2	33.3	2	33.3	2	33.3	上升
	小　计	18	11	61.1	4	22.2	3	16.7	上升
统筹协调竞争力	统筹发展竞争力	8	5	62.5	0	0.0	3	37.5	上升
	协调发展竞争力	8	3	37.5	2	25.0	3	37.5	上升
	小　计	16	8	50.0	2	12.5	6	37.5	上升
合　计		210	80	38.1	69	32.9	61	29.0	下降

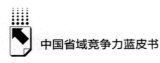
3. 四川省经济综合竞争力各级指标优劣势结构分析

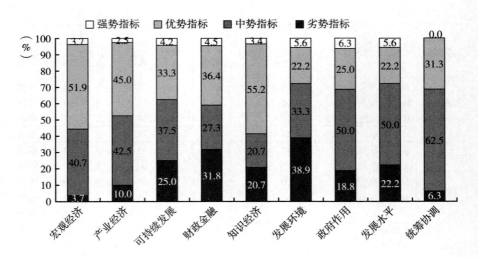

图 23-2　2019 年四川省经济综合竞争力各级指标优劣势比较

表 23-3　2019 年四川省经济综合竞争力各级指标优劣势比较

单位：个，%

二级指标	三级指标	四级指标数	强势指标		优势指标		中势指标		劣势指标		优劣势
			个数	比重	个数	比重	个数	比重	个数	比重	
宏观经济竞争力	经济实力竞争力	12	0	0.0	7	58.3	5	41.7	0	0.0	优势
	经济结构竞争力	6	0	0.0	1	16.7	4	66.7	1	16.7	中势
	经济外向度竞争力	9	1	11.1	6	66.7	2	22.2	0	0.0	优势
	小　计	**27**	1	3.7	14	51.9	11	40.7	1	3.7	优势
产业经济竞争力	农业竞争力	10	1	10.0	2	20.0	4	40.0	3	30.0	优势
	工业竞争力	10	0	0.0	6	60.0	3	30.0	1	10.0	优势
	服务业竞争力	10	0	0.0	8	80.0	2	20.0	0	0.0	优势
	企业竞争力	10	0	0.0	2	20.0	8	80.0	0	0.0	中势
	小　计	**40**	1	2.5	18	45.0	17	42.5	4	10.0	优势
可持续发展竞争力	资源竞争力	9	0	0.0	5	55.6	4	44.4	0	0.0	中势
	环境竞争力	8	0	0.0	2	25.0	3	37.5	3	37.5	劣势
	人力资源竞争力	7	1	14.3	1	14.3	2	28.6	3	42.9	优势
	小　计	**24**	1	4.2	8	33.3	9	37.5	6	25.0	劣势

续表

二级指标	三级指标	四级指标数	强势指标		优势指标		中势指标		劣势指标		优劣势
			个数	比重	个数	比重	个数	比重	个数	比重	
财政金融竞争力	财政竞争力	12	0	0.0	2	16.7	4	33.3	6	50.0	中势
	金融竞争力	10	1	10.0	6	60.0	2	20.0	1	10.0	优势
	小　计	**22**	1	4.5	8	36.4	6	27.3	7	31.8	中势
知识经济竞争力	科技竞争力	9	0	0.0	6	66.7	3	33.3	0	0.0	优势
	教育竞争力	10	0	0.0	6	60.0	2	20.0	2	20.0	优势
	文化竞争力	10	1	10.0	4	40.0	1	10.0	4	40.0	优势
	小　计	**29**	1	3.4	16	55.2	6	20.7	6	20.7	优势
发展环境竞争力	基础设施竞争力	9	1	11.1	2	22.2	2	22.2	4	44.4	中势
	软环境竞争力	9	0	0.0	2	22.2	4	44.4	3	33.3	中势
	小　计	**18**	1	5.6	4	22.2	6	33.3	7	38.9	中势
政府作用竞争力	政府发展经济竞争力	5	0	0.0	0	0.0	5	100.0	0	0.0	中势
	政府规调经济竞争力	5	0	0.0	3	60.0	1	20.0	1	20.0	优势
	政府保障经济竞争力	6	1	16.7	1	16.7	2	33.3	2	33.3	优势
	小　计	**16**	1	6.3	4	25.0	8	50.0	3	18.8	中势
发展水平竞争力	工业化进程竞争力	6	1	16.7	2	33.3	2	33.3	1	16.7	优势
	城市化进程竞争力	6	0	0.0	1	16.7	4	66.7	1	16.7	劣势
	市场化进程竞争力	6	0	0.0	1	16.7	3	50.0	2	33.3	中势
	小　计	**18**	1	5.6	4	22.2	9	50.0	4	22.2	中势
统筹协调竞争力	统筹发展竞争力	8	0	0.0	1	12.5	6	75.0	1	12.5	中势
	协调发展竞争力	8	0	0.0	4	50.0	4	50.0	0	0.0	优势
	小　计	**16**	0	0.0	5	31.3	10	62.5	1	6.3	中势
合　计		**210**	8	3.8	81	38.6	82	39.0	39	18.6	中势

基于图 23-2 和表 23-3，从四级指标来看，强势指标 8 个，占指标总数的 3.8%；优势指标 81 个，占指标总数的 38.6%；中势指标 82 个，占指标总数的 39.0%；劣势指标 39 个，占指标总数的 18.6%。从三级指标来看，没有强势指标；优势指标 13 个，占三级指标总数的 52%；中势指标 10 个，占三级指标总数的 40%；劣势指标 2 个，占三级指标总数的 8%。反映到二级指标上来，没有强势指标；优势指标有 3 个，占二级指标总数的 33.3%，中势指标有 5 个，占二级指标总数的 55.6%；劣势指标有 1 个，占

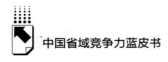

二级指标总数的 11.1%。综合来看，由于中势指标在指标体系中居于主导地位，使得 2019 年四川省经济综合竞争力处于中势地位。

4. 四川省经济综合竞争力四级指标优劣势对比分析

表 23 - 4　2019 年四川省经济综合竞争力各级指标优劣势比较

二级指标	优劣势	四级指标
宏观经济竞争力(27 个)	强势指标	实际 FDI 增长率(1 个)
	优势指标	地区生产总值、人均地区生产总值、财政总收入、固定资产投资额、固定资产投资额增长率、全社会消费品零售总额、全社会消费品零售总额增长率、就业结构优化度、进出口总额、进出口增长率、出口总额、出口增长率、实际 FDI、外资企业数(14 个)
	劣势指标	财政收入结构优化度(1 个)
产业经济竞争力(40 个)	强势指标	农业增加值(1 个)
	优势指标	农民人均纯收入增长率、农业机械化水平、工业增加值、工业资产总额、工业资产总额增长率、规模以上工业主营业务收入、规模以上工业利润总额、工业收入利润率、服务业增加值、服务业增加值增长率、服务业从业人员数、限额以上批发零售企业主营业务收入、限额以上批零企业利税率、限额以上餐饮企业利税率、商品房销售收入、电子商务销售额、规模以上工业企业数、全国 500 强企业数(18 个)
	劣势指标	农民人均纯收入、农产品出口占农林牧渔总产值比重、农村人均用电量、工业成本费用率(4 个)
可持续发展竞争力(24 个)	强势指标	职业学校毕业生数(1 个)
	优势指标	人均国土面积、人均年水资源量、耕地面积、人均牧草地面积、人均森林储积量、人均工业废气排放量、人均工业固体废物排放量、人口健康素质(8 个)
	劣势指标	人均治理工业污染投资额、一般工业固体废物综合利用率、自然灾害直接经济损失、15~64 岁人口比例、文盲率、平均受教育程度(6 个)
财政金融竞争力(22 个)	强势指标	中长期贷款占贷款余额比重(1 个)
	优势指标	地方财政收入、地方财政支出、存款余额、贷款余额、保险费净收入、保险深度(保险费占 GDP 的比重)、国内上市公司数、国内上市公司市值(8 个)
	劣势指标	地方财政收入占 GDP 比重、税收收入占 GDP 比重、人均地方财政收入、人均地方财政支出、人均税收收入、地方财政支出增长率、人均贷款余额(7 个)

续表

二级指标	优劣势	四级指标
知识经济 竞争力 (29个)	强势指标	电子出版物品种(1个)
	优势指标	R&D经费、发明专利授权量、技术市场成交合同金额、高技术产业主营业务收入、高技术产业收入占工业增加值比重、高技术产品出口额占商品出口额比重、教育经费、万人中小学学校数、万人中小学专任教师数、高等学校数、高校专任教师数、万人高等学校在校学生数、文化制造业营业收入、文化批发零售业营业收入、文化服务业企业营业收入、图书和期刊出版数(16个)
	劣势指标	人均教育经费、人均文化教育支出、城镇居民人均文化娱乐支出、农村居民人均文化娱乐支出、城镇居民人均文化娱乐支出占消费性支出比重、农村居民人均文化娱乐支出占消费性支出比重(6个)
发展环境 竞争力 (18个)	强势指标	政府网站数(1个)
	优势指标	人均内河航道里程、电话普及率、每十万人交通事故发生数、罚没收入占财政收入比重(4个)
	劣势指标	铁路网线密度、公路网线密度、人均邮电业务总量、人均耗电量、外资企业数增长率、万人个体私营企业数、查处商标侵权假冒案件数(7个)
政府作用 竞争力 (16个)	强势指标	养老保险覆盖率(1个)
	优势指标	调控城乡消费差距、规范税收、固定资产投资价格指数、医疗保险覆盖率(4个)
	劣势指标	物价调控、城镇职工养老保险收支比、城镇登记失业率(3个)
发展水平 竞争力 (18个)	强势指标	高技术产品占商品出口额比重(1个)
	优势指标	高技术产业占工业增加值比重、信息产业增加值占GDP比重、人均日生活用水量、居民消费支出占总消费支出比重(4个)
	劣势指标	工农业增加值比值、城镇化率、社会投资占投资总额比重、私有和个体企业从业人员比重(4个)
统筹协调 竞争力 (16个)	强势指标	(0个)
	优势指标	固定资产投资增长率、环境竞争力与宏观经济竞争力比差、人力资源竞争力与宏观经济竞争力比差、资源竞争力与工业竞争力比差、城乡居民人均现金消费支出比差(5个)
	劣势指标	能源使用下降率(1个)

23.2 四川省经济综合竞争力各级指标具体分析

1. 四川省宏观经济竞争力指标排名变化情况

表 23 –5　2018～2019 年四川省宏观经济竞争力指标组排位及变化趋势

指　标	2018 年	2019 年	排位升降	优劣势
1　宏观经济竞争力	7	6	1	优势
1.1　经济实力竞争力	8	6	2	优势
地区生产总值	6	5	1	优势
地区生产总值增长率	7	11	−4	中势
人均地区生产总值	20	5	15	优势
财政总收入	5	5	0	优势
财政总收入增长率	1	19	−18	中势
人均财政收入	14	15	−1	中势
固定资产投资额	7	7	0	优势
固定资产投资额增长率	10	10	0	优势
人均固定资产投资额	21	19	2	中势
全社会消费品零售总额	7	7	0	优势
全社会消费品零售总额增长率	15	5	10	优势
人均全社会消费品零售总额	18	13	5	中势
1.2　经济结构竞争力	10	17	−7	中势
产业结构优化度	13	15	−2	中势
所有制经济结构优化度	11	13	−2	中势
城乡经济结构优化度	15	15	0	中势
就业结构优化度	8	10	−2	优势
财政收入结构优化度	3	26	−23	劣势
贸易结构优化度	18	17	1	中势
1.3　经济外向度竞争力	7	7	0	优势
进出口总额	10	10	0	优势
进出口增长率	2	6	−4	优势
出口总额	10	8	2	优势
出口增长率	2	6	−4	优势
实际 FDI	12	10	2	优势
实际 FDI 增长率	21	1	20	强势
外贸依存度	15	15	0	中势
外资企业数	10	10	0	优势
对外直接投资额	13	13	0	中势

2. 四川省产业经济竞争力指标排名变化情况

表23－6　2018～2019年四川省产业经济竞争力指标组排位及变化趋势

指　标	2018 年	2019 年	排位升降	优劣势
2　产业经济竞争力	14	9	5	优势
2.1　农业竞争力	6	6	0	优势
农业增加值	2	2	0	强势
农业增加值增长率	12	18	－ 6	中势
人均农业增加值	15	16	－ 1	中势
农民人均纯收入	21	21	0	劣势
农民人均纯收入增长率	15	7	8	优势
农产品出口占农林牧渔总产值比重	27	27	0	劣势
人均主要农产品产量	15	15	0	中势
农业机械化水平	8	8	0	优势
农村人均用电量	23	23	0	劣势
财政支农资金比重	11	14	－ 3	中势
2.2　工业竞争力	14	9	5	优势
工业增加值	9	8	1	优势
工业增加值增长率	14	11	3	中势
人均工业增加值	23	20	3	中势
工业资产总额	8	7	1	优势
工业资产总额增长率	14	4	10	优势
规模以上工业主营业务收入	8	8	0	优势
工业成本费用率	19	24	－ 5	劣势
规模以上工业利润总额	9	8	1	优势
工业全员劳动生产率	19	13	6	中势
工业收入利润率	13	9	4	优势
2.3　服务业竞争力	9	7	2	优势
服务业增加值	8	8	0	优势
服务业增加值增长率	5	5	0	优势
人均服务业增加值	18	17	1	中势
服务业从业人员数	10	9	1	优势
限额以上批发零售企业主营业务收入	11	10	1	优势
限额以上批零企业利税率	9	7	2	优势
限额以上餐饮企业利税率	24	4	20	优势
旅游外汇收入	16	15	1	中势
商品房销售收入	5	5	0	优势
电子商务销售额	9	8	1	优势

续表

指　标	2018 年	2019 年	排位升降	优劣势
2.4　企业竞争力	19	19	0	中势
规模以上工业企业数	11	10	1	优势
规模以上企业平均资产	16	20	-4	中势
规模以上企业平均收入	18	19	-1	中势
规模以上企业平均利润	12	13	-1	中势
规模以上企业劳动效率	14	17	-3	中势
城镇就业人员平均工资	12	12	0	中势
新产品销售收入占主营业务收入比重	21	20	1	中势
产品质量抽查合格率	21	17	4	中势
工业企业 R&D 经费投入强度	18	20	-2	中势
全国 500 强企业数	12	8	4	优势

3. 四川省可持续发展竞争力指标排名变化情况

表 23 - 7　2018 ~ 2019 年四川省可持续发展竞争力指标组排位及变化趋势

指　标	2018 年	2019 年	排位升降	优劣势
3　可持续发展竞争力	27	22	5	劣势
3.1　资源竞争力	14	16	-2	中势
人均国土面积	10	10	0	优势
人均可使用海域和滩涂面积	13	13	0	中势
人均年水资源量	6	8	-2	优势
耕地面积	6	6	0	优势
人均耕地面积	19	19	0	中势
人均牧草地面积	7	7	0	优势
主要能源矿产基础储量	9	13	-4	中势
人均主要能源矿产基础储量	13	13	0	中势
人均森林储积量	6	6	0	优势
3.2　环境竞争力	29	27	2	劣势
森林覆盖率	17	17	0	中势
人均废水排放量	14	14	0	中势
人均工业废气排放量	8	8	0	优势
人均工业固体废物排放量	8	8	0	优势
人均治理工业污染投资额	27	24	3	劣势
一般工业固体废物综合利用率	24	24	0	劣势
生活垃圾无害化处理率	22	18	4	中势
自然灾害直接经济损失额	31	29	2	劣势

续表

指　标	2018 年	2019 年	排位升降	优劣势
3.3　人力资源竞争力	10	9	1	优势
常住人口增长率	19	15	4	中势
15～64 岁人口比例	24	25	−1	劣势
文盲率	25	23	2	劣势
大专以上教育程度人口比例	19	16	3	中势
平均受教育程度	26	25	1	劣势
人口健康素质	6	5	1	优势
职业学校毕业生数	2	2	0	强势

4. 四川省财政金融竞争力指标排名变化情况

表 23 - 8　2018～2019 年四川省财政金融竞争力指标组排位及变化趋势

指　标	2018 年	2019 年	排位升降	优劣势
4　财政金融竞争力	6	11	−5	中势
4.1　财政竞争力	10	17	−7	中势
地方财政收入	7	7	0	优势
地方财政支出	4	4	0	优势
地方财政收入占 GDP 比重	20	25	−5	劣势
地方财政支出占 GDP 比重	17	18	−1	中势
税收收入占 GDP 比重	23	25	−2	劣势
税收收入占财政总收入比重	18	17	1	中势
人均地方财政收入	22	23	−1	劣势
人均地方财政支出	24	25	−1	劣势
人均税收收入	24	22	2	劣势
地方财政收入增长率	9	12	−3	中势
地方财政支出增长率	8	22	−14	劣势
税收收入增长率	5	12	−7	中势
4.2　金融竞争力	6	7	−1	优势
存款余额	7	7	0	优势
人均存款余额	17	16	1	中势
贷款余额	7	7	0	优势
人均贷款余额	24	24	0	劣势
中长期贷款占贷款余额比重	1	2	−1	强势
保险费净收入	5	6	−1	优势
保险密度(人均保险费)	16	15	1	中势
保险深度(保险费占 GDP 的比重)	7	8	−1	优势
国内上市公司数	8	8	0	优势
国内上市公司市值	8	8	0	优势

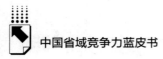

5. 四川省知识经济竞争力指标排名变化情况

表 23 - 9   2018～2019 年四川省知识经济竞争力指标组排位及变化趋势

指　标	2018 年	2019 年	排位升降	优劣势
5　知识经济竞争力	9	8	1	优势
5.1　科技竞争力	8	9	-1	优势
R&D 人员	11	12	-1	中势
R&D 经费	8	8	0	优势
R&D 经费投入强度	13	14	-1	中势
发明专利授权量	8	9	-1	优势
技术市场成交合同金额	6	7	-1	优势
财政科技支出占地方财政支出比重	17	16	1	中势
高技术产业主营业务收入	6	5	1	优势
高技术产业收入占工业增加值比重	7	9	-2	优势
高技术产品出口额占商品出口额比重	5	6	-1	优势
5.2　教育竞争力	10	8	2	优势
教育经费	6	6	0	优势
教育经费占 GDP 比重	12	18	-6	中势
人均教育经费	24	24	0	劣势
公共教育经费占财政支出比重	18	17	1	中势
人均文化教育支出	28	25	3	劣势
万人中小学学校数	9	9	0	优势
万人中小学专任教师数	12	9	3	优势
高等学校数	6	6	0	优势
高校专任教师数	5	5	0	优势
万人高等学校在校学生数	17	5	12	优势
5.3　文化竞争力	15	10	5	优势
文化制造业营业收入	7	7	0	优势
文化批发零售业营业收入	9	8	1	优势
文化服务业企业营业收入	8	8	0	优势
图书和期刊出版数	9	6	3	优势
电子出版物品种	6	1	5	强势
印刷用纸量	12	12	0	中势
城镇居民人均文化娱乐支出	28	25	3	劣势
农村居民人均文化娱乐支出	30	29	1	劣势
城镇居民人均文化娱乐支出占消费性支出比重	29	26	3	劣势
农村居民人均文化娱乐支出占消费性支出比重	27	27	0	劣势

6. 四川省发展环境竞争力指标排名变化情况

表 23 – 10　2018～2019 年四川省发展环境竞争力指标组排位及变化趋势

指　标	2018 年	2019 年	排位升降	优劣势
6　发展环境竞争力	15	16	−1	中势
6.1　基础设施竞争力	17	18	−1	中势
铁路网线密度	26	26	0	劣势
公路网线密度	21	21	0	劣势
人均内河航道里程	7	7	0	优势
全社会旅客周转量	12	12	0	中势
全社会货物周转量	19	18	1	中势
人均邮电业务总量	20	25	−5	劣势
电话普及率	12	10	2	优势
政府网站数	2	1	1	强势
人均耗电量	27	27	0	劣势
6.2　软环境竞争力	11	19	−8	中势
外资企业数增长率	10	25	−15	劣势
万人外资企业数	14	14	0	中势
个体私营企业数增长率	11	20	−9	中势
万人个体私营企业数	22	22	0	劣势
万人商标注册件数	12	12	0	中势
查处商标侵权假冒案件数	27	28	−1	劣势
每十万人交通事故发生数	6	6	0	优势
罚没收入占财政收入比重	8	8	0	优势
社会捐赠站点数	5	11	−6	中势

7. 四川省政府作用竞争力指标排名变化情况

表 23 – 11　2018～2019 年四川省政府作用竞争力指标组排位及变化趋势

指　标	2018 年	2019 年	排位升降	优劣势
7　政府作用竞争力	10	11	−1	中势
7.1　政府发展经济竞争力	16	12	4	中势
财政支出用于基本建设投资比重	12	17	−5	中势
财政支出对 GDP 增长的拉动	15	14	1	中势
政府公务员对经济的贡献	14	14	0	中势
财政支出用于经济社会比重	11	14	−3	中势
财政投资对社会投资的拉动	17	12	5	中势

413

指　　标	2018 年	2019 年	排位升降	优劣势
7.2　政府规调经济竞争力	15	13	2	中势
物价调控	5	27	-22	劣势
调控城乡消费差距	6	7	-1	优势
统筹经济社会发展	21	19	2	中势
规范税收	17	4	13	优势
固定资产投资价格指数	29	5	24	优势
7.3　政府保障经济竞争力	8	10	-2	优势
城镇职工养老保险收支比	7	23	-16	劣势
医疗保险覆盖率	7	8	-1	优势
养老保险覆盖率	3	3	0	强势
失业保险覆盖率	12	12	0	中势
最低工资标准	9	17	-8	中势
城镇登记失业率	10	24	-14	劣势

8. 四川省发展水平竞争力指标排名变化情况

表 23 - 12　2018～2019 年四川省发展水平竞争力指标组排位及变化趋势

指　　标	2018 年	2019 年	排位升降	优劣势
8　发展水平竞争力	17	11	6	中势
8.1　工业化进程竞争力	11	7	4	优势
工业增加值占 GDP 比重	20	18	2	中势
工业增加值增长率	14	11	3	中势
高技术产业占工业增加值比重	19	7	12	优势
高技术产品占商品出口额比重	4	3	1	强势
信息产业增加值占 GDP 比重	9	9	0	优势
工农业增加值比值	23	21	2	劣势
8.2　城市化进程竞争力	24	22	2	劣势
城镇化率	24	24	0	劣势
城镇居民人均可支配收入	20	18	2	中势
城市平均建成区面积比重	13	14	-1	中势
人均拥有道路面积	21	19	2	中势
人均日生活用水量	14	9	5	优势
人均公共绿地面积	18	15	3	中势

续表

指 标	2018 年	2019 年	排位升降	优劣势
8.3 市场化进程竞争力	18	17	1	中势
非公有制经济产值占全社会总产值比重	11	13	-2	中势
社会投资占投资总额比重	22	22	0	劣势
私有和个体企业从业人员比重	28	26	2	劣势
亿元以上商品市场成交额	13	12	1	中势
亿元以上商品市场成交额占全社会消费品零售总额比重	16	17	-1	中势
居民消费支出占总消费支出比重	7	7	0	优势

9. 四川省统筹协调竞争力指标排名变化情况

表 23－13 2018～2019 年四川省统筹协调竞争力指标组排位及变化趋势

指 标	2018 年	2019 年	排位升降	优劣势
9 统筹协调竞争力	14	11	3	中势
9.1 统筹发展竞争力	21	15	6	中势
社会劳动生产率	21	17	4	中势
能源使用下降率	23	24	-1	劣势
万元 GDP 综合能耗下降率	13	18	-5	中势
非农用地产出率	19	17	2	中势
居民收入占 GDP 比重	18	13	5	中势
二三产业增加值比例	7	13	-6	中势
固定资产投资额占 GDP 比重	17	15	2	中势
固定资产投资增长率	22	10	12	优势
9.2 协调发展竞争力	7	4	3	优势
资源竞争力与宏观经济竞争力比差	18	17	1	中势
环境竞争力与宏观经济竞争力比差	6	5	1	优势
人力资源竞争力与宏观经济竞争力比差	3	7	-4	优势
环境竞争力与工业竞争力比差	15	17	-2	中势
资源竞争力与工业竞争力比差	11	5	6	优势
城乡居民家庭人均收入比差	15	15	0	中势
城乡居民人均现金消费支出比差	6	7	-1	优势
全社会消费品零售总额与外贸出口总额比差	16	16	0	中势

B.25

24

2018~2019年贵州省经济综合竞争力评价分析报告

贵州省简称"黔",地处我国西南地区云贵高原,东靠湖南,南邻广西,西毗云南,北连四川。全省国土总面积17.6万平方公里,山地面积占80%以上。2019年全省常住人口为3502万人,地区生产总值为16769亿元,同比增长8.3%,人均GDP达46433元。本部分通过分析2018~2019年贵州省经济综合竞争力以及各要素竞争力的排名变化,从中找出贵州省经济综合竞争力的推动点及影响因素,为进一步提升贵州省经济综合竞争力提供决策参考。

24.1 贵州省经济综合竞争力总体分析

1. 贵州省经济综合竞争力一级指标概要分析

(1) 从综合排位看,2019年贵州省经济综合竞争力综合排位在全国居第22位,这表明其在全国处于劣势地位;与2018年相比,综合排位没有发生改变。

(2) 从指标所处区位看,没有优势指标,仅有2个中势指标,分别为财政金融竞争力和发展环境竞争力,其余7个二级指标均为劣势指标。

(3) 从指标变化趋势看,9个二级指标中,有1个指标未发生改变,是政府作用竞争力;有4个指标处于上升趋势,分别为产业经济竞争力、财政金融竞争力、发展环境竞争力,统筹协调竞争力,这些是贵州省经济综合竞争力的上升动力所在;有4个指标排位出现下降,分别为宏观经济竞争力、可持续发展竞争力、知识经济竞争力、发展水平竞争力，这些是贵州省经济综合竞争力的下降拉力所在。

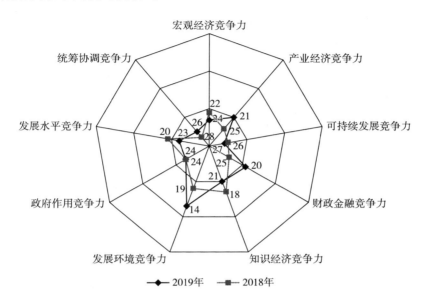

图 24 - 1   2018~2019 年贵州省经济综合竞争力二级指标比较

表 24 - 1   2018~2019 年贵州省经济综合竞争力二级指标比较

项目 年份	宏观 经济 竞争力	产业 经济 竞争力	可持续 发展 竞争力	财政 金融 竞争力	知识 经济 竞争力	发展 环境 竞争力	政府 作用 竞争力	发展 水平 竞争力	统筹 协调 竞争力	综合 排位
2018	22	25	26	25	18	19	24	20	28	22
2019	24	21	27	20	21	14	24	23	26	22
升降	-2	4	-1	5	-3	5	0	-3	2	0
优劣度	劣势	劣势	劣势	中势	劣势	中势	劣势	劣势	劣势	劣势

2. 贵州省经济综合竞争力各级指标动态变化分析

从表 24-2 可以看出，210 个四级指标中，上升指标有 71 个，占指标总数的 33.8%；下降指标有 68 个，占指标总数的 32.4%；保持不变的指标有 71 个，占指标总数的 33.8%。综上所述，贵州省经济综合竞争力上升的动力与下降的拉力相当，使得 2019 年贵州省经济综合竞争力排名保持不变。

表 24 – 2　2018～2019 年贵州省经济综合竞争力各级指标排位变化态势比较

单位：个，%

二级指标	三级指标	四级指标数	上升		保持		下降		变化趋势
			指标数	比重	指标数	比重	指标数	比重	
宏观经济竞争力	经济实力竞争力	12	8	66.7	2	16.7	2	16.7	下降
	经济结构竞争力	6	0	0.0	3	50.0	3	50.0	保持
	经济外向度竞争力	9	2	22.2	3	33.3	4	44.4	下降
	小　计	27	10	37.0	8	29.6	9	33.3	下降
产业经济竞争力	农业竞争力	10	4	40.0	4	40.0	2	20.0	上升
	工业竞争力	10	5	50.0	2	20.0	3	30.0	下降
	服务业竞争力	10	1	10.0	6	60.0	3	30.0	上升
	企业竞争力	10	4	40.0	2	20.0	4	40.0	保持
	小　计	40	14	35.0	14	35.0	12	30.0	上升
可持续发展竞争力	资源竞争力	9	0	0.0	7	77.8	2	22.2	下降
	环境竞争力	8	2	25.0	5	62.5	1	12.5	保持
	人力资源竞争力	7	1	14.3	5	71.4	1	14.3	保持
	小　计	24	3	12.5	17	70.8	4	16.7	上升
财政金融竞争力	财政竞争力	12	4	33.3	0	0.0	8	66.7	保持
	金融竞争力	10	4	40.0	4	40.0	2	20.0	上升
	小　计	22	8	36.4	4	18.2	10	45.5	上升
知识经济竞争力	科技竞争力	9	2	22.2	4	44.4	3	33.3	保持
	教育竞争力	10	1	10.0	3	30.0	6	60.0	下降
	文化竞争力	10	3	30.0	3	30.0	4	40.0	上升
	小　计	29	6	20.7	10	34.5	13	44.8	下降
发展环境竞争力	基础设施竞争力	9	2	22.2	6	66.7	1	11.1	上升
	软环境竞争力	9	6	66.7	2	22.2	1	11.1	上升
	小　计	18	8	44.4	8	44.4	2	11.1	上升
政府作用竞争力	政府发展经济竞争力	5	1	20.0	1	20.0	3	60.0	上升
	政府规调经济竞争力	5	4	80.0	1	20.0	0	0.0	上升
	政府保障经济竞争力	6	2	33.3	1	16.7	3	50.0	上升
	小　计	16	7	43.8	3	18.8	6	37.5	保持
发展水平竞争力	工业化进程竞争力	6	1	16.7	1	16.7	4	66.7	保持
	城市化进程竞争力	6	3	50.0	2	33.3	1	16.7	保持
	市场化进程竞争力	6	2	33.3	2	33.3	2	33.3	下降
	小　计	18	6	33.3	5	27.8	7	38.9	下降
统筹协调竞争力	统筹发展竞争力	8	6	75.0	0	0.0	2	25.0	下降
	协调发展竞争力	8	3	37.5	2	25.0	3	37.5	下降
	小　计	16	9	56.3	2	12.5	5	31.3	上升
合　计		210	71	33.8	71	33.8	68	32.4	保持

3. 贵州省经济综合竞争力各级指标优劣势结构分析

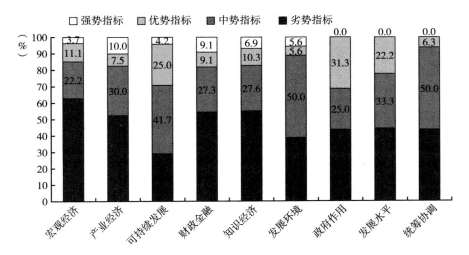

图 24 – 2　2019 年贵州省经济综合竞争力各级指标优劣势比较

表 24 – 3　2019 年贵州省经济综合竞争力各级指标优劣势比较

单位：个，%

二级指标	三级指标	四级指标数	强势指标		优势指标		中势指标		劣势指标		优劣势
			个数	比重	个数	比重	个数	比重	个数	比重	
宏观经济竞争力	经济实力竞争力	12	0	0.0	2	16.7	6	50.0	4	33.3	劣势
	经济结构竞争力	6	1	16.7	1	16.7	0	0.0	4	66.7	劣势
	经济外向度竞争力	9	0	0.0	0	0.0	0	0.0	9	100.0	劣势
	小　计	27	1	3.7	3	11.1	6	22.2	17	63.0	劣势
产业经济竞争力	农业竞争力	10	2	20.0	1	10.0	3	30.0	4	40.0	中势
	工业竞争力	10	1	10.0	1	10.0	1	10.0	7	70.0	劣势
	服务业竞争力	10	0	0.0	0	0.0	3	30.0	5	50.0	中势
	企业竞争力	10	0	0.0	0	0.0	5	50.0	5	50.0	劣势
	小　计	40	4	10.0	3	7.5	12	30.0	21	52.5	劣势
可持续发展竞争力	资源竞争力	9	0	0.0	4	44.4	5	55.6	0	0.0	中势
	环境竞争力	8	1	12.5	1	12.5	3	37.5	3	37.5	中势
	人力资源竞争力	7	0	0.0	1	14.3	2	28.6	4	57.1	劣势
	小　计	24	1	4.2	6	25.0	10	41.7	7	29.2	劣势

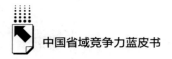
续表

二级指标	三级指标	四级指标数	强势指标		优势指标		中势指标		劣势指标		优劣势
			个数	比重	个数	比重	个数	比重	个数	比重	
财政金融竞争力	财政竞争力	12	1	8.3	1	8.3	5	41.7	5	41.7	中势
	金融竞争力	10	1	10.0	1	10.0	1	10.0	7	70.0	劣势
	小　计	**22**	2	9.1	2	9.1	6	27.3	12	54.5	中势
知识经济竞争力	科技竞争力	9	1	11.1	0	0.0	4	44.4	4	44.4	中势
	教育竞争力	10	1	10.0	2	20.0	3	30.0	4	40.0	劣势
	文化竞争力	10	0	0.0	1	10.0	1	10.0	8	80.0	劣势
	小　计	**29**	2	6.9	3	10.3	8	27.6	16	55.2	劣势
发展环境竞争力	基础设施竞争力	9	0	0.0	1	11.1	6	66.7	2	22.2	中势
	软环境竞争力	9	1	11.1	0	0.0	3	33.3	5	55.6	中势
	小　计	**18**	1	5.6	1	5.6	9	50.0	7	38.9	中势
政府作用竞争力	政府发展经济竞争力	5	0	0.0	2	40.0	0	0.0	3	60.0	中势
	政府规调经济竞争力	5	0	0.0	2	40.0	2	40.0	1	20.0	中势
	政府保障经济竞争力	6	0	0.0	1	16.7	2	33.3	3	50.0	中势
	小　计	**16**	0	0.0	5	31.3	4	25.0	7	43.8	劣势
发展水平竞争力	工业化进程竞争力	6	0	0.0	1	16.7	2	33.3	3	50.0	中势
	城市化进程竞争力	6	0	0.0	1	16.7	2	33.3	3	50.0	中势
	市场化进程竞争力	6	0	0.0	2	33.3	2	33.3	2	33.3	中势
	小　计	**18**	0	0.0	4	22.2	6	33.3	8	44.4	劣势
统筹协调竞争力	统筹发展竞争力	8	0	0.0	1	12.5	4	50.0	3	37.5	劣势
	协调发展竞争力	8	0	0.0	0	0.0	4	50.0	4	50.0	劣势
	小　计	**16**	0	0.0	1	6.3	8	50.0	7	43.8	劣势
合　计		**210**	11	5.2	28	13.3	69	32.9	102	48.6	劣势

　　基于图 24-2 和表 24-3，从四级指标来看，强势指标 11 个，占指标总数的 5.2%；优势指标 28 个，占指标总数的 13.3%；中势指标 69 个，占指标总数的 32.9%；劣势指标 102 个，占指标总数的 48.6%。从三级指标来看，没有强势指标和优势指标；中势指标 13 个，占三级指标总数的 52%；劣势指标 12 个，占三级指标总数的 48%。反映到二级指标上来，没有强势指标和优势指标；中势指标有 2 个，占二级指标总数的 22.2%；劣势指标有 7 个，占二级指标总数的 77.8%。综合来看，由于劣势指标在指标体系中居于主导地位，使得 2019 年贵州省经济综合竞争力处于劣势地位。

4. 贵州省经济综合竞争力四级指标优劣势对比分析

表 24－4　2019 年贵州省经济综合竞争力各级指标优劣势比较

二级指标	优劣势	四级指标
宏观经济 竞争力 （27 个）	强势指标	贸易结构优化度（1 个）
	优势指标	地区生产总值增长率、财政总收入增长率、就业结构优化度（3 个）
	劣势指标	人均地区生产总值、固定资产投资额增长率、全社会消费品零售总额增长率、人均全社会消费品零售额、产业结构优化度、所有制经济结构优化度、城乡经济结构优化度、财政收入结构优化度、进出口总额、进出口增长率、出口总额、出口增长率、实际 FDI、实际 FDI 增长率、外贸依存度、外资企业数、对外直接投资额（17 个）
产业经济 竞争力 （40 个）	强势指标	农业增加值增长率、农民人均纯收入增长率、工业收入利润率、限额以上批零企业利税率（4 个）
	优势指标	财政支农资金比重、工业全员劳动生产率、服务业增加值增长率（3 个）
	劣势指标	农民人均纯收入、农产品出口占农林牧渔总产值比重、人均主要农产品产量、农村人均用电量、工业增加值、工业增加值增长率、人均工业增加值、工业资产总额、规模以上工业主营业务收入、工业成本费用率、规模以上工业利润总额、服务业增加值、人均服务业增加值、限额以上批发零售企业主营业务收入、旅游外汇收入、电子商务销售额、规模以上企业平均收入、规模以上企业劳动效率、新产品销售收入占主营业务收入比重、产品质量抽查合格率、全国 500 强企业数（21 个）
可持续发 展竞争力 （24 个）	强势指标	人均废水排放量（1 个）
	优势指标	人均年水资源量、人均耕地面积、主要能源矿产基础储量、人均主要能源矿产基础储量、森林覆盖率、人口健康素质（6 个）
	劣势指标	人均工业废气排放量、人均工业固体废物排放量、生活垃圾无害化处理率、15～64 岁人口比例、文盲率、大专以上教育程度人口比例、平均受教育程度（7 个）
财政金融 竞争力 （22 个）	强势指标	地方财政支出增长率、中长期贷款占贷款余额比重（2 个）
	优势指标	地方财政支出占 GDP 比重、国内上市公司市值（2 个）
	劣势指标	地方财政收入、税收收入占财政总收入比重、人均地方财政收入、人均税收收入、税收收入增长率、存款余额、人均存款余额、贷款余额、保险费净收入、保险密度（人均保险费）、保险深度（保险费占 GDP 的比重）、国内上市公司数（12 个）

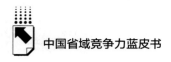

续表

二级指标	优劣势	四级指标
知识经济 竞争力 (29个)	强势指标	高技术产品出口额占商品出口额比重、公共教育经费占财政支出比重(2个)
	优势指标	教育经费占GDP比重、人均教育经费、农村居民人均文化娱乐支出占消费性支出比重(3个)
	劣势指标	R&D人员、R&D经费、R&D经费投入强度、发明专利授权量、人均文化教育支出、万人中小学学校数、万人中小学专任教师数、高校专任教师数、文化制造业营业收入、文化批发零售业营业收入、文化服务业企业营业收入、图书和期刊出版数、电子出版物品种、印刷用纸量、城镇居民人均文化娱乐支出、农村居民人均文化娱乐支出(16个)
发展环境 竞争力 (18个)	强势指标	外资企业数增长率(1个)
	优势指标	人均邮电业务总量(1个)
	劣势指标	铁路网线密度、全社会货物周转量、万人外资企业数、万人商标注册件数、查处商标侵权假冒案件数、每十万人交通事故发生数、罚没收入占财政收入比重(7个)
政府作用 竞争力 (16个)	强势指标	(0个)
	优势指标	财政支出用于经济社会比重、财政投资对社会投资的拉动、物价调控、规范税收、城镇职工养老保险收支比(5个)
	劣势指标	财政支出用于基本建设投资比重、财政支出对GDP增长的拉动、政府公务员对经济的贡献、统筹经济社会发展、医疗保险覆盖率、养老保险覆盖率、失业保险覆盖率(7个)
发展水平 竞争力 (18个)	强势指标	(0个)
	优势指标	高技术产品占商品出口额比重、人均公共绿地面积、私有和个体企业从业人员比重、居民消费支出占总消费支出比重(4个)
	劣势指标	工业增加值占GDP比重、工业增加值增长率、工农业增加值比值、城镇化率、城镇居民人均可支配收入、人均拥有道路面积、非公有制经济产值占全社会总产值比重、社会投资占投资总额比重(8个)
统筹协调 竞争力 (16个)	强势指标	(0个)
	优势指标	万元GDP综合能耗下降率(1个)
	劣势指标	社会劳动生产率、固定资产投资额占GDP比重、固定资产投资增长率、环境竞争力与宏观经济竞争力比差、资源竞争力与工业竞争力比差、城乡居民家庭人均收入比差、全社会消费品零售总额与外贸出口总额比差(7个)

24.2 贵州省经济综合竞争力各级指标具体分析

1. 贵州省宏观经济竞争力指标排名变化情况

表 24－5 2018～2019 年贵州省宏观经济竞争力指标组排位及变化趋势

指　标	2018 年	2019 年	排位升降	优劣势
1　宏观经济竞争力	22	24	－2	劣势
1.1　经济实力竞争力	20	22	－2	劣势
地区生产总值	25	17	8	中势
地区生产总值增长率	1	10	－9	优势
人均地区生产总值	29	23	6	劣势
财政总收入	21	19	2	中势
财政总收入增长率	17	4	13	优势
人均财政收入	25	19	6	中势
固定资产投资额	17	17	0	中势
固定资产投资额增长率	1	24	－23	劣势
人均固定资产投资额	16	16	0	中势
全社会消费品零售总额	25	20	5	中势
全社会消费品零售总额增长率	31	27	4	劣势
人均全社会消费品零售总额	31	21	10	劣势
1.2　经济结构竞争力	22	22	0	劣势
产业结构优化度	23	23	0	劣势
所有制经济结构优化度	19	22	－3	劣势
城乡经济结构优化度	30	30	0	劣势
就业结构优化度	6	8	－2	优势
财政收入结构优化度	20	25	－5	劣势
贸易结构优化度	2	2	0	强势
1.3　经济外向度竞争力	29	30	－1	劣势
进出口总额	27	27	0	劣势
进出口增长率	30	30	0	劣势
出口总额	24	26	－2	劣势
出口增长率	27	26	1	劣势
实际 FDI	24	25	－1	劣势
实际 FDI 增长率	4	22	－18	劣势
外贸依存度	29	29	0	劣势
外资企业数	27	26	1	劣势
对外直接投资额	30	31	－1	劣势

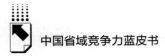

2. 贵州省产业经济竞争力指标排名变化情况

表 24 – 6　2018～2019 年贵州省产业经济竞争力指标组排位及变化趋势

指　标	2018 年	2019 年	排位升降	优劣势
2　产业经济竞争力	25	21	4	劣势
2.1　农业竞争力	19	15	4	中势
农业增加值	14	14	0	中势
农业增加值增长率	1	2	– 1	强势
人均农业增加值	13	14	– 1	中势
农民人均纯收入	30	30	0	劣势
农民人均纯收入增长率	6	3	3	强势
农产品出口占农林牧渔总产值比重	25	22	3	劣势
人均主要农产品产量	24	24	0	劣势
农业机械化水平	17	15	2	中势
农村人均用电量	22	22	0	劣势
财政支农资金比重	13	7	6	优势
2.2　工业竞争力	23	25	– 2	劣势
工业增加值	22	21	1	劣势
工业增加值增长率	8	21	– 13	劣势
人均工业增加值	25	24	1	劣势
工业资产总额	25	26	– 1	劣势
工业资产总额增长率	21	15	6	中势
规模以上工业主营业务收入	25	26	– 1	劣势
工业成本费用率	31	31	0	劣势
规模以上工业利润总额	23	21	2	劣势
工业全员劳动生产率	5	5	0	优势
工业收入利润率	3	1	2	强势
2.3　服务业竞争力	16	15	1	中势
服务业增加值	25	25	0	劣势
服务业增加值增长率	4	10	– 6	优势
人均服务业增加值	28	28	0	劣势
服务业从业人员数	20	20	0	中势
限额以上批发零售企业主营业务收入	22	23	– 1	劣势
限额以上批零企业利税率	1	1	0	强势
限额以上餐饮企业利税率	31	20	11	中势
旅游外汇收入	27	27	0	劣势
商品房销售收入	19	19	0	中势
电子商务销售额	21	23	– 2	劣势

续表

指　标	2018 年	2019 年	排位升降	优劣势
2.4　企业竞争力	30	30	0	劣势
规模以上工业企业数	19	20	−1	中势
规模以上企业平均资产	21	19	2	中势
规模以上企业平均收入	31	29	2	劣势
规模以上企业平均利润	19	12	7	中势
规模以上企业劳动效率	26	26	0	劣势
城镇就业人员平均工资	11	13	−2	中势
新产品销售收入占主营业务收入比重	23	23	0	劣势
产品质量抽查合格率	16	23	−7	劣势
工业企业 R&D 经费投入强度	20	16	4	中势
全国 500 强企业数	24	25	−1	劣势

3. 贵州省可持续发展竞争力指标排名变化情况

表 24－7　2018～2019 年贵州省可持续发展竞争力指标组排位及变化趋势

指　标	2018 年	2019 年	排位升降	优劣势
3　可持续发展竞争力	28	27	1	劣势
3.1　资源竞争力	16	17	−1	中势
人均国土面积	12	12	0	中势
人均可使用海域和滩涂面积	13	13	0	中势
人均年水资源量	8	10	−2	优势
耕地面积	15	15	0	中势
人均耕地面积	9	9	0	优势
人均牧草地面积	14	14	0	中势
主要能源矿产基础储量	5	6	−1	优势
人均主要能源矿产基础储量	6	6	0	优势
人均森林储积量	13	13	0	中势
3.2　环境竞争力	14	14	0	中势
森林覆盖率	15	10	5	优势
人均废水排放量	3	3	0	强势
人均工业废气排放量	25	25	0	劣势
人均工业固体废物排放量	22	22	0	劣势
人均治理工业污染投资额	28	20	8	中势
一般工业固体废物综合利用率	16	16	0	中势
生活垃圾无害化处理率	25	25	0	劣势
自然灾害直接经济损失额	12	15	−3	中势

续表

指　标	2018 年	2019 年	排位升降	优劣势
3.3　人力资源竞争力	30	30	0	劣势
常住人口增长率	16	12	4	中势
15～64 岁人口比例	31	31	0	劣势
文盲率	28	28	0	劣势
大专以上教育程度人口比例	29	31	−2	劣势
平均受教育程度	30	30	0	劣势
人口健康素质	8	8	0	优势
职业学校毕业生数	12	12	0	中势

4. 贵州省财政金融竞争力指标排名变化情况

表 24 – 8　2018～2019 年贵州省财政金融竞争力指标组排位及变化趋势

指　标	2018 年	2019 年	排位升降	优劣势
4　财政金融竞争力	25	20	5	中势
4.1　财政竞争力	16	16	0	中势
地方财政收入	22	23	−1	劣势
地方财政支出	18	15	3	中势
地方财政收入占 GDP 比重	10	14	−4	中势
地方财政支出占 GDP 比重	8	7	1	优势
税收入占 GDP 比重	10	14	−4	中势
税收入占财政总收入比重	16	26	−10	劣势
人均地方财政收入	21	22	−1	劣势
人均地方财政支出	15	11	4	中势
人均税收收入	20	23	−3	劣势
地方财政收入增长率	15	18	−3	中势
地方财政支出增长率	16	1	15	强势
税收入增长率	26	27	−1	劣势
4.2　金融竞争力	28	21	7	劣势
存款余额	22	23	−1	劣势
人均存款余额	25	26	−1	劣势
贷款余额	22	21	1	劣势
人均贷款余额	21	19	2	中势
中长期贷款占贷款余额比重	23	1	22	强势
保险费净收入	26	26	0	劣势
保险密度(人均保险费)	30	28	2	劣势
保险深度(保险费占 GDP 的比重)	28	28	0	劣势
国内上市公司数	27	27	0	劣势
国内上市公司市值	9	9	0	优势

5. 贵州省知识经济竞争力指标排名变化情况

表 24－9　2018～2019 年贵州省知识经济竞争力指标组排位及变化趋势

指　　　标	2018 年	2019 年	排位升降	优劣势
5　知识经济竞争力	18	21	－3	劣势
5.1　科技竞争力	17	17	0	中势
R&D 人员	21	21	0	劣势
R&D 经费	24	25	－1	劣势
R&D 经费投入强度	24	25	－1	劣势
发明专利授权量	24	24	0	劣势
技术市场成交合同金额	18	18	0	中势
财政科技支出占地方财政支出比重	13	15	－2	中势
高技术产业主营业务收入	21	20	1	中势
高技术产业收入占工业增加值比重	20	20	0	中势
高技术产品出口额占商品出口额比重	4	2	2	强势
5.2　教育竞争力	22	23	－1	劣势
教育经费	13	16	－3	中势
教育经费占 GDP 比重	3	4	－1	优势
人均教育经费	8	10	－2	优势
公共教育经费占财政支出比重	2	3	－1	强势
人均文化教育支出	26	26	0	劣势
万人中小学学校数	14	28	－14	劣势
万人中小学专任教师数	7	29	－22	劣势
高等学校数	18	18	0	中势
高校专任教师数	23	23	0	劣势
万人高等学校在校学生数	25	20	5	中势
5.3　文化竞争力	28	27	1	劣势
文化制造业营业收入	21	22	－1	劣势
文化批发零售业营业收入	23	22	1	劣势
文化服务业企业营业收入	20	23	－3	劣势
图书和期刊出版数	26	29	－3	劣势
电子出版物品种	24	27	－3	劣势
印刷用纸量	26	26	0	劣势
城镇居民人均文化娱乐支出	26	26	0	劣势
农村居民人均文化娱乐支出	24	23	1	劣势
城镇居民人均文化娱乐支出占消费性支出比重	14	11	3	中势
农村居民人均文化娱乐支出占消费性支出比重	5	5	0	优势

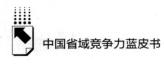

6. 贵州省发展环境竞争力指标排名变化情况

表 24 – 10　2018～2019 年贵州省发展环境竞争力指标组排位及变化趋势

指　　标	2018 年	2019 年	排位升降	优劣势
6　发展环境竞争力	19	14	5	中势
6.1　基础设施竞争力	19	17	2	中势
铁路网线密度	23	23	0	劣势
公路网线密度	13	13	0	中势
人均内河航道里程	12	12	0	中势
全社会旅客周转量	14	13	1	中势
全社会货物周转量	24	27	−3	劣势
人均邮电业务总量	10	7	3	优势
电话普及率	20	20	0	中势
政府网站数	18	18	0	中势
人均耗电量	18	18	0	中势
6.2　软环境竞争力	24	13	11	中势
外资企业数增长率	4	1	3	强势
万人外资企业数	31	29	2	劣势
个体私营企业数增长率	28	11	17	中势
万人个体私营企业数	17	16	1	中势
万人商标注册件数	28	28	0	劣势
查处商标侵权假冒案件数	25	23	2	劣势
每十万人交通事故发生数	29	28	1	劣势
罚没收入占财政收入比重	16	21	−5	劣势
社会捐赠站点数	17	17	0	中势

7. 贵州省政府作用竞争力指标排名变化情况

表 24 – 11　2018～2019 年贵州省政府作用竞争力指标组排位及变化趋势

指　　标	2018 年	2019 年	排位升降	优劣势
7　政府作用竞争力	24	24	0	劣势
7.1　政府发展经济竞争力	22	20	2	中势
财政支出用于基本建设投资比重	14	23	−9	劣势
财政支出对 GDP 增长的拉动	24	25	−1	劣势
政府公务员对经济的贡献	27	27	0	劣势
财政支出用于经济社会比重	7	9	−2	优势
财政投资对社会投资的拉动	14	8	6	优势

续表

指　标	2018 年	2019 年	排位升降	优劣势
7.2　政府规调经济竞争力	18	16	2	中势
物价调控	6	6	0	优势
调控城乡消费差距	25	19	6	中势
统筹经济社会发展	26	25	1	劣势
规范税收	15	6	9	优势
固定资产投资价格指数	19	12	7	中势
7.3　政府保障经济竞争力	21	20	1	中势
城镇职工养老保险收支比	6	6	0	优势
医疗保险覆盖率	24	22	2	劣势
养老保险覆盖率	23	25	−2	劣势
失业保险覆盖率	23	25	−2	劣势
最低工资标准	14	16	−2	中势
城镇登记失业率	18	17	1	中势

8. 贵州省发展水平竞争力指标排名变化情况

表 24 – 12　2018～2019 年贵州省发展水平竞争力指标组排位及变化趋势

指　标	2018 年	2019 年	排位升降	优劣势
8　发展水平竞争力	20	23	−3	劣势
8.1　工业化进程竞争力	16	16	0	中势
工业增加值占 GDP 比重	17	23	−6	劣势
工业增加值增长率	8	21	−13	劣势
高技术产业占工业增加值比重	28	17	11	中势
高技术产品占商品出口额比重	6	10	−4	优势
信息产业增加值占 GDP 比重	18	18	0	中势
工农业增加值比值	25	26	−1	劣势
8.2　城市化进程竞争力	27	27	0	劣势
城镇化率	30	28	2	劣势
城镇居民人均可支配收入	26	24	2	劣势
城市平均建成区面积比重	16	20	−4	中势
人均拥有道路面积	26	25	1	劣势
人均日生活用水量	13	13	0	中势
人均公共绿地面积	7	7	0	优势

续表

指 标	2018 年	2019 年	排位升降	优劣势
8.3 市场化进程竞争力	17	18	-1	中势
非公有制经济产值占全社会总产值比重	19	22	-3	劣势
社会投资占投资总额比重	24	24	0	劣势
私有和个体企业从业人员比重	11	9	2	优势
亿元以上商品市场成交额	18	17	1	中势
亿元以上商品市场成交额占全社会消费品零售总额比重	8	13	-5	中势
居民消费支出占总消费支出比重	5	5	0	优势

9. 贵州省统筹协调竞争力指标排名变化情况

表 24 -13 2018～2019 年贵州省统筹协调竞争力指标组排位及变化趋势

指 标	2018 年	2019 年	排位升降	优劣势
9 统筹协调竞争力	28	26	2	劣势
9.1 统筹发展竞争力	22	24	-2	劣势
社会劳动生产率	25	24	1	劣势
能源使用下降率	9	18	-9	中势
万元 GDP 综合能耗下降率	1	7	-6	优势
非农用地产出率	20	19	1	中势
居民收入占 GDP 比重	17	11	6	中势
二三产业增加值比例	16	14	2	中势
固定资产投资额占 GDP 比重	29	27	2	劣势
固定资产投资增长率	31	24	7	劣势
9.2 协调发展竞争力	29	30	-1	劣势
资源竞争力与宏观经济竞争力比差	12	11	1	中势
环境竞争力与宏观经济竞争力比差	25	26	-1	劣势
人力资源竞争力与宏观经济竞争力比差	17	17	0	中势
环境竞争力与工业竞争力比差	13	12	1	中势
资源竞争力与工业竞争力比差	25	28	-3	劣势
城乡居民家庭人均收入比差	30	30	0	劣势
城乡居民人均现金消费支出比差	25	19	6	中势
全社会消费品零售总额与外贸出口总额比差	28	29	-1	劣势

2018~2019年云南省经济综合
竞争力评价分析报告

云南省简称"滇",位于中国西南地区云贵高原,东部与广西、贵州相连,北部与四川和重庆为邻,西北紧靠西藏,西部与缅甸接壤,南与老挝、越南毗邻,是中国通往东南亚、南亚的门户。全省面积39.4万平方公里,国境线长4060公里。2019年总人口为4858万人,全省地区生产总值达23224亿元,同比增长8.1%,人均GDP达47944元。本部分通过分析2018~2019年云南省经济综合竞争力以及各要素竞争力的排名变化,从中找出云南省经济综合竞争力的推动点及影响因素,为进一步提升云南省经济综合竞争力提供决策参考。

25.1 云南省经济综合竞争力总体分析

1. 云南省经济综合竞争力一级指标概要分析

(1)从综合排位看,2019年云南省经济综合竞争力综合排位在全国居第24位,这表明其在全国处于劣势地位;与2018年相比,综合排位上升了2位。

(2)从指标所处区位看,没有指标处于上游区;处于中游区的指标有3个,分别为宏观经济竞争力、产业经济竞争力和可持续发展竞争力;处于下游区的指标有6个,分别为财政金融竞争力、知识经济竞争力、发展环境竞争力、政府作用竞争力、发展水平竞争力和统筹协调竞争力。

(3)从指标变化趋势看,9个二级指标中,有6个指标处于上升趋势,分别为宏观经济竞争力、产业经济竞争力、发展环境竞争力、政府作用竞争

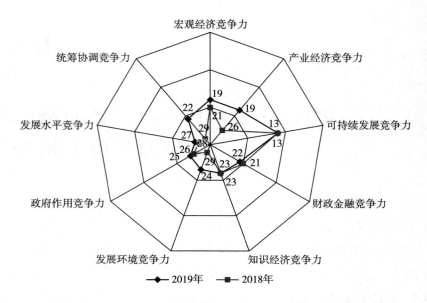

图 25 - 1　2018～2019 年云南省经济综合竞争力二级指标比较

表 25 - 1　2018～2019 年云南省经济综合竞争力二级指标比较

项目 年份	宏观 经济 竞争力	产业 经济 竞争力	可持续 发展 竞争力	财政 金融 竞争力	知识 经济 竞争力	发展 环境 竞争力	政府 作用 竞争力	发展 水平 竞争力	统筹 协调 竞争力	综合 排位
2018	21	26	13	21	23	29	26	28	29	26
2019	19	19	13	22	23	24	25	27	22	24
升降	2	7	0	-1	0	5	1	1	7	2
优劣度	中势	中势	中势	劣势	劣势	劣势	劣势	劣势	劣势	劣势

力、发展水平竞争力和统筹协调竞争力，这些是云南省经济综合竞争力的上升动力所在；有 2 个指标排位没有发生变化，分别为可持续发展竞争力和知识经济竞争力；有 1 个指标处于下降趋势，是财政金融竞争力，这是云南省经济综合竞争力下降的拉力所在。

2. 云南省经济综合竞争力各级指标动态变化分析

从表 25 - 2 可以看出，210 个四级指标中，上升指标有 95 个，占指标总数的 45.2%；下降指标有 55 个，占指标总数的 26.2%；保持不变的指标

表 25－2　2018～2019 年云南省经济综合竞争力各级指标排位变化态势比较

单位：个，%

二级指标	三级指标	四级指标数	上升		保持		下降		变化趋势
			指标数	比重	指标数	比重	指标数	比重	
宏观经济竞争力	经济实力竞争力	12	7	58.3	1	8.3	4	33.3	保持
	经济结构竞争力	6	3	50.0	2	33.3	1	16.7	保持
	经济外向度竞争力	9	3	33.3	3	33.3	3	33.3	保持
	小　计	27	13	48.1	6	22.2	8	29.6	上升
产业经济竞争力	农业竞争力	10	5	50.0	4	40.0	1	10.0	上升
	工业竞争力	10	5	50.0	3	30.0	2	20.0	上升
	服务业竞争力	10	6	60.0	2	20.0	2	20.0	上升
	企业竞争力	10	3	30.0	4	40.0	3	30.0	上升
	小　计	40	19	47.5	13	32.5	8	20.0	上升
可持续发展竞争力	资源竞争力	9	2	22.2	6	66.7	1	11.1	保持
	环境竞争力	8	4	50.0	4	50.0	0	0.0	上升
	人力资源竞争力	7	3	42.9	3	42.9	1	14.3	上升
	小　计	24	9	37.5	13	54.2	2	8.3	上升
财政金融竞争力	财政竞争力	12	4	33.3	3	25.0	5	41.7	下降
	金融竞争力	10	4	40.0	4	40.0	2	20.0	上升
	小　计	22	8	36.4	7	31.8	7	31.8	下降
知识经济竞争力	科技竞争力	9	4	44.4	2	22.2	3	33.3	保持
	教育竞争力	10	3	30.0	3	30.0	4	40.0	上升
	文化竞争力	10	4	40.0	1	10.0	5	50.0	下降
	小　计	29	11	37.9	6	20.7	12	41.4	保持
发展环境竞争力	基础设施竞争力	9	6	66.7	2	22.2	1	11.1	上升
	软环境竞争力	9	7	77.8	0	0.0	2	22.2	上升
	小　计	18	13	72.2	2	11.1	3	16.7	上升
政府作用竞争力	政府发展经济竞争力	5	4	80.0	1	20.0	0	0.0	上升
	政府规调经济竞争力	5	2	40.0	1	20.0	2	40.0	下降
	政府保障经济竞争力	6	3	50.0	1	16.7	2	33.3	上升
	小　计	16	9	56.3	3	18.8	4	25.0	上升
发展水平竞争力	工业化进程竞争力	6	3	50.0	1	16.7	2	33.3	保持
	城市化进程竞争力	6	1	16.7	1	16.7	4	66.7	保持
	市场化进程竞争力	6	1	16.7	3	50.0	2	33.3	保持
	小　计	18	5	27.8	5	27.8	8	44.4	上升
统筹协调竞争力	统筹发展竞争力	8	5	62.5	1	12.5	2	25.0	上升
	协调发展竞争力	8	3	37.5	4	50.0	1	12.5	上升
	小　计	16	8	50.0	5	31.3	3	18.8	上升
合　计		210	95	45.2	60	28.6	55	26.2	上升

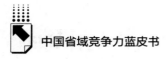

有 60 个，占指标总数的 28.6%。综上所述，上升和保持指标的比重大于下降指标的比重，使得 2018～2019 年云南省经济综合竞争力排位上升 2 位。

3. 云南省经济综合竞争力各级指标优劣势结构分析

基于图 25-2 和表 25-3，从四级指标来看，强势指标 7 个，占指标总数的 3.3%；优势指标 35 个，占指标总数的 16.7%；中势指标 80 个，占指标总数的 38.1%；劣势指标 88 个，占指标总数的 41.9%。

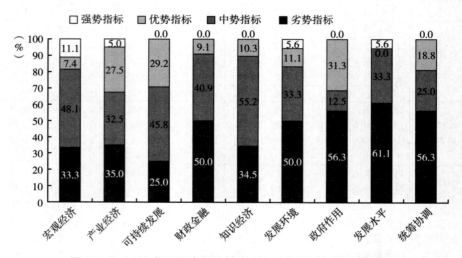

图 25-2 2019 年云南省经济综合竞争力各级指标优劣势比较

表 25-3 2019 年云南省经济综合竞争力各级指标优劣势比较

单位：个，%

二级指标	三级指标	四级指标数	强势指标		优势指标		中势指标		劣势指标		优劣势
			个数	比重	个数	比重	个数	比重	个数	比重	
宏观经济竞争力	经济实力竞争力	12	1	8.3	0	0.0	8	66.7	3	25.0	中势
	经济结构竞争力	6	0	0.0	1	16.7	2	33.3	3	50.0	劣势
	经济外向度竞争力	9	2	22.2	1	11.1	3	33.3	3	33.3	中势
	小　计	27	3	11.1	2	7.4	13	48.1	9	33.3	中势
产业经济竞争力	农业竞争力	10	0	0.0	4	40.0	4	40.0	2	20.0	优势
	工业竞争力	10	2	20.0	0	0.0	2	20.0	6	60.0	劣势
	服务业竞争力	10	0	0.0	4	40.0	3	30.0	3	30.0	中势
	企业竞争力	10	0	0.0	3	30.0	4	40.0	3	30.0	劣势
	小　计	40	2	5.0	11	27.5	13	32.5	14	35.0	中势

续表

二级指标	三级指标	四级指标数	强势指标		优势指标		中势指标		劣势指标		优劣势
			个数	比重	个数	比重	个数	比重	个数	比重	
可持续发展竞争力	资源竞争力	9	0	0.0	5	55.6	4	44.4	0	0.0	优势
	环境竞争力	8	0	0.0	2	25.0	3	37.5	3	37.5	优势
	人力资源竞争力	7	0	0.0	0	0.0	4	57.1	3	42.9	劣势
	小　计	24	0	0.0	7	29.2	11	45.8	6	25.0	中势
财政金融竞争力	财政竞争力	12	0	0.0	1	8.3	6	50.0	5	41.7	中势
	金融竞争力	10	0	0.0	1	10.0	3	30.0	6	60.0	劣势
	小　计	22	0	0.0	2	9.1	9	40.9	11	50.0	劣势
知识经济竞争力	科技竞争力	9	0	0.0	0	0.0	3	33.3	6	66.7	劣势
	教育竞争力	10	0	0.0	2	20.0	6	60.0	2	20.0	中势
	文化竞争力	10	0	0.0	1	10.0	7	70.0	2	20.0	劣势
	小　计	29	0	0.0	3	10.3	16	55.2	10	34.5	劣势
发展环境竞争力	基础设施竞争力	9	0	0.0	0	0.0	4	44.4	5	55.6	劣势
	软环境竞争力	9	1	11.1	2	22.2	2	22.2	4	44.4	中势
	小　计	18	1	5.6	2	11.1	6	33.3	9	50.0	劣势
政府作用竞争力	政府发展经济竞争力	5	0	0.0	2	40.0	1	20.0	2	40.0	中势
	政府规调经济竞争力	5	0	0.0	2	40.0	1	20.0	2	40.0	劣势
	政府保障经济竞争力	6	0	0.0	1	16.7	0	0.0	5	83.3	劣势
	小　计	16	0	0.0	5	31.3	2	12.5	9	56.3	劣势
发展水平竞争力	工业化进程竞争力	6	1	16.7	0	0.0	1	16.7	4	66.7	劣势
	城市化进程竞争力	6	0	0.0	0	0.0	3	50.0	3	50.0	劣势
	市场化进程竞争力	6	0	0.0	0	0.0	2	33.3	4	66.7	劣势
	小　计	18	1	5.6	0	0.0	6	33.3	11	61.1	劣势
统筹协调竞争力	统筹发展竞争力	8	0	0.0	1	12.5	3	37.5	4	50.0	劣势
	协调发展竞争力	8	0	0.0	2	25.0	1	12.5	5	62.5	劣势
	小　计	16	0	0.0	3	18.8	4	25.0	9	56.3	劣势
合　计		210	7	3.3	35	16.7	80	38.1	88	41.9	劣势

从三级指标来看，没有强势指标；优势指标有3个，占三级指标总数的12.0%；中势指标有7个，占三级指标总数的28.0%；劣势指标有15个，占三级指标总数的60.0%。反映到二级指标上，没有强势指标和优势指标；中势指标3个，占二级指标总数的33.3%；劣势指标有6个，占二级指标

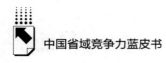

总数的 66.7%。综合来看，由于劣势指标居于主导地位，2019 年云南省经济综合竞争力处于劣势地位。

4. 云南省经济综合竞争力四级指标优劣势对比分析

表 25－4　2019 年云南省经济综合竞争力各级指标优劣势比较

二级指标	优劣势	四级指标
宏观经济竞争力（27 个）	强势指标	全社会消费品零售总额增长率、进出口增长率、出口增长率（3 个）
	优势指标	财政收入结构优化度、实际 FDI 增长率（2 个）
	劣势指标	地区生产总值增长率、财政总收入、人均财政收入、所有制经济结构优化度、城乡经济结构优化度、贸易结构优化度、出口总额、实际 FDI、外贸依存度（9 个）
产业经济竞争力（40 个）	强势指标	工业增加值增长率、工业全员劳动生产率（2 个）
	优势指标	农业增加值增长率、农民人均纯收入增长率、农产品出口占农林牧渔总产值比重、财政支农资金比重、服务业增加值增长率、限额以上批零企业利税率、限额以上餐饮企业利税率、旅游外汇收入、规模以上企业平均利润、规模以上企业劳动效率、城镇就业人员平均工资（11 个）
	劣势指标	农民人均纯收入、农村人均用电量、人均工业增加值、工业资产总额、工业资产总额增长率、规模以上工业主营业务收入、工业成本费用率、规模以上工业利润总额、服务业增加值、人均服务业增加值、电子商务销售额、规模以上工业企业数、新产品销售收入占主营业务收入比重、产品质量抽查合格率（14 个）
可持续发展竞争力（24 个）	强势指标	（0 个）
	优势指标	人均国土面积、人均年水资源量、耕地面积、人均耕地面积、人均森林储积量、森林覆盖率、人均废水排放量（7 个）
	劣势指标	人均治理工业污染投资额、一般工业固体废物综合利用率、自然灾害直接经济损失额、文盲率、大专以上教育程度人口比例、平均受教育程度（6 个）
财政金融竞争力（22 个）	强势指标	（0 个）
	优势指标	地方财政支出增长率、中长期贷款占贷款余额比重（2 个）
	劣势指标	地方财政收入占 GDP 比重、税收收入占 GDP 比重、税收收入占财政总收入比重、人均地方财政收入、人均税收收入、人均存款余额、人均贷款余额、保险费净收入、保险密度（人均保险费）、保险深度（保险费占 GDP 的比重）、国内上市公司数（11 个）

续表

二级指标	优劣势	四级指标
知识经济 竞争力 (29个)	强势指标	(0个)
	优势指标	教育经费占GDP比重、公共教育经费占财政支出比重、城镇居民人均文化娱乐支出占消费性支出比重(3个)
	劣势指标	R&D经费投入强度、发明专利授权量、技术市场成交合同金额、财政科技支出占地方财政支出比重、高技术产业主营业务收入、高技术产业收入占工业增加值比重、万人中小学学校数、高校专任教师数、印刷用纸量、农村居民人均文化娱乐支出(10个)
发展环境 竞争力 (18个)	强势指标	外资企业数增长率(1个)
	优势指标	查处商标侵权假冒案件数、每十万人交通事故发生数(2个)
	劣势指标	铁路网线密度、公路网线密度、全社会货物周转量、电话普及率、人均耗电量、万人外资企业数、万人个体私营企业数、万人商标注册件数、社会捐赠站点数(9个)
政府作用 竞争力 (16个)	强势指标	(0个)
	优势指标	财政支出用于基本建设投资比重、财政支出用于经济社会比重、物价调控、规范税收、城镇职工养老保险收支比(5个)
	劣势指标	财政支出对GDP增长的拉动、财政投资对社会投资的拉动、调控城乡消费差距、统筹经济社会发展、医疗保险覆盖率、养老保险覆盖率、失业保险覆盖率、最低工资标准、城镇登记失业率(9个)
发展水平 竞争力 (18个)	强势指标	工业增加值增长率(1个)
	优势指标	(0个)
	劣势指标	工业增加值占GDP比重、高技术产业占工业增加值比重、信息产业增加值占GDP比重、工农业增加值比值、城镇化率、人均拥有道路面积、人均公共绿地面积、非公有制经济产值占全社会总产值比重、社会投资占投资总额比重、亿元以上商品市场成交额、亿元以上商品市场成交额占全社会消费品零售总额比重(11个)
统筹协调 竞争力 (16个)	强势指标	(0个)
	优势指标	二三产业增加值比例、资源竞争力与宏观经济竞争力比差、环境竞争力与工业竞争力比差(3个)
	劣势指标	社会劳动生产率、能源使用下降率、非农用地产出率、固定资产投资额占GDP比重、环境竞争力与宏观经济竞争力比差、资源竞争力与工业竞争力比差、城镇居民家庭人均收入比差、城乡居民人均现金消费支出比差、全社会消费品零售总额与外贸出口总额比差(9个)

25.2　云南省经济综合竞争力各级指标具体分析

1. 云南省宏观经济竞争力指标排名变化情况

表 25－5　2018～2019 年云南省宏观经济竞争力指标组排位及变化趋势

指　标	2018 年	2019 年	排位升降	优劣势
1　宏观经济竞争力	21	19	2	中势
1.1　经济实力竞争力	19	19	0	中势
地区生产总值	20	19	1	中势
地区生产总值增长率	3	22	−19	劣势
人均地区生产总值	30	20	10	中势
财政总收入	18	21	−3	劣势
财政总收入增长率	15	16	−1	中势
人均财政收入	28	27	1	劣势
固定资产投资额	15	15	0	中势
固定资产投资额增长率	3	11	−8	中势
人均固定资产投资额	20	18	2	中势
全社会消费品零售总额	23	16	7	中势
全社会消费品零售总额增长率	6	3	3	强势
人均全社会消费品零售总额	26	19	7	中势
1.2　经济结构竞争力	29	29	0	劣势
产业结构优化度	21	14	7	中势
所有制经济结构优化度	25	26	−1	劣势
城乡经济结构优化度	29	29	0	劣势
就业结构优化度	20	20	0	中势
财政收入结构优化度	19	9	10	优势
贸易结构优化度	23	21	2	劣势
1.3　经济外向度竞争力	16	16	0	中势
进出口总额	20	20	0	中势
进出口增长率	7	3	4	强势
出口总额	21	21	0	劣势
出口增长率	19	3	16	强势
实际 FDI	22	22	0	劣势
实际 FDI 增长率	3	10	−7	优势
外贸依存度	20	22	−2	劣势
外资企业数	21	20	1	中势
对外直接投资额	16	19	−3	中势

438

2. 云南省产业经济竞争力指标排名变化情况

表 25－6 2018～2019 年云南省产业经济竞争力指标组排位及变化趋势

指　　标	2018 年	2019 年	排位升降	优劣势
2　产业经济竞争力	26	19	7	中势
2.1　农业竞争力	16	8	8	优势
农业增加值	12	11	1	中势
农业增加值增长率	2	4	－2	优势
人均农业增加值	20	17	3	中势
农民人均纯收入	28	28	0	劣势
农民人均纯收入增长率	11	5	6	优势
农产品出口占农林牧渔总产值比重	9	9	0	优势
人均主要农产品产量	18	18	0	中势
农业机械化水平	14	14	0	中势
农村人均用电量	29	27	2	劣势
财政支农资金比重	9	8	1	优势
2.2　工业竞争力	25	21	4	劣势
工业增加值	23	19	4	中势
工业增加值增长率	4	3	1	强势
人均工业增加值	27	26	1	劣势
工业资产总额	21	21	0	劣势
工业资产总额增长率	16	25	－9	劣势
规模以上工业主营业务收入	23	22	1	劣势
工业成本费用率	30	30	0	劣势
规模以上工业利润总额	22	22	0	劣势
工业全员劳动生产率	8	1	7	强势
工业收入利润率	9	13	－4	中势
2.3　服务业竞争力	25	16	9	中势
服务业增加值	23	23	0	劣势
服务业增加值增长率	22	6	16	优势
人均服务业增加值	30	23	7	劣势
服务业从业人员数	18	19	－1	中势
限额以上批发零售企业主营业务收入	18	19	－1	中势
限额以上批零企业利税率	10	6	4	优势
限额以上餐饮企业利税率	30	6	24	优势
旅游外汇收入	5	4	1	优势
商品房销售收入	17	17	0	中势
电子商务销售额	22	21	1	劣势

指　标	2018 年	2019 年	排位升降	优劣势
2.4　企业竞争力	27	26	1	劣势
规模以上工业企业数	21	21	0	劣势
规模以上企业平均资产	14	14	0	中势
规模以上企业平均收入	13	14	-1	中势
规模以上企业平均利润	10	10	0	优势
规模以上企业劳动效率	7	6	1	优势
城镇就业人员平均工资	14	9	5	优势
新产品销售收入占主营业务收入比重	26	28	-2	劣势
产品质量抽查合格率	30	30	0	劣势
工业企业 R&D 经费投入强度	21	19	2	中势
全国 500 强企业数	12	18	-6	中势

3. 云南省可持续发展竞争力指标排名变化情况

表 25 - 7　2018～2019 年云南省可持续发展竞争力指标组排位及变化趋势

指　标	2018 年	2019 年	排位升降	优劣势
3　可持续发展竞争力	18	13	5	中势
3.1　资源竞争力	8	8	0	优势
人均国土面积	8	8	0	优势
人均可使用海域和滩涂面积	13	13	0	中势
人均年水资源量	3	9	-6	优势
耕地面积	8	8	0	优势
人均耕地面积	8	7	1	优势
人均牧草地面积	12	12	0	中势
主要能源矿产基础储量	13	11	2	中势
人均主要能源矿产基础储量	11	11	0	中势
人均森林储积量	4	4	0	优势
3.2　环境竞争力	16	6	10	优势
森林覆盖率	7	6	1	优势
人均废水排放量	8	8	0	优势
人均工业废气排放量	16	16	0	中势
人均工业固体废物排放量	19	19	0	中势
人均治理工业污染投资额	30	21	9	劣势
一般工业固体废物综合利用率	25	25	0	劣势
生活垃圾无害化处理率	24	18	6	中势
自然灾害直接经济损失额	27	23	4	劣势

续表

指　标	2018 年	2019 年	排位升降	优劣势
3.3　人力资源竞争力	23	22	1	劣势
常住人口增长率	13	13	0	中势
15～64 岁人口比例	15	13	2	中势
文盲率	26	25	1	劣势
大专以上教育程度人口比例	26	26	0	劣势
平均受教育程度	29	28	1	劣势
人口健康素质	13	14	-1	中势
职业学校毕业生数	11	11	0	中势

4. 云南省财政金融竞争力指标排名变化情况

表 25 - 8　2018～2019 年云南省财政金融竞争力指标组排位及变化趋势

指　标	2018 年	2019 年	排位升降	优劣势
4　财政金融竞争力	21	22	-1	劣势
4.1　财政竞争力	18	19	-1	中势
地方财政收入	20	20	0	中势
地方财政支出	13	13	0	中势
地方财政收入占 GDP 比重	12	22	-10	劣势
地方财政支出占 GDP 比重	7	11	-4	中势
税收入占 GDP 比重	13	24	-11	劣势
税收入占财政总收入比重	22	23	-1	劣势
人均地方财政收入	27	26	1	劣势
人均地方财政支出	18	18	0	中势
人均税收收入	26	25	1	劣势
地方财政收入增长率	20	13	7	中势
地方财政支出增长率	23	7	16	优势
税收收入增长率	7	14	-7	中势
4.2　金融竞争力	25	24	1	劣势
存款余额	20	19	1	中势
人均存款余额	30	30	0	劣势
贷款余额	19	19	0	中势
人均贷款余额	27	27	0	劣势
中长期贷款占贷款余额比重	7	9	-2	优势
保险费净收入	22	21	1	劣势
保险密度（人均保险费）	28	27	1	劣势
保险深度（保险费占 GDP 的比重）	18	26	-8	劣势
国内上市公司数	24	24	0	劣势
国内上市公司市值	22	20	2	中势

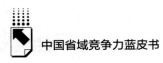

5. 云南省知识经济竞争力指标排名变化情况

表 25 - 9　2018～2019 年云南省知识经济竞争力指标组排位及变化趋势

指　　标	2018 年	2019 年	排位升降	优劣势
5　知识经济竞争力	23	23	0	劣势
5.1　科技竞争力	24	24	0	劣势
R&D 人员	20	19	1	中势
R&D 经费	19	19	0	中势
R&D 经费投入强度	21	24	−3	劣势
发明专利授权量	22	23	−1	劣势
技术市场成交合同金额	23	23	0	劣势
财政科技支出占地方财政支出比重	24	25	−1	劣势
高技术产业主营业务收入	24	23	1	劣势
高技术产业收入占工业增加值比重	28	27	1	劣势
高技术产品出口额占商品出口额比重	16	15	1	中势
5.2　教育竞争力	21	19	2	中势
教育经费	11	11	0	中势
教育经费占 GDP 比重	5	7	−2	优势
人均教育经费	16	16	0	中势
公共教育经费占财政支出比重	8	10	−2	优势
人均文化教育支出	16	18	−2	中势
万人中小学学校数	15	29	−14	劣势
万人中小学专任教师数	21	19	2	中势
高等学校数	18	18	0	中势
高校专任教师数	22	21	1	劣势
万人高等学校在校学生数	27	15	12	中势
5.3　文化竞争力	21	23	−2	劣势
文化制造业营业收入	19	18	1	中势
文化批发零售业营业收入	16	18	−2	中势
文化服务业企业营业收入	19	18	1	中势
图书和期刊出版数	20	19	1	中势
电子出版物品种	18	17	1	中势
印刷用纸量	20	23	−3	劣势
城镇居民人均文化娱乐支出	16	18	−2	中势
农村居民人均文化娱乐支出	25	26	−1	劣势
城镇居民人均文化娱乐支出占消费性支出比重	8	8	0	优势
农村居民人均文化娱乐支出占消费性支出比重	6	12	−6	中势

6. 云南省发展环境竞争力指标排名变化情况

表 25 - 10 2018～2019 年云南省发展环境竞争力指标组排位及变化趋势

指　标	2018 年	2019 年	排位升降	优劣势
6　发展环境竞争力	29	24	5	劣势
6.1　基础设施竞争力	28	27	1	劣势
铁路网线密度	28	28	0	劣势
公路网线密度	22	22	0	劣势
人均内河航道里程	16	15	1	中势
全社会旅客周转量	20	19	1	中势
全社会货物周转量	23	26	− 3	劣势
人均邮电业务总量	14	13	1	中势
电话普及率	28	27	1	劣势
政府网站数	21	20	1	中势
人均耗电量	23	22	1	劣势
6.2　软环境竞争力	29	16	13	中势
外资企业数增长率	28	2	26	强势
万人外资企业数	25	24	1	劣势
个体私营企业数增长率	27	18	9	中势
万人个体私营企业数	24	26	− 2	劣势
万人商标注册件数	25	24	1	劣势
查处商标侵权假冒案件数	10	7	3	优势
每十万人交通事故发生数	8	10	− 2	优势
罚没收入占财政收入比重	21	16	5	中势
社会捐赠站点数	25	21	4	劣势

7. 云南省政府作用竞争力指标排名变化情况

表 25 - 11 2018～2019 年云南省政府作用竞争力指标组排位及变化趋势

指　标	2018 年	2019 年	排位升降	优劣势
7　政府作用竞争力	26	25	1	劣势
7.1　政府发展经济竞争力	23	17	6	中势
财政支出用于基本建设投资比重	6	4	2	优势
财政支出对 GDP 增长的拉动	25	21	4	劣势
政府公务员对经济的贡献	25	20	5	中势
财政支出用于经济社会比重	13	8	5	优势
财政投资对社会投资的拉动	24	24	0	劣势

续表

指　标		2018 年	2019 年	排位升降	优劣势
7.2	政府规调经济竞争力	10	23	−13	劣势
	物价调控	2	9	−7	优势
	调控城乡消费差距	28	28	0	劣势
	统筹经济社会发展	20	23	−3	劣势
	规范税收	14	6	8	优势
	固定资产投资价格指数	15	12	3	中势
7.3	政府保障经济竞争力	29	28	1	劣势
	城镇职工养老保险收支比	24	4	20	优势
	医疗保险覆盖率	31	25	6	劣势
	养老保险覆盖率	30	30	0	劣势
	失业保险覆盖率	30	27	3	劣势
	最低工资标准	19	26	−7	劣势
	城镇登记失业率	13	22	−9	劣势

8. 云南省发展水平竞争力指标排名变化情况

表 25 – 12　2018～2019 年云南省发展水平竞争力指标组排位及变化趋势

指　标		2018 年	2019 年	排位升降	优劣势
8	**发展水平竞争力**	28	27	1	劣势
8.1	**工业化进程竞争力**	23	23	0	劣势
	工业增加值占 GDP 比重	26	28	−2	劣势
	工业增加值增长率	4	3	1	强势
	高技术产业占工业增加值比重	25	23	2	劣势
	高技术产品占商品出口额比重	16	17	−1	中势
	信息产业增加值占 GDP 比重	25	25	0	劣势
	工农业增加值比值	28	27	1	劣势
8.2	**城市化进程竞争力**	29	29	0	劣势
	城镇化率	28	29	−1	劣势
	城镇居民人均可支配收入	17	17	0	中势
	城市平均建成区面积比重	9	12	−3	中势
	人均拥有道路面积	23	24	−1	劣势
	人均日生活用水量	23	20	3	中势
	人均公共绿地面积	23	25	−2	劣势

续表

指　标	2018 年	2019 年	排位升降	优劣势
8.3　市场化进程竞争力	27	27	0	劣势
非公有制经济产值占全社会总产值比重	25	26	−1	劣势
社会投资占投资总额比重	28	28	0	劣势
私有和个体企业从业人员比重	18	11	7	中势
亿元以上商品市场成交额	25	25	0	劣势
亿元以上商品市场成交额占全社会消费品零售总额比重	28	30	−2	劣势
居民消费支出占总消费支出比重	20	20	0	中势

9. 云南省统筹协调竞争力指标排名变化情况

表 25 – 13　2018～2019 年云南省统筹协调竞争力指标组排位及变化趋势

指　标	2018 年	2019 年	排位升降	优劣势
9　统筹协调竞争力	29	22	7	劣势
9.1　统筹发展竞争力	31	23	8	劣势
社会劳动生产率	29	27	2	劣势
能源使用下降率	24	28	−4	劣势
万元 GDP 综合能耗下降率	10	15	−5	中势
非农用地产出率	24	24	0	劣势
居民收入占 GDP 比重	30	18	12	中势
二三产业增加值比例	15	7	8	优势
固定资产投资额占 GDP 比重	28	24	4	劣势
固定资产投资增长率	29	11	18	中势
9.2　协调发展竞争力	27	22	5	劣势
资源竞争力与宏观经济竞争力比差	8	9	−1	优势
环境竞争力与宏观经济竞争力比差	26	21	5	劣势
人力资源竞争力与宏观经济竞争力比差	20	18	2	中势
环境竞争力与工业竞争力比差	10	8	2	优势
资源竞争力与工业竞争力比差	27	27	0	劣势
城乡居民家庭人均收入比差	29	29	0	劣势
城乡居民人均现金消费支出比差	28	28	0	劣势
全社会消费品零售总额与外贸出口总额比差	24	24	0	劣势

B.27

26

2018~2019年西藏自治区经济
综合竞争力评价分析报告

西藏自治区简称"藏",位于我国西南边疆,东靠四川省,北连新疆维吾尔自治区、青海省,南部和西部与缅甸、印度、不丹、锡金、尼泊尔等国接壤。西藏自治区地处青藏高原,素有"世界屋脊"之称。全区土地面积为122万多平方公里,是中国五大牧区之一。2019年总人口为351万人,全区地区生产总值达1698亿元,同比增长8.1%,人均GDP达48902元。本部分通过分析2018~2019年西藏自治区经济综合竞争力以及各要素竞争力的排名变化,从中找出西藏自治区经济综合竞争力的推动点及影响因素,为进一步提升西藏自治区经济综合竞争力提供决策参考。

26.1 西藏自治区经济综合竞争力总体分析

1. 西藏自治区经济综合竞争力一级指标概要分析

(1) 从综合排位看,2019年西藏自治区经济综合竞争力综合排位处于全国第31位,表明其在全国处于劣势地位;与2018年相比,综合排位保持不变。

(2) 从指标所处区位看,处于中游区的指标有2个,分别为宏观经济竞争力和可持续发展竞争力;处于下游区的指标有7个,分别为产业经济竞争力、财政金融竞争力、知识经济竞争力、发展环境竞争力、政府作用竞争力、发展水平竞争力和统筹协调竞争力。

(3) 从指标变化趋势看,9个二级指标中,有3个指标处于上升趋势,分别为宏观经济竞争力、产业经济竞争力和统筹协调竞争力,这些是西藏自

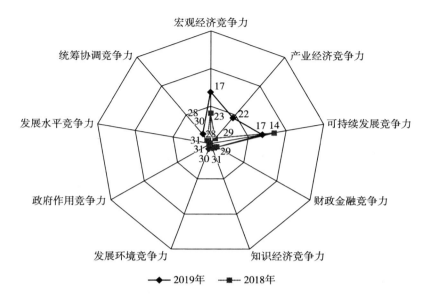

图 26 - 1　2018～2019 年西藏自治区经济综合竞争力二级指标比较

表 26 - 1　2018～2019 年西藏自治区经济综合竞争力二级指标比较

项目 年份	宏观 经济 竞争力	产业 经济 竞争力	可持续 发展 竞争力	财政 金融 竞争力	知识 经济 竞争力	发展 环境 竞争力	政府 作用 竞争力	发展 水平 竞争力	统筹 协调 竞争力	综合 排位
2018	23	29	14	29	31	30	31	31	30	31
2019	17	22	17	29	31	30	31	31	28	31
升降	6	7	- 3	0	0	0	0	0	2	0
优劣度	中势	劣势	中势	劣势	劣势	劣势	劣势	劣势	劣势	劣势

治区经济综合竞争力的上升动力所在；有 5 个指标排位没有发生变化，分别为财政金融竞争力、知识经济竞争力、发展环境竞争力、政府作用竞争力和发展水平竞争力；有 1 个指标处于下降趋势，为可持续发展竞争力，这是西藏自治区经济综合竞争力的下降拉力所在，表明西藏在可持续发展方面还需要强化提升。

2. 西藏自治区经济综合竞争力各级指标动态变化分析

从表 26 - 2 可以看出，210 个四级指标中，上升指标有 57 个，占指标总数的 27.1%；下降指标有 52 个，占指标总数的 24.8%；保持不变的指标

表 26 - 2　2018～2019 年西藏自治区经济综合竞争力各级指标排位变化态势比较

单位：个，%

二级指标	三级指标	四级指标数	上升		保持		下降		变化趋势
			指标数	比重	指标数	比重	指标数	比重	
宏观经济竞争力	经济实力竞争力	12	5	41.7	2	16.7	5	41.7	保持
	经济结构竞争力	6	4	66.7	1	16.7	1	16.7	上升
	经济外向度竞争力	9	5	55.6	4	44.4	0	0.0	上升
	小　计	27	14	51.9	7	25.9	6	22.2	上升
产业经济竞争力	农业竞争力	10	4	40.0	6	60.0	0	0.0	保持
	工业竞争力	10	3	30.0	4	40.0	3	30.0	保持
	服务业竞争力	10	3	30.0	7	70.0	0	0.0	上升
	企业竞争力	10	2	20.0	4	40.0	4	40.0	保持
	小　计	40	12	30.0	21	52.5	7	17.5	上升
可持续发展竞争力	资源竞争力	9	1	11.1	7	77.8	1	11.1	保持
	环境竞争力	8	2	25.0	5	62.5	1	12.5	上升
	人力资源竞争力	7	0	0.0	5	71.4	2	28.6	保持
	小　计	24	3	12.5	17	70.8	4	16.7	下降
财政金融竞争力	财政竞争力	12	1	8.3	5	41.7	6	50.0	下降
	金融竞争力	10	0	0.0	7	70.0	3	30.0	下降
	小　计	22	1	4.5	12	54.5	9	40.9	保持
知识经济竞争力	科技竞争力	9	0	0.0	7	77.8	2	22.2	保持
	教育竞争力	10	0	0.0	5	50.0	5	50.0	保持
	文化竞争力	10	2	20.0	7	70.0	1	10.0	保持
	小　计	29	2	6.9	19	65.5	8	27.6	保持
发展环境竞争力	基础设施竞争力	9	3	33.3	6	66.7	0	0.0	保持
	软环境竞争力	9	3	33.3	1	11.1	5	55.6	下降
	小　计	18	6	33.3	7	38.9	5	27.8	保持
政府作用竞争力	政府发展经济竞争力	5	1	20.0	3	60.0	1	20.0	下降
	政府规调经济竞争力	5	2	40.0	2	40.0	1	20.0	保持
	政府保障经济竞争力	6	2	33.3	2	33.3	2	33.3	保持
	小　计	16	5	31.3	7	43.8	4	25.0	保持
发展水平竞争力	工业化进程竞争力	6	1	16.7	3	50.0	2	33.3	保持
	城市化进程竞争力	6	4	66.7	1	16.7	1	16.7	保持
	市场化进程竞争力	6	1	16.7	3	50.0	2	33.3	保持
	小　计	18	6	33.3	7	38.9	5	27.8	保持
统筹协调竞争力	统筹发展竞争力	8	4	50.0	2	25.0	2	25.0	上升
	协调发展竞争力	8	4	50.0	2	25.0	2	25.0	上升
	小　计	16	8	50.0	4	25.0	4	25.0	上升
合　计		210	57	27.1	101	48.1	52	24.8	保持

有101个，占指标总数的48.1%。综上所述，由于保持指标在指标体系中占据主导地位，使得2019年西藏自治区经济综合竞争力排位保持不变。

3. 西藏自治区经济综合竞争力各级指标优劣势结构分析

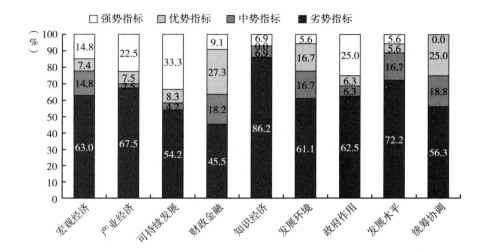

图26-2 2019年西藏自治区经济综合竞争力各级指标优劣势比较

表26-3 2019年西藏自治区经济综合竞争力各级指标优劣势比较

单位：个，%

二级指标	三级指标	四级指标数	强势指标		优势指标		中势指标		劣势指标		优劣势
			个数	比重	个数	比重	个数	比重	个数	比重	
宏观经济竞争力	经济实力竞争力	12	2	16.7	1	8.3	2	16.7	7	58.3	中势
	经济结构竞争力	6	1	16.7	1	16.7	1	16.7	3	50.0	中势
	经济外向度竞争力	9	1	11.1	0	0.0	1	11.1	7	77.8	劣势
	小　计	27	4	14.8	2	7.4	4	14.8	17	63.0	中势
产业经济竞争力	农业竞争力	10	2	20	1	10	1	10	6	60	劣势
	工业竞争力	10	2	20	2	20	0	0	6	60	劣势
	服务业竞争力	10	3	30	0	0	0	0	7	70	中势
	企业竞争力	10	2	20	0	0	0	0	8	80	劣势
	小　计	40	9	22.5	3	7.5	1	2.5	27	67.5	劣势
可持续发展竞争力	资源竞争力	9	4	44.4	1	11.1	1	11.1	3	33.3	强势
	环境竞争力	8	3	37.5	1	12.5	0	0.0	4	50.0	劣势
	人力资源竞争力	7	1	14.3	0	0.0	0	0.0	6	85.7	劣势
	小　计	24	8	33.3	2	8.3	1	4.2	13	54.2	中势

续表

二级指标	三级指标	四级指标数	强势指标		优势指标		中势指标		劣势指标		优劣势
			个数	比重	个数	比重	个数	比重	个数	比重	
财政金融竞争力	财政竞争力	12	2	16.7	3	25.0	4	33.3	3	25.0	劣势
	金融竞争力	10	0	0.0	3	30.0	0	0.0	7	70.0	劣势
	小　计	22	2	9.1	6	27.3	4	18.2	10	45.5	劣势
知识经济竞争力	科技竞争力	9	0	0.0	0	0.0	0	0.0	9	100.0	劣势
	教育竞争力	10	2	20.0	0	0.0	1	10.0	7	70.0	劣势
	文化竞争力	10	0	0.0	0	0.0	1	10.0	9	90.0	劣势
	小　计	29	2	6.9	0	0.0	2	6.9	25	86.2	劣势
发展环境竞争力	基础设施竞争力	9	0	0.0	0	0.0	1	11.1	8	88.9	劣势
	软环境竞争力	9	1	11.1	3	33.3	2	22.2	3	33.3	中势
	小　计	18	1	5.6	3	16.7	3	16.7	11	61.1	劣势
政府作用竞争力	政府发展经济竞争力	5	1	20.0	1	20.0	0	0.0	3	60.0	劣势
	政府规调经济竞争力	5	2	40.0	0	0.0	0	0.0	3	60.0	劣势
	政府保障经济竞争力	6	1	16.7	0	0.0	1	16.7	4	66.7	劣势
	小　计	16	4	25.0	1	6.3	1	6.3	10	62.5	劣势
发展水平竞争力	工业化进程竞争力	6	0	0.0	1	16.7	0	0.0	5	83.3	劣势
	城市化进程竞争力	6	1	16.7	0	0.0	2	33.3	3	50.0	劣势
	市场化进程竞争力	6	0	0.0	0	0.0	1	16.7	5	83.3	劣势
	小　计	18	1	5.6	1	5.6	3	16.7	13	72.2	劣势
统筹协调竞争力	统筹发展竞争力	8	0	0.0	2	25.0	1	12.5	5	62.5	劣势
	协调发展竞争力	8	0	0.0	2	25.0	2	25.0	4	50.0	劣势
	小　计	16	0	0.0	4	25.0	3	18.8	9	56.3	劣势
合　计		210	31	14.8	22	10.5	22	10.5	135	64.3	劣势

　　基于图 26-2 和表 26-3，从四级指标来看，强势指标 31 个，占指标总数的 14.8%；优势指标 22 个，占指标总数的 10.5%；中势指标 22 个，占指标总数的 10.5%；劣势指标 135 个，占指标总数的 64.3%。从三级指标来看，强势指标 1 个，占三级指标总数的 4%；优势指标 0 个，占三级指标总数的 0%；中势指标 4 个，占三级指标总数的 16%；劣势指标 20 个，占三级指标总数的 80%。反映到二级指标上来，中势指标 2 个，占二级指标总数的 22.22%；劣势指标有 7 个，占二级指标总数的 77.78%。综合来看，由于劣势指标居于主导地位，使得 2019 年西藏自治区经济综合竞争力处于劣势地位。

4. 西藏自治区经济综合竞争力四级指标优劣势对比分析

表 26 - 4   2019 年西藏自治区经济综合竞争力各级指标优劣势比较

二级指标	优劣势	四级指标
宏观经济竞争力（27 个）	强势指标	财政总收入增长率、人均财政收入、贸易结构优化度、出口增长率（4 个）
	优势指标	人均固定资产投资额、产业结构优化度（2 个）
	劣势指标	地区生产总值、地区生产总值增长率、人均地区生产总值、财政总收入、固定资产投资额、固定资产投资额增长率、全社会消费品零售总额、所有制经济结构优化度、城乡经济结构优化度、财政收入结构优化度、进出口总额、出口总额、实际 FDI、实际 FDI 增长率、外贸依存度、外资企业数、对外直接投资额（17 个）
产业经济竞争力（40 个）	强势指标	农民人均纯收入增长率、财政支农资金比重、工业成本费用率、工业全员劳动生产率、服务业增加值增长率、限额以上批零企业利税率、限额以上餐饮企业利税率、规模以上企业平均资产、城镇就业人员平均工资（9 个）
	优势指标	农业增加值增长率、工业增加值增长率、工业资产总额增长率（3 个）
	劣势指标	农业增加值、人均农业增加值、农民人均纯收入、农产品出口占农林牧渔总产值比重、农业机械化水平、农村人均用电量、工业增加值、人均工业增加值、工业资产总额、规模以上工业主营业务收入、规模以上工业利润总额、工业收入利润率、服务业增加值、人均服务业增加值、服务业从业人员数、限额以上批发零售企业主营业务收入、旅游外汇收入、商品房销售收入、电子商务销售额、规模以上工业企业数、规模以上企业平均收入、规模以上企业平均利润、规模以上企业劳动效率、新产品销售收入占主营业务收入比重、产品质量抽查合格率、工业企业 R&D 经费投入强度、全国 500 强企业数（27 个）
可持续发展竞争力（24 个）	强势指标	人均国土面积、人均年水资源量、人均牧草地面积、人均森林储积量、人均废水排放量、人均工业固体废物排放量、自然灾害直接经济损失额、常住人口增长率（8 个）
	优势指标	人均耕地面积、人均工业废气排放量（2 个）
	劣势指标	耕地面积、主要能源矿产基础储量、人均主要能源矿产基础储量、森林覆盖率、人均治理工业污染投资额、一般工业固体废物综合利用率、生活垃圾无害化处理率、15～64 岁人口比例、文盲率、大专以上教育程度人口比例、平均受教育程度、人口健康素质、职业学校毕业生数（13 个）
财政金融竞争力（22 个）	强势指标	地方财政支出占 GDP 比重、人均地方财政支出（2 个）
	优势指标	地方财政收入占 GDP 比重、税收入占 GDP 比重、地方财政支出增长率、人均存款余额、人均贷款余额、中长期贷款占贷款余额比重（6 个）
	劣势指标	地方财政收入、地方财政支出、地方财政收入增长率、存款余额、贷款余额、保险费净收入、保险密度（人均保险费）、保险深度（保险费占 GDP 的比重）、国内上市公司数、国内上市公司市值（10 个）

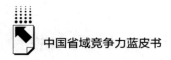

二级指标	优劣势	四级指标
知识经济 竞争力 (29 个)	强势指标	教育经费占 GDP 比重、人均教育经费(2 个)
	优势指标	(0 个)
	劣势指标	R&D 人员、R&D 经费、R&D 经费投入强度、发明专利授权量、技术市场成交合同金额、财政科技支出占地方财政支出比重、高技术产业主营业务收入、高技术产业收入占工业增加值比重、高技术产品出口额占商品出口额比重、教育经费、公共教育经费占财政支出比重、人均文化教育支出、万人中小学学校数、万人中小学专任教师数、高校专任教师数、万人高等学校在校学生数、文化制造业营业收入、文化批发零售业营业收入、文化服务业企业营业收入、图书和期刊出版数、印刷用纸量、城镇居民人均文化娱乐支出、农村居民人均文化娱乐支出、城镇居民人均文化娱乐支出占消费性支出比重、农村居民人均文化娱乐支出占消费性支出比重(25 个)
发展环境 竞争力 (18 个)	强势指标	查处商标侵权假冒案件数(1 个)
	优势指标	个体私营企业数增长率、每十万人交通事故发生数、罚没收入占财政收入比重(3 个)
	劣势指标	铁路网线密度、公路网线密度、人均内河航道里程、全社会旅客周转量、全社会货物周转量、电话普及率、政府网站数、人均耗电量、外资企业数增长率、万人外资企业数、社会捐赠站点数(11 个)
政府作用 竞争力 (16 个)	强势指标	财政支出用于经济社会比重、物价调控、规范税收、城镇职工养老保险收支比(4 个)
	优势指标	财政支出用于基本建设投资比重(1 个)
	劣势指标	财政支出对 GDP 增长的拉动、政府公务员对经济的贡献、财政投资对社会投资的拉动、调控城乡消费差距、统筹经济社会发展、固定资产投资价格指数、医疗保险覆盖率、养老保险覆盖率、失业保险覆盖率、最低工资标准(10 个)
发展水平 竞争力 (18 个)	强势指标	人均日生活用水量(1 个)
	优势指标	工业增加值增长率(1 个)
	劣势指标	工业增加值占 GDP 比重、高技术产业占工业增加值比重、高技术产品占商品出口额比重、信息产业增加值占 GDP 比重、工农业增加值比值、城镇化率、城市平均建成区面积比重、人均公共绿地面积、非公有制经济产值占全社会总产值比重、社会投资占投资总额比重、亿元以上商品市场成交额、亿元以上商品市场成交额占全社会消费品零售总额比重、居民消费支出占总消费支出比重(13 个)

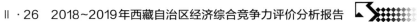

续表

二级指标	优劣势	四级指标
统筹协调 竞争力 (16个)	强势指标	(0个)
	优势指标	能源使用下降率、居民收入占 GDP 比重、资源竞争力与宏观经济竞争力比差、环境竞争力与工业竞争力比差(4个)
	劣势指标	社会劳动生产率、万元 GDP 综合能耗下降率、非农用地产出率、固定资产投资额占 GDP 比重、固定资产投资增长率、资源竞争力与工业竞争力比差、城乡居民家庭人均收入比差、城乡居民人均现金消费支出比差、全社会消费品零售总额与外贸出口总额比差(9个)

26.2 西藏自治区经济综合竞争力各级指标具体分析

1. 西藏自治区宏观经济竞争力指标排名变化情况

表 26-5 2018～2019 年西藏自治区宏观经济竞争力指标组排位及变化趋势

指 标	2018 年	2019 年	排位升降	优劣势
1 宏观经济竞争力	23	17	6	中势
1.1 经济实力竞争力	18	18	0	中势
地区生产总值	31	29	2	劣势
地区生产总值增长率	1	25	−24	劣势
人均地区生产总值	26	28	−2	劣势
财政总收入	31	26	5	劣势
财政总收入增长率	5	1	4	强势
人均财政收入	16	1	15	强势
固定资产投资额	31	31	0	劣势
固定资产投资额增长率	12	26	−14	劣势
人均固定资产投资额	6	9	−3	优势
全社会消费品零售总额	31	31	0	劣势
全社会消费品零售总额增长率	1	11	−10	中势
人均全社会消费品零售总额	23	17	6	中势

续表

指　标	2018 年	2019 年	排位升降	优劣势
1.2　经济结构竞争力	23	19	4	中势
产业结构优化度	18	7	11	优势
所有制经济结构优化度	28	23	5	劣势
城乡经济结构优化度	26	26	0	劣势
就业结构优化度	18	15	3	中势
财政收入结构优化度	18	31	− 13	劣势
贸易结构优化度	8	1	7	强势
1.3　经济外向度竞争力	30	24	6	劣势
进出口总额	31	30	1	劣势
进出口增长率	29	20	9	中势
出口总额	31	30	1	劣势
出口增长率	20	2	18	强势
实际 FDI	31	31	0	劣势
实际 FDI 增长率	30	28	2	劣势
外贸依存度	30	30	0	劣势
外资企业数	31	31	0	劣势
对外直接投资额	27	27	0	劣势

2. 西藏自治区产业经济竞争力指标排名变化情况

表 26 - 6　2018 ~ 2019 年西藏自治区产业经济竞争力指标组排位及变化趋势

指　标	2018 年	2019 年	排位升降	优劣势
2　产业经济竞争力	29	22	7	劣势
2.1　农业竞争力	21	21	0	劣势
农业增加值	29	29	0	劣势
农业增加值增长率	15	6	9	优势
人均农业增加值	28	28	0	劣势
农民人均纯收入	26	24	2	劣势
农民人均纯收入增长率	1	1	0	强势
农产品出口占农林牧渔总产值比重	30	29	1	劣势
人均主要农产品产量	17	17	0	中势
农业机械化水平	27	27	0	劣势
农村人均用电量	31	31	0	劣势
财政支农资金比重	2	1	1	强势

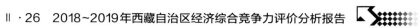

续表

指　标	2018 年	2019 年	排位升降	优劣势
2.2　工业竞争力	24	24	0	劣势
工业增加值	31	31	0	劣势
工业增加值增长率	2	4	-2	优势
人均工业增加值	31	31	0	劣势
工业资产总额	31	31	0	劣势
工业资产总额增长率	1	9	-8	优势
规模以上工业主营业务收入	31	31	0	劣势
工业成本费用率	22	1	21	强势
规模以上工业利润总额	31	30	1	劣势
工业全员劳动生产率	4	3	1	强势
工业收入利润率	10	30	-20	劣势
2.3　服务业竞争力	28	17	11	中势
服务业增加值	31	31	0	劣势
服务业增加值增长率	31	2	29	强势
人均服务业增加值	27	21	6	劣势
服务业从业人员数	31	31	0	劣势
限额以上批发零售企业主营业务收入	31	31	0	劣势
限额以上批零企业利税率	2	2	0	强势
限额以上餐饮企业利税率	10	1	9	强势
旅游外汇收入	28	28	0	劣势
商品房销售收入	31	31	0	劣势
电子商务销售额	31	31	0	劣势
2.4　企业竞争力	31	31	0	劣势
规模以上工业企业数	31	31	0	劣势
规模以上企业平均资产	2	2	0	强势
规模以上企业平均收入	28	30	-2	劣势
规模以上企业平均利润	21	30	-9	劣势
规模以上企业劳动效率	22	23	-1	劣势
城镇就业人员平均工资	3	3	0	强势
新产品销售收入占主营业务收入比重	25	24	1	劣势
产品质量抽查合格率	31	26	5	劣势
工业企业 R&D 经费投入强度	30	31	-1	劣势
全国 500 强企业数	30	30	0	劣势

455

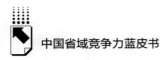

3. 西藏自治区可持续发展竞争力指标排名变化情况

表 26 - 7　2018 ~ 2019 年西藏自治区可持续发展竞争力指标组排位及变化趋势

指　标	2018 年	2019 年	排位升降	优劣势
3　可持续发展竞争力	12	17	-5	中势
3.1　资源竞争力	2	2	0	强势
人均国土面积	1	1	0	强势
人均可使用海域和滩涂面积	13	13	0	中势
人均年水资源量	1	1	0	强势
耕地面积	28	28	0	劣势
人均耕地面积	7	8	-1	优势
人均牧草地面积	1	1	0	强势
主要能源矿产基础储量	30	27	3	劣势
人均主要能源矿产基础储量	27	27	0	劣势
人均森林储积量	1	1	0	强势
3.2　环境竞争力	22	21	1	劣势
森林覆盖率	25	27	-2	劣势
人均废水排放量	1	1	0	强势
人均工业废气排放量	5	5	0	优势
人均工业固体废物排放量	1	1	0	强势
人均治理工业污染投资额	31	31	0	劣势
一般工业固体废物综合利用率	31	31	0	劣势
生活垃圾无害化处理率	27	24	3	劣势
自然灾害直接经济损失额	5	1	4	强势
3.3　人力资源竞争力	31	31	0	劣势
常住人口增长率	1	2	-1	强势
15 ~ 64 岁人口比例	20	23	-3	劣势
文盲率	31	31	0	劣势
大专以上教育程度人口比例	30	30	0	劣势
平均受教育程度	31	31	0	劣势
人口健康素质	29	29	0	劣势
职业学校毕业生数	31	31	0	劣势

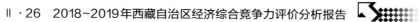

4. 西藏自治区财政金融竞争力指标排名变化情况

表 26－8   2018～2019 年西藏自治区财政金融竞争力指标组排位及变化趋势

指　　标	2018 年	2019 年	排位升降	优劣势
4　财政金融竞争力	29	29	0	劣势
4.1　财政竞争力	28	29	−1	劣势
地方财政收入	31	31	0	劣势
地方财政支出	28	28	0	劣势
地方财政收入占 GDP 比重	3	6	−3	优势
地方财政支出占 GDP 比重	1	1	0	强势
税收收入占 GDP 比重	4	8	−4	优势
税收收入占财政总收入比重	30	18	12	中势
人均地方财政收入	11	12	−1	中势
人均地方财政支出	1	1	0	强势
人均税收收入	14	14	0	中势
地方财政收入增长率	1	29	−28	劣势
地方财政支出增长率	1	8	−7	优势
税收收入增长率	1	17	−16	中势
4.2　金融竞争力	29	30	−1	劣势
存款余额	31	31	0	劣势
人均存款余额	7	8	−1	优势
贷款余额	31	31	0	劣势
人均贷款余额	6	7	−1	优势
中长期贷款占贷款余额比重	3	4	−1	优势
保险费净收入	31	31	0	劣势
保险密度(人均保险费)	31	31	0	劣势
保险深度(保险费占 GDP 的比重)	31	31	0	劣势
国内上市公司数	29	29	0	劣势
国内上市公司市值	29	29	0	劣势

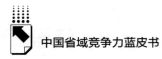

5. 西藏自治区知识经济竞争力指标排名变化情况

表 26 - 9 2018 ~ 2019 年西藏自治区知识经济竞争力指标组排位及变化趋势

指　标	2018 年	2019 年	排位升降	优劣势
5　知识经济竞争力	31	31	0	劣势
5.1　科技竞争力	31	31	0	劣势
R&D 人员	31	31	0	劣势
R&D 经费	31	31	0	劣势
R&D 经费投入强度	31	31	0	劣势
发明专利授权量	31	31	0	劣势
技术市场成交合同金额	31	31	0	劣势
财政科技支出占地方财政支出比重	31	31	0	劣势
高技术产业主营业务收入	31	31	0	劣势
高技术产业收入占工业增加值比重	29	30	-1	劣势
高技术产品出口额占商品出口额比重	30	31	-1	劣势
5.2　教育竞争力	30	30	0	劣势
教育经费	29	30	-1	劣势
教育经费占 GDP 比重	1	1	0	强势
人均教育经费	1	1	0	强势
公共教育经费占财政支出比重	30	31	-1	劣势
人均文化教育支出	31	31	0	劣势
万人中小学学校数	17	30	-13	劣势
万人中小学专任教师数	9	30	-21	劣势
高等学校数	18	18	0	中势
高校专任教师数	31	31	0	劣势
万人高等学校在校学生数	30	31	-1	劣势
5.3　文化竞争力	31	31	0	劣势
文化制造业营业收入	31	31	0	劣势
文化批发零售业营业收入	31	31	0	劣势
文化服务业企业营业收入	31	30	1	劣势
图书和期刊出版数	30	30	0	劣势
电子出版物品种	22	20	2	中势
印刷用纸量	30	31	-1	劣势
城镇居民人均文化娱乐支出	31	31	0	劣势
农村居民人均文化娱乐支出	31	31	0	劣势
城镇居民人均文化娱乐支出占消费性支出比重	31	31	0	劣势
农村居民人均文化娱乐支出占消费性支出的比重	31	31	0	劣势

6. 西藏自治区发展环境竞争力指标排名变化情况

表26 - 10 2018～2019年西藏自治区发展环境竞争力指标组排位及变化趋势

指　标	2018 年	2019 年	排位升降	优劣势
6　发展环境竞争力	30	30	0	劣势
6.1　基础设施竞争力	31	31	0	劣势
铁路网线密度	31	31	0	劣势
公路网线密度	31	31	0	劣势
人均内河航道里程	28	28	0	劣势
全社会旅客周转量	31	31	0	劣势
全社会货物周转量	31	31	0	劣势
人均邮电业务总量	30	14	16	中势
电话普及率	25	24	1	劣势
政府网站数	26	23	3	劣势
人均耗电量	31	31	0	劣势
6.2　软环境竞争力	10	11	－ 1	中势
外资企业数增长率	16	22	－ 6	劣势
万人外资企业数	29	30	－ 1	劣势
个体私营企业数增长率	2	4	－ 2	优势
万人个体私营企业数	15	12	3	中势
万人商标注册件数	21	18	3	中势
查处商标侵权假冒案件数	1	1	0	强势
每十万人交通事故发生数	5	8	－ 3	优势
罚没收入占财政收入比重	11	9	2	优势
社会捐赠站点数	29	31	－ 2	劣势

7. 西藏自治区政府作用竞争力指标排名变化情况

表26 - 11 2018～2019年西藏自治区政府作用竞争力指标组排位及变化趋势

指　标	2018 年	2019 年	排位升降	优劣势
7　政府作用竞争力	31	31	0	劣势
7.1　政府发展经济竞争力	19	29	－ 10	劣势
财政支出用于基本建设投资比重	3	10	－ 7	优势
财政支出对 GDP 增长的拉动	31	31	0	劣势
政府公务员对经济的贡献	31	31	0	劣势
财政支出用于经济社会比重	1	1	0	强势
财政投资对社会投资的拉动	31	30	1	劣势

指　标	2018 年	2019 年	排位升降	优劣势
7.2　政府规调经济竞争力	31	31	0	劣势
物价调控	4	3	1	强势
调控城乡消费差距	31	31	0	劣势
统筹经济社会发展	31	31	0	劣势
规范税收	13	1	12	强势
固定资产投资价格指数	17	31	−14	劣势
7.3　政府保障经济竞争力	31	31	0	劣势
城镇职工养老保险收支比	31	3	28	强势
医疗保险覆盖率	28	31	−3	劣势
养老保险覆盖率	31	31	0	劣势
失业保险覆盖率	31	31	0	劣势
最低工资标准	24	29	−5	劣势
城镇登记失业率	23	13	10	中势

8. 西藏自治区发展水平竞争力指标排名变化情况

表 26−12　2018～2019 年西藏自治区发展水平竞争力指标组排位及变化趋势

指　标	2018 年	2019 年	排位升降	优劣势
8　发展水平竞争力	31	31	0	劣势
8.1　工业化进程竞争力	31	31	0	劣势
工业增加值占 GDP 比重	31	31	0	劣势
工业增加值增长率	2	4	−2	优势
高技术产业占工业增加值比重	31	29	2	劣势
高技术产品占商品出口额比重	30	31	−1	劣势
信息产业增加值占 GDP 比重	31	31	0	劣势
工农业增加值比值	30	30	0	劣势
8.2　城市化进程竞争力	31	31	0	劣势
城镇化率	31	31	0	劣势
城镇居民人均可支配收入	16	15	1	中势
城市平均建成区面积比重	20	22	−2	劣势
人均拥有道路面积	28	20	8	中势
人均日生活用水量	19	1	18	强势
人均公共绿地面积	30	29	1	劣势

续表

指　　标	2018 年	2019 年	排位升降	优劣势
8.3　市场化进程竞争力	31	31	0	劣势
非公有制经济产值占全社会总产值比重	28	23	5	劣势
社会投资占投资总额比重	31	31	0	劣势
私有和个体企业从业人员比重	2	18	−16	中势
亿元以上商品市场成交额	31	31	0	劣势
亿元以上商品市场成交额占全社会消费品零售总额比重	30	31	−1	劣势
居民消费支出占总消费支出比重	31	31	0	劣势

9. 西藏自治区统筹协调竞争力指标排名变化情况

表 26－13　2018～2019 年西藏自治区统筹协调竞争力指标组排位及变化趋势

指　　标	2018 年	2019 年	排位升降	优劣势
9　统筹协调竞争力	30	28	2	劣势
9.1　统筹发展竞争力	30	27	3	劣势
社会劳动生产率	30	30	0	劣势
能源使用下降率	1	4	−3	优势
万元 GDP 综合能耗下降率	29	28	1	劣势
非农用地产出率	31	31	0	劣势
居民收入占 GDP 比重	7	6	1	优势
二三产业增加值比例	20	11	9	中势
固定资产投资额占 GDP 比重	31	30	1	劣势
固定资产投资增长率	20	26	−6	劣势
9.2　协调发展竞争力	30	27	3	劣势
资源竞争力与宏观经济竞争力比差	5	6	−1	优势
环境竞争力与宏观经济竞争力比差	23	12	11	中势
人力资源竞争力与宏观经济竞争力比差	21	20	1	中势
环境竞争力与工业竞争力比差	9	10	−1	优势
资源竞争力与工业竞争力比差	23	22	1	劣势
城乡居民家庭人均收入比差	26	26	0	劣势
城乡居民人均现金消费支出比差	31	31	0	劣势
全社会消费品零售总额与外贸出口总额比差	30	28	2	劣势

B.28

27

2018～2019年陕西省经济综合竞争力评价分析报告

陕西省简称"陕",东隔黄河与山西相望,西连甘肃、宁夏回族自治区,北邻内蒙古自治区,南连四川、重庆,东南与河南、湖北接壤。全省土地面积为20.6万平方公里,2019年全省总人口为3876万人,全省地区生产总值达25793亿元,同比增长6.0%,人均GDP达66649元。本部分通过分析2018～2019年陕西省经济综合竞争力以及各要素竞争力的排名变化,从中找出陕西省经济综合竞争力的推动点及影响因素,为进一步提升陕西省经济综合竞争力提供决策参考。

27.1 陕西省经济综合竞争力总体分析

1. 陕西省经济综合竞争力一级指标概要分析

(1)从综合排位的变化来看,2019年陕西省经济综合竞争力综合排位在全国处于第16位,表明其在全国处于中势地位,与2018年相比,综合排位下降2位。

(2)从指标所处区位看,处于优势的指标有3个,分别是可持续发展竞争力、知识经济竞争力、发展环境竞争力;处于中势的指标有5个,分别是宏观经济竞争力、产业经济竞争力、财政金融竞争力、发展水平竞争力、统筹协调竞争力;处于劣势的指标有1个,为政府作用竞争力。总的来说,陕西省的综合排位处于中游地位。

(3)从指标变化趋势看,9个二级指标中,有5个指标处于上升趋势,为产业经济竞争力、可持续发展竞争力、发展环境竞争力、政府作用竞争

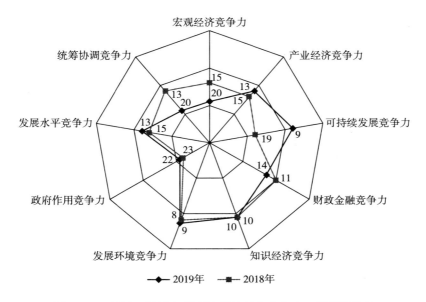

图 27 – 1 2018~2019 年陕西省经济综合竞争力二级指标比较

表 27 – 1 2018~2019 年陕西省经济综合竞争力二级指标比较

项目\年份	宏观经济竞争力	产业经济竞争力	可持续发展竞争力	财政金融竞争力	知识经济竞争力	发展环境竞争力	政府作用竞争力	发展水平竞争力	统筹协调竞争力	综合排位
2018	15	15	19	11	10	9	23	15	13	14
2019	20	13	9	14	10	8	22	13	20	16
升降	– 5	2	10	– 3	0	1	1	2	– 7	– 2
优劣度	中势	中势	优势	中势	优势	优势	劣势	中势	中势	中势

力、发展水平竞争力，这些是陕西省经济综合竞争力的上升动力所在；有 1 个指标保持原来的位置，为知识经济竞争力；有 3 个指标处于下降趋势，为宏观经济竞争力、财政金融竞争力、统筹协调竞争力，这些是陕西省经济综合竞争力的下降拉力所在。

2. 陕西省经济综合竞争力各级指标动态变化分析

从表 27 – 2 可以看出，210 个四级指标中，上升指标有 61 个，占指标总数的 29.0%；下降指标有 80 个，占指标总数的 38.1%；保持不变的指标

表 27 – 2   2018～2019 年陕西省经济综合竞争力各级指标排位变化态势比较

单位：个，%

二级指标	三级指标	四级指标数	上升		保持		下降		变化趋势
			指标数	比重	指标数	比重	指标数	比重	
宏观经济竞争力	经济实力竞争力	12	2	16.7	2	16.7	8	66.7	下降
	经济结构竞争力	6	2	33.3	2	33.3	2	33.3	下降
	经济外向度竞争力	9	0	0.0	2	22.2	7	77.8	下降
	小　计	27	4	14.8	6	22.2	17	63.0	下降
产业经济竞争力	农业竞争力	10	3	30.0	5	50.0	2	20.0	上升
	工业竞争力	10	2	20.0	4	40.0	4	40.0	上升
	服务业竞争力	10	4	40.0	4	40.0	2	20.0	上升
	企业竞争力	10	5	50.0	1	10.0	4	40.0	保持
	小　计	40	14	35.0	14	35.0	12	30.0	上升
可持续发展竞争力	资源竞争力	9	1	11.1	7	77.8	1	11.1	保持
	环境竞争力	8	2	25.0	4	50.0	2	25.0	上升
	人力资源竞争力	8	2	28.6	1	14.3	4	57.1	下降
	小　计	25	5	20.8	12	50.0	7	29.2	保持
财政金融竞争力	财政竞争力	12	4	33.3	3	25.0	5	41.7	下降
	金融竞争力	10	1	10.0	6	60.0	3	30.0	下降
	小　计	22	5	22.7	9	40.9	8	36.4	下降
知识经济竞争力	科技竞争力	9	3	33.3	5	55.6	1	11.1	上升
	教育竞争力	10	3	30.0	4	40.0	3	30.0	下降
	文化竞争力	8	5	50.0	2	20.0	3	30.0	上升
	小　计	27	11	37.9	11	37.9	7	24.1	保持
发展环境竞争力	基础设施竞争力	9	2	22.2	6	66.7	1	11.1	保持
	软环境竞争力	9	4	44.4	2	22.2	3	33.3	上升
	小　计	18	6	33.3	8	44.4	4	22.2	上升
政府作用竞争力	政府发展经济竞争力	5	1	20.0	0	0.0	4	80.0	下降
	政府规调经济竞争力	5	3	60.0	0	0.0	2	40.0	上升
	政府保障经济竞争力	6	3	50.0	1	16.7	2	33.3	下降
	小　计	16	7	43.8	1	6.3	8	50.0	上升
发展水平竞争力	工业化进程竞争力	6	2	33.3	3	50.0	1	16.7	上升
	城市化进程竞争力	7	2	33.3	1	16.7	3	50.0	下降
	市场化进程竞争力	6	2	33.3	2	33.3	2	33.3	下降
	小　计	19	6	33.3	6	33.3	3	33.3	上升
统筹协调竞争力	统筹发展竞争力	8	2	25.0	1	12.5	5	62.5	下降
	协调发展竞争力	8	1	12.5	1	12.5	6	75.0	下降
	小　计	16	3	18.8	2	12.5	11	68.8	下降
合　计		210	61	29.0	69	32.9	80	38.1	下降

有 69 个，占指标总数的 32.9% 。综上所述，陕西省经济综合竞争力下降的拉力显著大于上升的动力，使得 2018~2019 年陕西省经济综合竞争力排位下降 2 位。

3. 陕西省经济综合竞争力各级指标优劣势结构分析

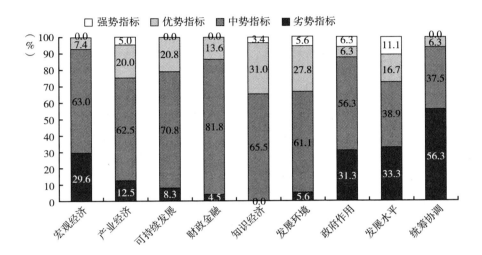

图 27 - 2　2019 年陕西省经济综合竞争力各级指标优劣势比较

表 27 - 3　2019 年陕西省经济综合竞争力各级指标优劣势比较

单位：个，%

二级指标	三级指标	四级指标数	强势指标		优势指标		中势指标		劣势指标		优劣势
			个数	比重	个数	比重	个数	比重	个数	比重	
宏观经济竞争力	经济实力竞争力	12	0	0.0	2	16.7	9	75.0	1	8.3	中势
	经济结构竞争力	6	0	0.0	0	0.0	3	50.0	3	50.0	劣势
	经济外向度竞争力	9	0	0.0	0	0.0	5	55.6	4	44.4	劣势
	小　计	**27**	0	0.0	2	7.4	17	63.0	8	29.6	中势
产业经济竞争力	农业竞争力	10	0	0.0	2	20.0	5	50.0	3	30.0	劣势
	工业竞争力	10	2	20.0	3	30.0	4	40.0	1	10.0	优势
	服务业竞争力	10	0	0.0	2	20.0	8	80.0	0	0.0	中势
	企业竞争力	10	0	0.0	1	10.0	8	80.0	1	10.0	中势
	小　计	**40**	2	5.0	8	20.0	25	62.5	5	12.5	中势
可持续发展竞争力	资源竞争力	9	0	0.0	3	33.3	6	66.7	0	0.0	中势
	环境竞争力	8	0	0.0	1	12.5	5	62.5	2	25.0	优势
	人力资源竞争力	7	0	0.0	1	14.3	6	85.7	0	0.0	中势
	小　计	**24**	0	0.0	5	20.8	17	70.8	2	8.3	优势

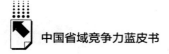
续表

二级指标	三级指标	四级指标数	强势指标		优势指标		中势指标		劣势指标		优劣势
			个数	比重	个数	比重	个数	比重	个数	比重	
财政金融竞争力	财政竞争力	12	0	0.0	2	16.7	9	75.0	1	8.3	中势
	金融竞争力	10	0	0.0	1	10.0	9	90.0	0	0.0	中势
	小　计	**22**	0	0.0	3	13.6	18	81.8	1	4.5	中势
知识经济竞争力	科技竞争力	9	1	11.1	3	33.3	5	55.6	0	0.0	优势
	教育竞争力	10	0	0.0	2	20.0	8	80.0	0	0.0	中势
	文化竞争力	10	0	0.0	4	40.0	6	60.0	0	0.0	中势
	小　计	**29**	1	3.4	9	31.0	19	65.5	0	0.0	优势
发展环境竞争力	基础设施竞争力	9	0	0.0	2	22.2	6	66.7	1	11.1	中势
	软环境竞争力	9	1	11.1	3	33.3	5	55.6	0	0.0	优势
	小　计	**18**	1	5.6	5	27.8	11	61.1	1	5.6	优势
政府作用竞争力	政府发展经济竞争力	5	0	0.0	1	20.0	4	80.0	0	0.0	中势
	政府规调经济竞争力	5	1	20.0	0	0.0	3	60.0	1	20.0	中势
	政府保障经济竞争力	6	0	0.0	0	0.0	2	33.3	4	66.7	劣势
	小　计	**16**	1	6.3	1	6.3	9	56.3	5	31.3	劣势
发展水平竞争力	工业化进程竞争力	6	1	16.7	3	50.0	2	33.3	0	0.0	优势
	城市化进程竞争力	6	1	16.7	0	0.0	4	66.7	1	16.7	中势
	市场化进程竞争力	6	0	0.0	0	0.0	1	16.7	5	83.3	劣势
	小　计	**18**	2	11.1	3	16.7	7	38.9	6	33.3	中势
统筹协调竞争力	统筹发展竞争力	8	0	0.0	1	12.5	2	25.0	5	62.5	中势
	协调发展竞争力	8	0	0.0	0	0.0	4	50.0	4	50.0	劣势
	小　计	**16**	0	0.0	1	6.3	6	37.5	9	56.3	中势
合　计		**210**	7	3.3	37	17.6	129	61.4	37	17.6	中势

　　基于图 27-2 和表 27-3，从四级指标来看，强势指标 7 个，占指标总数的 3.3%；优势指标 37 个，占指标总数的 17.6%；中势指标 129 个，占指标总数的 61.4%；劣势指标 37 个，占指标总数的 17.6%。从三级指标来看，优势指标 5 个，占三级指标总数的 20%；中势指标 14 个，占三级指标总数的 56%；劣势指标 6 个，占三级指标总数的 24%。反映到二级指标上来，优势指标 3 个，占二级指标总数的 33.33%；中势指标有 5 个，占二级

指标总数的 55.56%；劣势指标 1 个，占二级指标总数的 11.11%。综合来看，由于中势指标在指标体系中居于主导地位，使得 2019 年陕西省经济综合竞争力处于中势地位。

4.陕西省经济综合竞争力四级指标优劣势对比分析

表 27-4　2019 年陕西省经济综合竞争力各级指标优劣势比较

二级指标	优劣势	四级指标
宏观经济 竞争力 （27 个）	强势指标	（0 个）
	优势指标	地区生产总值增长率、人均固定资产投资额（2 个）
	劣势指标	固定资产投资额增长率、产业结构优化度、所有制经济结构优化度、城乡经济结构优化度、进出口增长率、出口增长率、实际 FDI 增长率、对外直接投资额（8 个）
产业经济 竞争力 （40 个）	强势指标	工业资产总额增长率、工业收入利润率（2 个）
	优势指标	农业增加值增长率、农民人均纯收入增长率、人均工业增加值、规模以上工业利润总额、工业全员劳动生产率、限额以上餐饮企业利税率、旅游外汇收入、规模以上企业平均利润（8 个）
	劣势指标	农民人均纯收入、农产品出口占农林牧渔总产值比重、人均主要农产品产量、工业成本费用率、城镇就业人员平均工资（5 个）
可持续发 展竞争力 （24 个）	强势指标	（0 个）
	优势指标	人均牧草地面积、主要能源矿产基础储量、人均主要能源矿产基础储量、人均治理工业污染投资额、15~64 岁人口比例（5 个）
	劣势指标	一般工业固体废物综合利用率、生活垃圾无害化处理率（2 个）
财政金融 竞争力 （22 个）	强势指标	（0 个）
	优势指标	税收收入占财政总收入比重、税收收入增长率、中长期贷款占贷款余额比重（3 个）
	劣势指标	地方财政收入占 GDP 比重（1 个）

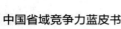

二级指标	优劣势	四级指标
知识经济竞争力（29个）	强势指标	高技术产品出口额占商品出口额比重（1个）
	优势指标	R&D经费投入强度、发明专利授权量、技术市场成交合同金额、高等学校数、高校专任教师数、图书和期刊出版数、电子出版物品种、城镇居民人均文化娱乐支出占消费性支出比重、农村居民人均文化娱乐支出占消费性支出比重（9个）
	劣势指标	（0个）
发展环境竞争力（18个）	强势指标	个体私营企业数增长率（1个）
	优势指标	电话普及率、政府网站数、万人个体私营企业数、查处商标侵权假冒案件数、罚没收入占财政收入比重（5个）
	劣势指标	人均内河航道里程（1个）
政府作用竞争力（16个）	强势指标	规范税收（1个）
	优势指标	财政支出用于基本建设投资比重（1个）
	劣势指标	调控城乡消费差距、医疗保险覆盖率、养老保险覆盖率、失业保险覆盖率、城镇登记失业率（5个）
发展水平竞争力（18个）	强势指标	高技术产品占商品出口额比重、城市平均建成区面积比重（2个）
	优势指标	工业增加值占GDP比重、信息产业增加值占GDP比重、工农业增加值比值（3个）
	劣势指标	人均公共绿地面积、非公有制经济产值占全社会总产值比重、社会投资占投资总额比重、私有和个体企业从业人员比重、亿元以上商品市场成交额、亿元以上商品市场成交额占全社会消费品零售总额比重（6个）
统筹协调竞争力（16个）	强势指标	（0个）
	优势指标	居民收入占GDP比重（1个）
	劣势指标	能源使用下降率、万元GDP综合能耗下降率、二三产业增加值比例、固定资产投资额占GDP比重、固定资产投资增长率、环境竞争力与宏观经济竞争力比差、人力资源竞争力与宏观经济竞争力比差、城乡居民家庭人均收入比差、城乡居民人均现金消费支出比差（9个）

27.2　陕西省经济综合竞争力各级指标具体分析

1. 陕西省宏观经济竞争力指标排名变化情况

表27-5　2018～2019年陕西省宏观经济竞争力指标组排位及变化趋势

指　标	2018年	2019年	排位升降	优劣势
1　宏观经济竞争力	15	20	-5	中势
1.1　经济实力竞争力	11	17	-6	中势
地区生产总值	15	16	-1	中势
地区生产总值增长率	5	7	-2	优势
人均地区生产总值	12	14	-2	中势
财政总收入	17	18	-1	中势
财政总收入增长率	9	14	-5	中势
人均财政收入	19	20	-1	中势
固定资产投资额	12	12	0	中势
固定资产投资额增长率	9	23	-14	劣势
人均固定资产投资额	5	5	0	优势
全社会消费品零售总额	16	15	1	中势
全社会消费品零售总额增长率	3	16	-13	中势
人均全社会消费品零售总额	15	12	3	中势
1.2　经济结构竞争力	24	26	-2	劣势
产业结构优化度	31	30	1	劣势
所有制经济结构优化度	22	25	-3	劣势
城乡经济结构优化度	27	27	0	劣势
就业结构优化度	13	14	-1	中势
财政收入结构优化度	16	11	5	中势
贸易结构优化度	15	15	0	中势
1.3　经济外向度竞争力	8	27	-19	劣势
进出口总额	16	18	-2	中势
进出口增长率	6	22	-16	劣势
出口总额	18	19	-1	中势
出口增长率	4	28	-24	劣势
实际FDI	13	15	-2	中势
实际FDI增长率	2	26	-24	劣势
外贸依存度	16	16	0	中势
外资企业数	18	18	0	中势
对外直接投资额	18	22	-4	劣势

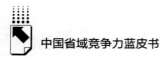

中国省域竞争力蓝皮书

2. 陕西省产业经济竞争力指标排名变化情况

表 27-6　2018～2019 年陕西省产业经济竞争力指标组排位及变化趋势

指　标	2018 年	2019 年	排位升降	优劣势
2　产业经济竞争力	15	13	2	中势
2.1　农业竞争力	24	23	1	劣势
农业增加值	18	18	0	中势
农业增加值增长率	18	9	9	优势
人均农业增加值	14	13	1	中势
农民人均纯收入	27	27	0	劣势
农民人均纯收入增长率	9	9	0	优势
农产品出口占农林牧渔总产值比重	22	26	-4	劣势
人均主要农产品产量	23	22	1	劣势
农业机械化水平	18	19	-1	中势
农村人均用电量	13	13	0	中势
财政支农资金比重	16	16	0	中势
2.2　工业竞争力	10	8	2	优势
工业增加值	12	13	-1	中势
工业增加值增长率	5	20	-15	中势
人均工业增加值	8	8	0	优势
工业资产总额	15	15	0	中势
工业资产总额增长率	20	1	19	强势
规模以上工业主营业务收入	15	15	0	中势
工业成本费用率	29	29	0	劣势
规模以上工业利润总额	11	10	1	优势
工业全员劳动生产率	3	4	-1	优势
工业收入利润率	1	2	-1	强势
2.3　服务业竞争力	21	18	3	中势
服务业增加值	17	17	0	中势
服务业增加值增长率	10	20	-10	中势
人均服务业增加值	16	14	2	中势
服务业从业人员数	19	15	4	中势
限额以上批发零售企业主营业务收入	13	13	0	中势
限额以上批零企业利税率	19	13	6	中势
限额以上餐饮企业利税率	28	10	18	优势
旅游外汇收入	8	10	-2	优势
商品房销售收入	16	16	0	中势
电子商务销售额	20	20	0	中势

470

续表

指 标	2018 年	2019 年	排位升降	优劣势
2.4　企业竞争力	17	17	0	中势
规模以上工业企业数	16	15	1	中势
规模以上企业平均资产	12	11	1	中势
规模以上企业平均收入	10	12	−2	中势
规模以上企业平均利润	5	4	1	优势
规模以上企业劳动效率	9	12	−3	中势
城镇就业人员平均工资	21	21	0	劣势
新产品销售收入占主营业务收入比重	22	19	3	中势
产品质量抽查合格率	27	15	12	中势
工业企业 R&D 经费投入强度	16	17	−1	中势
全国 500 强企业数	8	16	−8	中势

3. 陕西省可持续发展竞争力指标排名变化情况

表 27 - 7　2018 ~ 2019 年陕西省可持续发展竞争力指标组排位及变化趋势

指 标	2018 年	2019 年	排位升降	优劣势
3　可持续发展竞争力	9	9	0	优势
3.1　资源竞争力	15	15	0	中势
人均国土面积	11	11	0	中势
人均可使用海域和滩涂面积	13	13	0	中势
人均年水资源量	21	18	3	中势
耕地面积	19	19	0	中势
人均耕地面积	12	12	0	中势
人均牧草地面积	8	8	0	优势
主要能源矿产基础储量	4	5	−1	优势
人均主要能源矿产基础储量	5	5	0	优势
人均森林储积量	11	11	0	中势
3.2　环境竞争力	12	7	5	优势
森林覆盖率	10	13	−3	中势
人均废水排放量	19	19	0	中势
人均工业废气排放量	19	19	0	中势
人均工业固体废物排放量	15	15	0	中势
人均治理工业污染投资额	13	7	6	优势
一般工业固体废物综合利用率	30	30	0	劣势
生活垃圾无害化处理率	23	21	2	劣势
自然灾害直接经济损失额	18	19	−1	中势

指　标	2018 年	2019 年	排位升降	优劣势
3.3　人力资源竞争力	8	19	-11	中势
常住人口增长率	12	19	-7	中势
15~64 岁人口比例	9	10	-1	优势
文盲率	20	16	4	中势
大专以上教育程度人口比例	5	18	-13	中势
平均受教育程度	9	12	-3	中势
人口健康素质	16	13	3	中势
职业学校毕业生数	19	19	0	中势

4. 陕西省财政金融竞争力指标排名变化情况

表 27 - 8　2018~2019 年陕西省财政金融竞争力指标组排位及变化趋势

指　标	2018 年	2019 年	排位升降	优劣势
4　财政金融竞争力	11	14	-3	中势
4.1　财政竞争力	8	11	-3	中势
地方财政收入	18	18	0	中势
地方财政支出	17	18	-1	中势
地方财政收入占 GDP 比重	23	23	0	劣势
地方财政支出占 GDP 比重	20	19	1	中势
税收入占 GDP 比重	20	15	5	中势
税收入占财政总收入比重	7	5	2	优势
人均地方财政收入	17	17	0	中势
人均地方财政支出	17	16	1	中势
人均税收收入	12	13	-1	中势
地方财政收入增长率	4	19	-15	中势
地方财政支出增长率	12	16	-4	中势
税收入增长率	2	7	-5	优势
4.2　金融竞争力	13	16	-3	中势
存款余额	15	15	0	中势
人均存款余额	11	11	0	中势
贷款余额	17	18	-1	中势
人均贷款余额	15	15	0	中势
中长期贷款占贷款余额比重	6	8	-2	优势
保险费净收入	13	13	0	中势
保险密度（人均保险费）	10	13	-3	中势
保险深度（保险费占 GDP 的比重）	13	13	0	中势
国内上市公司数	18	18	0	中势
国内上市公司市值	17	16	1	中势

5. 陕西省知识经济竞争力指标排名变化情况

表 27-9　2018～2019 年陕西省知识经济竞争力指标组排位及变化趋势

指　标	2018 年	2019 年	排位升降	优劣势
5　知识经济竞争力	10	10	0	优势
5.1　科技竞争力	12	10	2	优势
R&D 人员	18	18	0	中势
R&D 经费	13	13	0	中势
R&D 经费投入强度	7	7	0	优势
发明专利授权量	11	10	1	优势
技术市场成交合同金额	5	4	1	优势
财政科技支出占地方财政支出比重	16	20	−4	中势
高技术产业主营业务收入	16	16	0	中势
高技术产业收入占工业增加值比重	19	15	4	中势
高技术产品出口额占商品出口额比重	1	1	0	强势
5.2　教育竞争力	8	11	−3	中势
教育经费	18	18	0	中势
教育经费占 GDP 比重	20	19	1	中势
人均教育经费	17	17	0	中势
公共教育经费占财政支出比重	13	15	−2	中势
人均文化教育支出	13	14	−1	中势
万人中小学学校数	19	15	4	中势
万人中小学专任教师数	17	15	2	中势
高等学校数	5	5	0	优势
高校专任教师数	10	10	0	优势
万人高等学校在校学生数	3	11	−8	中势
5.3　文化竞争力	17	14	3	中势
文化制造业营业收入	17	16	1	中势
文化批发零售业营业收入	15	16	−1	中势
文化服务业企业营业收入	16	15	1	中势
图书和期刊出版数	17	9	8	优势
电子出版物品种	29	10	19	优势
印刷用纸量	19	19	0	中势
城镇居民人均文化娱乐支出	13	14	−1	中势
农村居民人均文化娱乐支出	17	20	−3	中势
城镇居民人均文化娱乐支出占消费性支出比重	7	7	0	优势
农村居民人均文化娱乐支出占消费性支出比重	9	7	2	优势

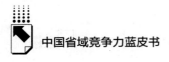

6. 陕西省发展环境竞争力指标排名变化情况

表 27 – 10　2018 ～ 2019 年陕西省发展环境竞争力指标组排位及变化趋势

指　　标	2018 年	2019 年	排位升降	优劣势
6　发展环境竞争力	9	8	1	优势
6.1　基础设施竞争力	16	16	0	中势
铁路网线密度	18	18	0	中势
公路网线密度	19	19	0	中势
人均内河航道里程	21	21	0	劣势
全社会旅客周转量	15	15	0	中势
全社会货物周转量	17	17	0	中势
人均邮电业务总量	11	11	0	中势
电话普及率	6	9	−3	优势
政府网站数	9	7	2	优势
人均耗电量	17	16	1	中势
6.2　软环境竞争力	6	4	2	优势
外资企业数增长率	19	16	3	中势
万人外资企业数	13	13	0	中势
个体私营企业数增长率	1	1	0	强势
万人个体私营企业数	13	7	6	优势
万人商标注册件数	10	11	−1	中势
查处商标侵权假冒案件数	15	10	5	优势
每十万人交通事故发生数	14	15	−1	中势
罚没收入占财政收入比重	4	5	−1	优势
社会捐赠站点数	18	15	3	中势

7. 陕西省政府作用竞争力指标排名变化情况

表 27 – 11　2018 ～ 2019 年陕西省政府作用竞争力指标组排位及变化趋势

指　　标	2018 年	2019 年	排位升降	优劣势
7　政府作用竞争力	23	22	1	劣势
7.1　政府发展经济竞争力	12	14	−2	中势
财政支出用于基本建设投资比重	10	9	1	优势
财政支出对 GDP 增长的拉动	12	13	−1	中势
政府公务员对经济的贡献	13	15	−2	中势
财政支出用于经济社会比重	14	15	−1	中势
财政投资对社会投资的拉动	13	14	−1	中势

续表

指　标	2018 年	2019 年	排位升降	优劣势
7.2　政府规调经济竞争力	20	17	3	中势
物价调控	17	18	−1	中势
调控城乡消费差距	22	24	−2	劣势
统筹经济社会发展	17	16	1	中势
规范税收	10	1	9	强势
固定资产投资价格指数	21	18	3	中势
7.3　政府保障经济竞争力	25	26	−1	劣势
城镇职工养老保险收支比	16	14	2	中势
医疗保险覆盖率	26	27	−1	劣势
养老保险覆盖率	25	23	2	劣势
失业保险覆盖率	26	26	0	劣势
最低工资标准	14	13	1	中势
城镇登记失业率	17	21	−4	劣势

8. 陕西省发展水平竞争力指标排名变化情况

表 27-12　2018~2019 年陕西省发展水平竞争力指标组排位及变化趋势

指　标	2018 年	2019 年	排位升降	优劣势
8　发展水平竞争力	15	13	2	中势
8.1　工业化进程竞争力	7	5	2	优势
工业增加值占 GDP 比重	4	4	0	优势
工业增加值增长率	5	20	−15	中势
高技术产业占工业增加值比重	26	16	10	中势
高技术产品占商品出口额比重	1	1	0	强势
信息产业增加值占 GDP 比重	7	7	0	优势
工农业增加值比值	10	9	1	优势
8.2　城市化进程竞争力	14	15	−1	中势
城镇化率	17	16	1	中势
城镇居民人均可支配收入	19	19	0	中势
城市平均建成区面积比重	4	3	1	强势
人均拥有道路面积	17	18	−1	中势
人均日生活用水量	18	19	−1	中势
人均公共绿地面积	24	27	−3	劣势

指　标	2018 年	2019 年	排位升降	优劣势
8.3　市场化进程竞争力	25	26	－1	劣势
非公有制经济产值占全社会总产值比重	22	25	－3	劣势
社会投资占投资总额比重	27	25	2	劣势
私有和个体企业从业人员比重	25	21	4	劣势
亿元以上商品市场成交额	21	21	0	劣势
亿元以上商品市场成交额占全社会消费品零售总额比重	20	27	－7	劣势
居民消费支出占总消费支出比重	19	19	0	中势

9. 陕西省统筹协调竞争力指标排名变化情况

表 27 – 13　2018～2019 年陕西省统筹协调竞争力指标组排位及变化趋势

指　标	2018 年	2019 年	排位升降	优劣势
9　统筹协调竞争力	13	20	－7	中势
9.1　统筹发展竞争力	10	18	－8	中势
社会劳动生产率	10	11	－1	中势
能源使用下降率	15	25	－10	劣势
万元 GDP 综合能耗下降率	8	24	－16	劣势
非农用地产出率	12	11	1	中势
居民收入占 GDP 比重	3	4	－1	优势
二三产业增加值比例	31	30	1	劣势
固定资产投资额占 GDP 比重	24	25	－1	劣势
固定资产投资增长率	23	23	0	劣势
9.2　协调发展竞争力	19	23	－4	劣势
资源竞争力与宏观经济竞争力比差	14	12	2	中势
环境竞争力与宏观经济竞争力比差	13	24	－11	劣势
人力资源竞争力与宏观经济竞争力比差	11	21	－10	劣势
环境竞争力与工业竞争力比差	17	18	－1	中势
资源竞争力与工业竞争力比差	8	14	－6	中势
城乡居民家庭人均收入比差	27	27	0	劣势
城乡居民人均现金消费支出比差	22	24	－2	劣势
全社会消费品零售总额与外贸出口总额比差	14	15	－1	中势

2018~2019年甘肃省经济综合 竞争力评价分析报告

甘肃省简称"甘",地处黄河上游的青藏高原、蒙新高原、黄土高原交汇地带,位于我国地理中心。甘肃省东接陕西省,东北与宁夏回族自治区相邻,南靠四川省,西连青海省、新疆维吾尔自治区,北与内蒙古自治区交界,并与蒙古人民共和国接壤,总面积45.4万平方公里,2019年全省常住人口为2647万人,地区生产总值为8718亿元,同比增长6.2%,人均GDP达32995元。本部分通过分析2018~2019年甘肃省经济综合竞争力以及各要素竞争力的排名变化,从中找出甘肃省经济综合竞争力的推动点及影响因素,为进一步提升甘肃省经济综合竞争力提供决策参考。

28.1 甘肃省经济综合竞争力总体分析

1. 甘肃省经济综合竞争力一级指标概要分析

(1)从综合排位看,2019年甘肃省经济综合竞争力综合排位在全国居第30位,这表明其在全国处于劣势地位;与2018年相比,综合排位保持不变。

(2)从指标所处区位看,所有二级指标均处于劣势。

(3)从指标变化趋势看,9个二级指标中,有2个指标处于上升趋势,分别为产业经济竞争力、发展水平竞争力,这些是甘肃省经济综合竞争力上升的动力所在;有2个指标排位没有发生变化,分别为政府作用竞争力和统筹协调竞争力;有5个指标处于下降趋势,分别为宏观经济竞争力、可持续

477

发展竞争力、财政金融竞争力、知识经济竞争力和发展环境竞争力，这些是甘肃省经济综合竞争力下降的拉力所在。

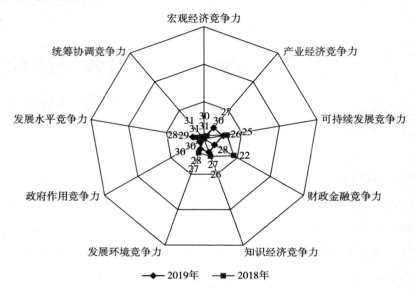

图 28－1　2018～2019 年甘肃省经济综合竞争力二级指标比较

表 28－1　2018～2019 年甘肃省经济综合竞争力二级指标比较

项目 年份	宏观 经济 竞争力	产业 经济 竞争力	可持续 发展 竞争力	财政 金融 竞争力	知识 经济 竞争力	发展 环境 竞争力	政府 作用 竞争力	发展 水平 竞争力	统筹 协调 竞争力	综合 排位
2018	30	30	25	22	26	27	30	29	31	30
2019	31	27	26	28	27	28	30	28	31	30
升降	－1	3	－1	－6	－1	－1	0	1	0	0
优劣度	劣势	劣势	劣势	劣势	劣势	劣势	劣势	劣势	劣势	劣势

2. 甘肃省经济综合竞争力各级指标动态变化分析

从表 28－2 可以看出，210 个四级指标中，上升指标有 54 个，占指标总数的 25.7%；下降指标有 72 个，占指标总数的 34.3%；保持指标有 84 个，占指标总数的 40.0%。综上所述，甘肃省经济综合竞争力上升的动力小于下降的拉力，但受其他外部因素的综合影响，使得 2019 年甘肃省经济综合竞争力排位保持不变。

表 28－2　2018～2019 年甘肃省经济综合竞争力各级指标排位变化态势比较

单位：个，%

二级指标	三级指标	四级指标数	上升		保持		下降		变化趋势
			指标数	比重	指标数	比重	指标数	比重	
宏观经济竞争力	经济实力竞争力	12	5	41.7	4	33.3	3	25.0	上升
	经济结构竞争力	6	2	33.3	3	50.0	1	16.7	下降
	经济外向度竞争力	9	0	0.0	3	33.3	6	66.7	下降
	小　计	27	7	25.9	10	37.0	10	37.0	下降
产业经济竞争力	农业竞争力	10	2	20.0	7	70.0	1	10.0	下降
	工业竞争力	10	3	30.0	5	50.0	2	20.0	上升
	服务业竞争力	10	2	20.0	6	60.0	2	20.0	上升
	企业竞争力	10	5	50.0	2	20.0	3	30.0	下降
	小　计	40	12	30.0	20	50.0	8	20.0	上升
可持续发展竞争力	资源竞争力	9	2	22.2	7	77.8	0	0.0	上升
	环境竞争力	8	2	25.0	4	50.0	2	25.0	上升
	人力资源竞争力	7	3	42.9	3	42.9	1	14.3	上升
	小　计	24	7	29.2	14	58.3	3	12.5	上升
财政金融竞争力	财政竞争力	12	1	8.3	4	33.3	7	58.3	下降
	金融竞争力	10	1	10.0	5	50.0	4	40.0	下降
	小　计	22	2	9.1	9	40.9	11	50.0	下降
知识经济竞争力	科技竞争力	9	1	11.1	4	44.4	4	44.4	保持
	教育竞争力	10	1	10.0	5	50.0	4	40.0	保持
	文化竞争力	10	1	10.0	2	20.0	7	70.0	下降
	小　计	29	3	10.3	11	37.9	15	51.7	下降
发展环境竞争力	基础设施竞争力	9	0	0.0	5	55.6	4	44.4	保持
	软环境竞争力	9	3	33.3	2	22.2	4	44.4	下降
	小　计	18	3	16.7	7	38.9	8	44.4	下降
政府作用竞争力	政府发展经济竞争力	5	1	20.0	4	80.0	0	0.0	下降
	政府规调经济竞争力	5	3	60.0	0	0.0	2	40.0	下降
	政府保障经济竞争力	6	1	16.7	2	33.3	3	50.0	保持
	小　计	16	5	31.3	6	37.5	5	31.3	保持
发展水平竞争力	工业化进程竞争力	6	5	83.3	1	16.7	0	0.0	上升
	城市化进程竞争力	6	4	66.7	0	0.0	2	33.3	保持
	市场化进程竞争力	6	1	16.7	2	33.3	3	50.0	保持
	小　计	18	10	55.6	3	16.7	5	27.8	上升
统筹协调竞争力	统筹发展竞争力	8	3	37.5	3	37.5	2	25.0	上升
	协调发展竞争力	8	2	25.0	1	12.5	5	62.5	保持
	小　计	16	5	31.3	4	25.0	7	43.8	保持
合　计		210	54	25.7	84	40.0	72	34.3	保持

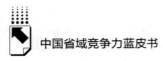
3. 甘肃省经济综合竞争力各级指标优劣势结构分析

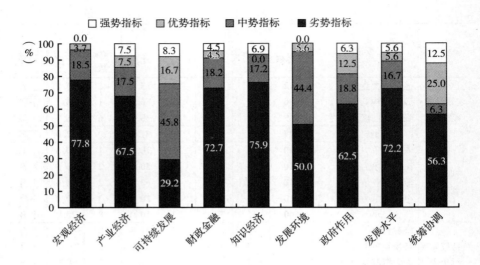

图 28 −2 2019 年甘肃省经济综合竞争力各级指标优劣势比较

表 28 −3 2019 年甘肃省经济综合竞争力各级指标优劣势比较

单位：个，%

二级指标	三级指标	四级指标数	强势指标		优势指标		中势指标		劣势指标		优劣势
			个数	比重	个数	比重	个数	比重	个数	比重	
宏观经济竞争力	经济实力竞争力	12	0	0.0	0	0.0	2	16.7	10	83.3	劣势
	经济结构竞争力	6	0	0.0	1	16.7	2	33.3	3	50.0	劣势
	经济外向度竞争力	9	0	0.0	0	0.0	1	11.1	8	88.9	劣势
	小　计	**27**	0	0.0	1	3.7	5	18.5	21	77.8	劣势
产业经济竞争力	农业竞争力	10	2	20.0	0	0.0	2	20.0	6	60.0	劣势
	工业竞争力	10	1	10.0	0	0.0	2	20.0	7	70.0	劣势
	服务业竞争力	10	0	0.0	0	0.0	1	10.0	9	90.0	劣势
	企业竞争力	10	0	0.0	3	30.0	2	20.0	5	50.0	劣势
	小　计	**40**	3	7.5	3	7.5	7	17.5	27	67.5	劣势
可持续发展竞争力	资源竞争力	9	0	0.0	4	44.4	5	55.6	0	0.0	中势
	环境竞争力	8	2	25.0	0	0.0	3	37.5	3	37.5	中势
	人力资源竞争力	7	0	0.0	0	0.0	3	42.9	4	57.1	劣势
	小　计	**24**	2	8.3	4	16.7	11	45.8	7	29.2	劣势

续表

二级指标	三级指标	四级指标数	强势指标		优势指标		中势指标		劣势指标		优劣势
			个数	比重	个数	比重	个数	比重	个数	比重	
财政金融竞争力	财政竞争力	12	1	8.3	0	0.0	2	16.7	9	75.0	劣势
	金融竞争力	10	0	0.0	1	10.0	2	20.0	7	70.0	劣势
	小 计	22	1	4.5	1	4.5	4	18.2	16	72.7	劣势
知识经济竞争力	科技竞争力	9	0	0.0	0	0.0	2	22.2	7	77.8	劣势
	教育竞争力	10	1	10.0	0	0.0	3	30.0	6	60.0	劣势
	文化竞争力	10	1	10.0	0	0.0	0	0.0	9	90.0	劣势
	小 计	29	2	6.9	0	0.0	5	17.2	22	75.9	劣势
发展环境竞争力	基础设施竞争力	9	0	0.0	0	0.0	5	55.6	4	44.4	劣势
	软环境竞争力	9	0	0.0	1	11.1	3	33.3	5	55.6	劣势
	小 计	18	0	0.0	1	5.6	8	44.4	9	50.0	劣势
政府作用竞争力	政府发展经济竞争力	5	0	0.0	1	20.0	1	20.0	3	60.0	劣势
	政府规调经济竞争力	5	1	20.0	1	20.0	1	20.0	2	40.0	劣势
	政府保障经济竞争力	6	0	0.0	0	0.0	1	16.7	5	83.3	劣势
	小 计	16	1	6.3	2	12.5	3	18.8	10	62.5	劣势
发展水平竞争力	工业化进程竞争力	6	1	16.7	0	0.0	1	16.7	4	66.7	劣势
	城市化进程竞争力	6	0	0.0	1	16.7	2	33.3	3	50.0	劣势
	市场化进程竞争力	6	0	0.0	0	0.0	0	0.0	6	100.0	劣势
	小 计	18	1	5.6	1	5.6	3	16.7	13	72.2	劣势
统筹协调竞争力	统筹发展竞争力	8	2	25.0	2	25.0	1	12.5	3	37.5	中势
	协调发展竞争力	8	0	0.0	2	25.0	0	0.0	6	75.0	劣势
	小 计	16	2	12.5	4	25.0	1	6.3	9	56.3	劣势
合 计		210	12	5.7	17	8.1	47	22.4	134	63.8	劣势

基于图28-2和表28-3，从四级指标来看，强势指标12个，占指标总数的5.7%；优势指标17个，占指标总数的8.1%；中势指标47个，占指标总数的22.4%；劣势指标134个，占指标总数的63.8%。从三级指标来看，没有强势和优势指标；中势指标也较少，只有3个，占三级指标总数的12%；劣势指标22个，占三级指标总数的88%。反映到二级指标上来，全部为劣势指标，有9个，占二级指标总数的100%。综合来看，由于劣势指标在指标体系中居于主导地位，使得2019年甘肃省经济综合竞争力处于劣势地位。

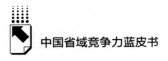

4. 甘肃省经济综合竞争力四级指标优劣势对比分析

表 28 - 4　2019 年甘肃省经济综合竞争力各级指标优劣势比较

二级指标	优劣势	四级指标
宏观经济竞争力（27 个）	强势指标	（0 个）
	优势指标	产业结构优化度（1 个）
	劣势指标	地区生产总值、地区生产总值增长率、人均地区生产总值、财政总收入、财政总收入增长率、人均财政收入、固定资产投资额、人均固定资产投资额、全社会消费品零售总额、人均全社会消费品零售总额、所有制经济结构优化度、城乡经济结构优化度、贸易结构优化度、进出口总额、进出口增长率、出口总额、出口增长率、实际 FDI、外贸依存度、外资企业数、对外直接投资额（21 个）
产业经济竞争力（40 个）	强势指标	农业增加值增长率、财政支农资金比重、工业增加值增长率（3 个）
	优势指标	规模以上企业平均资产、规模以上企业平均收入、产品质量抽查合格率（3 个）
	劣势指标	农业增加值、人均农业增加值、农民人均纯收入、农民人均纯收入增长率、农产品出口占农林牧渔总产值比重、农村人均用电量、工业增加值、人均工业增加值、工业资产总额、工业资产总额增长率、规模以上工业主营业务收入、规模以上工业利润总额、工业收入利润率、服务业增加值、人均服务业增加值、服务业从业人员数、限额以上批发零售企业主营业务收入、限额以上批零企业利税率、限额以上餐饮企业利税率、旅游外汇收入、商品房销售收入、电子商务销售额、规模以上工业企业数、城镇就业人员平均工资、新产品销售收入占主营业务收入比重、工业企业 R&D 经费投入强度、全国 500 强企业数（27 个）
可持续发展竞争力（24 个）	强势指标	人均废水排放量、生活垃圾无害化处理率（2 个）
	优势指标	人均国土面积、耕地面积、人均耕地面积、人均牧草地面积（4 个）
	劣势指标	森林覆盖率、人均工业废气排放量、人均治理工业污染投资额、文盲率、大专以上教育程度人口比例、平均受教育程度、职业学校毕业生数（7 个）
财政金融竞争力（22 个）	强势指标	地方财政支出占 GDP 比重（1 个）
	优势指标	保险深度（保险费占 GDP 的比重）（1 个）
	劣势指标	地方财政收入、地方财政支出、税收收入占 GDP 比重、税收收入占财政总收入比重、人均地方财政收入、人均税收收入、地方财政收入增长率、地方财政支出增长率、税收收入增长率、存款余额、人均存款余额、贷款余额、保险费净收入、保险密度（人均保险费）、国内上市公司数、国内上市公司市值（16 个）

续表

二级指标	优劣势	四级指标
知识经济 竞争力 （29个）	强势指标	教育经费占 GDP 比重、农村居民人均文化娱乐支出占消费性支出比重（2个）
	优势指标	（0个）
	劣势指标	R&D 人员、R&D 经费、R&D 经费投入强度、发明专利授权量、财政科技支出占地方财政支出比重、高技术产业主营业务收入、高技术产业收入占工业增加值比重 、教育经费、人均文化教育支出、万人中小学学校数、万人中小学专任教师数、高校专任教师数、万人高等学校在校学生数、文化制造业营业收入、文化批发零售业营业收入、文化服务业企业营业收入、图书和期刊出版数、电子出版物品种、印刷用纸量、城镇居民人均文化娱乐支出、农村居民人均文化娱乐支出、城镇居民人均文化娱乐支出占消费性支出比重（22个）
发展环境 竞争力 （18个）	强势指标	（0个）
	优势指标	每十万人交通事故发生数（1个）
	劣势指标	铁路网线密度、公路网线密度、全社会货物周转量、电话普及率、万人外资企业数、个体私营企业数增长率、万人个体私营企业数、万人商标注册件数、社会捐赠站点数（9个）
政府作用 竞争力 （16个）	强势指标	物价调控（1个）
	优势指标	财政支出用于经济社会比重、规范税收（2个）
	劣势指标	财政支出对 GDP 增长的拉动、政府公务员对经济的贡献、财政投资对社会投资的拉动、调控城乡消费差距、统筹经济社会发展、城镇职工养老保险收支比、医疗保险覆盖率、养老保险覆盖率、失业保险覆盖率、最低工资标准（10个）
发展水平 竞争力 （18个）	强势指标	工业增加值增长率（1个）
	优势指标	城市平均建成区面积比重（1个）
	劣势指标	工业增加值占 GDP 比重、高技术产业占工业增加值比重、信息产业增加值占 GDP 比重、工农业增加值比值、城镇化率、城镇居民人均可支配收入、人均日生活用水量、非公有制经济产值占全社会总产值比重、社会投资占投资总额比重、私有和个体企业从业人员比重、亿元以上商品市场成交额、亿元以上商品市场成交额占全社会消费品零售总额比重、居民消费支出占总消费支出比重（13个）

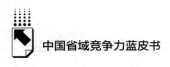

续表

二级指标	优劣势	四级指标
统筹协调竞争力（16个）	强势指标	能源使用下降率、万元GDP综合能耗下降率（2个）
	优势指标	二三产业增加值比例、固定资产投资额占GDP比重、资源竞争力与宏观经济竞争力比差、环境竞争力与工业竞争力比差（4个）
	劣势指标	社会劳动生产率、非农用地产出率、居民收入占GDP比重、环境竞争力与宏观经济竞争力比差、人力资源竞争力与宏观经济竞争力比差、资源竞争力与工业竞争力比差、城乡居民家庭人均收入比差、城乡居民人均现金消费支出比差、全社会消费品零售总额与外贸出口总额比差（9个）

28.2　甘肃省经济综合竞争力各级指标具体分析

1. 甘肃省宏观经济竞争力指标排名变化情况

表28-5　2018～2019年甘肃省宏观经济竞争力指标组排位及变化趋势

指　标	2018年	2019年	排位升降	优劣势
1　宏观经济竞争力	30	31	-1	劣势
1.1　经济实力竞争力	30	26	4	劣势
地区生产总值	27	25	2	劣势
地区生产总值增长率	23	26	-3	劣势
人均地区生产总值	31	24	7	劣势
财政总收入	26	25	1	劣势
财政总收入增长率	16	21	-5	劣势
人均财政收入	29	29	0	劣势
固定资产投资额	27	27	0	劣势
固定资产投资额增长率	24	14	10	中势
人均固定资产投资额	29	29	0	劣势
全社会消费品零售总额	26	26	0	劣势
全社会消费品零售总额增长率	25	15	10	中势
人均全社会消费品零售总额	29	31	-2	劣势

续表

指　　标	2018 年	2019 年	排位升降	优劣势
1.2　经济结构竞争力	30	31	− 1	劣势
产业结构优化度	6	6	0	优势
所有制经济结构优化度	31	31	0	劣势
城乡经济结构优化度	31	31	0	劣势
就业结构优化度	24	19	5	中势
财政收入结构优化度	14	12	2	中势
贸易结构优化度	22	23	− 1	劣势
1.3　经济外向度竞争力	13	29	− 16	劣势
进出口总额	28	28	0	劣势
进出口增长率	4	26	− 22	劣势
出口总额	29	29	0	劣势
出口增长率	1	29	− 28	劣势
实际 FDI	27	28	− 1	劣势
实际 FDI 增长率	14	19	− 5	中势
外贸依存度	28	28	0	劣势
外资企业数	26	27	− 1	劣势
对外直接投资额	25	26	− 1	劣势

2. 甘肃省产业经济竞争力指标排名变化情况

表 28 – 6　2018～2019 年甘肃省产业经济竞争力指标组排位及变化趋势

指　　标	2018 年	2019 年	排位升降	优劣势
2　产业经济竞争力	30	27	3	劣势
2.1　农业竞争力	22	24	− 2	劣势
农业增加值	24	24	0	劣势
农业增加值增长率	4	1	3	强势
人均农业增加值	26	26	0	劣势
农民人均纯收入	31	31	0	劣势
农民人均纯收入增长率	17	21	− 4	劣势
农产品出口占农林牧渔总产值比重	24	23	1	劣势
人均主要农产品产量	16	16	0	中势
农业机械化水平	20	20	0	中势
农村人均用电量	28	28	0	劣势
财政支农资金比重	3	3	0	强势

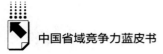

续表

指　标	2018 年	2019 年	排位升降	优劣势
2.2　工业竞争力	31	26	5	劣势
工业增加值	27	27	0	劣势
工业增加值增长率	19	2	17	强势
人均工业增加值	29	29	0	劣势
工业资产总额	27	27	0	劣势
工业资产总额增长率	22	28	−6	劣势
规模以上工业主营业务收入	27	27	0	劣势
工业成本费用率	11	19	−8	中势
规模以上工业利润总额	27	27	0	劣势
工业全员劳动生产率	26	12	14	中势
工业收入利润率	30	29	1	劣势
2.3　服务业竞争力	29	26	3	劣势
服务业增加值	27	27	0	劣势
服务业增加值增长率	15	18	−3	中势
人均服务业增加值	31	31	0	劣势
服务业从业人员数	26	26	0	劣势
限额以上批发零售企业主营业务收入	24	24	0	劣势
限额以上批零企业利税率	26	26	0	劣势
限额以上餐饮企业利税率	23	21	2	劣势
旅游外汇收入	31	30	1	劣势
商品房销售收入	27	28	−1	劣势
电子商务销售额	28	28	0	劣势
2.4　企业竞争力	20	23	−3	劣势
规模以上工业企业数	27	27	0	劣势
规模以上企业平均资产	9	9	0	优势
规模以上企业平均收入	6	7	−1	优势
规模以上企业平均利润	22	20	2	中势
规模以上企业劳动效率	4	11	−7	中势
城镇就业人员平均工资	22	26	−4	劣势
新产品销售收入占主营业务收入比重	31	26	5	劣势
产品质量抽查合格率	15	8	7	优势
工业企业 R&D 经费投入强度	25	24	1	劣势
全国 500 强企业数	24	21	3	劣势

3. 甘肃省可持续发展竞争力指标排名变化情况

表 28 – 7　2018～2019 年甘肃省可持续发展竞争力指标组排位及变化趋势

指　　标	2018 年	2019 年	排位升降	优劣势
3　可持续发展竞争力	30	26	4	劣势
3.1　资源竞争力	12	11	1	中势
人均国土面积	5	5	0	优势
人均可使用海域和滩涂面积	13	13	0	中势
人均年水资源量	20	19	1	中势
耕地面积	10	10	0	优势
人均耕地面积	5	5	0	优势
人均牧草地面积	5	5	0	优势
主要能源矿产基础储量	15	12	3	中势
人均主要能源矿产基础储量	12	12	0	中势
人均森林储积量	14	14	0	中势
3.2　环境竞争力	28	18	10	中势
森林覆盖率	27	29	− 2	劣势
人均废水排放量	2	2	0	强势
人均工业废气排放量	22	22	0	劣势
人均工业固体废物排放量	16	16	0	中势
人均治理工业污染投资额	21	23	− 2	劣势
一般工业固体废物综合利用率	18	18	0	中势
生活垃圾无害化处理率	18	1	17	强势
自然灾害直接经济损失额	28	13	15	中势
3.3　人力资源竞争力	28	27	1	劣势
常住人口增长率	21	16	5	中势
15～64 岁人口比例	18	15	3	中势
文盲率	30	29	1	劣势
大专以上教育程度人口比例	21	24	− 3	劣势
平均受教育程度	27	27	0	劣势
人口健康素质	11	11	0	中势
职业学校毕业生数	23	23	0	劣势

4. 甘肃省财政金融竞争力指标排名变化情况

表 28-8　2018~2019 年甘肃省财政金融竞争力指标组排位及变化趋势

指　标	2018 年	2019 年	排位升降	优劣势
4　财政金融竞争力	22	28	-6	劣势
4.1　财政竞争力	19	28	-9	劣势
地方财政收入	27	27	0	劣势
地方财政支出	26	25	1	劣势
地方财政收入占 GDP 比重	16	16	0	中势
地方财政支出占 GDP 比重	3	3	0	强势
税收收入占 GDP 比重	18	22	-4	劣势
税收收入占财政总收入比重	26	27	-1	劣势
人均地方财政收入	31	31	0	劣势
人均地方财政支出	13	15	-2	中势
人均税收收入	30	31	-1	劣势
地方财政收入增长率	17	27	-10	劣势
地方财政支出增长率	5	27	-22	劣势
税收收入增长率	12	28	-16	劣势
4.2　金融竞争力	24	27	-3	劣势
存款余额	27	27	0	劣势
人均存款余额	27	27	0	劣势
贷款余额	25	26	-1	劣势
人均贷款余额	18	20	-2	中势
中长期贷款占贷款余额比重	12	14	-2	中势
保险费净收入	27	27	0	劣势
保险密度（人均保险费）	26	25	1	劣势
保险深度（保险费占 GDP 的比重）	6	6	0	优势
国内上市公司数	24	25	-1	劣势
国内上市公司市值	28	28	0	劣势

5. 甘肃省知识经济竞争力指标排名变化情况

表 28－9 2018～2019 年甘肃省知识经济竞争力指标组排位及变化趋势

指　标	2018 年	2019 年	排位升降	优劣势
5　知识经济竞争力	26	27	－1	劣势
5.1　科技竞争力	25	25	0	劣势
R&D 人员	26	26	0	劣势
R&D 经费	26	26	0	劣势
R&D 经费投入强度	20	21	－1	劣势
发明专利授权量	25	25	0	劣势
技术市场成交合同金额	17	19	－2	中势
财政科技支出占地方财政支出比重	29	28	1	劣势
高技术产业主营业务收入	26	27	－1	劣势
高技术产业收入占工业增加值比重	27	28	－1	劣势
高技术产品出口额占商品出口额比重	13	13	0	中势
5.2　教育竞争力	29	29	0	劣势
教育经费	25	25	0	劣势
教育经费占 GDP 比重	2	3	－1	强势
人均教育经费	18	19	－1	中势
公共教育经费占财政支出比重	14	14	0	中势
人均文化教育支出	24	29	－5	劣势
万人中小学学校数	31	31	0	劣势
万人中小学专任教师数	29	27	2	劣势
高等学校数	18	18	0	中势
高校专任教师数	25	25	0	劣势
万人高等学校在校学生数	24	25	－1	劣势
5.3　文化竞争力	26	28	－2	劣势
文化制造业营业收入	30	28	2	劣势
文化批发零售业营业收入	22	23	－1	劣势
文化服务业企业营业收入	27	27	0	劣势
图书和期刊出版数	21	23	－2	劣势
电子出版物品种	14	29	－15	劣势
印刷用纸量	27	28	－1	劣势
城镇居民人均文化娱乐支出	24	29	－5	劣势
农村居民人均文化娱乐支出	21	24	－3	劣势
城镇居民人均文化娱乐支出占消费性支出比重	20	27	－7	劣势
农村居民人均文化娱乐支出占消费性支出比重	2	2	0	强势

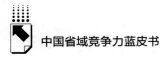

6. 甘肃省发展环境竞争力指标排名变化情况

表 28 – 10 2018～2019 年甘肃省发展环境竞争力指标组排位及变化趋势

指　　标	2018 年	2019 年	排位升降	优劣势
6　发展环境竞争力	27	28	－ 1	劣势
6.1　基础设施竞争力	26	26	0	劣势
铁路网线密度	27	27	0	劣势
公路网线密度	27	27	0	劣势
人均内河航道里程	20	20	0	中势
全社会旅客周转量	16	16	0	中势
全社会货物周转量	20	21	－ 1	劣势
人均邮电业务总量	16	19	－ 3	中势
电话普及率	19	21	－ 2	劣势
政府网站数	15	15	0	中势
人均耗电量	15	17	－ 2	中势
6.2　软环境竞争力	23	26	－ 3	劣势
外资企业数增长率	2	13	－ 11	中势
万人外资企业数	26	26	0	劣势
个体私营企业数增长率	29	26	3	劣势
万人个体私营企业数	28	29	－ 1	劣势
万人商标注册件数	31	31	0	劣势
查处商标侵权假冒案件数	14	16	－ 2	中势
每十万人交通事故发生数	7	5	2	优势
罚没收入占财政收入比重	24	20	4	中势
社会捐赠站点数	24	26	－ 2	劣势

7. 甘肃省政府作用竞争力指标排名变化情况

表 28 – 11 2018～2019 年甘肃省政府作用竞争力指标组排位及变化趋势

指　　标	2018 年	2019 年	排位升降	优劣势
7　政府作用竞争力	30	30	0	劣势
7.1　政府发展经济竞争力	29	30	－ 1	劣势
财政支出用于基本建设投资比重	15	14	1	中势
财政支出对 GDP 增长的拉动	29	29	0	劣势
政府公务员对经济的贡献	29	29	0	劣势
财政支出用于经济社会比重	4	4	0	优势
财政投资对社会投资的拉动	28	28	0	劣势

续表

指　标	2018 年	2019 年	排位升降	优劣势
7.2　政府规调经济竞争力	27	29	−2	劣势
物价调控	15	3	12	强势
调控城乡消费差距	29	30	−1	劣势
统筹经济社会发展	29	28	1	劣势
规范税收	22	4	18	优势
固定资产投资价格指数	11	18	−7	中势
7.3　政府保障经济竞争力	30	30	0	劣势
城镇职工养老保险收支比	12	22	−10	劣势
医疗保险覆盖率	29	29	0	劣势
养老保险覆盖率	28	28	0	劣势
失业保险覆盖率	27	28	−1	劣势
最低工资标准	26	30	−4	劣势
城镇登记失业率	25	15	10	中势

8. 甘肃省发展水平竞争力指标排名变化情况

表 28 – 12　2018~2019 年甘肃省发展水平竞争力指标组排位及变化趋势

指　标	2018 年	2019 年	排位升降	优劣势
8　发展水平竞争力	29	28	1	劣势
8.1　工业化进程竞争力	27	22	5	劣势
工业增加值占 GDP 比重	27	24	3	劣势
工业增加值增长率	19	2	17	强势
高技术产业占工业增加值比重	27	24	3	劣势
高技术产品占商品出口额比重	19	16	3	中势
信息产业增加值占 GDP 比重	23	23	0	劣势
工农业增加值比值	27	24	3	劣势
8.2　城市化进程竞争力	26	26	0	劣势
城镇化率	29	30	−1	劣势
城镇居民人均可支配收入	30	29	1	劣势
城市平均建成区面积比重	5	7	−2	优势
人均拥有道路面积	12	11	1	中势
人均日生活用水量	24	22	2	劣势
人均公共绿地面积	15	14	1	中势

指　　标	2018 年	2019 年	排位升降	优劣势
8.3　市场化进程竞争力	29	29	0	劣势
非公有制经济产值占全社会总产值比重	31	31	0	劣势
社会投资占投资总额比重	25	27	-2	劣势
私有和个体企业从业人员比重	20	22	-2	劣势
亿元以上商品市场成交额	28	27	1	劣势
亿元以上商品市场成交额占全社会消费品零售总额比重	24	26	-2	劣势
居民消费支出占总消费支出比重	21	21	0	劣势

9. 甘肃省统筹协调竞争力指标排名变化情况

表 28 - 13　2018～2019 年甘肃省统筹协调竞争力指标组排位及变化趋势

指　　标	2018 年	2019 年	排位升降	优劣势
9　统筹协调竞争力	31	31	0	劣势
9.1　统筹发展竞争力	26	14	12	中势
社会劳动生产率	31	31	0	劣势
能源使用下降率	26	3	23	强势
万元 GDP 综合能耗下降率	25	3	22	强势
非农用地产出率	28	28	0	劣势
居民收入占 GDP 比重	31	30	1	劣势
二三产业增加值比例	5	6	-1	优势
固定资产投资额占 GDP 比重	8	8	0	优势
固定资产投资增长率	8	14	-6	中势
9.2　协调发展竞争力	31	31	0	劣势
资源竞争力与宏观经济竞争力比差	6	4	2	优势
环境竞争力与宏观经济竞争力比差	29	31	-2	劣势
人力资源竞争力与宏观经济竞争力比差	29	30	-1	劣势
环境竞争力与工业竞争力比差	7	9	-2	优势
资源竞争力与工业竞争力比差	30	26	4	劣势
城乡居民家庭人均收入比差	31	31	0	劣势
城乡居民人均现金消费支出比差	29	30	-1	劣势
全社会消费品零售总额与外贸出口总额比差	29	30	-1	劣势

2018~2019年青海省经济综合
竞争力评价分析报告

青海省简称"青",位于青藏高原东北部,分别与青海省、四川省、西藏自治区、新疆维吾尔自治区相连。境内的青海湖是中国最大的内陆高原咸水湖,也是长江、黄河源头所在。青海省土地面积72万平方公里,2019年全省常住人口为607.82万人,地区生产总值为2965.95亿元,同比增长6.3%,人均GDP达48981.46元。本部分通过分析2018~2019年青海省经济综合竞争力以及各要素竞争力的排名变化,从中找出青海省经济综合竞争力的推动点及影响因素,为进一步提升青海省经济综合竞争力提供决策参考。

29.1 青海省经济综合竞争力总体分析

1. 青海省经济综合竞争力一级指标概要分析

（1）从综合排位看,2019年青海省经济综合竞争力综合排位在全国居第29位,这表明其发展在全国仍然处于劣势地位;与2018年相比,综合排位保持不变。

（2）从指标所处区位看,只有1个二级指标处于中游区,为统筹协调竞争力;其余指标均处于下游区。

（3）从指标变化趋势看,在这9个二级指标中,有4个指标处于上升趋势,分别为可持续发展竞争力、知识经济竞争力、政府作用竞争力和统筹协调竞争力,这些是青海省经济综合竞争力不断上升的动力所在;有2个指标处于下降趋势,分别为宏观经济竞争力和发展环境竞争力,这些是青海省经济综合竞争力下降的拉力所在。

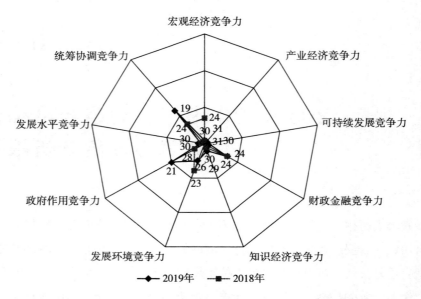

图 29 - 1　2018~2019 年青海省经济综合竞争力二级指标比较

表 29 - 1　2018~2019 年青海省经济综合竞争力二级指标比较

项目 年份	宏观 经济 竞争力	产业 经济 竞争力	可持续 发展 竞争力	财政 金融 竞争力	知识 经济 竞争力	发展 环境 竞争力	政府 作用 竞争力	发展 水平 竞争力	统筹 协调 竞争力	综合 排位
2018	24	31	31	24	30	23	28	30	24	29
2019	30	31	30	24	29	26	21	30	19	29
升降	-6	0	1	0	1	-3	7	0	5	0
优劣度	劣势	劣势	劣势	劣势	劣势	劣势	劣势	劣势	中势	劣势

2. 青海省经济综合竞争力各级指标动态变化分析

从表 29 - 2 可以看出，210 个四级指标中，上升指标有 55 个，占指标总数的 26.2%；下降指标有 75 个，占指标总数的 35.7%；保持指标有 80 个，占指标总数的 38.1%。综上所述，虽然青海省经济综合竞争力下降的拉力大于上升的动力，但是受其他外部因素的综合影响，使得 2018~2019 年青海省经济综合竞争力排位并没有发生变化。

表 29 – 2　2018 ~ 2019 年青海省经济综合竞争力各级指标排位变化态势比较

单位：个，%

二级指标	三级指标	四级指标数	上升		保持		下降		变化趋势
			指标数	比重	指标数	比重	指标数	比重	
宏观经济竞争力	经济实力竞争力	12	2	16.7	4	33.3	6	50.0	下降
	经济结构竞争力	6	2	33.3	2	33.3	2	33.3	下降
	经济外向度竞争力	9	1	11.1	3	33.3	5	55.6	下降
	小　计	27	5	18.5	9	33.3	13	48.1	下降
产业经济竞争力	农业竞争力	10	2	20.0	7	70.0	1	10.0	上升
	工业竞争力	10	3	30.0	4	40.0	3	30.0	下降
	服务业竞争力	10	1	10.0	5	50.0	4	40.0	上升
	企业竞争力	10	4	40.0	3	30.0	3	30.0	下降
	小　计	40	10	25	19	47.5	11	27.5	保持
可持续发展竞争力	资源竞争力	9	1	11.1	8	88.9	0	0.0	保持
	环境竞争力	8	3	37.5	5	62.5	0	0.0	保持
	人力资源竞争力	7	1	14.3	1	14.3	5	71.4	下降
	小　计	24	5	20.8	14	58.3	5	20.8	下降
财政金融竞争力	财政竞争力	12	4	33.3	4	33.3	4	33.3	下降
	金融竞争力	10	2	20.0	4	40.0	4	40.0	下降
	小　计	22	6	27.3	8	36.4	8	36.4	保持
知识经济竞争力	科技竞争力	9	3	33.3	4	44.4	2	22.2	保持
	教育竞争力	10	5	50.0	3	30.0	2	20.0	上升
	文化竞争力	10	0	0.0	3	30.0	7	70.0	保持
	小　计	29	8	27.6	10	34.5	11	37.9	上升
发展环境竞争力	基础设施竞争力	9	0	0.0	5	55.6	4	44.4	下降
	软环境竞争力	9	2	22.2	1	11.1	6	66.7	下降
	小　计	18	2	11.1	6	33.3	10	55.6	下降
政府作用竞争力	政府发展经济竞争力	5	1	20.0	3	60.0	1	20.0	下降
	政府规调经济竞争力	5	3	60.0	0	0.0	2	40.0	上升
	政府保障经济竞争力	6	3	50.0	1	16.7	2	33.3	上升
	小　计	16	7	43.8	4	25	5	31.3	上升
发展水平竞争力	工业化进程竞争力	6	3	50.0	2	33.3	1	16.7	上升
	城市化进程竞争力	6	2	33.3	3	50.0	1	16.7	保持
	市场化进程竞争力	6	2	33.3	1	16.7	3	50.0	保持
	小　计	18	7	38.9	6	33.3	5	27.8	保持
统筹协调竞争力	统筹发展竞争力	8	3	37.5	2	25.0	3	37.5	上升
	协调发展竞争力	8	2	25.0	2	25.0	4	50.0	下降
	小　计	16	5	31.3	4	25.0	7	43.8	上升
合　计		210	55	26.2	80	38.1	75	35.7	保持

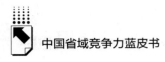

3.青海省经济综合竞争力各级指标优劣势结构分析

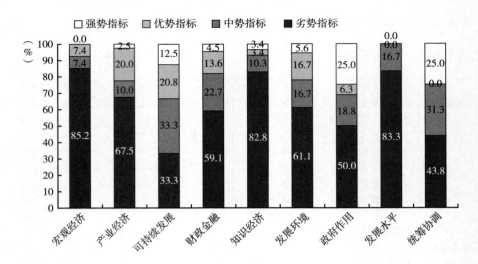

图29-2 2013年青海省经济综合竞争力各级指标优劣势比较

表29-3 2013年青海省经济综合竞争力各级指标优劣势比较

单位:个,%

二级指标	三级指标	四级指标数	强势指标		优势指标		中势指标		劣势指标		优劣势
			个数	比重	个数	比重	个数	比重	个数	比重	
宏观经济竞争力	经济实力竞争力	12	0	0.0	2	16.7	1	8.3	9	75.0	劣势
	经济结构竞争力	6	0	0.0	0	0.0	1	16.7	5	83.3	劣势
	经济外向度竞争力	9	0	0.0	0	0.0	0	0.0	9	100.0	劣势
	小　计	**27**	0	0.0	2	7.4	2	7.4	23	85.2	劣势
产业经济竞争力	农业竞争力	10	0	0.0	3	30.0	0	0.0	7	70.0	劣势
	工业竞争力	10	0	0.0	2	20.0	2	20.0	6	60.0	劣势
	服务业竞争力	10	0	0.0	0	0.0	1	10.0	9	90.0	劣势
	企业竞争力	10	1	10.0	3	30.0	1	10.0	5	50.0	劣势
	小　计	**40**	1	2.5	8	20.0	4	10.0	27	67.5	劣势
可持续发展竞争力	资源竞争力	9	3	33.3	2	22.2	3	33.3	1	11.1	优势
	环境竞争力	8	0	0.0	2	25.0	2	25.0	4	50.0	劣势
	人力资源竞争力	7	0	0.0	1	14.3	3	42.9	3	42.9	劣势
	小　计	**24**	3	12.5	5	20.8	8	33.3	8	33.3	劣势

续表

二级指标	三级指标	四级指标数	强势指标		优势指标		中势指标		劣势指标		优劣势
			个数	比重	个数	比重	个数	比重	个数	比重	
财政金融竞争力	财政竞争力	12	1	8.3	2	16.7	3	25.0	6	50.0	中势
	金融竞争力	10	0	0.0	1	10.0	2	20.0	7	70.0	劣势
	小　计	22	1	4.5	3	13.6	5	22.7	13	59.1	劣势
知识经济竞争力	科技竞争力	9	0	0.0	0	0.0	0	0.0	9	100.0	劣势
	教育竞争力	10	1	10.0	1	10.0	3	30.0	5	50.0	劣势
	文化竞争力	10	0	0.0	0	0.0	0	0.0	10	100.0	劣势
	小　计	29	1	3.4	1	3.4	3	10.3	24	82.8	劣势
发展环境竞争力	基础设施竞争力	9	1	11.1	2	22.2	1	11.1	5	55.6	劣势
	软环境竞争力	9	0	0.0	1	11.1	2	22.2	6	66.7	劣势
	小　计	18	1	5.6	3	16.7	3	16.7	11	61.1	劣势
政府作用竞争力	政府发展经济竞争力	5	2	40.0	0	0.0	0	0.0	3	60.0	优势
	政府规调经济竞争力	5	1	20.0	1	20.0	2	40.0	1	20.0	中势
	政府保障经济竞争力	6	1	16.7	0	0.0	1	16.7	4	66.7	劣势
	小　计	16	4	25.0	1	6.3	3	18.8	8	50.0	劣势
发展水平竞争力	工业化进程竞争力	6	0	0.0	0	0.0	1	16.7	5	83.3	劣势
	城市化进程竞争力	6	0	0.0	0	0.0	2	33.3	4	66.7	劣势
	市场化进程竞争力	6	0	0.0	0	0.0	0	0.0	6	100.0	劣势
	小　计	18	0	0.0	0	0.0	3	16.7	15	83.3	劣势
统筹协调竞争力	统筹发展竞争力	8	2	25.0	0	0.0	3	37.5	3	37.5	中势
	协调发展竞争力	8	2	25.0	0	0.0	2	25.0	4	50.0	劣势
	小　计	16	4	25.0	0	0.0	5	31.3	7	43.8	中势
合　计		210	15	7.1	23	11.0	36	17.1	136	64.8	劣势

基于图 29-2 和表 29-3，从四级指标来看，强势指标 15 个，占指标总数的 7.1%；优势指标 23 个，占指标总数的 11.0%；中势指标 36 个，占指标总数的 17.1%；劣势指标 136 个，占指标总数的 64.8%。从三级指标来看，没有强势指标；优势指标 2 个，占三级指标总数的 8%；中势指标 3 个，占三级指标总数的 12%；劣势指标 20 个，占三级指标总数的 80%。反映到二级指标上来，没有强势指标和优势指标；中势指标只有 1 个，占二级指标总数的 11.1%；劣势指标有 8 个，占二级指标总数的 88.9%。综合来

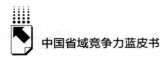
中国省域竞争力蓝皮书

看，由于在指标体系中劣势指标居于绝对的主导地位，使得 2019 年青海省经济综合竞争力处于劣势地位。

4. 青海省经济综合竞争力四级指标优劣势对比分析

表 29 – 4   2019 年青海省经济综合竞争力各级指标优劣势比较

二级指标	优劣势	四级指标
宏观经济竞争力（27 个）	强势指标	（0 个）
	优势指标	财政总收入增长率、人均固定资产投资额（2 个）
	劣势指标	地区生产总值、地区生产总值增长率、人均地区生产总值、财政总收入、固定资产投资额、固定资产投资额增长率、全社会消费品零售总额、全社会消费品零售总额增长率、人均全社会消费品零售总额、产业结构优化度、所有制经济结构优化度、城乡经济结构优化度、就业结构优化度、财政收入结构优化度、进出口总额、进出口增长率、出口总额、出口增长率、实际 FDI、实际 FDI 增长率、外贸依存度、外资企业数、对外直接投资额（23 个）
产业经济竞争力（40 个）	强势指标	规模以上企业平均资产（1 个）
	优势指标	农业增加值增长率、农民人均纯收入增长率、财政支农资金比重、工业成本费率、工业全员劳动生产率、规模以上企业平均收入、城镇就业人员平均工资、产品质量抽查合格率（8 个）
	劣势指标	农业增加值、人均农业增加值、农民人均纯收入、农产品出口占农林牧渔总产值比重、人均主要农产品产量、农业机械化水平、农村人均用电量、工业增加值、人均工业增加值、工业资产总额、规模以上工业主营业务收入、规模以上工业利润总额、工业收入利润率、服务业增加值、服务业增加值增长率、人均服务业增加值、服务业从业人员数、限额以上批发零售企业主营业务收入、限额以上餐饮企业利税率、旅游外汇收入、商品房销售收入、电子商务销售额、规模以上工业企业数、规模以上企业平均利润、新产品销售收入占主营业务收入比重、工业企业 R&D 经费投入强度、全国 500 强企业数（27 个）
可持续发展竞争力（24 个）	强势指标	人均国土面积、人均年水资源量、人均牧草地面积（3 个）
	优势指标	主要能源矿产基础储量、人均主要能源矿产基础储量、人均治理工业污染投资额、自然灾害直接经济损失、常住人口增长率（5 个）
	劣势指标	耕地面积、森林覆盖率、人均工业废气排放量、人均工业固体废物排放量、生活垃圾无害化处理率、文盲率、平均受教育程度、职业学校毕业生数（8 个）

续表

二级指标	优劣势	四级指标
财政金融竞争力（22个）	强势指标	地方财政支出占 GDP 比重（1个）
	优势指标	人均地方财政支出、地方财政支出增长率、中长期贷款占贷款余额比重（3个）
	劣势指标	地方财政收入、地方财政支出、税收收入占 GDP 比重、人均地方财政收入、人均税收收入、税收收入增长率、存款余额、贷款余额、保险费净收入、保险密度（人均保险费）、保险深度（保险费占 GDP 的比重）、国内上市公司数、国内上市公司市值（13个）
知识经济竞争力（29个）	强势指标	教育经费占 GDP 比重（1个）
	优势指标	人均教育经费（1个）
	劣势指标	R&D 人员、R&D 经费、R&D 经费投入强度、发明专利授权量、技术市场成交合同金额、财政科技支出占地方财政支出比重、高技术产业主营业务收入、高技术产业收入占工业增加值比重、高技术产品出口额占商品出口额比重、教育经费、公共教育经费占财政支出比重、人均文化教育支出、高校专任教师数、万人高等学校在校学生数、文化制造业营业收入、文化批发零售业营业收入、文化服务业企业营业收入、图书和期刊出版数、电子出版物品种、印刷用纸量、城镇居民人均文化娱乐支出、农村居民人均文化娱乐支出、城镇居民人均文化娱乐支出占消费性支出比重、农村居民人均文化娱乐支出占消费性支出比重（24个）
发展环境竞争力（18个）	强势指标	人均耗电量（1个）
	优势指标	人均内河航道里程、人均邮电业务总量、查处商标侵权假冒案件数（3个）
	劣势指标	铁路网线密度、公路网线密度、全社会旅客周转量、全社会货物周转量、政府网站数、万人外资企业数、个体私营企业数增长率、万人个体私营企业数、万人商标注册件数、每十万人交通事故发生数、社会捐赠站点数（11个）
政府作用竞争力（16个）	强势指标	财政支出用于基本建设投资比重、财政支出用于经济社会比重、规范税收、城镇登记失业率（4个）
	优势指标	物价调控（1个）
	劣势指标	财政支出对 GDP 增长的拉动、政府公务员对经济的贡献、财政投资对社会投资的拉动、统筹经济社会发展、城镇职工养老保险收支比、医疗保险覆盖率、失业保险覆盖率、最低工资标准（8个）

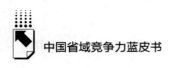
续表

二级指标	优劣势	四级指标
发展水平竞争力（18个）	强势指标	（0个）
	优势指标	（0个）
	劣势指标	工业增加值占 GDP 比重、高技术产业占工业增加值比重、高技术产品占商品出口额比重、信息产业增加值占 GDP 比重、工农业增加值比值、城镇化率、城镇居民人均可支配收入、人均日生活用水量、人均公共绿地面积、非公有制经济产值占全社会总产值比重、社会投资占投资总额比重、私有和个体企业从业人员比重、亿元以上商品市场成交额、亿元以上商品市场成交额占全社会消费品零售总额比重、居民消费支出占总消费支出比重（15个）
统筹协调竞争力（16个）	强势指标	能源使用下降率、万元 GDP 综合能耗下降率、资源竞争力与宏观经济竞争力比差、资源竞争力与工业竞争力比差（4个）
	优势指标	（0个）
	劣势指标	非农用地产出率、固定资产投资额占 GDP 比重、固定资产投资增长率、人力资源竞争力与宏观经济竞争力比差、环境竞争力与工业竞争力比差、城乡居民家庭人均收入比差、全社会消费品零售总额与外贸出口总额比差（7个）

29.2 青海省经济综合竞争力各级指标具体分析

1. 青海省宏观经济竞争力指标排名变化情况

表 29 - 5 2018~2019 年青海省宏观经济竞争力指标组排位及变化趋势

指标	2018 年	2019 年	排位升降	优劣势
1 宏观经济竞争力	24	30	-6	劣势
1.1 经济实力竞争力	22	24	-2	劣势
地区生产总值	30	27	3	劣势
地区生产总值增长率	12	30	-18	劣势
人均地区生产总值	23	25	-2	劣势
财政总收入	29	29	0	劣势
财政总收入增长率	2	5	-3	优势
人均财政收入	11	11	0	中势

续表

指标	2018 年	2019 年	排位升降	优劣势
固定资产投资额	28	28	0	劣势
固定资产投资额增长率	14	21	−7	劣势
人均固定资产投资额	3	4	−1	优势
全社会消费品零售总额	30	30	0	劣势
全社会消费品零售总额增长率	27	24	3	劣势
人均全社会消费品零售总额	27	28	−1	劣势
1.2 经济结构竞争力	25	30	−5	劣势
产业结构优化度	21	21	0	劣势
所有制经济结构优化度	30	29	1	劣势
城乡经济结构优化度	28	28	0	劣势
就业结构优化度	25	21	4	劣势
财政收入结构优化度	2	29	−27	劣势
贸易结构优化度	17	19	−2	中势
1.3 经济外向度竞争力	26	31	−5	劣势
进出口总额	30	31	−1	劣势
进出口增长率	5	31	−26	劣势
出口总额	30	31	−1	劣势
出口增长率	11	31	−20	劣势
实际 FDI	30	30	0	劣势
实际 FDI 增长率	27	31	−4	劣势
外贸依存度	31	31	0	劣势
外资企业数	30	30	0	劣势
对外直接投资额	31	30	1	劣势

2. 青海省产业经济竞争力指标排名变化情况

表 29－6 2018～2019 年青海省产业经济竞争力指标组排位及变化趋势

指　标	2018 年	2019 年	排位升降	优劣势
2　产业经济竞争力	31	31	0	劣势
2.1　农业竞争力	27	26	1	劣势
农业增加值	27	26	1	劣势
农业增加值增长率	6	6	0	优势
人均农业增加值	22	21	1	劣势
农民人均纯收入	29	29	0	劣势
农民人均纯收入增长率	2	4	−2	优势
农产品出口占农林牧渔总产值比重	31	31	0	劣势
人均主要农产品产量	26	26	0	劣势
农业机械化水平	28	28	0	劣势
农村人均用电量	30	30	0	劣势
财政支农资金比重	5	5	0	优势

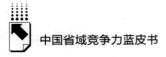

续表

指　标	2018 年	2019 年	排位升降	优劣势
2.2　工业竞争力	28	30	−2	劣势
工业增加值	29	29	0	劣势
工业增加值增长率	15	19	−4	中势
人均工业增加值	24	23	1	劣势
工业资产总额	29	29	0	劣势
工业资产总额增长率	25	17	8	中势
规模以上工业主营业务收入	29	29	0	劣势
工业成本费用率	2	10	−8	优势
规模以上工业利润总额	30	31	−1	劣势
工业全员劳动生产率	13	8	5	优势
工业收入利润率	31	31	0	劣势
2.3　服务业竞争力	31	29	2	劣势
服务业增加值	30	30	0	劣势
服务业增加值增长率	24	23	1	劣势
人均服务业增加值	23	24	−1	劣势
服务业从业人员数	30	30	0	劣势
限额以上批发零售企业主营业务收入	30	30	0	劣势
限额以上批零企业利税率	14	18	−4	中势
限额以上餐饮企业利税率	22	25	−3	劣势
旅游外汇收入	30	31	−1	劣势
商品房销售收入	30	30	0	劣势
电子商务销售额	30	30	0	劣势
2.4　企业竞争力	26	27	−1	劣势
规模以上工业企业数	29	29	0	劣势
规模以上企业平均资产	3	3	0	强势
规模以上企业平均收入	9	10	−1	优势
规模以上企业平均利润	31	31	0	劣势
规模以上企业劳动效率	21	14	7	中势
城镇就业人员平均工资	7	8	−1	优势
新产品销售收入占主营业务收入比重	28	29	−1	劣势
产品质量抽查合格率	17	10	7	优势
工业企业 R&D 经费投入强度	31	29	2	劣势
全国 500 强企业数	28	25	3	劣势

3.青海省可持续发展竞争力指标排名变化情况

表 29 - 7　2018～2019 年青海省可持续发展竞争力指标组排位及变化趋势

指　　　　标	2018 年	2019 年	排位升降	优劣势
3　可持续发展竞争力	29	30	-1	劣势
3.1　资源竞争力	6	6	0	优势
人均国土面积	2	2	0	强势
人均可使用海域和滩涂面积	13	13	0	中势
人均年水资源量	2	2	0	强势
耕地面积	27	27	0	劣势
人均耕地面积	13	13	0	中势
人均牧草地面积	2	2	0	强势
主要能源矿产基础储量	18	7	11	优势
人均主要能源矿产基础储量	7	7	0	优势
人均森林储积量	15	15	0	中势
3.2　环境竞争力	31	31	0	劣势
森林覆盖率	30	30	0	劣势
人均废水排放量	18	17	1	中势
人均工业废气排放量	28	28	0	劣势
人均工业固体废物排放量	31	31	0	劣势
人均治理工业污染投资额	22	9	13	优势
一般工业固体废物综合利用率	17	17	0	中势
生活垃圾无害化处理率	26	26	0	劣势
自然灾害直接经济损失额	9	7	2	优势
3.3　人力资源竞争力	26	28	-2	劣势
常住人口增长率	10	8	2	优势
15~64 岁人口比例	13	14	-1	中势
文盲率	29	30	-1	劣势
大专以上教育程度人口比例	14	17	-3	中势
平均受教育程度	28	29	-1	劣势
人口健康素质	15	19	-4	中势
职业学校毕业生数	30	30	0	劣势

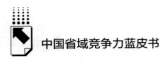
4. 青海省财政金融竞争力指标排名变化情况

表 29 – 8　2018～2019 年青海省财政金融竞争力指标组排位及变化趋势

指　标	2018 年	2019 年	排位升降	优劣势
4　财政金融竞争力	24	24	0	劣势
4.1　财政竞争力	13	15	−2	中势
地方财政收入	30	30	0	劣势
地方财政支出	30	29	1	劣势
地方财政收入占 GDP 比重	21	18	3	中势
地方财政支出占 GDP 比重	2	2	0	强势
税收收入占 GDP 比重	21	21	0	劣势
税收收入占财政总收入比重	13	19	−6	中势
人均地方财政收入	25	24	1	劣势
人均地方财政支出	4	4	0	优势
人均税收收入	22	24	−2	劣势
地方财政收入增长率	6	14	−8	中势
地方财政支出增长率	20	4	16	优势
税收收入增长率	11	23	−12	劣势
4.2　金融竞争力	30	31	−1	劣势
存款余额	30	30	0	劣势
人均存款余额	14	17	−3	中势
贷款余额	30	30	0	劣势
人均贷款余额	9	11	−2	中势
中长期贷款占贷款余额比重	8	10	−2	优势
保险费净收入	30	30	0	劣势
保险密度（人均保险费）	27	26	1	劣势
保险深度（保险费占 GDP 的比重）	27	25	2	劣势
国内上市公司数	31	31	0	劣势
国内上市公司市值	30	31	−1	劣势

5.青海省知识经济竞争力指标排名变化情况

表 29－9　2018～2019 年青海省知识经济竞争力指标组排位及变化趋势

指　　标	2018 年	2019 年	排位升降	优劣势
5　知识经济竞争力	30	29	1	劣势
5.1　科技竞争力	29	29	0	劣势
R&D 人员	30	29	1	劣势
R&D 经费	30	30	0	劣势
R&D 经费投入强度	28	28	0	劣势
发明专利授权量	30	30	0	劣势
技术市场成交合同金额	25	29	－4	劣势
财政科技支出占地方财政支出比重	28	30	－2	劣势
高技术产业主营业务收入	29	29	0	劣势
高技术产业收入占工业增加值比重	23	22	1	劣势
高技术产品出口额占商品出口额比重	31	30	1	劣势
5.2　教育竞争力	28	25	3	劣势
教育经费	30	29	1	劣势
教育经费占 GDP 比重	4	2	2	强势
人均教育经费	4	4	0	优势
公共教育经费占财政支出比重	28	30	－2	劣势
人均文化教育支出	27	30	－3	劣势
万人中小学学校数	21	18	3	中势
万人中小学专任教师数	22	20	2	中势
高等学校数	18	18	0	中势
高校专任教师数	30	30	0	劣势
万人高等学校在校学生数	31	30	1	劣势
5.3　文化竞争力	30	30	0	劣势
文化制造业营业收入	28	30	－2	劣势
文化批发零售业营业收入	28	30	－2	劣势
文化服务业企业营业收入	28	29	－1	劣势
图书和期刊出版数	31	31	0	劣势
电子出版物品种	29	29	0	劣势
印刷用纸量	29	29	0	劣势
城镇居民人均文化娱乐支出	27	30	－3	劣势
农村居民人均文化娱乐支出	29	30	－1	劣势
城镇居民人均文化娱乐支出占消费性支出比重	27	28	－1	劣势
农村居民人均文化娱乐支出占消费性支出比重	24	26	－2	劣势

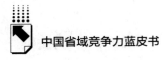

6. 青海省发展环境竞争力指标排名变化情况

表 29 - 10　2018~2019 年青海省发展环境竞争力指标组排位及变化趋势

指　标	2018 年	2019 年	排位升降	优劣势
6　发展环境竞争力	23	26	-3	劣势
6.1　基础设施竞争力	24	25	-1	劣势
铁路网线密度	30	30	0	劣势
公路网线密度	30	30	0	劣势
人均内河航道里程	10	10	0	优势
全社会旅客周转量	28	29	-1	劣势
全社会货物周转量	30	30	0	劣势
人均邮电业务总量	6	8	-2	优势
电话普及率	11	12	-1	中势
政府网站数	24	25	-1	劣势
人均耗电量	3	3	0	强势
6.2　软环境竞争力	20	25	-5	劣势
外资企业数增长率	7	15	-8	中势
万人外资企业数	27	28	-1	劣势
个体私营企业数增长率	17	28	-11	劣势
万人个体私营企业数	21	24	-3	劣势
万人商标注册件数	27	27	0	劣势
查处商标侵权假冒案件数	2	6	-4	优势
每十万人交通事故发生数	21	26	-5	劣势
罚没收入占财政收入比重	17	11	6	中势
社会捐赠站点数	30	29	1	劣势

7. 青海省政府作用竞争力指标排名变化情况

表 29 - 11　2018~2019 年青海省政府作用竞争力指标组排位及变化趋势

指　标	2018 年	2019 年	排位升降	优劣势
7　政府作用竞争力	28	21	7	劣势
7.1　政府发展经济竞争力	6	8	-2	优势
财政支出用于基本建设投资比重	1	1	0	强势
财政支出对 GDP 增长的拉动	30	30	0	劣势
政府公务员对经济的贡献	28	28	0	劣势
财政支出用于经济社会比重	3	2	1	强势
财政投资对社会投资的拉动	30	31	-1	劣势

续表

指　　标	2018 年	2019 年	排位升降	优劣势
7.2　政府规调经济竞争力	28	19	9	中势
物价调控	31	9	22	优势
调控城乡消费差距	24	20	4	中势
统筹经济社会发展	28	30	-2	劣势
规范税收	11	1	10	强势
固定资产投资价格指数	7	17	-10	中势
7.3　政府保障经济竞争力	28	27	1	劣势
城镇职工养老保险收支比	29	27	2	劣势
医疗保险覆盖率	22	26	-4	劣势
养老保险覆盖率	18	18	0	中势
失业保险覆盖率	28	29	-1	劣势
最低工资标准	30	21	9	劣势
城镇登记失业率	20	3	17	强势

8.青海省发展水平竞争力指标排名变化情况

表 29-12　2018~2019 年青海省发展水平竞争力指标组排位及变化趋势

指　　标	2018 年	2019 年	排位升降	优劣势
8　发展水平竞争力	30	30	0	劣势
8.1　工业化进程竞争力	28	27	1	劣势
工业增加值占 GDP 比重	23	22	1	劣势
工业增加值增长率	15	19	-4	中势
高技术产业占工业增加值比重	29	25	4	劣势
高技术产品占商品出口额比重	31	30	1	劣势
信息产业增加值占 GDP 比重	30	30	0	劣势
工农业增加值比重	22	22	0	劣势
8.2　城市化进程竞争力	28	28	0	劣势
城镇化率	23	23	0	劣势
城镇居民人均可支配收入	27	27	0	劣势
城市平均建成区面积比重	18	18	0	中势
人均拥有道路面积	18	13	5	中势
人均日生活用水量	15	24	-9	劣势
人均公共绿地面积	26	24	2	劣势

指　标	2018 年	2019 年	排位升降	优劣势
8.3　市场化进程竞争力	30	30	0	劣势
非公有制经济产值占全社会总产值的比重	30	29	1	劣势
社会投资占投资总额比重	29	30	−1	劣势
私有和个体企业从业人员比重	22	24	−2	劣势
亿元以上商品市场成交额	29	30	−1	劣势
亿元以上商品市场成交额占全社会消费品零售总额比重	27	22	5	劣势
居民消费支出占总消费支出比重	29	29	0	劣势

9. 青海省统筹协调竞争力指标排名变化情况

表 29 – 13　2018～2019 年青海省统筹协调竞争力指标组排位及变化趋势

指　标	2018 年	2019 年	排位升降	优劣势
9　统筹协调竞争力	24	19	5	中势
9.1　统筹发展竞争力	29	12	17	中势
社会劳动生产率	19	19	0	中势
能源使用下降率	25	1	24	强势
万元 GDP 综合能耗下降率	21	1	20	强势
非农用地产出率	30	30	0	劣势
居民收入占 GDP 比重	14	19	−5	中势
二三产业增加值比例	24	20	4	中势
固定资产投资额占 GDP 比重	30	31	−1	劣势
固定资产投资增长率	18	21	−3	劣势
9.2　协调发展竞争力	16	21	−5	劣势
资源竞争力与宏观经济竞争力比差	3	2	1	强势
环境竞争力与宏观经济竞争力比差	7	20	−13	中势
人力资源竞争力与宏观经济竞争力比差	16	24	−8	劣势
环境竞争力与工业竞争力比差	19	23	−4	劣势
资源竞争力与工业竞争力比差	1	2	−1	强势
城乡居民家庭人均收入比差	28	28	0	劣势
城乡居民人均现金消费支出比差	24	20	4	中势
全社会消费品零售总额与外贸出口总额比差	31	31	0	劣势

2018~2019年宁夏回族自治区经济
综合竞争力评价分析报告

宁夏回族自治区简称"宁",是中国五大自治区之一,是中华文明的发祥地之一。位于中国西部的黄河上游地区,东邻陕西省,西部、北部接内蒙古自治区,南部与甘肃省相连。南北相距约456公里,东西相距约250公里,全区面积6.6万平方公里。2019年全区常住人口为695万人,地区生产总值为3748亿元,同比增长6.5%,人均GDP达54280元。本部分通过分析2018~2019年宁夏回族自治区经济综合竞争力以及各要素竞争力的排名变化,从中找出宁夏回族自治区经济综合竞争力的推动点及影响因素,为进一步提升宁夏回族自治区经济综合竞争力提供决策参考。

30.1 宁夏回族自治区经济综合竞争力总体分析

1. 宁夏回族自治区经济综合竞争力一级指标概要分析

(1)从综合排位看,2019年宁夏回族自治区经济综合竞争力综合排位在全国居第27位,这表明其在全国处于劣势地位;与2018年相比,综合排位保持不变。

(2)从指标所处区位看,这9个指标均处于中下游区,其中发展环境竞争力、政府作用竞争力以及发展水平竞争力3个指标为宁夏回族自治区经济综合竞争力的中势指标。

(3)从指标变化趋势看,9个二级指标中,只有1个指标处于上升趋势,为发展水平竞争力,这是宁夏回族自治区经济综合竞争力上升的动力所在;

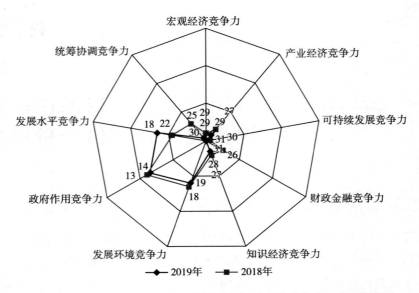

图 30 – 1　2018～2019 年宁夏回族自治区经济综合竞争力二级指标比较

表 30 – 1　2018～2019 年宁夏回族自治区经济综合竞争力二级指标比较

项目 年份	宏观 经济 竞争力	产业 经济 竞争力	可持续 发展 竞争力	财政 金融 竞争力	知识 经济 竞争力	发展 环境 竞争力	政府 作用 竞争力	发展 水平 竞争力	统筹 协调 竞争力	综合 排位
2018	29	27	30	26	27	18	13	22	25	27
2019	29	29	31	31	28	19	14	18	30	27
升降	0	-2	-1	-5	-1	-1	-1	4	-5	0
优劣度	劣势	劣势	劣势	劣势	劣势	中势	中势	中势	劣势	劣势

有 7 个指标处于下降趋势，分别为产业经济竞争力、可持续发展竞争力、财政金融竞争力、知识经济竞争力、发展环境竞争力、政府作用竞争力以及统筹协调竞争力，这些都是宁夏回族自治区经济综合竞争力下降的拉力所在。

2. 宁夏回族自治区经济综合竞争力各级指标动态变化分析

从表 30 – 2 可以看出，210 个四级指标中，上升指标有 60 个，占指标总数的 28.6%；下降指标有 74 个，占指标总数的 35.2%；保持不变的指标有 76 个，占指标总数的 36.2%。综上所述，宁夏回族自治区经济综合竞

表30－2 2018~2019年宁夏回族自治区经济综合竞争力各级指标排位变化态势比较

单位：个，%

二级指标	三级指标	四级指标数	上升		保持		下降		变化趋势
			指标数	比重	指标数	比重	指标数	比重	
宏观经济竞争力	经济实力竞争力	12	1	8.3	3	25	8	66.7	下降
	经济结构竞争力	6	0	0	0	0	6	100	下降
	经济外向度竞争力	9	4	44.4	4	44.4	1	11.1	上升
	小　计	27	5	18.5	7	25.9	15	55.6	保持
产业经济竞争力	农业竞争力	10	1	10	4	40	5	50	下降
	工业竞争力	10	5	50	4	40	1	10	上升
	服务业竞争力	10	1	10	7	70	2	20	保持
	企业竞争力	10	5	50	1	10	4	40	下降
	小　计	40	12	30	16	40	12	30	下降
可持续发展竞争力	资源竞争力	9	2	22.2	7	77.8	0	0	上升
	环境竞争力	8	1	12.5	6	75	1	12.5	下降
	人力资源竞争力	7	4	57.1	3	42.9	0	0	保持
	小　计	24	7	29.2	16	66.7	1	4.2	保持
财政金融竞争力	财政竞争力	12	0	0	3	25	9	75	下降
	金融竞争力	10	1	10	6	60	3	30	下降
	小　计	22	1	4.5	9	40.9	12	54.5	下降
知识经济竞争力	科技竞争力	9	4	44.4	4	44.4	1	11.1	保持
	教育竞争力	10	4	40	4	40	2	20	保持
	文化竞争力	10	4	40	1	10	5	50	上升
	小　计	29	12	41.4	9	31	8	27.6	下降
发展环境竞争力	基础设施竞争力	9	2	22.2	6	66.7	1	11.1	保持
	软环境竞争力	9	3	33.3	2	22.2	4	44.4	上升
	小　计	18	5	27.8	8	44.4	5	27.8	下降
政府作用竞争力	政府发展经济竞争力	5	1	20	1	20	3	60	上升
	政府规调经济竞争力	5	2	40	0	0	3	60	上升
	政府保障经济竞争力	6	2	33.3	1	16.7	3	50	下降
	小　计	16	5	31.3	2	12.5	9	56.3	下降
发展水平竞争力	工业化进程竞争力	6	3	50	1	16.7	2	33.3	上升
	城市化进程竞争力	6	4	66.7	1	16.7	1	16.7	上升
	市场化进程竞争力	6	1	16.7	2	33.3	3	50	下降
	小　计	18	8	44.4	4	22.2	6	33.3	上升
统筹协调竞争力	统筹发展竞争力	8	2	25	4	50	2	25	下降
	协调发展竞争力	8	3	37.5	1	12.5	4	50	下降
	小　计	16	5	31.3	5	31.3	6	37.5	下降
合　计		210	60	28.6	76	36.2	74	35.2	保持

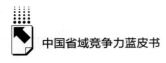

争力上升的动力小于下降的拉力，但受其他外部因素的综合影响，使得
2018～2019年宁夏回族自治区经济综合竞争力排位保持不变。

3. 宁夏回族自治区经济综合竞争力各级指标优劣势结构分析

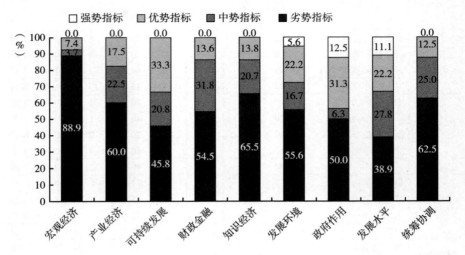

图30-2　2019年宁夏回族自治区经济综合竞争力各级指标优劣势比较

表30-3　2019年宁夏回族自治区经济综合竞争力各级指标优劣势比较

单位：个，%

二级指标	三级指标	四级指标数	强势指标		优势指标		中势指标		劣势指标		优劣势
			个数	比重	个数	比重	个数	比重	个数	比重	
宏观经济竞争力	经济实力竞争力	12	0	0	0	0	0	0	12	100	劣势
	经济结构竞争力	6	0	0	1	16.7	1	16.7	4	66.7	中势
	经济外向度竞争力	9	0	0	1	11.1	0	0	8	88.9	劣势
	小　计	27	0	0	2	7.4	1	3.7	24	88.9	劣势
产业经济竞争力	农业竞争力	10	0	0	2	20	2	20	6	60	劣势
	工业竞争力	10	0	0	2	20	3	30	5	50	劣势
	服务业竞争力	10	0	0	0	0	2	20	8	80	劣势
	企业竞争力	10	0	0	3	30	2	20	5	50	劣势
	小　计	40	0	0	7	17.5	9	22.5	24	60	劣势
可持续发展竞争力	资源竞争力	9	0	0	5	55.6	1	11.1	3	33.3	中势
	环境竞争力	8	0	0	2	25	2	25	4	50	劣势
	人力资源竞争力	7	0	0	1	14.3	2	28.6	4	57.1	劣势
	小　计	24	0	0	8	33.3	5	20.8	11	45.8	劣势

续表

二级指标	三级指标	四级指标数	强势指标		优势指标		中势指标		劣势指标		优劣势
			个数	比重	个数	比重	个数	比重	个数	比重	
财政金融竞争力	财政竞争力	12	0	0	2	16.7	4	33.3	6	50	劣势
	金融竞争力	10	0	0	1	10	3	30	6	60	劣势
	小　计	**22**	0	0	3	13.6	7	31.8	12	54.5	劣势
知识经济竞争力	科技竞争力	9	0	0	0	0	3	33.3	6	66.7	劣势
	教育竞争力	10	0	0	2	20	2	20	6	60	劣势
	文化竞争力	10	0	0	2	20	1	10	7	70	劣势
	小　计	**29**	0	0	4	13.8	6	20.7	19	65.5	劣势
发展环境竞争力	基础设施竞争力	9	1	11.1	1	11.1	1	11.1	6	66.7	劣势
	软环境竞争力	9	0	0	3	33.3	2	22.2	4	44.4	中势
	小　计	**18**	1	5.6	4	22.2	3	16.7	10	55.6	中势
政府作用竞争力	政府发展经济竞争力	5	0	0	1	20	0	0	4	80	劣势
	政府规调经济竞争力	5	2	40	1	20	0	0	2	40	优势
	政府保障经济竞争力	6	0	0	3	50	1	16.7	2	33.3	中势
	小　计	**16**	2	12.5	5	31.3	1	6.3	8	50	中势
发展水平竞争力	工业化进程竞争力	6	0	0	3	50	0	0	3	50	劣势
	城市化进程竞争力	6	2	33.3	1	16.7	2	33.3	1	16.7	优势
	市场化进程竞争力	6	0	0	0	0	3	50	3	50	中势
	小　计	**18**	2	11.1	4	22.2	5	27.8	7	38.9	中势
统筹协调竞争力	统筹发展竞争力	8	0	0	1	12.5	2	25	5	62.5	劣势
	协调发展竞争力	8	0	0	1	12.5	2	25	5	62.5	劣势
	小　计	**16**	0	0	2	12.5	4	25	10	62.5	劣势
合　计		**210**	5	2.4	39	18.6	41	19.5	125	59.5	劣势

　　基于图 30-2 和表 30-3，从四级指标来看，强势指标 5 个，占指标总数的 2.4%；优势指标 39 个，占指标总数的 18.6%；中势指标 41 个，占指标总数的 19.5%；劣势指标 125 个，占指标总数的 59.5%。从三级指标来看，没有强势指标；优势指标 2 个，占三级指标总数的 8%；中势指标 5 个，占三级指标总数的 20%；劣势指标 18 个，占三级指标总数的 72%。反映到二级指标上来，没有强势指标和优势指标；中势指标有 3 个，占二级指标总数的 33.3%；劣势指标有 6 个，占二级指标总数的 66.7%。综合来看，

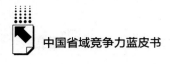

由于劣势指标在指标体系中居于主导地位，使得 2019 年宁夏回族自治区经济综合竞争力处于劣势地位。

4. 宁夏回族自治区经济综合竞争力四级指标优劣势对比分析

表 30－4　2019 年宁夏回族自治区经济综合竞争力各级指标优劣势比较

二级指标	优劣势	四级指标
宏观经济竞争力（27 个）	强势指标	（0 个）
	优势指标	贸易结构优化度、实际 FDI 增长率（2 个）
	劣势指标	地区生产总值、地区生产总值增长率、人均地区生产总值、财政总收入、财政总收入增长率、人均财政总收入、固定资产投资额、固定资产投资额增长率、人均固定资产投资额、全社会消费品零售总额、全社会消费品零售总额增长率、人均全社会消费品零售总额、产业结构优化度、城乡经济结构优化度、就业结构优化度、财政收入结构优化度、进出口总额、进出口增长率、出口总额、出口增长率、实际 FDI、外贸依存度、外资企业数、对外直接投资额（24 个）
产业经济竞争力（40 个）	强势指标	（0 个）
	优势指标	人均主要农产品产量、财政支农资金比重、工业增加值增长率、工业资产总额增长率、规模以上企业平均资产、规模以上企业平均收入、规模以上企业劳动效率（7 个）
	劣势指标	农业增加值、人均农业增加值、农民人均纯收入、农产品出口占农林牧渔总产值比重、农业机械化水平、农村人均用电量、工业增加值、工业资产总额、规模以上工业主营业务收入、规模以上工业利润总额、工业收入利润率、服务业增加值、服务业从业人员数、限额以上批发零售企业主营业务收入、限额以上批零企业利税率、限额以上餐饮企业利税率、旅游外汇收入、商品房销售收入、电子商务销售额、规模以上工业企业数、新产品销售收入占主营业务收入比重、产品质量抽查合格率、工业企业 R&D 经费投入强度、全国 500 强企业数（24 个）
可持续发展竞争力（24 个）	强势指标	（0 个）
	优势指标	人均国土面积、人均耕地面积、人均牧草地面积、主要能源矿产基础储量、人均主要能源矿产基础储量、人均治理工业污染投资额、自然灾害直接经济损失、常住人口增长率（8 个）
	劣势指标	人均年水资源量、耕地面积、人均森林储量、森林覆盖率、人均工业废气排放量、人均工业固体废物排放量、一般工业固体废物综合利用率、文盲率、平均受教育程度、人口健康素质、职业学校毕业生数（11 个）

续表

二级指标	优劣势	四级指标
财政金融 竞争力 （22个）	强势指标	（0个）
	优势指标	地方财政支出占GDP比重、人均地方财政支出、保险深度（保险费占GDP的比重）（3个）
	劣势指标	地方财政收入、地方财政支出、税收收入占财政总收入比重、地方财政收入增长率、地方财政支出增长率、税收收入增长率、存款余额、贷款余额、中长期贷款占贷款余额比重、保险费净收入、国内上市公司数、国内上市公司市值（12个）
知识经济 竞争力 （29个）	强势指标	（0个）
	优势指标	教育经费占GDP比重、人均文化教育支出、城镇居民人均文化娱乐支出、城镇居民人均文化娱乐支出占消费性支出比重（4个）
	劣势指标	R&D人员、R&D经费、发明专利授权量、技术市场成交合同金额、高技术产业主营业务收入、高技术产业收入占工业增加值比重、教育经费、公共教育经费占财政支出比重、万人中小学学校数、万人中小学专任教师数、高校专任教师数、万人高等学校在校学生数、文化制造业营业收入、文化批发零售业营业收入、文化服务业企业营业收入、图书和期刊出版数、电子出版物品种、印刷用纸量、农村居民人均文化娱乐支出（19个）
发展环境 竞争力 （18个）	强势指标	人均耗电量（1个）
	优势指标	人均邮电业务总量、外资企业数增长率、查处商标侵权假冒案件数、罚没收入占财政收入比重（4个）
	劣势指标	铁路网线密度、公路网线密度、人均内河航道里程、全社会旅客周转量、全社会货物周转量、政府网站数、个体私营企业数增长率、万人商标注册件数、每十万人交通事故发生数、社会捐赠站点数（10个）
政府作用 竞争力 （16个）	强势指标	物价调控、规范税收（2个）
	优势指标	财政支出用于经济社会比重、固定资产投资价格指数、医疗保险覆盖率、养老保险覆盖率、失业保险覆盖率（5个）
	劣势指标	财政支出用于基本建设投资比重、财政支出对GDP增长的拉动、政府公务员对经济的贡献、财政投资对社会投资的拉动、调控城乡消费差距、统筹经济社会发展、最低工资标准、城镇登记失业率（8个）

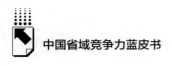

二级指标	优劣势	四级指标
发展水平竞争力（18个）	强势指标	人均拥有道路面积、人均公共绿地面积(2个)
	优势指标	工业增加值占GDP比重、工业增加值增长率、工农业增加值比值、城市平均建成区面积比重(4个)
	劣势指标	高技术产业占工业增加值比重、高技术产品占商品出口额比重、信息产业增加值占GDP比重、城镇居民人均可支配收入、社会投资占投资总额比重、亿元以上商品市场成交额、居民消费支出占总消费支出比重(7个)
统筹协调竞争力（16个）	强势指标	(0个)
	优势指标	固定资产投资额占GDP比重、资源竞争力与宏观经济竞争力比差(2个)
	劣势指标	能源使用下降率、万元GDP综合能耗下降率、非农用地产出率、二三产业增加值比例、固定资产投资增长率、环境竞争力与宏观经济竞争力比差、人力资源竞争力与宏观经济竞争力比差、城乡居民家庭人均收入比差、城乡居民人均现金消费支出比差、全社会消费品零售总额与外贸出口总额比差(10个)

30.2 宁夏回族自治区经济综合竞争力各级指标具体分析

1. 宁夏回族自治区宏观经济竞争力指标排名变化情况

表30-5 2018～2019年宁夏回族自治区宏观经济竞争力指标组排位及变化趋势

指　标	2018年	2019年	排位升降	优劣势
1　宏观经济竞争力	29	29	0	劣势
1.1　经济实力竞争力	29	31	-2	劣势
地区生产总值	29	30	-1	劣势
地区生产总值增长率	14	28	-14	劣势
人均地区生产总值	15	27	-12	劣势
财政总收入	30	30	0	劣势
财政总收入增长率	22	31	-9	劣势
人均财政收入	20	30	-10	劣势
固定资产投资额	30	30	0	劣势
固定资产投资额增长率	29	30	-1	劣势
人均固定资产投资额	19	23	-4	劣势
全社会消费品零售总额	29	29	0	劣势
全社会消费品零售总额增长率	24	26	-2	劣势
人均全社会消费品零售总额	28	22	6	劣势

指　标	2018 年	2019 年	排位升降	优劣势
1.2　经济结构竞争力	17	20	-3	中势
产业结构优化度	19	23	-4	劣势
所有制经济结构优化度	17	18	-1	中势
城乡经济结构优化度	23	25	-2	劣势
就业结构优化度	22	23	-1	劣势
财政收入结构优化度	23	30	-7	劣势
贸易结构优化度	3	5	-2	优势
1.3　经济外向度竞争力	31	28	3	劣势
进出口总额	29	29	0	劣势
进出口增长率	31	25	6	劣势
出口总额	28	28	0	劣势
出口增长率	29	30	-1	劣势
实际 FDI	29	27	2	劣势
实际 FDI 增长率	31	6	25	优势
外贸依存度	26	26	0	劣势
外资企业数	29	29	0	劣势
对外直接投资额	29	23	6	劣势

2. 宁夏回族自治区产业经济竞争力指标排名变化情况

表 30 - 6　2018～2019 年宁夏回族自治区产业经济竞争力指标组排位及变化趋势

指　　标	2018 年	2019 年	排位升降	优劣势
2　产业经济竞争力	27	29	-2	劣势
2.1　农业竞争力	25	28	-3	劣势
农业增加值	26	27	-1	劣势
农业增加值增长率	9	13	-4	中势
人均农业增加值	21	25	-4	劣势
农民人均纯收入	25	26	-1	劣势
农民人均纯收入增长率	16	11	5	中势
农产品出口占农林牧渔总产值比重	21	21	0	劣势
人均主要农产品产量	5	5	0	优势
农业机械化水平	25	25	0	劣势
农村人均用电量	21	21	0	劣势
财政支农资金比重	6	9	-3	优势

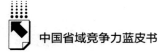
续表

指　　标	2018 年	2019 年	排位升降	优劣势
2.2　工业竞争力	27	23	4	劣势
工业增加值	28	28	0	劣势
工业增加值增长率	24	7	17	优势
人均工业增加值	20	16	4	中势
工业资产总额	28	28	0	劣势
工业资产总额增长率	15	10	5	优势
规模以上工业主营业务收入	28	28	0	劣势
工业成本费用率	7	13	−6	中势
规模以上工业利润总额	28	28	0	劣势
工业全员劳动生产率	22	18	4	中势
工业收入利润率	29	25	4	劣势
2.3　服务业竞争力	30	30	0	劣势
服务业增加值	29	29	0	劣势
服务业增加值增长率	21	20	1	中势
人均服务业增加值	17	19	−2	中势
服务业从业人员数	29	29	0	劣势
限额以上批发零售企业主营业务收入	29	29	0	劣势
限额以上批零企业利税率	27	27	0	劣势
限额以上餐饮企业利税率	9	30	−21	劣势
旅游外汇收入	29	29	0	劣势
商品房销售收入	29	29	0	劣势
电子商务销售额	29	29	0	劣势
2.4　企业竞争力	21	24	−3	劣势
规模以上工业企业数	28	28	0	劣势
规模以上企业平均资产	7	5	2	优势
规模以上企业平均收入	12	9	3	优势
规模以上企业平均利润	23	15	8	中势
规模以上企业劳动效率	10	7	3	优势
城镇就业人员平均工资	10	11	−1	中势
新产品销售收入占主营业务收入比重	16	22	−6	劣势
产品质量抽查合格率	23	31	−8	劣势
工业企业 R&D 经费投入强度	17	21	−4	劣势
全国 500 强企业数	30	25	5	劣势

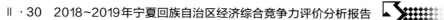
3. 宁夏回族自治区可持续发展竞争力指标排名变化情况

表 30 - 7   2018～2019 年宁夏回族自治区可持续发展竞争力指标组排位及变化趋势

指　标	2018 年	2019 年	排位升降	优劣势
3 可持续发展竞争力	31	31	0	劣势
3.1 资源竞争力	18	14	4	中势
人均国土面积	7	7	0	优势
人均可使用海域和滩涂面积	13	13	0	中势
人均年水资源量	28	27	1	劣势
耕地面积	25	25	0	劣势
人均耕地面积	6	6	0	优势
人均牧草地面积	6	6	0	优势
主要能源矿产基础储量	14	4	10	优势
人均主要能源矿产基础储量	4	4	0	优势
人均森林储积量	26	26	0	劣势
3.2 环境竞争力	25	29	-4	劣势
森林覆盖率	26	26	0	劣势
人均废水排放量	16	16	0	中势
人均工业废气排放量	31	31	0	劣势
人均工业固体废物排放量	28	28	0	劣势
人均治理工业污染投资额	4	5	-1	优势
一般工业固体废物综合利用率	26	26	0	劣势
生活垃圾无害化处理率	21	15	6	中势
自然灾害直接经济损失额	4	4	0	优势
3.3 人力资源竞争力	29	29	0	劣势
常住人口增长率	6	6	0	优势
15～64 岁人口比例	19	19	0	中势
文盲率	27	27	0	劣势
大专以上教育程度人口比例	18	15	3	中势
平均受教育程度	24	23	1	劣势
人口健康素质	25	23	2	劣势
职业学校毕业生数	29	28	1	劣势

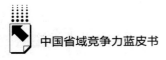
4. 宁夏回族自治区财政金融竞争力指标排名变化情况

表 30 –8　2018～2019 年宁夏回族自治区财政金融竞争力指标组排位及变化趋势

指　标	2018 年	2019 年	排位升降	优劣势
4　财政金融竞争力	26	31	－5	劣势
4.1　财政竞争力	25	30	－5	劣势
地方财政收入	29	29	0	劣势
地方财政支出	31	31	0	劣势
地方财政收入占 GDP 比重	8	11	－3	中势
地方财政支出占 GDP 比重	5	5	0	优势
税收收入占 GDP 比重	12	16	－4	中势
税收收入占财政总收入比重	29	31	－2	劣势
人均地方财政收入	13	15	－2	中势
人均地方财政支出	5	7	－2	优势
人均税收收入	16	18	－2	中势
地方财政收入增长率	23	28	－5	劣势
地方财政支出增长率	27	29	－2	劣势
税收收入增长率	17	30	－13	劣势
4.2　金融竞争力	26	28	－2	劣势
存款余额	29	29	0	劣势
人均存款余额	20	20	0	中势
贷款余额	29	29	0	劣势
人均贷款余额	12	12	0	中势
中长期贷款占贷款余额比重	20	21	－1	劣势
保险费净收入	29	29	0	劣势
保险密度(人均保险费)	7	11	－4	中势
保险深度(保险费占 GDP 的比重)	4	5	－1	优势
国内上市公司数	30	30	0	劣势
国内上市公司市值	31	30	1	劣势

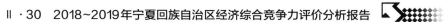

5. 宁夏回族自治区知识经济竞争力指标排名变化情况

表30-9 2018~2019年宁夏回族自治区知识经济竞争力指标组排位及变化趋势

指　　标	2018年	2019年	排位升降	优劣势
5　知识经济竞争力	27	28	-1	劣势
5.1　科技竞争力	23	23	0	劣势
R&D人员	27	27	0	劣势
R&D经费	28	28	0	劣势
R&D经费投入强度	19	19	0	中势
发明专利授权量	28	28	0	劣势
技术市场成交合同金额	28	27	1	劣势
财政科技支出占地方财政支出比重	10	12	-2	中势
高技术产业主营业务收入	27	26	1	劣势
高技术产业收入占工业增加值比重	24	21	3	劣势
高技术产品出口额占商品出口额比重	24	19	5	中势
5.2　教育竞争力	31	31	0	劣势
教育经费	31	31	0	劣势
教育经费占GDP比重	8	8	0	优势
人均教育经费	11	12	-1	中势
公共教育经费占财政支出比重	27	26	1	劣势
人均文化教育支出	10	9	1	优势
万人中小学学校数	29	25	4	劣势
万人中小学专任教师数	27	24	3	劣势
高等学校数	18	18	0	中势
高校专任教师数	29	29	0	劣势
万人高等学校在校学生数	20	29	-9	劣势
5.3　文化竞争力	27	26	1	劣势
文化制造业营业收入	27	25	2	劣势
文化批发零售业营业收入	30	29	1	劣势
文化服务业企业营业收入	30	31	-1	劣势
图书和期刊出版数	27	28	-1	劣势
电子出版物品种	29	29	0	劣势
印刷用纸量	31	30	1	劣势
城镇居民人均文化娱乐支出	10	9	1	优势
农村居民人均文化娱乐支出	14	21	-7	劣势
城镇居民人均文化娱乐支出占消费性支出比重	3	6	-3	优势
农村居民人均文化娱乐支出占消费性支出比重	11	13	-2	中势

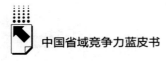

6. 宁夏回族自治区发展环境竞争力指标排名变化情况

表 30－10　2018～2019 年宁夏回族自治区发展环境竞争力指标组排位及变化趋势

指　标	2018 年	2019 年	排位升降	优劣势
6　发展环境竞争力	18	19	−1	中势
6.1　基础设施竞争力	21	21	0	劣势
铁路网线密度	22	21	1	劣势
公路网线密度	24	24	0	劣势
人均内河航道里程	22	22	0	劣势
全社会旅客周转量	30	30	0	劣势
全社会货物周转量	29	29	0	劣势
人均邮电业务总量	7	6	1	优势
电话普及率	8	14	−6	中势
政府网站数	27	27	0	劣势
人均耗电量	1	1	0	强势
6.2　软环境竞争力	17	14	3	中势
外资企业数增长率	22	6	16	优势
万人外资企业数	20	20	0	中势
个体私营企业数增长率	21	29	−8	劣势
万人个体私营企业数	8	11	−3	中势
万人商标注册件数	20	22	−2	劣势
查处商标侵权假冒案件数	4	5	−1	优势
每十万人交通事故发生数	26	23	3	劣势
罚没收入占财政收入比重	10	6	4	优势
社会捐赠站点数	28	28	0	劣势

7. 宁夏回族自治区政府作用竞争力指标排名变化情况

表 30－11　2018～2019 年宁夏回族自治区政府作用竞争力指标组排位及变化趋势

指　标	2018 年	2019 年	排位升降	优劣势
7　政府作用竞争力	13	14	−1	中势
7.1　政府发展经济竞争力	28	26	2	劣势
财政支出用于基本建设投资比重	21	22	−1	劣势
财政支出对 GDP 增长的拉动	27	27	0	劣势
政府公务员对经济的贡献	23	24	−1	劣势
财政支出用于经济社会比重	8	6	2	优势
财政投资对社会投资的拉动	19	21	−2	劣势

续表

指标	2018 年	2019 年	排位升降	优劣势
7.2 政府规调经济竞争力	16	9	7	优势
物价调控	25	2	23	强势
调控城乡消费差距	17	21	−4	劣势
统筹经济社会发展	23	26	−3	劣势
规范税收	23	2	21	强势
固定资产投资价格指数	3	9	−6	优势
7.3 政府保障经济竞争力	7	11	−4	中势
城镇职工养老保险收支比	30	20	10	中势
医疗保险覆盖率	9	10	−1	优势
养老保险覆盖率	4	4	0	优势
失业保险覆盖率	7	5	2	优势
最低工资标准	23	28	−5	劣势
城镇登记失业率	4	30	−26	劣势

8.宁夏回族自治区发展水平竞争力指标排名变化情况

表 30 – 12   2018 ~ 2019 年宁夏回族自治区发展水平竞争力指标组排位及变化趋势

指标	2018 年	2019 年	排位升降	优劣势
8 发展水平竞争力	22	18	4	中势
8.1 工业化进程竞争力	25	21	4	劣势
工业增加值占 GDP 比重	19	10	9	优势
工业增加值增长率	24	7	17	优势
高技术产业占工业增加值比重	20	22	−2	劣势
高技术产品占商品出口额比重	23	26	−3	劣势
信息产业增加值占 GDP 比重	26	26	0	劣势
工农业增加值比值	17	10	7	优势
8.2 城市化进程竞争力	13	7	6	优势
城镇化率	15	14	1	中势
城镇居民人均可支配收入	24	25	−1	劣势
城市平均建成区面积比重	27	6	21	优势
人均拥有道路面积	4	1	3	强势
人均日生活用水量	21	18	3	中势
人均公共绿地面积	1	1	0	强势

指　标	2018 年	2019 年	排位升降	优劣势
8.3　市场化进程竞争力	19	20	−1	中势
非公有制经济产值占全社会总产值比重	17	18	−1	中势
社会投资占投资总额比重	23	23	0	劣势
私有和个体企业从业人员比重	21	19	2	中势
亿元以上商品市场成交额	27	28	−1	劣势
亿元以上商品市场成交额占全社会消费品零售总额比重	6	14	−8	中势
居民消费支出占总消费支出比重	28	28	0	劣势

9. 宁夏回族自治区统筹协调竞争力指标排名变化情况

表 30 – 13　2018～2019 年宁夏回族自治区统筹协调竞争力指标组排位及变化趋势

指　标	2018 年	2019 年	排位升降	优劣势
9　统筹协调竞争力	25	30	−5	劣势
9.1　统筹发展竞争力	23	30	−7	劣势
社会劳动生产率	15	14	1	中势
能源使用下降率	30	30	0	劣势
万元 GDP 综合能耗下降率	30	30	0	劣势
非农用地产出率	25	25	0	劣势
居民收入占 GDP 比重	10	15	−5	中势
二三产业增加值比例	25	25	0	劣势
固定资产投资额占 GDP 比重	16	10	6	优势
固定资产投资增长率	3	30	−27	劣势
9.2　协调发展竞争力	24	25	−1	劣势
资源竞争力与宏观经济竞争力比差	11	10	1	优势
环境竞争力与宏观经济竞争力比差	28	28	0	劣势
人力资源竞争力与宏观经济竞争力比差	27	26	1	劣势
环境竞争力与工业竞争力比差	12	14	−2	中势
资源竞争力与工业竞争力比差	24	18	6	中势
城乡居民家庭人均收入比差	23	25	−2	劣势
城乡居民人均现金消费支出比差	17	21	−4	劣势
全社会消费品零售总额与外贸出口总额比差	20	23	−3	劣势

2018～2019年新疆维吾尔自治区经济
综合竞争力评价分析报告

新疆维吾尔自治区简称"新"，地处中国西北边疆，东部与甘肃、青海相连，南部与西藏相邻，西部和北部分别与巴基斯坦、印度、阿富汗、塔吉克斯坦、吉尔吉斯斯坦、哈萨克斯坦、俄罗斯、蒙古等国接壤，是国境线最长、交界邻国最多的省区。新疆维吾尔自治区总面积为166万多平方公里，是全国土地面积最大的省区。2019年全区常住人口为2523万人，地区生产总值为13597亿元，同比增长6.2%，人均GDP达54280元。本部分通过分析2018～2019年新疆维吾尔自治区经济综合竞争力以及各要素竞争力的排名变化，从中找出新疆维吾尔自治区经济综合竞争力的推动点及影响因素，为进一步提升新疆维吾尔自治区经济综合竞争力提供决策参考。

31.1　新疆维吾尔自治区经济综合竞争力总体分析

1.新疆维吾尔自治区经济综合竞争力一级指标概要分析

（1）从综合排位看，2019年新疆维吾尔自治区经济综合竞争力综合排位在全国处于第25位，表明其在全国处于劣势地位；与2018年相比，综合排位上升了3位。

（2）从指标所处区位看，没有处于上游区的指标；处于中游区的指标有2个，分别为政府作用竞争力和统筹协调竞争力；其余7个二级指标均处于下游区。

（3）从指标变化趋势看，9个二级指标中，有5个指标处于上升趋势，

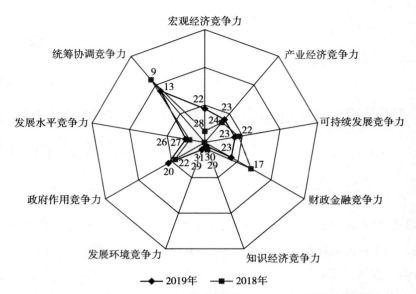

图 31－1　2018～2019 年新疆维吾尔自治区经济综合竞争力二级指标比较

表 31－1　2018～2019 年新疆维吾尔自治区经济综合竞争力二级指标比较

项目 年份	宏观 经济 竞争力	产业 经济 竞争力	可持续 发展 竞争力	财政 金融 竞争力	知识 经济 竞争力	发展 环境 竞争力	政府 作用 竞争力	发展 水平 竞争力	统筹 协调 竞争力	综合 排位
2018	28	24	22	17	29	31	22	27	9	28
2019	22	23	23	23	30	29	20	26	13	25
升降	6	1	－1	－6	－1	2	2	1	－4	3
优劣度	劣势	劣势	劣势	劣势	劣势	劣势	中势	劣势	中势	劣势

分别为宏观经济竞争力、产业经济竞争力、发展环境竞争力、政府作用竞争力以及发展水平竞争力，这些是新疆维吾尔自治区经济综合竞争力上升的动力所在；有 4 个指标处于下降趋势，分别为可持续发展竞争力、财政金融竞争力、知识经济竞争力以及统筹协调竞争力，这些是新疆维吾尔自治区经济综合竞争力下降的拉力所在。

2. 新疆维吾尔自治区经济综合竞争力各级指标动态变化分析

从表 31－2 可以看出，210 个四级指标中，上升指标有 70 个，占指标总数的 33.3%；下降指标有 60 个，占指标总数的 28.6%；保持不变的指标

表 31－2 2018～2019 年新疆维吾尔自治区经济综合竞争力各级指标排位变化态势比较

单位：个，%

二级指标	三级指标	四级指标数	上升		保持		下降		变化趋势
			指标数	比重	指标数	比重	指标数	比重	
宏观经济竞争力	经济实力竞争力	12	7	58.3	3	25.0	2	16.7	上升
	经济结构竞争力	6	3	50.0	2	33.3	1	16.7	上升
	经济外向度竞争力	9	4	44.4	3	33.3	2	22.2	上升
	小　计	27	14	51.9	8	29.6	5	18.5	上升
产业经济竞争力	农业竞争力	10	3	30.0	7	70.0	0	0.0	上升
	工业竞争力	10	4	40.0	3	30.0	3	30.0	保持
	服务业竞争力	10	3	30.0	3	30.0	4	40.0	上升
	企业竞争力	10	2	20.0	2	20.0	6	60.0	下降
	小　计	40	12	30	15	37.5	13	32.5	上升
可持续发展竞争力	资源竞争力	9	1	11.1	8	88.9	0	0.0	保持
	环境竞争力	8	2	25.0	5	62.5	1	12.5	保持
	人力资源竞争力	7	0	0.0	1	14.3	6	85.7	下降
	小　计	24	3	12.5	14	58.3	7	29.2	上升
财政金融竞争力	财政竞争力	12	2	16.7	5	41.7	5	41.7	下降
	金融竞争力	10	3	30.0	4	40.0	3	30.0	下降
	小　计	22	5	22.7	9	40.9	8	36.4	下降
知识经济竞争力	科技竞争力	9	1	11.1	7	77.8	1	11.1	保持
	教育竞争力	10	6	60.0	3	30.0	1	10.0	下降
	文化竞争力	10	2	20.0	5	50.0	3	30.0	保持
	小　计	29	9	31.1	15	51.7	5	17.2	下降
发展环境竞争力	基础设施竞争力	9	3	33.3	5	55.6	1	11.1	上升
	软环境竞争力	9	4	44.4	0	0.0	5	55.6	上升
	小　计	18	7	38.9	5	27.8	6	33.3	上升
政府作用竞争力	政府发展经济竞争力	5	1	20.0	4	80.0	0	0.0	上升
	政府规调经济竞争力	5	3	60.0	1	20.0	1	20.0	上升
	政府保障经济竞争力	6	3	50.0	1	16.7	2	33.3	上升
	小　计	16	7	43.8	6	37.5	3	18.8	上升
发展水平竞争力	工业化进程竞争力	6	0	0.0	1	16.7	5	83.3	下降
	城市化进程竞争力	6	3	50.0	1	16.7	2	33.3	上升
	市场化进程竞争力	6	1	16.7	4	66.7	1	16.7	保持
	小　计	18	4	22.2	6	33.3	8	44.4	上升
统筹协调竞争力	统筹发展竞争力	8	4	50.0	1	12.5	3	37.5	下降
	协调发展竞争力	8	5	62.5	1	12.5	2	25.0	上升
	小　计	16	9	56.3	2	12.5	5	31.3	下降
合　计		210	70	33.3	80	38.1	60	28.6	上升

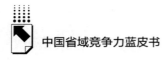

有 80 个，占指标总数的 38.1%。综上所述，新疆维吾尔自治区经济综合竞争力上升的动力大于下降的拉力，使得 2018～2019 年新疆维吾尔自治区经济综合竞争力排位上升了 3 位。

3. 新疆维吾尔自治区经济综合竞争力各级指标优劣势结构分析

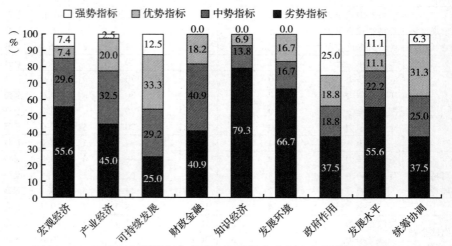

图 31 -2   2019 年新疆维吾尔自治区经济综合竞争力各级指标优劣势比较

表 31 -3   2019 年新疆维吾尔自治区经济综合竞争力各级指标优劣势情况

单位：个，%

二级指标	三级指标	四级指标数	强势指标		优势指标		中势指标		劣势指标		优劣势
			个数	比重	个数	比重	个数	比重	个数	比重	
宏观经济竞争力	经济实力竞争力	12	1	8.3	1	8.3	2	16.7	8	66.7	劣势
	经济结构竞争力	6	0	0.0	0	0.0	2	33.3	4	66.7	劣势
	经济外向度竞争力	9	1	11.1	1	11.1	4	44.4	3	33.3	中势
	小　计	27	2	7.4	2	7.4	8	29.6	15	55.6	劣势
产业经济竞争力	农业竞争力	10	1	10.0	3	30.0	5	50.0	1	10.0	优势
	工业竞争力	10	0	0.0	2	20.0	3	30.0	5	50.0	中势
	服务业竞争力	10	0	0.0	1	10.0	2	20.0	7	70.0	劣势
	企业竞争力	10	0	0.0	2	20.0	3	30.0	5	50.0	劣势
	小　计	40	1	2.5	8	20.0	13	32.5	18	45.0	劣势
可持续发展竞争力	资源竞争力	9	3	33.3	4	44.4	2	22.2	0	0.0	优势
	环境竞争力	8	0	0.0	2	25.0	2	25.0	4	50.0	劣势
	人力资源竞争力	7	0	0.0	2	28.6	3	42.9	2	28.6	劣势
	小　计	24	3	12.5	8	33.3	7	29.2	6	25.0	劣势

续表

二级指标	三级指标	四级指标数	强势指标		优势指标		中势指标		劣势指标		优劣势
			个数	比重	个数	比重	个数	比重	个数	比重	
财政金融竞争力	财政竞争力	12	0	0.0	3	25.0	5	41.7	4	33.3	劣势
	金融竞争力	10	0	0.0	1	10.0	4	40.0	5	50.0	劣势
	小 计	22	0	0.0	4	18.2	9	40.9	9	40.9	劣势
知识经济竞争力	科技竞争力	9	0	0.0	0	0.0	0	0.0	9	100.0	劣势
	教育竞争力	10	0	0.0	2	20.0	3	30.0	5	50.0	劣势
	文化竞争力	10	0	0.0	0	0.0	1	10.0	9	90.0	劣势
	小 计	29	0	0.0	2	6.9	4	13.8	23	79.3	劣势
发展环境竞争力	基础设施竞争力	9	0	0.0	1	11.1	2	22.2	6	66.7	劣势
	软环境竞争力	9	0	0.0	2	22.2	1	11.1	6	66.7	劣势
	小 计	18	0	0.0	3	16.7	3	16.7	12	66.7	劣势
政府作用竞争力	政府发展经济竞争力	5	1	20.0	1	20.0	0	0.0	3	60.0	劣势
	政府规调经济竞争力	5	2	40.0	0	0.0	0	0.0	3	60.0	中势
	政府保障经济竞争力	6	1	16.7	2	33.3	3	50.0	0	0.0	中势
	小 计	16	4	25.0	3	18.8	3	18.8	6	37.5	中势
发展水平竞争力	工业化进程竞争力	6	0	0.0	0	0.0	2	33.3	4	66.7	劣势
	城市化进程竞争力	6	1	16.7	2	33.3	1	16.7	2	33.3	优势
	市场化进程竞争力	6	1	16.7	0	0.0	1	16.7	4	66.7	劣势
	小 计	18	2	11.1	2	11.1	4	22.2	10	55.6	劣势
统筹协调竞争力	统筹发展竞争力	8	0	0.0	3	37.5	1	12.5	4	50.0	劣势
	协调发展竞争力	8	1	12.5	2	25.0	3	37.5	2	25.0	强势
	小 计	16	1	6.3	5	31.3	4	25.0	6	37.5	中势
合 计		210	13	6.2	37	17.6	55	26.2	105	50.0	劣势

　　基于图31-2和表31-3，从四级指标来看，强势指标13个，占指标总数的6.2%；优势指标37个，占指标总数的17.6%；中势指标55个，占指标总数的26.2%；劣势指标105个，占指标总数的50.0%。从三级指标来看，强势指标1个，占三级指标总数的4%；优势指标3个，占三级指标总数的12%；中势指标4个，占三级指标总数的16%；劣势指标17个，占三级指标总数的68%。反映到二级指标上来，没有强势指标和优势指标；中势指标2个，占二级指标总数的22.2%；劣势指标7个，占二级指标总数的77.8%。综合来看，由于劣势指标在指标体系中居于主导地位，使得2019年新疆维吾尔自治区经济综合竞争力处于劣势地位。

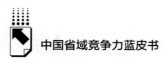

4. 新疆维吾尔自治区经济综合竞争力四级指标优劣势对比分析

表 31 - 4　2019 年新疆维吾尔自治区经济综合竞争力各级指标优劣势比较

二级指标	优劣势	四级指标
宏观经济 竞争力 (27 个)	强势指标	财政总收入增长率、进出口增长率(2 个)
	优势指标	人均财政总收入、出口增长率(2 个)
	劣势指标	地区生产总值、人均地区生产总值、固定资产投资额、固定资产投资额增长率、人均固定资产投资额、全社会消费品零售总额、全社会消费品零售总额增长率、人均全社会消费品零售总额、所有制经济结构优化度、城乡经济结构优化度、就业结构优化度、财政收入结构优化度、进出口总额、实际 FDI、外资企业数(15 个)
产业经济 竞争力 (40 个)	强势指标	财政支农资金比重(1 个)
	优势指标	农业增加值增长率、人均农业增加值、人均主要农产品产量、工业资产总额增长率、工业全员劳动生产率、服务业增加值增长率、规模以上企业平均资产、规模以上企业劳动效率(8 个)
	劣势指标	农民人均纯收入、工业增加值、人均工业增加值、规模以上工业主营业务收入、工业成本费用率、规模以上工业利润总额、服务业增加值、服务业从业人员数、限额以上批零企业利税率、限额以上餐饮企业利税率、旅游外汇收入、商品房销售收入、电子商务销售额、规模以上工业企业数、新产品销售收入占主营业务收入比重、产品质量抽查合格率、工业企业 R&D 经费投入强度、全国 500 强企业数(18 个)
可持续发 展竞争力 (24 个)	强势指标	人均国土面积、主要能源矿产基础储量、人均主要能源矿产基础储量(3 个)
	优势指标	人均年水资源量、人均耕地面积、人均牧草地面积、人均森林储积量、人均废水排放量、人均治理工业污染投资额、常住人口增长率、大专以上教育程度人口比例(8 个)
	劣势指标	森林覆盖率、人均工业废气排放量、人均工业固体废物排放量、生活垃圾无害化处理率、15～64 岁人口比例、人口健康素质(6 个)
财政金融 竞争力 (22 个)	强势指标	(0 个)
	优势指标	地方财政收入占 GDP 比重、地方财政支出占 GDP 比重、人均地方财政支出、保险深度(保险费占 GDP 的比重)(4 个)
	劣势指标	地方财政收入、税收收入占财政总收入比重、地方财政支出增长率、税收收入增长率、存款余额、人均存款余额、贷款余额、中长期贷款占贷款余额比重、保险费净收入(9 个)

续表

二级指标	优劣势	四级指标
知识经济 竞争力 (29个)	强势指标	(0个)
	优势指标	教育经费占GDP比重、人均教育经费(2个)
	劣势指标	R&D人员、R&D经费、R&D经费投入强度、发明专利授权量、技术市场成交合同金额、财政科技支出占地方财政支出比重、高技术产业主营业务收入、高技术产业收入占工业增加值比重、高技术产品出口额占商品出口额比重、教育经费、人均文化教育支出、万人中小学专任教师数、高校专任教师数、万人高等学校在校学生数、文化制造业营业收入、文化批发零售业营业收入、文化服务业企业营业收入、图书和期刊出版数、电子出版物品种、印刷用纸量、城镇居民人均文化娱乐支出、农村居民人均文化娱乐支出、城镇居民人均文化娱乐支出占消费性支出比重(23个)
发展环境 竞争力 (18个)	强势指标	(0个)
	优势指标	人均耗电量、外资企业数增长率、个体私营企业数增长率(3个)
	劣势指标	铁路网线密度、公路网线密度、人均内河航道里程、全社会旅客周转量、全社会货物周转量、政府网站数、万人外资企业数、万人个体私营企业数、万人商标注册件数、每十万人交通事故发生数、罚没收入占财政收入比重、社会捐赠站点数(12个)
政府作用 竞争力 (16个)	强势指标	财政支出用于基本建设投资比重、物价调控、规范税收、城镇登记失业率(4个)
	优势指标	财政支出用于经济社会比重、城镇职工养老保险收支比、最低工资标准(3个)
	劣势指标	财政支出对GDP增长的拉动、政府公务员对经济的贡献、财政投资对社会投资的拉动、调控城乡消费差距、统筹经济社会发展、固定资产投资价格指数(6个)
发展水平 竞争力 (18个)	强势指标	城市平均建成区面积比重、亿元以上商品市场成交额占全社会消费品零售总额比重(2个)
	优势指标	人均拥有道路面积、人均公共绿地面积(2个)
	劣势指标	高技术产业占工业增加值比重、高技术产品占商品出口额比重、信息产业增加值占GDP比重、工农业增加值比值、城镇化率、城镇居民人均可支配收入、非公有制经济产值占全社会总产值比重、社会投资占投资总额比重、私有和个体企业从业人员比重、居民消费支出占总消费支出比重(10个)

531

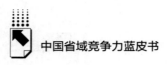
续表

二级指标	优劣势	四级指标
统筹协调 竞争力 (16个)	强势指标	资源竞争力与宏观经济竞争力比差(1个)
	优势指标	居民收入占 GDP 比重、二三产业增加值比例、固定资产投资额占 GDP 比重、环境竞争力与工业竞争力比差、全社会消费品零售总额与外贸出口总额比差(5个)
	劣势指标	能源使用下降率、万元 GDP 综合能耗下降率、非农用地产出率、固定资产投资增长率、城乡居民家庭人均收入比差、城乡居民人均现金消费支出比差(6个)

31.2　新疆维吾尔自治区经济综合竞争力各级指标具体分析

1. 新疆维吾尔自治区宏观经济竞争力指标排名变化情况

表 31-5　2018～2019 年新疆维吾尔自治区宏观经济竞争力指标组排位及变化趋势

指　标	2018 年	2019 年	排位升降	优劣势
1　宏观经济竞争力	28	22	6	劣势
1.1　经济实力竞争力	27	21	6	劣势
地区生产总值	26	24	2	劣势
地区生产总值增长率	24	16	8	中势
人均地区生产总值	19	22	-3	劣势
财政总收入	24	16	8	中势
财政总收入增长率	18	3	15	强势
人均财政收入	21	6	15	优势
固定资产投资额	22	22	0	劣势
固定资产投资额增长率	30	22	8	劣势
人均固定资产投资额	26	24	2	劣势
全社会消费品零售总额	27	27	0	劣势
全社会消费品零售总额增长率	14	23	-9	劣势
人均全社会消费品零售总额	30	30	0	劣势

续表

指　　标	2018 年	2019 年	排位升降	优劣势
1.2　经济结构竞争力	28	27	1	劣势
产业结构优化度	25	16	9	中势
所有制经济结构优化度	27	27	0	劣势
城乡经济结构优化度	24	23	1	劣势
就业结构优化度	29	26	3	劣势
财政收入结构优化度	24	28	-4	劣势
贸易结构优化度	20	20	0	中势
1.3　经济外向度竞争力	22	15	7	中势
进出口总额	24	22	2	劣势
进出口增长率	18	2	16	强势
出口总额	20	20	0	中势
出口增长率	30	9	21	优势
实际 FDI	28	29	-1	劣势
实际 FDI 增长率	1	12	-11	中势
外贸依存度	13	13	0	中势
外资企业数	28	28	0	劣势
对外直接投资额	20	17	3	中势

2. 新疆维吾尔自治区产业经济竞争力指标排名变化情况

表 31-6　2018~2019 年新疆维吾尔自治区产业经济竞争力指标组排位及变化趋势

指　　标	2018 年	2019 年	排位升降	优劣势
2　产业经济竞争力	24	23	1	劣势
2.1　农业竞争力	14	7	7	优势
农业增加值	20	20	0	中势
农业增加值增长率	5	5	0	优势
人均农业增加值	8	8	0	优势
农民人均纯收入	23	23	0	劣势
农民人均纯收入增长率	27	17	10	中势
农产品出口占农林牧渔总产值比重	19	17	2	中势
人均主要农产品产量	4	4	0	优势
农业机械化水平	13	13	0	中势
农村人均用电量	11	11	0	中势
财政支农资金比重	7	2	5	强势

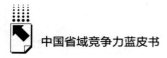
续表

指　标	2018 年	2019 年	排位升降	优劣势
2.2　工业竞争力	20	20	0	中势
工业增加值	25	24	1	劣势
工业增加值增长率	1	16	−15	中势
人均工业增加值	22	21	1	劣势
工业资产总额	19	19	0	中势
工业资产总额增长率	12	6	6	优势
规模以上工业主营业务收入	24	24	0	劣势
工业成本费用率	27	25	2	劣势
规模以上工业利润总额	25	25	0	劣势
工业全员劳动生产率	6	7	−1	优势
工业收入利润率	5	17	−12	中势
2.3　服务业竞争力	26	23	3	劣势
服务业增加值	26	26	0	劣势
服务业增加值增长率	17	8	9	优势
人均服务业增加值	22	18	4	中势
服务业从业人员数	25	25	0	劣势
限额以上批发零售企业主营业务收入	20	20	0	中势
限额以上批零企业利税率	29	30	−1	劣势
限额以上餐饮企业利税率	14	22	−8	劣势
旅游外汇收入	19	25	−6	劣势
商品房销售收入	28	27	1	劣势
电子商务销售额	24	25	−1	劣势
2.4　企业竞争力	25	28	−3	劣势
规模以上工业企业数	25	23	2	劣势
规模以上企业平均资产	8	8	0	优势
规模以上企业平均收入	11	13	−2	中势
规模以上企业平均利润	8	11	−3	中势
规模以上企业劳动效率	8	9	−1	优势
城镇就业人员平均工资	15	18	−3	中势
新产品销售收入占主营业务收入比重	30	30	0	劣势
产品质量抽查合格率	26	24	2	劣势
工业企业 R&D 经费投入强度	28	30	−2	劣势
全国 500 强企业数	20	21	−1	劣势

3. 新疆维吾尔自治区可持续发展竞争力指标排名变化情况

表 31－7   2018～2019 年新疆维吾尔自治区可持续发展竞争力指标组排位及变化趋势

指　标	2018 年	2019 年	排位升降	优劣势
3　可持续发展竞争力	24	23	1	劣势
3.1　资源竞争力	5	5	0	优势
人均国土面积	3	3	0	强势
人均可使用海域和滩涂面积	13	13	0	中势
人均年水资源量	7	6	1	优势
耕地面积	11	11	0	中势
人均耕地面积	4	4	0	优势
人均牧草地面积	4	4	0	优势
主要能源矿产基础储量	3	3	0	强势
人均主要能源矿产基础储量	3	3	0	强势
人均森林储积量	9	9	0	优势
3.2　环境竞争力	30	30	0	劣势
森林覆盖率	31	31	0	劣势
人均废水排放量	10	10	0	优势
人均工业废气排放量	29	29	0	劣势
人均工业固体废物排放量	23	23	0	劣势
人均治理工业污染投资额	9	10	− 1	优势
一般工业固体废物综合利用率	19	19	0	中势
生活垃圾无害化处理率	29	26	3	劣势
自然灾害直接经济损失额	15	11	4	中势
3.3　人力资源竞争力	22	26	− 4	劣势
常住人口增长率	2	4	− 2	优势
15～64 岁人口比例	21	26	− 5	劣势
文盲率	11	14	− 3	中势
大专以上教育程度人口比例	6	10	− 4	优势
平均受教育程度	12	19	− 7	中势
人口健康素质	30	31	− 1	劣势
职业学校毕业生数	20	20	0	中势

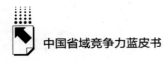

4. 新疆维吾尔自治区财政金融竞争力指标排名变化情况

表 31 - 8　2018～2019 年新疆维吾尔自治区财政金融竞争力指标组排位及变化趋势

指　　标	2018 年	2019 年	排位升降	优劣势
4　财政金融竞争力	17	23	-6	劣势
4.1　财政竞争力	14	22	-8	劣势
地方财政收入	24	24	0	劣势
地方财政支出	19	19	0	中势
地方财政收入占 GDP 比重	6	9	-3	优势
地方财政支出占 GDP 比重	4	4	0	优势
税收收入占 GDP 比重	9	12	-3	中势
税收收入占财政总收入比重	27	29	-2	劣势
人均地方财政收入	15	14	1	中势
人均地方财政支出	6	6	0	优势
人均税收收入	17	17	0	中势
地方财政收入增长率	24	15	9	中势
地方财政支出增长率	19	24	-5	劣势
税收收入增长率	14	25	-11	劣势
4.2　金融竞争力	18	23	-5	劣势
存款余额	26	26	0	劣势
人均存款余额	19	21	-2	劣势
贷款余额	27	27	0	劣势
人均贷款余额	19	18	1	中势
中长期贷款占贷款余额比重	19	22	-3	劣势
保险费净收入	25	25	0	劣势
保险密度（人均保险费）	18	14	4	中势
保险深度（保险费占 GDP 的比重）	8	7	1	优势
国内上市公司数	15	15	0	中势
国内上市公司市值	15	19	-4	中势

5. 新疆维吾尔自治区知识经济竞争力指标排名变化情况

表 31 - 9 2018~2019年新疆维吾尔自治区知识经济竞争力指标组排位及变化趋势

指　标	2018 年	2019 年	排位升降	优劣势
5　知识经济竞争力	29	30	- 1	劣势
5.1　科技竞争力	30	30	0	劣势
R&D 人员	28	28	0	劣势
R&D 经费	27	27	0	劣势
R&D 经费投入强度	30	30	0	劣势
发明专利授权量	26	27	- 1	劣势
技术市场成交合同金额	30	30	0	劣势
财政科技支出占地方财政支出比重	27	27	0	劣势
高技术产业主营业务收入	30	30	0	劣势
高技术产业收入占工业增加值比重	31	31	0	劣势
高技术产品出口额占商品出口额比重	28	27	1	劣势
5.2　教育竞争力	25	28	- 3	劣势
教育经费	22	21	1	劣势
教育经费占 GDP 比重	7	6	1	优势
人均教育经费	10	8	2	优势
公共教育经费占财政支出比重	17	12	5	中势
人均文化教育支出	17	23	- 6	劣势
万人中小学学校数	22	19	3	中势
万人中小学专任教师数	31	31	0	劣势
高等学校数	15	15	0	中势
高校专任教师数	27	27	0	劣势
万人高等学校在校学生数	29	27	2	劣势
5.3　文化竞争力	29	29	0	劣势
文化制造业营业收入	29	29	0	劣势
文化批发零售业营业收入	24	24	0	劣势
文化服务业企业营业收入	23	21	2	劣势
图书和期刊出版数	18	24	- 6	劣势
电子出版物品种	28	22	6	劣势
印刷用纸量	25	25	0	劣势
城镇居民人均文化娱乐支出	17	23	- 6	劣势
农村居民人均文化娱乐支出	28	28	0	劣势
城镇居民人均文化娱乐支出占消费性支出比重	19	25	- 6	劣势
农村居民人均文化娱乐支出占消费性支出比重	18	18	0	中势

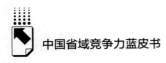
6. 新疆维吾尔自治区发展环境竞争力指标排名变化情况

表 31 - 10　2018～2019 年新疆维吾尔自治区发展环境竞争力指标组排位及变化趋势

指　标	2018 年	2019 年	排位升降	优劣势
6　发展环境竞争力	31	29	2	劣势
6.1　基础设施竞争力	30	29	1	劣势
铁路网线密度	29	29	0	劣势
公路网线密度	29	29	0	劣势
人均内河航道里程	28	28	0	劣势
全社会旅客周转量	22	22	0	劣势
全社会货物周转量	21	22	-1	劣势
人均邮电业务总量	29	17	12	中势
电话普及率	17	16	1	中势
政府网站数	25	24	1	劣势
人均耗电量	4	4	0	优势
6.2　软环境竞争力	30	22	8	劣势
外资企业数增长率	30	8	22	优势
万人外资企业数	30	31	-1	劣势
个体私营企业数增长率	15	9	6	优势
万人个体私营企业数	23	21	2	劣势
万人商标注册件数	22	25	-3	劣势
查处商标侵权假冒案件数	17	19	-2	中势
每十万人交通事故发生数	25	22	3	劣势
罚没收入占财政收入比重	22	27	-5	劣势
社会捐赠站点数	23	24	-1	劣势

7. 新疆维吾尔自治区政府作用竞争力指标排名变化情况

表 31 - 11　2018～2019 年新疆维吾尔自治区政府作用竞争力指标组排位及变化趋势

指　标	2018 年	2019 年	排位升降	优劣势
7　政府作用竞争力	22	20	2	中势
7.1　政府发展经济竞争力	26	22	4	劣势
财政支出用于基本建设投资比重	8	3	5	强势
财政支出对 GDP 增长的拉动	28	28	0	劣势
政府公务员对经济的贡献	30	30	0	劣势
财政支出用于经济社会比重	5	5	0	优势
财政投资对社会投资的拉动	29	29	0	劣势

续表

指　标	2018 年	2019 年	排位升降	优劣势
7.2 政府规调经济竞争力	22	18	4	中势
物价调控	14	1	13	强势
调控城乡消费差距	30	29	1	劣势
统筹经济社会发展	27	27	0	劣势
规范税收	25	1	24	强势
固定资产投资价格指数	5	21	− 16	劣势
7.3 政府保障经济竞争力	18	13	5	中势
城镇职工养老保险收支比	26	10	16	优势
医疗保险覆盖率	12	15	− 3	中势
养老保险覆盖率	19	17	2	中势
失业保险覆盖率	13	13	0	中势
最低工资标准	8	10	− 2	优势
城镇登记失业率	29	2	27	强势

8. 新疆维吾尔自治区发展水平竞争力指标排名变化情况

表 31 − 12　2018 ~ 2019 年新疆维吾尔自治区发展水平竞争力指标组排位及变化趋势

指　标	2018 年	2019 年	排位升降	优劣势
8　发展水平竞争力	27	26	1	劣势
8.1 工业化进程竞争力	26	28	− 2	劣势
工业增加值占 GDP 比重	18	20	− 2	中势
工业增加值增长率	1	16	− 15	中势
高技术产业占工业增加值比重	30	31	− 1	劣势
高技术产品占商品出口额比重	28	29	− 1	劣势
信息产业增加值占 GDP 比重	24	24	0	劣势
工农业增加值比值	24	25	− 1	劣势
8.2 城市化进程竞争力	15	9	6	优势
城镇化率	26	26	0	劣势
城镇居民人均可支配收入	22	23	− 1	劣势
城市平均建成区面积比重	6	2	4	强势
人均拥有道路面积	7	5	2	优势
人均日生活用水量	11	14	− 3	中势
人均公共绿地面积	12	10	2	优势

指　　标	2018 年	2019 年	排位升降	优劣势
8.3　市场化进程竞争力	28	28	0	劣势
非公有制经济产值占全社会总产值比重	27	27	0	劣势
社会投资占投资总额比重	30	29	1	劣势
私有和个体企业从业人员比重	29	29	0	劣势
亿元以上商品市场成交额	14	16	−2	中势
亿元以上商品市场成交额占全社会消费品零售总额比重	3	3	0	强势
居民消费支出占总消费支出比重	30	30	0	劣势

9. 新疆维吾尔自治区统筹协调竞争力指标排名变化情况

表 31 – 13　2018～2019 年新疆维吾尔自治区统筹协调竞争力指标组排位及变化趋势

指　　标	2018 年	2019 年	排位升降	优劣势
9　统筹协调竞争力	9	13	−4	中势
9.1　统筹发展竞争力	9	21	−12	劣势
社会劳动生产率	17	16	1	中势
能源使用下降率	6	25	−19	劣势
万元 GDP 综合能耗下降率	14	23	−9	劣势
非农用地产出率	29	29	0	劣势
居民收入占 GDP 比重	13	10	3	优势
二三产业增加值比例	21	10	11	优势
固定资产投资额占 GDP 比重	11	7	4	优势
固定资产投资增长率	2	22	−20	劣势
9.2　协调发展竞争力	13	3	10	强势
资源竞争力与宏观经济竞争力比差	1	3	−2	强势
环境竞争力与宏观经济竞争力比差	21	17	4	中势
人力资源竞争力与宏观经济竞争力比差	30	16	14	中势
环境竞争力与工业竞争力比差	4	4	0	优势
资源竞争力与工业竞争力比差	5	12	−7	中势
城乡居民家庭人均收入比差	24	23	1	劣势
城乡居民人均现金消费支出比差	30	29	1	劣势
全社会消费品零售总额与外贸出口总额比差	11	8	3	优势

Ⅲ 专题分析报告

The Report on Subject Analysis

. 33

1

新发展格局下我国对外开放
新阶段特征与发展对策

摘　要： 当今世界正经历百年未有之大变局，构建双循环新发展格局是我国应对错综复杂的国际环境变化的战略举措。内外双循环格局下我国对外开放进入了新阶段，呈现出新特征。进出口贸易方面，虽然增长放缓，但商品结构不断优化，一般贸易比重不断增长，贸易市场多元化。对外直接投资方面，投资规模将从快速增长转向结构重组，非国有企业的重要性将不断提高，"一带一路"沿线国家将成为投资的主要东道

＊ 蔡菲莹，博士，福建师范大学经济学院副教授，主要研究方向为国际贸易学；刘竹青，博士，福建师范大学经济学院副教授，主要研究方向为国际贸易学；周利梅，博士，福建师范大学经济学院副教授，主要研究方向为国际贸易；余官胜，博士，福建师范大学经济学院教授，主要研究方向为国际经济学。

国。区域经贸合作方面，合作对象向重点国家和地区突破，合作水平不断提升，合作领域不断拓展，但自由贸易协定利用率偏低。基于以上三个方面的特征分析，提出推动更高水平对外开放的对策建议。

关键词： 双循环 进出口贸易 对外直接投资 区域经贸合作

1.1 世界经济形势与双循环新格局形成

1.1.1 疫情影响将长期存在，未来全球经济发展前景不确定

2020 年春天，一场突如其来的新冠肺炎疫情波及全球各国，导致全球多国 GDP 增速出现大幅下滑。难以控制的疫情与复杂多变的国际局势叠加起来，未来很长时间内将对全球经济产生深远影响，全球经济发展前景不确定性显著增加。据联合国贸易和发展会议发布的数据估计，受新冠肺炎疫情的影响，全球 GDP 可能会出现 2 万亿美元的减少，其中除中国以外的发展中国家损失严重，金额将高达 2200 亿美元，以石油和其他大宗商品为主的出口国的影响最为严重。① OECD 最新报告显示，2020 年底全球经济将实际萎缩 4.2%。②

疫情暴发的初期，作为世界经济发展指向标的美欧国家，因为政府轻视疫情以及人民生活方式与文化观念上的不同，导致全球医疗卫生条件最好的、最发达的美国与欧洲多个国家竟然成为本次疫情的重灾区。

在欧洲，经济学者认为此次疫情带给欧洲的冲击，有可能是"二战"以来最为严重的，受打击程度与打击面要远大于 2008 年金融危机，涉及影

---

① 《疫情走势是全球经济明年复苏最大风险》，金融界，2020 年 12 月 5 日，https：//baijiahao. baidu. com/s？ id = 1685194952712026856&wfr = spider&for = pc。
② 《经合组织最新报告预测中国仍将是今年唯一实现正增长的主要经济体》，国资委，2020 年 12 月 12 日，http：//www. mei. net. cn/jxgy/202012/1707558944. html。

响到了各个行业的生产与就业。① 随着冬季第二波疫情的复燃，欧洲各国政府颁布了自 2020 年 10 月以来更强硬的遏制疫情措施，结果是直接"显著"降低了欧洲第四季度的经济活动。欧洲央行认为受第二波疫情的影响，欧元区 2020 年第四季度经济将萎缩 2.2%，不过萎缩程度略好于第二季度。欧洲央行统计数据显示，由新冠肺炎疫情引起的通胀疲软将比预期的更为持久，2020 年欧洲经济整体预计萎缩 7.3%。② 其中，法国 2020 年全年 GDP 将大幅下降 9% ~ 10%，年底失业率将高达 9.5%。③ 而英国情况也相当严重，据英国预算责任办公室（OBR）预测，英国将遭遇三百多年来最为严重的危机，2020 年全年 GDP 预计下降 11.3%，年底失业率也将高达 7.5%。④ 作为欧洲经济发动机的德国，情况也不容乐观。据德国联邦政府显示，2020 年德国经济将出现 5.8% 的下滑，2021 年将实现 4.4% 的增长，初步估计直到 2022 年初才能恢复到新冠肺炎疫情前段经济发展水平。2020 年全年平均失业率约为 5.9%。⑤

在亚洲，作为东亚发达经济体的日本，经济也遭受重创。国际货币基金组织预测显示，2020 年日本全年 GDP 将下滑 5.3%，其 GDP 也将再次跌破 5 万亿美元。⑥ 2020 年东京奥运会的取消，让本想借此次奥运会一扫长期通货紧缩和经济衰退的日本雪上加霜。韩国经济表现相对稳定一些，在存储芯片与汽车出口强劲反弹下，阻止了韩国前两个季度连续下跌的趋势，实现了 GDP 环比 1.9% 的增长，在世界主要经济体中属于表现不错的，按此趋势，

① 《疫情走势是全球经济明年复苏最大风险》，金融界，2020 年 12 月 5 日，https：// baijiahao. baidu. com/s？id = 1685194952712026856&wfr = spider&for = pc。
② 《欧洲央行经济预期》，财经报社，2020 年 12 月 10 日，https：//www. fx168. com/fx168_ t/ 2012/4476660. shtml。
③ 法国国家统计与经济研究所：《预计 2020 全年，法国 GDP 将萎缩 9 - 10%》，金投网，2020 年 11 月 18 日，http：//forex. cngold. org/fxb/c5438008. htm。
④ 英国财政大臣：《2020 年经济陷入 300 年来最严重衰退，失业率达 7.5%》，和讯网，2020 年 11 月 26 日，https：//baijiahao. baidu. com/s？id =1684391347142397990&wfr = spider&for = pc。
⑤ 《2020 年德国经济预计下滑 5.8%》，商务部网站，2020 年 9 月 2 日，http：//de. mofcom. gov. cn/article/jmxw/202009/20200902999344. shtml。
⑥ 《经合组织全球经济展望报告明年中国对全球经济增长贡献将超 1/3》，央视网，2020 年 12 月 4 日，http：//news. cctv. com/2020/12/04/ARTIh8Cm7GqUgIcFTCY7VP9y201204. shtml。

韩国有望在第四季度实现继续增长。但来自韩国央行的数据显示，韩国2020年全年GDP预计将萎缩1.3%。这将是韩国自1998年亚洲金融危机以来表现最差的一年，韩国经济能否快速复苏要等2021年初才能有结果。①

新兴经济体国家如印度、巴西等国也因新冠肺炎疫情冲击，损失惨重。一些新兴经济体面临经济衰退带来的债务攀升风险，加剧货币贬值的情况，而债务的货币错配有可能引发新一轮的金融危机。其中，巴西由于疫情控制不利而引发的政治和财政动荡，巴西货币雷亚尔币不仅对美元贬值，且对其各个贸易伙伴国家的货币都在加剧贬值。

1.1.2 寻求经济复苏，发达国家调整传统经济与开放政策

疫情在世界的全面暴发，不仅对发达国家的供给侧造成深远影响，也对需求侧产生巨大的冲击。为了应对疫情，欧美发达国家普遍放弃"新自由主义"作为经济政策的指导方针，国家干预主义悄然回归。在资本主义国家工业化发展初期，欧美等国家均依赖产业政策实现了工业化，即政府通过采取各种财政政策和贸易保护政策扶持本国制造业快速发展。但是，欧美发达国家取得经济和产业优势以后，从20世纪80年代开始推行新自由主义，批判新兴经济体在工业化初期采取类似的产业政策保护本国产业，要求其他国家开放市场和自由贸易，以获得贸易利益。2008年国际金融危机的爆发，使得许多国家重新回归国家干预主义，为产业政策辩护得到越来越多人的接受，各国也纷纷采取各种货币政策和财政政策，来促进经济复苏和维持增长。

疫情暴发，各国加强了人员流动和经济活动的管控，导致工业生产极度萎缩，供给能力大幅下降，大量工厂和服务业生产停顿。生产停顿又导致大量民众失业，民众的可支配收入减少，因而社会消费需求大量收紧和萎缩，造成需求严重不足。所以尽管各国政府和央行普遍采取了量化宽松的货币政策以刺激经济，大幅下调利率和增加信贷规模，仍无法发挥预期效果——有

---

① 《2020年前三季度GDP世界十强，韩国坐稳第十，印度掉到第七》，腾讯网，2020年11月18日，https://new.qq.com/rain/a/20201211A0F6QT00。

效化解疫情带来的冲击。而且，发达国家为了应对 2008 年爆发的国际金融危机造成的经济衰退，几乎用尽了传统的货币政策，美联储和欧洲央行等相关机构多轮实施量化宽松政策，扩展型货币政策已经实施良久，其效果已经难以达到预期，更是难以为发达国家恢复经济提供持久动力。财政政策方面，欧美发达国家向民众发放生活补贴，以期拉动消费增长从而刺激经济，但这些举措明显扩大了政府的财政赤字。2020 年 4～9 月美国政府的债务总额已达到 3.7 万亿美元，① 创同期历史新高，这意味着美国 2020 财年可流通的债务净存量将增加 4.395 万亿美元，超过了之前五个财年增加的债务总和，是金融危机后 2009 年峰值的 2.5 倍。预计到 2020 年底，美国国债余额将超过 30 万亿美元，② 远远超过其国民生产总值，由此引发更为严重的债务危机。

欧美国家不断采取各种手段加强贸易保护。虽然欧美国家表面崇尚经济自由主义，但为了维护本国产业优势和经济利益，越来越多地在国际贸易中采取贸易保护措施，经常以法制之名行贸易保护行为之实。这主要表现在以下几个方面，一是以所谓"国家安全"为由，对外国直接投资进行严苛审查，阻止其他国家特别是新兴经济体的资本进入，以保护本国资本的垄断优势；二是直接制定相关法律，阻止外国企业和资本对国内企业正常的市场收购兼并行为，以避免其他国家的资本以各种形式和途径进入市场；三是运用各种隐形贸易保护措施筑起贸易壁垒，不断增加自己在国际市场的竞争力。近年来，欧美国家对新兴经济体发起贸易壁垒的手段不断升级，充分利用世贸组织规则的"灰色区域"筑起关税壁垒和技术壁垒，采取反倾销、反补贴等手段限制其他国家贸易品流入。比如，美国频繁使用"337 调查"中的专利和知识产权保护来制裁中国等国家输美产品，技术壁垒已经成为美国限制中国等发展中国家出口的重要手段。

---

① 《美财政部二季度计划发债近 3 万亿美元》，新华网，2020 年 5 月 5 日，http：//www. xinhuanet. com/2020－05/05/c_ 1125944308. htm。
② 《美国财政部发债规模屡创新高，最终谁将付出代价?》，新浪财经，2020 年 5 月 13 日，http：//finance. sina. com. cn/roll/2020－05－13/doc－iirczymk1429076. shtml。

为保护企业，美欧多国不惜动用国家财政力量对部分关键产业进行扶持。自疫情暴发以来，有相当一部分企业陷入了流动性枯竭的状态，大规模的停工停产导致了企业破产、工人失业，这种情况直接增加了社会的不稳定因素。为了帮助这些企业缓解资金困难的问题，美欧政府不惜动用原本已经不足的财政收入，通过实行"债务货币化"这一新的衍生工具，发行企业财政补贴国债，并鼓励本国中央银行买入此国债，以此向相关企业进行政府财政直接补贴，帮助其渡过难关。此外，针对部分关键产业为生存寻求外资并购的情况，一些欧洲国家的保守主义者甚至表现出强烈的反对市场自由的情绪和言论，主张将部分关键企业进行国有化改革，提议政府对外资企业并购关键企业进行干涉和阻碍，旨在通过行政手段加强对相关产业和企业的保护。

1.1.3　以疫情传播为借口，发达国家联手遏制中国

面对来势汹汹的新冠肺炎疫情，各国政府都措手不及，中国也不例外。但由于中国政府采取了快速、积极、有效的疫情防控措施，以及民众的高度配合，使得中国能够快速复工复产。一次百年不遇的疫情，让一直以医疗卫生设备自豪的美欧发达国家突然发现，自己在防疫基础物资、医药原材料、特效医疗器械等方面已经严重依赖中国，且生产能力也远远落后于中国。从最开始的国内防疫物资奇缺，到后来能够向国际社会提供大量的防疫物资援助。面对恶化的国际政治环境，以及全球经济产业链的断裂，一些在中国投资生产的跨国公司步履维艰，不得不开始考虑在中国以外的国家和地区进行新的投资与产业链布局。如部分美国跨国企业加大在美国本土或墨西哥、加拿大的资本投资，西欧的某些跨国企业宣布了针对欧洲中部、东部邻近国家的投资生产，日本某些跨国公司则将目光转向了东南亚国家等。这种转移不仅仅以降低运输风险为目的，同时也可以规避"原产地原则"，避免成为国际政治环境恶化的牺牲品。

此外，由于受疫情的影响，全球供应链也逐渐表现出由原来扁平式全球化向集中式区域化发展。为了减少对中国的依赖，以美国为首的北美各国开始致力于打造以墨西哥为基础的制造业供应链，而欧洲各国也把目光注意到

了东欧新兴经济体国家，希望在此能够打造出新的制造业供应链。然而，供应链由全球化向区域化的转变，势必会影响和干扰到跨国公司的产业链方案，以及投资战略与投资效率。统计数据显示，受疫情影响，2020 年全球FDI 总量同比下降了 40%，但外国企业对中国 FDI 仍保持增长。其中，截止到 2020 年 6 月底，美国对中国 FDI 同比增长 6%，新加坡对中国 FDI 同比增长 7.9%，东盟各国对中国 FDI 同比增长 5.9%。中国高新技术产业实际使用外资金额增加了 19.2%。① 种种迹象表明，即使部分跨国公司希望通过减少在中国的 FDI 来分散贸易摩擦风险或政治风险，中国仍然是世界市场中不可或缺的投资目的地。

1.1.4 为化解国际复杂局势问题，中国开启"双循环"探寻新的发展途径

长期以来，美欧发达国家一直是中国的传统外贸出口市场。在全球化的今天，美欧多国经济的低迷也严重影响到了中国的发展。虽然中国能够在此次疫情中快速取得阶段性成果，率先复工复产，且是全球唯一实现正增长的主要经济体，但从长远来看，美欧国家如果在短期内难以控制住疫情，且经济增长长期在低位徘徊，势必会影响到我国的对外贸易发展方式与经济发展政策。除疫情外，还有国际政治环境的恶化，使得中国必须做出及时改变，调整传统对外贸易发展思路，增强国内市场活力，以适应新的国际局势。正是在这样的现实问题与全球格局背景下，十九届五中全会上提出了，"加快构建以国内大循环为主体、国内国际双循环相互促进的新发展格局"。

所谓国内大循环指的是国内的供给与需求形成一个循环。一方面强调从供给侧进行改变，大力提倡产业科技创新，健全和完善具有自主知识产权的产业技术生产线，注重培养产业的自主研发生态环境，逐渐掌握真正属于中国自己的核心技术、关键技术。近年来，我国以华为 5G 通信、大疆无人机

---

① "World Investment Report 2020：International Production Beyond the Pandemic," June, 2020, https：//unctad. org/system/files/officialdocument/wir2020_ en. pdf.

等为代表的具有强大国际竞争力的高技术产品受到了以美国为首的部分国家的一系列制裁。美欧国家的这些做法使我们清楚地认识到核心技术、关键技术受制于人会被动挨打。面对美欧国家对中国发展的围堵，面对美欧国家随便找借口对中国企业的制裁，中国只有自己强大起来，依靠科技创新来实现科技兴国发展目标。另一方面是进一步扩大国内需求，释放国内市场居民的消费能力和国内市场固定资产投资。近年来，由于房价一直上涨，而劳动力价格得不到提升，导致贫富差距逐年扩大，压制了国民边际消费倾向和消费活力。而诸如教育、养老、医疗三大支出，也是抑制居民消费的主要问题。因此，政策上需要严格落实"住房不炒"，收入分配向低收入群体倾向，增加中国内部市场居民的消费能力。针对国内市场投资，政府可以通过改善营商环境，对生产性制造业落实减税降费政策，切实让企业看到生产经营红利，尤其是外向型制造业。外向型生产性制造业在积极开拓国外新市场的同时，也要认真关注国内民众消费新动向，努力开拓国内市场，以此逐渐减少对外部市场的依赖。

国内国际双循环互相促进，指的是在当前复杂的国际形势下，在夯实国内市场前提下，加强国内市场与国际市场的内外联通，合作共赢，国际循环依然是中国未来发展的重要环节。中国早期参与的国际分工，只是以美欧等工业技术发达国家主导下的大型跨国公司国际分工中的一部分，且主要处于全球产业链的中底端，全球价值链"微笑曲线"的低端，长此以往，中国只会继续沉沦于"比较优势陷阱"中。而打破"比较优势陷阱"魔咒的方法只有不断地向全球产业链的上游攀登，在国际大分工中继续保持重要地位，取代长久的竞争优势。新形势下的国际循环，强调的不仅仅是如何高质量地引进和保持美欧等发达国家大型跨国公司的投资和生产，还应该思考中国企业如何稳健地寻找国际市场。比较拓展美欧市场的艰辛与阻力，"一带一路"沿线国家可以成为中国寻求新的国际市场的主要目标。从 2013 年中国提出"一带一路"倡议，到 2020 年新冠肺炎疫情暴发，世界各国在寻求新的外部经济增长动力时，"一带一路"倡议的重要性得到凸显，中国与沿线国家政府之间签署的合作协议将成为世界各国经济复苏的重要引擎，也成为中国自身经济发展的重要力量。为了制衡中国在全球不断崛起的影响力，以美国为首的部分国家加大了对中亚和非洲等国的资金投入，与"一带一路"倡议开展正面的竞争。面对美欧等国的围堵，中国与"一带一路"沿线国家的合作不会止步。疫情期间，鉴于美欧市场的萎缩，东盟国家与中国之间的贸易量突飞猛进，成为中国新的第一大贸易伙伴，这充分反映了中国推动国际市场外循环发展模式的强大生命力。

1.2 进出口贸易新阶段特征与发展对策

1.2.1 进出口贸易新阶段特征

1. 进出口贸易增长放缓，对我国经济增长的贡献相对不足

改革开放 40 多年以来，进出口贸易的发展对我国经济增长做出了重要贡献。2019 年，我国进出口总额达到 31.56 万亿元，其中，出口贸易 17.24 万亿元，成为全球最大的出口国和著名的"世界工厂"。但是，随着对外开放进入新阶段，我国进出口贸易的发展表现出新的特征。

从进出口贸易的总体规模来看，尽管我国进出口贸易的规模仍持续扩大，但增长速度明显放缓。如图 1 - 1 所示，自 2001 年加入 WTO，我国进出口贸易早期"大进大出"，出口很多，进口也很多，都经历了持续多年的高速增长。2001 ~ 2008 年，我国出口贸易和进口贸易每年的增长速度几乎均在 20% 以上。2007 年底全球金融危机爆发后，我国进出口贸易的增长明显放缓。2008 ~ 2018 年，我国出口贸易和进口贸易的增长速度都大幅下降，年均增长速度下降到 4.1% 和 4.8%，2009 年甚至出现了严重负增长。为了促进我国经济增长和进出口贸易复苏，我国政府做出了巨大努力，但严峻的国内外市场环境严重阻碍了我国进出口贸易的增长，增长速度持续放缓。2019 年，我国出口贸易和进口贸易的增长速度仅有 5.0% 和 1.7%。

2020 年以来，全球市场仍非常不景气、国内外需求低迷、贸易保护主义抬头、新冠肺炎疫情严重，同时我国国内也出现了劳动力成本不断上升等

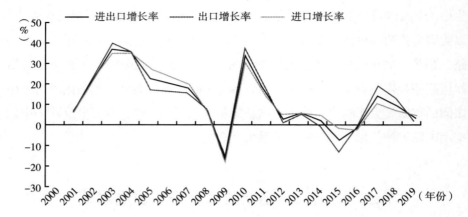

图1-1 对外开放新阶段我国进出口贸易的增长

资料来源：根据历年《中国统计年鉴》数据整理而得。

趋势，短期内，我国进出口贸易几乎不可能再恢复之前的高速增长水平，对我国经济增长的贡献和拉动作用也明显下降。图1-2显示了2000~2019年我国的最终消费、资本形成、净出口及其占GDP的比重。显然，2008年以来，我国净出口规模的扩张远落后于最终消费和资本形成的增长。2007年，我国净出口占GDP的比重达到峰值，约为8.7%，但同年最终消费率和资本

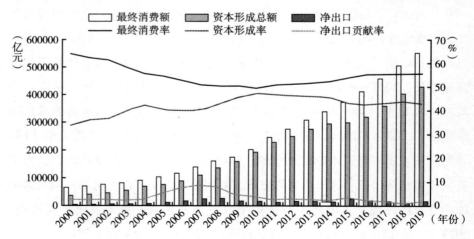

图1-2 内外双循环格局下我国进出口贸易及其占GDP的比重

资料来源：根据历年《中国统计年鉴》数据整理而得。

形成率分别是 50.9% 和 40.4%，净出口占 GDP 的比重远远落后。2019 年，我国 GDP 达到 99.5 万亿元，出口额只有 17.2 万亿元，占 GDP 的 17.3%，再减去进口的 14.3 万亿元，净出口不到 3 万亿元，只占 GDP 的 3% 左右。

此外，国家统计局公布的最终消费、资本形成以及货物和服务净出口对 GDP 增长的贡献率和拉动数据（表 1-1）也表明在对外开放的新阶段，我国进出口贸易对经济增长的贡献不稳定、相对较小。2006 年，货物和服务净出口对我国 GDP 增长的贡献率和拉动作用差不多达到峰值，分别是 14.3% 和 1.8 个百分点，最终消费和资本形成的贡献率却高达 43.2% 和 42.5%，货物和服务净出口对我国经济增长的贡献确实比最终消费和资本形成小很多。

表 1-1　国内外双循环格局下进出口贸易对我国 GDP 增长的贡献率及拉动

年份	对国内生产总值增长贡献率（%）			对国内生产总值增长拉动（百分点）		
	最终消费支出	资本形成总额	货物和服务净出口	最终消费支出	资本形成总额	货物和服务净出口
2000	78.8	21.7	-0.5	6.7	1.8	-0
2001	50	63.5	-13.5	4.2	5.3	-1.1
2002	58.1	40	1.9	5.3	3.7	0.2
2003	36.1	68.8	-4.9	3.6	6.9	-0.5
2004	42.9	62	-4.9	4.3	6.3	-0.5
2005	56.8	33.1	10.1	6.5	3.8	1.1
2006	43.2	42.5	14.3	5.5	5.4	1.8
2007	47.9	44.2	7.8	6.8	6.3	1.1
2008	44	53.3	2.7	4.2	5.1	0.3
2009	57.6	85.3	-42.8	5.4	8	-4
2010	47.4	63.4	-10.8	5	6.7	-1.1
2011	65.7	41.1	-6.8	6.3	3.9	-0.6
2012	55.4	42.1	2.5	4.4	3.3	0.2
2013	50.2	53.1	-3.3	3.9	4.1	-0.3
2014	56.3	45	-1.3	4.2	3.3	-0.1
2015	69	22.6	8.4	4.9	1.6	0.6
2016	66.5	45	-11.6	4.6	3.1	-0.8
2017	57.5	37.7	4.8	4	2.6	0.3
2018	65.9	41.5	-7.4	4.4	2.8	-0.5
2019	57.8	31.2	11	3.5	1.9	0.7

资料来源：根据历年《中国统计年鉴》数据整理而得。

并且，随着全球金融危机的爆发，货物和服务净出口对我国经济增长的贡献与最终消费和资本形成的贡献差距似乎越来越大。2008 年以来，我国拉动经济增长的"三驾马车"只有最终消费和资本形成的作用明显，货物和服务净出口在大部分年份对我国 GDP 的增长贡献和拉动作用是负的。2009 年，货物和服务净出口对我国 GDP 增长的贡献达到 2001 年加入世贸组织以来的最低点，贡献率降低到 -42.8%，拉动了 -4 个百分点，而最终消费和资本形成的贡献率高达 57.6% 和 85.3%。尽管近年来，我国进出口贸易的发展势头变好，2019 年货物和服务净出口对我国 GDP 增长的贡献有所提升，贡献率上升到 11%，拉动了 0.7 个百分点，但与最终消费和资本形成的贡献相比，仍非常小，它们的贡献率分别是 57.8% 和 31.2%，分别拉动了我国国内生产总值增长的 3.5 个和 1.9 个百分点。

2. 进出口贸易商品结构不断优化，一般贸易比重不断增长

在对外开放的新阶段，我国进出口贸易的商品结构不断优化。从出口贸易来看，我国初级产品的出口份额持续下降，工业制成品出口占据主导地位。我国工业制成品的出口份额从 2001 年的 90.1% 提高到 2019 年的 94.6%，一些传统劳动密集型产品的出口份额明显下降，但资本密集型产品的出口增长相对较快。比如，我国轻纺产品、橡胶制品矿冶产品及其制品的出口额从 2001 年的 438.1 亿美元增长到 2019 年的 4067.3 亿美元，但出口

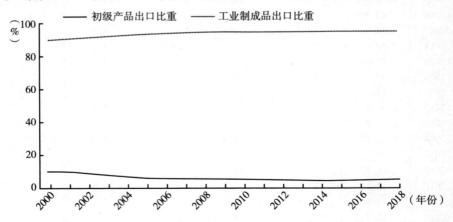

图 1 - 3   我国初级产品和工业制成品出口结构

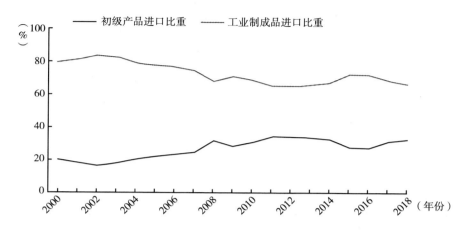

图1-4　我国初级产品和工业制成品的进口结构

份额却明显下降，从18.27%降到17.19%；同时，机械及运输设备的出口增长快速，从2001年的949.01亿美元增长到2019年的11954.44亿美元，出口份额也从39.58%提高到50.54%。

　　根据HS编码的二十二类产品出口数据①，图1-5显示了2019年我国出口贸易的商品结构，2019年我国出口规模最大的一类产品是机器、机械

①　鉴于篇幅原因，图5和图6中HS编码中的二十二类产品的具体名称未列出，在此具体说明。第一类活动物，动物产品；第二类植物产品；第三类动、植物油、脂及其分解产品，精制的食用油脂，动、植物蜡；第四类食品，饮料、酒及醋，烟草、烟草及烟草代用品的制品；第五类矿产品；第六类化学工业及其相关工业的产品；第七类塑料及其制品，橡胶及其制品；第八类生皮、皮革、毛皮及其制品，鞍具及挽具，旅行用品、手提包及类似品，动物肠线（蚕胶丝除外）制品；第九类木及木制品，木炭，软木及软木制品，稻草、秸秆、针茅或其他编结材料制品，篮筐及柳条编结品；第十类木浆及其他纤维状纤维素浆，纸及纸板的废碎品，纸、纸板及其制品；第十一类纺织原料及纺织制品；第十二类鞋、帽、伞、杖、鞭及其零件，已加工的羽毛及其制品，人造花，人发制品；第十三类石料、石膏、水泥、石棉、云母及类似材料的制品，陶瓷产品，玻璃及其制品；第十四类天然或养殖珍珠、宝石或半宝石、贵金属、包贵金属及其制品，仿首饰，硬币；第十五类贱金属及其制品；第十六类机器、机械器具、电气设备及其零件，录音机及放声机、电视图像、声音的录制和重放设备及其零件、附件；第十七类车辆、航空器、船舶及有关运输设备；第十八类光学、照相、电影、计量、检验、医疗或外科用仪器及设备、精密仪器及设备，钟表，乐器，上述物品的零件、附件；第十九类武器、弹药及其零件、附件；第二十类杂项制品；第二十一类艺术品、收藏品及古物；第二十二类特殊交易品及未分类商品。

器具、电气设备及其零件，录音机及放声机、电视图像、声音的录制和重放设备及其零件、附件，该类产品的出口占出口总额的比重高达 43.49%。其次我国传统的出口优势产品，即纺织原料及纺织制品，但其出口份额只有 10.41%。排在第三位的是贱金属及其制品，出口份额是 7.31%。由此可见，2019 年我国出口贸易仍以消费类产品为主。

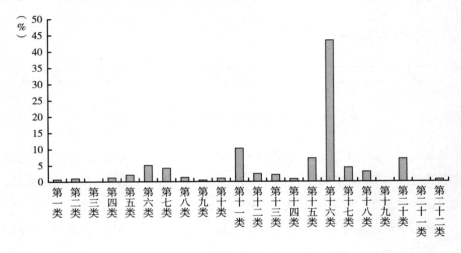

图 1 - 5　2019 年我国出口贸易的商品结构

资料来源：根据历年《中国统计年鉴》数据整理而得。

如图 1 - 4 所示，从进口贸易来看，我国初级产品的进口份额不断提高，从 2001 年的 18.8% 增长到 2019 年的 35.1%，工业制成品的进口份额则下降明显，2019 年下降到 64.9%，比 2001 年下降了近 15 个百分点。其中，初级产品进口中非食用原料和矿物燃料、润滑油及有关原料的进口增长最为显著，他们的进口份额分别从 2001 年的 8.89% 和 9.17%，提高到 2019 的 13.71% 和 16.71%。而工业制成品进口份额的下降则主要是由于轻纺产品、橡胶制品矿冶产品及其制品进口比重的大幅降低，2019 年该类产品进口占我国进口总额的比重（6.74%）仅是 2001 年进口份额（18.65%）的 1/3 强。

具体如图 1 - 6 所示，2019 年我国进口比重最大的产品与出口贸易类似，也是机器、机械器具、电气设备及其零件，录音机及放声机、电视图像、声音的录制和重放设备及其零件、附件，其进口份额高达33.09%。排名第二的是矿产品的进口，进口份额25.4%。然后是化学工业及其相关工业产品的进口，但其进口份额不到10%，只有7.45%。总体而言，在对外开放进入新阶段时，我国进口的产品大概主要有两大类，一类是先进的设备技术，另一类属于矿石、矿物燃料等基础物资。

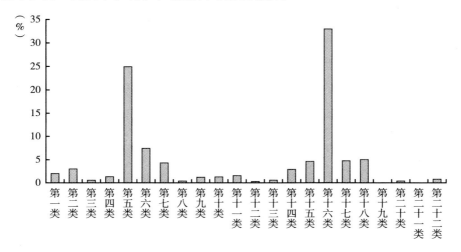

图 1－6　2019 年我国进口贸易的商品结构

资料来源：根据历年《中国统计年鉴》数据整理而得。

同时，在对外开放的新阶段，我国进出口贸易的贸易方式也不断优化。改革开放以来，由于我国大力吸引外资，很多跨国公司纷纷来华设厂，利用我国丰富的劳动力等资源优势实现全球市场的扩张。因此，我国加工贸易增长迅速，在我国加入 WTO 后的很长一段时间，我国加工贸易出口增长比一般贸易出口快，甚至出现加工贸易占据半壁江山的特殊情况。2001 年，我国出口总额 2662 亿美元，增长 6.8%，其中，一般贸易出口 1119 亿美元，增长 6.4%，加工贸易出口 1475 亿美元，增长 7.1%，加工贸易占比 55.4%，超过我国出口贸易的一半，明显比一般贸易和出口贸易整体增长更快。

但是，众所周知，加工贸易"两头在外"，出口的附加值相对较低，长期发展加工贸易容易导致我国企业被锁定在全球价值链的底端，对我国进出口贸易的长期发展非常不利。因此，在对外开放的新阶段，我国非常重视进出口贸易的贸易方式优化，实现了一般贸易相对快速的增长。如图 1 - 7 所示，从 2011 年开始，我国一般贸易的出口比重持续超过加工贸易，加工贸易的出口占比显著降低。2010 年我国一般贸易出口占全国出口贸易总额的48.3%，加工贸易占比是 44%；2019 年一般贸易出口占我国出口的比重增长到 57.76%，加工贸易的比重下降到 29.44%。进口贸易中一般贸易出口的比重也不断攀升。从 2005 年开始，我国进口贸易中一般贸易的占比开始超过加工贸易。如图 1 - 8 所示，2008 年，我国一般贸易进口占进口总额的50.54%，加工贸易占 33.4%。2019 年，我国进口贸易总额达到 143162 亿美元，其中，一般贸易进口 86599 亿美元，占比高达 60.49%，加工贸易进口只占 20.1%。

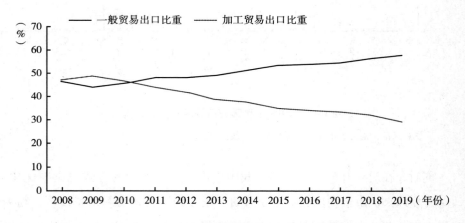

图 1-7　我国不同贸易方式的出口比重

资料来源：根据历年《中国统计年鉴》数据整理而得。

3. 进出口贸易市场多元化，区域合作促进对外开放

在对外开放的新阶段，我国努力开发更多的进出口市场，进出口市场多元化特征明显。如图 1 - 9 和图 1 - 10 所示，我国进出口贸易遍布全球五大洲。对出口贸易而言，2019 年亚洲是我国大的出口市场，占据了我国总出口额的近一半（49%），其次是欧洲市场（20%）和北美市场（18%），我

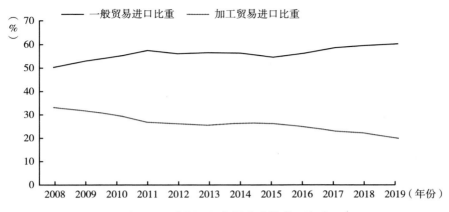

图 1 - 8 我国不同贸易方式的进口比重

资料来源：根据历年《中国统计年鉴》数据整理而得。

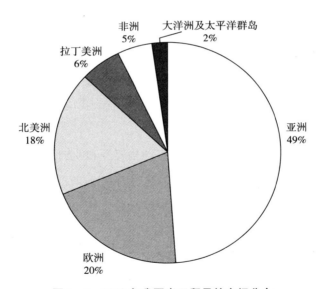

图 1 - 9 2019 年我国出口贸易的市场分布

资料来源：根据历年《中国统计年鉴》数据整理而得。

国对亚洲、北美洲和欧洲的出口额占据了全国出口总额的 87%，对大洋洲及太平洋群岛的出口最少，只占全国出口总额的 2% 左右。与出口贸易类似，亚洲是我国的第一大进口市场，2019 年其进口额超过了全国进口总额

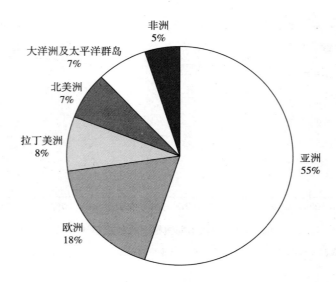

图 1 - 10　2019 年我国进口贸易的市场分布

的一半还多（55%），其次是欧洲市场（18%），我国对这两大市场的进口份额超过70%，但从北美洲的进口规模相对小很多，只有7%左右，这不仅远小于从亚洲和欧洲两个市场的进口，还远小于我国向该市场的出口份额（18%）。

　　以上分析显示，我国最大的进出市场是亚洲和欧洲，北美洲也是重要出口市场，对非洲、拉丁美洲、大洋洲及太平洋群岛的进出口贸易相对较小，但也不容忽视。尤其，全球金融危机爆发以后，各国经济萧条，国内外市场需求低迷，贸易保护主义逐渐抬头，以美国为代表的很多发达国家纷纷对我国的出口贸易进行贸易保护，我国进出口贸易的传统市场环境严峻，但与非洲、拉丁美洲等一些发展中国家的进出口贸易联系反而不断加强。

　　表 1 - 2 的数据也说明 2001 年加入 WTO 以后，亚洲、欧洲和北美洲一直是我国最重要的进出口市场。但是，2007 年底全球金融危机爆发以后，我国对这几个传统市场的进出口贸易都出现了不同程度的下降，特别是欧洲和北美洲。从出口贸易来看，2007 年，我国对北美洲的出口额占全国出口总额的比重是 20.66%，2008 年我国对北美洲市场的出口份额就下降到 19.17%。再

加上，美国政府为拉动本国经济复苏而频频对我国的出口贸易采取了多种阻碍手段，导致我国对北美洲市场的出口份额表现出相对明显的下降趋势，2019年我国对北美洲市场的出口份额下降到18.23%。我国对欧洲市场的出口份额也出现了明显的下降，从2007年的23.59%下降到2019年的19.99%。从进口贸易来看，我国从亚洲市场和北美洲市场的进口规模相对下降，2007年我国从亚洲市场进口额占全国进口总额的比重是64.84%，到2019年下降到55.17%，下降了近10个百分点。北美洲市场的进口份额也出现了一定程度的下降，从2007年的8.41%，下降到2019年的7.28%。

表1－2 我国进出口贸易的市场分布及变动

年份	出口贸易的市场份额（%）						进口贸易的市场份额（%）					
	亚洲	非洲	欧洲	拉丁美洲	北美洲	大洋洲及太平洋群岛	亚洲	非洲	欧洲	拉丁美洲	北美洲	大洋洲及太平洋群岛
2001	52.97	2.26	18.50	3.10	21.66	1.53	60.43	1.97	19.87	2.75	12.42	2.58
2002	52.61	2.14	17.90	2.91	22.81	1.62	64.95	1.84	17.61	2.82	10.46	2.32
2003	50.79	2.32	20.12	2.71	22.39	1.66	66.12	2.03	16.89	3.62	9.27	2.08
2004	49.80	2.33	20.63	3.07	22.45	1.71	65.82	2.79	15.86	3.88	9.27	2.38
2005	48.09	2.45	21.74	3.11	22.92	1.69	66.90	3.19	14.61	4.06	8.51	2.73
2006	47.03	2.75	22.23	3.72	22.61	1.65	66.38	3.64	14.51	4.32	8.46	2.69
2007	46.54	3.06	23.59	4.22	20.66	1.73	64.84	3.80	14.61	5.35	8.41	2.97
2008	46.42	3.58	24.00	5.02	19.17	1.81	62.04	4.94	14.84	6.33	8.31	3.55
2009	47.32	3.97	22.02	4.75	19.85	2.07	60.00	4.31	16.11	6.44	8.90	4.24
2010	46.39	3.80	22.51	5.82	19.38	2.09	59.80	4.81	15.60	6.58	8.39	4.73
2011	47.36	3.85	21.79	6.41	18.44	2.15	57.59	5.35	16.47	6.86	8.28	5.10
2012	49.14	4.16	19.35	6.60	18.55	2.19	57.10	6.23	15.77	6.93	8.59	5.04
2013	51.34	4.20	18.37	6.06	18.01	2.02	55.89	6.02	16.62	6.53	9.11	5.57
2014	50.74	4.53	18.73	5.82	18.20	1.99	55.38	5.90	17.16	6.48	9.41	5.59
2015	50.15	4.77	17.74	5.81	19.31	2.22	56.82	4.18	17.45	6.18	10.37	4.93
2016	49.63	4.40	18.59	5.43	19.68	2.27	57.04	3.57	18.13	6.49	9.63	5.08
2017	48.44	4.18	18.95	5.78	20.38	2.26	55.87	4.12	17.74	6.93	9.46	5.85
2018	47.76	4.22	19.09	5.98	20.66	2.30	55.86	4.65	17.77	7.42	8.60	5.69
2019	48.84	4.53	19.99	6.08	18.23	2.33	55.17	4.61	18.14	7.97	7.28	6.66

资料来源：根据历年《中国统计年鉴》数据整理而得。

　　与这些传统进出口市场相比，我国与非洲、拉丁美洲、大洋洲及太平洋群岛的进出口贸易明显加强，似乎受全球金融危机的影响似乎也响度较小。2007年我国对非洲、拉丁美洲、大洋洲及太平洋群岛的出口份额只有3.06%、4.22%和1.73%，进口份额只有3.8%、5.35%和2.97%，在全球市场不景气的情况下持续增长，2013年我国这三个市场的出口份额分别增长到4.2%、6.06%和2.02%，进口份额增长到6.02%、6.53%和5.57%。

　　特别是，2013年我国发起"一带一路"倡议，进一步重视与非洲、周边等一些发展中国家的贸易往来，加强区域经济合作，促使我国进出口贸易市场更加多元化，在一定程度上弥补了传统市场进出贸易衰退对我国经济增长的不利影响。2019年，我国对"一带一路"沿线国家进出口总额92690亿元，其中，出口52585亿元，进口40105亿元。2013～2019年我国对"一带一路"沿线国家出口贸易的年均增长率为3.7%，远高于同期我国出口贸易整体和对美国出口贸易的年均增长率，分别是1.78%和1.84%。同时，2013～2019年我国对"一带一路"沿线国家进口贸易的增长率是1.29%，也明显高于我国进口贸易总额的年均增长速度（0.92%）。

1.2.2　进出口贸易新阶段发展对策

1. 深化新一轮高水平开放，推动进出口贸易便利化

　　改革开放40多年来，我国充分利用和参与国际市场，抓住全球化发展的机会，为实现经济持续快速增长做出了重要贡献。在对外开放步入新阶段之际，我国应继续深化对外开放，提高对外开放的质量，扩大国际合作。

　　随着经济全球化的深入发展，科技创新速度加快，全球价值链分工正在进行深刻调整，长期以来，传统协调国际贸易关系的区域或多边规则逐渐不能适应全球经济形势的变化。当前的国际贸易规则更加注重制度型开放，即通过贸易投资便利化、优化营商环境、加强知识产权保护等促进对外开放水平不断提升，这一变化使我国在经济全球化进程中面临新的机遇和挑战。一方面，我国应该继续依托国内自由贸易区的建设，逐步加大我

国对外开放的范围，便利国内外货物、服务与资本的自由畅通；另一方面，我国要继续着力优化营商环境，加强涉外法治建设，逐渐实现我国国内规则的制度化、体系化和法制化，促进与先进的国际经贸规则接轨，为我国把握新一轮全球化机遇，推动进出口贸易高质量发展提供有利的制度条件和便利环境。

2. 从出口主导转向进出口并重，开创进出口贸易新格局

长期以来，我国重视出口创汇，出口贸易的快速增长为我国经济社会发展和全球经济持续稳定增长都做出了重要贡献。但是，在当前全球经济不景气的背景下，出口贸易无法实现持续的增长，进而不利于我国经济发展的稳定性。在对外开放的新阶段，我国开始重视进口贸易的发展，逐渐从出口主导转向进出口并重，实现进出口贸易的平衡发展，推动我国经济高质量发展和高水平开放。

一方面，出口贸易作为对外贸易和开放型经济的重要内容，我国要继续推进出口贸易高质量、可持续发展，推动出口贸易在促进国内经济增长、推动产业结构升级、为劳动者提供就业机会、参与并深度融入国际产业链分工、充实外汇储备、抵御国际风险、推动人民币国际化进程等方面发挥充分作用。另一方面，我国也要重视进口贸易增长，继续推出并实施一系列政策，推动进口贸易促进创新示范区培育工作，主动扩大进口，加强进出口贸易之间的相互联动，努力开创对外开放新阶段我国进出口贸易发展新局面。

3. 重视进出口效率，提升进出口产品的核心竞争力

过去的十几年，我国进出口贸易都增长迅速，但是，在对外开放的新阶段，我国需要调整进出口贸易的发展目标，不能只注重进出贸易的增长和规模扩张，而更应该重视进出口贸易的效率和质量，这才是保证我国进出口贸易长期稳定增长和国际竞争力不断提高的根本。

首先，我国要重视技术创新，生产并出口高技术产品，提高出口产品在全球价值链中的地位，获得更多的出口附加值。尽管与改革开放初期相比，我国初级产品或其他资源密集型产品的出口份额不断下降，工业制成品或资

本密集型产品的出口比重不断攀升，令人遗憾的是，2008～2019年，我国高科技产品的出口份额一直维持在29%～30%，并没有明显提高，并且与发达国家相比，我国的高科技产品技术含量相对较低，在国际市场上的定价能力极为有限。因此，在对外开放的新阶段，我国要进一步加大研发投资，利用和吸收国外先进技术和先进管理经验，提高产品质量，提高我国出口产品的国际竞争力。

其次，在进口贸易方面，随着跨国公司的全球生产布局，全球价值链分工更加深化，很多产品，尤其是高科技产品的生产越来越不可再由一国独立生产，进出口的联系更加密切，进口对出口、国内生产与消费都可能产生重要的拉动作用。因此，我国更应该鼓励高质量进口贸易的发展。一方面，我国应采取措施鼓励进口高质量消费品，比如，奢侈消费品等，刺激和拓宽消费偏好，并有利于培养和形成新的消费热点，反过来刺激国内产品升级或新产品创新。另一方面，我国也要鼓励进口高质量生产资源或生产设备，利用全球价值链分工的机遇，进口先进的零部件、中间品或大型高端精密设备，这不仅有利于降低我国企业的生产成本、技术学习成本，为我国高科技产品的生产提供更好的设备条件，还有利于国内产业均衡，倒逼国内改革，联通国内外循环，促进我国经济高质量发展。

4. 加强区域经济合作，优化国内外循环

2008年全球金融危机爆发以后，国内外需求低迷，全球经济发展的不确定性增强，我国经济发展和进出口贸易发展面临严峻挑战。尤其2008年以来，以美国为代表的很多国家为了拉动本国经济增长，对我国进出口贸易和产业发展等采取了各种政策予以限制。为了保证进出口贸易的稳定发展，与国内经济发展实现良好循环，我国必须重视与其他国家保持良好的经贸关系。

一方面，在WTO框架下，我国要遵守当前国际经济与贸易合作的规则，坚决维护多边主义，与各个贸易伙伴保持良好关系，尽量避免恶性贸易冲突，促进双边贸易稳定发展。同时，当前新冠肺炎疫情仍非常严峻，我国应该与各国交流抗疫经验，有利于为双边贸易的顺利发展创建良好、健康的

市场环境。另一方面，由于美国等贸易保护主义抬头，我国也要重视区域经济合作促进进出口贸易发展。除了在 WTO 的框架下进行双边经贸合作外，我国也要重视与周边国家、"一带一路"沿线国家的经贸合作，积极参与二十国集团、东盟与中日韩、中亚区域经济合作、大湄公河次区域合作等相关区域合作机制，抓住区域全面经济伙伴关系协定（RCEP）的机遇，积极发挥我国的作用，推动各方通过区域合作实现进出口贸易和经济发展的共同繁荣。

1.3 对外直接投资新阶段与发展对策

在中央"走出去"战略的推动下，我国对外直接投资自 2000 年开始呈现快速增长的趋势，成为全球主要的对外投资输出大国。我国对外直接投资的快速增长得益于多个方面，国内审批政策的简化和东道国投资便利化等均起到了较大的推动作用[①]。尽管对外直接投资的增长对我国经济发展起到了一定的推动作用，但同时也积累了更大的风险[②]。为了提升对外直接投资质量，防范风险，国家发改委、商务部、人民银行和外交部等四部门于 2017年联合发布了《关于进一步引导和规范境外投资方向指导意见的通知》，在政策上由大力推进对外直接投资向有序引导不同类型的对外直接投资项目转变。同时，近年来逆全球化态势助推了国际投资保护行为的蔓延，使我国对外直接投资面临不利的国际经济政治形势。在这种背景下，如图 1－11 所示，我国对外直接投资规模自 2017 年起呈现连续三年的下降趋势，这也标志着我国对外直接投资开始进入新的发展阶段。

[①] 曾守桢、余官胜：《行政审批简化与我国对外直接投资增长——基于核准权下放试点的准自然实验实证研究》，《国际贸易问题》2020 年第 4 期；协天紫光、樊秀峰、黄光灿：《东道国投资便利化建设对中国企业对外直接投资二元边际的影响》，《世界经济研究》2020 年第4 期。

[②] 张晓涛、王淳、刘亿：《中国企业对外直接投资政治风险研究——基于大型问题项目的证据》，《中央财经大学学报》2020 年第 1 期。

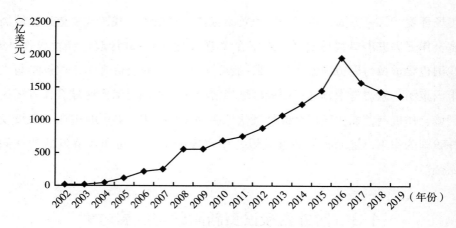

图 1 - 11　我国对外直接投资流量规模趋势

资料来源：商务部《中国对外直接投资统计公报》。

1.3.1　我国对外直接投资新阶段规模和结构特征

1. 对外直接投资规模将从快速增长转向结构重组

根据商务部统计，我国对外直接投资经过近 20 年的快速增长，截至 2019 年流量和存量规模分别位居世界第二和第三位，分布在全球 188 个国家（地区）。由此可见，我国对外直接投资已在全球实现广泛布局，在规模层面上也已成为全球跨国投资的领先者。在此背景下，规模增长已不再是我国对外直接投资最为迫切的需求，优化结构则成为保障我国对外直接投资可持续发展的关键因素。与此同时，在逆全球化的国际经济形势下，全球跨国投资在总体上已呈现多年的下滑趋势，系统性风险持续增加，进一步阻碍了我国对外直接投资的增长趋势。新冠肺炎疫情在全球的暴发使世界经济面临更大的不确定因素，随之而来的是各国普遍性的经济低迷以及保护主义政策的实施，这些成为我国企业向外发展的阻力。外部宏观环境恶化一方面突出了以内循环为主促进经济发展的重要性，另一方面也意味着在外循环中不以质量优先的对外直接投资将存在较大的损失风险，单纯的规模增长并不利于对外直接投资的可持续发展。

尽管我国对外直接投资规模增长迅速，但当前仍存在结构不合理的因素。第一，在行业结构上，租赁和商务服务业是我国对外直接投资规模最大的行业，最具有竞争优势的制造业位列第二，风险较高的金融行业也占有较大的份额。第二，在地区结构上，我国对外直接投资大部分流向离岸中心，难以掌握后续资金流向信息，为监管和风险防控制造了障碍。第三，在项目结构上，大规模基础设施、能源开发等对外直接投资项目较为集中，在全球经济不景气情况下承担过大风险。因此，在新阶段中，我国对外直接投资的侧重点将从促进规模增长转向结构重组，有效提升对外直接投资质量并降低风险。商务部于2018年和2019年分别发布了《对外投资备案（核准）报告暂行办法》及《对外直接投资备案（核准）报告实施规程》，旨在加强对外直接投资事中和事后监管，提升投资质量，这也意味着我国对外直接投资政策层面上从审批程序不断简化向规范发展和结构重组的调整。因此，无论是我国对外直接投资特定阶段的内在需要还是外部环境压力以及政策推力，从规模快速增长向结构重组转变是在当前我国对外直接投资发展的基本特征。

2. 非国有企业在对外直接投资中的重要性将不断提高

我国对外直接投资具有多样化的动机，其中获取各类资源和能源是主要动机之一，由于能源项目具有周期长、投入金额巨大等原因，往往由大型国有企业承担。因此，在我国对外直接投资发展过程中，国有企业扮演主要角色，根据商务部统计，截至2019年，国有企业在我国非金融类对外直接投资存量的占比达到50.1%，占据半壁江山。国有企业对外直接投资的发展为我国经济发展做出了重要贡献，不仅获取了国内生产所需的资源能源要素，还为非国有企业提供了国际化发展战略经验，带动了更多非国有企业"走出去"。与此同时，国有企业对外直接投资也促进了资本在全球的优化配置，为东道国提供开发能源的技术设备并促进了就业。然而，在逆全球化形势下，以发达国家为主开始实施外资限制性政策，其中涉及对国有背景企业的审查，为我国国有企业对外直接投资的进一步增长造成了阻碍。

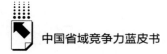
与国有企业不同，我国非国有企业主要出于市场动机决策是否进行国际化经营，随着我国市场化进程不断完善，非国有企业对外直接投资的国内支撑条件不断改善。第一，国内金融发展程度的提高缓解了非国有企业对外直接投资的融资约束，提供了在国外生产经营的多种资金来源渠道。第二，审批程序的规范化为非国有企业对外直接投资提供了制度便利，为企业"走出去"确立了政策支撑。第三，对外开放深入发展为非国有企业对外直接投资提供了多方位的营商环境保障，为非国有企业跨国经营提供了双边及多边关系保障。因此，新阶段中，国有企业对外直接投资因国际投资保护主义而受限，非国有企业对外直接投资发展将成为重要的补充，在国际投资领域推动内外循环互动的重要性也将进一步提高。国内的有利因素则使非国有企业具备更高的对外直接投资竞争力，在国际市场上的影响力也将不断提升，因而非国有企业重要性不断提升将成为我国对外直接投资新阶段的典型特征。

3. "一带一路"沿线国将成为吸引我国对外直接投资的主要东道国

自我国于 2013 年提出"一带一路"倡议以来，我国与沿线国的经贸关系不断改善，我国企业对沿线国的直接投资也不断增加。在经济上，"一带一路"沿线国与我国存在较大的互补特征，沿线国需要产能建设基础设施和开发能源资源，而我国在制造业具有全球领先优势并存在产能过剩现象。因此，我国对"一带一路"沿线国开展对外直接投资具备良好的先决条件，在制度保障的情况下能实现双方优势互补发展。与沿线国之间的合作关系不断深入为我国企业对外直接投资进入提供了牢靠的制度保障，有效弥补了沿线国政治经济不确定性带来的缺陷。在理论上，较多研究检验了"一带一路"倡议对我国对外直接投资的促进作用[1]，沿线国制度质量改善和金融发展程度提升也能促进我国对外直接投资流入[2]。实践也证明了我国对"一带

---

① 吕越、陆毅等：《"一带一路"倡议的对外投资促进效应——基于 2005－2016 年中国企业绿地投资的双重差分检验》，《经济研究》2019 年第 9 期；戴翔、王如雪：《"一带一路"建设与中国对外直接投资：促进抑或抑制?》，《当代经济研究》2020 年第 6 期。

② 李可爱：《"一带一路"沿线国家制度质量对中国 OFDI 的影响》，《暨南学报》（哲学社会科学版）2019 年第 12 期；张友棠、杨柳：《"一带一路"国家金融发展与中国对外直接投资效率——基于随机前沿模型的实证分析》，《数量经济技术经济研究》2020 年第 2 期。

一路"沿线国的直接投资具有可持续性，根据商务部统计，2019 年尽管受全球形势影响，我国总体对外直接投资减少了 4.3%，但对"一带一路"沿线国的直接投资却逆势增长了 4.5%。

"一带一路"倡议是我国对外经贸发展的长期战略，也是全球经济一体化的重要构成部分，在当前逆全球化背景下将成为世界经贸合作的重要推动力量。第一，沿线国基础设施改善能降低企业对外直接投资的进入成本，区位优势不断增加。第二，双边文化层面交流合作的不断深入为我国企业融入当地社会提供了保障，对外直接投资可持续提升。第三，境外经贸合作区在沿线国的广泛建设和投入使用为我国中小企业开展对外直接投资提供了集群条件，增加了中小型项目入驻的可行性。新冠肺炎疫情暴发后，西方发达国家经济恢复充满不确定性，对我国崛起的阻碍不断增加，在这种背景下，"一带一路"倡议在我国对外开放中的战略地位不断提升。同时，沿线国以发展中国家为主，长期经济增长潜力较大，更易从经济低迷中复苏，与我国开展稳固经贸合作的空间较大。因此，在新阶段，"一带一路"沿线国在我国对外直接投资布局中的重要地位将更为显著，也将成为我国对外直接投资持续增长和结构优化的重要国家。

1.3.2 我国对外直接投资新阶段风险特征

1. 全球经济波动将成为我国对外直接投资的主要宏观风险

全球经济稳定为跨国公司对外直接投资提供了可靠预期，有利于跨国公司长期决策和投资布局，是国际投资有序发展的重要保障。我国对外直接投资也在很大程度上受东道国不确定性的影响[1]，全球经济波动在一定程度上干扰了企业对外直接投资的正常发展。2008 年全球金融危机爆发至今，尽管各国经济经历长期震荡后逐步恢复，但仍存在较多不利于对外直接投资的宏观经济波动因素。首先，发达国家为复苏经济常年实施的宽松性财政政策

---

[1] 耿伟、李亚楠：《东道国不确定性与中国 ODI 二元边际：兼论营商环境的调节效应》，《世界经济研究》2020 年第 4 期。

积累了大量结构性问题，财政赤字和国际收支不平衡等因素都将成为全球经济波动的潜在导火索。其次，美国特朗普政府时期推行的单边主义行为加大了国际经贸的不确定性，极易全面扩散导致全球经济波动。最后，全球主要国家降息行为将酝酿再次金融危机，金融市场不稳定性将传导至实体造成全球经济波动。在这些因素的作用下，全球跨国公司为规避宏观风险已经开始收缩对外直接投资，这也造成了近年来全球跨国投资的低迷。

新冠肺炎疫情在全球暴发后，全球经济面临更大的挑战，世界经济秩序和国际关系都将受到重大影响①，不确定因素再次增加。一方面，疫情在短期内不可避免地造成全球经济衰退，中长期能否复苏存在较大的不确定性，各国将频繁使用宏观经济手段刺激经济，增加了全球经济波动可能性。另一方面，国际规则和国际关系重塑增加了全球经贸有序发展受阻的概率，后疫情时期的多样化格局将更易使各国因话语权和利益纠葛阻碍共识的达成，由此将通过影响国际合作而产生全球经济波动。新冠肺炎疫情对全球经济的影响具有持续性，短期、中期和长期将呈现不同的表现形式，然而不管是短期的经济中断还是中长期的政策操作均将影响全球格局。在新国际经济均衡达成之前，全球经济波动具备常态化特征，从而也在长期内影响跨国公司对外直接投资的政策决策。对我国而言，经过多年对外直接投资的快速发展，海外资产已达到一定规模，全球经济波动不仅可能造成资产损失，也将在未来较长时间内影响我国对外直接投资的进一步发展，成为新阶段的主要宏观风险。

2. 全球供应链受阻将成为我国对外直接投资的主要微观风险

对外直接投资是跨国公司在全球范围内的生产经营布局，能够有序开展的前提之一是供应链的顺畅保障。在全球化浪潮推动下，产品价值链分工已成为国际经贸主流形式，全球供应链体系已经形成，促进了全球资源的最优配置。我国对外直接投资的快速发展也得益于全球供应链体系的完善，确保我国企业在东道国生产的原材料和中间产品供给。然而，全球供应链体系也具有脆弱性特征，容易受多维度宏观经济形势及政策的影响。近年来，全球

---

① 李晓、陈煜：《疫情冲击下的世界经济与中国对策》，《东北亚论坛》2020年第3期。

范围内多种因素造成了供应链体系的转变，诸如贸易保护主义、产业竞争加剧等一系列不利外部条件导致全球供应链出现断裂，对全球分工完整性产生了破坏①。全球供应链体系的稳定依赖于各国实施可预期的投资贸易政策，跨国公司依此长期规划产业价值链布局，然而投资贸易政策的随意变化逐步成为当今全球经济的主流，在微观层面上不利于全球市场合作竞争及供应链形成。我国跨国公司已深度融入全球价值链分工，供应链体系的变动会对企业对外直接投资决策产生重大影响，因而在微观层面上构成了主要风险来源之一。

新冠肺炎疫情的暴发造成全球供应链体系破碎雪上加霜，全球经济的短暂中断使各国更为注重供应链的国内环境，较多国家开始提出产业链回流概念。这意味着在未来较长时期，各国将会出台政策鼓励制造业回迁国内，并限制关键生产要素被外资企业所控制，全球供应链体系的完整性将会受到影响。比如，欧盟在疫情后已开始干预医疗产业的供应链体系，鼓励医疗制造业回流并限制非欧盟国家企业在医疗领域的投资。同时，后疫情时期保护主义的加剧增加了要素和中间产品流动的成本，也将阻碍全球供应链的整合，容易造成供应体系的破碎，全球生产中断的可能性进一步增加。这种特征将具有长期性，加大我国企业跨国生产因供应不足中断的风险，可持续性发展受到较大限制。因此，相比于企业层面的其他因素，在新阶段我国对外直接投资面临的长期微观风险是全球供应链体系的不稳定性。

3. 外资国家安全审查趋严将成为我国对外直接投资的主要政策风险

长期以来，采取促进型政策吸引外资是东道国政府的主要做法，也推动了全球跨国投资的繁荣。然而，2008 年全球金融危机爆发后，以发达国家为主的多数国家为了保护本国产业而开始实施限制型政策，其中最主要的手段是外资国家安全审查。发达国家政府以影响国家安全为由对外资进行审查，然而国家安全的界定却具有较大的任意性，其概念范围从早期的国防军

① 林梦、路红艳、孙继勇：《全球供应链格局调整趋势及我国应对策略》，《国际贸易》2020年第 10 期。

事部门逐步演变成包含基础设施、关键能源、信息通信、金融稳定以及高新技术等在内的更广范围。外资国家安全审查严重阻碍了跨国公司的对外直接投资，而中国企业则是其中最大的受害者。在联合国贸发会公布的因国家外资安全审查而失败的跨国投资案例中，与中国企业相关的项目占据绝大多数。在美国，财政部下属的外国投资委员会是实施外资国家安全审查的机构，中国企业则是其审查对象的重点，并且多次针对中国企业的特征改革制度法案。在这种政策环境下，外资国家安全审查已成为我国对外直接投资的重要政策风险因素，并已经造成我国企业的利益损失[①]。

当前，发达国家外资安全审查进一步呈现出严格化趋势，不仅体现在国家安全范围的扩大，还体现在审查时间延长、审查金额门槛降低等维度，其背后则是逆全球化态势的不断蔓延。新冠肺炎疫情的暴发则会使该态势进一步恶化。第一，医疗卫生将被进一步纳入国家安全概念范围，与其相关的外资将被以国家安全为由加以审查。第二，为防范金融波动，各国将更为严格地审查与金融相关的外资，并可能使之成为限制外资的新借口。第三，外资国家安全审查将因发达国家的全球影响力蔓延至更多国家，形成全球扩散的趋势。此外，由于美国的针对性，我国企业更进一步成为国家外资安全审查的对象，美国及其同盟国极有可能针对中国企业特征收紧审查条款，成为限制我国对外直接投资的重要手段。全球经济发展的不确定性将使外资国家安全审查持续较长时间，对此进行应对也将成为我国跨国企业在未来一段时间的常态操作。因此，在新阶段下，外资国家安全审查的趋严将成为我国对外直接投资的主要政策风险。

1.3.3 新阶段下我国对外直接投资发展对策

1. 在宏观上实施对外直接投资质量提升战略

在以内循环为主，实施内外循环互动的背景下，对外直接投资发展战略

---

① 张怀岭：《美欧强化外资安全审查及其影响》，《国际问题研究》2019 年第 5 期；葛顺奇、林乐、陈江滢：《中国企业跨国并购与东道国安全审查新制度》，《国际贸易》2019 年第 10 期。

应充分考虑对内循环的辅助作用。多年来，我国以审批程序不断简化为主导推行对外直接投资增长战略，基本实现了量增的目标，有效推动了我国企业"走出去"融入国际市场。当前，国际经济形势不明朗增加了系统宏观风险，持续快速的对外直接投资增长难以实现，实施新型发展战略迫在眉睫。因此，在新阶段下，对外直接投资战略应以质量提升为主要导向，在顶层政策设计上一方面应兼顾对外直接投资风险的规避，另一方面应强调对外直接投资对国内经济的带动作用。第一，各政府部门应进一步具体化对外直接投资分类引导政策，结合内外循环政策导向细分不同类型对外直接投资的差异化指导方向，鼓励符合国家战略需求的对外直接投资项目，适当限制高风险对外直接投资项目。第二，规范对外直接投资项目事后事中监管制度，以保障项目长期发展质量为导向合理设计对外直接投资报告制度，及时掌握企业在东道国经营生产状况，为海外企业合法发展需求提供外交和国际关系保障。第三，完善对外直接投资项目评估体系，提升高质量项目的识别精准度，给予高质量对外直接投资更为优厚的财政激励，刺激对外直接投资企业努力提升质量防范风险。第四，不断推出针对性融资和保险业务推动高质量对外直接投资发展，出台相关政策鼓励金融机构评估对外直接投资项目质量，并为高质量项目提供优惠金融和保险服务，保障高质量对外直接投资项目的资金来源和风险控制。

2. 在微观上注重对外直接投资可持续发展

经过多年国际化发展，我国跨国企业已在全球大多数国家设立海外分支机构，产业链分布在全球各地。与此同时，因跨国经营经验短缺以及与东道国相关方交流不足等原因，我国企业发展在多个方面遭到东道国社会阻碍限制，包括环境、劳工、社会责任等。在这种背景下，相比于进一步实施扩张，深度融入东道国保障对外直接投资可持续发展对于我国跨国企业而言更为迫切。未来，东道国社会将更为注重外国投资者与本国社会发展的兼容性，在投资政策上也将更为注重外资的社会属性，淡化简单的吸引投资功能。因此，在新阶段，我国对外直接投资应在微观上注重可持续发展理念，跨国企业应以长期发展的目光规划实施对外直接投资项目。第一，我国企业在对外直接投资中应实施社会责任战略，在生产经营活动中兼顾东道国社会发展，防范因社会责任落实不到位引发的各类矛盾，加强与东道国社会各界的合作交流，有效传递企业社会责任意愿和目标。第二，我国企业在对外直接投资中应融入本土化发展元素，将东道国经济发展和市场特征纳入企业长期战略规划中，设计开发符合东道国需求的产品服务，增加东道国对我国产品的接纳程度。第三，我国企业在对外直接投资中应重视风险规避，在项目区位选择中综合考虑宏观和微观风险，尤其是与东道国社会相关的微观风险，以可持续性为目标导向落实对外直接投资项目。第四，我国企业在对外直接投资中应加强与国内管理服务部门的沟通，及时客观报备在东道国生产经营中的潜在危机，借助宏观层面优势缓解微观风险，保障项目可持续发展。

3. 在国际上深化对外直接投资广泛合作保障

双边与多边投资合作是保障企业对外直接投资在东道国合法权益的重要措施，我国与多个国家的合作协定有效推动对外直接投资的稳步增长。然而，在当前国际经济形势动荡，世界经济政治秩序即将重构之时，投资协定的约束力不断降低。一方面，当前投资合作协定框架较为宽泛，无法覆盖投资关系中的具体问题；另一方面，投资合作协定的执行力不足，各国根据自身利益时常违背协定条款。逆全球化态势及新冠肺炎疫情的暴发则更进一步降低了现有投资合作协定的保护效力，各国更为注重保障本国企业利益和产业发展，国际投资保护行为在全球范围内蔓延。在这种背景下，新阶段我国应通过建立广泛深入的双边多边投资合作关系，在国际关系层面上保障我国对外直接投资发展。第一，我国应积极参与国际投资规则重构，增加在国际合作组织中的话语权，确保新型国际投资规则框架条款能维护我国企业对外直接投资的合法权益。第二，我国应积极主动引导双边与多边投资合作，利用国际影响力主导多边共赢的投资合作组织，增加投资合作的覆盖面，有效促进与东道国之间的相互对外直接投资保障。第三，我国应与伙伴国更进一步细化投资合作协定，制定反映全球经济形势变化的弹性保障条款，以具有新阶段特征的框架保障投资合作在全球经济政治形势瞬息万变中的效力。第四，我国应更积极主动参与国际投资谈判，以更为广泛的谈判协商解决对外直接投资跨国纠纷，形成以合作为主流的互动方式，为我国对外直接投资争取多方位的合作保障。

1.4　区域经贸合作新阶段与发展对策

加快实施自由贸易区战略，是我国新一轮对外开放的重要内容。党的十七大把自由贸易区建设上升为国家战略，党的十八大提出要加快实施自由贸易区战略。党的十八届三中全会通过《中共中央关于全面深化改革若干重大问题的决定》，指出要以周边为基础加快实施自由贸易区战略，形成面向全球的高标准自由贸易区网络。2015 年国务院发布了开启自贸区建设进程以来的首个战略性、综合性文件——《关于加快实施自由贸易区战略的若干意见》，对我国自贸区建设进行顶层设计，从周边自由贸易区、"一带一路"沿线自由贸易区和全球自由贸易区网络三个层次进行了战略布局的规划。此后，我国加速推进自贸区战略，双边和区域自贸协定的谈判步伐明显加快，取得显著成效。

1.4.1　区域经贸合作新阶段特征

1. 区域经贸合作对象向重点国家和地区突破

2020 年 11 月 15 日，东盟十国、中国、日本、韩国、澳大利亚和新西兰 15 个成员国正式签署区域全面经济伙伴关系协定（RCEP），标志着全球规模最大的自由贸易协定正式达成。15 个成员国 2019 年 GDP 规模达 25.6 万亿美元，占全球经济总量的 29.3%；区域内贸易额 10.4 万亿美元，占全球贸易总额的 27.4%；覆盖 22 亿人口，约占世界总人口的 30%。根据国际智库测算，到 2025 年，RCEP 可望带动成员国出口、对外投资存量、GDP 分别比基线多增长 10.4%、2.6%、1.8%；到 2030 年 RCEP 有望每年带动成员国出口净增加 5190 亿美元，使国民收入净增加 1860 亿美元。

RCEP 签署后，我国对外签署的自由贸易协定已达 19 个，自贸伙伴将达到 26 个。通过 RCEP，我国与日本建立了自贸关系，这是我国首次与世界前十的经济体签署自贸协定，是我国实施自贸区战略取得的重大突破，使我国与自贸伙伴贸易覆盖率增加至 35% 左右，大大提升我国自贸区网络的"含金量"①。2021 年 1 月 26 日，中国与新西兰签署自贸协定升级议定书，实现了中新自贸关系在 RCEP 基础上进一步提质增效。

表 1-3　我国参与的自由贸易区及最新进展阶段

阶段	自由贸易区	阶段	自由贸易区
已签协议的自贸区	《区域全面经济伙伴关系协定》(RCEP)	正在谈判的自贸区	中国-海合会
	中国-柬埔寨		中日韩
	中国-毛里求斯		中国-斯里兰卡
	中国-马尔代夫		中国-以色列
	中国-格鲁吉亚		中国-挪威
	中国-澳大利亚		中国-摩尔多瓦
	中国-韩国		中国-巴拿马
	中国-瑞士		中国-韩国自贸协定第二阶段谈判
	中国-冰岛		中国-巴勒斯坦
	中国-哥斯达黎加		中国-秘鲁自贸协定升级谈判
	中国-秘鲁	正在研究的自贸区	中国-哥伦比亚
	中国-新西兰(含升级)		中国-斐济
	中国-新加坡;中国-新加坡升级		中国-尼泊尔
	中国-智利;中国-智利升级		中国-巴新
	中国-巴基斯坦;中国-巴基斯坦第二阶段		中国-加拿大
	中国-东盟;中国-东盟("10+1")升级		中国-孟加拉国
	内地与港澳更紧密经贸关系安排		中国-蒙古国
			中国-瑞士自贸协定升级联合研究

表 1-3 整理了截至 2021 年 3 月 30 日我国已签协议、正在谈判以及正在研究的自由贸易区。从我国周边来看，目前已同东盟、日本、韩国、新加坡、巴基斯坦、马尔代夫等签署了自贸协定，与新加坡启动中新自贸协定升

① 《商务部国际司负责同志解读〈区域全面经济伙伴关系协定〉(RCEP) 之一》，商务部新闻办公室，2020 年 11 月 16 日，http://www.mofcom.gov.cn/article/i/jyjl/l/202011/20201103016062.shtml。

级后续谈判，与韩国的第二阶段谈判取得稳步进展，中日韩自贸区谈判加速推进中，与斯里兰卡正在进行自贸谈判。在欧洲地区，我国已与冰岛、瑞士签署了高水平自贸协定，直接助推中国－挪威自贸区谈判进程，对中国－欧盟之间的贸易关系也有一定的积极作用。在拉美地区，我国已与智利、秘鲁、哥斯达黎加等签署了自贸协定，其中我国与智利还签署了升级议定书，与秘鲁的自贸协定升级第三轮谈判已顺利完成。在中东地区，我国与海湾阿拉伯国家合作委员会（海合会）的自贸区谈判进行到第九轮。至此我国的全球自贸协定网络进一步完善，有利于我国以扩大开放推动国内改革深化、促进产业转型升级，培育新形势下我国的国际经济竞争合作新优势，助力我国构建国内国际双循环的新发展格局①。

2. 区域经贸合作水平不断提升

近年来我国对外签署的自由贸易协定的开放性和自由化水平逐步提高。

货物贸易方面，从最终实现零关税的产品税目比例来看，除了同巴基斯坦的协议水平为75%较低外，我国对外签订的自由贸易协定基本达到或超过90%的水平，其中澳大利亚、新西兰、新加坡100%的货物贸易最终实现零关税，瑞士、智利、冰岛、格鲁吉亚、马尔代夫都超过95%的水平。其中新加坡、瑞士、冰岛、格鲁吉亚均没有设置降税过渡期，即协议生效后就能兑现货物贸易降税承诺。刚签署的RCEP则采用双边两两出价的方式对货物贸易自由化做出安排，协定生效后区域内90%以上的货物贸易将最终实现零关税，主要是立刻降税到零和10年内降税到零，使RCEP自贸区有望在较短时间兑现所有货物贸易自由化承诺。

服务贸易方面，近年来我国新签署的自由贸易协定中服务贸易条款明显增加，服务贸易开放承诺水平也不断提高。我国自贸伙伴马尔代夫、智利、新西兰、哥斯达黎加做出开放承诺的服务部门数量分别在WTO框架基础上增加至86个、40个、16个和45个，澳大利亚则突破性地承诺以负面清单

---

① 高燕：《奋力谱写新时代区域经贸合作新篇章》，《经济日报》2020年11月17日。

形式开放其服务业部门，成为全球第一个对中国做出此种开放承诺的国家①。刚签署的 RCEP，日本、韩国、澳大利亚、新加坡、文莱、马来西亚、印尼等 7 个成员采用负面清单方式承诺，我国等其余 8 个成员采用正面清单承诺，并将于协定生效后 6 年内转化为负面清单。15 个成员国均做出了高于各自"10＋1"自贸协定水平的开放承诺。我国服务贸易开放承诺达到了已有自贸协定的最高水平，承诺服务部门数量在我入世承诺约 100 个部门的基础上，新增了研发、管理咨询、制造业相关服务、空运等 22 个部门，并提高了金融、法律、建筑、海运等 37 个部门的承诺水平。其他成员在我国重点关注的建筑、医疗、房地产、金融、运输等服务部门做出了高水平的开放承诺。

原产地规则方面，相较于以往的"10＋1"协定，RCEP 进一步丰富了原产地证书的类型，在传统原产地证书之外，还将允许经核准的出口商声明以及出口商的自主声明。标志着原产地声明制度将由官方授权的签证机构签发模式转变为企业信用担保的自主声明模式，大大地节省政府的行政管理成本和企业的经营成本，进一步提高货物的通关时效。同时，RCEP 在本地区使用区域累积原则，使得产品原产地价值成分可在 15 个成员国构成的区域内进行累积，来自 RCEP 任何一方的价值成分都会被考虑在内，这将显著提高协定优惠税率的利用率。这将有助于跨国公司更加灵活地进行产业布局，建立更精细更完善的产业链分工体系，降低最终产品的生产成本，不仅有助于扩大 RCEP 成员之间的贸易，还将极大地促进区域供应链、价值链的深度融合和发展②。

3. 区域经贸合作领域不断拓展

我国早期的自由贸易协定内容大多只涉及贸易便利化、出口税、技术性贸易壁垒、反倾销、反补贴等 14 项 WTO 谈判授权范围的基础条款。因这些

---

① 刘晓宁：《中国自贸区战略实施的现状、效果、趋势及未来策略》，《国际贸易》2020 年第2 期。

② 《商务部国际司负责同志解读〈区域全面经济伙伴关系协定〉（RCEP）之二》，商务部新闻办公室，2020 年 11 月 17 日，http：//www. mofcom. gov. cn/article/i/jyjl/l/202011/20201103016364. shtml。

条款在 FTA 中自由化程度更高，也被称为"WTO＋"条款。我国的第一个自由贸易协定是与东盟签署的《中国－东盟全面经济合作框架协议》，协定内容仅包括货物贸易、服务贸易和投资。

随着我国自由贸易区建设从无到有、由少到多，签署自贸协议数量增加的同时，我国在自贸协定中的开放领域也不断拓展，区域经贸合作向纵深发展。在近几年我国新签订的自由贸易协定以及升级版协议中，覆盖领域逐渐超越传统市场准入议题，向 WTO 中不包含的新条款扩展，包括竞争政策、环境、知识产权、劳动市场监管、资本流动、反腐败等 38 项更"深层"的条款，这些也被称为"WTO－X"条款。比如，中国－韩国涵盖了电子商务、竞争政策、政府采购、环境等议题，中国－澳大利亚包括电子商务、政府采购、知识产权、竞争等议题，中国－冰岛和中国－瑞士都纳入了知识产权和竞争政策等议题。而刚签署的 RCEP 则同时涵盖了高水平的知识产权、电子商务、竞争政策、政府采购等现代化议题。通过更加开放和更高水平的制度安排，我国与世界各国的区域经贸合作不断深化。

4. 企业自由贸易协定利用率偏低

企业是自由贸易协定的微观参与主体，也是协议的主要受益者，然而我国企业对于 FTA 的利用率却比较低。[1] 根据张蕴岭、沈铭辉、刘德伟对我国企业的问卷调查，利用自由贸易协定优惠出口占比大于等于 50% 的企业比例仅为 8.8%，利用自由贸易协定优惠出口占比介于 20% 到 50% 的为 11.0%，没有利用自由贸易协定优惠出口的企业比例高达 47.1%。[2] 另根据 2016 年自由贸易协定利用率统计数据显示，中国－东盟自由贸易协定利用率仅为 49.57%，换句话说我国大多数企业没能充分利用已签署的自由贸易协定优惠政策，没有享受到应有的政策红利。[3] 而韩国关税厅统计数据显

---

① 田政杰、董麓：《"逆全球化"背景下的中国对外贸易格局：问题与应对策略》，《河南社会科学》2019 年第 8 期。

② 张蕴岭、沈铭辉、刘德伟：《FTA 对商业活动的影响——基于对中国企业的问卷调查》，《当代亚太》2010 年第 1 期。

③ 韩剑、闫芸、王灿：《中国与"一带一路"国家自贸区网络体系构建和规则机制研究》，《国际贸易》2017 年第 7 期。

示，2016 年韩国企业出口平均自由贸易协定利用率超过 70%。与韩国企业相比，我国企业对于自由贸易协定利用率明显偏低。

究其原因，首先，我国企业对利用自由贸易协定重视程度不足，尤其是中小企业比较关注生产环节，却忽视对国家政策发布的跟踪，缺乏对自由贸易协定相关信息的了解。[①] 其次，正如相关业内人士坦言，许多 FTA 的内容和法条不仅复杂还晦涩难懂。[②] 不同自贸协定采用的评价体系和标准具有差异性，进一步加强了交易活动的复杂性。各个协议的不同优惠待遇和原产地规则交叠在一起，产生了所谓的"意大利面碗"效应。[③] 而我国多数中小型外贸企业缺乏律师等专业人才，使得很多企业对自由贸易协定只停留于浅层了解甚至缺乏了解，无法做到熟知并掌握税则归类改变标准、区域价值成分抑或特定生产工序标准的具体要求。张蕴岭、沈铭辉、刘德伟对我国企业的问卷调查结果也印证了以上情况的存在，未利用任何自由贸易协定的企业未利用协定的首要原因是"缺乏 FTA 的信息"，紧接着是"取得原产地证书太慢或涉及费用过大"。[④]

最后，聚焦"原产地证书太慢或涉及费用过大"问题。原产地规则作为自由贸易协定货物贸易的核心部分，被用于确保自由贸易协定中的优惠贸易安排只适用于签订优惠贸易协定的成员国。原产地规则一般较为复杂，基于生产加工地点、原料来源地、产品成分比例等因素进行考量。原产地证书的获取过程给企业增加了不少额外成本（时间成本等）。在熟知区域中存在的各种自由贸易协定规则的基础上，企业需要合理安排生产过程，投入额外的成本雇佣专业人员，运营相关的信息和财务系统，优化管

---

① 田政杰、董麓：《"逆全球化"背景下的中国对外贸易格局：问题与应对策略》，《河南社会科学》2019 年第 8 期。

② 《提高 FTA 利用率关键在于精准推广》，《中国贸易报》2020 年 12 月 10 日，http://www. chinatradenews. com. cn/epaper/content/2020 - 12/10/content _ 69743. htm? SFGRDCHK = 2895659151&。

③ R. Baldwin, "Managing the Noodle Bowl: The Fragility of East Asi an Regionalism", *CEPR Discussion Papers*, 5561 (2006).

④ 张蕴岭、沈铭辉、刘德伟：《FTA 对商业活动的影响——基于对中国企业的问卷调查》，《当代亚太》2010 年第 1 期。

理程序，为满足原产地程序性规则并及时获得原产地认证奠定基础。倘若在获取原产地认证时出现延误，将直接影响交货周期，进而产生额外的仓储和生产成本。① 此外，按照规则在完成获得原产地证明文件的行政程序中，企业可能会面临手续烦琐、费用过高、服务网点少等困难，各项文件材料准备的时间付出和费用支出都会挫伤企业利用自由贸易协定的积极性。因此，当企业的某些产品因途经多个国家需要办理多种复杂材料时，有些企业嫌麻烦就会不再利用自由贸易协定，也就无法享受自由贸易协定带来的贸易自由化红利。相对于拥有丰富资源的大型企业，为获取原产地证书增加的额外成本对于中小企业来说影响更为显著。虽然部分自由贸易协定采用了更有利于中小企业的原产地证书自签发制度，但与此同时也意味着企业需要通过较严苛的原产地核查程序，进口方海关不仅可以要求规定时间内提供相应证明文件，还会到企业进行实地考察，核查程序从另一种层面上增加了企业的遵从成本。②

1.4.2 区域经贸合作新阶段发展对策

1. 推动更深层次改革实行更高水平开放

在百年未有之大变局下，经济全球化遭遇逆流，单边主义、保护主义抬头，我国应保持自己的战略定力，继续坚定不移地扩大对外开放，以全面开放新引擎促进国际循环。坚定维护以世界贸易组织为核心的多边贸易体制，积极商签更多高标准自贸协定和区域贸易协定，既要扩大数量、更要讲究质量，加快电子商务、知识产权、环保等新议题谈判，推进物流网络、大数据网络、数字化网络的开放与合作，发掘新领域的发展潜力与活力。

面对疫情对全球产业链的严重冲击，我国要加强与经贸合作伙伴在产业

---

① 韩剑、闫芸、王灿：《中国与"一带一路"国家自贸区网络体系构建和规则机制研究》，《国际贸易》2017 年第 7 期。

② 李海莲、邢丽：《区域自由贸易协定原产地规则的影响及治理策略》，《经济纵横》2017 年第 1 期；田政杰、董麓：《"逆全球化"背景下的中国对外贸易格局：问题与应对策略》，《河南社会科学》2019 年第 8 期。

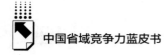

供应链安全信息方面的沟通与协调，及时分享信息和数据，加强联合评估、风险预警等机制的建设，以真诚合作消减敌对政治的负面影响，携手共渡难关。

继续练好内功，通过深化改革为自贸区网络建设提供制度支撑。加快市场化改革，营造法治化营商环境，加快经济结构调整，推动产业优化升级。充分发挥自由贸易试验区的新引擎作用，促进国内市场与国际市场深度融合。对标国际先进水平，深入研究破解金融、投资、贸易、监管、行业管理制度等领域的改革重点难点，开展制度创新和先行先试，为参与更高标准的国际经贸协定进行敏感度和压力测试，为自贸区战略实施积累经验，为全方位对外开放提供更全面的制度保障。依托大数据、云计算、区块链、人工智能、移动应用等新兴技术，加快推进国际贸易"单一窗口"建设，助推我国国际贸易监管体系与国际接轨。

2. 进一步做好自由贸易协定推广与服务

自由贸易协定的谈判和签署固然任务艰巨且重要，但如何充分有效利用已签署的自由贸易协定也同样重要。政府需要提高对后者的重视程度，进一步做好自由贸易协定推广与服务。

首先，政府部门和相关商会协会应该加强对 FTA 的宣传，针对不同国家 FTA 的特点、行业和次区域特点等对企业开展能力培训和业务指导，做到"精准推广"。RCEP 历经波折最终得以签订，中国贸促会及全国各级贸易投资促进机构应借此契机，面向企业积极开展政策宣介，介绍 RCEP 成员国的相关信息，普及协定中的具体优惠政策，并系统教授企业如何正确有效利用；优化原产地证等签证服务和商事法律服务，扩大"一站式"服务范围。① 鼓励为企业提供专业 FTA 服务的市场化运作公司的发展。

其次，加强 FTA 咨询平台等服务体系的建设，推动 FTA 相关数据库和关键数据集的开放，加强政府部门与商业协会之间相关数据开放平台的互联互通，完善信息交换与共享机制，帮助企业更加便利地获取 FTA 信息发布、

----

① 高燕：《奋力谱写新时代区域经贸合作新篇章》，《经济日报》2020 年 11 月 17 日。

动态跟踪、政策解读、优惠原产地规则、税率查询等内容，降低企业的信息收集成本。

最后，通过更便利的制度安排来降低企业的遵从成本，进而提升我国已签订的 FTA 的利用率。对于原产地规则，采用更便利的制度性规则与实施程序，使规则易于理解和适用，确定更灵活的制度标准，降低企业的合规成本。进一步摸索完善企业信用担保的自主声明模式，节省企业的经营成本。

3. 将自贸区网络建设与"一带一路"倡议有机结合

"一带一路"倡议的提出，为双边、多边经济合作提供一个新平台。[①]

积极同"一带一路"沿线国家商建自由贸易区，形成"一带一路"大市场，将"一带一路"打造成畅通之路、商贸之路、开放之路。以"一带一路"为纽带，以点带面，从线到片，将我国与其他国家的发展需求结合起来，遵循从双边到多边、从多边到区域的路线，循序渐进推动"一带一路"沿线的自贸区建设，逐步形成区域合作大格局，形成大联通的要素市场、服务市场、资本市场、技术市场等，构建辐射"一带一路"沿线的高标准自贸区网络。

依托"一带一路"周边自由贸易区建设，扩大对"一带一路"沿线国家和地区的投资规模，推进与沿线国家的国际产能合作，通过深化技术合作与自主创新，掌握核心技术，与国内价值链相互衔接，加快布局具有全产业整合能力的"以我为主"的区域产业链体系，实现从制造大国向制造强国转型。

发挥数字化基础设施优势，推动"数字丝绸之路"建设，发展"丝路电商"，加强与"一带一路"沿线国家和地区在数字经济、医疗保健、现代生物等领域合作，打造国际合作新平台，培育经贸合作新渠道和新亮

---

① 韩剑、闫芸、王灿：《中国与"一带一路"国家自贸区网络体系构建和规则机制研究》，《国际贸易》2017 年第 7 期；韩剑：《加快中日韩高标准自贸区谈判：路径与对策——基于命运共同体视角的分析与思考》，《人民论坛·学术前沿》2020 年第 18 期；赵英臣：《疫情后经济全球化新趋势与双循环发展格局的构建》，《人文杂志》2020 年第 11 期。

点。重视"一带一路"沿线文化、精神和价值层面的沟通和交流,加强软联通建设,增强国际认同,夯实"一带一路"的民意和社会基础。研究借鉴现行国际争端解决机制有益做法,尽快推动形成符合"一带一路"建设参与国国情特点并被广泛接受的国际商事争端解决新机制和机构,为共建"一带一路"提供完善法治保障,营造稳定、公平、透明、可预期的法治化营商环境。

以扩大内需推动构建我国新发展
格局的战略价值及实现路径

叶 琪　林寿富　吴武林*

摘　要：　在全球经济不确定性风险不断增加以及我国新发展阶段、新
发展理念、新发展格局"三新"叠加的新形势下，实施扩大
内需对巩固我国超大市场规模优势、满足人民美好生活需要
和推动经济高质量发展具有重要的战略价值和时代意义，既
是当务之急，更是长远之策。当前，内需特别是消费已经成
为我国经济增长的第一拉动力，但是还受到财政支持政策空
间逐步趋紧、政策传导机制有待完善、全球经济不明朗的外
在压力输入等因素影响。以扩大内需构建我国新发展格局应
通过持续扩大合理有效投资、不断促进消费扩容提质、构建
现代流通体系、提高居民收入水平、加大财税金融政策支持
等形成可靠完善的实现路径。

关键词：　扩大内需　新发展格局　有效需求

---

* 叶琪，博士，福建师范大学经济学院副教授，主要研究方向为竞争力理论与政策；林寿富，
博士，福建师范大学经济学院教授，主要研究方向为环境经济、创新管理；吴武林，博士，
福建师范大学经济学院讲师，主要研究方向为发展经济学、环境经济学。

当今世界正处于百年未有之大变局，贸易保护主义、单边主义等逆全球化行径与世界经济发展趋势背道而驰，破坏了全球经济发展秩序，动摇了全球经济治理与合作体系，突如其来的新冠肺炎疫情更是使全球经济往来遭遇新的障碍，把全球经济活动拖入收缩领域，贸易中断、物流不畅、出口订单锐减、产业链断裂等对各个国家和地区的开放战略、发展路径、发展模式提出了新命题、新挑战。国际货币基金组织预测全球经济 2020 年将前所未有地收缩 4.9%，其中发达经济体将以 8% 的收缩幅度大于发展中国家和新兴经济体 3% 的收缩幅度。全球经济发展的严峻形势也对我国经济发展战略调整和实施提出了极大考验，新冠肺炎疫情暴发后以及在 2020 年第一季度对我国消费、投资、出口造成的重创倒逼我国及时调整经济发展模式，为了统筹推进疫情防控和经济发展，我国提出了"六稳"和"六保"。面对着世界经济活动收缩，国际市场乏力，我国提出了要充分发挥我国超大规模市场优势和内需潜力，构建国内国际双循环相互促进的新发展格局，扩大内需成为我国的战略基点，党的十九届五中全会进一步明确提出，要形成强大国内市场，加快培育完整内需体系，为扩大内需进行长远布局。据统计，2020 年上半年全国实物商品网上零售额同比增长 14.3%，高技术产业投资增长 6.3%，电子商务服务业投资增长 32%，表明我国具有扩大内需的潜在基础和强劲动力，注重质量和结构升级的扩大内需不仅可以活跃我国消费市场、拉动进口需求，也可以提升我国外需品质，开拓国外市场。坚定实施扩大内需战略，不仅是当务之急，更是长远之策，为全面建设社会主义现代化国家筑牢经济之基。

2.1 我国扩大内需政策实施的历史演变

消费、投资和出口是拉动经济增长的"三驾马车"，其中消费和投资属于内需，取决于国内市场，出口属于外需，决定于国外市场。改革开放初期，由于国内经济发展处于起步阶段，消费能力有限，我国开始把产品销售瞄向国际市场，再加上我国廉价的资源要素形成了对外贸易的比较优势，出口不断增加，对我国 GDP 的贡献也不断加大。1980 年，出口占我国 GDP 比重只有 7.4%，到 2005 年这一比例已经提升到 35.4%，出口比重的提高与我国经济快速增长相伴而行；然而 2005 年后，出口占我国 GDP 的比重开始持续下降，2019 年我国出口额为 17.2 万亿元，占 GDP 的比重下降到17.4%，在出口对经济增长贡献下降的同时我国经济逐渐从高速增长阶段转向中高速增长阶段。出口占 GDP 的比重变化与我国 GDP 增长的变化具有一致性，可以在一定程度上反映外需是影响我国经济增长的重要因素，但是并不是全部的因素，随着我国经济发展规模的壮大，并逐渐成为第二大经济体，人们消费水平的提高和投资机会的增加本身也会带动国内消费市场和投资能力增强，内需力量相对于外需力量作用不断加大，把经济发展的重心从依托外需市场转向内需市场是必然的选择。然而由于长期着眼于国际市场形成的发展惯性以及我国庞大的外贸出口部门的转型必然是一个充满挑战、阵痛和长期的过程，1997 年亚洲金融危机、2008 年国际金融危机以及 2020 年世界处于百年未有之大变局叠加新冠肺炎疫情成为我国内需市场兴起的催化因素和推动力量，三次危机都选择以扩大内需作为化解危机和消除经济不利影响的重要实施战略，虽然三次的扩大内需战略实施的侧重点和手段不同，但都发挥出我国经济增长的稳定器和压舱石作用。

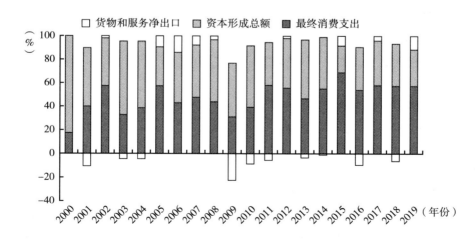

图 2-1　2000~2019 年三大需求对我国经济增长的拉动作用

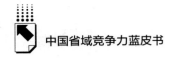

2.1.1 1997年亚洲金融危机开启了我国扩大内需战略实施

1997 年，亚洲金融危机首先在东南亚地区爆发，随后蔓延至亚洲其他地区，对我国出口和外资产生了较大冲击，为了抵御外贸出口下滑对我国的冲击，1998 年 2 月，中共中央、国务院出台了《关于转发〈国家计划委员会关于应对东南亚金融危机，保持国民经济持续快速健康发展的意见〉的通知》，提出了"立足扩大国内需求，加强基础设施建设"，这是中央文件首次把"扩大国内需求"以政策的形式提出。同年 2 月底，中共十五届二中全会继续强调"要努力扩大内需，发挥国内市场的巨大潜力"作为应对亚洲金融危机、增强抵御风险能力的重要策略。1998 年底的中央经济工作会议进一步明确了扩大内需的战略地位，指出"扩大国内需求、开拓国内市场，是我国经济发展的基本立足点和长期战略方针"。表明扩大内需已经纳入了我国经济长远发展的策略安排，此后 1999～2002 年连续三年的中央经济工作会议都强调扩大内需，2002 年的中共十六大报告重申了扩大内需的地位，指出"扩大内需是我国经济发展长期的、基本的立足点"。

与扩大内需战略相对应的是我国宏观经济政策从"适度从紧"转向"适度从宽"的财政和货币政策，努力扩大国内消费和投资，1998～2001 年，我国共发行 5100 多亿元长期建设国债，推进水利、交通、能源、通信等一批基础设施工程建设，同时从 1998 年开始，我国陆续启动了医疗、教育、住房的市场化改革，实施西部大开发，建立下岗职工基本生活保障体系，高校扩招等，有力地保障了扩大内需政策的实施。2000 年，我国成功地扭转了经济下滑的趋势，GDP 增长率恢复到 8%，成为亚洲地区率先摆脱危机影响的国家，即使面临国际市场的冲击，1998～2002 年我国对世界GDP 贡献仍高达 16.3%。

随着亚洲金融危机影响的消退，我国经济增长的外需贡献又逐步回升，2003～2008 年我国外贸依存度高达 50% 以上，外贸顺差持续扩大，外汇储备逐年增长，但是扩大内需政策仍得以延续，2006 年底中央经济工作会议提出要扩大国内需求，工作着力点是调投资、促消费、减顺差。

2.1.2　2008年国际金融危机强化了我国扩大内需战略

2008 年下半年开始，由美国次贷危机引发的金融危机席卷全球，我国外需市场再次遭遇重创，为了克服金融危机的影响，中央及时做出实施扩大内需、促进经济增长的决策，2008 年底中央经济工作会议提出"要着力在保增长上下功夫，把扩大内需作为保增长的根本途径"，强调保增长、扩内需和调结构有机结合，扩大内需再次成为挽救我国经济于危机之中的重要战略部署。2010 年底，中共十七届五中全会审议通过的《关于制定国民经济和社会发展第十二个五年规划的建议》，扩大内需排在首位并独立成篇；中共十八大报告进一步提出要牢牢把握扩大内需这一战略基点，对扩大消费需求长效机制进行部署；中共十九大报告虽然没有提到扩大内需这一词语，但把扩大内需的战略思想融入经济发展部署中，如提出完善促进消费的体制、深化投融资体制改革等。

在扩大内需战略的引导下，这一时期实施与之相对应的政策，2008 年 11 月 5 日，国务院召开常务会议决定实行积极的财政政策和适度宽松的货币政策，决定在未来两年投资 4 万亿元，着力于基础设施、民生工程、灾后重建、生态建设、改革创新等保增长、保民生、保稳定的建设，具体提出了加快建设保障性安居工程，加快农村基础设施建设，加快铁路、公路和机场等重大基础设施建设，加快医疗卫生、文化教育事业发展，加强生态环境建设，加快自主创新和结构调整，加快地震灾区灾后重建各项工作，提高城乡居民收入，在全国所有地区、所有行业全面实施增值税转型改革，加大金融对经济增长的支持力度等 10 个方面的举措。此外，我国还推进税费改革和结构性减税，实施"家电下乡""汽车下乡"等促进消费的新政策等。在强有力的内需政策实施保障下，我国经济在全球率先企稳回升，成为全球经济发展最为抢眼的国家以及拉动全球经济复苏的强大引擎，据统计，2008 ~ 2010 年，中国对世界 GDP 增长的贡献率高达 51.7%。

扩大内需政策的实施逐步扭转了我国对外贸出口过度依赖的局面，转向更加注重消费投资出口的协调拉动，2019 年，我国外贸依存度已经降为

31.9%，2013～2019 年，我国消费对经济增长的平均贡献率为 60.5%，与 2008～2012 年的平均贡献率相比，上升了 6.4 个百分点，扩大内需战略在我国得到不断强化。

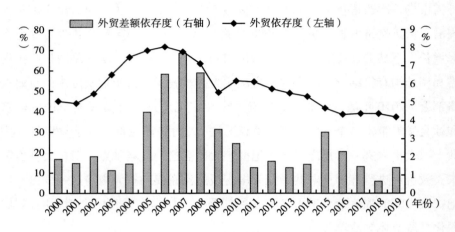

图 2－2　2000～2019 年我国外贸及外贸差额依存度

2.1.3　百年未有之大变局叠加新冠肺炎疫情开启了以扩大内需为战略基点的双循环发展格局

当今世界处于百年未有之大变局，面临新一轮科技革命和产业革命引发的大发展、大调整，大国力量对比变化和博弈加剧，深刻改变着国际关系和国际秩序，贸易保护主义和逆全球化行径大大增加了全球经济发展的不确定性，我国始终坚持做好自己的事，以国内发展的确定性应对外界发展的不确定性。2020 年新冠肺炎疫情极大冲击了全球体系，全球经济全面陷入衰退，产业链供应链阻断，我国也深受影响，2020 年第一季度我国 GDP 下降了6.8%，这是我国改革开放以来季度增长率的最低值。为了更好地协调疫情防控与经济发展，有效应对全球要素流动不畅和经济往来中断，2020 年 3月 27 日，中共中央政治局会议提出"加大宏观政策对冲力度，有效扩大内需"，扩大内需在应对经济发展困难的作用再次凸显；4 月 27 日，中共中央政治局工作会议进一步强调要坚定扩大内需战略，维护经济和社会发展稳定大局。此后，十九届五中全会、中央经济工作会议等事关我国经济发展的重要会议都反复强调了要坚持扩大内需这个战略基点，并着眼于当前与长远、供给与需求、改革与开放、内需与外需、投资与消费等方面进行了具体部署，2020年12月11日召开的中央政治局会议更是首次提出了需求侧改革。

扩大内需成为我国构建双循环新发展格局的关键因素和重要保障，同时还强调了"有效"二字，更加强调此次扩大内需不是大水漫灌，而是要融入我国经济高质量发展，融入全面建设社会主义现代化建设进程，更加精准地与深化供给侧结构性改革、高水平对外开放、经济社会发展稳定安全对接，以创新驱动、高质量供给引领并创造新需求。在具体政策实施上，我国重点支持"两新一重"建设，做好"六稳"工作、全面落实"六保"任务，把保就业放在首位，发行特别国债，增加地方政府专项债券规模，适当提高财政赤字率，等等。2020年12月召开的中央经济工作会议从促进消费升级、增加公共消费、发展数字经济、城市建设等方面对扩大内需做出了更加具体的安排和部署。在包括扩大内需等一系列政策的支持下，我国成为2020年全球主要经济体唯一实现正增长的国家，中国经济的稳步回升对维护全球产业链供应链稳定，推动世界经济复苏发挥了积极作用，据经济合作与发展组织预测，2021年中国对全球经济增长的贡献将达到1/3以上。

2.2　新形势下我国扩大内需的新特点与战略意义

当前，我国正处于新发展阶段、新发展理念、新发展格局"三新"叠加的重大历史机遇期，进入基本实现社会主义现代化和建设社会主义现代化强国的新阶段，赋予了我国经济社会发展的新任务和新目标；"创新、协调、绿色、开放、共享"新发展理念明确了我国经济发展的方式和手段；构建以国内循环为主体，国内国际双循环的新发展格局布局了我国经济发展的定位和空间。"三新"清晰地描绘了我国经济社会发展蓝图，拉开了我国经济社会发展大框架，"三新"也需要有源源不断的信心和动力注入，而扩大内需作为我国的战略基点，可以为"三新"的稳步推进提供重要支撑。

我国是世界第二大经济体，是世界上人口最多的国家，并且拥有世界上最庞大的中等收入群体以及1亿多个市场经济主体，2019年，我国国内生产总值增长的贡献率中最终消费支出占比为57.8%，消费俨然已是我国经济增长的第一动力，这是我国具有超大规模市场优势和内需潜力的体现，表明了扩大内需在我国不仅是可行的，而且是我国经济社会强劲的动力源泉。

2.2.1 新形势赋予我国扩大内需的新特点

与之前扩大内需政策相比，新时期扩大内需虽然仍以扩大国内消费需求和投资需求为着力点，但是在如何实现的手段、措施等方面却有很大的不同。

首先，当前扩大内需面临的国际环境形势更加严峻。前两次的扩大内需是金融危机引发的我国外需的暂时性下降，但是危机并没有破坏国际经济合作关系，没有动摇国际分工体系的根本，在金融危机引发的负面影响逐渐消退后，我国外需很快又恢复增长，因此，扩大内需政策实施更多是着眼于眼前危机的解决。此次扩大内需不仅要抵御新冠肺炎疫情造成的国际贸易和国际投资的中断，而且要应对全球化发展新变局，保障国内产业链和供应链的安全，因此，此次扩大内需战略的实施既要应对短期的危机，也要适应我国中长期对外发展战略的调整，进行长远部署和谋划。

其次，当前扩大内需处于经济转向高质量发展阶段。当前，我国经济正从高速增长转向高质量发展阶段，我国是货物贸易第一大国，商品消费第二大国，2019年人均GDP已经突破1万美元，这与前两次扩大内需所处的发展阶段相比是一个更高的阶段和层次，人们对物质利益需求上了一个新台阶，从追求数量转向追求美好生活的高质量，同时也要克服扩大内需实施多年来可能引发的边际效应递减。因此，此次扩大内需是把供给侧结构性改革与需求结构性改革相统一，提高质量与增加产品多样性相协调，建立更高水平、更高层次的内需市场。

再次，当前扩大内需与加强改善民生保障相结合。内需包括投资需求和消费需求，一般而言，扩大消费需求依赖于人们收入水平提高和社会保障体系完善，其效应需要较长时间才能显现，相比而言，扩大投资需求可以在较短时间内达到立竿见影的效果，受制于居民消费水平的有限性，前两次扩大内需主要侧重于扩大投资需求。当前，我国居民消费水平已经有很大的提升，消费成为我国经济增长的第一动力，因此，此次扩大投资需求和消费需求并重，更加注重消费需求的提升，以新业态、新模式着力推动消费需求升级，并且突出民生导向，强化就业、医疗、教育等社会保障体系建设，提高人民收入水平，完善收入分配制度，扩大中产阶级规模，不断挖掘消费潜力，增强总体消费力量。

最后，当前扩大内需与构建对外开放新格局相得益彰。前两次扩大内需主要以扩大国内市场需求为主，此次扩大内需是要服从于双循环发展格局，从更大的发展空间和更广的视野来部署，这就意味着扩大内需并不是和国际市场脱钩，不考虑对外开放，而是在建立更便利的市场注入、更透明的市场规则、更优化的营商环境基础上构建我国全方位、多层次、高水平的对外开放新格局，增强我国进口市场和投资吸引力，同时也培育我国参与国际竞争与合作的新主体、新优势。以扩大内需为基点，以中国的复苏增长带动世界复苏增长，让世界更多地分享中国红利。

2.2.2　新形势赋予我国扩大内需新的战略意义

把扩大内需作为我国战略基点，并在经济社会发展的长远布局中坚定持续地推进彰显这一战略的重要性、可靠性和长远性，无论是应对新冠肺炎疫情的冲击维护产业链供应链的稳定与安全，还是实现经济高质量发展的中长期目标，在促进国内循环与国际循环、外需与内需、供给侧与需求侧等一系列高水平动态平衡中，扩大内需都发挥着重要的调节作用。实施扩大内需战略是新形势下的必然选择并具有重要的战略意义。

首先，扩大内需有利于强化我国经济发展动力。经济发展要有源源不断的动力注入，经济发展动力又是不断转换和更迭的，进入全面建设社会主义现代化进程就要有全方位的动力支撑，除了传统的要素投入以及供给侧结构性改革带来的创新推力、结构转换动力外，还要有需求侧的拉力。扩大内需正是通过挖掘消费潜力源源不断地释放出消费对经济发展的拉力，而且消费释放的动力是内生的，会伴随着人们生活水平的提高和对美好生活的追求而不断加大，不需要有太多的外在成本投入和刺激。扩大内需有利于培育经济新增长点、加快转变经济发展方式，不断强化我国经济发展动力。

其次，扩大内需有利于把握我国经济发展主动权。当前，新冠肺炎疫情叠加逆全球化造成的产业链供应链阻断破坏着各个国家和地区的合作，增大了全球经济发展不确定性，过度依赖外需市场必然会增大我国经济发展的风险。扩大内需是我国经济发展最大的确定性，也是我国宏观政策可调控、可预测的范畴，可以从推动国内大循环中倒逼我国产业结构升级，建立我国产业链和供应链，增强我国自主创新能力，进而增强我国抵御外部风险的能力，提升我国经济发展的灵活性和主控性，为我国经济发展开辟更大的回旋空间。

再次，扩大内需有利于提升我国的国际竞争优势。随着我国经济发展迈入新的阶段，将要和越来越多的发达国家展开资源、市场的竞争，而且发达国家在抑制我国高新技术产业发展、阻碍我国经济发展壮大方面也会越来越频繁出手，我国面临的国际竞争会更加激烈。增强我国国际竞争力从根本上说还是取决于我国内在的发展基础和实力。扩大内需通过不断满足广大人民个性化、多样化、高品质的消费需求培育新业态、新模式，倒推技术创新和产业结构升级，进而不断提升我国国际分工地位，提升我国供应链产业链的稳定性和竞争力。

最后，扩大内需有利于增强我国经济发展凝聚力。扩大内需彰显了我国超大规模的市场优势以及庞大的人口规模优势，即使在全球经济衰退、外需市场乏力、部分国家对我国经济打压的形势下，我国仍然可以在经济内循环中实现较快增长，大大增强了我国经济发展的信心。同时，扩大内需又和稳定就业、提高人民收入水平、扩大中等收入群体、完善社会保障制度等政策紧密结合和衔接，增强了广大人民群众的幸福感、获得感和安全感，得到广大人民群众的认可和拥护，有利于增强我国经济发展的凝聚力。

2.3 我国扩大内需的发展现状与主要问题分析

一般而言，扩大内需的提法在不同发展阶段具有相似的内涵，即扩大社会总需求水平，尤其是居民消费需求。"十三五"期间，面对复杂的国内外环境与挑战，扩大内需始终是我国政府实施宏观经济政策的重要目标之一，并表现出具有一定规律的发展现状，以及"十四五"期间需要着力解决的主要问题。

2.3.1 我国扩大内需的发展现状分析

从内需总量上来看，我国最终消费支出对经济增长的拉动作用在样本前期呈现出相对稳定趋势，样本后期由于受疫情冲击变动较大。"十三五"期间，尤其是实施供给侧结构性改革以来，在财政、货币、产业、投资、就业等政策共同发力的驱动下，我国经济转型升级进程全面加速。图 2 - 3 显示了 2015 ~ 2019 年我国最终消费支出对 GDP 的贡献率及拉动率。由图2 - 3可

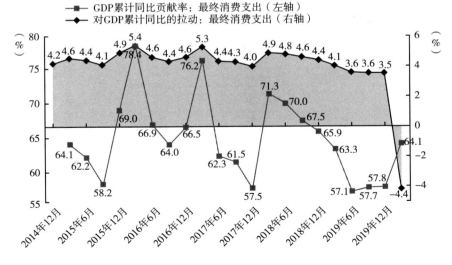

图 2 - 3 2015 ~ 2019 年最终消费支出对 GDP 的贡献率及拉动率

593

知，从季度来看，2015 年以来我国最终消费支出对 GDP 增长的贡献率及拉动率呈现出合理范围内的波动发展趋势；从年度来看，最终消费支出对 GDP 增长的贡献率及拉动率保持相对稳定态势，且贡献率年均超过 60%、拉动率年均超过 4%。2020 年缺乏相关统计数据，但由于新冠肺炎疫情的影响，我国前三季度 GDP 增长率分别为 -6.8%（1978 年以来的首次负增长）、3.2% 和 4.9%。因此我们可以预测，相比 2015～2019 年，2020 年最终消费支出对 GDP 增长的贡献与拉动作用将表现为一定程度的下降。随着我国疫情防控取得成功和经济全面复苏，我国内需对经济增长的驱动作用必将逐步恢复到正常水平。

从内需构成上来看，最终消费需求和投资需求对经济增长的拉动作用呈现出小幅下降的趋势。图 2-4 报告了 2014～2019 年消费、投资和进出口对 GDP 的拉动率。从资本形成总额来看，投资对 GDP 的拉动率从 2014 年的 3.3% 骤降至 2015 年的 1.6%，2016 年又回升到 3.1%，此后呈现波动下降趋势，2019 年降低至 1.9%。相比最终消费支出，投资对 GDP 的拉动率总体低于最终消费支出 2 个百分点左右。从进出口来看，由于国际贸易环境的明显变化，2014 年以来国际贸易对我国经济增长的驱动作用呈现出降低趋

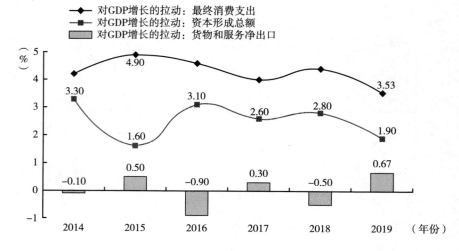

图 2-4 2014～2019 年消费、投资和进出口对 GDP 的拉动率

势，2014 年、2016 年和 2018 年货物和服务净出口对 GDP 增长的拉动率均为负值，其余年份最高为 2019 年的 0.67%。2020 年以后，在新冠肺炎疫情影响下，可以预测消费、投资和进出口对经济增长的拉动作用将进行明显调整与重构。

从最终消费支出构成来看，2015 ~ 2019 年居民消费支出比重与政府消费支出比重总体保持稳定。图 2 - 5 报告了 2015 ~ 2019 年我国居民与政府消费支出比重。由图 2 - 5 可知，2015 年以来，居民与政府消费支出比重总体处于稳定状态，分别整体保持在 70% 和 30% 水平。显然，居民消费支出比重明显高于政府消费支出，在扩大内需政策与消费升级需求提升的促进下，预测未来在保持这一态势的基础上还将进一步提升，这对于我国经济增长将起到巨大的推动作用。居民消费需求主要取决于居民的消费偏好、储蓄偏好、物价总水平以及当期居民可支配收入水平等因素。根据国家统计局数据，2015 年我国居民人均可支配收入为 21966 元，主要包括工资性收入、经营净收入、财产净收入、转移净收入等方面，同比增长 8.9%；居民人均消费支出 15712 元，主要包括食品烟酒、衣着、居住、生活用品及服务、交通通信、教育文化娱乐、医疗保健等方面，同比增长 8.4%。2019 年，我国居民人均可支配收入为 30732 元，相比 2015 年增长

图 2 - 5　2015 ~ 2019 年居民与政府消费支出比重

28.5%；居民人均消费支出为 21559 元，相比 2015 年增长 37.2%。可见，2015～2019 年，我国居民人均可支配收入和人均消费支出均表现为快速增长趋势，并且居民人均消费支出增长速度明显快于居民人均可支配收入增长速度。

2.3.2 我国扩大内需的主要问题分析

一是支持扩大内需的财政政策空间逐步趋紧。积极的财政政策是我国常用于促进经济持续健康发展的宏观经济政策之一。2015 年至今，尤其是供给侧结构性改革实施以来，我国政府始终坚持实施积极的财政政策，包括减少税收、增加政府购买支出、提高政府转移支付等内容。表 2－1 报告了2015～2019 年我国财政赤字测算结果。由表 2－1 可知，其间我国财政赤字率总体呈现出逐年上升趋势，从 2015 年的 2.35% 上升至 2019 年的 3.07%，五年内增长率高达 30.64%。具体来看，全国一般公共预算支出从 2015 年的 175767.78 亿元增长至 2019 年的 235244 亿元，年均增长率为 6.77%；全国一般公共预算收入从 2015 年的 152216.65 亿元增长至 2019 年的 192500亿元，年均增长率为 5.29%，明显低于全国一般公共预算支出的增长率。由此可见，2015～2019 年，我国每年的预算支出都超过了预算收入，财政预算盈余处于赤字状态，并且财政赤字率表现为逐年上升趋势，这在一定程度上使得"十四五"期间通过积极的财政政策来驱动社会总需求扩大的政策空间趋向紧张态势。

表 2－1 2015～2019 年我国财政赤字测算

年份	全国一般公共预算支出（亿元）	补充中央预算稳定调节基金（亿元）	全国一般公共预算收入（亿元）	结转结余及调入资金（亿元）	财政赤字率（%）
2015	175767.78	703.99	152216.65	80551.12	2.35
2016	187841.14	782.02	159552.08	7271.08	2.92
2017	203330.03	3175.39	172566.57	10138.85	2.86
2018	220906.07	1018.54	183351.84	14772.77	2.59
2019	235244.00	2800.00	192500.00	15144.00	3.07

二是通过财政政策促进扩大内需的传导机制有待完善。一般而言，财政政策本身存在一定的局限性，包括财政政策的时滞性、经济的不确定性、实施财政政策存在公众的阻力、公众预期对财政政策效果的影响等方面。相对于货币政策的传导机制长期以来被专家、学者和政策制定者反复研究与讨论的状况，财政政策的传导机制受到的关注度明显不足，因此造成现行的财政制度不够健全、财政政策的传导机制有待建立与完善。财政政策的传导机制是否健全、顺畅、高效，直接或间接影响到我国短期经济稳定增长和中长期经济社会发展战略的实施。从我国实际情况来看，当前我国财政政策的传导路径主要包括财政体制、市场活动两个方面。经济学理论框架下的财政政策对消费、投资、国际贸易和经济增长等方面发挥作用属于市场活动范畴下的结果呈现。具体来看，2020 年我国专项债支持的基础设施建设规模预测将超过 3 万亿元，2018～2019 年已执行的减税降费总额为 3.6 万亿元，这些宏观经济政策对支持经济发展、扩大内需的效果已然逐步显现出来。因此，加快财政政策传导扩大内需的制度建设与完善将是"十四五"期间面临的重大挑战和关键任务。

三是全球经济增长放缓以及国际贸易保护主义背景下导致内、外需求压力增加。近年来，全球经济增长速度明显放缓，经济逆全球化趋势不断显现，这主要源于全球经济增长疲软的大趋势和中美等大国之间的国际贸易摩擦升级而引发的一系列发展问题。从全球经济大环境来看，2019 年初国际货币基金组织就在《世界经济展望》报告中明确指出，全球经济扩张的速度与规模都已经呈现出减弱态势。根据世界银行的统计数据，2019 年四个季度全球经济增长结果均低于预期目标，而同期我国经济实现了 6.1% 的增长速度，相较于以往年份增长速度放缓趋势明显。2020 年初新冠肺炎疫情暴发以来，包括中国在内的全球经济都遭受到了严重的冲击，因此 2020 年全球经济衰退已经成为事实，而 2021 年全球经济是否能够驱散阴霾、实现复苏仍然不确定。从国际贸易保护主义情况来看，近年来以美国为代表的国际贸易保护主义实力不断抬头并且愈演愈烈，以中美贸易冲突为代表的国际贸易摩擦至今还未彻底解决，这对中美两个世界大国之间的经济发展以及对全球经济发展都带来了巨大的影响。以上两个方面的趋势都将对我国"十四五"期间的内需和外需带来严重的冲击：一方面是外需减弱势必会影响国内市场价格，导致国内产能过剩和企业发展压力增大，最终冲击社会总需求；另一方面是我国内需对外需存在较大依赖，尤其是长期以来我国较多技术、商品和原材料对国外市场存在明显需求，全球疫情影响和国际贸易摩擦将不可避免地造成短期国际物价水平波动和长期国际生产分工格局变化，从而最终影响我国总产出水平和产业结构转型升级，阻碍国内扩大内需进程。

2.4 新形势下我国扩大内需的实现路径

2020 年 12 月 11 日，中央政治局会议提出"要扭住供给侧结构性改革，同时注重需求侧改革，打通堵点，补齐短板，贯通生产、分配、流通、消费各环节，形成需求牵引供给、供给创造需求的更高水平动态平衡，提升国民经济体系整体效能"。供给侧结构性改革与需求侧改革的结合是"新发展格局"的重要组成部分，而扩大内需是需求侧改革的战略基点，是推动经济增长、促进经济持续稳定健康发展的基本动力，是满足人民群众日益增长的美好生活需要的必然选择。扩大内需是一项系统工程，需要摆脱传统发展思路的束缚，统筹推进投资与消费，注重发挥消费的基础作用和投资的关键作用，加快构建高效的现代流通体系，稳步提高居民收入，不断扩大中等收入群体规模，提升居民消费能力、拓展消费空间、增强消费意愿，还需要加大财税金融政策支持。

2.4.1 持续扩大合理有效投资

在扩大内需上求突破，首要是持续扩大合理有效投资。现阶段，抓项目、抓投资仍然是拉动内需和经济增长的最有效办法，而投资的重点在于对结构调整和资源优化配置有作用的领域，包括深度工业化和高质量城镇化建设，积极发挥政府投资在外溢性强、社会效益高领域的引导和撬动作用，提高投资的有效性。首先要立足重要基础设施建设、重点产业发展和民生领域的投资保障，不断增强传统产业自主创新能力，加大对创新型产业、优质产品的投资力度，扩大制造业设备更新和技术改造投资，加强品牌建设，促进传统产业转型升级；积极培育壮大新兴产业，支持先进制造业以及各种新产业、新模式、新业态发展，重点加大对信息技术快速发展带来的数字经济、5G网络、人工智能、生命健康等新型产业、产品的投资力度，增加优质产品和服务供给，激发新的消费需求，推动高质量发展。同时，加大产业链投资，化解中间产品产能过剩，围绕我国产业发展方向，鼓励重点产业将产业链从中间产品型产业，向最终需求型产业领域延伸。其次，不断完善新型城镇化战略，加快推进以人为核心的新型城镇化，坚持以人为本、产城融合、协同发展、统筹推进，要加大对新型城镇化带来的以健康、养老、文化旅游等公共服务为主要内容的投资，加大公共卫生与应急设施、医疗以及教育等领域的投资，增强应急服务能力，不断满足人民群众日益增长的美好生活需要。同时，实施城市更新行动，推进老旧小区改造，加快提升城市品质。最后，加大传统基础设施和新型基础设施的投资力度和强度，积极推进公共卫生、物资储备、防灾减灾等领域的重大工程，如川藏铁路等；新基建方面要超前布局5G、工业互联网和大数据中心等科技型基础设施，为新一代科技革命打好战略基础，加快数字经济发展。

2.4.2 不断促进消费扩容提质

在扩大内需上求突破，至关重要的就是要不断促进消费提质扩容。消费是扩大内需的主要着力点，要充分挖掘消费潜能、满足消费需求、引导消费需求、创造消费需求、推动消费升级，不断增强消费对内需的拉动能力。第一，以满足消费需求为立足点，把消费提质扩容与推动产业转型升级结合起来，加快推进消费升级导向的产业链升级，不断释放投资与消费需求潜力，做大做强国内市场。推动服务业开放和高质量发展，提升服务业供给质量，考虑放宽旅游、文化、健康、养老等服务行业的市场准入限制，做大做强服务市场，提升服务业发展质量和水平，更好地满足服务消费需求。第二，加快恢复日常消费，培育壮大新兴消费。采取积极有效的措施鼓励居民消费，加快恢复日常消费，进一步扩大汽车、通信器材、家居家电等传统消费规模，释放因疫情被抑制的消费需求；大力发展新型产业，培育壮大新兴消费，拓展新型消费模式，如远程教育、在线医疗、无人超市、直播平台、智能快递等，进一步激发新型消费潜能，让这些新产业、新经济成为扩大内需、推动经济增长的重要力量。第三，大力发展特色消费，加大绿色、节能、智能产品的开发力度，不断提高产品质量，积极引导企业开发消费热点，加快培育一批特色明显、市场知名度高、带动能力强的企业品牌。第四，大力发展无接触交易服务，促进线上线下消费融合发展。"无接触商业"模式丰富和拓展了互联网技术在人们日常生产生活中的应用，拓展了消费场景，要大力支持线下经营实体加快新理念、新技术、新设计的改造提升，加快向体验式、场景化、互动性、综合型消费场所转型。鼓励发展"互联网＋旧货""互联网＋资源循环""互联网＋农产品"，扩大电子商务进农村覆盖面，让绿色优质的生态产品"走出去"，拓宽线上线下销售渠道，丰富城乡市场供给。

2.4.3 加快构建现代流通体系

习近平总书记指出流通体系在国民经济中发挥着基础性作用，构建新发展格局，必须把建设现代流通体系作为一项重要战略任务来抓。可以说，流通体系是经济社会的基础，是经济社会大循环的"大动脉"，没有大流通，就没有大循环。如果没有流通体系效率的提升及成本的降低，必然会影响产业和消费的创新发展后劲，不利于经济社会发展。因此，要在扩大内需上获得突破，就必须着力构建高效的现代流通体系，加快畅通现代流通体系，不断提升流通效率，降低物流成本，统筹推进高质量发展。具体来说，要顺应现代流通体系发展变革的新趋势，以数字化发展为动力，以供应链创新为抓手，以补短板弱项为突破口，以改革开放和制度创新为引领，加快建设与我国经济规模结构相适应、与高质量发展要求相匹配的现代流通体系，形成供需互促、产销并进的良性循环，形成内外联通、安全高效的流通网络，为扩大内需提供强有力的支撑。首先，要加快全流通业的数字化应用和智能化改造升级，加快补齐数字化基础设施、立体化高效运输体系、国际化航空物流网络等方面的短板，促进流通产业从传统劳动密集型向技术、数据、资本和高素质人力资源密集型产业升级转型。其次，大力推动新技术驱动下的流通业态创新，促进流通企业线上线下融合发展，创新 O2O 等移动互联网商业模式，支持电商为实体经济赋能，切实促进流通与制造、消费、服务等行业的跨界融合与创新。最后，要加快完善市场化、法制化、国际化的现代流通发展制度环境，进一步对标国际先进规则，加快商业、运输、快递、数据、金融等领域的对外开放，提高国内国际市场的接轨程度，为国内大循环畅通和国内国际双循环相互促进提供制度基础。

2.4.4　稳步提高居民收入水平

消费很大程度上是由收入决定的，居民收入的提高是扩大内需、形成强大国内市场的重要支撑，而将人民群众日益增长的美好生活需要转变为有支付能力的需求是扩大内需的根本出路。具体来说，要千方百计增加居民收入，不断扩大中等收入群体规模，着力通过扩大就业、优化收入分配政策和结构、推动资本市场健康发展、完善社会保障体系等，畅通低收入群体向中等收入群体转化的渠道，扎实推进共同富裕，提升城乡居民消费能力，释放消费潜力，从而实现扩大消费的长期可持续，增强国内市场支撑力。同时，尤其要加快提升农民收入，积极引导各种生产要素向农村地区集聚，优化收入分配格局，更充分释放农村市场的有效需求。首先，推动更高质量就业创业。全面贯彻落实更加积极的就业创业扶持政策，构建全方位的就业创业服务体系，提供均等化公共就业创业服务。通过招商引资、稳定外贸、挖掘内需、强化产教融合、扶持创业、培育新业态新模式新动能等多渠道多方式挖掘就业岗位，促进就业。大力推动平台经济、新个体经济、微经济等创新发展，引导"宅经济"合理发展，不断拓展就业新领域，促进劳动者自主创业和灵活就业。加大对微商电商、网络直播等多样化的自主就业、分时就业的支持，鼓励发展便捷化线上办公，打造兼职就业、副业创业等多种形式蓬勃发展格局。其次，增加经营性和财产性收入。加快以富民增收为导向的产业结构调整，加大对会展经济、平台经济、数字经济、夜色经济的支持，积极培育壮大新经济新业态新动能，增加经营性收入来源。鼓励金融机构加大产品创新力度，充分利用"互联网＋"手段，拓宽居民投资渠道，增加居民在储蓄、债券保险等方面的理财收益。鼓励发展租赁拍卖服务产业，优化信贷支持等金融服务，简化创业商户入驻电商平台流程，推进产销对接。最后，持续增加居民转移性收入。加大各级财政在就业、基本养老、基本医疗、生活补助等方面的倾斜支持力度，及时解决群众生产生活中的关键问题。建立兼顾各类人员的待遇确定机制和正常调整机制，大力发展企业年金、职业年金、个人储蓄性养老保险和商业养老保险，拓宽退休人员收入来源。发展慈善等社会公益事业，鼓励社会力量自愿通过民间捐赠、慈善事业等方式济困扶弱。认真落实结构性减税等政策措施，进一步减轻中等以下收入者税收负担，适当加大对高收入者的税收调节力度，推进税收负担公平。

2.4.5 加大财税金融政策支持

内需是我国经济发展的基本动力，扩大内需也是满足人民群众日益增长的美好生活需要的必然要求。我们坚定实施扩大内需战略，重在把扩大内需的各项政策举措抓实抓细抓落地，尤其是加大财税金融政策支持，合理引导在消费、储蓄、投资等方面做出有效制度安排，以及更大力度配套支持政策的落地，有效激发和挖掘我国超大规模内需潜力，更好地发挥需求牵引供给、协同构建新发展格局的作用。在财税支持方面，要优化财政政策结构，逐步取消或调整对产能过剩行业的支持，更多地向教育、医疗、养老、社保等领域倾斜，致力于民生改善。进一步通过减税降费政策对小微企业"放水养鱼"，增强小微企业活力和竞争力。要增加财政补助规模，持续提高城乡居民最低生活保障标准，减轻居民负担，不断增强城乡居民特别是中低收入者消费能力。继续提高个人所得税起征点，进一步推进个人所得税制改革。进一步降低汽车和部分消费品进口关税，让消费者选择更多、花费更少，更好地提振大宗消费和重点消费。在金融支持方面，通过定向降准等差异化货币政策，引导金融机构将信贷资金用于支持小微企业发展，破解小微企业融资贵、融资难问题。要实施台账管理，建立责任制，把支小再贷款、小微企业和个体工商户贷款利息免征增值税等政策抓紧落实到位。在风险可控的情况下，银行等金融机构应该加大面向消费者个人的消费信贷等金融产品的开发力度，进一步提高对农村消费的金融支持力度。同时，加大对居民购买新能源汽车、智能家电、智能家居等绿色智能产品的信贷支持力度。在做好老年人等特殊群体线下金融服务的同时，借力金融科技，拓展金融服务场景，提供便捷化支付服务和线上金融产品。

B.35

3

新发展格局下金融业发展趋势与政策展望

易小丽　郑清英　程俊恒　陈莹[*]

摘　要： 从第一个百年目标向第二个百年目标迈进，我国经济和社会
发展迫切面临高质量发展转型要求。加快建设以国内大循环
为主体、国内国际双循环相互促进的新发展格局要求，以及
复杂多变的国内外环境，给我国金融发展带来很大挑战。加
快建设高质量的金融市场体系，提升服务内外双循环的金融
供给能力，形成金融发展新优势，是新发展格局下金融业发
展的关键。本专题全面梳理了我国金融业发展历史及现状，
探讨了新发展格局对包括金融创新、金融改革、金融服务、
金融监管和金融开放等在内的金融业发展提出的新要求，并
基于国内国际双循环下金融业的发展趋势，着重围绕未来一
段时期中我国金融创新发展、金融供给侧结构性改革、资本
市场建设、金融监管优化和金融业双向开放等金融业的发展
重点，给出了全面提升金融服务实体经济能力和质量的相关
建议。

关键词： 新发展格局　双循环　金融发展

---

* 易小丽，博士，福建师范大学经济学院副教授，主要研究方向为宏观经济政策理论与实践研
究；郑清英，博士，福建师范大学经济学院副教授，主要研究方向为能源经济、环境经济；
程俊恒，博士，福建师范大学经济学院副教授，主要研究方向为运筹与优化；陈莹，博士，
福建师范大学经济学院讲师，主要研究方向为创业团队、战略变革、心理资本、可持续创业。

3.1　金融业发展现状

3.1.1　金融业发展历程

新中国成立以来，我国金融体系70多年演变的经历可以划分为三个阶段①。

（1）1949～1978年：传统社会主义计划金融体系阶段。该阶段的计划金融体系与我国的计划经济体制相适应，整个社会基本只有中国人民银行一家金融机构，且银行承担的资金配置功能非常弱，基本上只是充当结算、出纳的角色。

（2）1978～2008年：社会主义市场经济金融体系基本框架的构建及其规范化改革阶段。党的十一届三中全会确立了改革开放的基本国策，中国开始由计划经济向市场经济转型，随着中国经济体制改革的深入开展，各类银行、非银行金融机构开始发挥作用，金融制度也不断完善。

（3）2009年至今：金融体系的市场化、国际化和多元化发展。2008年金融危机爆发对我国金融体系提出了新的要求与挑战，在还没有完成金融体系规范化改革的情况下，我国金融体系就开始了向市场化、国际化和多元化方向发展。

70多年来，我国金融体系在三个阶段的演变过程中不断完善，金融资产规模不断扩大，金融抗风险能力不断加强，金融业的相关服务质量也不断提升，总体而言取得了巨大成就。党的十八大以来，我国进入了经济新常态，面临经济结构转型升级的压力，而我国金融业也面临结构不合理、"脱实向虚"等一系列问题。在此背景下，深化金融业供给侧结构性改革和加大金融业对外开放成为我国长期的政策导向。尤其在当前以国内大循环为主体、国内国际双循环相互促进的新发展格局下，深化金融业供给侧结构性改

---

① 陈俭：《新中国金融体系演变的历程、经验与展望》，《社会科学动态》2020年第11期。

革有助于我国构建更加健康的金融体系，而加大金融业对外开放有助于吸引更多优质外资参与国内大循环，同时有助于促进国内国际双循环。截至目前，我国金融业尤其在金融供给侧结构性改革和金融对外开放上出台了诸多举措，并取得了初步成效。

3.1.2　金融业供给侧结构性改革现状

我国金融业在长期的发展过程中，在供给总量上是充足的，但是却存在供给结构失衡的问题。特别是中小微、民营企业等还存在融资难融资贵的问题。在此背景下，金融供给侧结构性改革提上日程。2019 年，习近平总书记在中央政治局第十三次集体学习时强调，要深化金融供给侧结构性改革，增强金融服务实体经济能力。所谓金融供给侧结构性改革，实际上就是强调要围绕现代化经济的产业来提供精准的金融服务，它涉及金融机构体系、市场体系和产品体系的调整。在金融机构体系上，要实现层次多、覆盖广、差异化的局面；在市场体系上，要进一步满足市场需求，解决结构失衡的问题，压缩退出"僵尸企业"的金融供给，将低效的信贷用在需要发展的领域，如绿色信贷；在金融产品供给上，要丰富和创新金融产品体系，满足多样化的金融需求，特别是满足企业"短、小、频、急"的融资需求。目前，针对金融供给侧结构性改革，中央和地方政府都出台了相关的政策用于推进金融供给侧结构性改革。

1. 金融供给侧结构性改革相关政策

中央和地方政府围绕金融供给侧结构性改革制定了一系列的政策，如2019 年北京市地方金融监督管理局、中国人民银行营业管理部和中国银行保险监督管理委员会北京监管局制定了《深化金融供给侧改革　持续优化金融信贷营商环境的意见》，围绕推动解决民营小微企业融资难问题、推动解决民营小微企业融资贵问题和推动解决民营小微企业融资慢问题三个方面出台了相关的政策。2019 年 9 月，国家发展改革委、银保监会《关于深入开展"信易贷"支持中小微企业融资的通知》提出了建立健全信用信息归集共享查询机制、建立健全中小微企业信用评价体系、支持金融机构创新

"信易贷"产品和服务、创新"信易贷"违约风险处置机制、鼓励地方政府出台"信易贷"支持政策和加强"信易贷"管理考核激励六个方面重点工作任务，进一步推动解决中小微企业融资难融资贵问题。2020 年，中国银保监会发表了关于推动银行业和保险业高质量发展的指导意见，意见围绕推动形成多层次、广覆盖、有差异的银行保险机构体系、完善服务实体经济和人民群众生活需要的金融产品体系、精准有效防范化解银行保险体系各类风险、建立健全中国特色现代金融企业制度和实现更高水平的对外开放等方面提出 30 条要求。

此外，为了深化金融供给侧结构性改革，中国人民银行自 2019 年 5 月开始对中小银行实行较低存款准备金率。该措施聚焦当地、服务县域的中小银行，约有 1000 家农村商业银行可享受该优惠政策，将释放长期资金 2800 亿元左右，全部用于民营和小微企业贷款。由此，我国的存款准备金制度形成了"三档两优"的基本框架。根据金融机构系统的重要程度、机构性质等，对大型银行、中型银行、服务县域的银行分别执行 13.5%、11.5% 和 8% 三个基准档存款准备金率，在此基础上，对达到相关考核标准的银行推出两项存款准备金率优惠，即大型银行和中型银行达到普惠金融定向降准政策考核标准的，可享受 0.5 个或 1.5 个百分点的存款准备金率优惠。服务县域的银行达到新增存款一定比例用于当地贷款考核标准的，可享受 1 个百分点存款准备金率优惠。"三档两优"存款准备金制度有利于防范金融风险，服务小微企业，能够有效推动结构优化。

2. 金融供给侧结构性改革发展现状

自从国内金融供给侧结构性改革提出以来，在相关政策的作用下，我国金融业在服务实体经济方面、防范金融风险方面以及深化改革开放方面都有了一定的发展。

第一，在服务实体经济方面，针对普惠型小微企业的贷款总量增加，且融资成本降低。截至 2020 年 9 月末，全国共有小额贷款公司 7227 家，贷款余额 9020 亿元；银行业金融机构普惠型小微企业的贷款总额为 14.76 万亿元，与年初相比增长了 17.6%，且从 2019 年第一季度至 2020 年第三季度，

银行业金融机构普惠性小微企业贷款总额总体呈现增长趋势（见图3-1），
截止到2020年第三季度，农村金融机构的贷款总额最高，为5.06万亿元，
大型商业银行的增长幅度最为明显，且大有赶超农村金融机构贷款总额的
趋势。

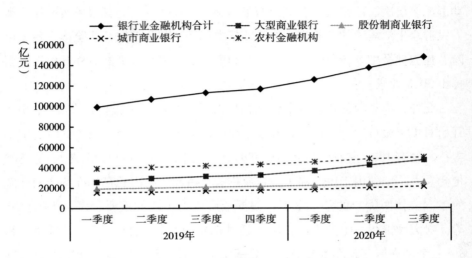

图3-1　银行业金融机构普惠型小微企业贷款情况

资料来源：中国银行保险监督管理委员会。

第二，防范金融风险方面，目前高风险机构的风险逐步化解。针对中国
保险结构出现的公司治理薄弱、违规资金运用等诸多乱象，银保监会开展了
持续整治，2019年1~5月，共处罚保险机构277家次，罚款4400多万元，
有力震慑了不法主体，使保险资金投资业的发展更加稳健。此外，为了进一
步打击保险领域违法犯罪行为提升金融高风险防范能力，2019年10月起，
银保监会联合公安部在浙江、安徽、江西等6个省市开展大数据反保险欺诈
试点，一年多来坚持打击金融犯罪行为，立案近200起，涉案金额1亿
余元。

第三，深化改革开放方面，中国资本市场双向开放稳步前行。一方面，
在金融开放政策的作用下，越来越多高质量的境外金融机构来中国投资兴
业，人民币资产成为国际中长期投资者的"标配"资产。如2019年4月1

日起，人民币计价的中国国债和政策性银行全被纳入彭博巴克莱全球综合指数；5 月 14 日，明晟公司宣布将把现有 A 股的纳入因子从 5% 提高到 10%；6 月 24 日，富时罗素正式将 A 股纳入其全球股票指数体系。另一方面，国家外汇管理局启动多轮 QDII 额度发放，截止到 2020 年 9 月，外汇局已累计批准了 169 家 QDII（合格境内机构投资者）机构，投资额度 1166.99 亿美元，这些额度的发放推进了我国金融对外开放，更好地满足了我国投资者分散风险和全球资产多元配置的需求。

3.1.3 金融业对外开放现状

近年来，随着金融供给侧结构性改革的推进，我国在金融业对外开放上大刀阔斧，出台了一系列的政策举措，旨在进一步深化金融改革开放，促进金融服务的完善和金融风险的防范，至今在这些措施的作用下取得了一定的成效。总体来说，金融业对外开放强调双向开放，不仅仅是对境外机构对内投资的开放，同时也是丰富境内机构对外投资的开放。

1. 金融业对外开放的相关举措

为了吸引更多经营稳健、高质量的境外金融机构投资中国产业，提升我国银行机构的多元化程度，我国出台了一系列金融对外开放的相关政策。2018 年 4 月，人民银行行长易纲在博鳌亚洲论坛上宣布了 11 条金融业对外开放的具体措施，包括取消了银行和金融资产管理公司的外资持股比例限制、允许外国银行在我国境内同时设立分行和子行、放开外资保险经纪公司经营范围等；2019 年 5 月，银保监会又推出了 12 条对外开放新措施，取消了外资机构进入中国相关金融领域的总资产规模限制，并强调了金融业对外开放的过程中内外资一致的原则；2019 年 7 月，国务院金融稳定发展委员会办公室发布了《关于进一步扩大金融业对外开放的有关措施》，推出 11 条相关措施，进一步对保险业的开放、债券业务的开放和其他金融机构的开放做出了相关的规定；2020 年 5 月 27 日，金融委办公室发布了 11 条金融改革措施计划，11 条金融改革措施涉及《商业银行小微企业金融服务监管评价方法》《中小银行深化改革和补充资本工作方案》《政府性融资担保、再

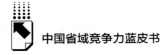
担保机构行业绩效评价指引》等，这些措施按照"成熟一项推出一项"的原则陆续推出。

上海作为金融改革的排头兵，出台了相关政策支持上海金融业对外开放。2020年2月14日，《关于进一步加快推进上海国际金融中心建设和金融支持长三角一体化发展的意见》围绕积极推进临港新片区金融先行先试、在更高水平加快上海金融业对外开放等方面提出了30条具体措施。2020年11月23日，上海市高级人民法院召开新闻发布会，通报《上海法院服务保障 进一步扩大金融业对外开放若干意见》。加大上海的金融业对外开放水平能够给境外机构提供更多深度参与我国金融市场的机会，有利于促进我国金融业与国际接轨。

如前所述，金融开放除了出台将外部金融引进来的相关制度，还有加大推进我国资本账户对外开放的相关制度。2018年4月11日，国家外汇管理局提出了要扩大金融市场开放稳步推进合格境内机构投资者QDII制度实施，推进QDII改革，进一步完善QDII宏观审慎管理，助推建设开放型世界经济。QDII制度是推进我国资本账户开放的一项重要制度安排，它允许符合特定条件的境内金融机构在一定的额度内投资境外金融市场。截至2020年11月30日，已有167家QDII机构获得投资额度1166.99亿美元。除了QDII外，我国投资者的境外投资渠道也在不断拓宽，如境内居民可以通过"港股通"等渠道购买境外股票等。

2. 金融业对外开放发展现状

第一，外资金融机构在华布局规模增大。在彻底取消了外资在银行、证券、基金、期货等领域的股比限制之后，越来越多的外资控股公司、外资控股基金管理公司陆续进入中国市场，例如标普、惠誉等国际评级机构已经进入了中国市场。2020年5月14日，中国人民银行营业管理部发布公告，对惠誉博华信用评级优先公司予以备案，该公司是美国惠誉评级公司在我国境内设立的独资公司，这也是继标普之后，第二家获准进入中国市场的外资信用评级机构，此外，还有多家外资机构在"排队"进入中国市场。花旗银行、渣打银行、摩根大通等机构也表示将进一步参与到中国金融市场的布局中。此外，2020 年 1 ~ 7 月，QFII/RQFII（境外机构投资者/人民币合格境外机构投资者）累计流入规模达到了近 6 年来的最高值。中债登数据显示，截至 9 月底，境外机构托管的中国债券当年实现净增 7191 亿元，总规模达25960.55 亿元。

第二，外资金融机构业务范围不断扩大。在一连串行业准入限制取消之后，国际金融机构争先恐后地进驻中国金融市场，我国金融领域迎来了数个"第一"，包括第一家外资全资控股公募基金、第一家外资控股证券公司、第一家合资银行卡清算机构等，外资金融机构涉猎的业务范围在不断扩大。如，2020 年 8 月，全球资管规模排名第一的贝莱德公司拿到了我国首家外资全资公募基金管理公司牌照。同样在 8 月，由美国运通和连连数字科技有限公司成立的合资企业联通技术服务有限公司成为首家中外合资的银行卡清算机构。2020 年 9 月，大和证券成为第一家在北京设立的中日合资券商，与瑞银证券、高盛高华等以增持方式获得合资券商控制股权不同，大和证券是第一家通过新设的方式设立的外资控股券商。

第三，境内外资本市场的联通进一步巩固。2014 年，中国证券监督管理委员会与香港证券及期货事务监察委员会发布联合公告开展沪港通，拉开了境内外资本市场互联互通的大幕。沪港通即沪港股票市场交易互通机制，指两地投资者委托上交所会员或联交所参与者，通过上交所或联交所在对方所在地设立的证券交易服务公司，买卖规定范围内的对方交易所上市股票。随后在"十三五"期间，深港通（2016 年）、债券通（2017年）、沪伦通（2019 年）等项目的实施，又进一步巩固了境内外资本市场的联通。截至 2020 年上半年，国际机构配置人民币资产规模已达 7.18 万亿元。

第四，我国对外证券投资资产持续增长。如表 3 - 1 所示，截至 2020 年6 月末，我国对外证券投资资产达到了 7006 亿美元，与 2017 年年末 4977 亿美元相比，增长了 40.77%。其中，股本证券 4106 亿美元，债务证券 2900亿美元。2020 年 6 月末，投资前五位的国家或地区与 2017、2018 和 2019 年相比，并未发生变化，分别是中国香港、美国、开曼群岛、英属维尔京群岛和英国，投资金额分别为 2652.2 亿美元、1688.9 亿美元、659.4 亿美元、564 亿美元和 173.8 亿美元。

表 3 - 1　2017～2020 年 6 月末中国对外证券投资资产

单位：亿美元

年份	2017 年末	2018 年末	2019 年末	2020 年 6 月末
中国对外证券投资资产合计	4977	4980	6460	7006
其中：股本证券	3035	2700	3738	4106
债务证券	1942	2279	2722	2900
投资前五位国家或地区	中国香港 美国 开曼群岛 英属维尔京群岛 英国	中国香港 美国 开曼群岛 英属维尔京群岛 英国	中国香港 美国 开曼群岛 英属维尔京群岛 英国	中国香港 美国 开曼群岛 英属维尔京群岛 英国

资料来源：国家外汇管理局。

总体而言，中国金融体系正朝着更加开放加速迈进，为我国构建新发展格局和促进经济高质量的发展提供了有力支持。

3.2　新发展格局对金融业提出的新要求

2020 年 5 月，习近平总书记看望参加全国政协十三届三次会议经济界委员时，深刻分析了国际国内发展形势，提出了形成国内大循环为主体、国内国际双循环相互促进的新发展格局。随后，在 7 月 21 日的企业家座谈会、8 月 20 日的推进长三角一体化发展座谈会、8 月 24 日经济社会领域专家座谈会以及 9 月 1 日中央全面深化改革委员会第十五次会议上等一系列重要讲话中，从不同角度对双循环新发展格局做出了深刻阐释。总的来看，双循环新发展格局是根据全球和国内发展环境、我国发展阶段以及发展条件变化等背景提出的我国面向未来的发展道路。

...

3.2.1 新发展格局提出的背景

1. 全球经济增长放缓，贸易保护主义升温

自 2008 年经济危机以来，全球经济发展放缓，很多国家经济陷入疲软状态。图 3-2 显示了近十年来全球 GDP 和增速变化趋势。可以看出，世界 GDP 近十年世界经济以低增长为主。2009~2014 年，全球经济逐渐走出 2008 年金融危机的困境，但 2015 年的 GDP 下跌至 2012 年的水平，随后缓慢增长，但增速始终在 4% 以下。世界经济的缓慢增长，既有结构性原因，也有周期性原因，经济增长动力不足、国际投资低迷，地区间经济发展不平衡，发达经济体还面临人口老龄化、年轻人生育意愿下降等问题，在新一轮产业革命蓄力以前，世界经济将持续处于低速增长轨道。

2020 年，随着新冠肺炎疫情的暴发，各国为遏制疫情蔓延采取了最为严厉的隔离、管控等社交疏离措施，经济发展基本陷入停滞，消费、投资、生产、贸易等都大幅收缩。根据国际货币基金组织预测，全球经济将萎缩 4.4%。除了遭受巨大打击外，此次疫情还会在一定程度上改变世界产业链布局，各个行业的巨头会为分散风险而进行产业链重组，如低端制造业和半导体产业。

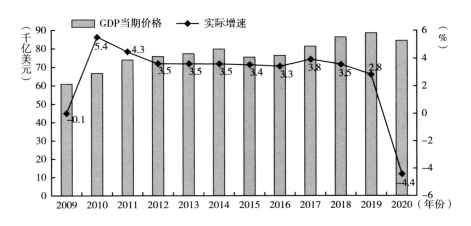

图 3-2 2009~2019 年及 2020 年预期全球 GDP 及增速

资料来源：国际货币基金组织。

在整体经济发展乏力的背景下，贸易保护主义的抬头又给全球贸易设置了重重障碍。自 2018 年以来，中美两国因贸易关税等问题引发的冲突不仅严重影响了两国的贸易、外交关系。双方的对抗还严重影响了全球经济的健康发展。美国单方面加征关税，导致全球贸易形势十分紧张，全球产业链和供应链被严重扭曲，全球经济受到了巨大冲击。世界银行、国际货币基金组织、世界贸易组织都表示，中美两国贸易关系的恶化会给全球经济带来更大影响。

在我国实现"两个一百年"奋斗目标的历史交会期，既需要把握全球总体环境稳定、多极化发展加速、全球化发展持续的大势，又要重视世界格局演变、国际关系调整、国际安全问题错综复杂、不同思想相互激荡的现状。

2. 我国经济形势转变，多领域技术领先全球

自改革开放以来，我国经济飞速发展。2008 年全球经济危机之后，世界经济增长低迷，我国也面临较大的经济下行压力。但在国家通过稳健的宏观调控政策、深入实施供给侧改革、全面深化开放、推进三大攻坚战、推进经济高质量发展等措施，有效激发了经济发展新动能，2009～2019 年经济始终保持 6% 以上的增长速度，2019 年经济总量已接近 100 万亿元。2020 年新冠肺炎疫情无疑给中国经济带来了巨大冲击，我国一季度经济增速为 －6.8%。面对史无前例的新冠肺炎疫情，全党全军全国各族人民坚定信心、同舟共济，仅用两个月就基本阻断了新冠肺炎疫情的本土传播，经济社会秩序加快恢复，根据政府公布数据，国内生产总值二季度增长 3.2%，三季度增长 4.9%。

此外，从我国在全球经济发展所处地位的变化来看，自 2010 年起我国 GDP 首次超过日本，位居全球第二，其后与第一名美国的差距越来越小。同样在 2010 年，我国制造业增加值超过美国，成为全球制造业第一大国，此后一直稳居世界第一。2019 年，我国制造业比重占世界比重达 28.1%，接近三成。我国已成为全世界唯一拥有联合国产业分类中所列全部工业门类的国家。移动通信产业，我国历经 2G 跟随、3G 突破，实现了 4G 同步、5G

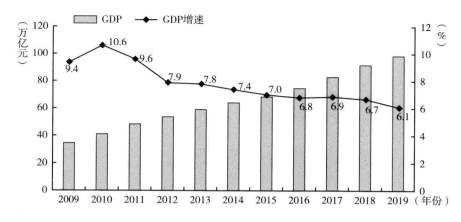

图 3 – 3　2009～2019 年中国 GDP 及其增速变化

资料来源：国家统计局。

引领的历史性跨越，5G 标准必要专利数量全球第一。在 5G、工业互联网、人工智能等新型基础设施建设方面，我国已经达到世界一流。尤其是 5G 技术实现商用，为新业态、新模式不断涌现提供了技术支撑，自动驾驶、智能家电、VR/AR、远程教育、远程医疗等领域的应用也在新技术加持下快速增长。5G 技术、物联网、人工智能等为代表的新一代信息技术，为增长乏力的全球经济提供了强大的驱动力，将成为新一代技术革命的核心。此外，我国高速铁路营业里程达 3.5 万公里，占世界高铁营业里程的 66% 以上。我国特高压技术发展也处于世界领先地位，国家电网特高压已建成"九交十直"，此外还有核准在建的"三交一直"工程。

在不断完善发展我国的工业体系和高新科技之外，我国仍继续坚持深化改革，增强内需。打通创新链，加快自主创新的步伐；补强产业链，确保经济协调稳定；稳定供应链，增强本国企业合作力度；提升价值链，实现高水平对外开放。

3. 内需成经济发展主要动力，供给需求发展不平衡

消费、投资、出口为拉动经济增长的"三驾马车"。改革开放以来，我国很长时间的经济增长都依赖于出口拉动，为我国经济起飞发挥了极大作用，有很大必要性。同时，外向型经济受国际环境影响大，抗风险能力较

弱。近年来，随着国外经济增长乏力，我国积极扩大国内需求，挖掘经济增长的内生动力，成效显著。从近年数据看，2015～2019年最终消费支出对国内生产总值贡献率均超过57%。2019年最终消费支出对经济增长贡献率为57.8%，加上对内投资部分，内需对经济增长贡献率达89%。内需尤其是消费已经成为经济增长主要动力。

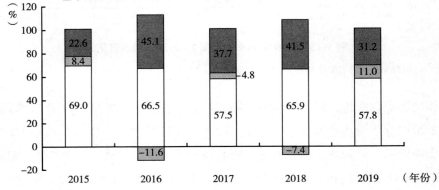

图3-4　2015～2019年我国投资、出口、消费对国内生产总值增长贡献率

资料来源：国家统计局等公开资料整理。

经济的发展仰赖于供给和需求的平衡发展。过去我国通过外需平衡国内的供给，当前，供给需求不平衡、不协调的矛盾日益突出。供给方向存在无效和低端供给过多、传统产业产能过剩，产业利用率低，而中高端供给不足，无法满足消费升级换代的需求。新发展格局下，面临复杂多变的国际形势，我国需要持续扩大内需，立足国内经济大循环，做好国内经济，才能在发展上取得主动。因此，消费升级的趋势需进一步加快，通过高质量商品与服务，以及高效的产业链拉动内需，进一步激发消费拉动经济发展的内在潜力，逐步从外需拉动为主过渡到内需与外需并重的局面。

4. 双循环新发展格局是适应当前国际国内形势的主动选择

构建双循环经济发展格局，是我国深入分析国际经济发展环境、根据我国经济发展阶段、条件和特点提出的增进人民福祉、促进我国经济高质量发展的主动选择。

第一，畅通国内大循环有利于增进人民福祉。改革开放以来，我国通过全面开放，参与国际经济分工和合作，利用国际和国内市场资源，极大提高了人民生活水平，使我国拥有了全球产业链最完整、规模最大的工业体系，和众多领先全球的现代科技。但当前，我国已步入"两个百年"奋斗目标交会的新时期，城镇化率超过60%，对国内市场开发不足，原有的经济增长模式不足以满足经济持续发展需要。为更好地满足国内消费，需要将外向型经济逐步转变为以内循环为主，通过对国内市场的关注，以技术进步推动产业和消费升级，提高人民的生活水平，满足人民对美好生活的向往。

第二，构建双循环经济发展格局是我国积极融入全球化发展的选择。在多年出口导向的经济发展过程中，我国建立了较大的竞争优势。但近年国际环境和形势产生了较大变化，美国发动贸易摩擦，加紧"去中国化"和与中国"脱钩"，贸易保护主义、民粹主义、单边主义、孤立主义层出，导致全球供应链出现本地化、分散化、区域化等逆全球化趋势。在全球化重构的背景下，我国原有的全球化策略也需要适度调整。以国内循环为主，并不意味着我国不再重视国际循环，而是以开放、合作、共赢的态度构建人类命运共同体，推动经济向更开放、包容、普惠、平衡、共赢的方向发展。

第三，构建双循环发展格局是推动我国经济高质量发展的路径。2015年以来，我国经济已经从高速发展转向高质量发展。旨在突破我国经济发展过程中核心技术缺乏、产业现代化水平较低和基础薄弱等问题，通过深入实行供给侧结构性改革，创新体制机制、畅通生产、分配、流动和消费各个环节，实现资源要素在全国各区间的自由流动，增强产业基础，补齐产业链，推动经济高质量增长。因此，通过发挥我超大规模市场优势，打通国内大循环，深入参与和引领国际大循环，形成双循环互动，推动经济高质量发展。

3.2.2　新发展格局对金融业提出的新要求

双循环新发展格局需要以扩大内需为战略基点，深入推行供给侧结构性改革，加快疏通国内大循环堵点，促进高水平开放，促进国内国际双循环互动，构建双循环经济发展格局，促进经济高质量发展，提高人民生活水平。金融业作为经济循环的"血液"，也面临多方面的发展新要求。

1. 新发展格局对金融创新的新要求

当前，经济增长模式正在转向创新驱动型，过去的金融体系已无法适应新的增长模式。

一是对金融产品和金融模式的创新。通过对金融产品和模式的创新，构建现代化金融产品体系，提升金融服务实体经济的效率与能力，从而促使实体经济能够高质量地参与新发展格局的构建。二是对金融科技手段的创新。在当下的世界发展中，如果不断地对金融科技手段进行创新，那么就可以推动国内金融市场的加速发展，在与国外金融市场的竞争中夺得主动权，在构建新发展格局中更好地发挥作用。三是对金融市场的创新。通过深化金融市场创新，紧紧把握资本账户和要素市场开放的新机遇，推进"一带一路"产业链全球化合作，提升跨境金融发展能力与拓宽跨境金融服务的能力，扩展金融业务范围，促使金融业的蓬勃发展，促进新发展格局的构建。四是金融体系的制度建设、组织建设和机制建设的创新。通过对制度建设的不断创新，让金融制度能更好地规范与服务金融业的发展，提升政府防范化解重大金融风险的能力。组织建设的创新可以加强金融行业自律组织的新鲜活力，使其推进金融行业的发展与监管等。此外，积极地对机制建设的创新，不仅可以不断地增强协调配合，推动工作落实，还会在防控金融风险与维护金融稳定等方面发挥积极的作用。

2. 新发展格局对金融改革的新要求

中国的经济发展由高速增长转向了高质量发展的阶段，为了更好地服务于经济高质量发展，对金融改革的新要求应该侧重于深化金融供给侧结构性改革，并且在建设中国特色社会主义的过程中，形成有中国特色的金融发展之路。所以，新发展格局对金融供给侧结构性改革提出了新要求。

一是对机构体系的改革。金融机构是金融市场的重要参与者，也是引导金融市场理性发展的重要力量。在金融市场化与金融市场逐步开放的环境下，金融机构体系的改革就越发重要，要做好金融机构的"引进来"和"走出去"，以及在"引进来"和"走出去"过程中的机遇与挑战。二是对市场条件的改革。为了对金融活动营造相对来说较为完善的基础设施，需要对金融市场条件进行高质量的改革，使其具备完备的市场运作体系，高质量地提供相关的内容与服务，促进新发展格局的建设。三是对调控机制的改革。更好地明确货币当局即中国人民银行在宏观调控机制中的地位与作用，并且对中国人民银行采取的调控职能的手段与方式进行改革，使其能更好地在金融市场中发挥积极作用。四是对业务、工具及技术的改革。因为在新发展格局中，金融创新有了新的发展要求，所以金融业务、工具及技术创新成为必然要求，而这些创新又会反过来促进其改革，从而激发金融市场的新鲜活力，促使其蓬勃发展。五是对法规政策和行为规则的改革。无规矩不成方圆，在市场经济中，要协调好政府的直接行政干预与法制法规和市场博弈规则之间的关系与制约。在法规政策与行为规则中需要废除旧的过时的内容，根据新的市场环境增添与改革，使其更好地适应与推动金融市场的发展。

3. 新发展格局对资本市场建设的新要求

"十四五"规划中提出的新发展格局，是中国面对内外格局的有效应对，同时标志着资本市场的改革已经进入了新的周期。因此，资本市场应该紧抓构建新发展格局中的历史机遇，健全现代资本市场的建设，为新发展格局提供高水平、高质量的资本市场服务支持。所以，新发展格局对资本市场建设提出了新要求。

一是资本市场与实体经济之间的大循环的建设。我国长期处于间接融资为主，直接融资为辅的融资环境，为了资金的引流与加速高科技领域的发展，我们应该不断地扩大直接融资的规模与占比，解决小微企业融资难、融资贵的困境，使其能够高质量地参与新发展格局的构建。此外，对多层次资本市场的结构不断进行优化，使其能够源源不断地释放改革红利。二是资本市场内部的大循环建设。要提高我国居民的消费意愿与提升居民财富，以此来扩大内需。并且需要提高资本市场的活跃程度，以及发挥好资本市场最重要的投融资功能，建立健全资本市场的内部循环，使资本市场的内部建设能够满足新发展格局构建的需要，把握新发展格局所带来的机遇与挑战。三是资本市场的国内国际的双循环建设。要通过国际证券持续的以及大规模的流入来平衡国际收支，从而达到国内国际两个市场的要素有序流通以及优势互补。此外，需要不断地优化相关制度，使境外资金能持续不断地进入我国资本市场，促进我国金融市场的发展。还需要通过加大资本市场的开放力度提升境外投资者对我国资本市场的投资信心与投资的意愿。

4. 新发展格局对金融服务的新要求

新发展格局更加要求我们深化对金融本质和规律的理解，走出符合我国国情的中国特色社会主义金融发展之路，金融服务需要充分把握新发展格局下的战略重点，与双循环发展格局相匹配。

第一，要求把握金融服务新发展格局的战略重点。加快建设以人民为中心的金融服务体系，提高服务资源的利用效率，构建分层分类、有效联通的客户服务网络，更好地发挥普惠金融的意义和重要性，更好地提升金融服务对各个行业的支持与帮助。服务于5G等重点行业、医疗等民生薄弱行业，加强数字化的基础设施建设。坚持金融服务区域协调发展，发挥各地的优势，政策与科技支撑。便利金融对外开放。第二，要求金融服务与双循环发展格局相匹配。一是强化金融服务系统基础设施建设并且不断完善金融服务基础制度建设，金融服务的对象范围放宽，丰富参与对象种类，整合生产发展的资源要素，完善内部闭环和开放生态的服务体系。二是适应服务并且适度让利实体经济要求，建立健全以客户为中心的考核体系。凸显人民币资产价值，推进人民币国际化进程。三是做好衔接补充完善不足，加大对重点区域的扶持力度，搭建与"双循环"新发展格局相适应的风控体系。利用我国的市场优势和资本优势，"引资"和"促投"并进，配合"一带一路"的产业链合作，开放对外金融服务，优化服务项目。

5. 新发展格局对金融监管的新要求

党的十九届五中全会对完善现代金融监管体系做出了专门的重要部署，这对于保障国家安全、金融安全和促进经济高质量发展具有十分重要的意义，也对我们的监管体系提出了新的要求。

一是要求充分尊重金融规律。首先要把防范金融风险作为首要目标，对金融市场的运行、市场准入准则、业务运营规则进行更为灵活的调整。其次深入把握金融服务的本质，把服务于实体经济作为根本任务。最后要保障和维护好消费者合法权益。监管者要把对消费者、合法参与者的保护贯穿金融服务的始终，以"零容忍"态度严肃处理违法行为。二是要求金融监管有战略定力。百年未有之大变局下，不仅要实时关注深刻变化的国际环境，金融监管应立足于我国国情，基于分业监管的基本格局，树立底线思维，保持战略定力。不仅要坚持专业专注的定力，更要坚持依法监管的定力。在监管规则方面保持高度的透明，监管尺度和力度一视同仁，无论对中资还是外资，机构或是个人，灵活地适用统一的监管标准。三是要求释放金融参与者活力。我国金融供给与金融需求不匹配的矛盾较为突出，监管不能"管死"，参与活力与推动金融业高质量发展同样重要。中国经济仍处于起飞阶段，运用更为创新的监管模式，支持中国经济中高速增长，提高中国经济活力。加强宏观审慎管理能力，提高金融监管的有效性和专业性。

6. 新发展格局对金融开放的新要求

经济全球化不断发展、人类命运共同体的发展格局不断深化，我国的金融业也面临开放新挑战。对银行业、保险业、证券业都提出了新的要求。

一是银行业对外开放对自身的风险控制能力、服务与管理能力提出了更多要求。监控资金流动，防止洗钱等违法活动。中资银行在管理和服务、内部审核方面缩小与外资银行的差距，降低可能承担的风险，控制银行的杠杆率，提高安全性。二是证券业对外开放中金融监管和对投资者分类提出了新的要求。杜绝虚拟经济过度繁荣的出现，防止经济体的经济过热的现象危害金融体系；深入贯彻落实为人民服务为中心，服务脱贫攻坚战略，建立金融直达机制；服务高水平开放型经济建设，助力"一带一路"建设，开展更为丰富的跨国并购业务。三是保险业对外开放加强了国际保险机构的联动性，对投资对象甄别、投资类型的限制都要加以分析。在加快其产品、管理和科技创新步伐的同时，也要避免外来机构恶化保险业的竞争环境可能，避免道德风险发生。"引进来"和"走出去"并行，引进管理经验，升级产业结构，为我国企业的对外发展提供保障，管理风险，增强保险服务跨境市场的能力。

3.3　新发展格局下金融业发展趋势分析

新发展格局的形成，离不开金融业的全方位支持。党的十九届五中全会明确指出，"要构建金融有效支持实体经济的体制机制，提升金融科技水平，增强金融普惠性。同时，推进金融双向开放"。面对复杂多变的国内外环境，我国金融业始终坚持以习近平新时代中国特色社会主义思想为指导，始终把服务实体经济作为金融发展的出发点和落脚点，充分挖掘国内消费潜力和投资潜力，助推经济高质量发展，不断扩大金融业双向开放，在构建新发展格局中重塑金融发展新优势，建设高标准金融市场体系，提升服务内外双循环的金融供给能力。

3.3.1　内循环之一：加快发展消费金融，助推消费升级

自 2014 年以来，消费已成为我国经济增长的第一驱动力，随着以旅游、养老服务、文化产业、信息咨询、电子商务等为代表的第三产业比重不断提升，消费对我国产业升级的赋能作用日益显著，消费升级倒逼产业升级。目前消费热点已从满足人民群众物质生活需求的实物消费转向体现人民美好生活需要的服务消费，大众餐饮、休闲旅游、文化娱乐、健康养生、教育培训等服务消费已成为当前新的消费热点。因此，新发展格局下，要把国内大循环做好，需要充分发挥消费扩内需促增长的作用，努力提升金融对扩大消费的重要作用。发展壮大消费金融，用金融活水化解供需矛盾，在用户需求端，发展服务门槛更低、更便捷的消费信贷，提升消费能力，在产品供给端，提供个性化、定制化的消费类金融产品，挖掘消费潜力，把远期购买能力转为即期购买能力，把潜在消费者转为现实消费者，建立与现代消费市场相适应的金融支持体系，满足消费者品质生活需求。

1. 持续扩大持牌消费金融公司市场占有率，释放消费能力

随着人们生活水平的提高，当期收入已无法满足当期消费需求，消费金融行业也随之迎来前所未有的增长。消费金融作为银行信贷的补充，已逐渐被广大消费者所接受。金融支撑消费升级既要支持好产品的生产，也要支持那些适当负债的借贷者，让他们对资金的获取又容易、又便宜，为更广泛的消费群体提供合适的金融服务。目前向居民提供消费信贷业务的有银行、信用卡中心、消费金融公司，还有数字金融部提供的线上消费贷服务，其中银行和信用卡中心是消费信贷服务的主要参与者。受经济下行、疫情冲击的影响，银行和信用卡中心的个人消费贷款业务出现了不同程度的收缩，但部分消费金融公司总资产、利润仍保持较高增速。《中国消费金融公司发展报告（2020）》显示，截至2019年底，我国拥有消费金融牌照的公司26家。与信用卡相比，消费金融公司的信贷主要体现为线上申请、无须抵押和担保、快速审批、与消费场景脱离的纯现金贷款、期限短等特征，在一定程度上弥补了传统商业银行信贷业务对中低收入阶层覆盖不足的缺陷。一直以来，资金成本是消费金融公司面临的难题。为了鼓励消费金融公司的发展，2020年监管部门发文降低消费金融公司的拨备覆盖率、拓宽市场化融资渠道。在政策力挺下，消费金融公司批筹进程明显加快，整个行业也将迎来更激烈的竞争。在融资支持方面，截至2020年11月底，全国已有12家持牌消费金融公司获批资产证券化业务资格。取得该资格后，消费金融公司可以在公开市场发行资产支持证券，盘活存量资产，提升市场影响力。总体来看，未来持牌消费金融公司市场占比将持续扩大，具有较大的发展空间。

2. 逐渐形成消费金融全场景生态，挖掘消费潜力

消费的产生不仅与消费能力有关，还需要有消费意愿，即对适当产品的购买意愿。因此，金融支撑消费升级不是简单的贷款，还要根据消费者多元化的消费需求，设计不同的金融产品匹配不同人生阶段的消费需求。目前，消费金融公司的场景金融包含家电、家装、3C数码产品、旅游、教育、培训、医美等多个场景，且呈现出继续扩张的态势。一是场景建设多元化。坚持以客户为中心，深耕客户生活场景，推出涵盖衣、食、住、行、娱乐、旅

游等消费场景的金融产品，为大众提供一站式优质金融服务。比如银行保险机构提供更多养老型产品；理财机构开发更多层次的理财产品，满足客户多元化需求，获得更多的财富性收入。二是线上消费场景成为布局重点。疫情发生以后，消费市场受到较大影响，消费金融线下场景受到最强烈的冲击，线上教育、新零售等业务发展迅速。未来要加速打通线下线上场景融合，比如消费金融公司可与多家线下商家达成合作，让消费者可以足不出户了解最新优惠信息，提升消费频次。三是注重存量客户管理。消费金融经历多年的快速发展，市场体量不断扩大。尤其是在互联网技术发展和场景应用日益丰富的情况下，消费金融细分领域越来越多，客户群体范围逐渐向下沉，市场覆盖已逐渐显露。这意味着，消费金融行业正进入一个新的发展阶段，各消费金融公司新增用户数开始放缓，未来将进入存量竞争时代。

3. 促进消费金融与科技深度融合，防范消费风险

随着行业竞争日益激烈，利用大数据、人工智能等技术降成本增效益，增加科技含金量是消费金融行业发展的关键。加强科技投入，加速与新技术的融合，是消费金融公司实现健康持续发展的有效路径。这是因为，不同的贷款利率对应着不同收入、不同风险偏好、不同偿债能力的消费者。一味压低贷款利率并不能扩大消费，反而迫使消费金融公司改变服务对象，选择风险相对较低的贷款人，使得部分群体无法享受金融服务。当前数字化大变革时代，金融科技公司将通过科技手段提升自身服务能力和运营效率，深耕用户体验，通过强有力的信息技术实力不断创新、迭代产品，布局新业务，开展新的服务模式。此外，借助于科技创新，消费金融公司可以更加全面细致地分析、评估甚至预判消费者行为，提升自身风险防控能力。这是因为，消费信贷通过 POS 机、移动支付等方式实现无现金交易，使得消费者实现了跨时间、跨空间的消费，改变了人们的消费习惯。理性消费者将消费信贷当作融资、支付、消费的工具，在收入不足时，通过消费信贷确保消费水平保持平稳；但同样地，部分消费者也会将消费信贷用于购买自己并不需要或超出自己支付能力的商品。一旦过度透支，借入超出自己偿还能力的大额贷款，可能陷入多头借贷、以贷养贷的恶性循环。利用大数据等新一代信息技

术识别具有偿还能力的大众客户并确保金融服务和商品服务同时精准触达，并做到实时风控，秒级审批，促进消费金融跟线上线下各种场景融合，扩大消费金融应用场景边界。

3.3.2 内循环之二：增强金融支持力度，激活实体经济活力

2020年以来，疫情对我国经济社会造成了较大冲击。在稳就业保民生等方面，金融发挥了重要的作用。金融机构通过加大对制造业、科技创新、中小微企业等重点领域和薄弱环节的支持力度，帮助企业复工复产，实现了经济平稳发展。在新发展格局里，金融将继续发挥其对结构调整、绿色发展、创新发展的支撑作用。

1. 加大对制造业的金融支持，筑牢实体经济根基

在新发展格局里，制造业是最重要的实体经济，也是解决就业的主要力量。过去一段时间，金融资源特别是新增的银行信贷，有相当比重被配置到消费领域（含房贷），导致制造业贷款在贷款总额中的比重持续下行。未来，有必要提高中长期融资和信用贷款比重，加大对制造业的金融支持力度，特别是对先进制造业、高技术制造业、战略性新兴产业的支持。这是因为，一方面，制造业产能过剩情况已出现显著好转，低端、无效的供给逐渐被出清。在这种情况下，制造业整体发展将步入回升区间，资金需求将有所提升，信用风险将显著下降。另一方面，党的十九届五中全会明确指出，"把发展经济着力点放在实体经济上"，并把产业升级作为高质量发展的重要内容，这为金融加大对制造业的支持创造了较好的政策环境。当然，金融资源向制造业倾斜，并不单单是制造业贷款规模的扩张，同时也有业务模式的创新。加大对制造业的金融支持力度不能仅依靠商业银行，而是要形成多渠道融资格局，加大金融产品和服务创新力度。

2. 加大对绿色发展的金融支持，推进美丽中国建设

当前，环境污染、气候变暖问题依然紧迫。习近平主席在出席第七十五届联合国大会时指出，中国将采取有力的政策和措施，力争在2030年前达到二氧化碳排放峰值、2060年前实现碳中和。这是中国在积极应对气候变

化方面对国际社会的承诺。这意味着，中国将加快推进生产方式和消费行为的绿色低碳转型，在这一气候目标约束下实现经济社会可持续发展。党的十九届五中全会进一步明确指出，要在"十四五"期间实现经济社会的全面绿色转型。当前，我国绿色金融发展取得较为显著的成效，绿色债券、绿色信贷等绿色金融政策体系逐步完善，绿色金融产品种类日益丰富，支持绿色金融试验区积极探索机制创新。未来，为了更好地支持绿色经济低碳转型，有必要完善政府激励，积极推动绿色金融标准体系国内统一、国际接轨，构建多层次、多元化的绿色金融市场体系，充分发挥绿色投资和绿色金融的导向作用，建立全国统一的碳排放权交易市场等。

3. 加大对科技创新的金融支持，强化战略科技力量

党的十九届五中全会强调，"坚持创新在我国现代化建设全局中的核心地位，把科技自立自强作为国家发展的战略支撑""完善金融支持创新体系"。经过多年发展，我国企业创新能力有了明显提高，但与发达国家相比，仍有一定差距。全会内容还指出，要"布局建设综合性国家科学中心和区域性创新高地，支持北京、上海、粤港澳大湾区形成国际科技创新中心"，与此相对应的是，北京、上海、粤港澳大湾区分别包含新三板、科创板、创业板三个核心板块，这意味着未来我国将着重突出资本市场对科技创新的支持作用。一方面，与传统产业发展周期不同，科技创新产业技术更迭快，资金消耗大，风险系数较高。资本市场以最为市场化的方式，实现更高的配置资源效率。另一方面，资本市场可以通过分层融资功能，为不同发展阶段的科技创新企业提供特定服务，形成可持续的融资发展模式。因此，在新发展阶段，面对新一轮科技革命和产业变革，打好关键核心技术攻坚战，发展与科技创新相适应的金融体系显得尤为重要。

3.3.3 内循环之三：依托金融科技优势，开启金融服务新篇章

随着经济的发展，金融科技在整个经济社会发展过程中发挥了越来越重要的作用。未来我国金融科技将继续在完善金融服务、提升效率方面发力。具体表现如下。

1. 加快推进金融业数字化转型，提升金融服务水平

金融科技水平的提高离不开金融业基础设施的支撑。《中国金融科技生态白皮书（2020年）》显示，当前数字货币、虚拟银行、智能金融等新的金融模式，需要新的金融基础设施来支撑，推动金融业数字化转型已成为各国政策关注的重点。现有的发展主要集中在支付清算系统、客户身份识别系统、基础征信系统等金融基础设施的数字化改造。未来将进一步加快金融业数字化转型。一是金融数字化转型目标更加清晰。目前，众多银行机构纷纷将金融科技上升至战略层面，并结合自身实际制定了更为明确的金融科技发展规划，在平台建设、组织架构等方面开展了诸多有益探索。二是金融数字化服务更加便捷。数字化本质目标是以人为本，为金融机构带来更多便捷、高效的服务体验。过去一段时间，金融机构利用金融科技手段，有效提升了金融领域的风险管理和运营效率，在服务普惠、长尾客户等方面取得了显著进展。科技已成为金融发展不可或缺的核心要素，深刻地影响着金融服务供给方式，可以预计未来金融智能化水平将不断提高。三是必须处理好金融发展、金融稳定和金融安全的关系。提高金融科技水平，并没有改变金融的本质，因此必须将金融活动依法纳入监管，只要从事金融业务，都应遵循同等的业务规则和风险控制要求，需密切关注数字化转型带来的风险，尤其是网络安全、隐私保护、数据垄断等挑战。

2. 有序扩大数字人民币试点范围，抢占未来金融制高点

数字加密货币是金融科技应用的一种形式。数字人民币是法定货币的数字化形态，作为央行提供的公共产品，较好地契合了公众支付和消费习惯。当前，移动支付在我国市场普及化，数字人民币的试点仅在深圳、苏州、雄安新区、成都等四个城市进行，未来数字人民币将在更大范围、更多领域试点发行，将从单个城市试点转为跨区域、跨境试点，尤其是在京津冀、长三角、粤港澳大湾区、成渝双圈等区域。而且，当前数字人民币的应用场景主要是在小额零售，未来可进一步拓展到其他金融服务场景。

3. 加速发展供应链金融，实现供需两端有效对接

党的十九届五中全会指出，"提升产业链供应链现代化水平"。2020年

以来，为了保产业链供应链，国内各银行机构积极开发新的供应链金融产品，在缓解链上小微企业融资难题上发挥了重要作用。供应链金融通过整合物流、信息流、资金流等信息，对产业链供应链上的核心企业和小微企业进行资信评级，有效地解决了小微企业资信不足的问题。新发展格局下，借助金融科技手段，可以更低成本、更高频次地获取客户信息，并保证信息真实可信，通过搭建场景、构建生态圈，推动供应链金融发展，使得供应链金融不仅可以重新勾勒产业链上下游企业间的生产、购销关系，建立战略性联盟，还可以通过搭建信息交换平台，实现及时的资金收付，降低供应链上企业的经营成本。

3.3.4　内循环之四：有效推进普惠金融发展，增强金融供给能力

普惠金融本质上是一种包容性金融，目的在于打通金融服务最后一公里，让更多人以更优惠的方式享受金融服务。新发展阶段金融普惠发展必须以高质量发展为主题，通过守正创新，提升金融普惠的质量和安全性。

1. 加快发展农村普惠金融，助力乡村振兴

党的十九届五中全会指出，"优先发展农业农村，全面推进乡村振兴"。农村金融是金融发展不平衡最薄弱的环节，未来，有必要增加对农村产业、农村公共基础设施、农村公共服务的投资。通过普惠金融的发展服务中小微企业，服务乡村振兴。一直以来，农村物理网点不足，传统金融机构发展普惠金融遇到很多困境，而且面临高运营成本、高风险、低覆盖率的问题。如今，在互联网技术、云计算、大数据的作用下，金融服务真正实现了"普"和"惠"，不仅便捷了客户获取金融服务，还降低了获客成本，提高了服务效率。目前，农村金融生态环境仍需改进，服务乡村振兴的金融产品仍然缺乏，因此，在风险可控的前提下，农村金融改革将继续秉承普惠金融理念，回归本源，聚焦融资难点，让金融服务真正下沉。

2. 完善普惠金融监管体系，保护消费者权益

近年来，在政策引领下，信息化、数字化推动普惠金融发展迅速，普惠

金融惠及大量中小微企业以及普通百姓的日常生活。但是，在发展过程中，普惠金融也出现不少问题，比如过度依赖数字化技术，致使部分特殊群体（偏远地区群众、老年人）无法享受普惠金融带来的实惠。更有部分金融机构和科技企业在开展业务时违背了"普惠"的初心，造成了经济乱象。普惠金融不是慈善金融，因此，利用金融科技发展数字普惠金融过程中，要注重监管规范，强化对消费者的保护。为此，央行和银保监会发布《网络小额贷款业务管理暂行办法（征求意见稿）》，要求网络小贷公司针对每一笔贷款，必须同时出资30%，允许自筹资金加5倍左右杠杆，这意味着网络小贷公司至少要出8%的本金，其中8%就是《巴塞尔协议》对全球银行业监管的要求。总之，未来普惠金融要发展，必须通过金融创新，但也要明确创新背后的风险，监管始终要跟随。

3.3.5 外循环：稳步推进金融业双向开放，构建开放新格局

开放合作是实现金融繁荣发展的必由之路。改革开放40多年的一条重要经验，就是以开放促改革、促发展。新发展格局不是封闭的国内循环，而是开放的国内国际双循环。未来，在坚守国家金融安全和稳定前提下，坚定不移地扩大金融业双向开放，提升金融业整体竞争力，为构建双循环新发展格局提供巨大动能。

1. 吸引更多国际金融资源参与"双循环"，提升国内金融体系治理能力

新发展格局是未来一段时期经济发展的重点任务。新发展格局下的金融发展要深化金融业高水平开放，通过高水平开放引进更多国际金融资源。引入更多国外优质金融资源参与国内大循环，能够推动国内金融业向集约化精细化发展，提高金融服务效率，提升金融服务实体经济能力。未来将着力引进在风险管控、养老金管理、消费金融、财富管理、健康保险等方面具有特色和专长的外资机构，激发市场活力。比如引入更多金融机构和专业投资者参与养老保险第三支柱建设，提高养老金管理水平，解决人口老龄化进程中的养老金不足问题。加强国内金融体系、金融市场以及金融制度规则与国际对接，允许外资深度参与国内资管市场，为增加居民财产性收入提供更为多

样化的渠道。

2. 稳妥推进金融业自主开放，形成更高水平对外开放

目前，银行、证券、基金、人身险、期货等领域外资持股比例已完全取消，外资金融机构业务范围不断扩大，基本实现内外资一致。下一步，我国将继续积极推进金融业自主开放，主要表现如下。一是准入前国民待遇加负面清单管理制度全面落实，主要解决外资在机构准入、展业限制解除后的诸多许可申请的操作性问题。在负面清单制度下，外资金融机构的准入和展业必须满足资质要求、持牌经营。二是金融市场互联互通加速推进。比如扩大上海、北京、深圳三地合格境外有限合伙人 QDLP/合格境内有限合伙人 QDIE 试点规模，进一步满足境内投资者全球配置资产的需求；推动深港金融市场互联互通，提高粤港澳大湾区资金融通便利度。三是人民币国际化稳慎推进。受疫情影响，全球经济陷入低迷，而中国是唯一保持正增长的国家，在一定程度上提振了人民币信心。而且近年来随着沪港通、深港通、沪伦通、债券通等投资渠道的畅通，境外机构和国际资本持有人民币的比重不断增加。因此，未来要继续完善跨境人民币政策和金融基础设施建设，增加跨境人民币产品和服务供给。四是"一带一路"金融服务更加完善。以"六廊六路多国多港"为主体框架，拓展金融合作空间。比如加大对"一带一路"沿线国家公共卫生发展的金融支持力度，通过亚投行、丝路基金、金砖国家开发银行等多边金融机构，为"一带一路"沿线国家后疫情时代经济复苏提供金融支持。

3. 深化外汇领域改革开放，服务全面开放新格局

新发展格局下，消费和投资增长强劲，扩张性的货币政策和财政政策显著提升了总体负债水平，这些债务的还本付息将消耗未来的政府财政资源和民间储蓄资源。未来我国经常账户顺差将逐渐减少，适量的逆差可能成为常态，因此需要长期保持一定程度的资本净流入。2020 年以来，受到疫情的影响，全球经济遭遇重创，由于疫情控制较好，中国经济恢复快于欧美，国际证券组合投资、外商直接投资大量流入我国，这些资本净流入，对于降低我国企业和政府的融资成本发挥了积极作用。在今后一段时期内，我国将继

续推进外汇管理改革开放，服务新发展格局。主要表现如下。一是有序推进资本项目。扩大金融业双向开放，将进一步清除各种生产要素跨境自由流动的障碍，让更多国外生产要素融入国内大循环中，为了适应这种变化，资本账户自由化必须进一步扩大。比如全面放宽直接投资领域外资准入、推动实现符合国际惯例的证券投资开放政策、推动跨境融资交易和汇兑环节统一协调等。二是外汇管理体制更加聚焦高水平开放。为了实现更高水平的贸易自由化、便利化，外汇管理方式从事前审查转向事后核查，降低跨境贸易结算成本。为了服务更高水平的跨境融资自由化、便利化，全面放宽并取消跨境投融资规模、资金使用等限制，积极开展跨国公司资金池业务本外币一体化管理试点。三是外汇市场"宏观审慎＋微观监管"两位一体管理框架更加完善。资本项目开放意味着跨境资本流动更加自由化，资本大进大出可能会造成严重后果，需要重视风险防控。宏观审慎管理主要用于维护外汇市场稳定，防范发生系统性金融风险，而微观监管主要是对外汇市场各类交易主体及其行为进行监管，维护外汇市场秩序，保护消费者合法权益，严厉打击外汇领域违法违规行为。

3.4　提升金融服务新发展格局的政策建议

3.4.1　持续推动金融创新，不断提高金融服务效率和质量

1. 加快金融科技创新，全面推动金融服务提质增效

随着经济社会的进一步发展，高水平、个性化和多元化是金融需求发展的最终趋势，但也必然带来两个方面的问题，金融服务成本的提高以及风险管理要求的提高，如何平衡收益和成本之间、收益和风险之间的关系，是各国政府及金融机构面临的重要问题，也是重点难题。科学技术的飞速发展，不仅极大影响了社会的生产和生活方式，也为金融服务的深化发展带来了可能。全面提高金融服务质量和效率，应该进一步完善相关法制建设，强化基础设施建设，深入推动科学技术与金融行业深度融合。通过将大数据、云计

算、区块链、AI 等数字技术和智能手段与金融活动有机结合，一方面可有效提升金融服务便捷、拓宽金融服务通道、提高信用画像准确性、减少金融服务成本、降低金融体系风险，另一方面可探索开展类似数字货币这种深层次、颠覆性的金融产品和业务创新，构建金融服务新模式，打造未来金融的国际先发优势。

2. 加强消费金融创新，积极助力国内消费升级

高质量双循环体系下，经济的消费驱动特征，特别是内需的推动特征将更加明显，强大的国内市场、强劲的国内需求是新发展格局的重要构成和支撑。我国消费金融起步较晚，业务主要以信用卡、车贷、消费信贷为代表。近几年消费金融规模出现了爆发式增长，但相较其他发达国家，消费金融的市场渗透率仍然偏低，服务模式相对单一。随着经济和社会的发展，居民的消费观念、消费需求和消费模式都将发生快速转变，居民对于消费金融的需求也随之相应改变。推动居民消费升级、完善内需体系建设，要求进一步完善制度设计，鼓励传统和新型金融机构在满足风险管理要求的前提下，围绕新阶段的居民多样化、个性化的消费需要，加快消费金融领域的产品和服务创新，提升消费金融服务覆盖范围和普惠水平，提高消费金融的灵活性和便利性，满足居民的消费意愿。

3. 深化普惠金融创新，有效满足实体经济融资需要

实现关键核心技术突破，推进产业基础的高级化、产业链的现代化，推动新型工业化、信息化和农业现代化建设，构建现代经济体系，是经济发展的主要目标。有效解决这一过程中各类经济主体，特别是中小微企业的融资需求问题是新阶段金融发展的一大挑战，普惠金融是解决农村、中小微和民营企业融资难题的重要手段。目前国内普惠金融服务在产品建设、业务体系、经济效果和社会效益上仍有较大不足，需要强化引导、优化设计，建设形成包括政府部门、政策性金融机构、商业性金融机构、科技公司等在内的多元主体共同参与的普惠金融发展大格局，推动普惠金融新产品、新业务、新业态发展，扩大普惠金融服务范围，提高普惠金融服务效率。同时，普惠金融创新发展必须以可持续发展为前提，需要加强对普惠金融服务对象的征

信和资格审查，完善和落实对普惠金融体系的各项风险监控，打造普惠金融健康发展生态。

3.4.2 深化金融供给侧结构性改革，强化金融发展对经济发展的系统性支撑

1. 强化金融基础设施建设，服务供给侧结构性改革需要

随着市场和技术环境的不断发展，已有的传统金融基础设施体系无法满足金融行业发展的实际需要，直接影响到社会的融资成本和融资效率，建设先进可靠、自主独立、富有韧性的高质量金融基础设施体系是新阶段深化金融供给侧结构性改革的前提保障。强化金融基础设施建设要求相关部门和监管机构协同合作、统筹考虑新格局下金融业发展的趋势和需要，平衡创新发展和风险防控之间的可能矛盾，完善金融法制建设和各项制度安排，推动信用评级和征信市场的规范发展。要求加快大数据平台建设，推动包括交易系统、支付清算系统、信息系统、登记托管系统、征信评级系统、会计审计系统等在内的金融基础设施体系的数字化、智能化建设，在保障个人信息安全的前提下，打破不同金融主体之间的数据信息壁垒，提高金融市场的资源配置效率和风险防控能力。

2. 加快金融体系结构调整优化，加速供给侧结构性改革步伐

深化金融供给侧结构性改革，必须对标双循环建设需要，畅通双循环建设过程中涉及的包括民生发展、产业发展、区域发展、绿色发展等在内的关键领域的资金资本供给，为实体经济发展需求提供更高质量、更有效率的金融服务。深化金融供给侧结构性改革，应当以金融体系结构调整优化为重点，加快对金融市场结构、融资结构、机构体系、产品体系的调整优化。合理布局、有效发展融合货币市场和资本市场、公开市场和非公开市场的多层次市场体系，完善建立包括银行信贷、股票、债券、风险投资等在内的多层次、全方位的融资服务体系。有序放开金融市场准入要求，积极吸引民营资本、国际资本参与金融供给，打破金融供给侧的国有垄断格局，建立多元化、广覆盖、高效率的现代金融机构体系。适应消费、投资和生产新需求，

强化金融供给侧的产品、技术和渠道创新，推广金融定制服务，构建多元化、个性化、差异化的金融产品体系。

3. 推进金融要素市场化定价，提升供给侧结构性改革深度

深化金融供给侧结构性改革，必须妥善处理政府和市场在资源配置中的作用，在保证金融服务实体根本要求和风险可控的前提下，建立以市场为主导的金融运转机制，创造良好的金融市场竞争环境，促进金融体系的有效运行。金融市场化的核心是要素价格的市场化，其中的关键又在于利率和汇率的市场化定价。利率市场化的核心在于建立健全与市场相适应的利率形成和调控机制，保证并提高央行调控市场利率的有效性。汇率市场化的核心在于汇率形成机制的改革，即让市场在人民币的汇率形成过程中发挥基础性作用，保证汇率作为经济运行动态稳定器的功能发挥。推进金融要素市场化进程，一方面必须进一步推进存款利率市场化定价，推动存款基准利率和货币市场利率两轨合并，畅通利率传导机制，保证金融市场竞争的公平有序，另一方面应该进一步推动央行退出常态化市场干预，继续完善汇率形成机制，完善汇率中间报价机制，提高汇率政策透明度，稳健推进人民币汇率的市场化进程。

4. 完善绿色金融供给，助力绿色可持续发展转型

强化社会绿色意识，完善财税、法律、金融等方面制度设计，加强政府对绿色金融发展的引导和激励，推动传统金融机构加快绿色金融产品和服务创新，加大对新旧动能转换、科技创新、绿色发展等领域的金融支持。加快培育和发展绿色金融中介服务机构，引导信贷资金、产业基金投向高效率、高成长、低能耗的实体经济，鼓励风险投资、私募股权、社会资本增加对新能源产业、节能减排产业、环保产业的投入，鼓励社会资本共同参与，构建多主体、多层次、多元化的绿色金融市场体系。完善绿色金融标准，加速绿色金融标准的国内统一和国际接轨，鼓励金融机构"走出去"开展国际绿色金融服务，推动绿色金融的跨地区、跨区域和跨国合作，加快绿色金融发展步伐。

634

3.4.3　完善资本市场建设，充分发挥资本市场枢纽作用

1. 完善资本市场结构，加强多层次资本市场建设

处于不同行业和不同发展阶段的企业所面临的风险和融资需要不同，不同投资人的风险承担和投资需求也存在明显差异，随之而来的对市场的管理和监督要求也不尽相同。随着经济和社会发展复杂性的提升，上述市场微观结构的差异性特征也必然不断增强，多元化、多层次的资本市场建设就成了必然。完善资本市场结构一方面要基于不同市场所起作用的不同，加强对既有债券市场及主板、中小板、新三板、创业板、科创板及区域性股权市场的组织、运行及监督等各项制度的优化和调整，建立健全多层次的资本市场制度建设。另一方面应该持续探索发展场外交易市场，鼓励发展创业投资、并购投资基金等私募股权投资，壮大完善期权、期货等衍生产品市场，完善资本市场的功能，增强市场的内在稳定性。

2. 优化投资主体结构，提高资本市场投资主体质量

投资者是资本市场的微观构成，是资本市场发展的根基。投资者投资需求的改变推动着资本市场不断发展，而资本市场的发展又对投资者的专业、经验和风险承受能力提出了更高要求，完备的资本市场需要更多的理性投资人为其提供长期稳定的资金。投资主体结构优化的重点是积极培育和完善机构投资者，包括促进机构投资者的理性投资认识、推动机构投资者整体规模发展，提高机构投资者占比，优化机构投资者结构，支持社保基金、养老保险基金等中长期资金进场，通过机构投资者的有效参与完善市场整体估值体系，帮助良好市场价格信号的形成，提高资金的配置效率。

3. 优化公司治理结构，提升资本市场融资主体质量

公司治理包括外部治理和内部治理，外部治理是公司外部对公司的监督管理，内部治理是指公司所有者对公司运营的管理控制和监督激励。优化公司治理结构既要市场和监管部门引导推动现代企业制度的建设，完善并落实针对公司的各项监督管理制度，更要企业树立自身竞争力建设和信息披露意识。一方面企业要不断优化领导结构，完善各项管理制度，健全科学有效的

监督机制，建立符合现代企业制度要求的治理体系，促进企业经营管理能力提升。另一方面应积极规范财务制度，实现对各部门、各分支机构财务信息的统一管理，树立自愿披露意识，完善信息披露体制，丰富信息披露渠道，提升自身的融资竞争力和吸引力。

4. 强化监管和投资者保护，维护资本市场良好秩序

资本市场功能有效发挥的前提是良好的市场秩序，在优化投资者结构的同时，需要加强资本市场的规范化建设，加强对投资者的监督管理和投资保护。包括加强法律法规建设、完善市场约束机制、提高信息披露的及时性和真实性、提升市场透明度、帮助价值投资、风险投资的有效开展。完善风险防控制度和风险管理制度，加强对上市公司，尤其是对中小板、创业板、新三板、科创板等市场上市公司的监管，加强法律责任追究，严厉打击财务造假、利益输送、操纵市场等不法行为，严重处罚违法违纪行为主体。压实各个环节的机构主体责任，强化对金融服务机构的合规性和适当性管理，完善投资民事权益救济机制，探索集体诉讼制度，加强对投资者的全方位保护。

3.4.4 建立现代金融监管框架，保障新金融业务健康发展

1. 加强金融监管基础设施建设，提高金融监管整体效率

金融监管基础设施是金融监管活动有效开展的保障，是宏观审慎管理和强化风险防控的重要抓手。一是要完善金融监管的法制体系，明确监管理念，加强金融监管的相关法律法规建设。二是要建好制度围栏，完善监管制度，统一监管规则，明确各主体的风险防控责任，加强跨市场、跨行业、跨主体的监管合作。三是要建立健全信用体系，从根本上解决上市公司的信息披露不全面、造假、失信等行为，以及内幕交易、操纵市场等违法违规行为，提高市场信心，降低市场成本，保障市场发展。四是要应用最新科学技术，更新金融监管技术及手段，提高规范化监管和前瞻性监管效率。

2. 创新监管模式及手段，保障金融创新发展空间

监管涉及法律法规和配置制度的建设保障，因此金融监管跟金融创新之间必然存在步调上的不一致，金融监管必然落后于金融创新。迈入第四次工

业革命时代，科学技术呈现暴发式发展，金融创新的速度跟深度均不断提升。金融监管如果落后于金融创新太多，类似 P2P 爆雷这种大型风险事件就不可避免，这些事件的发生不断严重损害投资人的利益，也对金融创新的发展造成了恶劣的影响。监管部门应该密切结合科技技术发展及金融创新发展实际和需要，把握金融创新边界，创新金融监管理念，鼓励良性金融创新，试行并推广包括监管沙箱等在内的实验性监管措施，尽量缩短金融监管与金融创新之间的时间差。在保证金融系统稳定性的前提下，为金融创新提供更多的可能。

3. 加强个人信息保护，提升金融数据监管能力

随着大数据、云计算、区块链等技术创新的不断发展和广泛应用，金融活动对数据的依赖程度随之不断提高，金融数字化发展进程全面开启。许多机构和企业，特别是大型科技公司，因为自身业务掌握了大量的个人信息数据。如何防止这些个人信息数据被泄露和盗用，防止大型科技公司形成数据垄断趋势，是保障新金融业态健康发展的首要任务。解决上述问题，必须加快数据保护相关立法，明确数据定义、内容及所属权，确定可流通数据范围及流通规则，确定基于数据所产生的收益在开发人、所有人和使用人之间的合理分配，为数据的开放、共享、交易、流通及收益分配提供法律依据。必须完善金融数据监管制度，加强对金融数据的监管力度，建立并完善数据流通机制和数据价格形成机制，切实保障消费者权益，维护金融市场公平正义。

3.4.5　扩大金融业双向开放，促进资本跨境流动

1. 加快推动资本市场对外开放，促进资本市场高质量发展

加快国内国际双循环建设，需要进一步深化资本市场开放进程，促进国内国际资本的良性流动。随着我国经济社会建设全面迈向新阶段，资本市场对外开放也进入关键时期。政府需要推动资本市场法律、会计等基础性制度与国际标准接轨，完善准入前国民待遇和负面清单模式，落实内外资适用同一准入与监管规则，进一步提升境内市场对国际资金的吸引力。需要持续完善境外（境内）投资者参与境内（境外）投资的规则制度设置，加强境外

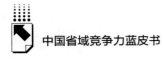

（境内）投资者参与境内投（境外）资的渠道建设，深化境外境内市场的互联互通，推动国际国内资本要素的自由流动。需要进一步提高资本市场开放力度，扩大对外开放品种范围，完善对外开放产品体系，更好地满足境外投资者各项投资需求。需要加强与境外机构的沟通与协同合作，积极参与国际金融治理活动，及时防范和化解跨境金融风险。

2. 加快国际金融中心建设，加快推动人民币国际化发展

建设国际金融中心、推进人民币国际化是全面提升我国经济和金融国际竞争力、保障经济和金融整体稳定的必然要求。政府应该以服务实体经济发展、促进贸易投资便利为根本，以上海国际金融中心建设为支点，全面优化境内境外金融服务体系，支持离岸金融市场发展，提升人民币使用的便利程度，推动以人民币为基础的各项互利合作关系发展，推动人民币金融资产定价，提升人民币全球交易规模，推进人民币国际化进程。应该主动遵循国际惯例，坚持绿色、可持续等原则，围绕绿色发展、能源产业、数字经济等高质量发展的重点领域和薄弱环节，抓住"一带一路"发展契机，深化国际金融合作，助力人民币国际化进程。

新发展阶段以城市群建设引领区域协调
发展的现实挑战与路径选择

郑　蔚　陈伟雄　李成宇*

摘　要： 加快推进城市群建设，建立健全城市群发展协调机制，是促
进区域协调发展的重要途径。"十三五"规划纲要提出，要
建立健全城市群发展协调机制，推动跨区域城市间产业分
工、基础设施、生态保护、环境治理等协调联动，实现城市
群一体化高效发展。党的十九大报告指出，实施区域协调发
展战略，以城市群为主体构建大中小城市和小城镇协调发展
的城镇格局。2018年11月，中共中央、国务院专门出台了《关
于建立更加有效的区域协调发展新机制的意见》，提出要
"建立以中心城市引领城市群发展、城市群带动区域发展新
模式，推动区域板块之间融合互动发展"，同时强调要"加
强城市群内部城市间的紧密合作，推动城市间产业分工、基
础设施、公共服务、环境治理、对外开放、改革创新等协调
联动""积极探索建立城市群协调治理模式"。十九届五中
全会审议通过的关于制定"十四五"规划和2035年远景目标
的建议进一步强调要"坚持实施区域重大战略、区域协调发

---

* 郑蔚，博士，福建师范大学经济学院副教授，主要研究方向为区域与城市发展研究；陈伟雄，
博士，福建师范大学经济学院副教授，主要研究方向为区域经济；李成宇，博士，福建师范
大学经济学院讲师，主要研究方向为区域经济政策。

展战略、主体功能区战略，健全区域协调发展体制机制，完善新型城镇化战略"，要"发挥中心城市和城市群带动作用，建设现代化都市圈"。城市群作为我国经济发展的重要增长极，是我国主体功能区划的重点和优化发展区域，是区域协调发展战略实施的重要基石。

关键词： 城市群　区域协调发展　新型城镇化

4.1　新发展阶段以城市群建设引领区域协调发展的重要战略意义

城市群建设有利于在区域内形成合理的协调机制，进一步提升城市群综合承载能力，促进区域协调发展。目前，我国规划的包括京津冀、长三角、珠三角在内的 19 个城市群所承载的人口占全国人口的 78%，贡献了国内生产总值的 80% 以上，是承载发展要素和引领高质量发展的主要空间载体[1]，是中国经济发展最具活力的地区。当前我国步入了"十四五"时期到 2035 年基本实现社会主义现代化阶段，是转变经济发展方式的关键时刻。站在新的历史起点上，下一阶段经济发展要进一步以中心城市和城市群为主要空间载体，促进区域间各种要素合理流动和高效集聚，完善空间治理，形成优势互补、高质量发展的区域经济布局。

4.1.1　加强城市群分工合作，促进区域经济效率提升

从目前我国城市群的发展来看，由于区域关联性和资源相似性，城市之间的经济联系在短时间内不可能由松散变为紧密，城市间的产业竞争大于合

① 北京市习近平新时代中国特色社会主义思想研究中心：《提高中心城市和城市群综合承载能力》，《光明日报》2020 年 1 月 13 日第 6 版。

作。在利益驱动下，盲目的产业建设和相似的经济结构，带来了更多的同质化和内耗竞争，造成资源的浪费和不合理利用，导致自身有限的资源无法互补，无法集中发展，这些都制约了整体效率的提高。因此，习近平总书记在中央财经委员会第五次会议上指出，"推动形成高质量发展的区域经济互补布局""增强中心城市、城市群等经济发展优势地区的经济和人口承载能力"。城市群建设以中心城市的发展为核心，借助中心城市高效的资源配置能力，通过大、中、小城市之间产业和功能的合理划分，有利于促进城市充分发挥比较优势，通过优势互补提高整个城市群的要素利用率，在提升区域经济效率、推动区域协调发展方面发挥着重要作用。同时，城市群建设通过产业分工网络，能够在城市群内各城市之间形成更为紧密的经济关联[①]，促进人才等要素向资本回报高的空间集聚，形成具有一体化发展趋势的协同创新格局，提高城市群整体的综合竞争力，实现跨区域协同发展。

4.1.2　加快城市转型升级，提升城市群综合承载力

中央经济工作会议提出了要提高中心城市和城市群的综合承载力与资源优化配置能力的战略任务。随着我国城市群的发展，大量人口向中心城市和城市群集中，城市群必然要承载与经济体量相匹配的人口规模。发展较快的城市群，通常由于规划、交通、生态等缺陷而过度膨胀，"大城市病"问题显现。而一些产业基础差、资源质量不足的欠发达地区则存在人口严重流失、经济增长乏力等问题。实际上，这些问题产生的实质是城市承载力与城市发展规模不平衡。城市群综合承载力的提升，可以推动区域经济一体化的进程，实现资源高效配置，有利于破解大城市病和区域发展不平衡不充分的困境，加快中心城市转型升级，提高发展质量。同时，根据城市群的发展状况、规模等级以及资源环境承载力等要素，各城市群综合承载力的提升可以更合理地配置资源，优化资源利用结构，促进城市群人口承载能力和经济规

---

① 侯杰、张梅青：《城市群功能分工对区域协调发展的影响研究——以京津冀城市群为例》，《经济学家》2020 年第 6 期。

模的提高；这有助于在不同自然地理条件和不同功能的城市群中发挥重要作用。在新的发展阶段，城市群综合承载力的提高对于实现可持续发展和区域协调发展尤为重要。

4.1.3 夯实城市群主体地位，辐射带动新型城镇化建设

党的十九大报告中提出"以城市群为主体构建大中小城市和小城镇协调发展的城镇格局"。改革开放以来，我国城镇化率不断提升，城镇化发展处于加速推进阶段，新型城镇化特征以城市群建设为核心，引领带动周边城市发展。随着城市群要素集聚和辐射能力的增强，协调发展机制不断完善，将促进新型城镇化健康有序发展。依据"十三五"规划，我国已形成19个不同层次、不同规模的城市群。世界级城市群快速壮大，率先探索城市群协调发展的新机制；国家级城市群在发展中探索形成具有较强影响力的城市群发展模式，对新型城镇化有着较大的贡献；区域性城市群逐步成长，重点发展潜力不断挖掘，推动其成为人口就地城镇化的主要载体[①]。可以说，城市群既是改革开放40多年来我国工业化、城镇化发展成就的集中体现，也是区域协调发展战略的进一步落实，以城市群为主体推进新型城镇化建设，是实现区域间、区域内协调发展的重要途径。

4.1.4 加速实现乡村振兴，发挥底层支撑作用

党的十九大报告首次提出，实施"乡村振兴"战略。坚持城乡一体化发展，将乡村振兴战略与新型城镇化目标相结合，加快推进农业农村现代化，缩小城乡差距。乡村地区拥有大量自然资源、各类产品的稳定供应以及广阔的市场发展空间，乡村发展与城市发展互促互进，可以加快城乡共建脚步。然而，随着城市化的深入，大量农村人口开始涌入城市，给乡村振兴战略的实施带来了诸多困难，我国城乡发展不平衡、不协调的矛盾仍然比较突出。

---

① 高国力、李天健、孙文迁：《改革开放四十年我国区域发展的成效、反思与展望》，《经济纵横》2018年第10期。

当前，我国经济实力和综合国力显著增强，具备了支持城乡一体化发展的物质技术条件，通过城乡间共创、共建、共享能够进一步缩小城市与乡村发展的各项差距，构建"以城带村""城乡共进"的新格局。城市群集聚高端产业和高端人才，是经济发展的核心区域，也是最具有创新活力的版块。乡村具有明显的地域优势，是中国现代化经济体系建设的基础。通过城市群的建设和发展，形成充足的城市力量带动农村发展，有利于乡村振兴战略的实现。

4.2　以城市群建设引领区域协调发展的逻辑机理

加快推进城市群高质量发展，着力提升中心城市和城市群综合承载力，推动大中小城市协调发展，有利于更好地发挥城市群对激发区域发展新动能、塑造国际竞争新优势、促进区域协调发展的重要作用。具体来看，加快城市群建设可以从以下几条作用路径来推动实现区域协调发展。

4.2.1　通过城市群建设优化资源配置，促进区域协调发展

城市群是城市发展到成熟阶段的最高空间组织形式，是承载区域发展要素的主要空间载体，加快推动城市群建设，形成城市群发展协调机制，有利于实现资源和要素的自由流动与合理配置。当前，区域经济发展的极化现象较为明显，大城市及城市群的经济和人口集聚程度越来越高，通过发挥城市群的产业聚集效应、市场规模经济和要素配置效应等，能够促进城市群内部资本、劳动力、信息、技术等要素的优化配置，提高资源要素利用效率，促进城市群高质量发展和城市群内部协调发展。党的十九届四中全会提出要"提高中心城市和城市群综合承载和资源优化配置能力"，这是实现区域协调发展的必然要求。提高中心城市和城市群综合承载和资源优化配置能力，有利于破解大城市病和区域发展不平衡不充分的"双重困境"，从更大空间范围内优化资源配置，不仅能够推动中心城市加快转型升级、提升发展质量，而且有利于城市群加强产业分工协作，发挥区域特色，推动形成良性竞合产业格局，缩小区域差距，促进区域协调发展。

4.2.2　通过发挥城市群的扩散辐射带动作用，促进区域协调发展

加快推动城市群的建设，不仅能够促进资源要素的空间集聚，提高资源要素配置效率，而且能够通过发挥城市群的扩散辐射带动功能，强化区域内城市之间、城乡之间的互动，促进城市群内部各城市和周边中小城镇发展。城市群的辐射功能可以分为两种形式：一种是核心城市产生的辐射，另一种是城市群整体对非城市群地区的辐射。在城市群发展初期，主要表现为核心城市的单一辐射扩散功能，当城市群发展步入成熟阶段，城市群空间结构向多中心转变，城市群的辐射功能更多地表现为城市群整体对周边地区的辐射。[①] 正是在城市群的辐射带动下，城市群的人流、物流、资金流、信息流等要素逐步向周边地区扩散，推动了资源共享、功能互补、分工合作的城市群发展协调机制的构建，核心城市的经济功能逐渐向次级城市扩展和延伸，提升了周边中小城镇乃至农村的经济发展水平，最终形成了区域一体化发展的格局。

4.2.3　通过城市群建设实现社会服务共享，促进区域协调发展

加快城市群建设能够推进公共服务一体化、基础设施一体化、环境保护一体化等，实现公共服务共享和基础设施互通等，从而达到促进区域协调发展的目标。在公共服务方面，城市群打破了城市与城市之间、城市与农村之间的空间界限，实现了教育、医疗、文化等公共服务资源的共建共享，推动了城市之间、城乡之间的公共服务均衡配置，缩小了区域间公共服务供给差距，促进区域协调发展。在基础设施建设方面，城市群建设通过构建一体化交通基础设施网络，以及加强城市群之间的能源、通信、环保、防灾等基础设施的统一布局和共建共享，不断推进城市群"同城化"，为区域内经济主体提供便捷、高效、全面、均衡的社会服务。通过城市群一体化建设，打破城市间的行政藩篱，推进形成城市群内各城市功能分工清晰、产业定位互

---

① 肖金成、李博雅：《城市群对经济区的辐射带动作用》，《开发研究》2020 年第 1 期。

补、基础设施互联、人员往来便捷的整体性城市网络，形成优势互补、高质量发展的区域经济布局，促进区域协调发展。

4.2.4　通过城市群建设形成协同创新网络，促进区域协调发展

城市群是创新要素的主要集聚地，尤其是中心城市集聚了大量的研发中心和教育机构等智力资源，加快推进城市群建设，形成城市群发展协调机制，有利于将城市群打造成协同创新共同体，扩大城市群的知识和技术外溢效应，推动产业链与创新链协同发展，从而促进区域协调发展。"十四五"规划将科技自立自强作为驱动国家创新发展的核心战略，城市群建设必然将进一步探索以创新为驱动的发展模式，城市群协同创新网络建设有望加快推进，科技创新在城市群内外的扩散和溢出效应将更加显现，从而将有利于实现科技创新资源供给全覆盖，提升欠发达地区的科技创新能力，促进区域协调发展。

4.3　以城市群建设引领区域协调发展的现况考察

城市群是支撑中国城镇化高质量发展的核心体系。发展城市群也是中国新型城镇化道路前进的方向和路径。从全球范围来看，早期的城市发展理念和模式为"单体式"，呈现出"以邻为壑""单打独斗"的特征。这就导致了城市之间的"恶性博弈""同质竞争"①，进而造成了资源的巨大浪费，损害了社会的公平、公正。因此，"单体式"是"粗放型城市发展模式"。而"城市群"具有"组团发展""共生互动"的特点，基础设施更稠密，流通网络体系更高效，城市分工和层级体系更加合理。这有利于促进城市与城市、城镇与农村的协调发展。因此，城市群是世界城市发展和区域发展的客观规律。当前中国的城市群主要有 19 个，分别为长三角城市群、珠三角城市群、京津冀城市群、成渝城市群、长江中游城市群、海峡西岸城市群、山东半岛城市群、中原城市群、辽中南城市群、关中平原城市群、北部湾城

---

① 比如，产业同质竞争、项目重复建设、空间批量生产等。

市群、哈长城市群、山西中部城市群、黔中城市群、呼包鄂榆城市群、滇中城市群、天山北坡城市群、兰州－西宁城市群和宁夏沿黄城市群。这19个城市群以占全国25%的土地承载了全国75%的人口，其中城镇人口比例达到78%，更是创造了全国88%的GDP。① 因此，可以说中国的城市群已经成为承载人口和经济的主要空间形式，是引领区域发展的增长极。当然，不可否认的是，由于起步较晚，与世界很多发达国家或地区的城市群相比，中国的城市群整体上仍然"发育不足"，处于快速发展阶段；② 也就是说，大部分的城市群发展尚不成熟。而且城市群的发展水平在不同区域间也存在明显差异。比如，长三角城市群和珠三角城市群已经趋近成熟稳定期；京津冀城市群、成渝城市群、长江中游城市群、海峡西岸城市群等也已进入快速发育期；而中西部地区的黔中城市群、呼包鄂榆城市群、滇中城市群等尚处于雏形发育期。党的十九大报告明确提出，要"以城市群为主体构建大中小城市和小城镇协调发展的城镇格局，加快农业转移人口市民化。"这表明城市群内部协调发展已经成为区域协调发展战略的重要内容。未来中国城市群的发展方式要遵循创新、协调、绿色、开放、共享五大发展理念，向高度一体化、绿色化、智慧化和国际化方向发展。

区域协调发展是指在区域开放条件下，区域之间经济联系日益密切、经济相互依赖日益加深、经济发展上关联互动和正向促进，各区域的经济均持续发展且区域经济差异趋于缩小的过程③。区域协调发展是一国经济社会平稳、健康、高效发展的前提。改革开放以来，中国区域协调发展战略大致经历了三个阶段。

第一个阶段（1979～1991年）为实施非均衡区域发展战略期。为推动全国经济的快速发展，基于不同区域的比较优势，中国采取了效率优先东部

---

① 恒大研究院：《2019年中国城市群发展潜力排名》。
② "改革开放初期，正当全球城市群发育经过100多年后进入成熟阶段的时候，我国城市群的发育才刚刚起步，比全球城市群发育整整晚了80年左右。"方创琳：《改革开放40年来中国城镇化与城市群取得的重要进展与展望》，《经济地理》2018年第9期。
③ 覃成林、张华、毛超：《区域经济协调发展：概念辨析、判断标准与评价方法》，《经济体制改革》2011年第4期。

重点的非均衡发展方式。东部沿海地区凭借良好的经济基础和先天的地理优势，获得国家一系列的优惠发展政策，在全国"率先开放、率先改革"。这种非均衡发展方式旨在通过东部地区的率先发展，带动和辐射中西部地区的发展，进而实现全国的整体发展。当然，这也造成了区域不平衡、区域间市场分割、区域间发展差距拉大等问题。

第二个阶段（1992～1998 年）为区域协调发展战略的初步形成期。从"八五"时期，中国开始调整区域发展战略，不再一味地强调东部优先发展，而是兼顾中西部地区的发展。到 1992 年，党的十四大报告提出，"应当在国家统一规划指导下，按照因地制宜、合理分工、各展所长、优势互补、共同发展的原则，促进地区经济合理布局和健康发展。"这也为以后的区域经济发展确定了基调。1995 年 9 月，中国共产党第十四届中央委员会第五次全体会议制定《中共中央关于制定国民经济和社会发展"九五"计划和2010 年远景目标的建议》。该建议指出，要"坚持区域经济协调发展，逐步缩小地区发展差距"。这是党中央正式文件首次明确区域经济协调发展。同时，这也意味着区域经济协调发展上升到了国家战略。到 1997 年，党的十五大报告进一步强调，要"发挥各地优势，推动区域经济协调发展""促进地区经济合理布局和协调发展"。这标志着区域经济协调发展受到了党和国家的高度重视。

第三个阶段（1999 年至今）为区域协调发展战略的全面实施期。2000年，中国共产党第十五届中央委员会第五次全体会议通过了《中共中央关于制定国民经济和社会发展第十个五年计划的建议》。该建议指出，要"实施西部大开发，促进地区协调发展"。到 2002 年，党的十六大报告不仅强调要"积极推进西部大开发，促进区域经济协调发展"，而且，报告为东、中、西三个地区的发展明确了方向。进一步，党的十七大报告提出，"加大对革命老区、民族地区、边疆地区、贫困地区发展扶持力度。帮助资源枯竭地区实现经济转型。"可以看出，在上一个阶段，区域经济协调发展虽然引起了中央政府的重点关注，中央政府也多次在正式文件中明确区域经济协调发展的重要性，但总的来说，关于区域经济协调发展的论述仍然比较笼统，发展方向并

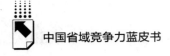
不具体；而在这一阶段，中央不仅为区域经济协调发展路径指明了整体方向，而且进行了详细的政策分解。区域协调发展战略逐渐完善。

当前，中国区域发展协调性正在逐渐增强。东部地区产业结构调整，成效显著；中西部地区经济增速保持良好势头；东北地区经济发展也呈现触底回升迹象。区域发展不平衡不充分问题仍然存在，既有东西差距与南北失衡，也有区域内部分化态势明显、发展动力极化、城市群内部同质竞争等。新形势下，进一步推进区域协调发展，要"尊重客观规律、发挥比较优势、完善空间治理、保障民生底线"。同时，考虑到城市群正在成为承载发展要素的主要空间形式，是经济发展最活跃的增长极和动力源，因此，在继续推动西部大开发、东北振兴、中部崛起、东部现代化的基础上，要充分发挥城市群的带动引领作用。

4.4 以城市群建设引领区域协调发展的现实挑战

4.4.1 区域间市场分割

跨行政区域的一体化是城市群健康发展的必然要求，也是区域协调发展的必然趋势。但地方保护主义、区域间市场分割仍然是比较突出的问题。区域间市场分割会抑制市场在区域协调发展中的主导作用，进而导致区域间恶性竞争或无序竞争、产业同构、重复建设、资源要素跨区域流动成本高等问题，不利于资源的合理配置。根据《中国分省份市场化指数报告2018》，可以发现东部地区要素市场化水平要高于中西部地区。这表明，地区间的市场分割水平也是不一样的。自然条件、技术差异、行政壁垒等都是造成区域间市场分割的原因。自然条件包括地理距离、文化、风俗习惯、宗教信仰等。技术差异通常是指人力资本和技术水平的差异。行政壁垒是政府行为，也是造成区域间市场分割的主要原因。它是地方政府为干预、限制外部产品或要素进入本地区而制定的各种或明或暗的政策壁垒，从而实现本地区利益最大化的行为，而不同行政主体之间又缺乏有效的协调机制。因此，行政壁垒更多的是行政区划的利益壁垒。

区域间市场分割对区域协调发展构成的挑战主要体现在以下几个方面。首先，市场分割不利于市场的公平竞争和信息的充分交流。这就使得要素流动不畅，无法实现合理配置。企业的生产成本也会随之增加。地方政府在行政区内建立完善的产业链，还会造成产业同构、重复建设的问题，不利于实现产业专业化分工、形成规模经济。其次，市场分割阻碍了资源要素跨区域流动。这使得中西部地区丰富的资源可能无法被东部地区使用，而东部地区的产业无法向中西部地区转移，不利于发挥地区比较优势。最后，市场分割的主要源头是行政壁垒。行政壁垒的存在弱化了地方政府对市场进行监督和管理的能力，也会滋生地方官员的寻租行为。因此，短期来看，区域间市场分割保护了本地企业发展，尤其是尚未成熟的幼稚企业；但长期来看，区域间市场分割并不利于地区经济增长，所产生的经济利益也是不可持续的。

4.4.2　区域间经济增长分化

总体来看，我国地区间经济增长呈现显著的分化现象。图 4-1 所示为按区域顺序排列的各地区的国内生产总值，可以发现，2001~2019 年间地区间的差距不断扩大。2001 年，东部地区国内生产总值平均水平为 5784.41亿元，中部地区为 3275.98 亿元，西部地区为 1578.28 亿元，2019 年其分别为 48733.69 亿元、30509.66 亿元及 17098.77 亿元，东部地区与中部地区的差距由 2508.43 亿元扩大到 18224.03 亿元，东部地区与西部地区的差距由4206.13 亿元扩大到 31634.92 亿元。同时，中西部的差距也在不断扩大，中部地区与西部地区的差距由 1697.70 亿元扩大到 13410.89 亿元。

与地区间的国内生产总值差距不断扩大相一致，地区间的人均国内生产总值也呈现扩大趋势（见图 4-2）。2001 年，东部地区人均国内生产总值为15380.82 元，中部地区为 6562.38 元，西部地区为 5571.50 元，2019 年其分别为 97737.36 元、53544.63 元及 53568.25 元，东部地区与中部地区的差距由8818.44 元扩大到 44192.73 元，东部地区与西部地区的差距由 9809.32 元扩大到 44169.11 元。但中西部的差距却显著缩小，中部地区与西部地区的差距由

990.88 元缩小到 −23.62 元，两者基本相同。简而言之，东部地区在国内生产总值总量与人均水平上均领先于中西部地区，且差距呈现不断扩大趋势。

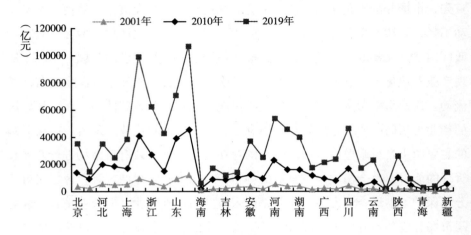

图 4 −1　各地区国内生产总值

资料来源：国家统计局官网。

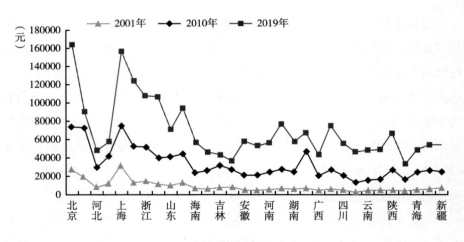

图 4 −2　各地区人均国内生产总值

资料来源：国家统计局官网。

　　更为重要的是，东部地区与中西部地区国内生产总值增长率的差异呈现先扩大而后逐渐缩小的趋势。2001 年，东部地区、中部地区及西部地区国内生产总值增长率分别为 11%、9% 及 11%，2010 年分别为 19%、22% 及 22%，2019 年分别为 7%、8% 及 8%。在经济不断下行的现实情况下，这一差距还可能进一步缩小。这意味着，地区间经济增长在总量上将不断分化，难以实现收敛。

4.4.3 区域间基本公共服务差距大

我国区域间经济增长呈现明显的极化现象，其带来的一个重要影响即为区域间的基本公共服务供给水平的差距。尽管通过中央政府的转移支付，区域间财力差距有所弱化，但自有财力仍存在明显差异。且部分转移支付还有配套要求，缩小区域间基本公共服务差距的效果相对有限。

区域自有财力的差异直接引起地区间基本公共服务供给的水平的差异（见图 4 - 3）。从人均财政支出衡量的教育、社会保障和就业及医疗卫生支出来看，东部地区的供给水平均明显高于中西部地区，且区域间自有财力差异也难以缩小。2019 年，东部地区、中部地区及西部地区的财政收入增长率分别为 4.30%、1.87% 及 1.90%，财政支出的增长率分别为 7.50%、

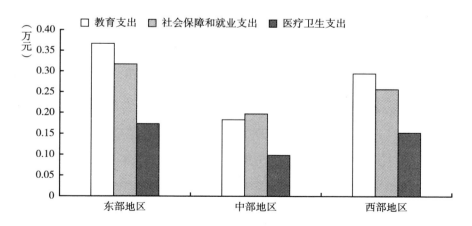

图 4 - 3 2019 年三大区域人均财政支出

注：以人均教育支出为例，人均教育支出自给率 = 地方财政教育支出/户籍人口数。

资料来源：财政支出资料来源于国家统计局官网，人口资料来源于《中国人口和就业统计年鉴》。

9.20%及8.58%，结合东部地区财政收支的既有规模较大的事实，地区间公共服务供给差距缩小受限。更为重要的是，中西部地区尤其是西部地区还面临基本公共服务投入不可持续的现实。区域间的财政自给率呈现东部地区最高，中部地区其次，西部地区最低的现状（见图4-4），2019年东部地区的财政自给率为63.91%，中部地区为38.14%，西部地区为30.08%，意味着中西部地区尤其是西部地区的财政收支矛盾可能凸显，限制了区域间基本公共服务差距缩小的可能性。

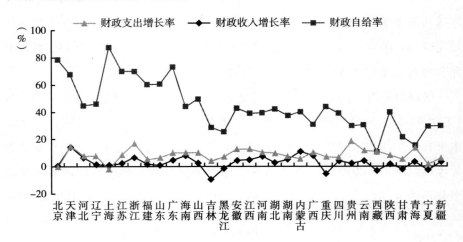

图4-4 2019年各地区财政状况

注：财政自给率＝地方一般公共预算收入/地方一般公共预算支出×100%。
资料来源：国家统计局官网。

理论上，地区基本公共服务供给水平除受财政投入因素（即财政支出规模）的影响外，还受到支出效率的影响。为更准确地观测地区间基本公共服务水平的差距，本文进一步以财政支出的结果变量衡量基本公共服务供给水平。结果表明，东部地区的基本公共服务供给水平显著高于中西部地区，这在医疗和教育的供给上都得到了验证（见表4-1）。值得注意的是，中西部地区的结果存在差异。以人均财政支出衡量的基本公共服务供给水平中，西部地区高于中部地区，但以总量衡量的供给水平中，中部地区高于西部地区，西部地区的财政支出效率有待提高。

表4-1 2019年三大区域基本公共服务供给状况

地区	初中生师比	小学生师比	每万人卫生技术人员数
东部地区	10.93	14.40	78.36
中部地区	13.59	17.99	67.25
西部地区	13.03	16.37	73.33

资料来源：国家统计局官网。

注：生师比中教师人数等于1。

4.4.4 城市群综合承载力不足

综合承载力指的是在一定时期内一个地区的资源能源、生态环境、基本公共服务、基础设施等对该地区经济社会发展的支撑能力。近年来，中国城市群的社会发展越来越快，经济活动力度越来越强，人口密度越来越大。这必然对城市群的综合承载力形成巨大挑战。而且可以看出，中国城市群综合承载力明显不足，已经成为影响和制约区域协调发展的瓶颈。主要表现在：城市群的国土开发压力较大，生态环境日益恶化，资源能源日益紧张，交通拥堵，住房困难，基本公共服务供给不足，等等。因此，有些学者认为城市群的规模不宜过大，呼吁控制大城市的发展。实际上，城市群综合承载力不足并不是规模过大导致的，而是发展方式的问题。比如，财力不足、规划建设不充分是导致城市群基础设施不足的主要原因。一方面，城镇化推进速度过快，相应的基础设施建设明显滞后，尤其是生态环境保护设施。而且，在尚未形成总体和长远规划的情况下，很多基础设施就开始推动建设，形成烂尾工程或豆腐渣工程，进而造成资源的严重浪费。另一方面，地方政府更倾向于将财力投入生产领域，以期推动本地经济快速发展。在财力短缺、融资机制不健全、土地财政比重下降的局面下，地方政府会倾向于忽视对教育、文化、医疗、养老等民生服务类基础设施的投资建设。

高投入、高消耗、高污染是中国城镇化进程中的主要问题，也是导致城市群资源环境承载力不足的重要原因。一方面，一些地区把城镇化建设狭隘地理解为城市建设，"摊大饼"式空间扩张，"重地上轻地下"，导致土地使用集约度不高，土地资源配置效率低下。另一方面，农村人口快速向城镇集聚，城镇人口密度大幅增长，使得生活垃圾和污水难以及时处理，"垃圾围城"现象时有发生。同时，工业园区的排放、污染也加剧了环境恶化。因此，提高城市群综合承载力不应去限制城市群的发展规模，而应该提高城市群的协同治理能力，掌握好经济社会发展与生态环境之间的平衡。

4.5　以城市群建设引领区域协调发展的典型经验及启示

加快推进城市群建设，形成城市群带动区域发展新模式，优化区域资源配置，对于促进区域协调发展具有积极的作用。当前，在国家战略引导和政策支持下，我国城市群建设如火如荼，成为引领区域经济协调互动发展的重要纽带。从城市群建设的情况看，目前我国已形成了京津冀、长三角、珠三角等发展较为成熟的城市群，也还存在北部湾城市群、天山北坡城市群、呼包鄂榆城市群、滇中城市群、黔中城市群等尚处于培育成形阶段的城市群。城市群建设的水平存在差异，在引领区域协调发展方面也呈现不同的特点。鉴于此，有必要对国内外城市群建设的典型经验进行总结，为加快建立健全城市群发展协调机制、更好地以城市群建设引领区域协调发展提供有益启示。

4.5.1　国内外城市群建设促进区域协调发展的典型经验

1. 国外城市群发展经验

（1）美国东北部城市群

美国东北部城市群以纽约、华盛顿为核心，主要包括波士顿、纽约、费城、巴尔的摩、华盛顿等美国东北地区五大城市，其面积仅占美国总面积的1.5%，但聚集了美国20%的人口，城市化水平达到90%以上。美国东北部城市群集国际金融、时尚、娱乐和文化于一体，是典型的"核心带动发展模式"，纽约作为美国经济中心和世界金融中心，发挥的核心作用十分突出，极大地带动了区域内其他城市的发展。美国东北部城市群的发展经验主要有以下三方面。

一是重视多主体协同参与城市治理。美国城市群的运作模式为政府机构和社会团体的混合协同治理，特别是区域规划学会等民间社会团体在促进区域协调发展方面发挥了重要的作用。政府部门成立了不同的组织机构来承担城市群建设的不同职能，但城市群建设的主导力量不是政府，而是民间社会组织。民间社会组织通过协作式的地区规划模式把包括政府机构在内的各个关键利益代表聚集在一起，协同推进城市群开发建设。这种非正式的协调不具有强制性，在城市群建设的实践过程中往往比政府命令更容易让人接受。而且这种模式淡化了政府的"规则制定者"作用，更有利于发挥市场机制在城市群建设中的积极作用。

二是推动形成合理的区域分工格局。美国东北部城市群根据自身的发展特点，寻求合理的分工布局，不断优化产业结构，推动实现错位发展。纽约作为核心城市，有着最为发达的商业和生产服务业，辐射带动周边城市。华盛顿是美国政治中心，在国际经济中有着重要影响，拥有众多全球性金融机构。波士顿集中了高科技产业、金融、教育、医疗服务、建筑和运输服务业，是著名的高科技聚集地。费城地理位置优越，经济结构比较多元化。城市之间按照发展程度进行分工，呈现出鲜明的梯度分布特征。通过城市群内各城市的产业分工协作，推动区域协调发展。

三是构建完善的交通基础设施网络。美国政府将城市群的交通职能独立划分出来，组建特定的部门进行统一规划和建设。目前美国东北部城市群已形成"海陆空"三位一体交通网络体系，显著增强了城市群内各城市的交通联动性，推动了资源要素的自由流动。

（2）日本东京城市群

日本东京城市群是日本的核心经济带，包含东京都及周边的埼玉县、千叶县、神奈川县，面积约占日本国土总面积的 3.5%，但人口规模却占总人口的 1/3 左右，经济总量接近日本 GDP 的一半，城市化水平也达到 90% 以上。作为日本产业聚集带和经济增长最为活跃的区域，东京城市群的发展也积累了许多经验，值得其他城市群借鉴，主要包括下列四个方面。

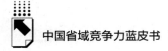

　　一是实行政府主导的多主体参与城市群建设模式。与美国东北部城市群建设相比，尽管东京城市群也强调多主体参与城市群建设，但不同的是，东京城市群是以政府作为主导力量，企业、民间组织等社会力量作为补充。日本政府高度重视城市群的协调发展规划，设立了统一的城市群协同管理机构，研究制定城市群发展战略规划。为了推进区域经济一体化发展，日本政府通过"广域行政"促进有关地方政府间跨行政区合作与协调。同时，东京城市群还充分发挥关西经济联合会等民间协调组织的桥梁与中介作用，加强政府与社会之间的信息沟通。通过采取这种以政府为主导、社会组织和企业等多元主体共同参与的模式推进城市群建设与区域协调发展。

　　二是注重城市功能定位和产业分工。东京城市群依托日本首都东京特有的综合影响力引领城市群一体化协调发展，根据各城市不同的地域特点及优势，明确城市功能定位，发展各自的特色产业，形成合理分工的城市群协调发展机制。这种协调机制是在充分尊重市场经济和大都市发展规律、充分发挥各个城市优势的基础上形成的，主要运用产业政策、区域功能分工、大交通、自然环境等许多专项的规划与政策协调。①

　　三是构建系统完善的区域立法。东京城市群能够取得成功的另一个经验是构建了系统和完善的区域法律保障体系，包括《地方自治法》、《首都整备法》、《首都圈建设规划》以及经过多次修订的《城市规划法》等多部重要法律法规，不仅为东京城市群的建设提供了发展方向和政策指导，而且为城市协同奠定了法律基础，有效降低了区域间的合作风险和协调成本。②

　　四是重视提升公共基础设施的信息化建设水平。东京城市群除了拥有世界上最发达的轨道交通外，还十分重视智慧城市建设，着力提升公共服务的信息化、智能化水平。信息通信、人工智能等技术被广泛运用到城市的医疗卫生、环境能源、公共安全、防灾减灾、交通运输与物流等公共服务领域，

①　鞠立新：《由国外经验看我国城市群一体化协调机制的创建——以长三角城市群跨区域一体化协调机制建设为视角》，《经济研究参考》2010 年第 52 期。
②　李民梁：《北部湾城市群：国内外典型城市群协同发展经验及借鉴》，《中共南宁市委党校学报》2019 年第 6 期。

成功解决了全世界城市都面临的一些大城市病问题，使其成为世界上人口最多却不拥堵、经济体量巨大却环境良好的大城市群。

2. 国内城市群发展经验

（1）长三角城市群

2016 年 5 月国务院通过的《长江三角洲城市群发展规划》明确提出，长三角城市群要建设面向全球、辐射亚太、引领全国的世界级城市群。长三角城市群是国内经济发展水平最高、创新能力最强的区域之一，由上海、南京、杭州、合肥等 26 个城市组成，区域面积 21.17 万平方公里，仅占国土面积的约 2.2%，但 GDP 占比超过 20%。2019 年长三角 GDP 为 23.72 万亿元，占全国 GDP 的 23.9%。作为中国城镇化基础最好的区域之一，长三角城市群在发展过程中也积累了一些经验，值得国内其他城市群参考借鉴。

一是注重通过政府间合作推进城市群一体化协调发展。长三角城市群建设十分强调城市群内部协同发展，政府间合作发挥了重要的引导作用。尤其是自长三角一体化发展上升为国家战略以来，长三角三省一市共推出实施了69 项制度创新，签署了 132 个合作协议，建设了 67 个合作平台，制定了 56项规划和相关的政策，一体化发展按下了"快进键"，进入了快车道。① 长三角城市群还通过成立长三角区域合作办公室、长三角城市经济协调会等机构和组织推进城市群协调发展。2019 年 10 月召开的长三角城市经济协调会通过了《关于吸纳蚌埠等 7 个城市加入长三角城市经济协调会的提案》，这就使得长三角城市经济协调会完全覆盖上海、江苏、浙江、安徽三省一市，成员扩充至 41 个城市。随着《长三角生态绿色一体化发展示范区总体方案》的实施和《长三角生态绿色一体化发展示范区国土空间总体规划》的公示，长三角城市群一体化发展体制机制将取得新的突破。

二是推动形成合理的产业分工格局。长三角城市群已形成了以上海为区域综合服务中心、制造业在周边城市集聚的产业分工格局：上海是长三角城

---

① 陶希东：《着力推动长三角城市群经济社会高质量发展》，光明网，2020 年 12 月 3 日，http：//share. gmw. cn/guancha/2020 – 12/03/content_ 34429872. htm。

市群的龙头，不断强化国际经济、金融、贸易、航运和科技创新"五个中心"建设，并推动相关产业、技术、人才等向长三角其他适宜地区转移；江苏的优势在制造业，浙江的互联网、数字经济发展快速，安徽的科教行业、新型工业化是亮点。三省一市形成良好互动，推动实现资源要素的高效整合和优化配置。

三是以产业园区合作共建推动城市群协同发展。产业园区合作共建是城市群产业协同发展的重要方式，目前长三角城市群已形成了200多个跨界共建园区，为推动城市群资源优化配置和空间要素整合、强化城市间的经济联系和利益融合做出了巨大的贡献。同时，跨省、跨市园区合作共建还能通过辐射和扩散效应，带动周边欠发达地区的产业发展。

四是着力推进交通基础设施互联互通。长三角城市群凭借"黄金水道"长江和沿海优势，着力构建立体化交通网络，已基本形成枢纽型机场、枢纽型港口、高铁网络和高速公路网络等区域快速交通骨干格局，区域交通一体化成效显现，有效缩短了区域间的可达时间，促进了区域协调发展。

（2）珠三角城市群

珠三角城市群涵盖广州、深圳、珠海、佛山、江门、中山、东莞、惠州、肇庆9个城市，同属广东省管辖，也是国内经济增长最为活跃的区域之一。广州、深圳是珠三角城市群的两大核心城市，发挥着重要的引领作用。2019年珠三角GDP为8.69万亿元，占全国GDP的8.7%。该城市群的发展经验主要有如下三点。

一是形成政府主导的城市协同发展模式。与其他多数城市群涉及跨省协调不同，珠三角城市群处于广东省政府的统一管理之下，协调难度相对较小。珠三角城市群协调发展规划的组织架构是以省人民政府作为决策层，珠三角管理办公室作为协调层，省级各部门及各市人民政府作为实施层，自上而下逐级传导，形成强有力的等级架构，提高城市合作效率，推动城市群协调发展。

二是加强交通基础设施统筹建设和对接。珠三角城市群以交通一体化为先导，以广州、深圳为中心，不断完善城际轨道交通、地铁、高速公路、快速干线等交通网络，同时还重视跨海通道建设，紧密对接港澳地区，加强空港服务网络，建设开放的现代综合交通运输体系，提升城市群运行效率。

三是注重推动城市群之间分工协作。珠三角城市群也十分强调城市间的分工协作与优势互补。作为核心城市的广州和深圳充分发挥其在城市群建设中的龙头带动和引领示范作用，强化城市功能建设，推动资本、劳动力、技术、信息等要素向周边城市扩散。其他城市则根据自身特点，充分发挥比较优势，努力补齐各自短板，向更高层次均衡化方向发展。

4.5.2 国内外城市群建设促进区域协调发展的启示

通过上述国内外主要城市群建设的经验总结，可以得到以下几点启示。

首先，统一的行政协调机制是城市群发展的重要保障。城市群的发展都需要统一的协调组织，对综合性事务进行统一规划、管理和组织。从国内外城市群发展经验来看，不管是政府主导的城市群治理模式，还是以社会组织为主体的多元治理模式，建立城市群的统一协调机制都是不可或缺的。统一的行政协调机制有利于对城市群进行总体规划和合理布局，有利于打破区域间的市场分割，促进资源的优化配置。

其次，完善的公共基础设施是城市群发展的重要前提。公共基础设施建设是优化城市间资源配置、提高协调发展质量和效率的重要基础。构建发达的交通基础设施网络和现代化的信息通信设施能够大大缩短城市间的时空距离，实现资源要素的共建共享，从而有利于缩小区域间的基本公共服务水平差异；同时，构建完善的公共基础设施，推进城市群基础设施一体化建设，还有助于缓解中心城市的基础设施负荷和公共服务压力，有效提升城市群的综合承载力。

再次，合理的产业分工协作是城市群发展的内在动力。从国内外城市群的发展经验来看，合理的产业分工是促进城市群协同发展的必然要求。由于城市群涵盖城市较多，区域资源禀赋存在差异，产业优势各不相同，因此，合理的产业分工协作可以避免城市群内的产业恶性竞争和重复建设，有利于更好地发挥产业的集聚效应，进而促进各地区经济的协调发展，防止区域间经济增长分化。

最后，广泛的社会组织参与是城市群发展的必要条件。社会组织在推动城市群达成共识、深化交流、促进区域一体化方面发挥着重要的作用。因此，需要鼓励民间团体和社会组织积极参与城市群建设，加强政府部门与社会力量的协调互动，加快形成城市群多元利益相关者协同治理新模式。

4.6　新发展阶段以城市群建设引领区域协调发展的路径选择

4.6.1　破除城市间市场分割，推进区域一体化建设

当前我国城市群内各城市缺乏紧密的经济联系，地区发展差距大，仍存在行政区划壁垒、市场分割等问题，在一定程度上阻碍了区域协调发展。[1]新时代背景下，促进区域一体化建设，实现区域协调发展的目标，需要建立健全有效的合作机制，增进城市间分工合作、优势互补。首先，要加强顶层设计，更好地发挥各级政府的调控作用，合理引导市场力量，着力打破行政壁垒和市场垄断，促进城市之间资源要素的自由流动。其次，城市群的建设要求建立在产业布局优化的基础上，加强对城市群整体产业发展的引导，推动区域产业链的构建。以大都市为核心发展产业集群，依据各城市资源禀赋、优势产业及经济状况，因地制宜地进行合作规划，以此加深城市间产业分工协作，推进产业转移承接，加强重点载体建设。[2]除此之外，地区间重大合作项目的落成也有利于增进地区合作关系，提升市场的一体化程度。以成渝双城经济圈为例，跨越地理尺度的区域项目突破了城市的行政边界与层级区别，在更宏观的尺度上展开合作，避免了单打独斗可能造成的重复投资与市场分割，打破市场壁垒，加快区域内部商品流通，有效对冲空间距离对

---

① 李博雅、肖金成、马燕坤：《城市群协同发展与城市间合作研究》，《经济研究参考》2020年第 1 期。
② 丁建军：《城市群经济、多城市群与区域协调发展》，《经济地理》2010 年第 12 期。

集聚经济溢出效应的削弱。跨区域合作对于两地之间的城市经济有直接的带动作用，这种溢出效应能缩小地方收入差距，有效缓解"两头大、中间小"的发展不均衡问题，从而提升整体福利水平。

4.6.2 缓和区域间经济增长分化，缩小地区发展差距

改革开放以来，我国的经济快速发展，取得了举世瞩目的成就。然而，在经济高速增长的同时，区域之间发展过度分化，不平衡、不充分发展问题日益凸显，重点领域关键环节改革任务仍然艰巨，城乡区域发展和收入分配差距逐渐拉大，有悖于区域协调发展的战略部署。实施城市群战略，首先要增强中心城市对周边的辐射作用，提升发展带动力。按照集约发展、合理布局的原则，以中心城市为龙头，统筹城乡发展，提升公共治理水平，健全区域协调发展体制，增强区域核心竞争力，改善城市功能定位不突出和规划布局不合理等问题。其次，合理规划中心城市规模和扩张路径。与世界上其他产业结构相近的城市群相比，我国城市群规模普遍偏小，人口的空间集聚滞后于经济集聚。[①] 推进中心城市的合理扩张，释放中心城市的潜能，提高中心城市的人均产出，能够有效促进全国范围内的区域协调发展。此外，充分发挥各类经济主体的比较优势，处理好中央与地方、政府与市场的关系，充分利用中心城市和城市群的辐射带动能力，做好区域增长的强效引擎。

4.6.3 完善公共服务建设，推进现代基础设施一体化

城市群发展离不开基础设施和公共服务的支撑，当前城市群区域经济发展不平衡现象突出，区域间所提供的基本公共服务存在较大差别。各部门之间应加强合作，全面推进基础设施的互联互通和公共服务均等化发展。一是要完善城市立体交通网络体系。交通基础设施是资源要素和人口跨地区流动的主要载体，推进城市群主要城市之间形成互联互通的交通基础设施，提高

---

① 梁婧、张庆华、龚六堂：《城市规模与劳动生产率：中国城市规模是否过小？——基于中国城市数据的研究》，《经济学（季刊）》2015 年第 3 期。

城际铁路覆盖率，增强主要高速公路通行能力，实现现代化综合性的城际交通网络布局，科学规划各个铁路网、公路、港口和航运等交通体系，更有利于发挥中心城市和城市群的带动作用，实现区域内外人流、物流、信息流的良性互动。此外，要形成以轨道交通为骨干、公路交通为基础的城际综合交通网络，充分发挥中心城市及大城市的经济辐射力和带动能力，将有利于城市群间城市一体化建设，促进区域协调发展。二是要推进信息化建设，提高欠发达地区信息服务体系建设。重视城市群内信息网络基础设施建设、健全信息共享平台，使现代化信息技术在区域协调发展中发挥重要推动作用。重点支持欠发达地区信息服务体系建设，使欠发达地区能够借助现代信息技术实现跨越式发展。三是要合理布局"新基建"。新型基础设施建设作为基础设施建设的全新转型方向，其建设需充分考虑地区发展差距，明确各城市的优势劣势，做好统筹规划，兼顾城市群内不同规模城市的经济效益，采取"分类"推进的思路。[①] 对于经济发展水平较高、城市治理较为成熟的城市，可优先布局，并注重发挥其区域增长极的作用。对于经济落后的地区，应结合考虑地区信息化需求，加大支持力度，加快缩小"数字鸿沟"，以避免区域分异加剧。

4.6.4 优化城市群空间结构，提升城市群综合承载力

一是充分壮大中心城市，发挥中心城市的带动作用。随着一体化进程的逐步推进，各类资源要素的跨区域流动正在深刻地重塑地区经济发展格局和区域空间结构。中心城市作为新时期我国经济增长的新引擎、新动能，培育和壮大中心城市，充分发挥中心城市人口、资源、环境的承载力、集聚力和容纳力，既能让中心城市和城市群之外地区的要素"流得出"，也能让流出来的要素在中心城市和城市群地区"留得住"。二是依托地域优势发展好中小城市，发掘中小城市承载能力。以县级市为主体的中小城市，应该着眼于

---

① 魏后凯、年猛、李玏：《"十四五"时期中国区域发展战略与政策》，《中国工业经济》2020年第5期。

自身的地域优势扬长避短，以此提供基础性、深厚的可持续发展支撑力量。一方面，中小城市应该结合自身资源禀赋充分发展优势产业，全力打造独具特色的品牌优势和个性化、民族化的产品体验，并实现与中心城市和大城市产业融合、全产业链互补，从而提升中小城市就业以及人口资源的吸附能力。另一方面，通过加强和提高中小城市基础设施建设和社会公共服务水平，加快推动城市治理数字化、智能化转型，真正提升中小城市居民的幸福感和满足感，从而增强中小城市人口承载水平。三是发展好小城镇。作为农业人口集聚地区，小城镇不仅是人口、产业、文化的重要载体，也是统筹推进区域协调发展、落实改善社会民生的重要实践基地。首先要顺应国家和地方战略布局来谋划自身功能地位，借助大趋势迎来大发展。其次，构建完备的交通网络，实现与交通干线、中心城市对接，以此集聚更多的人流、物流。

B.37

5

新发展格局下我国数字经济发展的
新模式与新业态

唐 杰 黄新焕 白 华 张宝英*

摘 要： 作为构建经济双循环新发展格局的重要抓手，以及引领经济
增长的重要引擎，我国数字经济发展正渗透各个领域，全面
助力我国经济实现高质量发展。当前，大数据、云计算、人
工智能等数字技术创新推动数字经济与实体经济深度融合，
不断催生出数字经济发展新模式与新业态，引领数字经济迈
向业态创新、产业升级、治理系统、平台融合的新阶段。本
文拟从消费、产业、治理和要素四个主要领域，分析双循环
背景下我国数字经济发展新模式和新业态，并在深入剖析相
关数字经济领域发展现状和挑战的基础上，阐释推动我国数
字经济发展新模式和新业态的对策建议。

关键词： 双循环 数字经济 新模式 新业态

2020 年 7 月 15 日国家发改委等 13 个部门联合印发《关于支持新业态

---

* 唐杰，博士，福建师范大学经济学院教授，主要研究方向为战略管理；黄新焕，博士，福建
师范大学经济学院副教授，主要研究方向为绿色创新；白华，博士，福建师范大学经济学院
讲师，主要研究方向为管理科学；张宝英，博士，福建师范大学经济学院讲师，主要研究方
向为理论经济。

新模式健康发展 激活消费市场带动扩大就业的意见》，提出发展数字经济的 15 种新业态。本专题将从其中涉及的消费、产业、治理、要素等四个主要领域，分析双循环背景下我国数字经济新模式与新业态的现状、趋势和发展策略。

5.1 基于数字平台的消费新业态

我国是全球成长最快速的消费市场，14 亿人口和 4 亿中等收入群体拥有将近 100 万亿元的需求总量，在发达国家逆全球化和贸易保护主义倾向日益抬头之时，基于数字平台开发国内巨大的消费市场潜能，是维持"十四五"期间我国经济平稳增长的关键领域。近年研究表明消费对我国 GDP 贡献率呈总体上升趋势，国内居民的消费潜力具有持续挖掘的可能。尤其是在医疗、教育、数字内容等领域，消费者在数字平台的消费有良好预期。

5.1.1 数字消费新业态持续涌现，消费方式进一步拓展

由于移动互联网的普及，近年来以在线教育、网约车和互联网医疗为代表的数字民生消费得到快速普及。如表 5 - 1 所示，使用在线教育和网约车的比例超过所有互联网用户的 1/3，使用过在线医疗的用户比例也接近 30%。2020 年上半年互联网医疗实现了爆发式增长。一方面是阿里健康、京东健康、丁香医生等平台通过疫情信息传播得到更多消费者认可，另一方面是优质医疗资源开始在数字平台呈现，消费者在疫情期间也能得到快速就诊，用户消费习惯得以养成。在线教育用户的使用比例也在 2020 年达到历史新高。得益于近年来优质教育资源的不断数字化，依托中国大学 MOOC、学而思等大型在线教育平台，2020 年上半年全国大中小院校实现了大规模的在线教育。随着疫情缓解，线上和线下混合式教学的模式开始成为数字教育的主流。同时，一对一辅导、AI 教学辅导、课堂辅助等细分市场的数字平台也得到快速发展的机会。由于安全顾虑和疫情出行受限，网约车用户的

比例较上年同期下降 10%。但同时，网约车平台逐步转型精细化运营，一些平台推出了包括多个共享出行服务供应商的聚合用车模式，还有平台进一步开拓新的细分市场，提供商务、通勤、长线等定制化共享出行服务，数字出行消费的方式更加多样。

表 5-1　2020 年 6 月我国数字民生消费状况

单位：万人，%

在线教育		网约车		在线医疗	
用户规模	用户比例	用户规模	用户比例	用户规模	用户比例
38060	40.5%	34011	36.2%	27600	29.4%

资料来源：中国互联网络信息中心发布《第 46 次中国互联网络发展状况统计报告》，2020 年 9 月。

在改变民生消费方式的同时，数字技术也已经在潜移默化之中改变了大众文化消费模式和消费习惯。以广播、报纸、图书为载体的传统文化消费方式逐步由实向虚，由线下转向线上，由固定化转向碎片化。新冠肺炎疫情阻碍了传统的线下文化和娱乐消费，但也为线上的数字文化消费带来了重大的发展契机，推动用户规模和使用频率进一步增长，数字文化消费的模式也得以实现二次转型。根据调查，2020 年上半年，网络视频、网络音乐、网络游戏和网络文学的用户规模分别达到 8.8 亿、6.4 亿、5.4 亿和 4.7 亿，网民使用率分别达到 94.5%、67.9%、57.4% 和 49.7%，环比分别增长了 4.4%、0.5%、2.6% 和 1.5%。[①] 可见，国内数字文化消费市场已经具有了庞大的用户基础，而且持续增长。依托庞大的用户市场，早期的数字文化消费是以颠覆性的免费模式呈现。数字平台通过免费模式扩大用户数量基础，改变消费习惯以创造新的数字文化消费市场。平台再通过广告、收费用户补贴等方式实现盈利。当前，依托优质的数字内容和增值服务，数字消费的模式也得以再次转型，大范围的内容付费已经逐步被认可。2020 年，各大视频

———————

① 中国互联网络信息中心：《第 46 次中国互联网络发展状况统计报告》，2020 年 9 月。

平台开启超前付费点播模式，带来视频网站收入的显著提升。网络游戏方面，通过国内外合作，我国的游戏平台也开启精品化路线，推动游戏收入快速增长。数据显示，2020 年上半年，我国网络游戏市场销售收入超过 1394 亿元，同比增长 22.3%，特别是我国游戏海外营收超过 75 亿美元，同比增长 36.3%。① 根据《中国独角兽报告 2020》的统计，162 家估值 10 亿美元以上的独角兽企业，其中文娱媒体行业的企业数量达到 21 家，② 在所有行业中排名第二。

　　伴随数字技术的安全性加强、数字消费的制度保障完善和企业上云上平台的比例提升，数字消费的市场还在不断扩大。比如，2019 年新修订的《电子签名法》赋予土地、房屋权益转让等情形采用电子签名的可能性。2020 年新冠肺炎疫情期间，通过 AR/VR 技术看房，在线直播的销售，极大方便了消费者全方位了解房产信息。电子签名、云签约又为典型的线下消费——房地产交易——向线上转移提供了技术支持。再比如，2020 年银保监会发布的《关于进一步做好疫情防控金融服务的通知》提出，提高线上金融服务效率，优化丰富"非接触式服务"渠道，提供安全便捷的"在家"金融服务。一方面是银行等金融机构利用区块链、大数据、云计算等数字技术加强在线风险评估和管控体系构建，另一方面是企业上云上平台为建立完善的信用体系提供了更多数据，降低了金融交易双方的交易成本。智慧菜市场、智慧社区店……随着数字技术进一步发展和向传统消费领域扩散，未来将会有更多非体验性的交易向云端转移，以数字化的方式呈现。

5·1·2　新消费场景愈加丰富，消费方式进一步拓展

　　我国电子商务交易额 2019 年达 34.81 万亿元，网上零售额达 10.63 万亿元，③ 实现持续快速增长。与此同时，新消费类型和消费场景伴随涌现。个性化消费、即时消费、体验消费、内容消费、种草消费等新消费类型与无

---

① 中国音数协游戏工委：《2020 年 1 ~6 月中国游戏产业报告》，2020 年 9 月。
② 恒大研究院：《中国独角兽报告 2020》，2020 年 7 月。
③ 国家商务部：《中国电子商务报告 2019》，2020 年 7 月。

人经济、直播电商等零售新场景相生相伴，并与移动互联网和数字平台的技术发展密切相关。

疫情期间无人零售、无人物流、无人配送等无人经济新模式需求量大幅攀升。天猫、京东、苏宁等线上购物平台纷纷布局无人仓储、无人物流、无人配送和无人零售超市的完整线下零售链条。由于疫情的助推，电商直播成为2020年发展最为迅猛的数字消费新业态。数据显示，2020年上半年，国内电商直播超过1000万场，活跃的主播超过40万，观看人次超过500亿①。从大背景来看，在经济国内国际双循环格局下，电商直播成为拉动国内消费潜力的重要手段，一些地方政府也通过优惠政策、平台建设甚至领导官员直播的方式积极参与零售新业态。从企业角度看，无论是天猫、京东等大型电商平台，还是微博、抖音等社交平台，又或者是以B站、小红书为代表的新生代聚集的数字平台都在加大电商直播的布局，投入大量的资源。从用户角度看，直播提升了消费者的参与感和购物过程的获得感，成为融合线下交流体验和线上便捷购物的零售新业态。

高速移动互联网造就了短视频成为文字和图片之后的第三语言。原先纯粹免费的短视频内容，开始与即时消费、内容消费等相结合塑造了更多新兴消费场景，如短视频+电商（淘宝短视频）、短视频+小说（番茄小说）等。而随着数字平台算法和数据处理能力的进一步成熟，能够为定制产品和精准营销提供支持，消费者的个性化消费和互动将得到进一步增强。比如，快手平台的非中心化分发模式使得平台的社群氛围更浓厚，用户黏性、活跃性和互动性更强，而抖音平台的分发模式则追求极致高效，几秒钟之内，用户能够通过听觉和视觉共同实现信息获取。在线下的消费新场景中，计算机视觉技术推动企业前、中、后台数据智能化采集、自动化处理，设备、仓储系统的可视化让零售物流环节更加透明、高效。线上人工智能算法与线下智能硬件结合，创造出无人零售、AR互动、自助扫码结算一体化智能购物体验。

未来，大数据分析和人工智能技术将是进一步驱动新型消费方式的主要

---

① 中国互联网络信息中心：《第46次中国互联网络发展状况统计报告》，2020年9月。

动力。工业时代，企业通过单一产品的大规模生产降低成本。数字经济时代，企业通过数字平台或产业链的信息和资源共享，可以实现更大范围分工协作，优化资源配置，进一步降低单一产品的生产成本。但更重要的改变是大量基于数字平台的销售信息能够快速传递给上游供应链，随着预售、定制、小众商品在数字平台的大量消费，生产的方式会从源头开始被重塑。以销定产、源头直供成为数字平台消费的新业态。阿里巴巴、腾讯、美团等几大核心电商的生态圈将推动零售产业的全产业链革新，从原材料采购、品牌塑造、广告推广、金融方案、客户服务全方位为传统零售企业提供数字化赋能，在电商生态圈内部链接原材料供应商、品牌企业、经销商、零售店，打通整个渠道的信息流和货币流。比如饿了么平台通过与物流企业合作，自建平台供货和仓储系统，可以大大缩短餐饮企业进货周期，降低进货成本。蚂蚁金服可以根据供货商和零售企业在淘宝平台的购销情况为小微企业快速提供金融服务。

5.1.3　城乡消费差距缩小，消费结构进一步优化

最近的调查结果显示，互联网和数字技术的发展正驱动消费结构从传统生存型消费向发展型与享受型消费转变①，这种改变同时发生在城镇和乡村居民的消费结构上②。国家统计局数据显示，2013～2019 年间我国农村居民消费能力不断提升，其中以交通和通信、教育、文化和娱乐、医疗保健、其他用品及服务为代表的发展型和享受型消费占比从 2013 年的 22% 快速增长到 2019 年的 37.4%。2017 年起，国家不断颁布推进农村电子商务的相关支持文件，农村网络零售额规模快速扩大，2019 年达到 1.7 万亿元，比 2014

---

① 根据《居民消费支出分类 2013》，通常将食品烟酒、衣着和居住方面的支出定义为生存型消费，将教育、交通和通信、医疗保健等方面的支出定义为发展型消费，将家庭设备及用品、文化和娱乐、其他用品及服务定义为享受型消费。
② 俞彤晖、陈斐：《数字经济时代的流通智慧化转型：特征、动力与实现路径》，《中国流通经济》2020 年第 11 期。

年规模扩大了8倍。① 随着阿里巴巴、京东、美团等电商平台在农村电商市场的布局深入，农村数字消费市场规模势必进一步扩大。

农村居民是我国多元化消费主体的重要组成部分，具有巨大的消费潜力，需要进一步打开农村消费市场。一方面，应继续坚持乡村振兴发展战略，进一步提高农民收入水平和消费实力，并利用多层级消费市场提供高品质产品与服务，满足农村居民多样化的消费需求，培育新的消费增长点。另一方面，提升农村居民数字素养是促进农民消费的有效举措，农村居民数字素养有限，许多留守老人对于网络操作不娴熟，限制了其数字消费意愿。因此，基于现有农村电商网络或服务站，开展乡村居民的数字技能培训，给予数字技能培训投入，鼓励高校和民办教育开设乡村基础数字技能课程，向大众普及数字知识与技能，使其能够在数字经济时代拥有更强的消费能力。

5.1.4 数字平台监管逐步增强，消费隐患进一步消除

多年来，本着鼓励创新、先行先试的态度，监管部门对于数字经济各个创新主体的快速发展和创新举措一直采取包容策略。然而，随着大型甚至横跨诸多领域的超级数字经济平台的出现，一些滥用消费者数据、市场支配地位和人工智能算法的行为也冒了出来。比如超级平台在没有得到消费者允许的情况下收集隐私数据并共享给合作伙伴，占据主导地位的平台对消费者实施价格歧视以获得超额垄断利润，大数据平台企业通过对海量、多维度数据的收集和人工智能算法来实施信贷等待遇歧视，诸如此类的行为严重损害消费者权益。有鉴于此，围绕数字经济发展中出现的不平等问题，一些发达国家已经开始实施更为严格的监管措施。比如，欧盟2018年通过了迄今为止最为严厉的《通用数据保护规则》，2019年德国和美国开展了密集的监督执法，禁止脸书、谷歌等超级平台违规收集数据，并长期关注数据泄露、隐私保护等问题。美国联办贸易委员会也同时开展针对互联网巨头的反垄断调

---

① 王俊岭：《农村网民数量突破2.5亿 农村电商发展成效显著》，《人民日报（海外版）》2020年5月13日。

查。2020 年 10 月，中国市场监管总局发布《关于平台经济领域的反垄断指南（征求意见稿）》，被誉为互联网版的反垄断法，旨在预防和制止平台经济领域垄断行为，引导平台经济领域经营者依法合规经营。综上所述，未来数年之内，国内外对于数字经济平台的监管势必进一步加强，如何维持平台上的公平竞争秩序，如何打开人工智能深度算法黑箱，创造自由竞争的平台生态，既是监管部门关注的问题，也是平台企业规避风险的重要问题。

为使得城乡居民的消费没有后顾之忧，需不断提高民生保障标准，并通过立法保障消费者权益。当前城乡居民主要面临教育、医疗、养老、住房四大难题，要想促进消费，须坚持教育、医疗、养老社会公益化、福利化的性质，使这些服务大多由国家财政提供支持；而关于住房，要加快建立多主体供给、多渠道保障、租购并举的住房制度。此外，通过立法对消费者提供优质的隐私服务和可靠的安全保护，不应局限于消费者隐私保护的传统私法，可以考虑创建竞争法保护路径，让竞争法治发挥其力量以激励市场竞争，维护消费者的合法权益。

5.2　基于数字基建的产业发展新动力

数字经济可以成为构建经济双循环新发展格局的重要抓手①。但是我国区域间、城乡间信息基础设施建设差距还比较大，为此进一步加大 5G 网络、大数据中心、工业互联网、物联网等数字基础设施建设，提高更多传统产业和更多潜在用户的触网率，将为我国产业发展注入新动力。

5.2.1　数字基建提升数字产业化能级

数字基建包括信息基础设施、融合基础设施和数字创新基础设施。数字基建将助力数字产业化释放经济附加值，提升数字产业化能级。数字基建促

---

① 夏杰长、谭洪波：《数字经济助力形成双循环发展新格局》，《光明日报》2020 年 9 月 29 日。

进信息基础设施的发展。数字基建将促进以 5G、物联网、工业互联网、卫星互联网为代表的通信网络基础设施，以人工智能、云计算、区块链等为代表的新技术基础设施，以数据中心、智能计算中心为代表的算力基础设施的快速发展。[1] 其中，5G 领域重点建设 5G 网络架构、5G 基站系统等 5G 网络基础设施，数据通信终端、通用类型终端和行业级终端等 5G 终端设备。工业互联网领域重点建设数据采集、协议解析、边缘智能等边缘层技术，服务器、存储和虚拟化等云基础设施，通用 Pass 平台等。人工智能领域聚焦于AI 芯片、传感器、机器学习、自然语言处理、计算机视觉和虚拟助手等支撑技术和设施建设。大数据领域重点建设传感数据、运算设备、一体机、基础软件、IT 服务等 IT 基础层支撑技术和设施，数据仓库、数据转换工具、分布式文件系统、分布式计算系统等组织管理层支撑技术和设施，数据挖掘、数据统计、智能自主分析和内容知识管理等分析发现层支撑技术和设施。

数字基建促进融合基础设施的发展。数字基建将促进互联网、大数据、人工智能等信息技术深度应用于传统基础设施，进而形成新的融合基础设施，推动传统基础设施转型升级。融合基础设施围绕特定行业需求，通过打造高效的智能计算能力、构建公专协同的互联一体化网络、部署泛在的行业感知终端，加强传统基础设施数字化、智能化、网络化改造，拓展传统基础设施服务空间范围，充分挖掘传统基础设施服务能力，提高传统基础设施的运行效率、管理效率和服务能力。[2] 融合基础设施包括智能交通基础设施、智慧能源基础设施等。智能交通基础设施建设推进交通设施数字化、智能化改造，构建交通智能感知系统，建设综合交通信息枢纽，搭建"数字交通"信息服务平台，推动平安智慧高速公路建设和智慧普通公路建设的开展，推动"互联网+"出行服务发展，推广交通"一卡通"系统、客运联网售票

① 田杰棠、闫德利：《新基建和产业互联网：疫情后数字经济加速的"路与车"》，《山东大学学报（哲学社会科学版）》2020 年第 3 期。
② 刘佳骏：《融合基础设施，让"传统"走向"智慧"》，《中国城乡金融报》2020 年 6 月4 日。

系统和电子不停车收费系统。智慧能源基础设施建设推动信息基础设施与能源设施深入融合，构建共享开放的能源互联网生态体系。推动以智能电网为基础，热力管网、天然气管网等多类型网络互联互通，多种能源形态协同转化、集中式与分布式能源协调运行的综合能源网络。建设风电、光伏新能源大数据分析平台，实现能源生产深度挖掘与决策分析。发展分布式能源、储能和电动汽车应用、智慧用能和增值服务、能源大数据服务应用。

数字基建促进数字创新基础设施的发展。数字基建将促进支撑数字产业科学研究、技术开发、产品研制等数字创新基础设施的快速发展，主要包括基础前沿研究平台、科教基础设施、数字产业技术研发创新平台、试验验证平台等。在国家新一轮重大科技资源布局框架下，聚焦数字技术发展前沿，强化数字产业重大创新平台建设，谋划龙头企业与知名科研院所联合建设国家实验室和工程（技术）研究中心等创新平台，加强在大数据、人工智能等重点领域的科技创新攻关力度，推动网络安全等专用大科学装置建设。引导数字产业龙头企业与"一带一路"沿线国家和地区企业联合共建实验室（研发中心）、技术转移机构，积极为"一带一路"沿线国家和地区数字应用提供支撑服务。

5.2.2 数字基建加快推进三次产业转型升级

数字基建推动制造业加速向数字化、网络化、智能化和服务化发展。数字基建将推动制造企业运用新一代信息技术改造提升生产设备，提升生产设备数字化、网络化水平。推进智能机床、智能传感器与控制设备、智能检测、工业机器人等智能高端装备的应用，加快智能生产单元、智能生产线、数字化车间、智能工厂建设，应用工业大脑等技术提升制造企业智能化水平。推进"企业上云"，促进云计算广泛覆盖，推广设备联网上云、数据集成上云等深度用云。推动离散型行业生产装备向全面感知、设备互联、数据集成、智能管控等方向升级，促进生产过程的精准化、柔性化、敏捷化。数字基建将推动制造企业由单纯提供产品向提供系统解决方案和信息增值服务等转变。推动工业设计创新，发展网络协同设计、众包研发设计、云设计等新兴设计模式，建设用户体验中心。促进供应链与制造业深度融合，开展基于网络化协同的供应链管理模式，促进企业研发设计、生产制造、市场营销等环节全面互联和综合集成。发展个性化定制新模式，引入定制解决方案和柔性生产设备，发展高端产品和装备的模块化设计、柔性化制造、定制化服务能力，发展支持客户深度参与设计的大规模定制生产能力。推广基于互联网的故障预警、远程维护、质量诊断、远程过程优化等在线增值服务，推动优势制造企业构建电子商务平台。

数字基建激发生活性服务业数字化发展新活力。强化新一代信息技术与民生服务的深度融合，丰富商贸、旅游、文化、教育、健康、养老等服务产品供给，推动生活消费方式向智能型转变，培育信息消费新热点。推动智慧商圈发展，升级商圈信息基础设施，打造互联互通的智能物联网，推动停车诱导、购物导航、移动支付等在商圈中的应用，结合消费者行为大数据分析，实现商圈数据获取智慧化、消费智慧化、交通引导智慧化、物流配送智慧化、公共服务智慧化、管理智慧化。推进商圈O2O（线上到线下）平台对接各类主流电商平台和营销工具，整合线下实体店产品和服务，实现线上线下消费融合发展。推动智慧旅游的发展，完善景区通信基础设施，拓展文化旅游科技应用场景，强化旅游大数据支撑，为游客提供高端化、个性化旅游体验。打造"一体多端"的智慧旅游公共服务体系，满足游客"游前、游中、游后"在"吃、住、行、游、娱、购"等各方面的服务需求。发展智能导游、电子讲解、在线预订、交通导引、客流管理等网络旅游服务，推动自然景观与虚拟现实技术的融合，推广虚拟旅游等新产品和服务。推动数字文化的发展，推进公共文化云平台和在线图书馆、文化馆、美术馆、博物馆、非物质文化遗产馆的建设，大力推广网上院线、网上书店。推动数字内容的技术开发、企业集群与营销运营平台建设，围绕动漫、游戏、影视、互动娱乐等重点领域，打造覆盖研发、生产、出版、行销、译制、版权交易、融资等环节的数字文化产业生态体系。推进智慧教育的发展，构建教育融合开放服务生态，推进各级各类教育数据和优质数字教学资源互通共享，推动优质教育资源向老少边穷地区覆盖。开展基于线上智能环境的课堂教学，发展互动教学、个性定制、精准化教学等在线教育服务,扩大线上线下结合的教育培训消费。推动智慧医疗的发展,完善省、市、县三级全民健康信息综合管理平台,完善各类人口和健康相关数据库,开展健康医疗大数据融合应用。建设智慧医院,深化远程医疗服务应用,开展高质高效的"互联网+医疗健康"服务,发展个性化医疗。推动智慧养老的发展,丰富智能健康养老服务产品供给,推动家庭智能服务机器人、便携式健康监测设备、自助式健康检测设备、健康管理类智能可穿戴设备、智能养老监护设备等产品产业化。推动健康养老大数据服务平台建设,深入挖掘健康养老大数据资源价值,为老年人提供个性化、特色化和智能化的健康养老服务。推广"互联网+居家社区养老"模式,建设智慧微型养老院和智慧养老社区。

加快推进数字技术与生产性服务业融合发展。大力发展电子商务、智慧物流、互联网金融等业态,促进产业资源优化配置,着力提升生产性服务水平和服务质量。推动行业电子商务发展,建立大宗商品电子商务交易平台。深化企业和专业市场电子商务应用,优化企业采购、分销体系,促进电子商务与传统产业融合发展。加快推动移动电商应用从服务领域向工农业生产性领域延伸。建设跨境电子商务综合服务平台,推动进口商品展销平台的构建,打造进口商品"世界超市"。大力发展数字物流,加强数字物流基础设施建设,推进物流要素数字化。建立智慧配送分拨调配平台,促进货源、车源信息智能化匹配,实现物流各环节的精准对接,提高供应商、门店、用户和配送车辆间的供需匹配度。开展智能仓储建设,推广使用电子数据交换、自动引导车辆等智能仓储技术。基于大数据技术实现仓库信息的高度共享、仓储设施与货物的实时跟踪和网络化管理。加快推进无车承运人发展,建设无人机配送示范区域。基于新一代信息技术推动传统金融与新金融的融合与创新,规范发展第三方支付、供应链金融、区块链金融、网络信贷、电商金融、股权众筹融资、消费金融、智能投研、大数据征信与风控、人工智能风控等互联网金融业态。深化网上银行、手机银行的开发、应用和推广,完善电子支付手段,提高金融服务便利性。支持普惠金融、绿色金融等数字化转型,建设跨境电子商务金融结算平台,构建数字化金融服务实体经济的生态

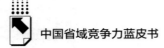

圈。创新指纹支付、刷脸支付、语音支付等各种新型支付模式，拓展应用场景。积极构建全球化的移动支付体系，积极向"一带一路"沿线国家和地区输出技术和商业模式。

数字基建助力数字化农业体系的构建。应用新一代信息技术优化农业产业布局，深入推进农业结构调整，促进农业产业脱贫。推进智慧农机、智慧灌溉、智慧渔业、智慧种业、智慧畜牧建设，推动新一代信息技术与农业生产、经营、管理和服务等环节的全面深度融合和应用，探索数字农业技术集成应用解决方案和产业化模式。加大农田智能监测、养殖环境监测、设施园艺精细管理、设施环境精准控制等农业物联网应用的推广力度。建设基于卫星遥感、航空无人机、田间观测一体化的农业遥感应用体系。加快推进益农信息社发展，构建农产品网络销售体系，推进新型农业规模经营主体、加工流通企业与电商企业的线上线下互动，发展S2B（服务中小企业的供应链平台）、S2C（线上服务引导线下消费）等农产品线上零售新模式。推广"互联网＋订单农业"，建立产销衔接服务平台，促进消费需求与农业生产高效匹配。发展特色农产品在线营销，开展鲜活农产品社区直销、放心农业生产资料下乡、休闲农业网上营销等电子商务试点。推动农产品质量安全追溯平台和农资监管信息系统改造升级，形成生产有记录、信息可查询、质量有保障、责任可追究的农产品质量安全可追溯体系。促进追溯农产品产销对接，扩大可溯源农产品销售。

5.2.3　数字基建助力新业态新产品发展

数字基建助力新业态发展。推动电子商务平台企业整合实体商业资源，推广全链条、全渠道的智能营销方式，发展体验消费、社交电子商务等新业态新模式。推广无人超市、智能便利店、近场零售、自助售货机等新零售模式，拓展服务种类，增强消费体验。拓宽新零售融合领域，加强新零售与旅游、文创等产业的融合发展，着力推动新零售向线下生活服务、文体健康等领域拓展，为生活性服务业打造线上平台。支持远程办公应用推广和安全可靠的线上办公工具研发，打造"随时随地"的在线办公环境。积极推动网络直播、数字出版、手机媒体等新型业务发展。推动企业搭建生产设备分享平台，加快推进办公空间分享，积极探索劳动力分享。探索建立集科技仪器共享、科研咨询、合作开发项目等内容服务共享为一体的科技资源共享新模式，打造技术服务众包平台，推进知识、技术和科研人才的共享。推动传统物流行业龙头企业向物流分享转型，推进全民众包物流平台建设。推动房屋短租、家政共享、分时租赁、共享单车、网约租车等行业有序发展。

数字基建助力新产品发展。推进融合型智能化新产品的研发，在智能网联汽车、智能装备、智能生活产品等领域形成具有核心竞争力的智能化产品。推广基于宽带移动网络的智能汽车应用示范，加快智能网联汽车整车、动力电池组等核心关键零部件研发创新及产业化，完善支撑高度自动驾驶（HA级）相关技术标准。加强新型传感器、工业软件、智能控制、机器视觉等技术在装备中的集成应用，推进高档数控机床、增材制造装备、无人机（船）、新一代机器人、智能传感器等智能装备的研发、产业化和集成应用。围绕信息娱乐、运动健身、医疗健康等应用领域，加快研发具有规模商业应用的智能腕表、手环、头盔、眼镜、服饰、穿戴式骨骼等可穿戴设备产品。拓展智能家居产品设计，发展智能触摸控制屏、无线控制系统，积极发展面向教育、娱乐、家政、医疗保健、餐饮服务等领域的服务机器人。

5.3 基于数字共享的政府治理新模式

近年来，伴随着人工智能、云计算、区块链、5G等新兴信息技术在政务领域中的应用不断深入，信息技术与政务治理进一步融合，ICT技术对于政府治理体系和治理能力现代化的重要作用更加凸显。2017年，习近平总书记在中共中央政治局第二次集体学习时强调指出："要运用大数据提升国家治理现代化水平，要建立健全大数据辅助科学决策和社会治理的机制，推进政府管理和社会治理模式创新，实现政府决策科学化、社会治理精准化、公共服务高效化"。当前，信息化正在加速走向数字化，相应地，政务治理如何应对数字化挑战，建立适应"数字化"形态的新型政府治理模式，成为提升政府行政效能、推动政府职能转变的关键。2019 年 10 月，党的十九届四中全会通过的《中共中央关于坚持和完善中国特色社会主义制度推进国家治理体系和治理能力现代化若干重大问题的决定》中明确指出："推进数字政府建设，加强数据有序共享"。以各种信息形式为载体的数据要素是政府治理的前提和基础，承担着政府治理体系的枢纽功能，对政府治理行为有效性和效率具有直接影响。2020 年 4 月，中共中央、国务院发布《关于构建更加完善的要素市场化配置体制机制的意见》，再次着重提出要进一步"加快培育数据要素市场，推进政府数据开放共享"。

在对世界各国数字经济相关发展战略方针进行深入分析后可以发现，数据已经成为一个国家的战略性、基础性的资源要素，数据要素的市场化高效配置逐渐成为驱动社会经济发展的重要动能。面对大数据时代带来的巨大机遇和严峻挑战，信息孤岛、数据碎片化、虚假信息等问题已经成为制约我国政府治理效能进一步提升的瓶颈。加快数据共享，提升数据资源价值，有利于优化营商环境，提升数字经济发展效益，推动经济全面高质量发展，在不断创新中进一步实现政府善治。

5.3.1 互联网推动政府治理从信息化走向数字化

伴随着信息通信技术的快速发展与普及，我国政府治理模式逐步从信息化走向数字化。目前，我国已经基本完成了政府治理模式的信息化阶段。这一阶段与互联网和 IT 技术普及时期信息单向发布、零交互等特征联系密切，一般是指电子政务发展的初级阶段。政府治理信息化阶段以门户网站和 OA 系统为主要代表，电子政务以一些基本的信息查询为主要职能，主要为公众和企业提供单向、封闭、静态的服务，大部分政府的门户网站仅仅是将政府公文内容发布在网站上向公众传递。这一模式下，信息传播及政策宣布是单向的，无法及时获取公众和企业的需求与反馈，在理念上还存在政府本位导向，在实践中也存在部门间的信息壁垒，无法实现信息的协同治理。随着互联网技术的不断发展，传统的政府治理信息化模式面临新的挑战：一是如何利用分散储存在不同部门的多源异构大数据为政府决策和治理过程提供支持；二是如何促进大规模政务数据"活"起来，从而为各行各业服务，释放更多外部价值。

21世纪以来，为了应对上述挑战，国家及各省（自治区、直辖市）围绕数据共享相继发布了多项重要的政策方针。例如，2006年北京市发布政务信息资源共享交换平台技术规范；2007年国标政务信息目录体系及资源交换体系发布，对业务元数据、编码进行了定义，实现了数据标准和数据共享过程中的技术架构和交互过程；2015年杭州市发布政务数据资源共享管理暂行办法；2016年，国务院发布政务信息资源共享管理暂行办法，其后上海、湖北及贵州等大部分省市均发布相应的暂行办法；2017年，国务院发布政务信息系统整合共享实施方案，发改委和网信办联合发布政务信息资源目录编制指南（试行），其后上海、广东及贵州等大部分省市均发布相应的实施方案。

经过一系列从中央到地方的政策落地，我国政府的公共数据服务供给能力显著提升，正在加速步入以数字共享为标志的政府治理的数字化阶段。这一阶段与以用户为中心的新媒体技术等互联网交互产品形态特征相对应，强调充分利用用户自生成的数据，让用户更多地参与数据（信息）的产生、传播和共享。信息交互时代的电子政务不再仅仅是简单的政务文件展示，而更多地强调数据（信息）在后台的整合和处理，这意味着政府治理的工作重心需要转移到数据价值的最终体现结果上来，要求政府打破原来的部门间壁垒、内外部壁垒，建立数据共享的开放型协同合作平台。

当前，我国政府治理数字化相关管理制度逐步完善，各地区相继明确了政务数据资源的管理机构和管理责任，全国各省（自治区、直辖市）大多专门制定了数据共享的相关制度。其中，贵州、上海等十余个地区针对政务大数据制定了专门的管理办法。2017年国务院发布政务信息系统整合共享实施方案后，全国各省（自治区、直辖市）加速部署数据整合共享工作，进一步提高了政府治理的数字化水平。

赛迪研究院发布的《2020中国数字政府建设白皮书》中将地区数据可

共享目录数、政务数据可开放目录数、信用信息共享平台建设情况及政府数据开放平台建设情况等四个指标作为数据指数二级指标，用以分析不同省域数字政府发展现状。从这一报告中可以看出（如图5－1及图5－2所示），沿海各省较内陆的中西部地区省域的数字共享推进力度更大，数据开放应用的效果更好，部门间数据协同管理更有效。例如两项排名均处于全国领先地位的浙江省（均为第2名）的"政府数字化转型"创新经验已经被作为"全国一体化平台建设"的样本经验。2019年，浙江省政务服务网上可办率为100%，掌上可办率为80.5%，跑零次率为97.4%，300余项民生事务已经实现"一证通办"，40余个跨部门"一件事"实现了"多事联办"。相较而言，除贵州外的大部分中西部省域的政府数据开放程度较低，实现共享的数据资源规模也较小。

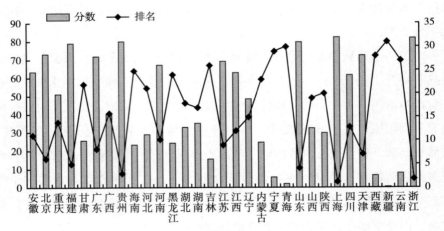

图 5 － 1　数字政府指数得分及排名

资料来源：赛迪研究院发布的《2020中国数字政府建设白皮书》。

5.3.2　新冠肺炎疫情暴露我国政府治理诸多短板

2020年初，突如其来的新冠肺炎疫情给我国各级人民政府的应急管理能力带来巨大的挑战。习近平总书记在2020年中央全面深化改革委员会第十二次会议讲话中指出，"要鼓励运用大数据、人工智能、云计算等数字技术，在疫情监测分析、病毒溯源、防控救治、资源调配等方面更好发挥支撑

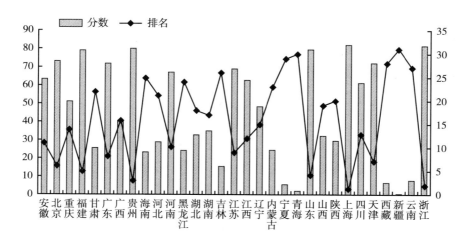

图 5 - 2　数字数据指数得分及排名

资料来源：赛迪研究院发布的《2020 中国数字政府建设白皮书》。

作用"。通过此次疫情，我们可以看到政府部门在抗疫过程中正在积极应用数字化工具，全面开展应急防控工作，浙江、福建等地均在短时间内上线互联网 + 防疫服务，通过"闽政通"等 App 加强了信息公开和数据共享，有效提高了疫情防控管理数字化水平。然而，此次疫情也暴露出我国各级部门的政府治理在数字化过程中还存在很多治理短板和问题。

第一，政府的决策和协作体系不够健全。面对多源异构的大规模用户数据，同级政府的不同部门在数据挖掘过程中的协同整合能力较差，在数据采集、数据汇合、预处理及分析等各环节上缺乏统一领导；不同区域、不同层级的政府部门也缺乏数据的互联互用和集成共享。

第二，基层政府部门的数字化水平较低。如疫情暴发初期，湖北省武汉市的基层社区很多应急管理工作依赖工作人员和志愿者的人工完成，在一定程度上制约了应急防控的效率。

第三，大数据价值未能充分释放。当前，各地各级政府部门广泛存在有数据无分析的现象，导致大数据未能有效地为政府决策提供有力支持，弱化了政府治理的应急指挥调动能力。

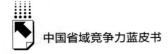

第四,政府主管的相关专业机构缺失。缺少专业的政府机构来主抓部门间数据开放共享的标准建设,对各个部门的相关负责人员未进行业务培训和指导,相应的数据共享的权责也存在很多不确定性。

5.3.3 数据共享赋能政府治理智能化创新

2020年,习近平总书记在浙江考察时指出,从数字化到智能化再到智慧化是推动城市治理模式创新的必由之路。在信息技术快速发展的时代,政府数据只有实现充分的开放与共享,才能将原各层级、各部门的碎片化数据整合为有价值的大数据,真正发挥数据价值裂变效应。通过大数据分析,政府可以快速了解过去及现在的状态,并对未来发展态势进行科学预测,从而及时制定相关政策。

首先,数据共享是推动政府治理智能化的先导力量。数字共享有利于政府建立经济、社会等各领域的大数据分析平台,从而提高政府对于经济、社会运行的监测和预警能力,进一步提升国民经济各部门的数字化水平,进而提高政府进行宏观经济调控和社会治理的前瞻性和有效性,提高政府决策的效率和效能。

其次,数据共享是促进政府治理智能化的主要路径。数据共享有利于打破原有的体制机制壁垒,加大政府各部门进行基础信息采集的范围和力度,打破信息孤岛,实现专业数据、公共数据、管理数据等多源异构数据的联通与整合,从根本上解决对接与融合难题,促进公共产品供给更好地满足社会治理需求。

最后,数据共享是推动政府治理智能化的有效手段。在线服务是政府为社会公众提供的最为直接和便利的服务获取途径,数据共享通过对部门间数据进行集成和整合,可以优化在线政务访问端口,尽量降低公众访问难度,与社会公众进行双向互动,为社会公众提供更便捷的访问渠道和更丰富的公共信息,最大限度地消除政府与公众之间的信息传播鸿沟,使政府服务更加高效智能。

5.3.4　区块链架构政府共治共享新模式

将数据共享嵌入政府治理是大数据时代政府善治的重中之重。但是，在实践中，受到真实性、安全性等因素的影响，政府治理过程中广泛存在数据孤岛，政府部门间的信息壁垒已经成为制约大数据技术在政府治理中的应用瓶颈。当前，不同部门的信息化系统往往缺乏一致的建设标准，重复建设、分散建设一方面造成资源浪费，另一方面也影响部门间数据的互联互通。各级部门主管人员往往缺乏数据交换共享的意识和动力。一些政府部门出于各自的利益或者风险规避考虑，不愿意主动将部门数据进行开放和共享，政府也缺乏进行数据共享主管和协调的相关领导部门。只有打破信息壁垒，真正实现数据共享，才能通过技术创新倒逼制度创新，改变传统观念中的信息传递单向模式，重塑政府治理的业务模式、服务模式，有效提高政府治理能力和水平。自 2015 年国务院开始推进"互联网＋"行动以来，我国各级政府部门积极探索移动互联网技术在医疗、社保、教育等公共服务领域中的电子政务应用并取得很大进展。但是，受到互联网自身特性的影响，政府部门在电子政务体系内处于中心化位置，形成天然的数据共享痛点。

习总书记在中央政治局第十八次集体学习时指出要抓住区块链技术融合的契机，发挥区块链在促进数据共享等方面的作用。作为新兴的 ICT 技术，区块链在政府治理中有广泛的应用空间。区块链技术支持构建由多方共同维护和记录的数据库，提供了不同主体间的数据信任基础，在政务治理场景下可以发挥巨大的价值。区块链的分布式存储特点可以克服电子政务政府部门中心化的不足，智能合约也可以推动多部门业务协同处理，成为大数据时代破解政务数据共享难题的有效工具。区块链的本质其实就是一套新的数据治理架构，其核心思想是使用多种技术的组合建立数据信任机制和数据连接方式，因此区块链在促进政府数据治理结构扁平化、数据服务过程透明化方面具有典型优势，有助于形成政府治理共建共享的新范式。

但是，类似于其他新兴互联网技术，区块链也存在一定的技术缺陷和风险。因此，推进政府治理现代化过程中，既要抓紧出台相关长短期规划，加快发展区块链的关键技术，完善公有链的基础建设，建立公有链的标准体系，加强相关应用人才的培养，又要充分重视数据共享平台的管理，加强区块链技术的监管机制建设，理顺区块链架构的数据共享平台相关的政策法规，健全政府数据共享的制度体系。此外，要充分鼓励有条件的地区进行试点，善谋规划、大胆尝试，实践探索政府治理的共建共享新模式，大胆应用区块链技术变革数据共享架构，创新政府治理范式，并从地方立法、应用条例、各方权责和人员培训等方面先行先试，及时把相关实践过程总结提升为可复制可推广的优秀经验，实现政府治理模式的实践创新和理论创新的有机统一。

5.4 基于数据要素流通的数字贸易新生态

作为数字经济的微观基础，数据要素的流通在引领消费新业态、产业转型升级和政府数字治理方面发挥关键作用的同时，对打造我国数字贸易新生态也具有广阔的发展空间。受全球经济持续下行的影响，尤其在 2020 年新冠肺炎疫情影响下，全球贸易直面巨大的冲击和挑战，霸权主义、单边主义、贸易保护主义，以及国际疫情持续蔓延等现实因素充斥全球市场，全球贸易增长仍缺乏动力，增速持续放缓甚至陷入疲软态势。与此同时，"双循环"新发展格局下，大数据、人工智能、云计算、物联网、区块链等数字技术加快赋能我国数字经济高质量发展，围绕数据要素的数字贸易新业态、新模式正在形成，进一步提升我国在全球价值链中的地位。总体而言，"双循环"新发展格局下，我国基于数据要素流通的数字贸易呈现新格局和新趋势，并不断催生出数字贸易新业态与新生态，或将在"双循环"新发展格局中发挥更大作用，成为中国区域经济发展的新引擎。

5.4.1 我国数字贸易发展现状分析

近年来，我国通过不断深化数字经济的生产性融合、流通性融合和消费性融合，持续优化对外开放水平，积极参与全球产业链、供应链和价值链合作，推动形成贸易新模式和贸易新生态。数字贸易不仅仅是一种贸易方式的创新，也是一种经济业态的创新，① 数字技术、互联网、数据等要素将持续赋能数字贸易新发展。

1. 数字贸易内涵不断延伸，涉及领域日趋多元

当前，学术界和业界虽然对数字贸易的内涵尚未有明确的行业界定和测度体系，但对数字贸易内涵演进趋势的预判则相对统一。随着数字技术与产业链、价值链和创新链的协同、融合和创新，大部分学者认为数字贸易不仅仅是需求端趋向内容数字化即强调数字产品和服务贸易，还应包含供给端趋向生产数字化即强调数字技术的支撑作用，以及其在生产、流通和消费等环节中相关货物贸易和服务贸易的贡献，甚至有的学者强调数字贸易还应包含实现价值链的数据流及其应用场景的创新。② 可见，数字贸易内涵的核心要义是在数字技术支撑下，数据要素及其通过传输和交易后推动实体经济相关贸易活动的持续发展。在国家大数据发展战略下，我国大部分产品和服务的生产、交换和消费正趋向智能化、平台化、生态化和数字化，使得数字贸易在各个产业、大中小企业和消费者等市场群体的红利得以实现普惠化。近年来，我国各省区市积极抢抓数字化发展机遇，通过充分利用信息技术、数字技术等手段赋能传统贸易价值链和供应链升级，推动数字贸易的内容、方式和平台等内涵不断延伸，使得数字贸易的界定日趋广泛化，进而引致我国数字贸易涵盖的具体领域更加宽泛，甚至涉及娱乐、金融服务、教育、医疗等多个领域。

2. 数据贸易规模迅速扩张，保持强劲增长趋势

当前，随着我国数字贸易化和贸易数字化的持续推进，我国数字贸易发展的动力和活力持续增强，创新潜能得到充分释放，呈现出良好的发展态势。据商务部统计，2019 年，我国数字贸易进出口额达 2036 亿美元，占全国服务贸易总额的 26%，同比增长 6.7%，并高出同期服务进出口增长率

---

① 汪延明：《我国数字贸易面临的挑战及对策》，《中国流通经济》2020 年第 1 期。

② 马述忠、房超、梁银锋：《数字贸易及其时代价值与研究展望》，《国际贸易问题》2018 年第 10 期。

8.1 个百分点。^① 2019 年 3 月，全球化智库（CCG）预测，如果不考虑国内外数字贸易壁垒的影响，到 2030 年，我国数字贸易可能会创造 5.5 万亿美元的经济效益。^② 可见，"双循环"新发展格局下，我国学术界和业界对数字贸易发展态势均持积极态度，极为重视数字贸易作为新时期我国经济发展新引擎的关键作用。尤其是 2020 年新冠肺炎疫情防控影响下，旅游、娱乐等传统服务贸易面临瓶颈，消费市场倒逼数字贸易发挥强大经济韧性，引导企业重视基于数据要素流通的应用与共享，为传统贸易提供数字化、智能化转型升级的技术支撑，从而进一步挖掘"双循环"新发展格局下我国数字贸易发展潜能。此外，数据资源已成为全球贸易的重要资源，数据资源的跨境流动已经成为全球数字化发展趋势的关键环节。2020 年 11 月签订的区域全面经济伙伴关系协定（RCEP），将进一步驱动全球贸易数字化和数字贸易多边规则的制定，引领全球数字贸易迈向新台阶。数字技术、数字内容、互联网等快速发展，将进一步释放全球数字贸易红利，为中国数字贸易发展与合作带来新机遇。

3. 数字贸易平台优势凸显，打造有机生态系统

平台化和生态化是数字贸易发展的显著特征和必然趋势，其中，平台化是我国数字贸易规模迅速扩张的关键驱动因素。2016 年 3 月，麦肯锡全球研究院的《数字全球化：全球流动新纪元》指出，全球约有 12% 的货物贸易是通过跨境电子商务平台完成，如阿里巴巴、亚马逊、易趣等等，同时，全球约 50% 服务贸易已经实现数字化。^③ 同时也强调具备开放、共享和包容特征的数字平台在一定程度上会减少信息不对称，以及自动化与算法在数字平台的应用会大大降低国际交易成本，可以实现更加高效的市场运行效率。总体而言，数字贸易平台的发展对世界各国经济发展至关重要。从现实来看，作为跨境电子商务的整合者和创新者，我国跨境电商发展水平在全球处

---

① 蔡梦雨：《直击服贸会：商务部表示将抓紧形成数字贸易的中国方案》，央广网，http：//finance. cnr. cn/txcj/20200905/t20200905_ 525242445. shtml？spm＝C73544894212. P59511941341. 0. 0。

② 全球化智库（CCG）：《数字革命：中国如何在国内外吸引数字贸易机会》，2019。

③ McKinsey & Company, *Digital Globalization：The New Era of Global Flows*, March 2016.

于领先地位，目前我国正抢抓数字贸易平台发展的机遇，整合全球生产企业、零售企业、政府、消费者、金融机构等资源要素和关键环节，协调数字贸易主体的竞争与合作，打造集成互利共赢的数字贸易生态圈，为我国中小企业更好地对标融入全球供应链、价值链和创新链创造可能。跨境电商平台作为国内国际双循环的重要载体，对我国数据要素的流通及其价值的实现发挥了重要作用，大大促进了我国数字贸易的发展，助力我国数字贸易竞争力稳步提升。据中国商务部和中国海关统计（如图5－3所示），尽管受贸易摩擦和新冠肺炎疫情等因素的严重冲击，我国跨境电商零售进出口总额有短期波动，但增长态势显著，从2015年的360.2亿元增长到2019年的1862.1亿元。其中，2019年，我国跨境电商零售出口额首次超过进口额，达944亿元，同比增长68.2%；2020年前三季度的跨境电商零售进出口总额达1873.9亿元，同比增长52.8%。

图5－3 2015～2020年中国跨境电商零售进出口情况

资料来源：中国商务部和中国海关相关资料整理。
注：2020年的数据为前三季度的跨境电商零售进出口总额和增速，非全年度情况。

5.4.2 双循环新发展格局下我国数字贸易发展新生态面临的挑战

双循环新发展格局下，我国数字贸易在融通数据资源、融合创新资源、融入全球价值链等方面呈现了积极的效应，对推动经济发展、质量提升、效率变革、动力变革发挥了重要作用。尤其是数据要素、数字技术、数字平台为新时期我国数字贸易发展带来了新生态和新机遇。但双循环新发展格局下，我国数字贸易发展新生态的培育与优化也面临严峻挑战。

1. 数据要素市场交易机制不完善，影响数字贸易价值潜力

数据要素是数字经济和数字贸易的微观基础，双循环新发展格局下的数据市场新生态在一定程度上对我国数字贸易新生态的营造产生深刻的影响。2020 年，《中共中央、国务院关于构建更加完善的要素市场化配置体制机制的意见》首次将数据纳入生产要素范畴，同时也肯定了数据要素对劳动、土地、资本等要素效率的积极作用。但数据要素具有显著的非排他性、非稀缺性、非竞争性和异质性等特征，导致数据要素的价值没有清晰的定价标准和交易机制，制约了数据要素市场化和社会化共享，进一步阻碍数据要素在国民经济各部门、各行业的流通和应用。当前，我国大数据交易正处于起步阶段，大部分大数据交易中心对数据产权归属、数据交易制度没有明确的规则，将有可能导致数据资源的错用、滥用和误用，无法充分挖掘数据要素转化为贸易价值的潜力。

2. 数据跨境流动监管不到位，挑战数字贸易监管体系

数据跨境流动有助于提高数字贸易的运行效率，合理数据跨境流动规则的制定对抢占数字贸易先机具有关键性作用。但数据要素的准确性和安全性也面临严峻的监管难题，数据跨境流动存在局限性，相关标准和规范体系尚未成熟。从根本上来看，当前我国数据跨境流动和数字贸易的监管手段和规则大大滞后于数字贸易发展的实践，数字贸易相关立法基础和法律体系较为缺乏，尤其是我国数字贸易规则体系存在缺位现象，这可能进一步导致无形的结构性数字贸易壁垒。其中，数字贸易监管体系尤其是数字贸易本土化，有可能在某种程度上阻碍数字贸易市场开放，影响数字市场竞争机制的运行。在世界贸易组织多边的框架体系下，我国基于数据主权、信息安全以及监管体系的考虑，对数字跨境流动和数字贸易规则的主张，主要基于货物贸易流动为主的跨境电子商务

规则①。当前，数字贸易的内涵和范畴仍在持续扩大，对数据流动和数字贸易的监管范围和模式尚未稳定，导致我国数字贸易发展不稳定性、不确定性较大，制约了我国数字贸易的可持续发展。

3. 数字贸易产业基础较为薄弱，制约数字贸易产业竞争力

近年来，我国数字贸易发展迅速，但与发达国家相比，我国数字贸易产业基础仍然较为薄弱，存在结构性失衡，数字贸易竞争力较弱。一是数字服务产业基础较为薄弱。与发达国家相比，我国货物贸易及相关跨境电商产业基础较为雄厚，但数字服务产业则不然，数字服务贸易竞争优势不明显。当前，我国数字服务贸易整体规模偏小且区域结构失衡，对外贸易总额占比偏低，对我国数字贸易增长的推动力不足。二是核心数字技术供给和应用不足，形成我国数字贸易产业的短板，限制了我国数字贸易产业竞争力的提升。从整体上来看，我国对数字贸易核心技术、关键技术的研发较为不足，甚至存在空白领域如工业软件等领域，且数字技术在不同产业的应用程度和效果差异较大。三是传统产业数字化转型不平衡、不充分。部分中小企业受资金、技术、人才和管理条件的限制，尤其是复合型的数字贸易人才的结构性短缺，相关产业数字化转型进度较为缓慢且水平偏低，这些产业数字化转型的不充分在一定程度上削弱了我国数字贸易的产业基础。此外，我国国民经济各行业部门差异较大，数据标准不统一、共享机制不明确、产权不清晰等原因也导致了数据资源对数字贸易产业的贡献的不平衡，各产业部门数字鸿沟较为显著。

5.4.3 双循环新发展格局下构建我国数字贸易新生态的应对策略

双循环新发展格局下，为了适应我国数字贸易发展面临的新挑战和新趋势，我国应当继续强化数字贸易基础设施建设、加快构建数据跨境治理体系、夯实数字贸易发展制度环境以及加快服务业数字化转型，以更好地打造

---

① 王大贤：《跨境数据流动存在限制 如何完善数字经济贸易规则》，《第一财经日报》2020 年 2 月 10 日。

和发展新时期我国数字贸易发展的新生态，促进我国数字贸易高质量发展。

1. 强化数字贸易基础设施建设，推进数字贸易释放合作潜力

数字贸易基础设施建设是数字贸易可持续发展的重要保障，也是加快数据跨境流动的重要支撑。我国各地区要注重改善数字贸易基础设施和技术条件，完善数字贸易平台尤其是世界贸易平台的建设布局，积极探索在数据交互、业务互通、监管互认、服务共享等方面的国际合作及数字确权等数字贸易基础设施建设。加强5G、物联网、区块链、大数据、云计算、人工智能等信息技术的应用实践，不断完善科技基础设施、金融基础设施、信息基础设施、监管基础设施等数字贸易基础设施，推动我国数字产业化和产业数字化进程，以充分释放数据要素的潜能，更好地促进数字贸易优化发展。双循环新发展格局下，在强化城市现代信息技术和互联网建设的同时，尤其强调强化农村互联网基础设施建设，弥合城市与农村数字发展鸿沟，为数字贸易包容性合作与发展创造良好的硬环境。

2. 构建数据跨境流动治理体系，不断增强数字贸易监管有效性

当前，世界各国数据跨境流动的规则和模式有较大差异，没有统一的技术标准，且在短期内也因各国国情制度差异难以形成相互协调统一的数据跨境流动的政策体系。但我国可以借鉴欧盟、美国、俄罗斯等国家的数据跨境流动政策，主动探索与构建数据跨境流动治理体系，采取灵活多样和对等措施的管理政策和监管模式，推进分级分类分区域的数据跨境流动的监管制度，不断增强数字贸易监管的有效性。一是要探索数据跨境流动治理体系，制定出台我国数据出境的管理框架和审核机制。二是要健全数据跨境流动收益补偿机制，强化数据的制度性保护与管理。三是要强化跨境数据流动监管制度，成立专门的数据安全和保护的监管机构。尤其要注重增强数字贸易监督有效性，加强统筹协同，推动各级各类监督有机贯通、相互协调，以强化监督体系的整体效应。

3. 夯实数字贸易发展制度环境，积极参与国际数字贸易规则制定

我国数字贸易在全球范围内极具发展潜力，数字贸易发展的实践甚至超越了相关理论的探索。因此，我国应率先完善国内数字贸易相关法律体系，

制定数字贸易相关实践性法条，并形成具有中国特色、符合中国礼仪的数字贸易规则模板。从全球范围来看，我国还应成为多边数字贸易治理体系的推动者和建设者，为我国数字贸易发展创造良好的政策环境，在不断夯实本国数字贸易发展制度环境的同时，分析世界各国的数字贸易规则诉求，积极推动数字贸易规则和政策的国际协调，营造以国际数字贸易发展合作为导向的数字贸易规则和政策协调框架。其中，积极推动"一带一路"沿线国家开展数字贸易在信息技术、专业人才、数字项目和数字经济等领域的合作，可能是我国数字贸易全球化发展的重要突破口。

4. 加快服务业数字化转型，加快引领数字贸易高质量发展

当前，货物贸易数字化转型是我国数字贸易的主要内容，也是我国数字贸易结构转型升级的重要内容。但随着数字技术创新的应用，与我国货物贸易数字化转型发展的规模和速度相比，我国服务业数字化转型发展的潜力还有待进一步挖掘。基于我国数字贸易发展的现实情况来看，我国服务数字贸易转型发展短期内重点在于大幅提升传统服务贸易数字化水平，大力发展数字旅游、数字教育、数字医疗等服务出口，以数字技术赋能服务贸易为重点，不断提升服务业的可贸易性和出口竞争力。一方面，短期内，我国可注重采用现代数字经营服务方式，运用于传统服务产业，重点改造交通运输、仓储物流、研发创新、品牌营销等瓶颈行业，不断提高技术水平和运营效率。另一方面，从长期来看，我国应积极开拓数字技术型、数字知识型服务业，建立健全数字服务贸易的创新机制，加速服务贸易向数字化的资本密集型、技术密集型和知识密集型转变。

B.38

6

新发展格局下我国现代流通体系建设的思路方向与关键路径

王珍珍　陈洪昭　韩　莹*

摘　要：　现代流通体系是国民经济发展的命脉，是推动形成以国内大循环为主体、国内国际双循环相互促进新发展格局的重要战略任务。近年来，我国现代流通体系在降低流通成本、完善交通运输网络、培育现代流通企业以及健全社会信用体系方面取得了明显成效，但与发达国家相比，还有不少短板，需要进一步努力加以完善提升。本文探讨了现代流通体系的内涵及构成要素，分析了"十三五"时期我国现代流通体系建设的成效、制约因素，并从完善"有序化"统一大市场建设、构建"立体化"交通物流网络体系、推进"品质化"商贸流通企业发展以及推动"规范化"社会信用体系建设方面提出相应的对策建议。

关键词：　现代流通体系　高质量发展　新发展格局

---

* 王珍珍，博士，福建师范大学副教授，主要研究方向为企业管理；陈洪昭，博士，福建师范大学经济学院讲师，主要研究方向为农业经济学；韩莹，博士，福建师范大学经济学院讲师，主要研究方向为创新与创业管理。

现代流通体系是国民经济发展的命脉，是连接生产和消费的中间环节，是推动形成以国内大循环为主体、国内国际双循环相互促进的新发展格局的重要战略任务。"十三五"时期我国流通体系在流通主体多元化、流通方式多样化、流通渠道信息化等方面取得了显著的进步，但相比国际发达地区而言，还存在流通管理体制不健全、流通成本过高、商贸流通企业竞争力不强、流通基础设施建设薄弱等问题，"十四五"时期，我国要以构建现代流通体系作为畅通国民经济大循环的重要通道。

6.1　现代流通体系的内涵剖析

6.1.1　现代流通体系的内涵及构成要素

商品从制造商经由批发商、经销商、零售商至消费者的过程即为流通过程，它既包括商品、信息等从生产端到市场端的流动，也包括资金、信息、商品从市场端到生产端要素的流动，其中，从生产端到市场端流动的要素包括物资流、信息流，从市场端到生产端流动的要素主要包括信息流、资金流以及逆向物流。因此，流通行业涉及的范围很广，既包括批发零售业，也包括物流业，是连接生产端和消费端的重要环节。流通体系的建设也引起了政府层面、社会层面的高度重视。流通体系中的"流"实际上包含了商流、物流、信息流和资金流，"通"即畅通。在2020年9月9日召开的中央财经委员会第八次会议上，习近平总书记突出强调了在新发展格局下，流通体系在国民经济的发展过程中的基础性作用，要将流通作为一项重要的战略任务来抓。如何更好地实现物畅其流，人畅其行呢？这就需要打破流通体系中的梗阻，运用先进的流通技术、手段、管理方法等来改善流通环节，从而实现流通效能的大幅度提升。

1. 流通体系的"现代化"元素

此次会议突出强调了流通体系构建的"现代化"，这里的"现代"着重强调了流通体系建设如下几个方面的特征：一是此处的"现代"是相比较于

"传统"而言的，是在新发展格局下的流通体系的构建，是将流通体系的作用提升到了与畅通国内大循环、推动国内国际双循环相互促进的这样一种战略格局上；二是此处的"现代"突出强调了如何通过信息化的手段推动流通体系的现代化，具体来说包括"数字化、智能化、标准化以及绿色化"等要求，因此，流通体系建设过程中高度强调信息化技术手段的运用。

2. 现代流通的"体系化"特征

此次会议中，也提到了现代流通的"体系化"，所谓的体系实际上是说现代流通的建设是一个系统化工程，这次会议将现代流通体系的主要任务分为了六个方面，包括：国内统一大市场的建设、现代综合运输体系的构建、现代商贸流通体系的完善、社会信用体系的完善、金融基础设施的建设以及加快建立应急物流体系（如图6－1所示）。其中，现代综合运输体系的构建在现代流通体系建设中起到了基础架构的作用，完善的现代综合运输体系可以为社会商品的良性循环提供强有力的保障；国内统一大市场的建设是现代流通体系建设追求的目标方向，作为流通体系建设的目标之一就是推动商流、物流、资金流、信息流等可以畅通无阻地流动，打破阻碍要素流动的各种市场壁垒；现代商贸流通体系是现代流通体系竞争力构成的主体要素，当前主要表现在要培育具有国际竞争力的流通企业；社会信用体系的完善是构建现代流通体系的制度规范保障，通过不断完善社会信用体系，可以规范各个流通主体的市场行为，健全市场法律法规；金融基础设施的完善可以为现

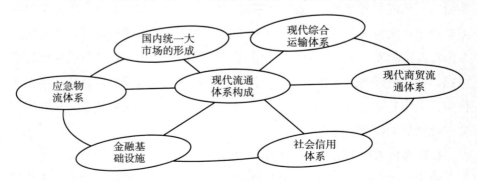

图6－1　现代流通体系的组成部分

代流通体系的建设提供资金保障；应急物流体系的完善是疫情下对现代流通体系建设的一种迫切要求。

3. 现代流通体系构建的目标

"十四五"时期，我国现代流通体系的构建应该从当下我国在流通体系构建过程中所存在的流通效率与生产效率不相匹配、流通成本过高、流通体制改革不完善等问题出发，推动流通体制改革，提升流通经济对国民经济发展的贡献度，降低流通成本，提升流通效率，构建与全面建设社会主义现代化相匹配的流通体系。

6.1.2　"十四五"时期加快建设现代流通体系的战略价值

1. 现代流通体系建设是构建新发展格局的链接器

现代流通体系是连接生产和消费的重要纽带。当前我国正处于新的发展阶段，在新发展阶段下，社会经济将以新发展理念为指导构建新发展格局，可以说这是党中央在统揽全局的基础上所做出的战略决策，这一新发展格局的核心是解决疫情下的经济"循环"问题，即社会化大生产背景下从生产、分配、流通到消费过程的循环，产品如何通畅地从生产端走向消费端，其中，生产是基本环节，交换实际上就是商品或者服务在市场上的流通，这是连接生产与消费的中间环节。没有流通，企业生产的产品无法实现它的价值，社会化再生产就失去了意义；没有流通，社会上闲置的商品或者资源就无法有效地实现调剂余缺；没有流通，消费者就无法购买到心满意足的产品，也就无法实现价值增值。

现代流通体系是市场经济运行的基础架构。市场经济存在的必要条件是"商品或财富"的"生产、分配、交换、消费的循环和演变过程"，但市场经济要能够正常运行，就需要"生产、分配、交换、消费"这"四个环节"出现"良性循环和合理演变"。而这"四个环节"要出现"良性循环和合理演变"需要交通运输网络、金融基础设施、商贸流通主体、完善的统一要素市场共同提供保障。其中，交通运输体系的完善是市场经济运行的基础架构，铁路、公路、水路、航空运输的完善以及多式联运方式的使用可以有效地改善企业的生产条件，大大缩短商品运输的周期，减少货损货差，提高客户满意度，降低生产成本，尤其是交通运输网络中信息化手段的使用可以提高对货物跟踪的能力。

现代流通体系是国内国际循环的市场接口。国际市场是国内市场的延伸，企业在开拓国内市场的基础上可以瞄准国际市场，以满足国际市场需求来提升企业的核心竞争力，因此，新发展格局并不是封闭式的只发展国内市场，而是要统筹国内与国际市场，充分利用两种资源。这两个市场的有序联通需要寻找到一个合适的市场接口，流通体系的建设就扮演了市场接口的角色。例如：疫情使很多出口企业发展受到影响，在这样的背景下，很多企业开始考虑由出口转为内销，因此，需要了解国内流通市场和国际流通市场的差异、消费者对产品需求的差异等。

2. 现代流通体系建设是促进产业转型升级的助推器

现代流通体系对产业结构转型升级具有引领与带动作用。任何一种产品，从企业生产出来，最终都会变为消费者手中的消费品。在这个过程中，无论是采购、分销、配送等，都是通过流通体系来完成与实现的。当前我国正处于从高速增长到高质量发展的转变期，而产业结构转型升级是实现高质量发展的关键，现代流通业的发展有助于推动上下游产业结构的转型优化升级。现代流通业是满足市场需求、开发潜在消费、激发市场活力的重要载体，其直接反映了市场需求变动，进而引导产业的供给侧改革，推进产业向市场需求方向转变与发展。同时，现代流通业克服了商品交换中出现的空间矛盾，从而实现了产品的价值转换，避免了要素的重复配置与产业布局的同构化，进而推进了产业布局的合理化。通过分析商品流通信息，可以了解消费者的需求导向，从而为生产和投资指明方向，因此推进了产业结构的转型升级。

现代流通体系通过参与价值创造推动了流通产业创新发展。流通体系的作用不单是实现价值，更是参与创造价值。如果没有高效的现代流通体系，即便拥有强大的生产能力，也难以转化为社会财富。高效的现代流通体系不仅是我国当前及未来经济工作的一大着力点，也是产业创新发展的方向和重要领域。现代流通体系涵盖的内容十分丰富，并且随着社会生产水平的提升以及社会消费形态的转变，不断培育与衍生出更多的产业形态。尤其是近年来，新一轮科技革命和产业变革，推进了现代流通体系的发展。借助数字化、网络化、智能化的大发展，不断扩大互联网、物联网、云计算、大数据等在流通领域的应用，以此为依托，一系列流通新技术、新业态、新模式不断涌现，并且成为当前经济生产中充满活力的产业领域。

现代流通体系通过流通效率的提升降低物流总费用。现代流通体系依靠科技创新推进市场运营模式的创新，不断推进新业态的发展，从而培育发展新动能，提升流通效率。现代流通体系建设，需要用创新思维搞活流通环节，创造新的流通产业，充分挖掘发展潜能。这不仅涉及现代流通体系硬件和软件建设，同时，也会为提升国民经济总体运行效率提供可靠保障，为经济进一步发展拓展了空间，从而进一步强化了对加快新发展格局的支撑。现代流通体系通过降低生产成本，以及加快资本周转速度，让经济更加轻盈、消费更有活力，从而全面提升产业效率与竞争力。同时，现代流通业通过建立自主网络流通渠道参与到国际分工中，不断提升我国产业的国际分工地位，打造我国产业的竞争优势。建立具有全球竞争力的现代流通行业，以及满足居民不断变化的消费需求而形成的流通行业的升级改造和创新发展，都会在完善现代流通体系建设的同时进行。

3. 现代流通体系建设是提升抗风险能力的稳定器

现代流通体系建设是开放经济条件下国家市场安全的重要屏障。当今世界贸易自由化、经济全球化趋势不断增强，现代流通系统的建设也面临着诸多对外开放相关挑战。现代流通系统就国内而言，是形成国家流通循环的基本骨架，就国际而言，是国际国内双循环的必要链接，构建现代化流通体系必须秉承开放的思想，切勿闭门造车。但在国际市场上流通商与生产商的博弈中，具有资金和市场优势的流通商，凭借其垄断地位很可能会压低生产商的产品价格，挤占利润空间，从而牵制一国制造业的分销渠道，获取大量垄断收益。而完善的现代流通体系可以在全球开放的大环境下对外资进入加以严格控制，约束并规范流通环节，加速产业结构转型升级，预防我国产业体系失控。除此之外，在现代流通系统的构建中，通过对市场占有率做出定量限制，能够防止外资侵占与支配国内零售市场，通过对网点的优化配置，实现进一步优化质量、控制总量、调整存量的目的。因此，随着现代化物流体系建设的推进，我国流通业也不断与国际接轨，在国际市场开放交流的同时也有效维护着我国国家市场安全①。

现代流通体系建设是提升国家综合竞争力的有力保障。第一，现代流通体系的建设对于国际信息资源的共享具有重要作用，如在大流通环境下实现标准、技术装备、基础设施等各类资源的共享。第二，通过建立国家流通品牌、提升国家信用、健全供应链体系，从而提高流通企业的核心竞争力。第三，通过物流体系建设可以提高要素重组能力，对于增强稀缺资源的利用具有重要战略价值，推动提升国家带动力、凝聚力和影响力，进一步保障国家经济安全②。

现代流通体系建设依托信息技术为物流发展保驾护航。随着信息技术的飞速发展，现代物流体系也在不断地完善，信息技术在物流领域中的运用逐步得到拓展。通过不断普及与加速新一代信息技术的运用，提升流通企业内部管理数据化与智能化水平，提高对外服务质量，有利于企业实现创新创造，从而赋能经济发展。依托大数据分析、人工智能、GPS 定位等能够更加及时地实现车辆调度、提高货物运送效率，更好地满足客户需求，同时降低运输成本，提高流通效益，在保障物资运输方面也会发挥重要作用。

现代流通体系建设为抵御交易风险打造信用壁垒。流通体系的信用能力构建包含了两部分，一是对交易平台上个体或企业的信用评价，二是流通企业自身信用体系建设。完善的现代流通体系建立在健全的社会信任机制上，起到增强市场信心、稳定预期、促成交易，促进经济循环的作用。正如在生产要素流通的过程中，要想顺利实现交易行为，必须确保生产、仓储、运输、批发等各个环节的通畅，若交易双方的信用状况良好，整个产品流通过程可追溯，交易双方的谈判就会更加顺畅，实现提高交易效率、增加交易机

---

① 黄国雄：《关于推进我国现代流通体系建设的几点建议》，《财贸经济》2011 年第 3 期。
② 李智：《"中国特色"语境下的现代流通体系发展方略研究》，《中国软科学》2012 年第 4 期。

会的效果。因此，在现代流通体系不断完善的过程中，也必将建立起以信用为基础的信息流通监管机制，进一步抵御交易风险。

6.2　"十三五"时期我国现代流通体系建设取得的成效

"十三五"以来，我国现代流通体系建设已取得长足进展，流通产业逐步成为国民经济的基础与先导性产业，一批新业态新模型在流通领域不断涌现，为我国经济高质量发展发挥了重要作用。我国流通体系对国民经济的先导性和支撑性作用已日益增强[①]。2007年起世界银行每隔两到三年发布一次全球物流绩效指数（LPI），从海关、基础设施、国际货运、物流竞争力、货物追踪、物流及时性六个方面评价一国的物流绩效水平，2018年的最新数据显示，中国位于全球第26位，较2007年的第30位已有明显进步。"十三五"以来我国在现代流通改革、流通产业规模、流通基础设施建设以及流通产业方面对就业的贡献率均有所提升，具体表现在如下四个方面。

6.2.1　现代流通改革不断推进

建设现代流通体系成为构建新发展格局、实现高质量发展、应对百年未有之大变局的重要战略任务。"十三五"期间，我国现代流通业改革与探索逐步深化，国家陆续出台了一系列方针政策引导与推动现代物流体系的全面发展。

2015年陆续出台相关文件，一方面积极探索试点，推进相关体制改革，以及流通业的创新转型；另一方面，不断改进推进流通业发展的营商环境，实施重大工程。当年7月，国务院印发《关于同意在上海等9个城市开展国内贸易流通体制改革发展综合试点的复函》，在上海、南京、郑州、广州、成都、厦门、青岛、黄石和义乌9市开展国内贸易流通体制改革发展综合试点。8月，国务院发布《关于推进国内贸易流通现代化建设法治化营商环境的意见》，提出大力发展第三方物流和智慧物流，提高物流社会化、标准

化、信息化、专业化水平，放开商贸物流等领域外资准入限制等系列意见。国家发改委出台《关于加快实施现代物流重大工程的通知》，为进一步完善物流业投资环境，引导社会资本加大投入力度，加快推进现代物流重大工程项目建设，提出了具体的建设任务与建设项目。9月，国务院办公厅发布《关于推进线上线下互动 加快商贸流通创新发展转型升级的意见》，推动实体店转型，促进商业模式创新，加快商贸流通创新发展和转型升级。

2016年着重推进"互联网+流通"以及现代物流创新发展的相关政策措施。4月，国务院办公厅发布《关于深入实施"互联网+流通"行动计划的意见》，从供需两端发力，实现稳增长、扩消费、强优势、补短板、降成本、提效益。5月，国家发改委发布《关于做好现代物流创新发展城市试点工作的通知》，确定了天津、沈阳、哈尔滨、上海、南京、青岛、厦门、武汉、广州、深圳、重庆、成都、西安、乌鲁木齐、郑州、保定、临沂、赣州、岳阳、义乌20个城市为现代物流创新发展试点城市，最大限度释放市场主体活力。7月，国家发改委发布《"互联网+"高效物流实施意见》，推动传统物流活动向信息化、数据化方向发展，促进物流相关信息特别是政府部门信息的开放共享，夯实"互联网+"高效物流发展的信息基础，形成互联网融合创新与物流效率提升的良性互动。

2017年出台相关政策提升流通体系的质量与效率。4月，质检总局、国家发改委等11个部门共同出台《关于推动物流服务质量提升工作的指导意见》，提出通过强化物流企业服务质量意识、建立物流服务质量指标体系、健全物流服务质量标准体系等9项重点任务。8月，国务院办公厅印发《关于进一步推进物流降本增效促进实体经济发展的意见》，部署推进物流降本增效有关工作，着力营造物流业发展良好环境，提升物流业发展水平，促进实体经济发展。

2018年出台相关文件，规划流通枢纽建设。12月，国家发改委、交通运输部联合发布《国家物流枢纽布局和建设规划》，提出到2020年，通过优化整合、功能提升，布局建设30个左右辐射带动能力较强、现代化运作水平较高、互联衔接紧密的国家物流枢纽，培育形成一批资源整合能力强、运营模式先进的枢纽运营企业。到2025年，布局建设150个左右国家物流枢纽。

2019 年出台相关政策进一步推进流通体系高质量发展，并通过促进流通发展带动消费。3 月，国家发改委等部委发布《关于推动物流高质量发展促进形成强大国内市场的意见》，选择部分基础条件成熟的承载城市，启动第一批 15 个左右国家物流枢纽布局建设，培育形成一批资源整合能力强、运营模式先进的枢纽运营企业。加大重大智能物流技术研发力度，加强物流核心装备设施研发攻关，推动关键技术装备产业化。鼓励物流和供应链企业在依法合规的前提下开发面向加工制造企业的物流大数据、云计算产品。8 月，国务院办公厅印发《关于加快发展流通促进商业消费的意见》，提出稳定消费预期、提振消费信心的 20 条政策措施，推动流通创新发展，优化消费环境，促进商业繁荣，激发国内消费潜力，更好地满足人民群众消费需求，促进国民经济持续健康发展。

2020 年 9 月 9 日，习近平总书记主持召开中央财经委员会第八次会议，研究畅通国民经济循环和现代流通体系建设问题，提出要贯彻新发展理念，推动高质量发展，深化供给侧结构性改革，充分发挥市场在资源配置中的决定性作用，更好地发挥政府作用，统筹推进现代流通体系硬件和软件建设，发展流通新技术新业态新模式，完善流通领域制度规范和标准，培育壮大具有国际竞争力的现代物流企业，为构建以国内大循环为主体、国内国际双循环相互促进的新发展格局提供有力支撑。这一系列为适应我国经济社会发展而出台的指导方针与措施，不仅推进了我国现代物流体系建设，同时也为下一阶段现代流通体系改革与深化发展奠定了坚实的基础。

6.2.2 现代流通产业规模不断发展与完善

"十三五"期间现代流通产业发展规模不断扩大，各相关行业发展迅速。国家统计局《国民经济行业分类》中指出流通产业包括：批发与零售业、住宿与餐饮业、租赁与商业服务业、居民服务和其他服务业等。再加上商品的物流包含在交通运输、仓储和邮政业中，电子商务（网上交易）包含在信息传输、计算机服务和软件业中。因此，尽管我国现阶段的流通产业产值是不完全流通产值，但近十年来增加值也约占 GDP 的 10%、约占第三产业增加值的 25%①。从表 6－1 中可以看出我国流通产业各行业产值自 2015 年以来都实现了快速发展，其中批发和零售业产值 2018 年比 2015 年增加了 21184.1 亿元，交通运输、仓储和邮政业增加了 9817.7 亿元，住宿和餐饮业增加了4214.5 亿元，租赁和商业服务业增加了 11378.8 亿元，居民服务、修理和其他服务业增加了 4206.6 亿元，可以说"十三五"期间，我国流通产业飞速发展。

　　表 6－2 为各省域部分流通行业 2015 年与 2019 年的产值对比状况，绝大部分省市的批发和零售业，交通运输、仓储和邮政业，以及住宿和餐饮业的产值都实现了大幅度增长。在批发和零售业领域，辽宁、黑龙江、天津、吉林和内蒙古，2019 年产值比 2015 年有所下降，其中辽宁产值降低了804.6 亿元。其他省份都实现了产值增长，其中江苏产值增加最多，达3908.59 亿元。在交通运输、仓储和邮政业中，与 2015 年相比 2019 年产值下降的有辽宁、贵州、黑龙江、福建和宁夏，其中辽宁下降额度最大，为389.44 亿元。其他省份产值都有所增长，其中安徽增加值为 1182.15 亿元，增加最多。住宿和餐饮业 2019 年产值与 2015 年对比可以发现，下降省份有10 个，分别为辽宁、内蒙古、黑龙江、山西、吉林、山东、天津、甘肃、河北和陕西，其中辽宁产值减少 302.66 亿元，产值下降最多。其他省份都为正增长，其中湖北增加了 556.25 亿元，增长最多。由此可见，"十三五"期间，大多数省份流通业都实现了快速发展，产值得到了大幅度提升。

表 6－1　流通各行业产值状况

单位：亿元

年份	批发和零售业	交通运输、仓储和邮政业	住宿和餐饮业	租赁和商业服务业	居民服务、修理和其他服务业
2015	67719.6	30519.5	12306.1	18089.7	10586.7
2016	73724.5	33028.7	13607.8	21528.6	12183.5
2017	81156.6	37121.9	15056.0	25273.3	13725.4
2018	88903.7	40337.2	16520.6	29468.5	14793.3

　　资料来源：《中国统计年鉴 2020》。

①　林火灿：《打通经济循环堵点 建设现代流通体系—访中央党校（国家行政学院）马克思主义学院院长、教授张占斌》，《经济日报》2020 年 10 月 19 日第 1 版。

表6-2　各省域部分流通行业的产值状况

单位：亿元

地区	批发和零售业		交通运输、仓储和邮政业		住宿和餐饮业	
	2015 年	2019 年	2015 年	2019 年	2015 年	2019 年
北　京	2352.34	2856.89	983.87	1025.33	397.59	540.36
天　津	2040.04	1372.27	729.09	787.73	248.01	169.14
河　北	2381.23	2947.53	2359.09	2916.01	404.43	389.04
山　西	1077.11	1361.61	892.81	1006.82	350.72	207.05
内蒙古	1728.3	1448.34	1087.32	1202.71	628.87	361.54
辽　宁	2968.98	2164.38	1702.8	1313.36	620.27	317.61
吉　林	1117.29	759.11	529.79	574.4	328.61	192.61
黑龙江	1689.24	1005.33	707.03	533	479.96	237.06
上　海	3824.22	5023.23	1133.17	1650.44	374.63	458.86
江　苏	6992.68	10901.27	2705.44	3157.21	1189.4	1540.21
浙　江	5245.03	7470.08	1631.88	1962.13	995.02	1092.28
安　徽	1640.93	3429.23	791.72	1973.87	417.81	759.36
福　建	2046.29	4242.89	1547.3	1484.58	398.35	656.65
江　西	1186.72	2103.31	736.15	1083.72	391.08	447.4
山　东	8416.13	9744.83	2503.65	3636.06	1301.36	1173.68
河　南	2609.46	4010.8	1809.39	2970.41	1030.8	1150.16
湖　北	2332.27	3347.05	1242.34	2233.45	692.21	1248.46
湖　南	2323.67	4022.92	1291.03	1556.52	603.77	922.4
广　东	7625.98	11153.04	2928.9	3466.42	1447.48	1878.2
广　西	1135.09	1758.95	803.1	902.04	373.03	376.87
海　南	440.75	533.03	187.8	246.93	174.14	269.18
重　庆	1345.38	2192.06	761.31	977.14	355.76	501.98
四　川	1871.55	4194.68	1219.77	1468.52	859.49	1149.18
贵　州	671.39	1269.9	920.36	709.88	360.38	417.18
云　南	1334.62	2389.22	304.49	1113.14	437.79	599.45
西　藏	67.7	104.51	31.76	47.76	32.08	41.9
陕　西	1504.04	1880.44	713.02	1059.86	432.02	428.31
甘　肃	508	646.28	274.65	438.39	196.37	158.27
青　海	154.78	160.83	90.55	123.18	43.27	50.75
宁　夏	136.97	200.85	200.66	178.21	51.31	53.72
新　疆	523.58	766.09	536.06	953.72	155.62	181.89

资料来源：《中国统计年鉴2016》《中国统计年鉴2020》。

随着信息化、数字化、智能化等前沿新兴技术的应用与普及，流通领域内不断涌现出新业态、新模式和新服务，在带动该行业产业链不断延伸升级的同时，进一步整合了资源，推进了流程再造，推动了该领域的迅猛发展。2019年实物商品网上零售额8.5万亿元，增长19.5%①。"十三五"期间，以互联网技术为基础的流通新业态新模式呈爆发式增长，网络销售、线上消费这种非接触式的经营形式异军突起，不仅适应了人民群众的消费方式，也带动了现代流通业的快速发展。表6-3是2015年与2019年各省域网上零售额的对比，可以发现所有省市的网上零售额都呈大幅度增长的态势，有16个省份的产值增加在千亿元以上，其中广东增长量最大，达13888.5亿元。

近年来电商交易依然呈现出快速增长态势。以2019年天猫"双十一"市场数据为例，当天全网成交额为4101亿元，超过2018年双十一的交易额3143亿元，同比增长30.1%。根据菜鸟网络的数据，由此产生物流订单12.92亿单，同比上涨24%。表6-4是2018年中国35省市电商交易额榜单，其中除天津增长2.9%，重庆增长9.8%外，其他省市都实现了两位数以上的增长。其中陕西省增幅达46.6%，山西省增长了40.5%，可见现代物流行业的迅猛发展态势。

表6-3　各省域网上零售额

单位：亿元

地区	2015年	2019年
北　京	4650.7	8675.7
天　津	496	2239.4
河　北	662.9	2403.5
山　西	95.1	563.6
内蒙古	63.9	440.5
辽　宁	365.1	1426.4
吉　林	86.6	524.9
黑龙江	100.6	669
上　海	3965.6	10418.5
江　苏	3302.3	9896.1

---

① 冯其予：《流通业基础支撑作用日益增强》，《经济日报》2020年10月20日第8版。

续表

地区	2015 年	2019 年
浙　江	6929.2	16315.7
安　徽	572.2	2400.7
福　建	1759.7	4894.5
江　西	300.4	1588.2
山　东	1266.2	4109
河　南	658	2255.8
湖　北	846.9	2860
湖　南	567.6	1840.5
广　东	8939.7	22828.2
广　西	205.5	820
海　南	80.4	373.2
重　庆	376	1082.1
四　川	1057.8	3318.1
贵　州	71.2	477.6
云　南	166.5	821.8
西　藏	4.2	52.5
陕　西	692.9	1043.5
甘　肃	53.8	330.6
青　海	7.9	67.2
宁　夏	12	105.2
新　疆	44.2	202

资料来源:《中国统计年鉴 2016》《中国统计年鉴 2020》。

表 6 - 4　　2018 年中国 35 省市电商交易额榜单

单位: 亿元, %

序号	地区	网上零售额	增长率
1	四 川 省	32986.9	19.6
2	上 海 市	28000	19.3
3	深 圳 市	26500	14.1
4	湖 北 省	21000	23.5
5	广 东 省	20345	23.7
6	浙 江 省	16718.8	25.4
7	河 南 省	15048	20
8	重 庆 市	11013.3	9.8

序号	地区	网上零售额	增长率
9	湖 南 省	10623.1	27.1
10	江 苏 省	8567	24.3
11	青 岛 市	8500	21
12	广　　西	8002	13.4
13	江 西 省	7300	25
14	陕 西 省	6412.7	46.6
15	厦 门 市	4800	26
16	福 建 省	3616.7	29
17	山 东 省	3294	26.5
18	甘 肃 省	3000	30
19	河 北 省	2990	26.6
20	内 蒙 古	2988.5	20.1
21	黑龙江省	2950.6	23.6
22	北 京 市	2632.9	10.3
23	云 南 省	2563.2	25.6
24	安 徽 省	2015.9	33.4
25	海 南 省	1947.1	25.1
26	新　　疆	1880.7	16.1
27	宁 波 市	1778.3	28.8
28	宁　　夏	1181.6	21.8
29	辽 宁 省	1146.7	28.9
30	青　　海	749.69	25.3
31	天 津 市	450.2	2.9
32	山 西 省	396	40.5
33	西　　藏	206	—
34	贵 州 省	180.4	37.1
35	吉 林 省	—	—

资料来源：商务部《2018 中国电子商务报告》。

6.2.3　现代流通产业基础设施水平不断完善

"十三五"期间，随着我国消费方式的转变，物流业加速同制造业深度融合，现代物流业快速发展。为了适应现代流通系统的发展状况，相应的基础设施逐步完善。"十三五"期间,中小城市和农村基本实现了电商物流覆盖,全国电商物流体系初步形成,从而推动了我国电子商务的全面发展。电子商务交易额由 2012 年的 8.1 万亿元增长到 2019 年的 34.8 万亿元,年均增长 23.1%。网络零售额由 2012 年的 1.3 万亿元增长到 2019 年的 10.6 万亿元,年均增长 34.9%。"十三五"期间,全国 55.6 万个建制村实现了直接通邮,实现了电商配送服务基本领域的覆盖。截至 2019 年,全国总共建设"邮乐购"站点 53 万个,全国乡镇快递网点覆盖率已达 96.6%,推进了农村流通体系的建设与完善,增进了农村现代流通效率,从而带动了相关产业的健康发展。

6.2.4 现代流通产业对就业贡献不断提升

随着现代流通产业的快速发展与产业链的延伸,以及产业形态不断创新与拓展,带动了大量就业,现代流通产业对就业的贡献率逐步提升。从表 6-5 中可以看出流通产业中各行业的就业人数都呈现出较快的增长态势。其中批发和零售业就业量 2019 年比 2015 年增加了 4059.9 万人,交通运输、仓储和邮政业增加了 361.2 万人,住宿与餐饮业增加了 1425.2 万人,租赁与商业服务业增加了 1487.9 万人,居民服务和其他服务业增加了 1008.4 万人,增加就业量总数达 8342.6 万人。

表 6-6 反映的是 2015 年与 2019 年各省域流通行业就业的对比情况,从中可以看出,在批发和零售业领域除北京、湖南、四川、西藏和宁夏外,就业量都实现了增长,其中广东就业人数增长最多,达 873.3 万人。在交通运输、仓储和邮政业中,除辽宁、四川和江西外,都实现了就业人数的增长,其中江苏增长量最大,达 45.2 万人。在住宿和餐饮业,除天津外都实现了就业人数的增长,其中广东增长量最多,为 149.7 万人。在租赁与商业服务业中,除湖南与四川外,都实现了就业数量的增加,其中广东增加量为 389.9 万人,增加量最大。在居民服务和其他服务业中,除内蒙古外,都实现了就业人数的增长,其中山东增长量最多,达 235.7 万人。快速增长的就业人数,反映了现代流通产业对我国就业的贡献不断提升。

表6-5 流通产业就业状况

单位：万人

年份	批发和零售业	交通运输、仓储和邮政业	住宿与餐饮业	租赁与商业服务业	居民服务和其他服务业
2015	12160.3	1504.8	2134.9	2560.8	1630.7
2016	13127.3	1553.3	2488.2	2817.6	1837.0
2017	14108.7	1643.5	2954.7	3245.1	2115.4
2018	15318.5	1782.7	3214.9	3567.9	2277.6
2019	16220.2	1866.0	3560.1	4048.7	2639.1

资料来源：《中国统计年鉴》（2016~2020年）相关数据加总获得（按行业分城镇非私营单位就业人员数＋按行业分工商登记注册的私营企业和个体就业人数）。

表6-6 各省域流通行业就业状况

单位：万人

地区	批发和零售业		交通运输、仓储和邮政业		住宿和餐饮业		租赁与商业服务业		居民服务和其他服务业	
	2015年	2019年	2015年	2019年	2015年	2019年	2015年	2019年	2015年	2019年
北　京	315.2	292.3	85.9	89.8	67.9	76.5	232.7	266.2	29.7	29.8
天　津	54.7	95.8	18.9	21.5	41.1	28.7	22.8	38.9	19.1	22.4
河　北	401.5	618.9	54.5	81.2	61.6	135.6	37.2	63.7	52.6	102.6
山　西	250.4	319.3	36.7	58.2	45.4	80.7	27.1	39.1	40.1	60.6
内蒙古	262.6	262.7	39.2	40.8	54.9	68.9	30.4	53.2	53.1	48.8
辽　宁	376.5	389.3	100.9	82.5	67.8	89.4	52.4	76.8	58.1	84.1
吉　林	243.5	378.1	33.2	64	69.6	80	31.1	39.2	47.5	66.7
黑龙江	159.8	224.1	34.4	58.9	49	84	15.2	30.3	40.4	90.5
上　海	468.6	581	88.9	97	44.3	59.4	255.3	429.8	27.2	37.8
江　苏	837.7	1078.5	106.6	151.8	126.5	212	214.8	379.4	111.9	173.3
浙　江	746.7	874.6	69.5	82.5	107.7	166.4	231.6	260.2	101.3	128.5
安　徽	430.5	636.6	38.5	54.7	65	142.7	52.7	107.1	64.6	125.3
福　建	406.9	676.9	40.5	54.1	63.3	117.5	84.2	157.1	45.6	82
江　西	390.1	436	47.2	45.5	53.8	84.8	62.6	92.6	51.3	67.9
山　东	996	1560.1	101	123	131.4	259.6	127.9	300.8	120.8	356.5
河　南	534.2	870.5	60.3	77.9	85.5	198.4	60.7	129	73.9	94.8
湖　北	710.9	850.9	78.8	95.6	158.1	194.6	83.5	134.6	116.3	131.3
湖　南	432.2	402	41.2	53.5	67.6	124.3	181.2	96.7	50	68.9

续表

地区	批发和零售业		交通运输、仓储和邮政业		住宿和餐饮业		租赁与商业服务业		居民服务和其他服务业	
	2015 年	2019 年	2015 年	2019 年	2015 年	2019 年	2015 年	2019 年	2015 年	2019 年
广 东	1499.8	2373.1	131.2	166.5	211.3	361	247.7	637.6	155	274.2
广 西	332	455.3	40.2	54.7	53.5	102.7	54	101	38.3	65.7
海 南	70.9	93.8	12	12.7	21.4	34.5	21.6	27.6	12.9	17.8
重 庆	380.5	506.4	43.8	50.8	74.3	113.1	99.4	165.9	50.7	76
四 川	645.9	584.3	61.8	57.9	109.1	196	156.1	128.2	71.4	105.5
贵 州	220.4	321	20.3	30.5	50.4	103.8	32.6	61	35.7	61.5
云 南	304.4	340.5	29.1	33	64	113.8	42.8	60.2	42.9	65
西 藏	31.5	29.8	1.6	8.1	10.1	16.6	8.8	8.9	5.1	6.5
陕 西	252.1	445.8	34.8	51.5	75	143	30.3	66.5	48.4	88.6
甘 肃	175.3	218.1	18.3	22.1	44.2	62.5	17.6	29.9	26.1	37.1
青 海	31.8	45.7	5.1	7.2	11.4	21.8	3.3	8.8	6.2	10.9
宁 夏	65.8	65.2	6.3	7.2	13.9	20.4	11.3	17.4	11.8	14.3
新 疆	131.7	193.9	24.1	28.7	36	67.5	32	40.8	22.5	43.7

资料来源：《中国统计年鉴》（2016 年，2020 年）相关数据加总获得［按行业分城镇非私营单位就业人员数（2015 年用"按行业分城镇单位就业人员数"）＋按行业分工商登记注册的私营企业和个体就业人数］。

从表 6 - 7 中可以看出，流通产业就业人数占总就业人数的比重稳步增长，从 2015 年底的 25.8% 逐步上升到 2019 年底的 36.6%，流通产业对就业的贡献不断提升。

表 6 - 7　流通业就业人数与就业总人数对比状况

单位：万人，%

年份	就业总人数	流通业就业人数	流通业就业人数占总就业人数的比重
2015	77451	19991.5	25.8
2016	77603	21823.4	28.1
2017	77640	24067.4	31.0
2018	77586	26161.6	33.7
2019	77471	28334.1	36.6

资料来源：《中国统计年鉴 2020 年》相关数据计算获得。

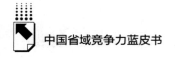

6.3 "十三五"时期我国现代流通体系建设存在的问题

当然，在我国现代化流通体系的建设过程中，也存在一些问题，如现阶段我国流通体制机制仍不够完善，流通效度不高、流通企业竞争力不强、信息化水平有限、基础设施有待加强等，制约了我国流通体系建设的现代化进程。

6.3.1 流通体制改革不完善

从 2018 年全球物流绩效指数排名来看，德国已连续三年居全球第一，欧洲与中亚地区物流绩效指数综合得分为 3.24，表现较为突出，东亚与太平洋地区次之，物流绩效指数综合得分为 3.15，其次是中东与南非地区、拉美和加勒比地区、南亚和撒哈拉以南的非洲。而中国目前在全球 160 个国家和地区的绩效情况中排名第 26 位，从 2007 年此项数据公布以来，中国的排名一直位于第 30 位附近，虽然我国流通体制改革升级不断进行，已取得一些成效，但从总体来看仍有一定提升空间。

1. 缺乏顶层统筹规划

在我国流通体系建设中，顶层设计和统筹规划尚不完善。一是我国在物流发展初期缺乏顶层设计与统筹规划，未对整个区域物流发展做出统一设计。随着我国物流配送市场发展与范围的扩大，产业部门与规划部门相互脱节，各自为政，缺乏总体上的统筹规划，甚至在制定现有规划时仍然存在相互意图了解不清、重点难点认知不够的障碍，导致整个流通行业的组织管理缺乏力度。二是流通产业缺乏多头管理体制，运行机制不够顺畅。由于流通过程中包括包装、仓储、运输等多种环节，涉及铁路、民航、工商、信息等多个部门以及军队后勤系统等，需要建立完善多头管理体系才能够保障流通过程的顺利进行。但目前的流通过程中仍存在政出多门、协调不畅、互不衔接等困难，一定程度上制约了流通产业的健康发展。三是缺乏有效的配套政策体系支撑。由于现行体制下多数环节都由不同的监管部门独立监管，贸易的自由化受到较大限制，还未形成体系化政策，各部门监管空间不明确，缺乏配套细则的实施条件，致使流通产业在发展过程中的指导政策不能有效聚焦，即便多方出力，亦难以形成合力。

2. 协同与集约化程度低

流通体制机制上的另一个重要问题是现存流通体系中缺乏协同，集约化程度低。一是现有流通体系中，各个企业间缺乏协同意识。各个供应链环节企业间缺少有效合作，信息不对称，需求相对孤立，缺少磨合，未能形成长期战略伙伴关系，导致供应链企业有需求时才临时寻找合作伙伴，难以保证流通质量。二是已有合作主体间合作深度不够。我国流通体系中部分主体的合作关系相对松散，各环节、渠道间的协调程度较低，没有达到规范规则，企业之间合作多局限在采购和销售环节，即便形成合作关系也难以稳定维持。三是国内流通体系与国际匹配程度不够。我国传统产业在转型升级的过程中遇到一些障碍，部分地区新兴产业存在雷同，一些行业存在高端产业低端化倾向，导致我国部分产业链、供应链与国际标准脱节，产品匹配度不够，现存链条接轨不足①。

3. 供应链责权不够清晰

由于我国流通产业体制转轨不够彻底，尚不能适应市场状态的急剧转变，导致供应链责权不清。第一，批发零售企业恶性竞争严重。小型零售企业之间经常粗放经营，造成产品质量低下，形成恶性竞争。第二，企业机会主义行为凸显。部分流通企业通常仅靠单打独斗，彼此间缺乏信任，为求自保，相互欺诈、相互防范、互设陷阱，导致交易成本骤增，交易效率低下。第三，供应链企业间关系被高度复杂化。部分企业为了避免承担经营风险，不惜拉第三方甚至更多层级的商业当事人垫背，导致交易链条被过度拉长，批发商、零售商及上下游供应链制造商、采购商的关系被过度复杂化，致使商品交易的过程中权利关系混乱不堪，交易源头难以追溯，无法保障交易后果②。

---

① 李丹：《流通领域现代供应链体系构建研究——以山西省太原市为例》，《烟台职业学院学报》2018 年第 4 期。
② 宋则：《筑牢现代流通体系高质量发展的微观基础》，《中国流通经济》2018 年第 12 期。

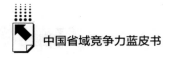

6.3.2 流通效率不高

与发达国家相比，当前我国整体的流通环节偏多，流通成本较高，流通效率较低。近年来我国物流总费用占 GDP 的比重接近于 14.6%，远高于发达国家 8%~9% 的水平。在 2018 全球物流绩效指数中，我国安排国际货物运输的便利性和负担能力项目的得分为 3.5，排名第 18 位，较 2007 年上升 10 位，说明我国的国际货物运输与负担能力已经有较大提升。但从海关清关效率指标看，得分仅为 3.2，排名全球第 31 位，相比综合排名落后。除此之外，货物运输抵达目的地的及时性方面，排名全球第 27 位，这些都表明，在我国流通体系的建设中，总体的流通效率还有待提高。

1. 流通业现代化水平较低

当前我国流通业的现代化水平仍然较低，流通主体大部分还是单体经营的个体商户，而规模以上的流通企业占比较低，现代流通业所占份额较小，第三方物流并未普及，这就导致企业提升现代化水平的动力不足，技术基础也较为薄弱，现代化水平的提升遇到阻碍。由于部分企业仍采用传统流通方式经营管理，特别是在经济欠发达区域，百货商店、个体户及集贸市场的形式仍然是零售的主要形式，致使产品流通速度较低，库存比重较高，资本周转较为缓慢，流通效率难以提升①。

2. 产品流通成本较高

在我国传统的流通方式中，由于流通环节较多，导致分销成本较高，过于复杂的流通环节降低了产品流通效率，对于季节性产品而言更可能面临较大损失。以农产品为例，在农产品集中上市时本身会对流通渠道造成一定压力，再加上运输能力不足、路况问题、自然灾害以及冷链技术未达要求等情况的发生，可能带来极高的流通成本，或造成产品的巨大损失。与发达国家相比，我国的流通成本较高直接降低了市场竞争力，加之流通企业信息化水平不高，缺乏先进的组织管理体系，导致产品流通的效率较低，即便随着近

---

① 沙海林：《完善现代流通体系 加快上海国际贸易中心建设》，《科学发展》2010 年第 12 期。

几年电子商务的兴起，流通环节有所减少，但流通成本降低程度仍然有限①。

3. 海关通关效率较低

从国际角度看，我国海关通关效率较低制约了流通效率的提升。一是现阶段我国海关清关效率仍然较低。自中国加入 WTO 以来，对外贸易成倍增长，导致海外业务量骤增，但我国海关服务未能满足业务量的急剧增长的需求，海关人力资源缺乏、通关过程设计复杂、法律设计与实际操作脱节、技术手段有限、信息化水平不高、各部门缺乏联动机制等，都制约了我国海关通关效率的提升。二是贸易企业未能充分利用国际市场资源。目前，国内企业在国际采购方面还未充分与全球采购对接，限制了企业开拓海外市场的能力，加之贸易资金周转期长，贸易结算标准不一致，提高了流通成本。三是港口软环境有待改善。虽然我国港口经过多年发展，在硬件条件方面已位于世界前列，但在软环境方面还存在与硬件条件不匹配的现象，发展速度跟不上国际港口发展形势，与国际先进水平还存在较大差距。如服务项目设计相对固定，不能满足顾客需求的变化，缺乏顾客服务意识，未能主动帮助客户解决个性化问题，服务效率较低，在集装箱移箱、理货等方面的操作效率还有待提升。

6.3.3 流通企业竞争力不强

从全球物流绩效指数中的物流产业竞争力指标来看，中国的物流产业竞争力排名第 27 位，较总排名有所落后。我国流通企业与发达国家的流通企业相比，在企业规模、品牌效应、影响力等方面都还有待加强，缺乏具有竞争优势的流通企业也是我国现代化流通企业建设中亟待打通的堵点。

1. 地区商业业态区域差异较大

我国流通企业发展地区差异明显，尚存在一些发展较为落后的地区。特别在农村地区，商业形态较为落后，集贸市场、杂货店等仍然是区域商业的

---

① 郑琛誉、李先国、张新圣：《我国农产品现代流通体系构建存在的问题及对策》，《经济纵横》2018 年第 4 期。

主要形态，并且多为以家庭为单位的个体经营，连锁经营质量较低，即便存在加盟也并不规范。除此之外，农村市场对投资主体的吸引力不强，规模大、实力强的流通企业一般面向城镇等经济发达地区，没有动力来农村拓展市场。这就导致农村的产品流通仍然是以传统方式为主，商贸主体组织化程度较低，规模普遍较小，难以与现代化流通手段衔接，在信息收集、价格谈判方面都处于劣势，面对市场风险时难以抵御，流通过程存在现实困难①。

2. 国产流通品牌优势不强

虽然我国流通企业近几年进步明显，但总体来看，与国外领先企业相比仍有较大差距。我国实力较弱的中小型流通企业众多，经验能力和运行机制与国际水准有一定差距，特别是规模上不具备优势，缺乏大型流通企业，欠缺具有国际营销力的知名流通品牌。除此之外，一些地方流通企业的自主管理水平不高，品牌运营缺乏有效管理机制，多数企业一味追求短期效益，未对品牌战略进行长远规划，缺乏差异化定位，同质化竞争严重，品牌单一，限制了现有流通品牌影响力的扩大②。

3. 中小型流通企业生存环境较差

近年来，由于经济下行压力不断增大加之全球疫情的持续蔓延，导致大多数中小型流通企业的运营成本不断增加，资金短缺问题凸显。由于流通企业准入门槛不高，工人劳动技术含量较低，人员流动性较大，导致企业间竞争更加激烈，用工成本不断攀升，进一步挤占利润空间。特别是流通服务类企业，由于留人困难，需要不断提高员工工资标准，再加上物价指数上涨等原因，导致企业用工成本上升幅度较大，企业利润急剧下滑③。

6.3.4 流通信息化水平有待进一步提升

信息化流通水平不高也是制约我国现代化流通体系建设的关键问题。根

---

① 余永胜、洪烨丹：《城乡一体现代商贸流通服务体系探讨——以浙江省为例》，《中国流通经济》2012年第10期。
② 穆瑞章：《加快天津现代商贸流通体系建设研究》，《天津经济》2015年第1期。
③ 穆瑞章：《加快天津现代商贸流通体系建设研究》，《天津经济》2015年第1期。

据 2018 全球物流绩效指数中跟踪国际货物运输的能力指标显示，中国的国际排名为第 27 位，较 2007 年的第 31 位有所上升，但与总体排名相比仍是落后指标，表明我国对于国际货物运输跟踪的能力还有待加强，这很大程度上是我国流通信息化水平不高造成的，故提升我国流通信息化水平，对于现代化流通体系建设具有重要意义。

1. 流通业整体信息化水平不高

随着现代物流业的飞速发展，中国现代化流通体系构建也日趋成熟，信息化与流通业的共同发展已成为必然趋势。但目前我国现代流通企业在信息技术运用方面还不够充分，特别是在供应链物流中，缺乏集中的信息化管理机制，尚未形成有效的信息化平台。从供应链方面来看，如在食品的物流链条中，冷链设计技术、低温制冷技术、食品保鲜技术等运用不够广泛，智能化仓储和配送技术的普及程度也比较低。从决策分析来看，我国流通行业尚未建立高效的决策模型，急需支撑综合决策分析的信息化平台。部分流通企业由于下属企业众多且业务经营管理未实现信息化，未能有效对经营数据进行管理分析，难以对业务单元实施准确的绩效评价。从风险管理方面来看，随着一部分企业逐步向集团化、多元化、综合化方向发展，实现规模经济、范围经济带来的优势同时，也面临着经济及市场变化所带来的各种风险，由于缺乏以信息化为基础的经营风险预警机制，管控风险显著增大。①

2. 流通平台系统欠缺

流通体系的构建离不开互联网技术的支持，电子商务是现代流通体系的重要组成部分，而电子商务的发展离不开物流产业，高效的流通体系平台可以为现代物流产业提供低成本、及时便捷的服务，能为物流企业的发展提供新的基础。然而，现阶段我国流通体系的综合平台系统还未完全形成，电子商务与物流产业发展还面临诸多阻碍，缺乏既熟悉电子商务又熟悉物流产业的高端人才，两个行业还在寻找切入点和衔接途径，迫切需要依托大数据、

---

① 李丹：《流通领域现代供应链体系构建研究——以山西省太原市为例》，《烟台职业学院学报》2018 年第 4 期。

715

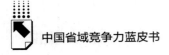
物联网、云计算等信息化手段搭建有效的流通大平台，从而打破信息孤岛、提高中间环节流通效率，推动整体流通产业优化升级。

3. 信息系统较为分散

流通体系覆盖面广，流通过程几乎涵盖了全部产品与社会和企业的往来过程，通常涉及生产、运输、消费等领域。但由于目前的流通信息系统设计较为简单，缺乏整体规划，每个领域下又自成一套系统，功能上存在交叉与重复。各个系统的规模与针对性不同，但对于系统的衔接处欠缺有效管理，还未形成不同系统间的有效集成，急需构建全覆盖、信息化的流通体系通用系统。

6.3.5 基础设施建设亟待加强

从 2018 全球物流绩效指数中货物运输和物流的信息技术设备质量指标来看，中国排名全球第 20 位，与 2007 年的第 30 位相比具有较大进步，并且与其他指标相比，交通物流基础设施强劲的发展势头为物流绩效指数提升做出了重大贡献。但从发展的角度来看，2010 年，中国的物流绩效指数排名就处于徘徊阶段，这表明我国的物流基础设施的大量投入还未能很好地转化到流通产业的优化上来，并且与发达国家相比仍有较大差距，说明基础设施建设也是中国从流通大国走向流通强国需要重点解决的问题。

1. 对流通基础设施的认识不足

部分地区对流通基础设施的认识尚存在偏差。一是将流通设施专门化，认为只有物流园区、配送中心、物流中心才是流通基础设施，而实际上，运输枢纽、货运场站以及仓储设施等在流通基础设施中也占据重要的位置，但我们往往忽视它们的作用。这种认知过分强调流通集中运作的环境，而与实际企业生产经营活动相对分散的特点相违背，致使相对集中的流通设施功能未能充分发挥，不利于流通产业的发展。二是流通设施功能过于专门化。依据发达国家流通产业发展的实践经验，现代流通业的发展离不开大型综合流通基础设施，这种综合性体现在流通组织与服务的多样性和多环节的特点上，但我国目前仍有许多区域的流通设施仅有单一专业化设施，尚缺乏必要的综合配套来完善流通基础设施的总体功能。

2.流通设施空间布局不合理

当前所确定的中心城市范围内的物流园区、配送中心等缺乏与对应的物流企业和相关配套的衔接，成了"图上作业"或是"纸上谈兵"。导致一方面物流企业的经营运作缺乏可供选择的基础设施，另一方面，规划地区的基础设施也因需求不足运营困难，出现了基础设施需求与供给脱节的矛盾。除此之外，由于部分地区政府认为大量建设专门化、大规模的流通设施可以拉动投资、促进就业，往往为了抢夺利益，争取设施在本地规划建设，因此造成流通基础设施未按实际需求盲目建设的局面，部分流通基础设施的规模和数量猛增，但实际使用率跟不上规模建设，造成一定程度的浪费。

3.流通基础设施发展不均衡

当前我国区域之间的流通基础设施也存在发展不平衡的现象，在经济欠发达的地区，一般以自发性市场为主，政府的商业规划不够完善，缺乏一些基本的生活配套，给居民日常消费带来不便，小商小贩应运而生，但又缺乏统一管理，造成市场、生活区附近管理混乱，严重影响流通业基础设施建设与区域发展。除此之外，我国早期建设的大型批发市场，由于受到我国经济结构转型升级的影响，仍然面临许多无法解决的难题。在一些大型城市中，零售批发市场多为低端批发市场，但这些地方人口集中，占据优势地理位置，容易导致交通拥堵，这就形成了低端市场占据大量优势资源的局面，现代化流通基础设施很难与之结合。加上这些批发市场本身具有自发性和产业存在惯性，吸收了大量民间资本，影响了流通产业布局，阻碍了新型流通基础设施的建设①。

6.4 新发展格局下加快我国现代流通体系建设的对策建议

6.4.1 完善"有序化"的统一大市场建设，强化供应链服务力

1.构建更加完善的要素市场化配置体制机制

充分发挥市场在流通领域资源配置中的决定性作用，用全国性大流通的

---

① 冯利华：《对我国城市流通业基础设施若干问题的思考》，《中国商论》2015年第27期。

方式推动劳动力、资本、信息、技术、数据等要素在全国范围内的有序流动。通过完善土地管理体制推动土地要素市场化配置；通过户籍制度改革引导劳动力要素合理畅通有序流动；通过完善股票市场、债券市场推进资本要素市场化配置；通过深化科技成果使用权、处置权和收益权改革加快发展技术要素市场；通过推动政府数据共享开放、促进政府数据与社会数据的融合、培育数据流通交易市场以及强化数据安全保护机制，加快培育数据要素市场[1]。打破商品和要素市场分割、封闭、垄断、无序以及价格信号扭曲的局面，加强流通管理部门职能的转变，进一步健全流通管理体制，构建要素高效配置的市场体系，从而促进区域分工的逐步深化，加快建立统一开放竞争有序的大市场。

2. 推动城乡市场有序循环

深入推进农业供给侧结构性改革，培育壮大优势特色产业，推动农业现代化，拓宽农产品销售渠道，推进农村配送中心和农村店的建设，推动"农超"之间的无缝衔接，推动农产品批发市场的升级改造，探索建立"超市 + 基地"、"超市 + 农企"、"超市 + 农户"以及"超市 + 联购"的模式[2]，完善农村基础设施，积极开拓农村市场。实施"互联网 + 流通"计划，优化城乡区域协调发展空间布局，建立健全城乡融合发展的体制机制，推广协同共享的城市末端物流配送模式，整合物流站点、邮政快递网点、供销合作社、社区网点、农超市场等资源，加快建设县、乡、村三级物流配送网络，畅通农产品进城和工业品下乡双向流通渠道，打通农产品进城"最初一公里"和工业品下乡"最后一公里"。争取村村通快递，依托"快递进村"激发农村市场潜在消费能力，加快推进城乡经济有序循环。

3. 全面提升优化营商环境

持续推进流通领域的"放管服"改革，有效发挥对外开放前沿高地优势，加快推进营商环境领域制度创新举措的落地实施，推动投资与服务贸易

---

① 袁博、李雨霏、闫树：《系列解读：推动数据要素市场化配置的四大关键举措》，中国信息通信研究院，2020 年 5 月 7 日。

② 黄国雄：《关于推进我国现代流通体系建设的几点建议》，《财贸经济》2011 年第 3 期。

便利化改革，吸引更多国际投资和高端人才要素，激发市场活力，实现国内国际相互促进循环体系。积极营造促进商贸流通、电子商务发展的良好营商环境，制定促进加快现代商贸流通业发展的重大战略意见和政策措施。进一步简化市场准入，在信用担保、金融服务、人才培训、信息服务等方面给予中小型流通企业更多的支持和帮助。

6.4.2　构建"立体化"的交通物流网络体系，夯实供应链支撑力

1. 完善多式联运功能布局

改变铁路、公路、水路、海运、航空、管道等各自为政的物流管理体制，降低运输空驶率，完善铁路、公路、港口、航空场站功能，积极开展公铁、海铁、海陆等"多式联运"，构建立体化、多元化的综合运输通道布局，提升多式联运规模和服务水平。推进仓储、运输、冷链等商业物流设施配套建设。加快推动国际贸易"单一窗口"跨省区互联互通，深化沿海与内陆省份的区域通关合作，构建海铁联运物流体系。

2. 建设智慧流通基础设施

依托互联网、物联网、5G 等信息技术推动流通领域智慧基础设施的建设。支持和鼓励各省市在枢纽节点设立多功能低温物流园区，以国家骨干冷链物流基地建设为契机，发展冷链物流，提升冷链设施的利用效率。将物流园区、多式联运以及甩挂运输等各种类型的物流信息资源融入物流公共信息平台，形成平台化资源共享互通体系，推动综合物流信息平台、专业物流信息平台和企业物流信息平台的互联互通，联合打造智慧供应链。充分利用物联网等信息技术水平，利用无线射频识别技术与传感器等推动智能仓储、物流配送体系的建设，提高物流仓储的出货效率和冷链设施的利用率。

3. 打造联通内外物流网络

以综合交通物流枢纽、航空网、铁路网、高等级公路网为重点，建设高质量的新型流通基础设施，推动交通物流融合发展，打造交通物流网络体系。借助"丝路海运""丝路飞翔"等重大工程实现"海丝"与"陆丝"的战略对接，构建全国骨干流通网络，优化城市流通网络布局，重点推进综

合交通枢纽建设，构建全球供应链服务中心，积极开展"海运＋国内分拨中心＋国内物流"业务。依托中欧班列推进与波兰、俄罗斯等国的合资合作，构建国内国外"双枢纽"工程，进一步挖掘高铁线路网络、长江黄金水道等的运输潜能，重点推进沿边沿海跨江跨海公路体系等重大工程的建设，打造畅通内外的物流网络。加快推进跨境电子商务的发展，鼓励有能力的企业实施"走出去"战略，在"一带一路"沿线国家设立海外仓，搭建国内市场与国际市场融通的桥梁。

6.4.3 推进"品质化"的商贸流通企业发展，提升供应链竞争力

1. 引导流通企业转型升级

推动流通企业供给侧结构性改革，实施现代供应链体系建设试点项目，推动流通企业向精细化、智能化、绿色化的增长方式转变，实现产品质量升级。以新经济、新业态、新模式为载体，推动传统流通企业商业模式实现转变，鼓励线上线下互动融合创新，缩短流通链条，降低流通成本。积极借鉴国际企业在交易方式、组织结构、零售业态、技术装备、管理理念、物流手段、信息支持等方面的先进经验，充分与国际先进的流通方式接轨。推动流通业自身改革创新，尤其是创新流通企业经营模式，提升分销管理水平，开发具有特色的产品或者服务，积极培育新的消费热点，促进消费升级。

2. 推动流通企业做大做强

培育具有全球竞争力的现代流通企业，重点推进综合服务型、货运枢纽型、商贸服务型、生产服务型、口岸服务型物流园区建设，建成一批集市场信息、仓储、配送及展示、交易等功能于一体的现代流通产业集聚基地。建设高品质的商务楼宇，构建一批由名品名店、品牌特色街、品牌商圈和品牌市场所形成的高端品牌市场集群。建立电子商务产业园区，积极发展电子商务总部经济。提升流通企业的供应链管理能力，通过构建现代化流通平台，发展连锁经营的方式，提高流通企业的组织化程度。鼓励流通企业在业态创新、物流革新、价值链延伸方面不断取得新的进展。鼓励各地建立物流与供应链研究院，加强对流通理论的研究，加强各类流通技术人才的引进与培

养，为流通体系的建设提供智力支撑。学习国际上流通商贸企业的先进经验，推动我国培育大型的具有国际竞争力的流通企业集团和批发零售商。

3. 推进流通行业标准化建设

流通行业标准化是推动我国流通业与国际接轨的有效保障，要将提升流通产业竞争力作为标准化工作的根本出发点。健全各类商品交易市场、农产品批发市场、集贸市场、废旧物品回收市场等的准入标准和行业标准。推动标准化托盘循环共同体系、物流设施设备标准化以及物流信息服务平台标准化的建设。支持标准化研究院开展冷链物流标准、城市配送标准研究，以国内大型物流集团的物流标准化重点企业建设为样板，推动新一批物流标准化重点企业的建设。

6.4.4　推动"规范化"的社会信用体系建设，增强供应链保障力

1. 健全法律法规规范约束作用

完善市场体制，健全司法立法，加快出台与流通领域相关的政策法规，逐步规范包括市场主体、市场行为、市场秩序、市场调控与管理等方面的现代市场流通法律体系。进一步健全流通领域的商品市场体系、市场监管体系、商业信用体系等，使市场监管有法可依，有政策可循，形成规制健全、竞争有序的法治化营商环境。对于流通体系内部的违规违法现象和不正当的竞争行为要坚决给予制止和处罚。

2. 加强政府、行业、协会、社会对市场的监督作用

充分发挥市场在市场协调中的作用，促进国内和国际两个市场有序链接，整合国内国际两种资源，行业协会可以有效提高流通企业规范经营行为的自觉性，充分发挥行规的规范约束作用，协调行业内部以及行业间的利益关系。社会舆论可以有效促进流通企业伦理水平的提高，因此要充分发挥社会舆论对市场的监督作用，利用道德手段重构交易主体的价值导向。加快构建规范的流通秩序，对所有企业的流通行为实施有效的监督管理。

3. 完善社会信用监管体系

针对流通企业对事前环节、事中环节以及事后环节关注度的差异采取有

针对性的信用监管手段，创新信用监管模式，构建完善的社会信用监管体系。推广信用报告在流通企业领域的应用情况，推动流通企业完善社会信用记录，培育流通信用服务机构，支持流通行业协会建立物流企业和从业人员信用管理试点机制，初步建立各监管部门共享的流通企业和从业人员社会信用评价查询体系及分类监管和失信惩戒机制。构建适合流通企业的公共信用评价体系，推动商务、经信、质监、地税、卫生监督等部门对流通企业信用开展联合评价，为信用监管提供更加精准的依据。

Ⅳ 附 录

Appendix

B.39

附录1

中国省域经济综合竞争力评价
指标体系（2021）

二级指标 （9个）	权重	三级指标 （25个）	权重	四级指标（210个）	权重
B1		C11		（12个）	
宏观经济 竞争力 （27）	0.15	经济实力 竞争力	0.4	地区生产总值	0.105
				地区生产总值增长率	0.095
				人均地区生产总值	0.098
				财政总收入	0.090
				财政总收入增长率	0.088
				人均财政收入	0.088
				固定资产投资额	0.095
				固定资产投资额增长率	0.080
				人均固定资产投资额	0.077
				全社会消费品零售总额	0.080
				全社会消费品零售总额增长率	0.052
				人均全社会消费品零售总额	0.052

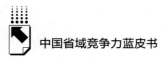

续表

二级指标 （9个）	权重	三级指标 （25个）	权重	四级指标（210个）	权重
宏观经济 竞争力 （27）	0.15	C12		（6个）	
		经济结构 竞争力	0.3	产业结构优化度	0.188
				所有制经济结构优化度	0.178
				城乡经济结构优化度	0.187
				就业结构优化度	0.158
				财政收入结构优化度	0.131
				贸易结构优化度	0.158
		C13		（9个）	
		经济外向 度竞争力	0.3	进出口总额	0.150
				进出口增长率	0.100
				出口总额	0.120
				出口增长率	0.100
				实际FDI	0.120
				实际FDI增长率	0.100
				外贸依存度	0.080
				外资企业数	0.080
				对外直接投资额	0.150
B2		C21		（10个）	
产业经济 竞争力 （40）	0.125	农业竞争力	0.2	农业增加值	0.115
				农业增加值增长率	0.096
				人均农业增加值	0.102
				农民人均纯收入	0.116
				农民人均纯收入增长率	0.095
				农产品出口占农林牧渔总产值比重	0.088
				人均主要农产品产量	0.092
				农业机械化水平	0.092
				农村人均用电量	0.102
				财政支农资金比重	0.102
		C22		（10个）	
		工业竞争力	0.3	工业增加值	0.163
				工业增加值增长率	0.098
				人均工业增加值	0.143
				工业资产总额	0.138
				工业资产总额增长率	0.083

续表

二级指标 （9个）	权重	三级指标 （25个）	权重	四级指标（210个）	权重
产业经济 竞争力 （40）	0.125	工业竞争力	0.3	规模以上工业主营业务收入	0.073
				工业成本费用率	0.076
				规模以上工业利润总额	0.089
				工业全员劳动生产率	0.073
				工业收入利润率	0.064
		C23		（10个）	
		服务业竞争力	0.25	服务业增加值	0.110
				服务业增加值增长率	0.090
				人均服务业增加值	0.110
				服务业从业人员数	0.090
				限额以上批发零售企业主营业务收入	0.100
				限额以上批零企业利税率	0.100
				限额以上餐饮企业利税率	0.100
				旅游外汇收入	0.100
				商品房销售收入	0.100
				电子商务销售额	0.100
		C24		（10个）	
		企业竞争力	0.25	规模以上工业企业数	0.135
				规模以上企业平均资产	0.089
				规模以上企业平均收入	0.101
				规模以上企业平均利润	0.085
				规模以上企业劳动效率	0.101
				城镇就业人员平均工资	0.090
				新产品销售收入占主营业务收入比重	0.080
				产品质量抽查合格率	0.098
				工业企业R&D经费投入强度	0.119
				全国500强企业数	0.102
B3		C31		（9个）	
可持续 发展 竞争力 （24）	0.1	资源竞争力	0.325	人均国土面积	0.108
				人均可使用海域和滩涂面积	0.100
				人均年水资源量	0.097
				耕地面积	0.110
				人均耕地面积	0.144
				人均牧草地面积	0.099

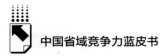

续表

二级指标 (9个)	权重	三级指标 (25个)	权重	四级指标(210个)	权重
可持续 发展 竞争力 (24)	0.1	资源竞争力	0.325	主要能源矿产基础储量	0.116
				人均主要能源矿产基础储量	0.117
				人均森林储积量	0.109
		C32		(8个)	
		环境竞争力	0.325	森林覆盖率	0.185
				人均废水排放量	0.110
				人均工业废气排放量	0.110
				人均工业固体废物排放量	0.110
				人均治理工业污染投资额	0.100
				一般工业固体废物综合利用率	0.100
				生活垃圾无害化处理率	0.100
				自然灾害直接经济损失额	0.185
		C33		(7个)	
		人力资源竞争力	0.35	常住人口增长率	0.185
				15~64岁人口比例	0.145
				文盲率	0.110
				大专以上教育程度人口比例	0.165
				平均受教育程度	0.155
				人口健康素质	0.100
				职业学校毕业生数	0.145
B4		C41		(12个)	
财政金融 竞争力 (22)	0.1	财政竞争力	0.55	地方财政收入	0.079
				地方财政支出	0.084
				地方财政收入占GDP比重	0.079
				地方财政支出占GDP比重	0.103
				税收入占GDP比重	0.090
				税收入占财政总收入比重	0.084
				人均地方财政收入	0.084
				人均地方财政支出	0.084
				人均税收收入	0.079
				地方财政收入增长率	0.080
				地方财政支出增长率	0.080
				税收入增长率	0.078
		C42		(10个)	

续表

二级指标 （9个）	权重	三级指标 （25个）	权重	四级指标（210个）	权重
财政金融 竞争力22	0.1	金融竞争力	0.45	存款余额	0.110
				人均存款余额	0.110
				贷款余额	0.110
				人均贷款余额	0.110
				中长期贷款占贷款余额比重	0.090
				保险费净收入	0.110
				保险密度（人均保险费）	0.080
				保险深度（保险费占GDP的比重）	0.080
				国内上市公司数	0.080
				国内上市公司市值	0.120
B5		C51		（9个）	
知识经济 竞争力29	0.125	科技竞争力	0.425	R&D人员	0.180
				R&D经费	0.090
				R&D经费投入强度	0.090
				发明专利授权量	0.110
				技术市场成交合同金额	0.110
				财政科技支出占地方财政支出比重	0.090
				高技术产业主营业务收入	0.110
				高技术产业收入占工业增加值比重	0.110
				高技术产品出口额占商品出口额比重	0.110
		C52		（10个）	
		教育竞争力	0.425	教育经费	0.160
				教育经费占GDP比重	0.090
				人均教育经费	0.160
				公共教育经费占财政支出比重	0.090
				人均文化教育支出	0.060
				万人中小学学校数	0.050
				万人中小学专任教师数	0.050
				高等学校数	0.080
				高校专任教师数	0.130
				万人高等学校在校学生数	0.130
		C53		（10个）	
		文化竞争力	0.15	文化制造业营业收入	0.080
				文化批发零售业营业收入	0.130

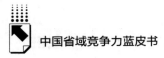

续表

二级指标 (9 个)	权重	三级指标 (25 个)	权重	四级指标(210 个)	权重
知识经济 竞争力 29	0.125	文化竞争力	0.15	文化服务业企业营业收入	0.13
				图书和期刊出版数	0.10
				电子出版物品种	0.10
				印刷用纸量	0.10
				城镇居民人均文化娱乐支出	0.10
				农村居民人均文化娱乐支出	0.10
				城镇居民人均文化娱乐支出占消费性 支出比重	0.08
				农村居民人均文化娱乐支出占消费性 支出比重	0.08
B6		C61		(9 个)	
发展环境 竞争力 18	0.1	基础设施竞争力	0.55	铁路网线密度	0.13
				公路网线密度	0.13
				人均内河航道里程	0.09
				全社会旅客周转量	0.12
				全社会货物周转量	0.12
				人均邮电业务总量	0.102
				电话普及率	0.101
				政府网站数	0.095
				人均耗电量	0.112
		C62		(9 个)	
		软环境竞争力	0.45	外资企业数增长率	0.110
				万人外资企业数	0.130
				个体私营企业数增长率	0.110
				万人个体私营企业数	0.130
				万人商标注册件数	0.110
				查处商标侵权假冒案件数	0.080
				每十万人交通事故发生数	0.080
				罚没收入占财政收入比重	0.130
				社会捐赠站点数	0.120
B7		C71		(5 个)	
政府作用 竞争力 16	0.1	政府发展 经济竞争力	0.366	财政支出用于基本建设投资比重	0.202
				财政支出对 GDP 增长的拉动	0.201
				政府公务员对经济的贡献	0.196

续表

二级指标 （9 个）	权重	三级指标 （25 个）	权重	四级指标（210 个）	权重
政府作用 竞争力 16	0.1	政府发展 经济竞争力	0.366	财政支出用于经济社会比重	0.197
				财政投资对社会投资的拉动	0.204
		C72		（5 个）	
		政府规调 经济竞争力	0.317	物价调控	0.209
				调控城乡消费差距	0.211
				统筹经济社会发展	0.190
				规范税收	0.200
				固定资产投资价格指数	0.190
		C73		（6 个）	
		政府保障 经济竞争力	0.317	城镇职工养老保险收支比	0.132
				医疗保险覆盖率	0.202
				养老保险覆盖率	0.202
				失业保险覆盖率	0.202
				最低工资标准	0.138
				城镇登记失业率	0.124
B8		C81		（6 个）	
发展水平 竞争力 18	0.1	工业化进程 竞争力	0.366	工业增加值占 GDP 比重	0.125
				工业增加值增长率	0.115
				高技术产业占工业增加值比重	0.215
				高技术产品占商品出口额比重	0.195
				信息产业增加值占 GDP 比重	0.155
				工农业增加值比值	0.195
		C82		（6 个）	
		城市化进程 竞争力	0.317	城镇化率	0.28
				城镇居民人均可支配收入	0.26
				城市平均建成区面积比重	0.18
				人均拥有道路面积	0.09
				人均日生活用水量	0.09
				人均公共绿地面积	0.10
		C83		（6 个）	
		市场化进程 竞争力	0.317	非公有制经济产值占全社会总值比重	0.212
				社会投资占投资总额比重	0.191
				私有和个体企业从业人员比重	0.176
				亿元以上商品市场成交额	0.116

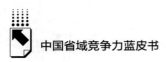
续表

二级指标 (9 个)	权重	三级指标 (25 个)	权重	四级指标(210 个)	权重
发展水平 竞争力 18	0.1	市场化进程 竞争力	0.317	亿元以上商品市场成交额占全社会消费 品零售总额比重	0.112
				居民消费支出占总消费支出比重	0.193
B9		C91		(8 个)	
统筹协调 竞争力 16	0.1	统筹发展 竞争力	0.55	社会劳动生产率	0.160
				能源使用下降率	0.120
				万元 GDP 综合能耗下降率	0.160
				非农用地产出率	0.150
				居民收入占 GDP 比重	0.100
				二三产业增加值比例	0.110
				固定资产投资额占 GDP 比重	0.100
				固定资产投资增长率	0.100
		C92		(8 个)	
		协调发展 竞争力	0.45	资源竞争力与宏观经济竞争力比差	0.125
				环境竞争力与宏观经济竞争力比差	0.125
				人力资源竞争力与宏观经济竞争力比差	0.125
				环境竞争力与工业竞争力比差	0.125
				资源竞争力与工业竞争力比差	0.125
				城乡居民家庭人均收入比差	0.125
				城乡居民人均现金消费支出比差	0.125
				全社会消费品零售总额与外贸出口总额 比差	0.125

B.40
附录2
2019年中国省域经济综合竞争力评价
指标得分和排名情况

一 2019年中国省域宏观经济竞争力及三级
指标得分和排名情况

地区	指标得分				指标排名			
	经济实力 竞争力	经济结构 竞争力	经济外向度 竞争力	宏观经济 竞争力	经济实力 竞争力	经济结构 竞争力	经济外向度 竞争力	宏观经济 竞争力
北 京	40.2	57.2	31.8	42.8	11	11	6	7
天 津	38.4	64.7	21.0	41.1	13	2	10	11
河 北	37.7	56.1	20.0	37.9	14	14	13	14
山 西	16.5	52.4	11.2	25.7	27	18	25	25
内蒙古	22.2	41.9	12.7	25.3	25	24	23	26
辽 宁	24.3	44.9	16.6	28.2	23	21	20	21
吉 林	14.6	41.0	11.1	21.5	29	25	26	28
黑龙江	15.7	38.7	13.9	22.1	28	28	22	27
上 海	43.7	63.0	46.5	50.3	9	4	2	4
江 苏	66.6	62.8	44.0	58.7	1	5	3	2
浙 江	62.9	69.9	41.3	58.5	3	1	4	3
安 徽	45.0	56.4	20.4	41.1	8	13	11	12
福 建	43.1	59.7	23.8	42.3	10	7	9	8
江 西	35.7	57.9	17.1	36.8	15	10	17	15
山 东	54.7	54.3	39.0	49.9	4	16	5	5

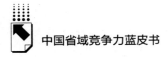
续表

地区	指标得分				指标排名			
	经济实力 竞争力	经济结构 竞争力	经济外向度 竞争力	宏观经济 竞争力	经济实力 竞争力	经济结构 竞争力	经济外向度 竞争力	宏观经济 竞争力
河　南	45.2	60.8	16.3	41.2	7	6	21	10
湖　北	47.9	56.5	18.4	41.6	5	12	14	9
湖　南	39.4	58.3	25.3	40.8	12	9	8	13
广　东	63.0	63.7	76.9	67.4	2	3	1	1
广　西	27.1	43.2	20.2	29.9	20	23	12	18
海　南	13.6	54.3	16.7	26.8	30	15	19	23
重　庆	34.4	58.9	16.9	36.5	16	8	18	16
四　川	45.8	53.3	29.3	43.1	6	17	7	6
贵　州	26.4	43.7	7.0	25.8	22	22	30	24
云　南	29.7	38.6	17.8	28.8	19	29	16	19
西　藏	32.5	49.0	11.9	31.3	18	19	24	17
陕　西	33.0	40.6	10.4	28.5	17	26	27	20
甘　肃	16.7	29.0	7.3	17.6	26	31	29	31
青　海	22.7	33.7	0.1	19.2	24	30	31	30
宁　夏	8.3	47.0	9.7	20.3	31	20	28	29
新　疆	26.6	39.7	17.9	27.9	21	27	15	22

二　2019年中国省域产业经济竞争力及三级
指标得分和排名情况

地区	指标得分					指标排名				
	农业 竞争力	工业 竞争力	服务业 竞争力	企业 竞争力	产业经济 竞争力	农业 竞争力	工业 竞争力	服务业 竞争力	企业 竞争力	产业经济 竞争力
北　京	24.6	40.1	47.2	74.4	47.4	29	12	4	1	5
天　津	17.8	31.8	18.9	43.5	28.7	31	22	20	7	20
河　北	37.6	37.7	20.3	34.8	32.6	12	17	19	12	16
山　西	22.9	36.6	13.4	30.8	26.6	30	18	25	21	25

续表

地区	指标得分					指标排名				
	农业竞争力	工业竞争力	服务业竞争力	企业竞争力	产业经济竞争力	农业竞争力	工业竞争力	服务业竞争力	企业竞争力	产业经济竞争力
内蒙古	45.0	38.7	11.5	37.4	32.8	3	13	27	9	14
辽　宁	34.1	40.9	18.4	34.0	32.2	19	11	21	16	18
吉　林	33.5	19.9	6.1	34.5	22.8	20	31	31	14	30
黑龙江	48.5	26.9	10.0	26.1	26.8	1	28	28	25	24
上　海	34.9	50.0	51.3	51.2	47.6	18	5	2	4	4
江　苏	41.8	76.3	48.4	54.4	57.0	5	2	3	2	2
浙　江	35.0	66.1	43.4	52.0	50.7	17	3	5	3	3
安　徽	36.4	38.0	27.3	36.2	34.5	14	16	12	11	11
福　建	37.0	53.0	29.8	34.6	39.4	13	4	9	13	8
江　西	28.3	38.3	27.1	34.1	32.5	25	15	13	15	17
山　东	46.0	49.3	40.3	44.7	45.2	2	6	6	6	6
河　南	42.5	43.2	29.7	31.3	36.7	4	10	10	20	10
湖　北	38.4	48.3	31.2	38.2	39.5	9	7	8	8	7
湖　南	37.8	36.3	28.6	31.5	33.5	10	19	11	18	12
广　东	35.8	77.9	72.2	49.3	60.9	16	1	1	5	1
广　西	37.7	28.0	18.3	24.2	26.6	11	27	22	29	26
海　南	30.8	25.1	13.8	30.6	24.8	22	29	24	22	28
重　庆	27.3	38.5	26.3	36.7	32.8	27	14	14	10	15
四　川	39.0	44.2	33.3	31.4	37.2	6	9	7	19	9
贵　州	35.9	29.4	25.7	22.9	28.2	15	25	15	30	21
云　南	38.8	32.0	25.1	26.0	30.1	8	21	16	26	19
西　藏	33.3	30.8	25.1	22.7	27.8	21	24	17	31	22
陕　西	30.1	45.1	21.8	33.1	33.2	23	8	18	17	13
甘　肃	29.4	28.1	11.9	30.6	24.9	24	26	26	23	27
青　海	28.2	22.8	8.2	24.5	20.6	26	30	29	27	31
宁　夏	27.2	31.4	7.6	26.5	23.4	28	23	30	24	29
新　疆	38.8	34.3	14.2	24.3	27.7	7	20	23	28	23

三　2019年中国省域可持续发展竞争力及三级指标得分和排名情况

地区	指标得分				指标排名			
	资源竞争力	环境竞争力	人力资源竞争力	可持续发展竞争力	资源竞争力	环境竞争力	人力资源竞争力	可持续发展竞争力
北　京	0.5	73.7	65.4	47.0	30	5	1	3
天　津	3.2	71.7	53.3	43.0	29	10	4	14
河　北	11.8	60.4	44.7	39.1	17	25	18	25
山　西	30.4	64.2	46.4	47.0	4	17	11	4
内蒙古	51.6	61.2	48.5	53.6	1	24	8	1
辽　宁	17.3	63.8	48.8	43.4	9	19	7	8
吉　林	21.0	61.4	41.0	41.2	7	23	24	19
黑龙江	36.5	60.2	43.0	46.5	3	26	21	5
上　海	0.5	71.8	50.3	41.1	31	9	6	20
江　苏	10.8	68.1	50.4	43.2	19	16	5	11
浙　江	6.7	62.8	58.0	42.9	25	20	3	15
安　徽	9.5	73.2	44.0	42.3	22	8	20	16
福　建	14.5	76.6	44.8	45.3	13	2	16	7
江　西	6.4	68.6	40.1	38.4	26	15	25	28
山　东	15.3	57.7	44.7	39.4	11	28	17	24
河　南	10.2	71.3	48.4	43.4	21	11	10	10
湖　北	7.8	70.6	45.1	41.3	23	13	15	18
湖　南	6.1	71.1	45.4	40.9	27	12	14	21
广　东	6.9	74.7	59.7	47.4	24	4	2	2
广　西	10.3	76.3	42.8	43.1	20	3	23	12
海　南	16.3	77.2	45.9	46.5	10	1	13	6
重　庆	5.8	61.4	45.9	37.9	28	22	12	29
四　川	13.2	59.9	48.4	40.7	14	27	9	22
贵　州	12.3	68.8	35.0	38.6	16	14	30	27
云　南	17.7	73.4	42.8	43.1	8	6	22	13
西　藏	45.8	61.7	20.3	42.1	2	21	31	17
陕　西	12.8	73.3	44.2	43.4	15	7	19	9
甘　肃	14.5	64.0	37.9	38.8	12	18	27	26
青　海	24.3	47.6	37.9	36.6	6	31	28	30
宁　夏	11.2	57.3	37.7	35.5	18	29	29	31
新　疆	25.3	54.7	39.3	39.8	5	30	26	23

四 2019年中国省域财政金融竞争力及三级
指标得分和排名情况

地区	指标得分			指标排名		
	财政 竞争力	金融 竞争力	财政金融 竞争力	财政 竞争力	金融 竞争力	财政金融 竞争力
北　京	52.5	73.9	62.1	2	1	1
天　津	44.7	25.8	36.2	5	9	6
河　北	28.8	18.3	24.1	12	17	15
山　西	35.9	29.0	32.8	9	8	7
内蒙古	37.1	16.8	28.0	8	19	10
辽　宁	25.3	21.4	23.5	21	13	17
吉　林	13.1	16.9	14.8	31	18	30
黑龙江	19.7	16.1	18.1	26	22	26
上　海	61.2	54.7	58.3	1	3	2
江　苏	39.0	52.2	44.9	7	4	5
浙　江	48.1	47.2	47.7	4	5	4
安　徽	25.5	21.1	23.5	20	14	18
福　建	19.9	22.8	21.2	25	12	21
江　西	29.4	16.5	23.6	10	20	16
山　东	27.9	33.1	30.3	13	6	8
河　南	27.9	25.3	26.7	14	11	12
湖　北	26.0	25.4	25.7	18	10	13
湖　南	23.4	20.9	22.3	23	15	19
广　东	48.7	66.2	56.5	3	2	3
广　西	21.6	14.8	18.5	24	25	25
海　南	41.0	14.7	29.2	6	26	9
重　庆	19.5	13.6	16.8	27	29	27
四　川	26.6	29.2	27.8	17	7	11
贵　州	27.0	16.2	22.2	16	21	20
云　南	25.6	15.1	20.9	19	24	22
西　藏	17.1	12.7	15.1	29	30	29
陕　西	29.1	20.7	25.3	11	16	14
甘　肃	17.1	14.4	15.9	28	27	28
青　海	27.3	11.8	20.3	15	31	24
宁　夏	13.7	14.1	13.9	30	28	31
新　疆	24.0	16.1	20.4	22	23	23

五 2019年中国省域知识经济竞争力及三级 指标得分和排名情况

地区	指标得分				指标排名			
	科技竞争力	教育竞争力	文化竞争力	知识经济竞争力	科技竞争力	教育竞争力	文化竞争力	知识经济竞争力
北　京	59.4	65.1	53.0	60.9	3	1	5	2
天　津	26.1	33.4	24.8	29.0	12	12	22	11
河　北	11.3	31.5	29.3	22.6	21	13	15	17
山　西	13.5	22.6	24.2	19.0	18	26	24	22
内蒙古	4.1	22.2	25.5	15.0	28	27	20	26
辽　宁	12.0	28.6	31.2	21.9	20	18	12	18
吉　林	12.8	23.9	35.1	20.9	19	22	9	19
黑龙江	5.2	25.0	28.9	17.2	27	21	16	24
上　海	39.2	51.1	61.9	47.6	5	4	4	4
江　苏	64.0	56.8	63.0	60.8	2	3	3	3
浙　江	40.8	45.3	63.5	46.1	4	6	2	5
安　徽	25.8	30.1	28.6	28.1	13	15	17	13
福　建	18.9	30.7	30.2	25.6	14	14	13	15
江　西	17.5	29.7	26.3	24.0	16	16	18	16
山　东	32.1	47.7	50.6	41.5	6	5	6	6
河　南	26.4	40.6	34.1	33.6	11	7	11	7
湖　北	27.8	35.9	37.0	32.6	7	9	8	9
湖　南	18.2	35.3	41.4	28.9	15	10	7	12
广　东	81.9	60.3	69.3	70.8	1	2	1	1
广　西	10.7	27.5	25.0	19.9	22	20	21	20
海　南	5.3	23.0	23.6	15.6	26	24	25	25
重　庆	27.3	29.3	25.9	27.9	8	17	19	14
四　川	26.9	39.1	34.8	33.3	9	8	10	8
贵　州	16.2	23.0	21.4	19.9	17	23	27	21
云　南	6.5	28.0	24.6	18.4	24	19	23	23
西　藏	0.4	21.0	0.5	9.2	31	30	31	31
陕　西	26.5	33.8	30.0	30.1	10	11	14	10
甘　肃	6.3	21.3	21.0	14.9	25	29	28	27
青　海	3.0	22.9	12.9	12.9	29	25	30	29
宁　夏	8.3	17.9	22.3	14.5	23	31	26	28
新　疆	1.7	22.1	18.6	12.9	30	28	29	30

六　2019年中国省域发展环境竞争力及三级
指标得分和排名情况

地区	指标得分			指标排名		
	基础设施 竞争力	软环境 竞争力	发展环境 竞争力	基础设施 竞争力	软环境 竞争力	发展环境 竞争力排名
北　京	40.8	54.0	46.7	7	2	5
天　津	33.5	28.4	31.2	11	27	17
河　北	34.7	36.1	35.3	10	15	12
山　西	24.3	29.6	26.7	23	24	23
内蒙古	29.4	32.8	30.9	19	20	18
辽　宁	31.6	26.7	29.4	15	29	21
吉　林	18.2	32.1	24.5	28	21	27
黑龙江	14.3	26.5	19.8	30	30	31
上　海	55.6	74.6	64.1	3	1	1
江　苏	55.7	51.2	53.7	2	3	3
浙　江	54.2	40.9	48.2	4	9	4
安　徽	38.1	37.9	38.0	8	12	9
福　建	32.6	44.1	37.8	14	6	10
江　西	29.2	27.5	28.4	20	28	22
山　东	43.5	43.7	43.6	5	7	6
河　南	41.5	34.6	38.4	6	17	7
湖　北	36.6	29.9	33.6	9	23	13
湖　南	32.6	33.3	32.9	13	18	15
广　东	59.8	46.7	53.9	1	5	2
广　西	26.2	25.0	25.7	22	31	25
海　南	21.6	41.8	30.7	24	8	20
重　庆	33.3	39.9	36.2	12	10	11
四　川	29.9	32.9	31.2	18	19	16
贵　州	29.9	37.2	33.2	17	13	14
云　南	18.6	35.0	26.0	27	16	24
西　藏	5.6	38.8	20.6	31	11	30
陕　西	30.7	47.6	38.3	16	4	8
甘　肃	19.4	29.0	23.7	26	26	28
青　海	20.9	29.0	24.6	25	25	26
宁　夏	26.4	36.4	30.9	21	14	19
新　疆	17.3	30.5	23.2	29	22	29

七 2019年中国省域政府作用竞争力及三级
指标得分和排名情况

地区	指标得分				指标排名			
	政府发展经济竞争力	政府规调经济竞争力	政府保障经济竞争力	政府作用竞争力	政府发展经济竞争力	政府规调经济竞争力	政府保障经济竞争力	政府作用竞争力排名
北　京	27.7	76.5	63.8	58.4	25	2	1	2
天　津	40.0	76.7	36.7	54.4	7	1	12	5
河　北	31.6	50.5	51.6	46.4	18	21	3	9
山　西	24.8	46.2	26.5	34.4	31	26	21	29
内蒙古	34.1	57.3	24.8	41.3	13	11	24	19
辽　宁	28.1	52.3	40.1	42.1	24	20	9	18
吉　林	30.7	38.2	31.6	35.2	19	30	17	28
黑龙江	26.6	62.7	31.9	42.8	28	8	16	16
上　海	43.3	70.2	43.4	55.3	4	3	6	4
江　苏	62.6	64.3	42.2	59.8	1	7	8	1
浙　江	40.1	70.1	50.2	56.3	6	4	4	3
安　徽	36.0	68.0	25.4	46.1	10	6	23	10
福　建	53.8	68.7	24.6	52.6	2	5	25	6
江　西	28.2	55.3	19.9	36.9	23	15	29	26
山　东	44.3	46.1	36.2	44.6	3	27	14	12
河　南	33.8	50.1	26.3	39.1	15	22	22	23
湖　北	40.3	49.0	31.9	42.8	5	24	15	17
湖　南	37.9	55.5	31.4	44.1	9	14	18	13
广　东	33.6	57.0	57.5	51.4	16	12	2	7
广　西	29.0	46.1	27.8	36.3	21	28	19	27
海　南	26.8	48.3	49.4	43.2	27	25	5	15
重　庆	35.3	59.0	42.3	47.9	11	10	7	8
四　川	34.7	56.4	38.9	45.7	12	13	10	11
贵　州	29.1	53.9	26.6	38.8	20	16	20	24
云　南	33.1	49.8	21.6	37.2	17	23	28	25
西　藏	25.6	29.7	14.8	24.9	29	31	31	31
陕　西	33.9	53.4	24.1	39.6	14	17	26	22
甘　肃	25.1	41.8	16.3	29.6	30	29	30	30
青　海	39.4	52.4	22.3	40.7	8	19	27	21
宁　夏	27.5	59.5	36.9	43.5	26	9	11	14
新　疆	28.5	52.6	36.3	41.2	22	18	13	20

八　2019年中国省域发展水平竞争力及三级
指标得分和排名情况

地区	指标得分				指标排名			
	工业化进程竞争力	城市化进程竞争力	市场化进程竞争力	发展水平竞争力	工业化进程竞争力	城市化进程竞争力	市场化进程竞争力	发展水平竞争力
北　京	61.4	63.5	51.4	62.0	2	1	23	5
天　津	32.7	49.2	54.7	47.3	11	8	19	10
河　北	16.2	34.9	75.2	42.6	26	24	5	19
山　西	33.5	33.1	52.3	41.0	9	25	22	20
内蒙古	18.1	42.3	51.1	38.3	24	12	24	24
辽　宁	24.4	35.9	68.8	43.9	17	20	11	16
吉　林	13.5	26.2	52.6	31.2	29	30	21	29
黑龙江	13.3	40.9	50.6	35.9	30	13	25	25
上　海	65.0	61.6	72.9	69.5	1	2	6	1
江　苏	44.0	56.5	90.3	65.4	6	5	2	2
浙　江	39.4	56.6	90.6	63.8	8	4	1	3
安　徽	25.3	40.7	69.5	46.2	15	14	10	14
福　建	33.2	51.8	71.7	53.8	10	6	8	7
江　西	32.0	43.9	71.2	50.3	13	10	9	8
山　东	21.3	42.6	78.8	48.4	19	11	3	9
河　南	32.0	35.8	66.3	45.8	14	21	14	15
湖　北	32.7	37.4	67.2	46.9	12	19	13	12
湖　南	21.6	39.1	67.9	43.8	18	16	12	17
广　东	52.3	56.7	72.0	62.7	3	3	7	4
广　西	21.1	35.7	61.7	40.3	20	23	16	21
海　南	17.2	37.6	62.8	40.0	25	18	15	22
重　庆	47.8	38.1	75.9	55.5	4	17	4	6
四　川	41.0	35.8	60.3	47.2	7	22	17	11
贵　州	24.7	30.4	58.9	38.8	16	27	18	23
云　南	18.1	29.2	46.5	32.1	23	29	27	27
西　藏	7.5	23.4	20.7	17.9	31	31	31	31
陕　西	45.4	40.2	49.0	46.9	5	15	26	13
甘　肃	21.0	31.7	40.0	32.0	22	26	29	28
青　海	15.1	29.7	34.0	27.2	27	28	30	30
宁　夏	21.1	49.8	53.6	42.9	21	7	20	18
新　疆	14.7	44.1	42.3	34.9	28	9	28	26

739

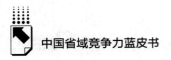
九 2019年中国省域统筹协调竞争力及三级 指标得分和排名情况

地区	指标得分			指标排名		
	统筹发展竞争力	协调发展竞争力	统筹协调竞争力	统筹发展竞争力	协调发展竞争力	统筹协调竞争力
北 京	72.8	49.6	62.4	2	28	5
天 津	52.2	61.2	56.2	8	18	9
河 北	40.2	68.9	53.1	19	7	14
山 西	41.7	63.5	51.5	16	13	17
内蒙古	29.7	52.5	40.0	29	26	29
辽 宁	31.9	62.4	45.6	28	16	21
吉 林	27.2	61.7	42.7	31	17	25
黑龙江	34.8	48.6	41.0	25	29	27
上 海	73.7	63.4	69.0	1	14	1
江 苏	61.1	72.6	66.3	4	2	2
浙 江	57.8	75.4	65.7	5	1	3
安 徽	40.9	66.3	52.3	17	11	15
福 建	54.7	70.5	61.8	6	6	6
江 西	39.6	65.2	51.1	20	12	18
山 东	43.6	71.3	56.1	13	5	10
河 南	53.1	66.4	59.1	7	10	7
湖 北	50.4	67.4	58.0	9	8	8
湖 南	45.1	59.7	51.7	11	19	16
广 东	62.6	67.0	64.6	3	9	4
广 西	32.7	55.9	43.1	26	20	24
海 南	37.8	53.5	44.9	22	24	23
重 庆	48.0	62.4	54.5	10	15	12
四 川	42.1	71.6	55.4	15	4	11
贵 州	37.3	47.3	41.8	24	30	26
云 南	37.5	54.6	45.2	23	22	22
西 藏	32.0	51.5	40.8	27	27	28
陕 西	40.9	54.1	46.9	18	23	20
甘 肃	43.1	33.4	38.7	14	31	31
青 海	44.8	55.1	49.4	12	21	19
宁 夏	27.9	52.7	39.0	30	25	30
新 疆	39.4	71.6	53.9	21	3	13

十　2019年中国省域经济综合竞争力及二级指标得分和排名情况

地区	指标得分										指标排名									
	宏观经济竞争力	产业经济竞争力	可持续发展竞争力	财政金融竞争力	知识经济竞争力	发展环境竞争力	政府作用竞争力	发展水平竞争力	统筹协调竞争力	经济综合竞争力	宏观经济竞争力	产业经济竞争力	可持续发展竞争力	财政金融竞争力	知识经济竞争力	发展环境竞争力	政府作用竞争力	发展水平竞争力	统筹协调竞争力	经济综合竞争力
北　京	42.8	47.4	47.0	62.1	60.9	46.7	58.4	62.0	63.2	53.9	7	5	3	1	2	5	2	5	5	4
天　津	41.1	28.7	43.0	36.2	29.0	31.2	54.4	47.3	56.1	40.2	11	20	14	6	11	17	5	10	10	8
河　北	37.9	32.6	39.1	24.1	22.6	35.3	46.4	42.6	52.8	36.6	14	16	25	15	17	12	9	19	14	15
山　西	25.7	26.6	47.0	32.8	19.0	26.7	34.4	41.0	51.6	32.9	25	25	4	7	22	23	29	20	17	20
内蒙古	25.3	32.8	53.6	28.0	15.0	30.9	41.3	38.3	39.8	33.0	26	14	1	10	26	18	19	24	28	19
辽　宁	28.2	32.2	43.4	23.5	21.9	29.4	42.1	43.9	44.7	33.7	21	18	8	17	18	21	18	16	22	18
吉　林	21.5	22.8	41.2	14.8	20.9	24.5	35.2	31.2	41.8	27.5	28	30	19	30	19	27	28	29	26	28
黑龙江	22.1	26.8	46.5	18.1	17.2	19.8	42.8	35.9	44.2	29.5	27	24	5	26	24	31	16	25	23	26
上　海	50.3	47.6	41.1	58.3	47.6	64.1	55.3	69.5	69.3	55.2	4	4	20	2	4	1	4	1	1	3
江　苏	58.7	57.0	43.2	44.9	60.8	53.7	59.8	65.4	66.3	56.9	2	2	11	5	3	3	1	2	2	2
浙　江	58.5	50.7	42.9	47.7	46.1	48.2	56.3	63.8	65.8	53.4	3	3	15	4	5	3	3	3	3	5
安　徽	41.1	34.5	42.3	23.5	28.1	38.0	46.1	46.2	52.1	38.8	12	11	16	18	13	9	10	14	15	12
福　建	42.3	39.4	45.3	21.2	25.6	37.8	52.6	53.8	61.5	41.7	8	8	7	21	15	10	6	7	6	7
江　西	36.8	32.5	38.4	23.6	24.0	28.4	36.9	50.3	50.6	35.4	15	17	28	16	16	22	26	8	18	17

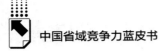

续表

地区	指标得分										指标排名									
	宏观经济竞争力	产业经济竞争力	可持续发展竞争力	财政金融竞争力	知识经济竞争力	发展环境竞争力	政府作用竞争力	发展水平竞争力	统筹协调竞争力	经济综合竞争力	宏观经济竞争力	产业经济竞争力	可持续发展竞争力	财政金融竞争力	知识经济竞争力	发展环境竞争力	政府作用竞争力	发展水平竞争力	统筹协调竞争力	经济综合竞争力
山 东	49.9	45.2	39.4	30.3	41.5	43.6	44.6	48.4	56.2	44.6	5	6	24	8	6	6	12	9	9	6
河 南	41.2	36.7	43.4	26.7	33.6	38.4	39.1	45.8	58.7	40.2	10	10	10	12	7	7	23	15	7	9
湖 北	41.6	39.5	41.3	25.7	32.6	33.6	42.8	46.9	57.7	40.1	9	7	18	13	9	13	17	12	8	10
湖 南	40.8	33.5	40.9	22.3	28.9	32.9	44.1	43.8	51.6	37.5	13	12	21	19	12	15	13	17	16	14
广 东	67.4	60.9	47.4	56.5	70.8	53.9	51.4	62.7	64.6	60.2	1	1	2	3	1	2	7	4	4	1
广 西	29.9	26.6	43.1	18.5	19.9	25.7	36.3	40.3	42.6	31.0	18	26	12	25	20	25	27	21	25	23
海 南	26.8	24.8	46.5	29.2	15.6	30.7	43.2	40.0	44.8	32.5	23	28	6	9	25	20	15	22	21	21
重 庆	36.5	32.8	37.9	16.8	27.9	36.2	47.9	55.5	54.0	37.9	16	15	29	27	14	11	8	6	12	13
四 川	43.1	37.2	40.7	27.8	33.3	31.2	45.7	47.2	54.9	40.0	6	9	22	11	8	16	11	11	11	11
贵 州	25.8	28.2	38.6	22.2	19.9	33.2	38.8	38.8	41.3	31.2	24	21	27	20	21	14	24	23	27	22
云 南	28.8	30.1	43.1	20.9	18.4	26.0	37.2	32.1	44.2	30.7	19	22	13	22	23	24	25	27	24	24
西 藏	31.3	27.8	42.1	15.1	9.2	20.6	24.9	17.9	39.4	25.3	17	13	17	29	31	30	31	31	29	31
陕 西	28.5	33.2	43.4	25.3	30.1	38.3	39.6	46.9	46.4	36.2	20	13	9	14	10	8	22	13	19	16
甘 肃	17.6	24.9	38.8	15.9	14.9	23.7	29.6	32.0	38.1	25.4	31	27	26	28	27	28	30	28	31	30
青 海	19.2	20.6	36.6	20.3	12.9	24.6	40.7	27.2	46.0	26.6	30	29	30	24	29	26	21	30	20	29
宁 夏	20.3	23.4	35.5	13.9	14.5	30.9	43.5	42.9	38.4	28.3	29	23	31	31	28	19	14	18	30	27
新 疆	27.9	27.7	39.8	20.4	12.9	23.2	41.2	34.9	53.1	30.5	22	23	23	23	30	29	20	26	13	25

B.41
附录3
2019年中国31个省份主要经济指标数据

统计资料（Ⅰ）

地区	GDP （亿元）	GDP 增长率 （％）	人均 GDP （元）	第一产业增 加值(亿元)	第二产业增 加值(亿元)	第三产业增 加值(亿元)
北 京	35371	6.1	164220	116	4241	29543
天 津	14104	4.8	90371	192	4394	8950
河 北	35105	6.8	46348	3728	11503	17989
山 西	17027	6.2	45724	875	6570	8749
内蒙古	17213	5.2	67852	1893	5514	8530
辽 宁	24909	5.5	57191	2267	8165	13200
吉 林	11727	3	43475	1333	3348	6305
黑龙江	13613	4.2	36183	3267	3291	6815
上 海	38155	6	157279	110	9671	27752
江 苏	99632	6.1	123607	4611	37825	51065
浙 江	62352	6.8	107624	2146	22841	33688
安 徽	37114	7.5	58496	3069	11455	18860
福 建	42395	7.6	107139	2691	16170	19217
江 西	24758	8	53164	2136	8966	11760
山 东	71068	5.5	70653	5476	22985	37640
河 南	54259	7	56388	4860	18413	26018
湖 北	45828	7.5	77387	4014	16087	22921
湖 南	39752	7.6	57540	3850	11631	21158
广 东	107671	6.2	94172	4479	39398	59773

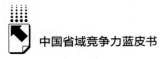

续表

地区	GDP （亿元）	GDP 增长率 （％）	人均 GDP （元）	第一产业增 加值（亿元）	第二产业增 加值（亿元）	第三产业增 加值（亿元）
广　西	21237	6	42964	3492	5278	10772
海　南	5309	5.8	56507	1119	589	3130
重　庆	23606	6.3	75828	1581	6657	12558
四　川	46616	7.5	55774	4938	13366	24443
贵　州	16769	8.3	46433	2408	4546	8430
云　南	23224	8.1	47944	3096	5302	12225
西　藏	1698	8.1	48902	142	132	924
陕　西	25793	6	66649	2098	9610	11821
甘　肃	8718	6.2	32995	1088	2320	4805
青　海	2966	6.3	48981	306	817	1504
宁　夏	3748	6.5	54217	298	1270	1884
新　疆	13597	6.2	54280	1888	3862	7020

统计资料（Ⅱ）

地区	地方财政 收入 （亿元）	固定资产 投资 （亿元）	全社会消费品 零售总额 （亿元）	进出口总额 （亿美元）	出口总额 （亿美元）	实际 FDI （亿美元）
北　京	5817	7716	15064	28690	5172	5996
天　津	2410	12050	4218	7346	3018	3105
河　北	3739	37700	12986	4002	2371	1590
山　西	2348	6978	7031	1448	807	701
内蒙古	2060	10722	5051	1097	377	584
辽　宁	2652	6946	9671	7259	3130	4028
吉　林	1117	11313	4213	1303	324	643
黑龙江	1263	11443	5604	1867	350	460
上　海	7165	8010	15848	34054	13725	9552
江　苏	8802	59050	37673	43383	27212	11735
浙　江	7049	37356	27344	30838	23076	5007
安　徽	3183	35757	17862	4737	2785	1656
福　建	3053	31198	18897	13309	8283	2975

续表

地区	地方财政收入（亿元）	固定资产投资（亿元）	全社会消费品零售总额（亿元）	进出口总额（亿美元）	出口总额（亿美元）	实际FDI（亿美元）
江　西	2487	26801	10068	3510	2496	1010
山　东	6527	52744	29251	20471	11130	5754
河　南	4042	51971	23476	5715	3756	1163
湖　北	3389	39660	22722	3946	2486	1864
湖　南	3007	38721	16684	4340	3077	1841
广　东	12655	46438	42952	71488	43415	19533
广　西	1812	24886	8201	4696	2598	916
海　南	814	3371	1951	906	344	1045
重　庆	2135	19824	11632	5792	3713	1111
四　川	4071	38175	21343	6790	3904	2891
贵　州	1767	18124	7468	453	327	487
云　南	2074	22931	10158	2324	1037	671
西　藏	222	2122	773	49	37	27
陕　西	2288	26955	10213	3515	1873	1213
甘　肃	850	5968	3700	380	131	256
青　海	282	4376	949	38	20	78
宁　夏	424	2736	1399	241	149	265
新　疆	1578	9273	3617	1641	1250	241

统计资料（Ⅲ）

地区	公共教育经费（亿元）	金融机构存款余额（亿元）	旅游外汇收入（百万美元）	铁路营业里程（公里）	公路里程（公里）	耕地面积（千公顷）	森林覆盖率（%）
北　京	1353	171062	5192	1367	22366	214	43.8
天　津	635	31789	1183	1185	16132	437	12.1
河　北	1739	72885	740	7791	196983	6519	26.8
山　西	913	38381	410	5890	144283	4056	20.5
内蒙古	776	23645	1340	13016	206089	9271	22.1
辽　宁	976	62697	1739	6512	124767	4972	39.2
吉　林	687	24154	615	5043	106660	6987	41.5

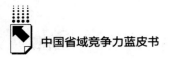

续表

地区	公共教育经费（亿元）	金融机构存款余额（亿元）	旅游外汇收入（百万美元）	铁路营业里程（公里）	公路里程（公里）	耕地面积（千公顷）	森林覆盖率（％）
黑龙江	761	27717	646	6781	168710	15846	43.8
上 海	1341	132820	8244	467	13045	192	14.0
江 苏	2828	152837	4744	3587	159937	4573	15.2
浙 江	2401	131299	2668	2842	121813	1977	59.4
安 徽	1501	54378	3388	4844	218295	5867	28.7
福 建	1255	49836	3398	3514	109785	1337	66.8
江 西	1315	38953	865	4905	209131	3086	61.2
山 东	2635	104739	3413	6633	280325	7590	17.5
河 南	2429	69509	947	6467	269832	8112	24.1
湖 北	1458	59748	2654	5165	289029	5236	39.6
湖 南	1630	52660	2251	5579	240566	4151	49.7
广 东	4268	232459	20521	4720	220290	2600	53.5
广 西	1284	31646	3511	5206	127819	4387	60.2
海 南	378	9738	972	1033	38107	722	57.4
重 庆	1022	39483	2525	2359	174284	2370	43.1
四 川	2077	81784	2024	5242	337095	6725	38.0
贵 州	1273	27171	345	3753	204723	4519	43.8
云 南	1454	32821	5147	4053	262409	6213	55.0
西 藏	256	4974	279	785	103951	444	12.1
陕 西	1138	44537	3368	5419	180070	3983	43.1
甘 肃	740	19769	59	4830	151443	5377	11.3
青 海	264	5847	33	2449	83761	590	5.8
宁 夏	235	6460	69	1553	36576	1290	12.6
新 疆	952	23293	454	6935	194222	5240	4.9

统计资料（Ⅳ）

地区	年末人口（万人）	常驻人口增长率（‰）	城镇化率（％）	平均受教育程度（年）	城镇登记失业率（％）	居民消费品零售价格指数（％）	城镇居民人均可支配收入（元）	农村居民人均可支配收入（元）
北 京	2154	2.63	86.6	12.7	1.3	102.3	73849	28928
天 津	1562	1.43	83.5	11.1	3.5	102.7	46119	24804

续表

地区	年末人口（万人）	常驻人口增长率（‰）	城镇化率（%）	平均受教育程度（年）	城镇登记失业率（%）	居民消费品零售价格指数（%）	城镇居民人均可支配收入（元）	农村居民人均可支配收入（元）
河 北	7592	4.71	57.6	9.3	3.1	103	35738	15373
山 西	3729	3.27	59.6	9.9	2.7	102.7	33262	12902
内蒙古	2540	2.57	63.4	9.9	3.7	102.4	40782	15283
辽 宁	4352	-0.8	68.1	10.0	4.2	102.4	39777	16108
吉 林	2691	-0.85	58.3	9.5	3.1	103	32299	14936
黑龙江	3751	-1.01	60.9	9.6	3.5	102.8	30945	14982
上 海	2428	1.5	88.3	11.2	3.6	102.5	73615	33195
江 苏	8070	2.08	70.6	9.7	3.0	103.1	51056	22675
浙 江	5850	4.99	70.0	9.4	2.5	102.9	60182	29876
安 徽	6366	5.99	55.8	8.9	2.6	102.7	37540	15416
福 建	3973	6.8	66.5	8.8	3.5	102.6	45620	19568
江 西	4666	6.56	57.4	9.3	2.9	102.9	36546	15796
山 东	10070	4.27	61.5	9.1	3.3	103.2	42329	17775
河 南	9640	4.18	53.2	9.2	3.2	103	34201	15164
湖 北	5927	4.27	61.0	9.5	2.4	103.1	37601	16391
湖 南	6918	3.11	57.2	9.6	2.7	102.9	39842	15395
广 东	11521	8.08	71.4	9.8	2.3	103.4	48118	18818
广 西	4960	7.17	51.1	9.1	2.6	103.7	34745	13676
海 南	945	6.76	59.2	9.6	2.3	103.4	36017	15113
重 庆	3124	2.91	66.8	9.4	2.6	102.7	37939	15133
四 川	8375	3.61	53.8	8.9	3.3	103.2	36154	14670
贵 州	3623	6.7	49.0	8.0	3.1	102.4	34404	10756
云 南	4858	6.43	48.9	8.5	3.3	102.5	36238	11902
西 藏	351	10.14	31.5	6.2	2.9	102.3	37410	12951
陕 西	3876	4.27	59.4	9.5	3.2	102.9	36098	12326
甘 肃	2647	3.85	48.5	8.6	3.0	102.3	32323	9629
青 海	608	7.58	55.5	8.3	2.2	102.5	33830	11499
宁 夏	695	8.03	59.9	9.0	3.7	102.1	34328	12858
新 疆	2523	3.69	51.9	9.2	2.1	101.9	34664	13122

B.42
参考文献

Giroud, Axèle, and Inge Ivarsson, *World Investment Report 2020: International Production beyond the Pandemic*, 2020: 1 – 4.

R. Baldwin, "Managing the Noodle Bowl: The Fragility of East Asian Regionalism", *CEPR Discussion Papers 5561* (2006).

Wagner, K., Taylor, A., Zablit, H., et al., "The Most Innovative Companies 2014: Breaking through Is Hard to Do", *Boston Consulting Group*, 2014.

World Economic Forum, *Global Competitiveness Report 2019*, 2019.

World Economic Forum, *Global Competitiveness Report Special Edition 2020*, 2020.

习近平：《习近平谈治国理政（第一、二、三卷）》，外文出版社。

习近平：《习近平总书记系列重要讲话单行本汇编》，人民出版社，2017 年 9 月。

习近平：《决胜全面建成小康社会夺取新时代中国特色社会主义伟大胜利——在中国共产党第十九次全国代表大会上的报告》，人民出版社，2017 年 10 月。

习近平：《在庆祝中华人民共和国成立 70 周年大会上的讲话》，人民出版社，2019 年 10 月。

中共中央宣传部：《习近平新时代中国特色社会主义思想学习纲要》，学习出版社，2019 年 6 月。

习近平：《在企业家座谈会上的讲话》，人民出版社，2020 年 7 月。

习近平：《在经济社会领域专家座谈会上的讲话 》，人民出版社，2020 年 8 月。

习近平：《在深入推动长江经济带发展座谈会上的讲话》，2018 年 4 月

26 日。

习近平：《习近平关于社会主义生态文明建设论述摘编》，人民网，2018 年 2 月。

《〈中共中央关于制定国民经济和社会发展第十四个五年规划和二〇三五年远景目标的建议〉辅导读本》，人民出版社，2020 年 11 月。

《中国共产党第十九届五中全会公报》，2020 年 10 月 29 日。

李克强：十三届全国人大三次会议《政府工作报告》，2020 年 5 月 28 日。

《中共中央关于坚持和完善中国特色社会主义制度、推进国家治理体系和治理能力现代化若干重大问题的决定》，2019。

《中共中央关于全面深化改革若干重大问题的决定》，2013。

国家统计局：《中国统计年鉴 2020》，中国统计出版社，2020。

中国人民银行：《2020 中国区域金融运行报告》，2020。

中华人民共和国新闻出版总署：《2019 年新闻出版产业分析报告》，2020。

《长江三角洲区域一体化发展规划纲要》，2019。

《关于加强金融服务民营企业的若干意见》，2019。

梁黄光：《中国区域经济发展报告（2018～2019）》，社会科学文献出版社，2019。

李干杰：《十八大以来我国生态环境保护实现五个"前所未有"》，人民网，2017 年 10 月 23 日。

马骏：《"十三五"时期绿色金融发展十大领域》，《中国银行业》2016 年第 1 期。

中国人民银行等七部委：《银发〔2016〕228 号〈关于构建绿色金融体系的指导意见〉（全文）》，2016 年 8 月。

《关于建立健全城乡融合发展体制机制和政策体系的意见》，2019。

迟福林：《以实体经济为重点深化供给侧结构性改革》，《经济日报》2017 年 11 月 17 日。

宁吉喆：《建设现代化经济体系》，《人民日报》2017 年 12 月 5 日。

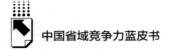

刘志彪：《建设现代化经济体系的基本框架、路径与方略》，《长江产经智库》2017 年 10 月 21 日。

汪洋：《推动形成全面开放新格局》，《人民日报》2017 年 11 月 10 日。

蔡奇：《推动京津冀协同发展》，《人民日报》2017 年 11 月 20 日。

中国（海南）改革发展研究院课题组：《以"一带一路"形成区域开放新格局》，《上海证券报》2017 年 5 月 12 日。

侯永志：《从区域角度来看经济增长的"新动能"》，《中国经济时报》2017 年 4 月 24 日。

高国力：《深入实施区域协调发展战略》，《经济日报》2017 年 11 月 3 日。

于涛：《以人才优先发展引领产业转型升级》，《党建研究》2017 年第 1 期。

史丹、江飞涛、贺俊：《调整完善产业政策的思路与建议》，《经济日报》2017 年 8 月 9 日。

黄群慧、余菁、王涛：《培育世界一流企业：国际经验与中国情境》，《中国工业经济》2017 年第 11 期。

汪洋：《推动形成全面开放新格局》，《人民日报》2017 年 11 月 10 日。

麦肯锡：《中国人工智能的未来之路》，中国发展高层论坛，2017 年。

李建平等主编《中国省域经济综合竞争力发展报告（2005～2006）》，社会科学文献出版社，2007。

李建平等主编《中国省域经济综合竞争力发展报告（2018～2019）》，社会科学文献出版社，2020。

李建平、李建建、黄茂兴等：《中国经济 60 年发展报告（1949～2009）》，经济科学出版社，2009。

李建平等主编《中国省域环境竞争力发展报告（2005～2009）》，社会科学文献出版社，2010。

李建平等主编《中国省域环境竞争力发展报告（2009～2010）》，社会科学文献出版社，2011。

李建平等主编《"十二五"中期中国省域环境竞争力发展报告》，社会科学文献出版社，2014。

李建平等主编《全球环境竞争力发展报告（2013）》，社会科学文献出版社，2014。

李建平等主编《全球环境竞争力发展报告（2015）》，社会科学文献出版社，2016。

李建平等主编《二十国集团（G20）经济热点分析报告（2017～2018）》，经济科学出版社，2017。

李闽榕、李建平、黄茂兴：《中国省域经济综合竞争力预测研究报告（2009～2012）》，社会科学文献出版社，2010。

李闽榕、李建平、黄茂兴：《中国省域经济综合竞争力评价与预测研究》，社会科学文献出版社，2007。

李闽榕：《中国省域经济综合竞争力研究报告（1998～2004）》，社会科学文献出版社，2006。

黄茂兴：《中国省域经济热点问题研究》，经济科学出版社，2014。

付文军：《习近平发展实体经济重要论述研究》，《上海经济研究》2020年第4期。

戴翔、王如雪：《"一带一路"建设与中国对外直接投资：促进抑或抑制?》，《当代经济研究》2020年第6期。

丁一凡：《新冠肺炎疫情下的世界经济形势与中国新发展格局》，《当代世界》2020年第11期。

樊纲：《双循环与中国经济发展新阶段》，《开放导报》2020年第6期。

高燕：《奋力谱写新时代区域经贸合作新篇章》，《经济日报》2020年11月17日。

葛顺奇、林乐、陈江滢：《中国企业跨国并购与东道国安全审查新制度》，《国际贸易》2019年第10期。

耿伟、李亚楠：《东道国不确定性与中国ODI二元边际：兼论营商环境的调节效应》，《世界经济研究》2020年第4期。

韩剑：《加快中日韩高标准自贸区谈判：路径与对策——基于命运共同体视角的分析与思考》，《人民论坛·学术前沿》2020年第18期。

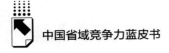
韩剑、闫芸、王灿:《中国与"一带一路"国家自贸区网络体系构建和规则机制研究》,《国际贸易》2017 年第 7 期。

李海莲、邢丽:《区域自由贸易协定原产地规则的影响及治理策略》,《经济纵横》2017 年第 1 期。

李可爱:《"一带一路"沿线国家制度质量对中国 OFDI 的影响》,《暨南学报(哲学社会科学版)》2019 年第 12 期。

李世兰:《双循环背景下全面开放新格局探讨》,《合作经济与科技》2020 年第 24 期。

李晓、陈煜:《疫情冲击下的世界经济与中国对策》,《东北亚论坛》2020 年第 3 期。

刘晓宁:《中国自贸区战略实施的现状、效果、趋势及未来策略》,《国际贸易》2020 年第 2 期。

林梦、路红艳、孙继勇:《全球供应链格局调整趋势及我国应对策略》,《国际贸易》2020 年第 10 期。

吕越、陆毅、吴嵩博、王勇:《"一带一路"倡议的对外投资促进效应——基于 2005~2016 年中国企业绿地投资的双重差分检验》,《经济研究》2019 年第 9 期。

潘圆圆、张明:《中国对美投资快速增长背景下的美国外国投资委员会》,《国际经济评论》2018 年第 5 期。

田政杰、董麓:《"逆全球化"背景下的中国对外贸易格局:问题与应对策略》,《河南社会科学》2019 年第 8 期。

协天紫光、樊秀峰、黄光灿:《东道国投资便利化建设对中国企业对外直接投资二元边际的影响》,《世界经济研究》2020 年第 4 期。

熊一舟:《联合国:2020 年世界经济形势与展望年中报告》,《社会科学报》2020 年第 7 版。

曾守桢、余官胜:《行政审批简化与我国对外直接投资增长——基于核准权下放试点的准自然实验实证研究》,《国际贸易问题》2020 年第 4 期。

张怀岭:《美欧强化外资安全审查及其影响》,《国际问题研究》2019

年第 5 期。

张蕴岭、沈铭辉、刘德伟：《FTA 对商业活动的影响——基于对中国企业的问卷调查》，《当代亚太》2010 年第 1 期。

张晓涛、王淳、刘亿：《中国企业对外直接投资政治风险研究——基于大型问题项目的证据》，《中央财经大学学报》2020 年第 1 期。

张友棠、杨柳：《"一带一路"国家金融发展与中国对外直接投资效率——基于随机前沿模型的实证分析》，《数量经济技术经济研究》2020 年第 2 期。

赵硕刚：《谨防世界经济"余震"来袭——2020 年上半年世界经济形势分析及下半年展望》，《发展研究》2020 年第 10 期。

赵英臣：《疫情后经济全球化新趋势与双循环发展格局的构建》，《人文杂志》2020 年第 11 期。

贾俊生：《习近平关于新发展格局的论述》，《上海经济研究》2020 年第 12 期。

胡浩：《金融助力构建双循环新发展格局的着力点》，《金融论坛》2020 年第 12 期。

邱兆祥、曹宇、刘永元：《现代金融体系与构建"双循环"新发展格局》，《金融论坛》2020 年第 11 期。

贾翔夫、刘家琳：《新发展格局下的全球金融中心建设——"2020 国际货币论坛"综述》，《国际金融》2020 年第 9 期。

宣宇：《金融赋能加快构建新发展格局》，《金融与经济》2020 年第 12 期。

王一鸣：《百年大变局、高质量发展与构建新发展格局》，《管理世界》2020 年第 12 期。

吴晓求：《"十四五"时期中国金融改革发展监管研究》，《管理世界》2020 年第 7 期。

李金华：《中国十大城市群的现实格局与未来发展路径》，《中南财经政法大学学报》2020 年第 6 期。

锁利铭：《协调下的竞争与合作：中国城市群协同治理的过程》，《探索与争鸣》2020 年第 10 期。

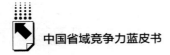
贺璇：《区域协调视角下我国城市群发展的制约因素及突破路径》，《改革与战略》2019 年第 4 期。

李民梁：《北部湾城市群：国内外典型城市群协同发展经验及借鉴》，《中共南宁市委党校学报》2019 年第 6 期。

黄妍妮、魏守华、郑建锋：《经济发展水平、政府资源配置与城市群集中度——来自中国十大城市群的经验证据》，《经济问题探索》2019 年第 3 期。

毛艳华：《粤港澳大湾区协调发展的体制机制创新研究》，《南方经济》2018 年第 12 期。

陈继勇、王保双：《中国城市群的发展经验及其对长江中游城市群建设的启示》，《湖北社会科学》2014 年第 2 期。

薛凤旋、郑艳婷、许志桦：《国外城市群发展及其对中国城市群的启示》，《区域经济评论》2014 年第 4 期。

鞠立新：《由国外经验看我国城市群一体化协调机制的创建——以长三角城市群跨区域一体化协调机制建设为视角》，《经济研究参考》2010 年第 52 期。

陈秀山、杨艳：《区域协调发展：回顾与展望》，《西南民族大学学报（人文社会科学版）》2010 年第 1 期。

张首魁、赵宇：《中国区域协调发展的演进逻辑与战略趋向》，《东岳论丛》2020 年第 10 期。

林靖宇、邓睦军、李蔚：《中国区域协调发展的空间政策选择》，《经济问题探索》2020 年第 8 期。

李程骅、黄南：《中国城市群发展的新方略与动能再造》，《南京社会科学》2018 年第 5 期。

李学锋：《中小城市综合承载力如何提升》，《人民论坛》2015 年第 35 期。

李丹：《流通领域现代供应链体系构建研究——以山西省太原市为例》，《烟台职业学院学报》2018 年第 4 期。

宋则：《筑牢现代流通体系高质量发展的微观基础》，《中国流通经济》2018 年第 12 期。

沙海林：《完善现代流通体系 加快上海国际贸易中心建设》，《科学发展》2010 年第 12 期。

郑琛誉、李先国、张新圣：《我国农产品现代流通体系构建存在的问题及对策》，《经济纵横》2018 年第 4 期。

余永胜、洪烨丹：《城乡一体现代商贸流通服务体系探讨——以浙江省为例》，《中国流通经济》2012 年第 10 期。

穆瑞章：《加快天津现代商贸流通体系建设研究》，《天津经济》2015 年第 1 期。

冯利华：《对我国城市流通业基础设施若干问题的思考》，《中国商论》2015 年第 27 期。

黄国雄：《关于推进我国现代流通体系建设的几点建议》，《财贸经济》2011 年第 3 期。

李智：《"中国特色"语境下的现代流通体系发展方略研究》，《中国软科学》2012 年第 4 期。

张如意：《城乡双向商贸流通体系建设对策思考》，《经济纵横》2011 年第 3 期。

孙前进：《中国现代流通体系框架构成探索》，《中国流通经济》2011 年第 10 期。

潘宪生、王波：《江苏省现代流通业竞争力综合评价指标体系研究》，《江苏商论》2012 年第 12 期。

冯耕中：《现代物流与供应链管理》，西安交通大学出版社，2003。

袁博、李雨霏、闫树：《系列解读：推动数据要素市场化配置的四大关键举措》，中国信息通信研究院，2020 年 5 月 7 日。

陈海权：《加快推进现代流通体系建设》，中国日报网，2020 年 10 月 20 日：http：//cn. chinadaily. com. cn/a/202010/20/WS5f8ecf8fa3101e7ce972a54b. html。

陆娅楠、刘志强、王珂等：《把建设现代流通体系作为重要战略任务来抓》，《人民日报》2020 年 9 月 11 日第 2 版。

王微：《以建设现代流通体系推动新发展格局加快形成》，财经新闻网，

2020 年 9 月 11 日：http：//www. skping. com/zixun/2020 – 09 – 11/149743. html。

冯其予：《流通业基础支撑作用日益增强》，《经济日报》2020 年 10 月 20 日第 8 版。

林火灿：《打通经济循环堵点 建设现代流通体系——访中央党校（国家行政学院）马克思主义学院院长、教授张占斌》，《经济日报》2020 年 10 月 19 日第 1 版。

李心萍：《快递业在现代流通体系建设中大有可为（人民时评）》，《人民日报》2020 年 9 月 30 日第 5 版。

B.43
后 记

　　本书是课题组发布的第 15 部《中国省域竞争力蓝皮书》。十五年来，在各方的关怀和支持下，《中国省域竞争力蓝皮书》得到了社会各界的持续关注和认可，产生了积极的社会反响。2013 年 8 月，由中国社会科学院主办的"第十四次全国皮书年会"公布了首批中国社会科学院以外授权使用"中国社会科学院创新工程学术出版项目"标识的优秀皮书，《中国省域竞争力蓝皮书》光荣入列，这是对这部皮书的重要褒奖。承蒙社会各界的关心和鼓励，我们必将继续奋力前行。

　　本书是全国经济综合竞争力研究中心 2020 年重点研究项目研究成果、全国中国特色社会主义政治经济学研究中心（福建师范大学）2020 年重点项目研究成果、教育部科技委战略研究基地（福建师范大学世界创新竞争力研究中心）2020 年重点项目研究成果、中智科学技术评价研究中心 2020 年重点项目研究成果、中央组织部资助的首批青年拔尖人才支持计划（组厅字〔2013〕33 号文件）和中央组织部第 2 批"万人计划"哲学社会科学领军人才（组厅字〔2016〕37 号）2020 年资助的阶段性成果、中宣部 2014 年全国文化名家暨"四个一批"人才工程（中宣办发〔2015〕49 号）2020 年资助的阶段性研究成果、福建省第一批重点智库建设试点单位和福建省首批高校特色新型智库——福建师范大学综合竞争力与国家发展战略研究院 2020 年研究成果、福建省社会科学研究基地——福建师范大学竞争力研究中心 2020 年重大项目研究成果、福建省高校哲学社会科学学科基础理论研究创新团队——福建师范大学竞争力基础理论研究创新团队 2020 年资助的阶段性研究成果和福建师范大学创新团队建设计划 2020 年资助的阶段性研究成果，以及福建省"双一流"建设学科福建师范大学理论经济学学科

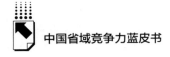

2020 年重大研究成果。

自 2007 年起，由全国经济综合竞争力研究中心福建师范大学分中心具体承担研究的"中国省域经济综合竞争力发展报告"系列蓝皮书，已由社会科学文献出版社正式出版了 14 部，分别于 2007 年、2008 年、2009 年、2010 年、2011 年、2012 年、2013 年、2014 年、2015 年、2016 年、2017 年、2018 年、2019 年和 2020 年全国"两会"期间或前夕在中国社会科学院举行新闻发布会，引起了各级政府、学术界和海内外新闻媒体的高度关注，产生了强烈的社会反响。为了全面贯彻落实党的十九大，二中、三中、四中、五中全会和 2020 年中央经济工作会议精神，结合国内外经济形势对我国各省域经济发展的影响，特别是新发展格局对中国省域经济综合竞争力的影响，进一步深化对中国省域经济综合竞争力问题研究。值得高兴的是，在社会科学文献出版社等单位的大力支持下，全国经济综合竞争力研究中心福建师范大学分中心具体承担了《中国省域经济综合竞争力发展报告（2019~2020）——双循环新发展格局与中国经济发展》蓝皮书的研究工作，福建师范大学原校长李建平教授亲自担任课题组组长和本书的主编之一，直接指导和参与了本书的研究和审订书稿工作；本书主编之一福建省新闻出版广电局原党组书记、中智科学技术评价研究中心理事长、福建师范大学兼职教授李闽榕博士指导、参与了本书的研究和书稿统改、审订工作；中国农村劳动力资源开发研究会秘书长苏宏文同志为本书的顺利完成积极创造了条件。全国经济综合竞争力研究中心福建师范大学分中心常务副主任、福建师范大学经济学院院长黄茂兴教授为本课题的研究从课题策划到最终完稿做了大量具体工作。

2020 年 3 月以来，课题组着手对省域经济综合竞争力的创新内容、主攻方向、评价方法等问题展开了比较全面和深入的研究，跟踪研究 2018~2019 年中国各省区市经济发展动态和指标数据，研究对象涉及全国 31 个省份，本书 70 多万字，数据采集、录入和分析工作庞杂而艰巨，采集、录入基础数据 1.2 万个，计算、整理和分析数据 4 多万个，共制作简图 100 多幅、统计表格 500 多个。这是一项复杂艰巨的工程，课题组的各位研究人员为完成这项工程付出了艰辛劳动，在此谨向全力支持并参与本项目研究的李军军博士（承担本书第一部分总报告和第二部分第 1～2 章，共计 6.32 万字①）、林寿富博士（承担本书第二部分第 3～5 章和第三部分"专题二"部分内容，共计 3.62 万字）、叶琪博士（承担本书第二部分第 6～8 章和第三部分"专题二"部分内容，共计 3.75 万字）、陈洪昭博士（承担本书第二部分第 9～10 章和第三部分"专题六"部分内容，共计 2.55 万字）、王珍珍博士（承担本书第二部分第 11～12 章和第三部分"专题六"部分内容，共计 2.72 万字）、余官胜博士（承担本书第二部分第 13 章和第三部分"专题一"部分内容，共计 2.01 万字）、陈伟雄博士（承担本书第二部分第 14～15 章和第三部分"专题四"部分内容，共计 2.65 万字）、唐杰博士（承担本书第二部分第 16～17 章和第三部分"专题五"部分内容，共计 2.78 万字）、黄新焕博士（承担本书第二部分第 18 章和第三部分"专题五"部分内容，共计 1.92 万字）、郑蔚博士（承担本书第二部分第 19 章和第三部分"专题四"部分内容，共计 1.86 万字）、易小丽博士（承担本书第二部分第 20 章和第三部分"专题三"部分内容，共计 1.93 万字）、白华博士（承担本书第二部分第 21 章和第三部分"专题五"部分内容，共计 1.76 万字）、张宝英博士（承担本书第二部分第 22～23 章和第三部分"专题五"部分内容，共计 2.68 万字）、郑清英博士（承担本书第二部分第 24 章和第三部分"专题三"部分内容，共计 1.63 万字）、李成宇博士（承担本书第二部分第 25 章和第三部分"专题四"部分内容，共计 1.66 万字）、韩莹博士（承担本书第二部分第 26 章和第三部分"专题六"部分内容，共计 1.25 万字）、陈莹博士（承担本书第二部分第 27 章和第三部分"专题三"部分内容，共计 1.35 万字）、程俊恒博士（承担本书第二部分第 28 章和第三部分"专题三"部分内容，共计 1.55 万字）、吴武林博士（承担本书第二部分第 29 章和第三部分"专题二"部分内容，共计 1.32 万字）、刘竹青博士（承担本书第二部分第 30 章和第三部分"专题一"部分内容，共

---

① 此处字数按 Word 文件统计，仅作为课题组成员分工依据，与出版后的版面字数统计有区别。

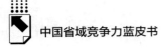

计 1.22 万字)、蔡菲莹博士（承担本书第二部分第 31 章和第三部分"专题一"部分内容，共计 1.15 万字)，以及博（硕）士研究生张建威、孙学聪、杨吉超、张婧、李屹、温园梦、薛圣杨、贺清、黄滢虹、张文馨、贺晓波、李薇、汪任壬、李瑞瑶、陈贤龙、肖蕾等同志表示深深的谢意。他（她）们放弃暑假和节假日休息时间，每天坚持工作十多个小时，为本研究的数据采集、测算等做了许多细致的工作。

该书也是我校与福建省人民政府发展研究中心共同组织实施的福建省研究生教育创新基地建设项目——福建省政治经济学研究生教育创新基地的阶段性成果，福建师范大学经济学院各年级研究生通过积极参加本项目的研究，增强了科研意识，提高了创新能力，使我院研究生培养质量有了很大提高。

本书还直接或间接引用、参考了其他研究者相关研究文献，对这些文献的作者表示诚挚的感谢。

社会科学文献出版社社长王利民、原社长谢寿光，为本书的出版提出了很好的修改意见，付出了辛苦的劳动，在此一并向他们表示由衷的谢意。

由于时间仓促，本书难免存在疏漏和不足，敬请读者批评指正。

作　者

2021 年 1 月

皮 书

智库报告的主要形式
同一主题智库报告的聚合

✦ 皮书定义 ✦

皮书是对中国与世界发展状况和热点问题进行年度监测，以专业的角度、专家的视野和实证研究方法，针对某一领域或区域现状与发展态势展开分析和预测，具备前沿性、原创性、实证性、连续性、时效性等特点的公开出版物，由一系列权威研究报告组成。

✦ 皮书作者 ✦

皮书系列报告作者以国内外一流研究机构、知名高校等重点智库的研究人员为主，多为相关领域一流专家学者，他们的观点代表了当下学界对中国与世界的现实和未来最高水平的解读与分析。截至2021年，皮书研创机构有近千家，报告作者累计超过7万人。

✦ 皮书荣誉 ✦

皮书系列已成为社会科学文献出版社的著名图书品牌和中国社会科学院的知名学术品牌。2016年皮书系列正式列入"十三五"国家重点出版规划项目；2013~2021年，重点皮书列入中国社会科学院承担的国家哲学社会科学创新工程项目。

中国皮书网

（网址：www.pishu.cn）

发布皮书研创资讯，传播皮书精彩内容
引领皮书出版潮流，打造皮书服务平台

栏目设置

◆**关于皮书**

何谓皮书、皮书分类、皮书大事记、
皮书荣誉、皮书出版第一人、皮书编辑部

◆**最新资讯**

通知公告、新闻动态、媒体聚焦、
网站专题、视频直播、下载专区

◆**皮书研创**

皮书规范、皮书选题、皮书出版、
皮书研究、研创团队

◆**皮书评奖评价**

指标体系、皮书评价、皮书评奖

◆**皮书研究院理事会**

理事会章程、理事单位、个人理事、高级
研究员、理事会秘书处、入会指南

◆**互动专区**

皮书说、社科数托邦、皮书微博、留言板

所获荣誉

◆2008 年、2011 年、2014 年，中国皮书
网均在全国新闻出版业网站荣誉评选中
获得"最具商业价值网站"称号；

◆2012 年，获得"出版业网站百强"称号。

网库合一

2014 年，中国皮书网与皮书数据库端口
合一，实现资源共享。

中国皮书网

权威报告·一手数据·特色资源

皮书数据库
ANNUAL REPORT(YEARBOOK)
DATABASE

分析解读当下中国发展变迁的高端智库平台

所获荣誉

- 2019年，入围国家新闻出版署数字出版精品遴选推荐计划项目
- 2016年，入选"'十三五'国家重点电子出版物出版规划骨干工程"
- 2015年，荣获"搜索中国正能量 点赞2015""创新中国科技创新奖"
- 2013年，荣获"中国出版政府奖·网络出版物奖"提名奖
- 连续多年荣获中国数字出版博览会"数字出版·优秀品牌"奖

成为会员

通过网址www.pishu.com.cn访问皮书数据库网站或下载皮书数据库APP，进行手机号码验证或邮箱验证即可成为皮书数据库会员。

会员福利

- 已注册用户购书后可免费获赠100元皮书数据库充值卡。刮开充值卡涂层获取充值密码，登录并进入"会员中心"—"在线充值"—"充值卡充值"，充值成功即可购买和查看数据库内容。
- 会员福利最终解释权归社会科学文献出版社所有。

数据库服务热线：400-008-6695
数据库服务QQ：2475522410
数据库服务邮箱：database@ssap.cn
图书销售热线：010-59367070/7028
图书服务QQ：1265056568
图书服务邮箱：duzhe@ssap.cn

社会科学文献出版社 皮书系列
SOCIAL SCIENCES ACADEMIC PRESS (CHINA)
卡号：543333351323
密码：

S 基本子库
SUB DATABASE

中国社会发展数据库（下设 12 个子库）

整合国内外中国社会发展研究成果，汇聚独家统计数据、深度分析报告，涉及社会、人口、政治、教育、法律等 12 个领域，为了解中国社会发展动态、跟踪社会核心热点、分析社会发展趋势提供一站式资源搜索和数据服务。

中国经济发展数据库（下设 12 个子库）

围绕国内外中国经济发展主题研究报告、学术资讯、基础数据等资料构建，内容涵盖宏观经济、农业经济、工业经济、产业经济等 12 个重点经济领域，为实时掌控经济运行态势、把握经济发展规律、洞察经济形势、进行经济决策提供参考和依据。

中国行业发展数据库（下设 17 个子库）

以中国国民经济行业分类为依据，覆盖金融业、旅游、医疗卫生、交通运输、能源矿产等 100 多个行业，跟踪分析国民经济相关行业市场运行状况和政策导向，汇集行业发展前沿资讯，为投资、从业及各种经济决策提供理论基础和实践指导。

中国区域发展数据库（下设 6 个子库）

对中国特定区域内的经济、社会、文化等领域现状与发展情况进行深度分析和预测，研究层级至县及县以下行政区，涉及省份、区域经济体、城市、农村等不同维度，为地方经济社会宏观态势研究、发展经验研究、案例分析提供数据服务。

中国文化传媒数据库（下设 18 个子库）

汇聚文化传媒领域专家观点、热点资讯，梳理国内外中国文化发展相关学术研究成果、一手统计数据，涵盖文化产业、新闻传播、电影娱乐、文学艺术、群众文化等 18 个重点研究领域。为文化传媒研究提供相关数据、研究报告和综合分析服务。

世界经济与国际关系数据库（下设 6 个子库）

立足"皮书系列"世界经济、国际关系相关学术资源，整合世界经济、国际政治、世界文化与科技、全球性问题、国际组织与国际法、区域研究 6 大领域研究成果，为世界经济与国际关系研究提供全方位数据分析，为决策和形势研判提供参考。

法律声明

　　"皮书系列"（含蓝皮书、绿皮书、黄皮书）之品牌由社会科学文献出版社最早使用并持续至今，现已被中国图书市场所熟知。"皮书系列"的相关商标已在中华人民共和国国家工商行政管理总局商标局注册，如 LOGO（ ▧ ）、皮书、Pishu、经济蓝皮书、社会蓝皮书等。"皮书系列"图书的注册商标专用权及封面设计、版式设计的著作权均为社会科学文献出版社所有。未经社会科学文献出版社书面授权许可，任何使用与"皮书系列"图书注册商标、封面设计、版式设计相同或者近似的文字、图形或其组合的行为均系侵权行为。

　　经作者授权，本书的专有出版权及信息网络传播权等为社会科学文献出版社享有。未经社会科学文献出版社书面授权许可，任何就本书内容的复制、发行或以数字形式进行网络传播的行为均系侵权行为。

　　社会科学文献出版社将通过法律途径追究上述侵权行为的法律责任，维护自身合法权益。

　　欢迎社会各界人士对侵犯社会科学文献出版社上述权利的侵权行为进行举报。电话：010-59367121，电子邮箱：fawubu@ssap.cn。

社会科学文献出版社